税收策划 36计

（第2版）

庄粉荣◎著

中国铁道出版社有限公司
CHINA RAILWAY PUBLISHING HOUSE CO., LTD.

图书在版编目（CIP）数据

税收策划36计 / 庄粉荣著. — 2版. — 北京：中国铁道出版社
有限公司，2021.5
ISBN 978-7-113-27726-0

Ⅰ. ①税… Ⅱ. ①庄… Ⅲ. ①税收筹划 Ⅳ. ①F810.423

中国版本图书馆CIP数据核字(2021)第021807号

书　名：	税收策划36计		
	SHUI SHOU CE HUA 36 JI		
作　者：	庄粉荣		
责任编辑：王　佩		编辑部电话：（010）51873022	电子邮箱：505733396@qq.com
封面设计：仙　境			
责任校对：孙　玫			
责任印制：赵星辰			

出版发行：中国铁道出版社有限公司（100054，北京市西城区右安门西街8号）

网　　址：http://www.tdpress.com

印　　刷：国铁印务有限公司

版　　次：2020年4月第1版　2021年5月第2版　2021年5月第1次印刷

开　　本：787 mm×1 092 mm　1/16　印张：27.25　字数：581千

书　　号：ISBN 978-7-113-27726-0

定　　价：108.00元

2017 年 5 月 5 日，国家税务总局出台的《国家税务总局关于发布〈涉税专业服务监管办法（试行）〉的公告》（国家税务总局公告 2017 年第 13 号）明确涉税专业服务机构可以从事税收策划业务，对纳税人、扣缴义务人的经营和投资活动提供符合税收法律法规及相关规定的纳税计划、纳税方案。同时，中国注册税务师协会 2017 年 1 月 25 日也出台了《税收策划业务规则（试行）》（中税协发〔2017〕004 号）。这就为税收策划由理论走向实践提供了法律依据。

一、研究税收策划的技术和方法迫在眉睫

当国家税务总局 2017 年第 13 号公告出台以后，税收策划成了合法的涉税咨询产品。于是，各种网络和媒体上推销税收策划产品的广告满天飞。税收策划怎么做？一些"公认"的做法就是在"税收洼地"注册个人独资企业，争取核定征收。这里我们不妨就目前"聪明人"进行"税收策划"的几种情景做一个简要分析（相关案例资料是在网络上随机选取的，这里就事论事仅对文章所描述的涉税问题做讨论，没有其他意图）。

其一，购买"××宝"节税千万是完全不可能的。

我们先来看下关于"××宝"这篇文章的产品推广性描述。

A 企业主要进行培训业务，年收入数千万元。企业自有团队主要进行运营、营销、支持等功能，实际讲师大部分是外部聘用的临时讲师，年度成本也有数千万元。讲师和 A 企业之间签订的都是劳务合同，A 企业将劳务费直接支付给讲师。原则上，A 企业应该为讲师们代扣代缴个人所得税，但是由于讲师对缴纳高额个人所得税的强势反对和企业对于自己成本的考虑，一直以来 A 企业都没有进行相关个人所得税的申报和缴纳。

该文章明确相关风险和责任：A 企业未能尽到申报劳务人员个人所得税的义务，有承担罚款和缴纳滞纳金的风险。讲师们没有申报纳税，属于偷漏税行为。A 企业存在事实的连带风险。

接着，该文章给出解决方案：A 企业选择的"××宝"服务型个人独资企业＋核定征收个人所得税产品，其解决方案详情如下。

讲师们首先购买了"××宝"服务型个人独资企业＋核定征收个人所得税产品，拥有一个属于自己的工作室，再通过自己的工作室与 A 企业签约。A 企业将约定的金额通过服务费形式打入讲师的工作室账户中，讲师最终从工作室账户中分红获利。

通过这个方案，各个讲师使用了国家对于小微企业的税收优惠政策，从而保证实际税负较低，缴纳的税金能在各个讲师的心理预期范围之内。

同时，各个讲师也会有自己的个人所得税税单，从而将自己的灰色收入阳光化。

该文章认为对于 A 企业而言，由于改变了交易模式，所以不再需要承担代扣代缴个人所得税的义务，还能从讲师的工作室获得发票以及增值税抵扣，在降低了风险的同时，还提高了经济效益。

案例分析：

在这篇推广文章里，没有描述清楚"××宝"的具体业务模式和流程……其实，讲师都是聪明人，他们应当知道，自己去注册一个"工作室"十分方便，几乎也没有什么成本，完全可以正大光明地自己策划且合法操作，从而实现自己的利益（如果是公务人员的兼职经营问题，不是本书讨论的话题）。如果真的像该文章所说的，去购买了"××宝"，换一句话说使用这个"税务策划工具"，反倒将属于正常的一笔业务策划成没有真实业务的代开发票问题了（其他涉税风险这里就不再赘述了）。如上述分析是真实的话，那么这样操作的"××宝"自身就存在巨大的涉税风险。

其二，通过核定征收解决无票问题无异于饮鸩止渴。

网络上有一篇文章《2020 年核定征收案例》介绍了如下情况：北京某建筑公司 2020 年有一笔 2 000 万元的业务，账面利润 1 000 万元，有 300 万元是因为进行业务时，上游公司开不了票，导致所得税太高。怎么办？

文章作者认为：如果无票，则需要缴纳较高的企业所得税。于是进行了如下策划分析。

作为公司的业务需要交的企业所得税为 75 万元（300 万元 ×25%）。但是，如果通过个人独资企业，需要缴纳的税收为：一是增值税为 8.74 万元（300 万元 ÷1.03×3%），附加税为 0.52 万元（8.74 万元 ×6%），个人所得税为 2.62 万元（300 万元 ÷1.03×0.9%），上述各种税费用合计为 11.9 万元 [（8.74+0.52+2.62）万元]。

此外，公司通过这种方式就可以解决因为无法拿到票而发生的损失，而且节税还高达 90%。最后总结：个人独资企业依法不交企业所得税，而是交"个人生产经营所得税"。并且特别强调一定要找个人所得税收优惠园区去注册个人独资企业，才能达成以上所讲的节税效果。

案例分析：

本案例的基础假设是"上游公司开不了票"，这就出现疑问了，如果业务是真实的，上游公司为什么会开不了票呢？是不是其中存在什么猫腻？如果有猫腻并且按照这个思路操作下去，其实质还是虚构业务虚开票，显然是存在涉税风险的。即使无票业务存在一定的客观合理性，但是，如果缺乏合理的业务流程支持和业务模式的合理安排，同样也会陷入虚拟业务做核定并且虚开发票的陷阱。

其三，通过核定征收解决股权转让的过程中的高溢价问题。

通过网络搜集到这样的一个资料：甲公司为一家高新技术制造企业，十年前由A、B两个股东投资成立，当时的注册资本为1 000万元，由于其产品的技术含量比较高，目前被一家上市公司所属的投资公司看中，准备高价收购。双方谈妥股权转让价格为11 000万元。

在这里原股东有10 000万元的溢价，因此有2 000万元的个人所得税。但是，当事人不愿意承担，于是，投资公司就请来了"税收策划专家"。

据介绍，"税收策划专家"的高招其实也十分简单，先在某个"税收洼地"注册一家个人独资企业，声称这家个人独资企业是得到当地政府"特批文件"的，其税收负担相当低(说白了，就是核定征收个人所得税)。注册了独资企业的后，以低价收购标的企业（甲公司）的股权，然后再将这个股权以最终交易价格转让给投资公司。

这样操作的结果就是将股权溢价留在那家个人独资企业，通过核定征收的方式将本来应当按照20%征税所得税的，转化为核定率缴税。

案例分析：

据介绍，上述操作已经是一个公开的秘密，也是一些人利用所谓"地方资源"忽悠人的一个手段。

那么，有人可能会问，这个方法能不能操作呢？笔者认为回答这个问题需要从三个层面上去分析。一是从政策层面上讲，肯定不行，因为我国的主要税种都有明确的反避税条款，如果没有合理的理由，交易价格不能明显偏低。二是得到当地政府"特批文件"的说法客观上不存在，因为税收法定是基本原则，我国税法仅明确国务院、财政部和国家税务总局可以结合经济情况对税收征管做出调整的权力。三是实际操作过程中的情况比较复杂。

通过以上资料的分析我们可以发现，目前我国财税咨询市场迫切需要一部系统性研究税收策划思路和方法的专著。

二、《税收策划36计》首版上市受到热议

目前还没有一部系统性研究税收策划方法的专著面市，导致税收策划理论与实践的脱节。于是，各种违法操作被当作税收策划，比如接受虚开发票、虚列成本和费用等，这些明确是

偷税的手段也被部分人当作低成本策划的方法在运用；利用"税收洼地"搞核定或者利用"招商引资"做财政返还，这种打"擦边球"的方式也许能够操作成功，但是不具有持续性，当然也就不能算作税收策划。

当然这里还有一个与税收策划有关的话题，即避税。对于国际避税，虽然有国际组织在做反避税的工作，但是由于国际差异客观存在，专业协调太复杂，所以国际避税无法避免，也不可能杜绝。问题是在国内是否存在避税的可能？可以肯定的讲是没有机会的，因为主要税法都已经明确规定了反避税条款。但实际上客观存在，笔者就曾经看到过这样一个案例，某外商将甲公司的利润通过关联交易转移了 70% 到"蓄水池"乙公司，由于该产品的交易价格当期没有可比性，主管税务机关在没有取得任何证据证明相关业务合理性的条件下，根据税法规定的组成计税价格的规定核定并查补相应的增值税款。显然，这个外商利用政策阈限（即税法规定可容忍的范围）进行了所谓的"成功"的操作，但是笔者认为，这个操作不是税收策划，而是避税。

每当某些当事人求证前述"策划方案"的可行性的时候，笔者有时也只能"顾左右而言他"……这样的咨询电话接得多了，笔者就在思考：如何才能避免"伪策划"？唯一的办法就是拿出真正有效的策划思路和方法以及相关的合法合规税收策划产品。那么，是不是需要对税收策划方法做一个系统性的研究？

笔者自 1988 年开始从事税务管理，感受到纳税人的需求，于是，便从理论层面研究税收对经济的作用。先后于 1992 年和 1993 年发表《围绕税收职能研究促产增收》《论税收政策的原则性与灵活性》等论文，由此奠定了本人研究税收策划的理论基础。后来又在会计事务所从事涉税咨询七八年，从而在操作层面上理解税收策划的客观性，并于 2001 年出版《实用税收策划》一书，相对系统而完整地归纳出税收策划的概念、原则和方法。后来经过 20 多年纳税评估和检查以及涉税咨询的实践，从实务层面选择不同的行业和专题对税收策划进行专题研究，先后出版专著 30 余部，2 000 多万字。其中，有独创性的还有《纳税检查应对技巧》（后来拓展成《"纳税检查应对丛书"》）。另外，为了推广税收策划理论，笔者还在国内率先用小说的形式演绎税收策划思路。

在过去的 30 年里，立足于操作，致力于让纳税人在理解税收策划原理的基础上掌握更多的操作技巧，从而增加投资和经营活动的效益，是笔者的追求。在研究过程中笔者发现，税收策划的技巧及方法随着政策的变化而变化，即使是在同一个政策背景下，某些事项的涉税处理在不同的区域、不同的行业、不同的纳税人而存在差异。因此，税收策划千变万化……但是，税收策划也是有一定的规律。笔者通过研究发现，税收策划的基本方法有 4 个，即争取税收优惠、利用政策差异、争取纳税递延和实现税负转嫁。而在此基础上又可以演化为 36 个策划技法。于是便将这些操作技巧归纳出来，从而形成《税收策划 36 计》并于 2020 年初出版。

《税收策划 36 计》上市后，立即得到财税界人士的强烈响应，给予了高度评价。如武汉科技大学恒大管理学院副教授张宏点评道：《税收策划 36 计》是一本相当精彩、耐人寻味的税收策划指南书。它从一个全新的视角来分析税收策划，每个章节都介绍了一个策划妙计。与大多数人一样，我开始也以为税收策划一定要把所有的税收政策倒背如流才能做好税收策划。但事实是只有真正地理解了税收策划的思想和方法才能以不变应万变。

书中所列举的 36 计涉及增值税、消费税、企业所得税、个人所得税以及其他各税种策划问题。而且读起来流畅毫不费力，因为它并没有讲枯燥的理论，而是以轻松、有趣的故事和案例作为切入点引导读者理解并运用这 36 计。在每个计策中分析了最新的税收相关政策，引导读者做更加深入的思考。

熟练掌握这 36 计，在工作中遇到有关问题才能迎刃而解。

我给这本书打五星，希望这本书能被更多的人看到，让更多的读者受益。

更多的朋友则以行动说话：大连注册税务师协会集中采购该书 100 册，分发给所属税务师事务所；扬州高朋律师事务所趸购 100 册赠送给会员客户企业；上市公司绝味食品确保公司财务人员人手一册；大型企业上海易初莲花、中建达丰等数十家集团公司也纷纷加入集中采购的行列。

三、《税收策划 36 计》的修订和完善

《税收策划 36 计》虽然集中了笔者 30 多年的实践和研究的成果，是在《纳税策划实战精选百例（第 6 版）》基础上的升级和完善，但是，那毕竟只是个人智慧的体现，而且成书过程比较短，部分文字和案例还缺乏推敲，存在一些瑕疵……好在当该书面世以后，在财税领域掀起了一股研究税收策划的热情，大家从不同的角度对该书的进一步完善提出了大量的意见和建议，同时考虑到政策的变化，于是笔者跟出版社编辑商量对《税收策划 36 计》进行修订和再版。

《税收策划 36 计（第 2 版）》在原稿的基础上有了很大的提升，主要体现以下 4 个方面。

一是兼收并蓄，博采众长。吸收了各方面专家的建议，特别是中央财经大学教授蔡昌、会计界著名学者马靖昊、原华润集团旗下公司 CFO 李汉柱等以及其他专家的意见，进一步完善了税收策划技巧、方法和理论体系。

二是精雕细琢，不断完善。对本书的核心内容"妙计精要"和"本计内容"表述税收策划原理、方法和技巧的内容做进一步详细论述，对部分策划思路和技巧进行了修正。此外，东北农垦的马树强等先生对本书文字的处理等事项也进行了指导。

三是与时俱进，开拓进取。结合新政策分析最新的实务案例，不断推陈出新，对部分案例也进行了调整和更新。

四是强化交流，相得益彰。本版采纳了读者建议，对部分案例中的表述艺术和文字差错进行完善和更正。

本书按照投资人的业务操作流程作为谋篇布局的基础。在表述形式上，每一计以"妙计精要""本计内容""案例注释"作为结构框架；在"案例注释"下，又引用三个案例来对相应计策做诠释。而在案例表达方式上，一般先行介绍事件情况，然后进行"业务分析"和"政策分析"，并将"策划分析""策划结论""策划点评"等税收策划必须经历的程序分别列示，部分案例对"操作难点"也做了提示，从而便于读者通过案例来体会策划计算和技巧的操作原理。

　　以专项计策和技巧作为切入点进行税收策划分析，在业内还是第一次尝试。目的是希望从多重角度去研究税收策划的实务和操作，同时增加可读性。当然，由于笔者水平有限，相信本书还存在许多可以进一步完善的地方，期待读者一起参与，不吝赐教！

庄粉荣
2020 年 12 月

目录

地点有选择　人和亦重要

【妙计提要】

地理税境有高低，政策选择存差异；税收策划好运筹，随心所欲做生意。

【本计内容】

中国有一句古话，叫作"谋事在人，成事在天"。古人还说：成事讲究天时、地利、人和。

应天时，讲地利，这个说法最早是在军事上的运用。利用天时、地利，弥补了兵力数量的不足，成就了绝代战役的案例不少。我国古代最著名的有"赤壁之战""巨鹿之战"和"淝水之战"，等等。

赤壁之战是三国时期最有名的战役。当年刘琮受降，九万大军尽归曹操麾下，加上他带来的二十万大军，曹军就有近三十万的兵马。而刘孙的联军，仅有十万不到。因曹操的兵马来自北方，不熟水性，士兵们容易晕船。他们就用铁索把战船连成一环，使船受河浪影响变小，在船上的士兵们如履平地，战斗能力大大增强。

然而，东吴名将黄盖识破了铁锁连环的弱点，便向周瑜献计，让他们用火船对战曹操的连环船。曹操的连环船因为被铁锁连起来，一艘船遭殃，其他也纷纷中招。在这样的情况下，曹操失败，退守北方……

而巨鹿之战则是项羽的成名之作，利用地利条件以不到五万的兵力解决了秦国王离、章邯的四十万大军。

兵家讲究天时、地利、人和，其实，做生意搞经营也是如此，从事税收策划更不例外。

税收策划这门学科能够诞生，与我国的改革开放不无关系。"十一届三中全会"以后，我国由计划经济体制向社会主义市场经济体制过渡，为税收策划业务的产生提供了"天时"条件，我国已经确立了社会主义市场经济机制，在市场经济条件下，投资人的正当利益通过法律可以得到保护。国家税务总局公告 2017 年第 13 号中明确税收策划是一个涉税业务，所以，在法治社会里进行税收策划，正值天时也！

换一个角度来讲，作为投资人，将投资项目放在哪里也是要讲地利的。如何利用各地有利的政策进行税收策划是本计的主要内容，所以在这里我们略加展开对其作一个分析。

从税收策划的角度考虑地利，就是看哪里的税收负担相对比较轻。投资在哪里税收上优惠最多。

世界之大，税境复杂。各个国家由于其政治、历史、文化和自然条件不同，其税收政策差异很大。如果站在世界经济的角度来看税收策划，纳税人关注的不仅仅只是自己的经营情况，还需要联系自身所在地与投资所在地在税收等方面的情况。其策划的结果也不仅仅是一个企业的利益，它直接关系到国与国的利益分配，从而影响到相关国家的利益。

税收是各国产业政策的体现手段之一，同时又关系到人们的切身利益。为什么说对税收本身的固有特点进行研究，并针对税收政策的规定，在法律允许的范围内采取必要的手段，就可以使自己的税收负担最大限度地降低呢？从国际税收的角度讲，主要有五个方面的客观因素。

其一，各个国家所使用的税收管辖权有所不同。税收管辖权是一国政府在征税方面所实行的管理权力。税收管辖权有三种：即居民管辖权、公民管辖权和地域管辖权。每个国家由于其国体或政体不同，导致其管理国家的方式和方法有所不同，反映在税收的管理上，各国对税收的管辖权的规定上往往千差万别。因为国与国之间的差异，在国际之间的衔接上就可能形成某种重叠和漏洞，从事国际贸易或在国际间设立跨国公司经营，就可以利用这些差别和漏洞，将自己的税收负担降到最低水平。从这个角度讲，就从三个方面为税收策划留下了可能性：一是两个国家实行不同税收管辖权所造成的跨国税收策划。比如 A 国实行地域税收管辖权，B 国实行居民税收管辖权，那么 A 国的居民从 B 国获得的所得就可以躲避所有纳税义务。二是两个国家同时实行所得来源管辖权造成的跨国税收策划。各国确定所得来源的标准不同，有的国家根据所得支付者的来源确定，若所得支付者是本国自然人或法人，则该所得来源于本国，否则该所得并非来源于本国；有的国家则根据其他标准来断定一项所得是否来源于本国；这样，对待涉及两个国家的同一笔所得，当这两国认为这笔所得的支付者与获得者不属于本国自然人或法人时，该笔所得就可以躲避纳税义务。三是两国同时行使居民管辖权所造成的跨国税收策划。由于各个实行居民管辖权的国家对自然人和法人是否为本国居民有不同的确认标准，比如，当确定一自然人是否为本国居民时，有的国家采用住所标准，有的国家采用时间标准（即以居住时期超过一定期限为准），有的国家采用居住场所标准，还有的国家采用意愿标准，即询问自然人是否愿意成为本国居民；当确定一法人为本国居民时，有的国家采取登记注册标准，有的国家采取机构所在地标准。因此，跨国纳税人有可能同时避开在两个及以上有关国家的纳税义务。

其二，具体执法环节税收执法效果上的差别。

有的国家虽然在税法中规定有较重的纳税义务，但由于征管工作不力，工作中漏洞百出，给逃税、避税造成许多可乘之机，从而造成税负的名高实低。对国际避税来说，这些差别是十分重要的，明显的例子就是在执行税收条约或规定的情报交换条款的各有关税务当局管理效率上的差别。如果某一缔约国的管理水平不佳，会导致该条款大打折扣，反而有了更好的国际避税条件。

其三，各国的税法对税收要素等方面的界定不同。

由于各国的自然资源禀赋不同，生产力发展水平差异较大。处于具体条件下的国家必须采取与之相适应的措施和办法，反映在有关税收法规上，也将会出现明显的差别。这样的差别主要表现在以下几个方面。一是税种的差异，有的国家开征甲税，有的国家征收乙税，而有的国家则除了征甲、乙税以外，还征收丙税等；二是税基和税种类型的差异。虽然多数国家都开征了某种税，但其税基和类型都有所区别。例如，许多国家都开征了增值税，但是在增值税的具体设置和管理环节上，各国的情况各不相同，增值税的发源地法国在流转环节实现普通征收，而我国从 2016 年 5 月 1 日才实行全面的营业税改征增值税，另外通过消费税作重点调节。此外还有税率差异、征税对象差异、纳税人差异、税收征收管理方式的差异和税收优惠内容与形式上的差异，等等。

其四，各国对避税的认可程度及反避税的方法上的差别。

由于国际税收差异的存在，各国也在强化国际间的税收衔接，例如扩大纳税义务、税法中行使公民税收管辖权以及各种国内和国际反避税措施，实行信息交换等。但是反避税是一项非常复杂的工程，各国对反避税的重视程度，反避税的具体实施方法等都大相径庭。跨国纳税人可以通过研究各国不同的反避税方案来制订自己的国际节税策略。

利用税境与国境的差异策划税收。一般而言，税境与国境范围相同，但是当国家在本国设置自由港、自由贸易区和海关保税仓库时，税境就小于国境。对跨国纳税人来说，自由港、自由贸易区是最理想的节税地，也是当今跨国节税的活动中心。自由港、自由贸易区不仅提供关税方面的减免，其他各种税收在这里受到不同程度的减免，它是现存税收制度中的一块"真空地带"。此外，各国出于某种考虑对本国的某一区域设立相对比较低的税率征税，或者政府在"招商引资"名下的税收通过财政返还等，这也为纳税人在国内规避相应的税收负担提供了可能。

其五，其他可以用来策划税收的因素。

在经济生活中，影响经济活动正常运行的因素很多，如通货膨胀、资本的流动限制、外汇管制等，它们对国际节税也有重要影响，这些非税收因素直接涉及国际节税环境的优劣，在一定程度上比税收因素还重要。

利用通货膨胀规律节税。通货膨胀给纳税人造成一定的正面影响，这是因为取得应税所得与实际缴纳税款并不同步，而是存在一个时间差，通货膨胀会使延迟一段时间之后的应付税金的真实价值降低。由此，通货膨胀会对应纳税额造成两方面的影响，一方面对纳税人有利，而另一方面对纳税人不利，纳税人可以利用通货膨胀的机理来进行国际节税。

通过资本流动节税。当今资本的流动性越来越大，资本流动的结果造成相当一部分的纳税自然人和法人以各种名义携带资本在国与国之间流动，通过有效的财务和税收策划，最终实现少纳税的目的。

外汇管制的影响。外汇管制是一个国家控制经济参与跨国流动的有效手段，外汇管制的主要内容是禁止外汇的自由交易，是对以财政手段控制国际避税的替代或补充，目的是加强了对避税的控制。因此，外汇管制的松紧程度，影响国际税收策划的空间。

如果从一个国家的情况来看，比如我国，由于其东西、南北的经济差异比较大，为了促进经济的发展，我国采取了差别税收政策。改革开放后，我国曾对经济特区、沿海经济技术开发区、国务院批准的高新技术产业开发区、中西部地区所办实行不同的所得税政策；为了引进外资，对外商投资企业制定了一系列所得税优惠政策。2008 年统一所得税法以后，区域性税收优惠政策有所淡化，但是地区差异仍然存在。

至于人和，笔者将其解释为我国传统文化和行为方式，落实到税收策划上就是实际操作环节的税务管理特点。由于区域差异，从而形成税务管理特点上的差异。税务管理的差异主要表现在：税务管理的力度有大有小，税收征管改革的速度有快有慢，自由裁量权有宽有严，地方优惠政策（非国家规定的免征或者返还等税收优惠）有多有少等。这些往往是非书面能够表述的，但是，实际经营活动过程中客观存在。进行税收策划不能离开当地税收征管实际去操作。

在税收策划上讲人和，还表现为当事人对税收策划的认知上。当下还有部分企业人士并没有认识到完善企业内部管理的重要性，还停留在"打关系"的认知上，认为只有跟主管税务机关的主要人员搞好关系，就可以争取到税收上的好处。所以，涉税收服务机构在市场拓展和签署策划合同时往往遭遇尴尬。

当然，在具体操作过程中也不乏各种陷阱，比如，目前网络上宣传的利用"税收洼地"以"核定征收优惠"做策划，等等。这就需要广大投资人和企业家擦亮眼睛，识别真假，同时还需要既懂涉税政策和策划技术，又懂操作业务流程的咨询专家参与……将天时、地利、人和结合起来，就是税收策划的第一要旨！

【案例注释】

税收策划是一门技术性和艺术性相结合的学科，在实务第一线往往更倾向于实务操作。但是，从上述计策表述的内容上看，读者可能还是感觉难以理解。因此，这里我们结合实际案例对有关计策的操作思路做一个简要分析和解释。

国际巨星说梅西　国际避税麻烦多

由于在不同的国家其政治、历史、文化和自然条件不同，从而导致其税收政策差异很大，这就是在税境上表现出来的税收区域性差异。许多聪明的投资人就利用自身所在地与投资所在地税收等方面的差异进行综合策划。

实务案例：

西班牙媒体曾经同时报道了当今足坛两大巨星的两条新闻，都和偷逃税款有关。首先是梅西偷逃税案上诉的最终结果，是西班牙高等法院驳回了梅西方的上诉，维持原判，判处梅西监禁 21 个月。而与此同时，多家媒体透露，目前检察院正在调查克里斯蒂亚诺·罗纳尔多（简称 C 罗）偷逃税款 800 万欧元一案。

业务分析：

在梅西案终审后，C 罗偷漏税案才出了个苗头。此前足球解密网站透露了 C 罗狂收 1.5 亿欧元广告费，却只缴了 4% 税款的事件。根据西班牙各家权威媒体报道，西班牙财政部已经把 C 罗偷逃税款案交予西班牙检察机构，并准备起诉 C 罗。

C 罗从 2009 年初起，将他的肖像权收入存放在英属维尔京群岛的多家公司内。这些公司以不透明的方式运营，具有空壳公司的架构，没有实际经济活动或雇员，借助职业的挂名人进行运作。据悉，C 罗在 2011 年～2013 年的 3 年期间，报税出现问题。目前根据财政部测算，C 罗共少缴税款 800 万欧元。很多球迷认为，梅西少缴了 410 万欧元被判了 21 个月，那 C 罗应该被判 42 个月监禁。

C 罗、梅西（以下简称球星）将个人的肖像权以低价卖给设在避税地的公司，赞助商直接将高额的广告费支付给位于"避税天堂"的公司，而这些地区对企业所得税实行很低的税率甚至免除所得税，从而球星将个人收入本应在西班牙承担的高额税额大大降低。这种方法在欧洲爆发经济危机之前较为普遍，许多球星都利用在避税港设立公司，通过肖像权的授予，将获得的巨额广告收入转移到避税地，从而减少应承担的高税负。但在欧洲爆发经济危机后，西班牙政府为了增加财政收入、促进国内经济复苏，对这一避税行为展开积极的调查，并从法律上修改此前的优惠税率。球星转移肖像权获得的广告收入应计入西班牙个人所得税应纳税所得额中，按照本地适用税率计缴纳税。

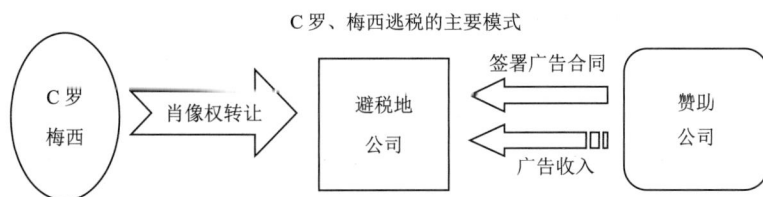

C 罗、梅西逃税的主要模式

分析点评：

其他足球明星的避税方式与梅西、C 罗等球星类似，譬如马斯切拉诺、内马尔和莫德里奇等都是通过将肖像权授予与自己利益相关者在避税地设立的公司，进而将广告费收入转移至避税地或低税负地区来获得税收利益。然而在西班牙政府的严厉打击下，该种避税模式的操作空间日益缩小，越来越多的足球明星遭到调查，并补缴了税金和罚款。

英国足球明星贝克汉姆也进行过相关的税收策划，不过与他们不同的是，贝克汉姆设立自己的公司经营自己的肖像权和相关服务，获得的广告费收入直接入账自己的公司，将高额的个人所得税变为较低的企业所得税；当自己需要资金时，再向公司"借款"。这样一来，公司在年度申报纳税时，可能出现"亏损"，从而减少了企业所得税的缴纳。

跨境销售慎操作　利益落实有难度

利用区域差异降低税收负担是跨境投资人经常采用的方法之一，因为国际税收政策差异客观存在，即使在互联网条件下各国通过信息交换或者其他手段加强国际合作，各国的税务管理差异仍然无法彻底避免。

实务案例：

美国雅美特跨国公司，在避税地百慕大设立了一个雅美子公司。目前雅美特公司向英国出售一批货物，销售收入 4 000 万美元，销售成本 1 600 万美元，美国所得税税率 30%。

对于雅美特公司来说，应当如何操作才能够节税呢？

业务分析：

现在人们已经将经营的视角放到全世界。而在这个世界上有许多"避税地"。所谓"避税地"，一般指某一国家或地区的政府为吸引外国资本流入，繁荣本国或本地区经济，弥补自身的资本不足和改善国际收支状况，在本国或本地区划出一定区域和范围，也可能是全部区域和范围，鼓励吸引外国资本来此投资及从事各种经济、贸易活动。投资者和从事经营活动的企业享受不纳税或少纳税的优惠待遇。这种区域范围就被称为"避税地"。"避税地"可以是港口、码头、沿海地区或交通便利的城市，也可以是内陆地区。

策划操作：

雅美特公司就是利用"避税地"的政策优势，将此笔交易获得的收入转到百慕大公司的账上。因百慕大没有所得税，此项收入无须纳税。

按照正常交易原则，雅美特公司在美国应纳公司所得税为：

（4 000-1 600）×30% = 720（万美元）

策划点评：

雅美特公司通过"虚设避税地营业"，并未将此笔交易表现在本公司美国账面上。百慕大的雅美子公司虽有收入，也无须缴，如果雅美子公司利用这笔账面收入投资，获得收益也可免缴资本所得税；如果雅美子公司将这笔收入赠予其他企业，还可不缴纳赠予税。这就是避税地的好处。

各个国家的经济政策不同，反映到税收上就是税收负担的高低、税收管理手段的繁简给企业造成的实际成本的大小上。目前，世界上有许多被称为国际避税地的国家和地区，被认为是跨国税收策划的热点地区。所谓国际避税地，又称为避税港，它指一些国家和地区为了吸引外国资金和先进技术等，制定一些特殊政策，为纳税人提供的、使他们的税收负担尽可能低的场所，这种场所在世界各地有各种不同的形式。

对于那些资源比较匮乏，面积比较小的国家和地区，有的整个国家都设为避税区，对那些比较大的国家，往往拿出一个行政区域来设立低税区，也有的设立"保税区"或"保税仓库"等。显然，走出国界做生意，有些低税区或国际避税区是我们不能不加以考虑的地方。那么，哪些地方是国际避税地，我们如何去识别它们呢？在这里，我们不妨从理论的角度对其做一个简要介绍。

1. 国际避税地的特点

（1）税收负担低。这是国际避税地最显著的特点。税收负担的高低是用税收占国民生产总值的比重来表达的，一般而言，税目体现征税的广度，而税率才体现征税的深度。只有税率低，税收负担才轻，税收负担轻，甚至根本就没有，才能对投资者产生吸引力，避税地也只有具有轻税负的特点，才是名副其实的，这是问题的一个方面；另一方面避税地的轻税负还必须体现在直接税上面，也就是说，对于那些跨国投资者而言，直接税的负担低，或者根本就不征直接税，才是真正意义上的低税负。这是因为，对跨国投资者而言，间接税是可以转嫁的，而直接税则不能转嫁，间接税只能在产品的市场竞争能力上产生影响，这对那些垄断性产品或垄断性行业来说，则是没有意义的，因为在这种情况下，税收的实际承担人是消费者，而不是生产经营者，直接税的负担则要生产经营者直接承受，一般情况下无法转嫁给他人。所以，能够真正对跨国投资者产生吸引力的低税负，指直接税的低税负。

（2）优惠对象主要是外来投资者。纵观目前世界上实行避税地的国家和地区，其采取的税收优惠的目的指向是很明确的，绝大多数都是侧重外来投资者而言的，这种做法也得到非避税国和地区的认可，比如我国曾经对在我国生产经营十年以上的生产性"三资企业"从获利年度起，可以享受所得税"两免三减半"的政策，对生产经营时间更长的一些国家鼓励性行业的"三资企业"，享受所得税减免的优惠时间还可以延长等。

（3）避税区域明确。在一般的情况下，无论是避税国还是国际避税区，都有一个明确的范围，有的是一个国家或地区的全部，比如某些岛国或一些在政治上享有独立地位和自治权力的地区，有的是其中一个或几个岛屿，有的是一个港口城市、自由贸易区或出口加工区，在区域内才实行低税政策，我国在一些地区设立的保税区如深圳的福田保税区，上海的外高桥保税区四周专门建立了隔离设施，使其成为一个独立的小气候，从而更加突出低税区域的形象，使大量的资金和业务流向这些地方。

2. 国际避税地的类型

（1）典型的国际避税地。这类避税地税收负担很轻，地理条件独特，各种保障措施完好，这里地理上全部属于岛屿型，税收上税种少，税收负担低，有的完全免征直接税，有的实行单一的来源地税收管辖权，对境外收入不征税，没有财产税，也没有遗产税和赠予税。

在这些避税港，有很多避税案例。媒体曾经介绍过的英国媒体大王鲁珀特·默多克在英国的新闻投资公司，通过在世界各地设立近 800 家子公司，包括开曼群岛、百慕大群岛等一些有名的国际避税地，并利用英国的税收政策和利润转移策略，成功规避近 14 亿英镑即 21 亿美元的利润。也正因为如此，一些跨国投资者纷纷涌向国际避税地。以百慕大群岛为例，如 1990 年岛上地方公司有 1 238 家，而外国公司达 4 680 家。美国许多跨国公司在该群岛设有机构，投资额在 1992 年已达 220 亿美元，所以岛上各种保险公司多达 1 000 余家，年保险费收入约 60 亿美元。

（2）普通避税地。这些地方的政策条件介于前者所说的典型的避税地与非避税地之间，有一定的税收负担，但是不算太高，这样的避税地比较多，其中又可以分为两种类型：一是只对境内所得或财产征收较轻的税收，而对来自境外的所得不征税，这样的避税地有我国的香港、澳门地区，此外还有巴拿马、哥斯达黎加、利比里亚等地。二是对境外所得和财产等只征少量的税，同时对外国经营者给予特殊的税收优惠，这类避税地的国家有英国、瑞士、以色列、巴巴多斯、直布罗陀、巴林、塞浦路斯、牙买加、安提瓜岛等。

（3）不完整的国际避税地。这类避税地有一个特点：总体上实行正常的税收制度，但将国内的某一个区域拿出来，单独实行特殊的税收优惠政策，或者整个国家在某些特定的方面实行某些特殊的优惠政策，这些国家有加拿大、菲律宾、荷兰、卢森堡、希腊等地。

（4）协议避税地。这一类国家和地区的税收有一个特点：通过与有关国家签订双边协议，形成税收协定网络，对外资有较为优惠的政策，从而形成"准避税港"，成为国际控股、投资公司、中介性金融公司和信托公司建立的热点地区。如荷兰，目前已经同澳大利亚、奥地利、丹麦、芬兰、德国、法国、希腊、瑞士、匈牙利、印度、日本、韩国、卢森堡、马来西亚、新西兰、新加坡、南非、西班牙、泰国、英国、美国、俄罗斯等多个国家缔结了全面税收协定，对以上协定国均实施低税率的预提税，预提税的税率：通常股息为 25%，对协定国降为 5%、7.5%、10%、15%；利息和特许权使用费不征税。其中还对丹麦、芬兰、爱尔兰、意大利、挪威、瑞典、英国、美国的股息预提税限定税率为零。此外，对汇出境外的公司利润也可比照股息享受低税或免税优惠。瑞士也是因税收协定网络相当发达，成为国际控股、中介性金融公司设立较多的国家之一。瑞士已同澳大利亚、比利时、法国、埃及等三十多个国家缔结了全面税收协定。

当然，利用国际避税地策划降低税收负担要讲究谋略。因为现在许多国家及国际经济组织对国际避税地已经亮出了"黄牌警告"。2000 年 6 月 26 日，经济合作与发展组织（OECD）财政事务部公布了题为《确定和消除有害税收活动进程》的报告，报告列举了全球 35 个避税港的名单。这 35 个国家或地区的名单是：安道尔、安圭拉岛（英国的海外领地）、安提瓜岛和巴布达岛、阿鲁巴岛（荷兰领地）、巴哈马、巴林岛、巴巴多斯群岛、伯利兹、英属维尔京群岛、库克群岛（新西兰属地）、多米尼加、直布罗陀（英国的海外领地）、格林纳达、曼岛（英国的海外领地）、泽西（英国的海外领地）、利比里亚、列支敦士登公国、马尔代夫共和国、马绍尔共和国、摩纳哥公国、蒙特塞拉特（英国的海外领地）、瑙鲁共和国、荷属安的列斯群岛、纽埃岛（新西兰属地）、巴拿马、萨摩亚群岛、塞舌尔共和国、圣卢西亚、圣克里斯多福和尼维斯联邦、圣文森特和格林纳丁斯、汤加、特克斯和凯科斯（英国的海外领地）、美属维尔京群岛、瓦努阿图共和国。在 OECD 公布避税港报告前，百慕大、开曼群岛、塞浦路斯、马耳他、毛里求斯、圣马力诺等 6 个国家和地区就提前做出承诺，愿意在 2005 年底之前消除有害税收活动，承诺采用国际税收通行的透明标准，进行情报交换，实行公平的税收竞争。OECD 对这些国家的承诺表示欢迎，没有将它们列入避税港名单。由此可见，我们要随时关注国际避税港的发展情况和其他动态，以免策划失误。

（5）国际避税地的分布。

当今，引人注目的避税地主要分布在下述几个区域。

加勒比海地区：巴哈马、百慕大、开曼群岛等。

地中海地区：直布罗陀、塞浦路斯等。

欧洲地区：荷兰、瑞士、列支敦士登、安道尔、卢森堡、摩纳哥等。

太平洋地区：瑙鲁共和国、瓦努阿图等。

不过所谓避税地也是在不断变化的，随着政治经济情况的变化，各国的税收政策也会做出相应的调整，可能因此而形成新的避税地。投资人如果想利用避税地做税收策划，就需要随时了解各地的政策变化，相应地进行税收策划。

利用洼地做策划 操作得当可获利

前面讲到国际上的税收政策差异和国际之间税务管理方面的差异，正是这些差异的存在，给那些从事跨国投资的纳税人提供了避税的操作空间。如果我们换一个视角，将目光移到国内，在国内是否也存在类似的现象呢？显然，**我国是不允许避税的**。随着我国税收法律制度的日益完善，避税的可能性大大降低，但是，由于我国自然条件存在较大的差异，因此，国家也对部分区域给予特殊的规定。

企业案例：

F 公司是一家大型民营投资集团，在国内有许多投资项目并取得了骄人的业绩。2019 年实现投资收益 500 多亿元。2020 年初，公司拟投资一个新项目，该项目是一项新材料专利转化产品，科技含量相当高。那么，该项目应当放在哪里，在税收方面能够获得更多的利益？

政策分析：

为了实现我国的经济发展战略，国家在不同的时期制定了相应的税收政策，比如，在改革开放初期制定了对经济特区的税收优惠，对沿海开放城市的优惠，对沿海开发区的优惠，对经济技术开发区的优惠……而目前还根据国内经济情况制定了对西部开发区的税收优惠以及其他特定区域的税收优惠政策，等等。这就给投资人提供了极好的策划机会。此处笔者列举几个区域性的政策精神。

1. 西部大开发的涉税政策

为了支持西部地区的发展，国家在 2001 年—2010 年实施了首轮西部大开发战略，出台了包括税收优惠政策在内的西部大开发政策。2010 年 7 月 5 日出台的中发〔2010〕11 号明确继续深入实施西部大开发战略，实施包括西部地区鼓励类产业企业减按 15% 税率征收企业所得税在内的一揽子税收优惠政策。《财政部 税务总局 国家发展改革委关于延续西部大开发企业所得税政策的公告》（财政部公告 2020 年第 23 号）再次明确，自 2021 年 1 月 1 日至 2030 年 12 月 31 日，对设在西部地区的鼓励类产业企业减按 15% 的税率征收企业所得税。这里所称鼓励类产业企业指以《西部地区鼓励类产业目录》中规定的产业项目为主营业务，且其主营业务收入占企业收入总额 60% 以上的企业。这里所称西部地区包括内蒙古自治区、广西壮族自治区、重庆市、四川省、贵州省、云南省、西藏自治区、陕西省、甘肃省、青海省、宁夏回族自治区、新疆维吾尔自治区和新疆生产建设兵团。湖南省湘西土家族苗族自治州、湖北省恩施土家族苗族自治州、吉林省延边朝鲜族自治州和江西省赣州市，可以比照西部地区的企业所得税政策执行。

2. 关于海南自由贸易港所得税优惠

海南自由贸易港所得税优惠包括企业所得税和个人所得税两个方面。

（1）企业所得税优惠。

为支持海南自由贸易港建设，《财政部 税务总局关于海南自由贸易港企业所得税优惠政策的通知》（财税〔2020〕31 号）明确，自 2020 年 1 月 1 日至 2024 年 12 月 31 日在企业所得税上享受如下优惠政策：

①对注册在海南自由贸易港并实质性运营的鼓励类产业企业，减按 15% 的税率征收企业所得税。

这里所称鼓励类产业企业，指以海南自由贸易港鼓励类产业目录中规定的产业项目为主营业务，且其主营业务收入占企业收入总额 60% 以上的企业。所称实质性运营，指企业的实际管理机构设在海南自由贸易港，并对企业生产经营、人员、账务、财产等实施实质性全面管理和控制。对不符合实质性运营的企业，不得享受优惠。

海南自由贸易港鼓励类产业目录包括《产业结构调整指导目录（2019 年本）》《鼓励外商投资产业目录（2019 年版）》和海南自由贸易港新增鼓励类产业目录。上述目录在本通知执行期限内修订的，自修订版实施之日起按新版本执行。

对总机构设在海南自由贸易港的符合条件的企业，仅就其设在海南自由贸易港的总机构和分支机构的所得，适用 15% 税率；对总机构设在海南自由贸易港以外的企业，仅就其设在海南自由贸易港内的符合条件的分支机构的所得，适用 15% 税率。具体征管办法按照税务总局有关规定执行。

②对在海南自由贸易港设立的旅游业、现代服务业、高新技术产业企业新增境外直接投资取得的所得，免征企业所得税。

这里所称新增境外直接投资所得应当符合以下条件：一是从境外新设分支机构取得的营业利润；或从持股比例超过 20%（含）的境外子公司分回的，与新增境外直接投资相对应的股息所得。二是被投资国（地区）的企业所得税法定税率不低于 5%。

这里所称旅游业、现代服务业、高新技术产业，按照海南自由贸易港鼓励类产业目录执行。

③对在海南自由贸易港设立的企业，新购置（含自建、自行开发）固定资产或无形资产，单位价值不超过 500 万元（含）的，允许一次性计入当期成本费用在计算应纳税所得额时扣除，不再分年度计算折旧和摊销；新购置（含自建、自行开发）固定资产或无形资产，单位价值超过 500 万元的，可以缩短折旧、摊销年限或采取加速折旧、摊销的方法。

这里所称固定资产，指除房屋、建筑物以外的固定资产。

（2）个人所得税。

为支持海南自由贸易港建设，《财政部 税务总局关于海南自由贸易港高端紧缺人才个人所得税政策的通知》（财税〔2020〕32 号）明确，自 2020 年 1 月 1 日至 2024 年 12 月 31 日对在海南自由贸易港工作的高端人才和紧缺人才，其个人所得税实际税负超过 15% 的部分，予以免征。这里的所得包括来源于海南自由贸易港的综合所得（包括工资薪金、劳务报酬、稿酬、特许权使用费四项所得）、经营所得以及经海南省认定的人才补贴性所得。

3. 粤港澳大湾区个人所得税优惠政策

《财政部 税务总局关于粤港澳大湾区个人所得税优惠政策的通知》（财税〔2019〕31 号）明确，自 2019 年 1 月 1 日至 2023 年 12 月 31 日，有关个人所得税优惠政策如下：一是广东省、深圳市按内地与香港个人所得税税负差额，对在大湾区工作的境外（含港澳台，下同）高端人才和紧缺人才给予补贴，该补贴免征个人所得税；二是在大湾区工作的境外高端人才和紧缺人才的认定和补贴办法，按照广东省、深圳市的有关规定执行；三是适用范围包括广东省广州市、深圳市、珠海市、佛山市、惠州市、东莞市、中山市、江门市和肇庆市等大湾区珠三角九市。

4. 横琴、平潭开发增值税、所得税和个人所得税政策

财政部、海关总署、国家税务总局在《关于横琴、平潭开发有关增值税和消费税政策的通知》（财税〔2014〕51 号）中，就横琴、平潭开发有关增值税和消费税政策明确，一是内地销往横琴、平潭与生产有关的货物，视同出口，实行增值税和消费税退税政策。二是内地货物销往横琴、平潭，适用增值税和消费税退税政策的，必须办理出口报关手续（水、蒸汽、电力、燃气除外）。海关总署将货物经"二线"进入横琴、平潭的《进境货物备案清单》的电子信息提供给国家税务总局。三是横琴、平潭各自的区内企业之间销售其在本区内的货物，免征增值税和消费税，等等。

对于企业所得税，财税〔2014〕26号文件就有关企业所得税政策明确，自2014年1月1日起至2020年12月31日止，一是对设在横琴新区、平潭综合实验区和前海深港现代服务业合作区的鼓励类产业企业减按15%的税率征收企业所得税。上述鼓励类产业企业指以所在区域《企业所得税优惠目录》（见附件）中规定的产业项目为主营业务，且其主营业务收入占企业收入总额70％以上的企业。上述所称收入总额，指《中华人民共和国企业所得税法》第六条规定的收入总额。二是企业在优惠区域内、外分别设有机构的，仅就其设在优惠区域内的机构的所得确定适用15%的企业所得税优惠税率。在确定区域内机构是否符合优惠条件时，根据设在优惠区域内机构本身的有关指标是否符合本通知第一条规定的条件加以确定，不考虑设在优惠区域外机构的因素。三是企业既符合本通知规定的减按15%税率征收企业所得税优惠条件，又符合《中华人民共和国企业所得税法》及其实施条例和国务院规定的其他各项税收优惠条件的，可以同时享受；其中符合其他税率优惠条件的，可以选择最优惠的税率执行；涉及定期减免税的减半优惠的，应按照25%法定税率计算的应纳税额减半征收企业所得税。

此外，财税〔2019〕63号文件明确自2019年1月1日起至2020年12月31日止享受如下政策：一是在横琴新区企业所得税优惠目录中增列有关旅游产业项目。横琴新区内享受减按15%税率征收企业所得税优惠政策的鼓励类产业企业，统一按照《横琴新区企业所得税优惠目录（2019版）》执行。二是横琴新区内鼓励类产业企业减按15%税率征收企业所得税政策其他相关事项，继续按照财税〔2014〕26号文件的相关规定执行。

对于个人所得税，财政部 国家税务总局在《关于福建平潭综合实验区个人所得税优惠政策的通知》（财税〔2014〕24号）中，就福建平潭综合实验区有关个人所得税问题明确，自2013年1月1日起至2020年12月31日止，在平潭综合实验区工作的台湾居民，应按照《中华人民共和国个人所得税法》的有关规定，缴纳个人所得税。福建省人民政府根据《国务院关于平潭综合实验区总体发展规划的批复》（国函〔2011〕142号）以及《平潭综合实验区总体发展规划》有关规定，按不超过内地与台湾地区个人所得税负差额，给予在平潭综合实验区工作的台湾居民的补贴，免征个人所得税。

5. 新疆喀什霍尔果斯两个特殊经济开发区企业所得税优惠政策

财政部 国家税务总局在《关于新疆喀什霍尔果斯两个特殊经济开发区企业所得税优惠政策的通知》（财税〔2011〕112号）中，就新疆喀什、霍尔果斯两个特殊经济开发区有关企业所得税优惠政策明确，自2010年1月1日至2020年12月31日，对在新疆喀什、霍尔果斯两个特殊经济开发区内新办的属于《新疆困难地区重点鼓励发展产业企业所得税优惠目录》（以下简称《目录》）范围内的企业，自取得第一笔生产经营收入所属纳税年度起，五年内免征企业所得税。

这里的第一笔生产经营收入，指产业项目已建成并投入运营后所取得的第一笔收入。这里属于《目录》范围内的企业指以《目录》中规定的产业项目为主营业务，其主营业务收入占企业收入总额 70% 以上的企业。

当然，国内税收优惠政策还不仅仅于此，我们在这里就不详尽列举了。投资人应当注意的是，在地方操作层面上，还有"财政返还"等相关的优惠可以争取，而这些利益通常是通过"一事一议"的方式进行的，所以，必要的情况下应当聘请有经验的资料专家配合。

当然，自从《立法法》出台以后，有关政策的制定和实施必将越来越规范，作为投资人应当从长远的角度看问题，做好战略规划。

策划建议：

咨询专家认为，如果仅从税收的角度讲，投资活动可以在全球展开，但是优先考虑在国内。如果进行跨国经营，相应的则有跨国税收策划策略。

在国际进行税收策划，是所有跨国公司从事财务运作的一个重要内容。进行国际税收策划的常用手段和策略是在国际避税地、市场中心区等与本企业开拓市场、营运资本等有关的区域建立信托公司、投资公司、控股公司、金融公司以及采购和销售公司等，然后利用区域之间的税收差别，通过转让定价和税款的递延等手段获取直接的或间接的好处。

行业有优惠　企业可选择

【妙计提要】

这山看着那山高，那山更有新门道；登前问路细盘算，风水环境选择好。

【本计内容】

在自然生活中往往会出现这样的现象：山这边是一个气候，而在山那边，可能却是另外一道风景了。在经济生活中也是如此。各国的比较优势不同，故而出现经济差异，与此相适应，政策也就出现差异。即便是在同一个国家里，不同的行业之间也存在很大的差别。

俗话说："隔行如隔山"。随着生产力的不断发展，促进社会不断地分工，因而出现了各种各样的行业和部门，这些行业综合的结果形成社会经济。在整个社会经济活动中，不同的行业在社会经济发展过程所处的地位不同，其所起的作用也不一样。从另一方面说，随着社会经济的不断发展，物质文化生活水平的提高，在不同的阶段人们对不同的行业提出了不同的要求。所以，在国家的宏观管理中需要对行业进行分类。所谓行业分类，指从事国民经济中同性质的生产或其他经济社会的经营单位或者个体的组织结构体系的详细划分，如林业、汽车业、银行业。行业分类可以解释行业本身所处的发展阶段及其在国民经济中的地位。《财富中国》根据发达国家的行业界定与行业演变规则，对中国的行业进行新分类。

通过行业分类，解释行业本身所处的发展阶段及其在国民经济中的地位，分析影响行业发展的各种因素以及判断对行业的影响力度，预测并引导行业的未来发展趋势，判断行业投资价值，揭示行业风向，为各组织机构提供投资决策或投资依据。目前，我们对行业的分类如下。

农、林、牧、渔业、采矿业、制造业、电力、热力、燃气及水生产和供应业、建筑业、批发和零售业、交通运输、仓储和邮政业、住宿和餐饮业、信息传输、软件和信息技术服务业、金融业、房地产业、租赁和商务服务业、科学研究和技术服务业、水利环境和公共设施管理业、居民服务、修理和其他服务业、教育、卫生和社会工作、文化、体育和娱乐业、公共管理、社会保障和社会组织、国际组织等。

通俗地讲，行业分类就是有规则的按照一定的科学依据，对从事国民经济生产和经营的单位或者个体的组织结构体系的详细划分。行业的发展必然遵循由低级的自然资源掠夺性开采利用和低级的人工劳务输出，逐步转向规模经济、科技密集型、金融密集型、人才密集型、知识经济型，从输出自然资源，逐步转向输出工业产品、知识产权、高科技人才等。

为满足人们的物质文化生活需要，国家往往要对在国民经济发展过程中发挥基础作用的行业或者与人们的物质文化生活在密切关系的行业进行鼓励和照顾，从而促进该行业的发展。这个鼓励和照顾在税收上的反应就是税收优惠。

税收优惠是税法的重要组成部分，自有税收以来就存在。税收优惠作为一般性税法条款的例外规定，通过减轻特定纳税人的税收负担，达到鼓励或支持的政策目的。任何国家都会通过多征或者少征税款的手段来调节不同行业的协调发展。由于酒的生产需要大量的粮食，而在我国，粮食的供应又十分紧张，再者，如果饮酒过度，也会产生许多负面的社会影响。所以我国对酒类产品的生产是采取限制性政策的，除了要按 13% 征收一道增值税以外，还要分类征收一道负担较重的消费税。而石油是地球上的稀缺资源，同时石油产品消费过度，也会造成环境污染，所以石油产品的税收负担也比较重。

粮食的生产是国家鼓励的，于是在税收上就能享受免税的优惠，以粮食为原料或者经营属于国家鼓励的粮食经营的，增值税就可以享受较低的 9% 的税率。

此外，在发生一些特殊事件的情况下，也可能根据影响情况制定一些临时性的行业税收优惠政策。比如新冠疫情发生后，为了帮助广大企业战胜困难，《财政部 税务总局关于支持新型冠状病毒感染的肺炎疫情防控有关税收政策的公告》（财政部 税务总局公告 2020 年第 8 号）第四条明确，受疫情影响较大的困难行业企业 2020 年度发生的亏损，最长结转年限由 5 年延长至 8 年。困难行业企业，包括交通运输、餐饮、住宿、旅游（指旅行社及相关服务、游览景区管理两类）四大类，具体判断标准按照现行《国民经济行业分类》执行。困难行业企业 2020 年度主营业务收入须占收入总额（剔除不征税收入和投资收益）的 50% 以上。同时在第五条明确，对纳税人提供公共交通运输服务、生活服务，以及为居民提供必需生活物资快递收派服务取得的收入，免征增值税。公共交通运输服务的具体范围，按照《营业税改征增值税试点有关事项的规定》（财税〔2016〕36 号印发）执行。生活服务、快递收派服务的具体范围，按照《销售服务、无形资产、不动产注释》（财税〔2016〕36 号印发）执行。

为支持电影等行业发展，《财政部 税务总局关于电影等行业税费支持政策的公告》（财政部 税务总局公告 2020 年第 25 号）自 2020 年 1 月 1 日至 2020 年 12 月 31 日，对纳税人提供电影放映服务取得的收入免征增值税。这里所称电影放映服务，指持有《电影放映经营许可证》的单位利用专业的电影院放映设备，为观众提供的电影视听服务。同时明确，对电影行业企业 2020 年度发生的亏损，最长结转年限由 5 年延长至 8 年。电影行业企业限于电影制作、发行和放映等企业，不包括通过互联网、电信网、广播电视网等信息网络传播电影的企业。此外，自 2020 年 1 月 1 日至 2020 年 12 月 31 日，免征文化事业建设费。

为了鼓励二手车交易，《国家税务总局关于明确二手车经销等若干增值税征管问题的公告》

（国家税务总局公告 2020 年第 9 号）第一条明确，自 2020 年 5 月 1 日至 2023 年 12 月 31 日，从事二手车经销业务的纳税人销售其收购的二手车，按以下规定执行：

（1）纳税人减按 0.5% 征收率征收增值税，并按下列公式计算销售额：

销售额＝含税销售额／（1+0.5%）

本公告发布后出台新的增值税征收率变动政策，比照上述公式原理计算销售额。

（2）纳税人应当开具二手车销售统一发票。购买方索取增值税专用发票的，应当再开具征收率为 0.5% 的增值税专用发票。

（3）一般纳税人在办理增值税纳税申报时，减按 0.5% 征收率征收增值税的销售额，应当填写在《增值税纳税申报表附列资料（一）》（本期销售情况明细）"二、简易计税方法计税"中"3% 征收率的货物及加工修理修配劳务"相应栏次；对应减征的增值税应纳税额，按销售额的 2.5% 计算填写在《增值税纳税申报表（一般纳税人适用）》"应纳税额减征额"及《增值税减免税申报明细表》减税项目相应栏次。

小规模纳税人在办理增值税纳税申报时，减按 0.5% 征收率征收增值税的销售额，应当填写在《增值税纳税申报表（小规模纳税人适用）》"应征增值税不含税销售额（3% 征收率）"相应栏次；对应减征的增值税应纳税额，按销售额的 2.5% 计算填写在《增值税纳税申报表（小规模纳税人适用）》"本期应纳税额减征额"及《增值税减免税申报明细表》减税项目相应栏次。

鉴于上述分析，投资人在选择投资项目的过程中，在其他事项既定的前提下，如果想进行税收策划，其中的投资行业的选择是一个重点策划的内容之一。

【案例注释】

从事行业性投资的涉税研究，已经超出企业财务核算的范畴。由于笔者长期致力于税收策划的运用性研究，同时提供咨询服务，本计便是笔者长期实践的一个总结。读者可能对上述的表述感觉难以理解。因此，这里我们结合实际案例对有关计策的操作原理做一个简要分析和解释。

利用行业议税收　农业免税风险多

在我国，农业是国民经济的基础，所以在税收上对农业制定了许多优惠和扶持性政策。而对于纳税人而言，存在一个普遍的认识，认为只要是优惠政策都要争取利用。但事实上并非如此。

企业情况：

金沙面粉制造有限公司是一家粮食加工企业，主要从事面粉的加工和销售，2018 年度实现销售 2.8 亿元，是增值税一般纳税人。2019 年 3 月 18 日当地主管税务机关对该企业 2015 年 1 月 1 日到 2018 年 12 月 31 日的纳税情况进行了检查，发现该企业偷税 150.38 万元。这让该企业的负责人王小民十分不理解。于是找到咨询专家。

现场调研：

咨询专家到该企业的现场进行了全面的调研，发现如下情况。

仅以该企业 2018 年度的销售情况为例：全年购进小麦 156 078 751.08 元，实现面粉销售总额为 120 363 780.33 元（不含税价），免税产品麸皮销售总额为 31 447 027.11 元，这样，该企业全年销售免税产品麸皮应该缴纳增值税 584 308.63 元。

由于在生产面粉过程中同时产生大量的麸皮，这种麸皮主要销售给当地的养鱼专业户。2001 年初，经有权部门鉴定为饲料，该企业在税收上享受免税待遇。

政策分析：

我国在税收方面对农业是持扶持态度的，但是，有关政策几经变化。由于当时我国农产品收购的进项税抵扣率为 10%，而销项税的适用税率为 13%，在这样的情况下，该公司销售饲料享受免税待遇还是有利可图的。但是，《财政部 国家税务总局关于提高农产品进项税抵扣率的通知》（财税〔2002〕12 号），明确从 2002 年 1 月 1 日起，增值税一般纳税人购进农业生产者销售的免税农业产品的进项税额扣除率由 10% 提高到 13%。

《财政部 税务总局关于简并增值税税率有关政策的通知》（财税〔2017〕37 号）明确自 2017 年 7 月 1 日起，简并增值税税率结构，取消 13% 的增值税税率，农产品的适用税率改为 11%。《财政部 税务总局关于调整增值税税率的通知》（财税〔2018〕32 号）则明确自 2018 年 5 月 1 日起：一是纳税人发生增值税应税销售行为或者进口货物，原适用 17% 和 11% 税率的，税率分别调整为 16%、10%。二是纳税人购进农产品，原适用 11% 扣除率的，扣除率调整为 10%。三是纳税人购进用于生产销售或委托加工 16% 税率货物的农产品，按照 12% 的扣除率计算进项税额。

《财政部 税务总局 海关总署关于深化增值税改革有关政策的公告》（财政部 税务总局 海关总署公告 2019 年第 39 号）则进一步明确自 2019 年 4 月 1 日起：一是增值税一般纳税人（以下称纳税人）发生增值税应税销售行为或者进口货物，原适用 16% 税率的，税率调整为 13%；原适用 10% 税率的，税率调整为 9%。二是纳税人购进农产品，原适用 10% 扣除率的，扣除率调整为 9%。纳税人购进用于生产或者委托加工 13% 税率货物的农产品，按照 10% 的扣除率计算进项税额。（加计扣除 1%）

由此可见，该公司销售饲料享受免税待遇，不仅得不到好处，相反，还要倒贴税款，仅 2018 年就是 58 万元。为什么会出现享受免税待遇而实际上得不到实惠的现象呢？下面我们来进行政策分析。

在当时政策且正常纳税条件下，作为一般纳税人的以农产品为原料的纳税人从农业生产者处收购 100 元的农产品，然后如果以原价销售出去。则经营企业在采购环节所取得的增值税进项税额为：9 元（100×9%），而销项税额为 8.26 元（100÷1.09×9%），作为一般纳税人的经营单位经营 100 元农产品就应缴纳增值税 -0.74 元（8.26-9）。

也就是说，在现行政策条件下进行正常的申报纳税，作为一般纳税人的经营单位通过农产品生产者收购的农产品按原价每经销 100 元的农产品，不仅不用缴纳增值税，而且还可以获得 0.74 元的收益。

对于以农产品作为原料的生产和经营者来讲，如果享受免税政策的情况就不同了。根据现行税法规定，销售免税产品的，在销售环节免征销项税额，同时，在购进环节发生的进项税额也不允许抵扣。这样，对于以农产品为原料的生产和经营者来讲，其购进农产品所含的进项税额在会计上就应该做"进项税额转出"处理。

金沙面粉制造有限公司是从事面粉的生产和销售,其经营过程是:从农业生产者手中收购小麦,经过加工生产出面粉和麸皮。其中的麸皮作为饲料销售,该企业按照法定程序完成了免税申请手续,经省级税务机关批准享受免征增值税的税收优惠待遇。因此,该企业属于兼营免税项目的行为,每月都根据税法规定结转免税货物的进项税额(税务机关确认兼营免税货物的在计算免税货物的进项税额转出的公式为:全部进项税额 × 免税销售总额 / 全部销售收入)。从最近几年的经营情况测算结果来看,该企业产品的销售毛利只有 6.79%。因为享受减免税,企业每生产 100 元免税产品,实际就要倒贴税款 3.21 元,并且免税产品销售越多,贴税额也就会越大。如果不享受免税待遇,企业就可以从国家税收上获得 10% 的"补贴",这样,享受税收优惠倒反而不划算。

金沙面粉制造有限公司的免税问题在全国来讲也许不是个别的。其中所反映的情况却是值得人们深思。从增值税的原理而言,销售免税产品其进项税额应该转出,这在我国的其他免税产品销售过程中都是这样执行,纳税人并未对这个操作原理提出异议。而作为免税农产品,其情况就有例外,因为对于农产品的税法规定有其特殊性,税法规定,购进农产品按其买价作为计算依据扣除 10% 的进项税额,而在销售环节则以不含税销售额为计算依据按 10% 计算销项税额,这就形成了"高扣低征"的现象。

策划建议:

放弃税收减免优惠。

专家点评:

《中华人民共和国增值税暂行条例实施细则》第三十六条纳税人销售货物或者应税劳务适用免税规定的,可以放弃免税,依照条例的规定缴纳增值税。放弃免税后,36 个月内不得再申请免税。另外,近期增值税政策几经调整,纳税人在执行相关政策的过程中,需要注意把握时间节点和适用税率的变化。

而从纳税人的角度讲,人们应该建立这样的概念,我国的税收优惠政策的制定,是从一个区域或者一个行业的角度考虑的,有其宏观的意义。但是对于某些纳税人而言,并非所有的优惠政策都适合自己。纳税人面对一些税收优惠政策就应进行分析和策划:这个税收政策对本企业而言,是否具有实质性优惠?如果确实有优惠,我们就去争取享受,否则还是等一等,通过进一步分析和论证之后再说。我国税收政策对农产品历来都是采取优惠和照顾性的,绝大多数纳税人都能够从中获得好处。对于金沙面粉制造有限公司而言,为什么享受了免税待遇反而要多缴税呢?其根本原因就是该公司所生产和销售的免税产品的毛利率太低,如果该公司的毛利率大于 10%(在不考虑经营过程中损耗的前提下)就不存在这个问题。因此,对于纳税人来说,某一项税收优惠政策自己是否能够去享受,应该首先算一笔账。

软件企业层次高　税收优惠有力道

软件是与计算机操作系统有关的计算机程序、规程、规则,以及可能有的文件、文档及数据。

软件企业是指以软件产品开发销售（营业）为主营业务的企业。软件企业生产的软件产品对国家技术发展具有重大意义。因此，我国在软件行业给予了相当优惠的政策。

企业案例：

旭光科技发展有限公司（以下简称旭光公司）是于2016年初，由一家从事软件研究机构开发的企业投资成立的，通过半年的筹建，即将要进入生产和销售阶段。该企业的总经理知道，如果公司被认定为软件企业，就可能享受许多税收上的优惠，但是，具体的有哪些税收优惠，如何操作才能享受相关的优惠他并不清楚，于是他请来了税收策划咨询专家。

咨询专家到现场与企业主要负责人进行了全面的沟通后，结合该企业的具体生产和经营情况，对有关业务进行了具体指导。他说，国务院取消和调整一批行政审批项目之后，软件企业的税收优惠资格认定等非行政许可审批已经取消。为做好《财政部国家税务总局关于进一步鼓励软件产业和集成电路产业发展企业所得税政策的通知》（财税〔2012〕27号）规定的企业所得税优惠政策落实工作，后来，财政部国家税务总局发展改革委工业和信息化部联合颁布《关于软件和集成电路产业企业所得税优惠政策有关问题的通知》（财税〔2016〕49号）。接着，他就软件企业有关税收优惠问题的规定做了一个梳理。

专业概念：

软件按应用范围划分，一般来讲软件被划分为系统软件、应用软件和介于这两者之间的中间件。

（一）什么叫软件企业

软件企业是指以软件产品开发销售（营业）为主营业务并同时符合下列条件的企业：

1. 在中国境内（不包括港、澳、台地区）依法注册的居民企业；

2. 汇算清缴年度具有劳动合同关系且具有大学专科以上学历的职工人数占企业月平均职工总人数的比例不低于40%，其中研究开发人员占企业月平均职工总数的比例不低于20%；

3. 拥有核心关键技术，并以此为基础开展经营活动，且汇算清缴年度研究开发费用总额占企业销售（营业）收入总额的比例不低于6%；其中，企业在中国境内发生的研究开发费用金额占研究开发费用总额的比例不低于60%；

4. 汇算清缴年度软件产品开发销售（营业）收入占企业收入总额的比例不低于50%（嵌入式软件产品和信息系统集成产品开发销售（营业）收入占企业收入总额的比例不低于40%），其中：软件产品自主开发销售（营业）收入占企业收入总额的比例不低于40%（嵌入式软件产品和信息系统集成产品开发销售（营业）收入占企业收入总额的比例不低于30%）；

5. 主营业务拥有自主知识产权；

6. 具有与软件开发相适应软硬件设施等开发环境（如合法的开发工具等）；

7. 汇算清缴年度未发生重大安全、重大质量事故或严重环境违法行为。

（二）什么叫国家规划布局内重点软件企业

国家规划布局内重点软件企业是除了需要符合软件企业所具备的条件之外，还应至少符合下列条件中的一项：

1. 汇算清缴年度软件产品开发销售（营业）收入不低于2亿元，应纳税所得额不低于1 000万元，研究开发人员占企业月平均职工总数的比例不低于25%；

2. 在国家规定的重点软件领域内，汇算清缴年度软件产品开发销售（营业）收入不低于5 000万元，应纳税所得额不低于250万元，研究开发人员占企业月平均职工总数的比例不低于25%，企业在中国境内发生的研究开发费用金额占研究开发费用总额的比例不低于70%；

3. 汇算清缴年度软件出口收入总额不低于800万美元，软件出口收入总额占本企业年度收入总额比例不低于50%，研究开发人员占企业月平均职工总数的比例不低于25%。

税收优惠：

对于软件企业的税收优惠，《财政部 国家税务总局关于进一步鼓励软件产业和集成电路产业发展企业所得税政策的通知》（财税〔2012〕27号）进行了明确的规定：

1. 我国境内符合条件的软件企业，经认定后，在2017年12月31日前自获利年度起计算优惠期，第一年至第二年免征企业所得税，第三年至第五年按照25%的法定税率减半征收企业所得税，并享受至期满为止。

2. 国家规划布局内的重点软件企业，如当年未享受免税优惠的，可减按10%的税率征收企业所得税。

3. 符合条件的软件企业按照《财政部 国家税务总局关于软件产品增值税政策的通知》（财税〔2011〕100号）规定取得的即征即退增值税款，由企业专项用于软件产品研发和扩大再生产并单独进行核算，可以作为不征税收入，在计算应纳税所得额时从收入总额中减除。

4. 符合条件的软件企业发生的职工培训费用，如果单独进行核算，可以按实际发生额在计算应纳税所得额时扣除。

5. 企业外购的软件，凡符合固定资产或无形资产确认条件的，可以按照固定资产或无形资产进行核算，其折旧或摊销年限可以适当缩短，最短可为2年（含）。

管理要求：

享受财税〔2012〕27号文件规定的税收优惠政策的集成电路企业，每年汇算清缴时应按照《关于发布修订后的＜企业所得税优惠政策事项办理办法＞的公告》（国家税务总局公告2018年第23号）明确，企业所得税法规定的优惠事项，以及国务院和民族自治地方根据企业所得税法授权制定的企业所得税优惠事项。包括免税收入、减计收入、加计扣除、加速折旧、所得减免、抵扣应纳税所得额、减低税率、税额抵免等。企业享受优惠事项采取"自行判别、申报享受、相关资料留存备查"的办理方式。

企业应当根据经营情况以及相关税收规定自行判断是否符合优惠事项规定的条件，符合条件的可以按照《目录》列示的时间自行计算减免税额，并通过填报企业所得税纳税申报表享受税收优惠。同时，按照本办法的规定归集和留存相关资料备查。

这里所称留存备查资料是指与企业享受优惠事项有关的合同、协议、凭证、证书、文件、账册、说明等资料。留存备查资料分为主要留存备查资料和其他留存备查资料两类。主要留存备查资料由企业按照《目录》列示的资料清单准备，其他留存备查资料由企业根据享受优惠事项情况自行补充准备。

企业享受优惠事项的，应当在完成年度汇算清缴后，将留存备查资料归集齐全并整理完成，以备税务机关核查。

财税〔2016〕49号文件明确以上政策自2015年1月1日起执行，同时还对软件企业的税务管理要求提出了要求，主要有以下几点：

1. 软件企业享受税收优惠时间的规定。软件企业规定条件中所称获利年度，是指该企业当年应纳税所得额大于零的纳税年度。软件企业应从企业的获利年度起计算定期减免税优惠期。如获利年度不符合优惠条件的，应自首次符合软件企业条件的年度起，在其优惠期的剩余年限内享受相应的减免税优惠。

2. 软件企业规定条件中所称研究开发费用政策口径，2015 年度仍按《国家税务总局关于印发〈企业研究开发费用税前扣除管理办法（试行）〉的通知》（国税发〔2008〕116 号）和《财政部国家税务总局关于研究开发费用税前加计扣除有关政策的通知》（财税〔2013〕70 号）的规定执行，2016 年及以后年度按照《财政部国家税务总局科技部关于完善研究开发费用税前加计扣除政策的通知》（财税〔2015〕119 号）的规定执行。

3. 软件企业可以享受的企业所得税优惠政策与企业所得税其他相同方式优惠政策存在交叉的，由企业选择一项最优惠政策执行，不叠加享受。

政策调整：

为促进集成电路产业高质量发展，根据《国务院关于印发新时期促进集成电路产业和软件产业高质量发展若干政策的通知》（国发〔2020〕8 号）的有关要求，《财政部 税务总局 发展改革委 工业和信息化部关于促进集成电路产业和软件产业高质量发展企业所得税政策的公告》（财政部 税务总局 发展改革委 工业和信息化部公告 2020 年第 45 号，以下简称"财政部 2020 年第 45 号公告"）对集成电路产业和软件产业高质量发展的相关政策做出了明确的规定。

（一）税收优惠

财政部 2020 年第 45 号公告明确软件企业的税收优惠，包括国家鼓励的软件企业和国家鼓励的重点软件企业两个层次，其税收优惠的具体内容如下：

其一，两免三减半。国家鼓励的软件企业，自获利年度起，第一年至第二年免征企业所得税，第三年至第五年按照 25% 的法定税率减半征收企业所得税。

其二，五免＋减按 10% 征税。国家鼓励的重点软件企业，自获利年度起，第一年至第五年免征企业所得税，接续年度减按 10% 的税率征收企业所得税。

（二）享受条件

国家鼓励的集成电路设计、装备、材料、封装、测试企业和软件企业条件，由工业和信息化部会同国家发展改革委、财政部、税务总局等相关部门制定。

国家鼓励的重点集成电路设计和软件企业清单由国家发展改革委、工业和信息化部会同财政部、税务总局等相关部门制定。

软件企业按照本公告规定同时符合多项定期减免税优惠政策条件的，由企业选择其中一项政策享受相关优惠。其中，已经进入优惠期的，可由企业在剩余期限内选择其中一项政策享受相关优惠。

集成电路政策明　操作思路要厘清

集成电路跟软件产品的类似，在科学技术领域具有十分重要的作用。而我国目前在集成电路的发展方面还处于初期，为了鼓励和扶持集成电路企业的发展，我国在集成电路上也给予税收优惠。

企业案例：

东明电子科技有限公司是一家专业生产高性能处理器和 FPGA 芯片的企业，2017 年度实现利润 201 900 万元。2018 年 3 月 26 日当地主管税务机关的风险应对部门对其进行了纳税评估，发现该企业多享受收优惠减免 538 万元。这让该公司财务总监邹明有些疑惑，于是请来公司的税收策划顾问。

现场诊断：

咨询专家到公司现场了解情况之后，发现该公司管理层对集成电路有关涉税政策还理解不到位，于是，专门召集中层以上领导进行了专题辅导。

国务院取消和调整一批行政审批项目之后，集成电路生产企业、集成电路设计企业（以下统称集成电路企业）的税收优惠资格认定等非行政许可审批已经取消。为做好《财政部国家税务总局关于进一步鼓励软件产业和集成电路产业发展企业所得税政策的通知》（财税〔2012〕27 号）规定的企业所得税优惠政策落实工作，最近，财政部国家税务总局发展改革委工业和信息化部联合颁布《关于软件和集成电路产业企业所得税优惠政策有关问题的通知》（财税〔2016〕49 号）。

公司问题：

2018 年 3 月 26 日当地主管税务机关的风险应对部门对其进行了纳税评估，发现该企业多享受收优惠减免 538 万元，其原因是企业有关人员对税收政策掌握不到位。

税法规定，集成电路线宽小于 0.8 微米（含）的集成电路生产企业，经认定后，在 2017 年 12 月 31 日前自获利年度起计算优惠期，第一年至第二年免征企业所得税，第三年至第五年按照 25% 的法定税率减半征收企业所得税；集成电路线宽小于 0.25 微米或投资额超过 80 亿元的集成电路生产企业，经认定后，减按 15% 的税率征收企业所得税，其中经营期在 15 年以上的，在 2017 年 12 月 31 日前自获利年度起计算优惠期，第一年至第五年免征企业所得税，第六年至第十年按照 25% 的法定税率减半征收企业所得税，并享受至期满为止。但是，公司生产的集成电路线宽为小于 0.8 微米（含），错误地享受了适用集成电路线宽小于 0.25 微米的税收优惠政策。

政策分析：

1. 我国境内新办的集成电路生产企业，财税〔2018〕27 号文件就有关企业所得税政策问题明确如下要点：

其一，2018 年 1 月 1 日后投资新设的集成电路线宽小于 130 纳米，且经营期在 10 年以上的集成电路生产企业或项目，第一年至第二年免征企业所得税，第三年至第五年按照 25% 的法定税率减半征收企业所得税，并享受至期满为止。

其二，2018 年 1 月 1 日后投资新设的集成电路线宽小于 65 纳米或投资额超过 150 亿元，且经营期在 15 年以上的集成电路生产企业或项目，第一年至第五年免征企业所得税，第六年至第十年按照 25% 的法定税率减半征收企业所得税，并享受至期满为止。

其三，对于按照集成电路生产企业享受本通知第一条、第二条税收优惠政策的，优惠期自企业获利年度起计算；对于按照集成电路生产项目享受上述优惠的，优惠期自项目取得第笔生产经营收入所属纳税年度起计算。

其四，享受本通知第一条、第二条税收优惠政策的集成电路生产项目，其主体企业应符合集成电路生产企业条件，且能够对该项目单独进行会计核算、计算所得，并合理分摊期间费用。

其五，2017年12月31日前设立但未获利的集成电路线宽小于0.25微米或投资额超过80亿元，且经营期在15年以上的集成电路生产企业，自获利年度起第一年至第五年免征企业所得税，第六年至第十年按照25%的法定税率减半征收企业所得税，并享受至期满为止。

其六，2017年12月31日前设立但未获利的集成电路线宽小于0.8微米（含）的集成电路生产企业，自获利年度起第一年至第二年免征企业所得税，第三年至第五年按照25%的法定税率减半征收企业所得税，并享受至期满为止。

2. 我国境内新办的集成电路设计企业，经认定后，在2017年12月31日前自获利年度起计算优惠期，第一年至第二年免征企业所得税，第三年至第五年按照25%的法定税率减半征收企业所得税，并享受至期满为止。

3. 国家规划布局内的重点集成电路设计企业，如当年未享受免税优惠的，可减按10%的税率征收企业所得税。

4. 集成电路设计企业的职工培训费用，如果单独进行核算则按实际发生额在计算应纳税所得额时扣除。

5. 企业外购的软件，凡符合固定资产或无形资产确认条件的，可以按照固定资产或无形资产进行核算，其折旧或摊销年限可以适当缩短，最短可为2年（含）。

6. 集成电路生产企业的生产设备，其折旧年限可以适当缩短，最短可为3年（含）。

管理要求：

享受财税〔2012〕27号和财税〔2018〕27号文件规定的税收优惠政策的集成电路企业，每年汇算清缴时应按照《关于发布修订后的〈企业所得税优惠政策事项办理办法〉的公告》（国家税务总局公告2018年第23号）明确，企业所得税法规定的优惠事项，以及国务院和民族自治地方根据企业所得税法授权制定的企业所得税优惠事项。包括免税收入、减计收入、加计扣除、加速折旧、所得减免、抵扣应纳税所得额、减低税率、税额抵免等。企业享受优惠事项采取"自行判别、申报享受、相关资料留存备查"的办理方式。

企业应当根据经营情况以及相关税收规定自行判断是否符合优惠事项规定的条件，符合条件的可以按照《目录》列示的时间自行计算减免税额，并通过填报企业所得税纳税申报表享受税收优惠。同时，按照本办法的规定归集和留存相关资料备查。

这里所称留存备查资料是指与企业享受优惠事项有关的合同、协议、凭证、证书、文件、账册、说明等资料。留存备查资料分为主要留存备查资料和其他留存备查资料两类。主要留存备查资料由企业按照《目录》列示的资料清单准备，其他留存备查资料由企业根据享受优惠事项情况自行补充准备。

政策调整

为促进集成电路产业高质量发展，根据《国务院关于印发新时期促进集成电路产业和软件产业高质量发展若干政策的通知》（国发〔2020〕8号）的有关要求，《财政部 税务总局 发展改革委 工业和信息化部关于促进集成电路产业和软件产业高质量发展企业所得税政策的公告》（财政部 税务总局 发展改革委 工业和信息化部公告 2020 年第 45 号，以下简称"财政部2020 年第 45 号公告"）对集成电路产业和软件产业高质量发展的相关政策做出了明确的规定。

1. 税收优惠

财政部 2020 年第 45 号公告对新时期促进集成电路产业的企业所得税优惠政策进行明确规定，主要精神有如下三个方面：

（1）对集成电路生产企业或项目的税收优惠：

其一，十年免税。国家鼓励的集成电路线宽小于 28 纳米（含），且经营期在 15 年以上的集成电路生产企业或项目，第一年至第十年免征企业所得税；

其二，五免五减。国家鼓励的集成电路线宽小于 65 纳米（含），且经营期在 15 年以上的集成电路生产企业或项目，第一年至第五年免征企业所得税，第六年至第十年按照 25% 的法定税率减半征收企业所得税；

其三，两免三减。国家鼓励的集成电路线宽小于 130 纳米（含），且经营期在 10 年以上的集成电路生产企业或项目，第一年至第二年免征企业所得税，第三年至第五年按照 25% 的法定税率减半征收企业所得税。

（2）对集成电路设计、装备、材料、封装、测试企业和国家鼓励的重点集成电路设计企业的税收优惠：

其一，两免三减。国家鼓励的集成电路设计、装备、材料、封装、测试企业，自获利年度起，第一年至第二年免征企业所得税，第三年至第五年按照 25% 的法定税率减半征收企业所得税。

其二，五免 + 减按 10% 征税。国家鼓励的重点集成电路设计企业，自获利年度起，第一年至第五年免征企业所得税，接续年度减按 10% 的税率征收企业所得税。

（3）亏损弥补延长为 10 年：

国家鼓励的线宽小于 130 纳米（含）的集成电路生产企业，属于国家鼓励的集成电路生产企业清单年度之前 5 个纳税年度发生的尚未弥补完的亏损，准予向以后年度结转，总结转年限最长不得超过 10 年。

2. 主体确认

对于享受税收优惠的主体，包括集成电路生产企业和集成电路生产项目两个方面。不同的享受优惠主体对于享受税收优惠政策确认方法上存在管理上存在差异。

对于按照集成电路生产企业享受税收优惠政策的，优惠期自获利年度起计算；

对于按照集成电路生产项目享受税收优惠政策的，优惠期自项目取得第一笔生产经营收入所属纳税年度起计算，集成电路生产项目需单独进行会计核算、计算所得，并合理分摊期间费用。

3. 享受优惠的条件

国家鼓励的集成电路生产企业或项目清单由国家发展改革委、工业和信息化部会同财政部、税务总局等相关部门制定。

国家鼓励的集成电路设计、装备、材料、封装、测试企业和软件企业条件，由工业和信息化部会同国家发展改革委、财政部、税务总局等相关部门制定。

国家鼓励的重点集成电路设计清单由国家发展改革委、工业和信息化部会同财政部、税务总局等相关部门制定。

策划技巧之三：

无限或有限　税收差异现

【妙计提要】

平台设立有无限，税款征收依界线；不同主体细甄别，差异之中能生钱。

【本计内容】

随着我国市场经济的日趋繁荣，创办企业的投资人越来越多。在创业过程中，大家不可避免会遇到纳税问题。怎样才能合理合法地降低税负，使自身的收益达到最大？在什么时候就需要考虑税收？这些都是困扰每一个创业者的问题。

其实，在注册经营平台的时候，也是税收策划的一个重要环节，换一句话说，在注册经营平台的时候就应当考虑税收策划问题。因为一旦平台注册成功，当事人就要利用这个平台经营十多年，有些甚至几十年，可谓影响深远。因此，投资人在企业设立的时候就要选择好企业的性质类型。

法律对不同类别企业的具体需求，如设立的条件、设立的程序、内部组织机构等来组建企业。关于企业的种类，我国《公司法》《个人独资企业法》等法律及有关法规有相关规定。

企业种类的确定一般有两个标准，即学理标准和法定标准。学理标准是研究企业和企业法的学者们根据企业的客观情况以及企业的法定标准对企业类型所作的理论上的解释与分类。这种分类没有法律上的约束力和强制性，但学理上的解释对企业法的制定与实施有看指导和参考作用。法定标准是根据企业法规定所确认和划分的企业类型。法定的企业种类具有法律的约束力和强制性。但因企业的类型不同，法律对不同种类企业规定的具体内容与程序上的要求也有很大区别。

企业法定分类的基本形态主要是独资企业、合伙企业和公司。法律对这三种企业划分的内涵基本作了概括，即企业的资本构成、企业的责任形式和企业在法律上的地位。从我国的立法实践来看，我们基本上按所有制形式安排企业立法，划分企业类型。随着社会主义市场经济体制的逐步建立，企业改革的进一步深化，我国也将把独资企业、合伙企业和公司作为我国企业的基本法定分类。我国已颁布《公司法》《中华人民共和国合伙企业法》和《中华人民共和国独资企业法》。我国法定分类主要有：独资企业、合伙企业、公司。

在我国实行新的经济体制以后，又有了新的划分方法，主要把公司的类别分为有限责任公司和股份有限公司两种，两者的区别主要在于股东的数量不同和注册的资本不同。前者的股东数量限制在一人到五十人之间，因为股东的数量本来就不多，所以也就没有所谓的股东大会，而后者的股东是很多的，一些持有该公司股份的股民也算是该公司的股东，所以一般来说会设立股东大会，股东大会的成员主要就是持股比例占比较大的几位。前者的注册资金较少，而后者的注册资金较大。

此外，考虑到我国的实际情况，根据《中华人民共和国农民专业合作社法》还可以成立农民专业合作社。农民专业合作社是在农村家庭承包经营基础上，同类农产品的生产经营者或者同类农业生产经营服务的提供者、利用者，自愿联合、民主管理的互助性经济组织。农民专业合作社以其成员为主要服务对象，提供农业生产资料的购买，农产品的销售、加工、运输、贮藏以及与农业生产经营有关的技术、信息直至网上交易等服务。

综上所述，目前参与我国市场经营的经济主体可分为六种：一是个体工商户；二是个人独资企业；三是合伙企业；四是农民合作社；五是有限公司；六是股份有限公司。而这些经济主体的设立的法律依据不同，所承担的经济责任也有所差异。

从税收的角度讲，上述经营主体又可以划分为两大类：一是缴两道税的企业，即按企业所得税法缴纳企业所得税后再缴一道个人所得税；二是缴一道税的企业，即只缴纳个人所得税。

是注册成立一个只缴一道税的企业好呢？还是成立一个需要缴两道税的企业好呢？这里又是一个问题。结合现行有关政策，应当如何做出选择呢？在 2008 年 1 月 1 日以前，许多人很果断地做出选择：应当注册成立个人独资企业，只缴一道个人所得税。不错，即使在现行政策条件下，如果只是从静态的角度讲，这样的选择也是有道理的。可在实际经营过程中却留下了许多后遗症。

【案例注释】

在企业设立环节对其进行税收策划，需要系统性的观点全面地考虑相关问题。但是，从上述计策的内容上看，读者可能还是感觉难以理解。因此，这里我们结合实际案例对有关计策的操作原理做一个简要分析和解释。

创业投资办企业　有限无限细分辨

我国市场经济发展了三十年，许多民营企业的发展已经初具规模，企业制度建设、企业职工队伍建设、企业文化建设已经得到越来越多的企业家的重视，而国有企业、股份制企业则更是不例外。所有这些，都意味着我国企业市场竞争的软实力正在不断提升。

在万众创业的时代，当老板是有识之士的一个理想。拥有一定技术的工程师李哲民在积累了一定时期之后，感觉自己可以独立经营了，于是开始运筹自己的企业。

实务案例：

2019年底，准备以个人的名义投资创办一个研发型机电设备制造企业。经过测算，在不考虑自己费用的情况下，在最初的两年里，年收入大约为500万元，计税利润为120万元。

李哲民知道，我国目前的经济政策不断变化，但是，总的趋势是不断完善。而对未来企业收益影响最大的，就数税收政策。因此，他认真学习了有关税收政策。

1. 静态分析

结合上述政策对有关业务进行具体分析，如果2020年初李哲民成立个人独资企业和成立责任有限公司（一人公司）两种情况下，其发生的费用相同，即在个人独资企业未扣除投资者费用，公司未扣除投资者工资的情况下，年度利润都为120万元。在此前提下，李老板如果分别认以上两种法律形式办企业，其税收负担情况如何呢？

（1）个人独资企业的税收负担水平。

其个人独资企业在此利润水平下适用税率为35%，同时可以扣除投资者费用6万元/年，李哲民则应缴纳个人所得税：

（120-6）×35%-6.55 = 33.35（万元）

也就是说，如果李哲民成立个人独资企业，根据现行政策，其税收负担率为：

33.35÷120×100% = 27.79%

（2）有限责任公司的税收负担水平。

李哲民如果成立的是有限公司，为了便于比较，李哲民平时的工资也是每月5 000元，那么，他最终取得的收益需要缴纳两道税。其具体纳税情况计算如下。

其一，工资的税收负担。公司的投资者如果每月发放5 000元工资，全年发放6万元工资，则免缴个人所得税。

其二，企业所得税。公司年度应缴纳企业所得税（这里假设未利用任何优惠）：

（120-6）×25% = 28.5（万元）

其三，红利应缴纳个人所得税。投资者个人分回股利收入应缴纳个人所得税：

（120-6-28.5）×20% = 17.1（万元）

作为有限公司，其三个纳税事项合计应当缴纳个人所得税与企业所得税为：

0 + 28.5 + 17.1 = 45.6（万元）

然后再计算出投资人经营这个公司，在所得税上的税收负担率为：

45.6÷120×100% ＝ 38%

（3）分析结论。

将两种性质企业的税收负担进行比较，有限公司的税收负担水平比个人独资企业的税收负担水平高 10.21 个百分点（38%-27.79%）。在这样的情况下，显然有限责任公司的税收负担比较高。

也就是说，从税收的角度讲，李哲民应当注册个人独资企业比较好。

2. 策划分析

对于这个结论，李哲民有些疑惑了：从计算的结果来看，个人独资企业的税收负担比较轻，但是，社会上个人独资为什么越来越少呢？在反复思考以后，他有些举棋不定了，因为他虽然对税收政策也比较熟悉，但是，考虑"旁观者清，当局者迷"，况且还有税收策划呢？那个毕竟是一个新专业啊！于是，他向专业咨询机构进行了咨询。

税收策划咨询专家与李老板进行了深度沟通以后告诉他，对税收政策的解读和运用需要系统而全面，同时，还需要结合实际进行动态分析。因此，他结合目前的所得税（包括企业所得税和个人所得税）规定对企业设立提出两个方案：一个是个人独资企业，另一个是有限责任公司。但是，对有限责任公司的运行需要动态分析。比如在费用上可以结合经营情况做调整，在政策运用上可以灵活操作，如小微企业政策运用、高新技术企业政策运用、加计扣除政策运用……

3. 税负测算

通过以上介绍，可以发现两者在税收上存在较大的差异，而且，个人独资企业的所得税税收负担水平并不一定始终低于有限责任公司的税收负担水平。接着税收策划咨询专家跟老板一起对相关操作方案进行数据计算和分析（为了分析简便，在这里我们利用一人公司作为分析对象，不考虑"四金"和附加专项扣除项目对税收的影响）。

（1）个人独资企业的税收负担水平。

由于个人所得税在这里规定得比较严格，这里几乎没有策划的机会，其个人独资企业在此利润水平下适用税率为 35%，同时可以扣除投资者费用 6 万元／年，李哲民则应缴纳个人所得税：

（120-6）×35%-6.55 ＝ 33.35（万元）

也就是说，如果李哲民成立个人独资企业，根据现行政策，其税收负担率为：

33.35÷120×100% ＝ 27.79%

（2）有限责任公司的享受普惠性税收负担水平。

李哲民如果成立的是有限公司，李哲民按照习惯做法平时的工资也是每月 5 000 元，那么，他最终取得的收益需要缴纳两道税。其具体纳税情况计算如下。

其一，工资的税收负担。公司的投资者如果每月发放 5 000 元工资，全年发放 6 万元工资，则免缴个人所得税。

其二，企业所得税。该公司目前的员工人数为20人，资产总额为200万元。为进一步支持小型微利企业发展，财政部 税务总局在《关于实施小微企业普惠性税收减免政策的通知》（财税〔2019〕13号）第二条就小型微利企业所得税政策明确自2019年1月1日至2021年12月31日，对小型微利企业年应纳税所得额不超过100万元的部分，减按25%计入应纳税所得额，按20%的税率缴纳企业所得税；对年应纳税所得额超过100万元但不超过300万元的部分，减按50%计入应纳税所得额，按20%的税率缴纳企业所得税。

上述小型微利企业指从事国家非限制和禁止行业，且同时符合年度应纳税所得额不超过300万元、从业人数不超过300人、资产总额不超过5 000万元等三个条件的企业。

从业人数，包括与企业建立劳动关系的职工人数和企业接受的劳务派遣用工人数。所称从业人数和资产总额指标，应按企业全年的季度平均值确定。具体计算公式如下：

季度平均值＝（季初值＋季末值）÷2

全年季度平均值＝全年各季度平均值之和 ÷4

年度中间开业或者终止经营活动的，以其实际经营期作为一个纳税年度确定上述相关指标。

经过现场考察，咨询专家认为该企业目前符合上述政策规定，由于该企业的应纳税所得额为114万元，对年应纳税所得额超过100万元但不超过300万元的部分，减按50%计入应纳税所得额，按20%的税率缴纳企业所得税。所以，该企业2020年度应缴纳企业所得税：

$100×25\%×20\%+（120-6-100）×50\%×20\%$

$＝5+1.4$

$＝6.4$（万元）

其三，红利应缴纳个人所得税。投资者个人分回股利收入应缴纳个人所得税：

$（120-6-6.4）×20\%＝21.52$（万元）

作为一人公司，其三个纳税事项合计应当缴纳个人所得税与企业所得税为：

$0＋6.4＋21.52＝27.92$（万元）

然后再计算出投资人经营这个公司，在所得税上的税收负担率为：

$27.92÷120×100\%＝23.27\%$

（3）利用高新技术企业政策策划。

由于老板李哲民拥有发明专利，可以转让给新办企业，在此前提下，有关企业就可以认定为高新技术企业。但是，未进行其他任何策划。那么，在这样的情景下纳税计算如下。

其一，工资的税收负担。公司如果给老板李哲民6万元工资，老板当年应缴纳个人所得税为0元。

其二，企业所得税。这里假设该公司被认定高新技术企业，那么，该企业当年度应缴纳企业所得税：

$（120-6）×15\%＝17.1$（万元）

其三，红利应缴纳个人所得税。投资者个人分回股利收入应缴纳个人所得税：

（120-6-17.1）×20％＝19.38（万元）

作为一人公司，其三个纳税事项合计应当缴纳个人所得税与企业所得税为：

0＋17.1＋19.38＝36.48（万元）

然后再计算出投资人经营这个公司，在所得税上的税收负担率为：

36.48÷120×100％＝30.4％

将两种性质企业的税收负担进行比较，公司的税收负担比个人独资企业的税收负担水平高 2.61 个百分点（30.4％-27.79％）。

（4）利用费用调节法适当进行策划（费用调节＋深度小微）。

在新税法条件下，有限责任公司所发生的合理性工资可以在企业所得税前列支。这里我们假设将投资人的月工资以每月 30 000 元发放，即全年发放工资 36 万元，并且已经得到当地主管税务机关的认可。

其一，工资的税收负担。公司如果给老板李哲民每月发放 30000 元工资，则其投资者个人年度工资薪金收入应缴纳个人所得税：

（36-6）×20％-1.692 0＝4.308（万元）

其二，企业所得税。根据财政部 税务总局在《关于实施小微企业普惠性税收减免政策的通知》（财税〔2019〕13 号）第二条规定，对小型微利企业年应纳税所得额不超过 100 万元的部分，减按 25％ 计入应纳税所得额，按 20％ 的税率缴纳企业所得税；对年应纳税所得额超过 100 万元但不超过 300 万元的部分，减按 50％ 计入应纳税所得额，按 20％ 的税率缴纳企业所得税。

经过现场考察，咨询专家认为该公司目前符合上述政策规定，且应纳税所得额为 84 万元，所以，该公司 2020 年度应缴纳企业所得税：

（120-36）×25％×20％＝4.2（万元）

其三，红利应缴纳个人所得税。投资者个人分回股利收入应缴纳个人所得税：

（120-36-4.2）×20％＝15.96（万元）

作为一人公司，其三个纳税事项合计应当缴纳个人所得税与企业所得税为：

4.308＋4.2＋15.96＝24.468（万元）

然后再计算出投资人经营这个公司，在所得税上的税收负担率为：

24.468÷120×100％＝20.39％

将两种性质企业的税收负担进行比较，个人独资企业的税收负担水平比一人公司的税收负担水平高 7.4 个百分点（27.79％-20.39％）。

4. 策划结论

对于投资者而言，在企业注册的过程中就需要进行策划。由于个人独资企业跟有限公司的税收制度不同，个人独资企业只征一道税，而公司则需要缴纳两道税，如果不进行策划，投资人就可能不知不觉地多缴了税收。

不同企业税收负担分析表 （单位：万元）

操作方案	策划内容	所得税总负担	税收负担率	备注
方案一	个人独资企业	33.35	27.79%	35%
方案二	公司（未策划）	45.60	38%	适用25%
方案三	享受小微	27.92	23.27%	25%×20%
方案四	高新技术企业	36.48	30.4%	15%
方案五	费用调节＋深度小微	24.468	20.39%	25%×20%

策划点评：

（1）企业的法律形式存在选择的空间。

由于有限责任公司既缴纳企业所得税，又需要缴纳个人所得税，而个人独资企业只需要缴纳一道个人所得税，所以，在静态条件下，个人独资企业的所得税税收负担水平低于有限责任公司的税收负担水平。

（2）有限公司所对应的税收政策比较复杂，如果只是简单地进行策划，其税收负担可能也不会低。但是，如果进行综合策划，其情况就不同了，而且操作机会比较多，如果考虑其他税收优惠政策，则有限公司的策划机会更多，空间更大。

（3）据企业的实际情况合理选择税收政策。根据《企业所得税法》（主席令第六十三号）第二十八的规定，符合条件的小型微利企业，减按20%的税率征收企业所得税。国家需要重点扶持的高新技术企业，减按15%的税率征收企业所得税。因此，该企业的所得税适用税率可以选择适用高新技术企业的15%税率，也可以选择适用小型微利20%的税率，但不得同时叠加享受。

合伙公司两企业 费用政策存差异

通过前述案例分析我们可以发现，合伙企业和个人独资企业跟有限公司在经营成果上存在差异，但是，不能说谁优谁劣。那么为什么会出现这种情况呢？为了说明这个问题，我们在这里仍然以案例的形式加以阐述。

实务案例：

自由执业人李睿坤发现我国的职业教育存在很大的操作空间和发展空间，于2018年1月初，他和一个朋友合伙投资创办了一个教育咨询服务性企业。在开业的两年里，年收入大约为1 000万元，计税利润在316万元左右。

业务分析：

在这样的情况下，他们是创办一个合伙企业好，还是注册一个有限公司好呢？

税收负担水平测算：

从税收策划的角度讲，经营平台的选择，关键是要看他们的经营项目以及经营过程中的操作空间是否足够大。当然，要回答广大投资人和企业家们关心的问题，还需要进行具体分析（为了分析简便，在这里我们利用公司作为分析对象分析时，计算工资的过程中不考虑专项扣除事项和"四金"对税收的影响）。

相关事项的静态分析：

（1）合伙企业的税收负担水平。

合伙企业在此利润水平下适用税率为35%，同时可以扣除投资者费用6万元/年，李睿坤和他的合伙人则应缴纳个人所得税：

[（316÷2-6）×35%-6.55]×2＝93.3（万元）

也就是说，如果李睿坤和他的朋友成立合伙企业，根据现行政策，其税收负担率为：

93.3÷316×100%＝29.53%

（2）有限责任公司的税收负担水平。

李睿坤如果和他的朋友共同成立的是有限公司，为了便于比较，李睿坤和他的朋友平时的工资也是每月5 000元，那么，他们最终取得的收益需要缴纳两道税。其具体纳税情况计算如下。

其一，工资的税收负担。公司的投资者如果每月发放5000元工资，全年发放6万元工资，则免缴个人所得税。

其二，企业所得税。公司年度应缴纳企业所得税：

（316-6×2）×25%＝76（万元）

其三，红利应缴纳个人所得税。投资者个人分回股利收入应缴纳个人所得税：

（316-12-76）×20%＝45.6（万元）

作为有限公司，其三个纳税事项合计应当缴纳个人所得税与企业所得税为：

0 ＋ 76 ＋ 45.6 ＝ 121.6（万元）

然后再计算出投资人经营这个公司，在所得税上的税收负担率为：

121.6÷316×100%＝38.48%

（3）阶段结论。

将两种性质企业的税收负担进行比较，有限公司的税收负担水平比合伙企业的税收负担水平高8.95个百分点（38.48%-29.53%）。在这样的情况下，显然有限责任公司的税收负担比较高。

也就是说，从税收的角度讲，李睿坤和他的朋友应当注册合伙资企业比较好。

分析结论：

如果不做任何策划，通过上述分析我们可以发现，他们应当设立一个合伙企业去做经营。

那么，这个结论是不是绝对正确的呢？下面我们先对相关因子做些调整，然后做具体分析。

（4）策划后的税收负担情况分析。

适当提高投资人月工资，为 8 000 元下税收负担水平。

假设在他们注册成立的有限公司的基础上进行进一步分析，两个人股权所占比重各为 50%（现实生活中这种情况很少出现，这里的假设为了公平）。在新税法条件下，有限责任公司所发生的合理性工资可以在企业所得税前列支。这里我们假设将两个老板的月工资以每月 8 000 元发放，即全年发放工资 9.6 万元，并且已经得到当地主管税务机关的认可。

其一，工资的税收负担。公司如果给老板李睿坤每月发放 8 000 元工资，则其投资者个人年度工资薪金收入应缴纳个人所得税：

[（9.6-6）×3%]×2 = 0.216（万元）

其二，企业所得税。公司年度应缴纳企业所得税：

该公司在支付了两个股东的全年的工资合计 19.2 万元以后，其利润为 296.8 万元（316-9.6×2），已经低于 300 万元。

根据财政部和税务总局在《关于实施小微企业普惠性税收减免政策的通知》（财税〔2019〕13 号）的规定，对小型微利企业年应纳税所得额不超过 100 万元的部分，减按 25% 计入应纳税所得额，按 20% 的税率缴纳企业所得税；对年应纳税所得额超过 100 万元但不超过 300 万元的部分，减按 50% 计入应纳税所得额，按 20% 的税率缴纳企业所得税。

上述小型微利企业指从事国家非限制和禁止行业，且同时符合年度应纳税所得额不超过 300 万元、从业人数不超过 300 人、资产总额不超过 5 000 万元等三个条件的企业。

从业人数，包括与企业建立劳动关系的职工人数和企业接受的劳务派遣用工人数。所称从业人数和资产总额指标，应按企业全年的季度平均值确定。具体计算公式如下：

季度平均值＝（季初值＋季末值）÷2

全年季度平均值＝全年各季度平均值之和 ÷4

年度中间开业或者终止经营活动的，以其实际经营期作为一个纳税年度确定上述相关指标。

根据上述规定，公司年度应缴纳企业所得税：

100×25%×20%+（316-100-19.2）×50%×20%

＝ 5+19.68 = 24.68（万元）

其三，红利应缴纳个人所得税。投资者个人分回股利收入应缴纳个人所得税：

（316-9.6×2-24.68）×20% = 54.424（万元）

从投资人的角度讲，其缴纳个人所得税和企业所得税三个纳税事项合计为：

0.216 + 24.68 + 54.424 = 79.32（元）

然后再计算出投资人经营这个公司，在所得税上的税收负担率为：

79.32÷316×100% = 25.10%

后面，我们以投资人月工资为 1.7 万元、4 万元、6 万元等条件下进行分别测算，并将上述分析汇总起来，就得到如下数据（见《工资与综合税收对照表》）。具体分析有关数据我们可以发现如下有趣的情况：如果不进行策划，有限公司的税收负担水平比合伙企业的税收负担水平高 8.95 个百分点（38.48%–29.53%）。在这样的情况下，显然有限责任公司的税收负担比较高。但是，当可以在税前列支的费用增加时，其情况就发生了变化。当工资费用增加到 19.2 万元的时候，税收负担率就下降到 25.10%，比合伙制企业的税收负担率低 4.43 个百分点。后面的情况就变化不大了。

工资与综合税收对照表 （单位：万元）

月工资	企业所得税	缴税合计	税收负担率	策划收益
1	76	121.6	38.48%	0
1.6	24.68	79.32	25.10%	42.28
3.4	22.52	75.432	23.87%	46.168
6	19.4	72.936	23.08%	48.664
8	17	72.216	22.85%	49.384
12	12.2	73.176	23.15%	48.424

工资与综合税收对照示意图

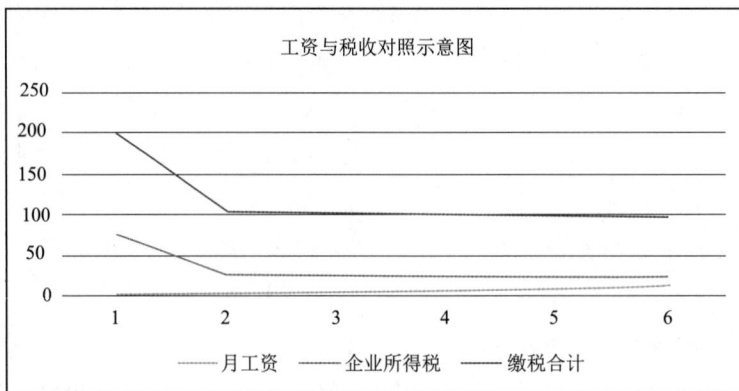

策划结论：

对于投资者而言，经营平台存在税收策划的空间和可能。

（1）如果不做任何税收策划，显然应当选择合伙企业或者个人独资企业

（2）如果既是投资人，又是实际经营者，在实际经营过程中就应当注意：通过费用的策划可能影响到企业的经营成果。

（3）投资人的工资支付存在策划的空间。

注意事项：

这里我们是通过工资选项来进行具体分析，对于老板的工资发放问题的涉税策划是一个复杂问题，需要全面分析和考量。这里需要提醒投资人注意的是以下三点。

（1）工资的"合理性"必须得到主管税务机关的认可。根据现行政策，对于应当计缴企业所得税的企业可以根据实际情况和需要核发员工的工资，包括在职投资人的工资支出，也就是

税法规定的"合理的工资"支出。在本案例中，为了分析问题方便，我们仅假设了同口径对比分析，但是，对于一个具体公司而言，则可以在合理性上做文章。

（2）注意企业所得税的适用税率。本案例分析如果基于小型企业的适用税率20%的企业所得税，所产生的结论已经十分明显，但是对企业的财务核算提出更高的要求，否则，一旦计税利润超过标准，企业的税收负担就会相应的上升5个百分点。

（3）注意小型企业的标准。我国适用低税率的小型企业有三个临界点：一是年度应纳税所得额；二是从业人数；三是资产总额。而三个标准又会发生阶段性变化，因此，纳税人需要根据政策的变化随时调整。

农民专业合作社　税收策划有说法

我国目前政策在向农业倾斜，农民经营或者经营农业可以享受很多政策扶持和优惠。其中，利用农民专业合作社的组建形式经营就是被许多有识之士十分看好的一种组织形式。

实务案例：

某个体工商户张某从事玉米生意，其收购、销售的玉米按规定缴纳增值税，去年实现销售收入2 000万元，销售额超过小规模纳税人标准，自2020年1月20日起，应按照一般纳税人标准计算缴纳增值税。由于张某无法取得增值税专用发票抵扣进项税额，应缴纳增值税181.82万元，直接减少经营利润181.82万元。类似个体工商户张某的业务在日常经营过程中时有发生。

策划分析：

那么，这类业务有没有税收策划的空间呢？普誉财税策划工作室的税务专家对此进行了分析。

如果张某成立农村合作社，具备农民合作社的规模经营条件，吸收了本地足够的农业生产者，则对外收购的比重就会降低，同样，其对外销售的免税产品比重就会提高，享受税收优惠的可能性就会越大。

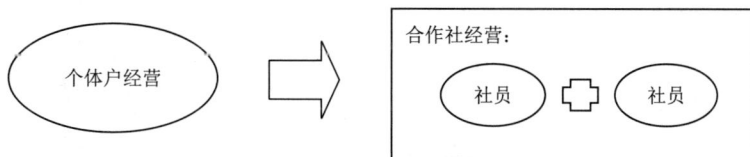

对于张某而言，如果成立合作社后，销售本社成员自产玉米2 000万元，应纳增值税为零，从而直接增加了社员分红比例，带动社员共同富裕。

此外，根据《关于农民专业合作社有关税收政策的通知》（财税〔2008〕81号）文件规定，对农民专业合作社向本社成员销售的农膜、种子、种苗、化肥、农药、农机，免征增值税。

类似的操作思路还可以进一步推广。某农机公司经营农膜、种子、种苗、化肥、农药、农机，每年销售额为 2 000 万元，销售额超过小规模纳税人标准，自 2020 年 1 月 20 日起，应按照一般纳税人标准计算缴纳增值税。据了解，张某可以获取的增值税进项税额为 170 万元，应缴纳增值税 = 2 000 ÷（1 + 10%）× 10%-170 = 11.82（万元）。如果以合作社的名义对本社成员进行销售，也可以减少税金支出 11.82 万元。

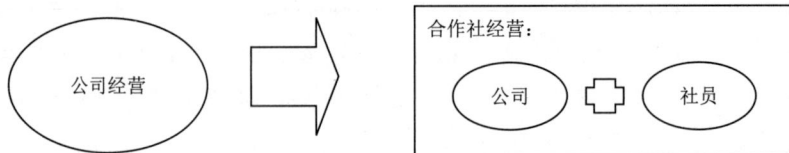

但是，目前仍有部分纳税人不能正确运用该项政策，2020 年 2 月 18 日，税务机关对长力农业资料经营部进行了纳税检查，发现该企业偷税 55 万元。税务机关干部按照税收征管法的规定进行处理，而该企业的几个经营者都感到十分委屈，因为他们经营的都是为农业服务产品，并没有赚到什么钱。根据资料显示：长力农业资料经营部是由三个种田大户和两个农技人员合作经营的一家合伙制企业，成立于 2018 年 3 月 2 日，主要销售合伙人生产的部分产品，同时还经营农膜、化肥、农药、农机等项目。

税务专家根据有关资料对其做出建议：成立农民专业合作社，并且按照有关规定进行管理和经营，可以享受有关税收优惠。但是，作为农民专业合作社在日常生产和经营过程中存在哪些涉税问题？应当如何规避涉税风险？

政策解读：

农民专业合作社法人是依据 2007 年 7 月 1 日正式施行的《中华人民共和国农民专业合作社法》依法注册登记的法人单位。企业所得税法第一条规定，在中华人民共和国境内，企业和其他取得收入的组织（以下统称企业）为企业所得税的纳税人，依照本法的规定缴纳企业所得税。企业所得税法实施条例第三条规定，依法在中国境内成立的企业，包括依照中国法律、行政法规在中国境内成立的企业、事业单位、社会团体以及其他取得收入的组织。因此，农民专业合作社属于缴纳企业所得税的范围。

1. 农民专业合作社企业流转税优惠政策

财政部，国家税务总局于 2008 年 6 月 24 日颁发《关于农民专业合作社有关税收政策的通知》（财税〔2008〕81 号），明确依照《中华人民共和国农民专业合作社法》规定设立和登记的农民专业合作社自 2008 年 7 月 1 日起享受如下有关税收优惠：一是对农民专业合作社销售本社成员生产的农业产品，视同农业生产者销售自产农业产品免征增值税；二是增值税一般纳税人从农民专业合作社购进的免税农业产品，可按 13%（财政部 税务总局 海关总署公告 2019 年第 39 号文件，从 2019 年 4 月 1 日起调整为 9%）的扣除率计算抵扣增值税进项税额；三是对农民专业合作社向本社成员销售的农膜、种子、种苗、化肥、农药、农机，免征增值税；四是对农民专业合作社与本社成员签订的农业产品和农业生产资料购销合同，免征印花税。

2. 农民专业合作社企业所得税优惠政策

企业所得税法规定，企业从事农、林、牧、渔业项目的所得，可以免征、减征企业所得税。合作社从事下列项目的所得，免征企业所得税：一是蔬菜、谷物、薯类、油料、豆类、棉花、麻类、糖料、水果、坚果的种植；二是农作物新品种的选育；三是中药材的种植；四是林木的培育和种植；五是牲畜、家禽的饲养；六是林产品的采集；七是灌溉、农产品初加工、兽医、农技推广、农机作业和维修等农、林、牧、渔服务业项目；八是远洋捕捞。

从事下列项目的所得，减半征收企业所得税：一是花卉、茶以及其他饮料作物和香料作物的种植；二是海水养殖、内陆养殖。

虽然涉农项目如农作物种植、农产品初加工、农机维修等属于免税项目，但以上提到的运输、贮藏、技术信息等服务，并不在免税之列，其收入应当按章缴纳所得税。但是，根据《财政部税务总局关于实施小微企业普惠性税收减免政策的通知》（财税〔2019〕13号）2019年1月1日至2021年12月31日，对小型微利企业年应纳税所得额不超过100万元的部分，减按25%计入应纳税所得额，按20%的税率缴纳企业所得税；对年应纳税所得额超过100万元但不超过300万元的部分，减按50%计入应纳税所得额，按20%的税率缴纳企业所得税。

上述小型微利企业指从事国家非限制和禁止行业，且同时符合年度应纳税所得额不超过300万元、从业人数不超过300人、资产总额不超过5000万元等三个条件的企业。

从业人数，包括与企业建立劳动关系的职工人数和企业接受的劳务派遣用工人数。所称从业人数和资产总额指标，应按企业全年的季度平均值确定。具体计算公式如下：

季度平均值＝（季初值＋季末值）÷2

全年季度平均值＝全年各季度平均值之和 ÷4

年度中间开业或者终止经营活动的，以其实际经营期作为一个纳税年度确定上述相关指标。

3. 盈余分配的个人所得税问题

按照《中华人民共和国农民专业合作社法》规定，农民专业合作社可以按照章程规定或者成员大会决议从当年盈余中提取公积金。公积金用于弥补亏损、扩大生产经营或者转为成员出资。每年提取的公积金按照章程规定量化为每个成员的份额。该法第三十七条规定，在弥补亏损、提取公积金后的当年盈余，为农民专业合作社的可分配盈余。可分配盈余按照下列规定返还或者分配给成员，具体分配办法按照章程规定或者经成员大会决议确定：（一）按成员与本社的交易量（额）比例返还，返还总额不得低于可分配盈余的60%；（二）按前项规定返还后的剩余部分，以成员账户中记载的出资额和公积金份额，以及本社接受国家财政直接补助和他人捐赠形成的财产平均量化到成员的份额，按比例分配给本社成员。而根据个人所得税法规定，税后利润及盈余分配给个人的，包括盈余公积金转增个人份额的，视为股息红利所得，应按20%税率缴纳个人所得税。但税法对个人或个体户从事种植业、养殖业、饲养业、捕捞业，且经营项目属于农业税（包括农业特产税）、牧业税征税范围的，其取得的"四业"所得暂不征收个人所得税。

策划点评：

目前，农民专业合作社的组建形式主要有四种：一是农民中的能人在某一个产业带领农民创办合作社；二是乡干部利用手中资源领办合作社；三是乡镇基层机关创办合作社；四是农产品深加工企业通过发展产业链领办合作社。这四种类型又可以归纳为两大类：一类是别人当老板，农民跟着走，比较典型的就是"公司＋农户"，其本质并不是农民专业合作社；另一类是农民自己当老板。从目前的情况来看，农民跟着走的占多数。但是，在现在成立的农民专业合作社中，存在部分虚假注册现象，一些人瞄准了《农民专业合作社法》中允许占 20% 的外部投资人进行投资的规定进行权力与资本的结合。在部分地区，有的合作社将社员分为"投资股"和"名义股"，少数"投资股"社员拥有合作社的大部分股金，控制着合作社的决策等几乎所有事务，参与盈余分配。其他"名义股"社员每人只需交 50 元或 100 元股金，只有参加培训的权利，不能参与合作社管理，也不能参与盈余分配。有的合作社由大款或龙头企业领办，包括税收在内的优惠就成了这些人的囊中之物，而真正的弱者联合组织发育困难，农民没有得到应有的实惠。不能体现农民专业合作社"民办、民管、民受益"的原则。这个问题应当引起当地主管部门的注意。

开业分公司　中途来转轨

【妙计提要】

企业扩张搭平台，分子公司随意开；经营情况变化多，视情看景更精彩。

【本计内容】

企业一般指以盈利为目的，运用各种生产要素（土地、劳动力、资本、技术和企业家才能等），向市场提供商品或服务，实行自主经营、自负盈亏、独立核算的法人或其他社会经济组织。

在商品经济范畴内，作为组织单元的多种模式之一，按照一定的组织规律，有机构成的经济实体，一般以营利为目的，以实现投资人、客户、员工、社会大众的利益最大化为使命，通过提供产品或服务换取收入。它是社会发展的产物，因社会分工的发展而成长壮大。企业是市场经济活动的主要参与者；在社会主义经济体制下，各种企业并存共同构成社会主义市场经济的微观基础。企业存在三类基本组织形式：独资企业、合伙企业和公司，公司制企业是现代企业中最主要的最典型的组织形式。

本计主要讨论作为企业存在形态之一的公司的涉税策划问题。

我国法定公司有两种形式：有限责任公司和股份有限公司。

有限责任公司，简称有限公司，中国的有限责任公司指根据《中华人民共和国公司法》规定登记注册，由五十个以下的股东出资设立，每个股东以其所认缴的出资额为限对公司承担有限责任，公司法人以其全部资产对公司债务承担全部责任的经济组织。有限责任公司包括国有独资公司以及其他有限责任公司。

与公司有关的涉税事项很多，而本计策划主要讨论公司扩张过程中的涉税事项。

现行企业如果对外扩张，通常会采用分公司或者子公司的形式。子公司和分公司是大公司经营组织的一种重要形式，但究竟选择哪种组织形式不妨从策划的角度进行考虑。

是选择分公司，还是选择子公司呢？这里首先需要分析两者的利和弊。作为分公司一是可以降低集团公司的总税负；二是在管理上简便，避免了当地主管当局的许多麻烦；三是在经营上比较灵活，对一些问题的处理总机构对外的分公司不负法律责任；在一定的情况下，也有利于把税后利润转移到母公司；四是如果条件许可或遇有特定的机会，比较容易转让定价，降低流转税的负担。分支机构也有其不利因素：一是有关独立核算企业的税收待遇分支机构往往不能享受；二是机制运转受到许多方面的制约和影响，比如作为总机构要通过分公司进行生产经营的运作存在管理上的困难，缺乏独立机构所有的经营上的灵活性；三是往往会拔动萝卜带出泥；四是容易被当地税务主管当局立上黑名单；五是分公司对经济环境的适应性差，比如当一国发生通货膨胀、货币贬值时，子公司就可以享受到这方面的好处和优惠，而分公司就不能。

在境外设立分支机构的纳税人则要考虑其所承担的纳税义务不同所带来的影响。如果设立子公司，设立国政府一般将其视为居民公司，要求其承担全面纳税义务；如果设立的是分公司，设立国政府一般会将其视为非居民公司，要求其承担有限纳税义务。因此，在境外设立分支机构时，要结合设立国税收制度和本公司经营实际情况，选择合适的组织形式。

【案例注释】

对于分公司或者子公司在税收上有明显的差异，在理论上的表述相对比较简单，但是，一旦结合其他因素进行实际操作，情况会变得复杂起来……因此，这里我们结合实际案例对有关计策的操作原理做一个简要分析和解释。

经营平台一朝定　根据发展做运筹

作为集团公司，由于不同阶段的战略目标会有调整和变化，往往会在公司设立上做文章。为了帮助大家对该问题有进一步的认识，下面我们以普誉财税策划工作室曾经策划过的案例分析说明。

实务案例：

江苏省南京市某纺织品经销公司是经营南京某知名品牌服装的专业性公司，为一般纳税人，2019年该公司亏损500万元。2020年初，该公司在上海设了一个经营机构，专门经销指定品牌的服装，以便在上海这个华东最大的市场上扩大主营产品的市场占有率。

该机构在2020年1月至3月接到南京总公司拨来的服装销售200万元，拨入价格为160万元，在经营地就地经销其他服装一批，进价900万元，取得销售收入1 000万元，该机构上半年取得盈利100万元。

策划建议：

根据现行税收法规，公司在设立之初有两种营运方案及涉税处理方案可供选择。即设立公司或者子公司。

其一，设立分公司。即机构作为不独立的常设分支机构向经营地税务机关办理营业执照，向经营地申请领购发票，在经营地申报纳税，销售收入全部上缴总公司，并在总机构税务机关缴纳所得税，同时根据有关规定申请认定为一般纳税人，按规定在当地经营。

其二，设立子公司。办事处作为公司的全资控股公司，在经营地工商行政管理部门办理法人营业执照，向经营地主管税务机关申请办理税务登记，按规定的程序申请办理认定为一般纳税人，自主经营，实行独立核算，独立处理全部涉税及有关经济事宜。

策划分析：

在这两个方案中，从税收策划的角度讲，哪一个能够享受到更多的税收利益呢？我们不妨从具体的业务计算中找答案。根据现行政策规定，该机构2020年1月至3月的收入按上述两种涉税处理方法，其应纳税情况分别计算如下。

第一，作为不独立的分支机构应按以下方法计算缴税：

$$[（1\ 000-900）+（200-160）] \times 13\% = 18.2（万元）$$

该笔增值税应在经营地缴纳。

该分支机构在经营过程中形成的利润，按现行《企业所得税法》规定，可以并入总公司，从而弥补该公司上一年度的亏损。

第二，作为独立核算的企业，应按以下方法计算缴税：

$$应纳增值税额 = [（1000-900）+（200-160）] \times 13\%$$
$$= 18.2（万元）$$

$$应纳所得税额 = 100 \times 25\% = 25（万元）$$

两项税种合计共43.2万元应在经营地税务机关缴纳。

通过以上计算并作比较，我们不难发现，两种方案的税收负担各不相同，其中以第一种方案的税收负担比较轻（少缴企业所得税25万元）。因此，仅从税收负担方面去考虑，可以得出应选择第一种方案的结论。

策划结论：

就企业所得税而言，如果所属分支机构在开办初期可能亏损，总机构应尽可能将分支机构办成不独立核算的分公司；反之，如果所属分支机构在开办初期就能营利，且能持续营利，就应该考虑将分支机构办成独立核算的子公司。

专家点评：

集团公司扩张经营的方式主要有子公司和分公司两种基本形式。从静态的角度来分析，这两类形式的从属机构在税收上各有利弊，从法律上讲，子公司是一个独立的法人，而分公司（常设机构）不是独立的法人。两者比较，第一，核算方式不同。由于子公司是独立法人，因此在税收上应该单独核算，而不应与母公司合并纳税；而后两者不是独立法人，可以和总公司合并纳税（实际中，何种情况下分公司、常设机构可汇总纳税，因国家、地区的不同，规定会有些差异），这样当分公司或总公司任何一方发生亏损时，都可以实现盈亏相抵以减轻税负。第二，税上优惠不同。由于子公司在异国或异地是以独立法人的形式出现，因此可以享受包括免税期、优惠税率等在内的各种税收优惠政策，而后两者作为非独立法人，不能享受到这些优惠待遇。第三，设立手续不同。子公司的设立程序相对复杂，设立费用较大；而分公司和常设机构的设立程序相对简单，费用开支较少。到底孰优孰劣，纳税人应该根据实际情况进行决策。

在我国企业的经营实践中，设立分公司的情况比较多。分公司在工商行政管理部门领取营业执照（而不是法人营业执照），在税务机关做注册税务登记，财务上不实行独立核算，流转税在经营机构所在地的主管税务机关缴纳，所得税并入总机构一起计算，并在总机构所在地缴纳。

1. 分公司运作的便利

（1）降低集团公司的总税负。

其一，降低集团公司的所得税。

其二，在一些国家和地区可以免缴资本注册税和印花税。

其三，可以利用避免国际双重征税的有利形式。

其四，可以对利息、股息以及征收的预提所得税和特许权使用费等进行巧妙的策划，从而达到少缴或不缴的目的。

（2）管理上简便，避免了当地主管当局的许多麻烦。

其一，由总部直接控制其经营，可以在分公司所在地减少填报账表，审计账目和有关公司法等法规约束上的麻烦，可以不公布或少公布财务资料。

其二，内部管理的程序简便，没有或减少职工参与其活动，从而提高了企业经营决策的灵活性。

其三，在股份资本中，没有像对子公司那样对外国参与最低额和最高比例的要求，公司也没有必要在当地发展股东或董事。

（3）经营上比较灵活，对一些问题的处理由总机构对外的分公司不负法律责任；在一定的情况下，也有利于把税后利润转移到母国。

（4）如果条件许可或遇有特定的机会，比较容易转让定价，降低流转税的负担。

2. 分支机构的不利因素

（1）有关独立核算企业的税收待遇分支机构往往不能享受，主要表现在三个方面，一是不能享受对参股所得的免税优惠，二是不能享受机构所在地给予独立核算企业或子公司的减免优惠以及其他投资性鼓励，三是分支机构一旦取得盈利，其总机构在同一纳税年度就应该在其所在地申报纳税，这样，如果分公司所在地的税收负担率比较低的情况下，就不能像子公司那样获得延期申报纳税的好处。

（2）机制运转受到许多方面的制约和影响：比如作为总机构要通过分公司进行生产经营的运作存在管理上的困难，缺乏独立机构所有的经营上的灵活性，在有关费用的支付上，一般而言，总机构与分机构之间所支付的利息以及特许权使用费不能扣除。此外，如果分支机构要想改为子公司，可能要因此变化产生的资本利得承担纳税义务，并且这种转变往往还要征得当地主管税务机关和外汇管理部门的同意。

（3）往往会拔动萝卜带出泥。在一些情况下可能负有公布资产负债表及损益表的义务，因此对一个分支机构账务的审查，往往会影响到总机构和其他分支机构。

（4）容易被当地税务主管当局立上黑名单，如前所述，分公司与总机构之间比较容易进行转让定价运作，所以作为跨国公司的分支机构比较容易在转让定价问题上遇到麻烦，当地税务机关经常会对分公司在转让产品、货物以及劳务等方面的经营行为产生怀疑而作为清查的对象。

（5）分公司对经济环境的适应性差，比如当一国发生通货膨胀、货币贬值时，子公司就可以享受到这方面的好处和优惠，而分公司就不能。

以上比较客观地分析了分公司的经营特点，这些情况，对于子公司来说正好相反，即分公司的长处是子公司的短处，而分公司的弱点正好是子公司的优点。当然，以上的分析仅仅是从理论上进行的，而在实际操作过程中，我们完全可以根据当地、当时的实际情况，做到灵活掌握。

子分公司想变换　税收方案有三种

为满足经营需要，优化资源配置，企业集团可能将现有的管理模式由母子公司变更为总分公司形式。这种变化会有哪些不同方式？财务如何处理（假设为全资子公司，每种方式均满足该方式下的相关法律条件）？这里我们引用普誉财税策划工作室的专家提供的一个资料来对相关事项进行具体分析。

企业案例：

地处浙江省某市的江源（集团）科技发展有限公司是一家集团性公司，下设12个子公司，2019年度整个集团公司实现销售收入28.35亿元。

2020年初，该集团公司董事长请来普誉财税策划工作室的咨询专家到现场进行"体检式"诊断。咨询专家发现，该集团公司下设的各子公司的股权结构差异不大，其产品属于同一个大系列，业务模式差异也不大。在这样的情况下，12套管理班子显得有些多余，从压缩管理成本，提升管理效益的角度讲，集团可以利用网络技术实现扁平化管理。

于是，咨询专家建议将部分子公司转化成分公司。但是，落实到实务上，该公司应当如何操作呢？

策划方案：

子公司与分公司之间的转换，通常情况下有以下三种操作思路：一是注销子公司后新设分公司；二是吸收合并（企业所得税按特殊重组处理）后新设分公司；三是吸收合并（企业所得税按一般重组处理）后新设分公司。

业务处理：

由于子公司跟分公司在法律地位上的不同，在实务操作过程中，存在比较复杂的业务关系且涉及许多税政策上的问题，具体梳理如下。

方式一：注销子公司后新设分公司。

在此方式下，企业先注销子公司，再以子公司原有资产组建分公司。

全面营改增后，子公司分配财产时，处置的非货币性资产应按规定缴纳增值税，如果销售自己使用过的、纳入营改增试点之日前取得的有形动产类固定资产，按照现行旧货相关增值税政策执行；销售其 2016 年 4 月 30 日前取得（不含自建）的不动产，可以选择适用简易计税方法，以取得的全部价款和价外费用减去该项不动产购置原价或者取得不动产时的作价后的余额为销售额，按照 5% 的征收率计算应纳税额；销售其 2016 年 4 月 30 日前自建的不动产，可以选择适用简易计税方法，以取得的全部价款和价外费用为销售额，按照 5% 的征收率计算应纳税额。

如果分配财产时涉及房地产，子公司应按规定缴纳土地增值税，母公司应就受让的土地、房屋缴契税。

子公司注销时，应清算并分配剩余财产。子公司应将整个清算期作为一个独立的纳税年度进行企业所得税纳税申报，并将全部资产可变现价值或交易价格，减除资产的计税基础、清算费用、相关税费，加上债务清偿损益等后的余额，计算清算所得及清算所得税。

母公司从子公司清算后分得的资产按公允价值入账并确定计税基础。其中，相当于被清算企业累计留存收益中按母公司所占股份比例计算的部分，应确认为股息所得；剩余资产减除股息所得后的余额，超过或低于母公司投资成本的部分，应确认为母公司的投资转让所得或损失。子公司亏损时，母公司对于减除可收回金额后确认的无法收回的股权投资，可作为股权投资损失在计算应纳税所得额时一次性扣除。母公司的会计处理如下。

收回财产时：

借：资产类（公允价值）

应交税费——应交增值税——进项税额

投资收益（或贷方）

长期股权投资减值准备（若有）

贷：长期股权投资

组建分公司时：

借：内部往来——分公司

贷：资产类（公允价值）

方式二：吸收合并（企业所得税按特殊重组处理）后新设分公司。

此方式下，母公司根据公司法吸收合并子公司，以子公司原有资产组建分公司，子公司解散但无须进行清算。

根据企业会计准则的相关规定，母公司会计处理如下。

合并时：

借：资产类（账面价值）

未分配利润（或贷方）

长期股权投资减值准备（若有）

贷：负债类（账面价值）

　　　　长期股权投资

　　　　资本公积（差额）

　　组建分公司时：

　　借：内部往来——分公司

　　　　贷：资产类（账面价值）

　　营改增后，子公司在资产重组过程中，通过合并将全部实物资产以及与其相关联的债权、负债和劳动力一并转让给其他单位和个人，其中涉及的货物、不动产、土地使用权转让行为，不征收增值税。

　　如果涉及房地产，对子公司将国有土地、房屋权属转移、变更到母公司时，暂不征土地增值税，但房地产开发企业除外。对母公司承受子公司土地、房屋权属的行为，免征契税。

　　根据企业所得税法规定，如果本交易按特殊重组处理，属于同一控制下且不需要支付对价的企业合并，母公司接受子公司原有资产和负债的计税基础，以子公司的原有计税基础确定。子公司合并前的相关所得税事项由合并企业继承。如果子公司存在亏损，不可一次性弥补，在税法规定的剩余结转年限内，每年可由母公司弥补的亏损限额＝子公司净资产公允价值×截至合并业务发生当年年末国家发行的最长期限的国债利率。

　　方式三： 吸收合并（企业所得税按一般重组处理）后新设分公司。

　　工商及会计处理同方式二。

　　涉及货物、不动产、土地使用权转让的增值税、土地增值税、契税处理同方式二。

　　根据企业所得税法规定，如果本交易按一般重组处理，母子公司都应按子公司清算处理。母公司应按公允价值确定接受子公司各项资产和负债的计税基础。子公司的亏损不得在母公司结转弥补，但母公司对于减除可收回金额后确认的无法收回的股权投资，可以作为股权投资损失在计算应纳税所得额时一次性扣除。后续期间需注意资产价值的入账价值和计税基础的差异。

　　业务分析：

　　在分公司与子公司的转化过程中，存在许多法律关系需要处理。在这里我们只是做简要梳理。

　　1　主体法律地位的变化

　　根据《中华人民共和国公司法》（中华人民共和国主席令第四十二号）第十四条规定："公司可以设立分公司。设立分公司，应当向公司登记机关申请登记，领取营业执照。分公司不具有法人资格，其民事责任由公司承担。"

　　"公司可以设立子公司，子公司具有法人资格，依法独立承担民事责任。"

　　由此可见，在主体法律地位上它们是完全不同的。

　　（1）子公司在法律上是一个独立的法人，依法独立承担民事责任，即：以自己的名义进行各类民事经济活动；独立承担公司行为所带来的一切后果与责任。

　　（2）分公司在法律上不是一个独立的法人，不具有独立承担民事责任的资格，也就是说它在法律上是从属于总公司的一个分支机构，不是独立的个体。

2. 关联关系上的变化

（1）子公司。

母公司与子公司之间一般表现的是股份的控制与被控制关系，也许是全资控制，或是最大股东的控制。子公司在经济和决策上受母公司的支配与控制，但在法律上，子公司是独立的法人。

子公司拥有独立的名称和公司章程；具有独立的组织机构；拥有独立的财产。

子公司实行独立核算、自负盈亏。

（2）分公司。

总公司与分公司之间一般表现为是总机构与分机构的关系，具有从属的特性。分公司在本质上就是总公司的一个安置在异地的派出机构。

分公司一般都不是完全独立核算单位，盈亏只是一种业绩考核。

子公司可以成立分公司，但分公司不可能拥有子公司。

3. 税务处理上的变化

子公司是作为独立法人，实行独立核算并独立申报纳税，是完全独立的纳税人，承担全面的纳税义务。分公司作为分支机构的一种，适用总分机构的相关政策。总机构和分支机构应依法办理税务登记，接受所在地主管税务机关的监督和管理。

（1）增值税方面。

增值税是流转税的一种，不仅在不同的经营主体之间有影响，而且在不同的区域经营也有影响，主要有以下几个方面的政策问题需要考虑。

①分公司（属于分支机构的组成部分，为便于与文件对接，以下统称分支机构）销售货物、提供加工修理修配劳务的增值税的纳税地点。

根据《中华人民共和国增值税暂行条例》第二十二条规定，固定业户应当向其机构所在地的主管税务机关申报纳税。总机构和分支机构不在同一县（市）的，应当分别向各自所在地的主管税务机关申报纳税。因此，分支机构的增值税一般情况下就地申报纳税。

但是，该条同时规定，经国务院财政、税务主管部门或者其授权的财政、税务机关批准，可以由总机构汇总向总机构所在地的主管税务机关申报纳税。

《财政部 国家税务总局关于固定业户总分支机构增值税汇总纳税有关政策的通知》（财税〔2012〕9号）对上述规定进一步明确，固定业户的总分支机构不在同一县（市），但在同一省（区、市）范围内的，经省（区、市）财政厅（局）、国家税务总局审批同意，可以由总机构汇总向总机构所在地的主管税务机关申报缴纳增值税。省（区、市）财政厅（局）、国家税务总局应将审批同意的结果，上报财政部、国家税务总局备案。

在实际工作中，增值税由总机构统一汇总核算、统一申报缴纳的主要是连锁经营企业。如《浙江省国家税务总局关于连锁经营企业增值税汇总纳税有关问题的通知》（浙国税流〔2005〕76

号）第三条规定，"经批准汇总缴纳增值税的连锁经营企业总店应按统一核算的当月应缴增值税总额向所在地主管国税机关申报纳税，即总店应纳增值税＝所有总、门店销项税额－所有总、门店进项税额；门店应纳增值税为零。"因此，增值税汇总缴纳需要总机构统一核算，分支机构独立核算的不能汇总缴纳。

②统一核算的总分机构之间的货物移送作视同销售的特殊规定。

先将相关规定归集：

其一，在同一县（市）内的分支机构可以合并纳税。《增值税暂行条例实施细则》第四条视同销售货物行为的第（三）项：设有两个以上机构并实行统一核算的纳税人，将货物从一个机构移送其他机构用于销售，但相关机构设在同一县（市）的除外。

其二，未向收货方开具发票同时也未向收货方收取货款的行为则不缴税。《国家税务总局关于企业所属机构间移送货物征收增值税问题的通知》（国税发〔1998〕137号）规定，《实施细则》第四条视同销售货物行为的第（三）项所称的用于销售，指收货机构发生以下情形之一的经营行为：向购货方开具发票；向购货方收取货款。收货机构的货物移送行为有上述两项情形之一的，应当向所在地税务机关缴纳增值税；未发生上述两项情形的，则应由总机构统一缴纳增值税。如果收货机构只就部分货物向购买方开具发票或收取货款，则应当区别不同情况计算并分别向总机构所在地或分支机构所在地缴纳税款。

其三，采用网络结算方式经营的可以由总机构统一纳税。《国家税务总局关于纳税人以资金结算网络方式收取货款增值税纳税地点问题的通知》（国税函〔2002〕802号）规定，纳税人以总机构的名义在各地开立账户，通过资金结算网络在各地向购货方收取销货款，由总机构直接向购货方开具发票的行为，不具备《国家税务总局关于企业所属机构间移送货物征收增值税问题的通知》（国税发〔1998〕137号）规定的收货机构向购货方开具发票、向购货方收取货款两种情形之一，其取得的应税收入应当在总机构所在地缴纳增值税。

总之，实行统一核算纳税人的总分机构之间，总机构将货物移送到分支机构，如果分支机构将移送到的货物对外销售时使用分支机构当地的发票向购货方开具发票或者向购货方收取货款，只要满足这两个条件之一的，这部分货物销售的增值税需要在分支机构所在地缴纳税款。总机构在货物移送时就需要视同销售，开具专用发票给分支机构抵扣。但如果总机构统一收款、统一开票，这部分货物销售应当在总机构所在地缴纳增值税。

③营改增（即应税服务）纳税人总机构汇总缴纳增值税规定。

根据《财政部 国家税务总局关于重新印发〈总分机构试点纳税人增值税计算缴纳暂行办法〉的通知》（财税〔2013〕74号）规定，经财政部和国家税务总局批准的总机构试点纳税人及其分支机构，可以按该办法汇总计算申报缴纳增值税。

营改增纳税人总、分支机构汇总申报缴纳增值税时，仅对应税服务项目进行汇总，总、分支机构销售货物、提供加工修理修配劳务，按照增值税暂行条例及相关规定就地申报缴纳增值税。

总机构将总分机构应税服务业务的应交增值税进行汇总，抵减各分支机构对应应税服务业务已缴纳的增值税税款后，在总机构所在地申报缴纳增值税。

各分支机构发生应税服务业务，按照应征增值税销售额和预征率计算缴纳增值税。计算公式如下：

$$应预缴的增值税 = 应征增值税销售额 \times 预征率$$

预征率由财政部和国家税务总局规定，并适时予以调整。

（2）企业所得税方面。

①根据《国家税务总局关于印发〈跨地区经营汇总纳税企业所得税征收管理办法〉的公告》（国家税务总局公告 2012 年第 57 号）（以下简称"税总 2012 年 57 号公告"）规定，居民企业在中国境内跨地区（指跨省、自治区、直辖市和计划单列市，下同）设立不具有法人资格分支机构的，该居民企业为跨地区经营汇总纳税企业（以下简称汇总纳税企业）。汇总纳税企业实行"统一计算、分级管理、就地预缴、汇总清算、财政调库"的企业所得税征收管理办法。

汇总纳税企业按照《企业所得税法》规定汇总计算的企业所得税，包括预缴税款和汇算清缴应缴应退税款，50% 在各分支机构间分摊，各分支机构根据分摊税款就地办理缴库或退库；50% 由总机构分摊缴纳，其中 25% 就地办理缴库或退库，25% 就地全额缴入中央国库或退库。

②对于以总机构名义进行生产经营的非法人分支机构，无法提供汇总纳税企业分支机构所得税分配表，也无法提供"国家税务总局 2012 年 57 号公告"第二十三条规定的相关证据证明其二级及以下分支机构身份的，应视同独立纳税人计算并就地缴纳企业所得税。

因此，对于分公司的企业所得税管理：符合规定条件的汇总纳税的分公司，实行"就地预缴、汇总清算"；无法提供汇总纳税企业分支机构所得税分配表，又无法证明分支机构的，按照独立纳税人就地缴纳企业所得税；分公司实行独立核算、不汇总纳税的，按照独立纳税人就地缴纳企业所得税。

对于列名企业的下属二级分支机构均应按照企业所得税的有关规定向当地主管税务机关报送企业所得税预缴申报表或其他相关资料，但其税款由总机构统一汇总计算后向总机构所在地主管税务机关缴纳。如《国家税务总局关于中国工商银行股份有限公司等企业企业所得税有关征管问题的通知》（国税函〔2010〕184 号）的列名企业。

总之，子公司是独立的纳税人，完整的纳税主体。分公司是从属于总公司的，一般情况下，在增值税上按照属地原则作为独立纳税人就地独立申报纳税，但经审核确认，符合条件的也可以汇总缴纳，其中营改增应税服务部分需要按预征率预缴；在所得税上，独立核算的作为独立纳税人就地独立申报纳税，统一核算的实行"统一计算、分级管理、就地预缴、汇总清算、财政调库"的企业所得税征收管理办法。

企业性质做调整　会计处理应讲究

在实务过程中，经常会出现母公司直接控股的全资子公司改为分公司的业务，如果出现类似的问题，有关母公司应如何进行会计处理呢？这里我们引用普誉财税策划工作室的咨询专家提供的资料，结合有关案例对该问题进行分析。

企业案例：

2020 年 2 月春风公司吸收合并全资子公司秋雨。秋雨公司是春风公司于 2018 年通过非同一控制下的企业合并取得，春风公司长期股权投资成本 2 000 万元，确认商誉金额 200 万元。

截至吸收合并完成日，秋雨公司以购买日为基础持续计算的各项资产、负债的公允价值分别为 4 000 万元和 1 800 万元。净资产中包含了秋雨公司可供出售公允价值变动产生的其他综合收益 100 万元，以及购买日至改为分公司日秋雨公司实现的净损益 300 万元。

此外，春风公司销售给秋雨公司产品净利 20 万元且秋雨公司尚未将该标的存货对外销售；秋雨公司销售给春风公司产品净利 10 万元，且春风公司尚未将该标的存货对外销售。税务机关认可该部分存货的计税基础保持其在秋雨公司的原计税基础不变（考虑内部交易递延所得税影响）。

那么，对于内部往来交易合并抵销如何处理，个别报表和合并报表如何处理呢？

业务分析：

根据《会计准则》的相关规定，春风公司销售给秋雨公司（顺销交易）的标的存货，该部分存货应按照在春风公司的合并报表层面的价值（即原先的内部交易成本）入账。由此导致春风公司取得秋雨公司净资产的入账价值小于秋雨公司净资产原账面价值的差额，应在吸收合并完成时确认的留存收益科目中调整。秋雨公司销售给春风公司的存货（逆销交易）原先（吸收合并之前）已在春风公司的账面上，并非本次通过吸收合并重新获得，本次吸收合并不应改变该部分存货在春风公司个别报表层面的计量基础。由此将导致该部分逆销交易的标的存货在春风公司个别报表和合并报表层面的计量基础不一致，在合并报表层面应延续原先的内部购销业务抵销分录，直至该部分存货被春风公司对外出售为止。

业务处理：

母公司吸收合并全资子公司，在母公司个别财务报表层面，应于吸收合并完成日，按照该子公司的各项资产、负债在母公司合并报表层面的账面价值对所取得的子公司各项资产、负债进行初始计量，同时终止确认原有对该公司的长期股权投资。按上述原则确定的取得该子公司净资产初始确认金额与被终止确认地对该子公司长期股权投资账面价值之间的差额中，属于该子公司的可供出售金融资产公允价值变动等其他综合收益项目的部分，贷记或借记"其他综合收益"科目，其他差额确认为资本公积。

会计处理（单位：万元）如下。

借：秋雨公司各项资产（内部抵销 20）	3 980
商誉	200
递延所得税资产（20×25%）	5
贷：秋雨公司各项负债	1 800

长期股权投资——秋雨	2 000
其他综合收益	100
留存收益	280
资本公积	5

其一，原处理方式是将子公司净资产与母公司长期股权投资的差额全部计入"投资收益"科目。此外，虽然《企业会计准则解释第7号》第四条将资本公积项目作为最终的平衡数，但在正常情况下出现资本公积作为平衡数的情况应不多见，主要来源可能会是同一项资产、负债在母公司个别报表层面和子公司的计税基础不一致导致的递延所得税确认的影响。而如果确实需要以资本公积为最终平衡数，则其二级明细科目应为其他资本公积，且这部分资本公积后期应不会再转出到损益。

其二，其他综合收益100万元需等到对应的资产对外处置时，才能将该金额转入当期损益（投资收益）。

其三，对计入留存收益的具体会计科目，《企业会计准则解释第7号》并未明确。建议在资产负债表中单设一个调整项目。如采用追溯调整的方法，实务中难以操作。因此一般考虑是计入本期发生额中的特殊单列项目，不调整年初数，也不通过本年度的利润表。

其四，逆流交易未实现损益20万元应当冲减留存收益而不是资本公积，因为在合并报表层面，是减少了自购买日公允价值持续计算的子公司吸收合并日净资产，体现为子公司累计实现收益的减少。

其五，如题目涉及递延所得税则应遵循《企业会计准则第18号》的原则处理。

如母公司吸收合并非全资子公司，应视作母公司先取得该子公司的少数股权，将其变为全资子公司后，再按上述原则处理。对于母公司以现金方式购买的少数股权，在母公司个别报表层面应按照《企业会计准则第2号》第六条的原则处理，除企业合并形成的长期股权投资以外，其他方式取得的长期股权投资，应当按照下列规定确定其初始投资成本：以支付现金取得的长期股权投资，应当按照实际支付的购买价款作为初始投资成本。初始投资成本包括与取得长期股权投资直接相关的费用、税金及其他必要支出。但在母公司合并报表层面，该购买少数股权行为应按照《企业会计准则第33号》第四十七条的原则处理，在合并财务报表中，因购买少数股权新取得的长期股权投资与按照新增持股比例计算应享有子公司自购买日或合并日开始持续计算的净资产份额之间的差额，应当调整资本公积（资本溢价或股本溢价），资本公积不足冲减的，调整留存收益。

在春风公司的合并报表层面，对于母公司吸收合并全资子公司，属于集团内部资本重组，集团控制的资源并未发生变化，因此应延续原先的合并抵消分录，确保母子公司之间的吸收合并事项对春风公司的合并报表层面不产生影响。但在合并报表层面，对因吸收合并导致的递延所得税变动，对应调整"所得税费用——递延所得税费用"而不体现为对资本公积的调整。例题中应将资本公积贷方数字5万元调整至"所得税费用——递延所得税费用"科目。

专家点评：

《企业会计准则解释第7号》第四条关于母公司直接控股的全资子公司改为分公司，该母公司应如何进行会计处理的规定与之前的实务操作有很大不同。第四条规定，原母公司（即子公司改为分公司后的总公司）应当对原子公司（即子公司改为分公司后的分公司）的相关资产、负债，按照原母公司自购买日所取得的该原子公司各项资产、负债的公允价值（如为同一控制下企业合并取得的原子公司则为合并日账面价值）以及购买日（或合并日）计算的递延所得税负债或递延所得税资产持续计算至改为分公司日的各项资产、负债的账面价值确认。在此基础上，抵销原母公司与原子公司内部交易形成的未实现损益，并调整相关资产、负债，以及相应的递延所得税负债或递延所得税资产。在对《企业会计准则解释第7号》第四条规定的运用方面应注意以下几点。

一是调整后集团公司的总资产不变。对子公司改为分公司的业务属于集团内部资本重组，而集团控制的资源并未发生变化，因此不应确认新的资产或负债，也不会产生新的利得或损失。故子公司资产、负债在合并报表（母公司报表）中的价值不变。

二是不能根据企业合并的规定处理相关事务。母公司直接控股的全资子公司改为分公司的业务不是企业合并，因为无论是"同一控制"还是"非同一控制"都由一个企业取得了对一个或多个业务的控制权，而子公司始终是在母公司的控制范围之内，因此适用准则时不能按照《企业会计准则第20号》企业合并的处理方式去理解。

三是非全资子公司不能转变为分公司。如母公司吸收合并非全资子公司，母公司应先取得该子公司的少数股权，将其变为全资子公司后，再按照《企业会计准则解释第7号》的规定处理。

四是操作方式不同不影响会计处理。如果母公司直接控股的全资子公司未改为分公司，而是直接被母公司吸收合并（如以事业部形式），则其会计处理与子公司被吸收合并后成立分公司应保持一致。因为无论是否成立分公司，母公司所控制的资源均未发生变化。此外，"专项储备"和"一般风险准备"由于其专用性，需按原计提及使用情况持续反映其余额，并不会因法人主体的消失而消失。

五是相关会计处理方法不变。《企业会计准则解释第7号》的规定实际上是针对母公司个别报表而言，如果母公司还需编制合并报表，因母公司控制的资源并未发生变化，因此合并报表层面应延续原先的合并抵销分录，确保母子公司之间的吸收合并事项对母公司的合并报表不产生影响。

六是原非同一控制下企业合并的折价购买利得仍计入留存收益。但对于具体会计科目，第7号解释并未明确。建议直接调整留存收益（在资产负债表中单设一个调整项目），而不通过利润表。对于原非同一控制下企业合并的商誉及原同一控制下企业合并中最终控制方收购原子公司时形成的商誉，由于商誉所依附的资产组仍存在，故商誉也不会因为法人实体的消失而消失，只是从原合并报表转为原母公司个别报表。

放下身份　降低负担

【妙计提要】

企业成长小规模，降低身份又如何？低调积累多赚钱，他日笑看我王侯！

【本计内容】

我国民众一直秉持"低调做人"的古训，当下也有"高调做事，低调做人"的说法。一个孩童不会跟他人争胜负，一个学童也不会跟他人争高低。一个处于成长期阶段的企业不跟他人比大小是一个明智之举。

人们有时调侃："大水来了，有堤坝挡着；天塌下来了，有高个子的人撑着！"可见小个子的人被他人"照顾着"的好处。其实，现代企业在税收上的处境也是如此。

从增值税的角度讲，有一般纳税人和小规模纳税人身份的划分。

一般纳税人指年应征增值税销售额（以下简称年应税销售额，指纳税人在连续不超过 12 个月或四个季度的经营期内累计应征增值税销售额，包括纳税申报销售额、稽查查补销售额、纳税评估调整销售额）超过财政部、国家税务总局规定的小规模纳税人标准的企业和企业性单位。一般纳税人的特点是增值税进项税额可以抵扣销项税额。

准的纳税人，会计核算健全，能够提供准确税务资料的，可以向主管税务机关办理一般纳税人登记。这里所称会计核算健全，指能够按照国家统一的会计制度规定设置账簿，根据合法、有效凭证进行核算。

下列纳税人不办理一般纳税人资格认定：一是按照政策规定，选择按照小规模纳税人纳税的；二是年应税销售额超过规定标准的其他个人。

在一般人看来，增值税专用发票是一项重要的经营手段，企业在工商管理部门注册之后的第一件事情，就是要到税务机关申请认定为一般纳税人！

但是，事实上，对不同的企业所从事的具体业务应当进行具体分析，并做出不同的处理。对于那些规模较大，产品毛利率较低的企业，需要认定为一般纳税人；对于那些规模较小，产品毛利率较高的企业，是不是一定要申请认定为一般纳税人，就需要进行具体分析和策划了。

在企业所得税方面，国家也根据企业的规模划分不同的税收政策。

企业规模指按有关标准和规定划分的企业规模。企业规模一般分为特大型、大型、中型、小型、微型。企业规模指对企业生产、经营等范围的划型。2003年5月，国家统计局根据原国家经贸委、国家计委、财政部和国家统计局四部委联合发布的《中小企业标准暂行规定》，制定了《统计上大中小型企业划分办法（暂行）》，并于2003年统计年报开始执行。该办法并未涉及《国民经济行业分类》（GB/T4754-2002）中的全部企业和单位，具体仅对以下5个类别规定了划型标准：第一类为工业，包括采矿业、制造业、电力、燃气及水的生产和供应业，共3个行业门类；第二类为建筑业；第三类为批发和零售业；第四类为交通运输、邮政业（不包含仓储业）；第五类为住宿和餐饮业。这5个类别涵盖了《国民经济行业分类》中的7个行业门类，673个行业小类，占全部行业小类的74%左右。

《国民经济行业分类》中尚有13个行业门类没有确定企业划型标准，其主要原因是：一是有些行业缺乏基础统计数据，无法进行有效的测算和分析而暂不划型；二是一些特殊行业，如金融业，其产品、运作方式和监管体系与一般行业差异较大，需另行研究制定；三是包括"居民服务业"和"其他服务业"在内的6个其他行业门类以及仓储业，这些行业的企业划型标准将在国家有关普查完成之后，再根据实际统计情况另行研究制定。

《统计上大中小型企业划分办法（暂行）》以3个指标作为划分标志，即企业的"从业人员数""销售额""资产总额"。其主要原因是：第一，"从业人员数"作为企业的划型指标，具有简单、明了的特点，也与世界主要国家的通行做法一致，具有国际可比性。第二，"销售额"可以客观反映企业的经营规模和市场竞争能力，也是我国现行统计指标中数据比较完整的指标，容易操作。第三，"资产总额"可以从资源占用和生产要素的层面上反映企业规模。因此，采用这3个指标进行划型具有一定的科学性和可操作性。

为了推进大众创业、万众创新，截至2019年底，我国针对创业就业主要环节和关键领域陆续推出了90多项税收优惠措施，尤其是2013年以来，新出台了近80项税收优惠，覆盖企业整个生命周期。其中小微企业的税收优惠力度越来越大。

【案例注释】

税收策划是一门技术性和艺术性相结合的学科，在实务第一线往往更倾向于实务操作。因此，这里我们结合实际案例对有关计策的操作原理做一个简要分析和解释。

企业不大想讨巧　纳税身份可运筹

任何一个企业都是从小到大，慢慢地发展起来的。在发展初期，应当以什么身份来经营要看具体情况。由于纳税人的经营项目、经营方式和经营环境不同，纳税人最终运用什么身份从事生产和经营，需要做综合的分析。

实务案例：

江南机械有限公司是于 2019 年 12 月 18 日新办的企业，主要从事五金加工业务。根据该企业的老板王明华测算，该企业在正常情况下一年的业务量大约为 480 万元，其能够取得增值税进项扣除的成本和费用项目估计只占销售额的 20%。

现在王老板需要咨询的问题是，对于这样的小微型企业，是申请认定为增值税一般纳税人好呢？还是以小规模纳税人的身份经营好呢？

政策分析：

案例所反映的问题属于绝大多数小微型企业遇到的问题，对于此类企业的增值税纳税人身份问题，当下成了人们热议的话题。根据现行政策规定，增值税纳税人（以下简称纳税人），年应税销售额超过规定标准的，应当向主管税务机关申请一般纳税人资格登记。

根据国家税务总局 2017 年 12 月 29 日发布的《增值税一般纳税人登记管理办法》（国家税务总局令 第 43 号）第二条规定，增值税纳税人（以下简称"纳税人"），年应税销售额超过财政部、国家税务总局规定的小规模纳税人标准（以下简称"规定标准"）的，除本办法第四条规定外，应当向主管税务机关办理一般纳税人登记。本办法所称年应税销售额，指纳税人在连续不超过 12 个月或四个季度的经营期内累计应征增值税销售额，包括纳税申报销售额、稽查查补销售额、纳税评估调整销售额。销售服务、无形资产或者不动产（以下简称"应税行为"）有扣除项目的纳税人，其应税行为年应税销售额按未扣除之前的销售额计算。纳税人偶然发生的销售无形资产、转让不动产的销售额，不计入应税行为年应税销售额。

该办法自 2018 年 2 月 1 日起施行。可见纳税人超过"年应税销售额"必须申请认定为一般纳税人，已经成为强制性规定。另外，该办法第三条明确，年应税销售额未超过规定标准的纳税人，会计核算健全，能够提供准确税务资料的，可以向主管税务机关办理一般纳税人登记。本办法所称会计核算健全，指能够按照国家统一的会计制度规定设置账簿，根据合法、有效凭证进行核算。

为完善增值税制度，进一步支持中小微企业发展，《财政部 税务总局关于统一增值税小规模纳税人标准的通知》（财税〔2018〕33 号）自 2018 年 5 月 1 日起将增值税小规模纳税人标准调整为年应征增值税销售额 500 万元及以下，同时明确，按照《中华人民共和国增值税暂行条例实施细则》第二十八条规定已登记为增值税一般纳税人的单位和个人，在 2018 年 12 月 31 日前，可转登记为小规模纳税人，其未抵扣的进项税额作转出处理。

《国家税务总局关于明确二手车经销等若干增值税征管问题的公告》（国家税务总局公告 2020 年第 9 号）第六条明确，一般纳税人符合以下条件的，在 2020 年 12 月 31 日前，可选择转登记为小规模纳税人：转登记日前连续 12 个月（以 1 个月为 1 个纳税期）或者连续 4 个季度（以 1 个季度为 1 个纳税期）累计销售额未超过 500 万元。

一般纳税人转登记为小规模纳税人的其他事宜，按照《国家税务总局关于统一小规模纳税人标准等若干增值税问题的公告》（2018 年第 18 号）及《国家税务总局关于统一小规模纳税人标准有关出口退（免）税问题的公告》（2018 年第 20 号）的相关规定执行。

因此，对于销售额在法定值以下的企业而言，就存在一个身份选择问题，这也是小型企业在纳税人身份上的策划机会。

业务分析：

纳税人身份的确定，对该企业未来若干个经营年度的生产和经营都将产生直接的影响。如果要对其提出咨询建议，就需要结合该企业的具体情况来做综合分析。

1. 抵扣额在 20% 条件下，纳税身份的税收比较

对于小微企业而言，由于其经营环境不理想，他们往往希望以简单的管理方式来处理纳税问题，但是，在日常操作过程中，又要受到经营方式的限制。

（1）加工业务的涉税分析。

江南机械有限公司成立于 2019 年 12 月 18 日，经测算，该企业在正常情况下年度业务量大约为 480 万元，由于其从事的加工业务，能够取得增值税进项扣除的成本和费用项目只占销售额的 20%。

如果作为增值税一般纳税人，我们假设该企业所占销售额 20% 的成本和费用项目都符合增值税进项扣除的要求，并且其适用税率都为 13%，该企业应当计算缴纳增值税如下。

$480 \times 13\% - 480 \times 20\% \times 13\%$

$= 62.4 - 12.48$

$= 49.92$（万元）

其增值税的税收负担率为：

$49.92 \div 480 = 10.4\%$

如果作为增值税小规模纳税人，该企业按征收率 3% 计算缴纳增值税。

$480 \times 3\% = 14.4$（万元）

其增值税的税收负担率为：

$14.4 \div 480 = 3\%$

将两者作一个比较我们可以发现，在从事加工业务的条件下，纳税人的身份不同，其税收负担水平相差很大，作为增值税一般纳税人的企业，其税收负担要比小规模纳税人的条件下高出 7.4%（10.4%-3%）。

（2）经销业务的涉税分析。

江南机械有限公司在正常情况下年度业务量大约为 480 万元，由于其从事的是经销业务，能够取得增值税进项扣除的成本和费用项目占销售额的 80%。

如果作为增值税一般纳税人，我们假设该企业所占销售额 80% 的成本和费用项目都符合增值税进项扣除的要求，并且其适用税率都为 13%，该企业应当计算缴纳增值税如下。

$480×13\%-480×80\%×13\%$

$=62.4-49.92$

$=12.48$（万元）

其增值税的税收负担率为：

$12.48÷480=2.6\%$

如果作为增值税小规模纳税人，该企业按征收率 3% 计算缴纳增值税。

$480×3\%=14.4$（万元）

其增值税的税收负担率为：

$14.4÷480=3\%$

在从事经销业务且取得可扣除项目占销售额的 80% 的条件下，将两者作一个比较我们可以发现，纳税人在小规模纳税人身份条件下的税收负担水平高出 0.4%（3%-2.6%）。

2. 抵扣额在 15% 条件下，纳税身份的税收比较

在实务过程中，有些朋友，特别是一些小微企业的老板们喜欢不索要发票采购商品，因此，其取得的能够抵扣增值税的凭证相对较少，在这样的情况，应当如何运筹呢？

（1）加工业务的涉税分析。

江南机械有限公司在正常情况下年度业务量大约为 480 万元，由于其从事的加工业务，平时购买一些小件往往不要发票，因此，能够取得增值税进项扣除的成本和费用项目只占销售额的 15%。

如果作为增值税一般纳税人，我们假设该企业所占销售额 15% 的成本和费用项目都符合增值税进项扣除的要求，并且其适用税率都为 13%，该企业应当计算缴纳增值税如下。

$480×13\%-480×15\%×13\%$

$=62.4-9.36$

$=53.04$（万元）

其增值税的税收负担率为：

$53.04÷480=11.05\%$

如果作为增值税小规模纳税人，该企业按征收率 3% 计算缴纳增值税。

$480×3\%=14.4$（万元）

其增值税的税收负担率为：

$14.4÷48=3\%$

将两者做一个比较我们可以发现，在从事加工业务的条件下，纳税人的身份不同，其税收负担水平相差很大，作为增值税一般纳税人的企业，其税收负担要比小规模纳税人的条件下高出 8.05%（11.05%-3%）。

（2）经销业务的涉税分析。

江南机械有限公司在正常情况下年度业务量大约为 480 万元，由于其从事的经销业务，其毛利空间比较小，能够取得增值税进项扣除的成本和费用项目占销售额的85%。

如果作为增值税一般纳税人，我们假设该企业所占销售额85%的成本和费用项目都符合增值税进项扣除的要求，并且其适用税率都为13%，该企业应当计算缴纳增值税如下。

$480 \times 13\% - 480 \times 85\% \times 13\%$

$= 62.4 - 53.04$

$= 9.36$（万元）

其增值税的税收负担率为：

$9.36 \div 480 = 1.95\%$

如果作为增值税小规模纳税人，该企业按征收率3%计算缴纳增值税。

$480 \times 3\% = 14.4$（万元）

其增值税的税收负担率为：

$14.4 \div 48 = 3\%$

将两者做一个比较，增值税一般纳税人的税收负担率要比小规模纳税人低1.05%（3%－1.95%）。也就是说，在销售毛利比较小的情况下，我们可以发现如果以一般纳税人的身份经营比较划算。

分析结论：

假设纳税人从事的是加工业务，其取得的增值税可抵扣进项税额比较少，如果作为一般纳税人，就需要承担较高的税收，在这样的情况下，纳税人采用小规模纳税人的身份经营就比较划算；假设纳税人从事的是经销业务，且进销差价比较少（毛利率比较低）的情况下，作为小规模纳税人则可能承担较高税收负担，应当认定为一般纳税人。

分析点评：

纳税人身份的认定既是税务管理的一个内容，也是税收策划的一个内容，在具体运筹过程中主要看有关企业能够取得多少进项抵扣额。当然，由于纳税人的经营项目、经营方式和经营环境不同，纳税人最终运用什么身份从事生产和经营，需要做综合的分析。但是，在实务过程中有许多认识误区需要澄清。这里我们利用普誉财税策划工作室的咨询专家提供的资料对相关问题做一个归纳。

其一，转登记为小规模纳税人可以降低税收负担。

一般纳税人和小规模纳税人，增值税款算法差异较大。一般纳税人大多采用一般计税方法，按照"应纳税额＝当期销项税额－当期进项税额"来计算，其实际税负率不是一定就会比3%的征收率高。而小规模纳税人则是按照简易计税方法，按3%的征收率计算并缴纳增值税，不抵扣进项税额。需要开具增值税专用发票的，只能自开或申报代开征收率为3%的增值税专用发票。统一标准后，纳税人是否转登记为小规模纳税人，既要从税负角度考虑，更要从企业经营现状综合考虑。

通过上述具体的业务分析，我们可以发现：如果纳税人在经营过程中取得的增值税可抵扣进项税额比较少情况下，作为一般纳税人就需要承担较高的税收。在这样的情况下，纳税人采用小规模纳税人的身份经营就比较划算。反之亦然。统一增值税小规模纳税人标准，是一项实实在在支持中小微企业发展的利好政策。财政部、国家税务总局决定，自 2018 年 5 月 1 日起，将增值税小规模纳税人标准统一为"年应征增值税销售额 500 万元及以下"。已登记为增值税一般纳税人的单位和个人在 2019 年 12 月 31 日前，可转登记为小规模纳税人。随后，国家税务总局又公告明确了政策落实过程中可能涉及的具体征管事项。

其二，一般纳税人只要"年应税销售额"不达标，就可以转登记为小规模纳税人。

《增值税一般纳税人登记管理办法》规定，年应税销售额未超过规定标准的纳税人，会计核算健全，能够提供准确税务资料的，可以向主管税务机关办理一般纳税人登记。小规模纳税人标准统一后，对 2018 年 5 月 1 日前已登记为增值税一般纳税人，且销售货物和加工、修理修配劳务的"年应税销售额"不达 500 万元的，纳税人根据生产经营情况，可以选择转登记小规模纳税人，也可以继续登记为一般纳税人。

纳税人兼有销售货物、提供加工、修理修配劳务和销售服务、无形资产、不动产的，增值税一般纳税人登记时，应对其销售货物及劳务销售额与销售服务及资产的销售额分别计算，分别适用增值税一般纳税人登记标准判定。对于 5 月 1 日前已登记一般纳税人的，假定其销售货物和加工、修理修配劳务的"年应税销售额"不达 500 万元，但是其兼营的销售服务与资产的"年应税销售额"超过 500 万元的，则不能转登记小规模纳税人。

其三，纳税人增值税资格登记可以随时调整转变。

增值税一般纳税人一经登记，除国家税务总局另有规定外，不得转为小规模纳税人。这个原则在统一小规模纳税人标准前后都同样适用。新标准统一后，符合条件的转登记小规模纳税人，都有且只有一次在 2019 年 12 月 31 日前，选择最合适的时间，申报转登记小规模纳税人的机会。对转登记纳税人按规定再次登记为一般纳税人后，不得再转登记为小规模纳税人。

纳税人转登记小规模纳税人后，从其转登记日的下一个申报期开始，重新滚动累计"年应税销售额"。纳税人在转登记前一般纳税人期间的销售额，不再参与"年应税销售额"的重新计算。纳税人在重新开始的连续不超过 12 个月或者连续不超过 4 个季度的经营期内，"年应税销售额"再次超过小规模纳税人标准的，需要重新登记为一般纳税人。

其四，转登记小规模纳税人后增值税专用发票不得自行开具。

自 2016 年 8 月起，对月销售额超过 3 万元（或季销售额超过 9 万元）的住宿业、鉴证咨询业、建筑业、工业以及信息传输、软件和信息技术服务业的小规模纳税人，相继试点自行开具增值税专用发票，税务机关不再代开。2018 年 5 月 1 日后，小规模纳税人自行开具专用发票范围将进一步拓展，转登记后销售货物、加工和修理修配劳务的纳税人，可以继续使用现有税控设备开具增值税发票，发生增值税应税销售行为，继续通过增值税发票管理系统，按照征收率自行开具增值税专用发票。但是纳税人转登记为小规模纳税人后，其销售取得的不动产，需要开具增值税专用发票的，应当按照有关规定向税务机关申请代开。

其五，转登记时"年应税销售额"指一个会计年度的销售额。

"年应税销售额"是一个动态的指标，指纳税人在连续不超过 12 个月或 4 个季度的经营期内累计应征增值税销售额，包括纳税申报销售额、稽查查补销售额、纳税评估调整销售额。纳税人转登记小规模纳税人时，其"年应税销售额"应按照"转登记日前连续 12 个月或者连续 4 个季度累计"计算，未超过 500 万元的，可以申报转登记为小规模纳税人。简单地说，就是纳税人在申报转登记的属期月份起向前追溯 12 个月确定（不足期限的按实际期限折算）。

其六，转登记小规模纳税人可以自行选择身份生效日期。

原一般纳税人转登记为小规模纳税人的，不能像申报登记一般纳税人一样，自行选择转变登记日当期 1 日或次月 1 日开始生效。转登记后，纳税人按照简易计税方法计算缴纳增值税，自转登记日的下期起生效。对于按季申报的纳税人来说，"转登记日的下期"指转登记日所在季度的下一季度第一个月的 1 日开始；对于按月申报纳税人，"转登记日的下期"指转登记日所在月份的次月 1 日开始。

纳税人在转登记日当期仍按照一般纳税人的有关规定计算缴纳增值税。纳税人转登记后，其尚未申报抵扣的进项税额，以及转登记日当期的期末留抵税额，统一计入"应交税费——待抵扣进项税额"科目中核算，暂挂账处理。

转登记纳税人作为一般纳税人经营期间的销售或者购进业务，在转登记后发生销售折让、中止或者退回的，无论发生在何时，均在纳税人转登记日的当期调整。调整后形成的多缴税款，在销售折让、中止或者退回发生日的当期应纳税额中抵减；不足抵减的，结转下期继续抵减，只抵不退。调整后形成少缴税款，先行抵减挂账的"应交税费——待抵扣进项税额"，抵减后仍有余额的，计入销售折让、中止或者退回发生日的当期应纳税额一并申报缴纳。

物流企业要税改　身份策划先安排

随着大众创业的热情高涨，作为增值税纳税人的身份问题又上升为人们十分关心的"焦点"问题。于是，笔者经常接到电话和邮件，咨询对纳税人身份的策划问题。

实务案例：

北京中原物流有限公司是一家新办的交通运输企业，主要从事货物运输、仓储等业务。根据该企业的老板张长顺测算，北京中原物流有限公司在正常情况下年度业务量大约为 490 万元，其能够取得增值税进项扣除的成本和费用项目估计占销售额的 30%。

现在张老板需要咨询的问题是，自己的企业是申请一般纳税人好呢，还是选择小规模纳税人呢？

问题疏理：

作为咨询专家遇到的第一个问题：张老板想咨询什么事项？

从张老板所表述的意思来看，我们可以按照如下的思路去把握：张老板看到市场的前景，但是，他也关注到税收上的规定，他不明白在创办这个物流企业的时候，应当如何操作，才能在将来经营过程中获得更大的税收利益？

这个问题的实质在于纳税人身份的把握。对于张老板来说，他的眼光具有前瞻性，在确定纳税人身份的时候是申请认定为增值税一般纳税人好呢？还是以小规模纳税人的身份经营好呢？

业务分析：

本案例所反映的问题属于多数小型物流企业在经营过程中遇到的问题，对于小型物流企业的增值税纳税人身份问题，目前公布的政策跟以前的操作思路和方法有所不同。而且，国家主导的结构性降税的措施，事实上其"实惠"并未落实到物流企业，从现在掌握的资料来看，"税改"后多数物流企业的税收负担是上升的。所以，这次普惠税收优惠期间物流企业应当进行未雨绸缪。

1. 进项抵扣额较少条件下涉税分析

北京中原物流有限公司（以下简称中原物流）在正常情况下年度销售额为490万元，能够取得增值税进项扣除的成本和费用项目只占销售额的30%。如果中原物流作为增值税一般纳税人，我们假设该企业所占销售额30%的成本和费用项目都符合增值税进项扣除的要求，并且其适用税率都为9%，该企业应当计算缴纳增值税如下。

490×9%−490×30%×9% ＝ 30.87（万元）

其增值税的税收负担率为：

30.87÷490 ＝ 6.3%

因为中原物流的年销售额在500万元以下，其纳税人的身份可以自主选择。如果该企业作为增值税小规模纳税人，该企业按征收率3%计算缴纳增值税。

490×3% ＝ 14.7（万元）

其增值税的税收负担率为：

14.7÷490 ＝ 3%

将两者作一个比较我们可以发现，纳税人的身份不同，税收负担在此差异很大。

6.3%−3% ＝ 3.3%

即，如果中原物流作为增值税一般纳税人，其税收负担要比小规模纳税人高得多。

2. 进项抵扣额较多条件下涉税分析

中原物流在正常情况下年度销售额大约为490万元，能够取得增值税进项扣除的成本和费用项目占销售额的70%。如果该企业作为增值税一般纳税人，我们假设该企业所占销售额70%的成本和费用项目都符合增值税进项扣除的要求，并且其适用税率都为9%，那么，中原物流应当计算缴纳增值税为：

490×9%−490×70%×9% ＝ 13.23（万元）

其增值税的税收负担率为：

13.23÷490 ＝ 2.7%

如果中原物流作为增值税小规模纳税人，该企业按征收率3%计算缴纳增值税。

$490 \times 3\% = 14.7$（万元）

其增值税的税收负担率为：

$14.7 \div 490 = 3\%$

将两者做一个比较我们可以发现，在进项抵扣额较多的条件下，作为增值税一般纳税人更划算。

$2.7\% - 3\% = -0.3\%$

3. 增值税一般纳税人与小规模纳税人平衡点分析

这里我们以中原物流的经营情况为例，对纳税人在不同身份条件下的税收负担水平进行了试算，结果发现，纳税人在一般纳税人身份条件下，其税收负担比较高。也就是说，作为物流企业而言，在多数情况下选择一般纳税人身份不划算。

那么，在什么条件下纳税人才可以选择一般纳税人身份呢？

回答这个问题，就需要计算出增值税一般纳税人与小规模纳税人的税收负担的平衡点。

我们假设物流企业由营业税改为征收增值税以后，与运输等物流业务相关的物耗都可以作为增值税扣除，而公司则按不含税价格缴纳 9% 的增值税。假设物流业务可抵扣物耗金额为 M，则物耗可抵扣增值税的税金为 $9\%M$，设销售额为 N，则物流企业的销项税额为 $9\%N$。

如果我们令一般纳税人的应纳税额与小规模纳税人的应纳税额相等，则可得增值税一般纳税额与小规模纳税人的税收负担的平衡议程，为：

$3\%N = 9\%N - 9\%M$

解方程之后，可得扣税平衡点为：$M = 66.67\%N$

这就是说，当物流企业增值税进项物耗占销售额的 66.67% 时，其当期应纳税额与小规模纳税额相等。换一句话说，当可以抵扣增值税的物耗 $M < 66.67\%N$ 时，作为小规模纳税人有节税空间。

分析结论：

对于中原物流而言，由于其在正常情况下年度销售额为 490 万元，能够取得增值税进项扣除的成本和费用项目估计占销售额的 30%，如果仅从所承担的税收负担水平的角度讲，其增值税纳税人的身份应当选择一般纳税人。

小微企业流转税　利用政策有作为

企业在经营初期，往往对自己未来的生产和经营情况没有十分的把握，所以，会造成决策失误。如果在经营一段时间之后，再对企业的经营情况做一个反思，从而对政策利用问题做出适时的调整，应当是精明的经营者应当采取的思路。

企业案例：

昌源技术开发有限公司是一家高科技产品开发企业，2019 年 1 月底开办，主要从事数控机床零售产品的设计和销售，产品的增值税适用税率为 13%。该公司在开办之初就申请认定为增值税一般纳税人。2019 年 12 月底，实现销售 490 万元，其中，2019 年 1 月份至 3 月实现销售额（不含税）20 万元，2019 年 4 月至 2019 年 12 月实现销售额为 470 万元，取得增值税进项税额 2 万元，该公司在一年中缴纳增值税金额为：

$20 \times 16\% + 470 \times 13\% - 2$

$= 3.2 + 61.1 - 2$

$= 62.3$（万元）

2019 年 12 月 28 日，该公司的老板，李明华对公司的经营情况进行分析，发现自己的增值税的税收负担率特别高，达到 12.7%。于是，找到税收策划咨询专家。

现在李明华需要咨询的问题是，自己公司为什么缴了那么多的增值税？有没有办法降下来？

现场调研：

咨询专家到该公司的现场进行了调研，发现如下问题：其一，该公司的产品技术含量比较高，产品毛利比较高。换一句话说，其产品在生产过程中，能够抵扣增值税的进项因素比较少；其二，由于当地市场供应商的情况比较复杂，有时的采购无法取得增值税专用发票。其三，该公司的技术在当地处于相对垄断地位，如果有需求，一般只能向该公司采购相应的产品（如果到外地采购，一是成本会上升；二是技术不放心）。

业务分析：

由于该公司在开办的过程中按照一般流程做的，其会计人员就按照常规，申请办理了增值税一般纳税人的认定手续。

其实，该公司可以有两个纳税方案，一个是以增值税一般纳税人的身份办税，其应纳税额计算为：

$20 \times 16\% + 470 \times 13\% - 2$

$= 3.2 + 61.1 - 2$

$= 62.3$（万元）

另一个是以增值税小规模纳税人的身份办税，其应纳税额计算为：

$[20 \times （1 + 16\%） + 470 \times （1 + 13\%）] \div （1 + 3\%） \times 3\%$

$= [23.2 + 531.1] \div （1 + 3\%） \times 3\%$

$= 554.3 \div （1 + 3\%） \times 3\%$

$= 16.14$（万元）

将两个操作方案做一个比较：

$62.3 - 16.14 = 46.16$（万元）

分析结论：

对于昌源技术开发有限公司而言，由于其产品的特殊性和市场地位的垄断性，可以考虑将一般纳税人的身份改为小规模纳税人。如果改为小规模纳税人，且市场规模还保持在上一个年度的水平，该公司可以节约增值税 46.16 万元，增值税的税收负担下降 9.7%。因此，建议该公司在 2020 年 12 月 31 日前申请转让定为小规模纳税人。

策划点评：

如何降低企业的税收负担问题，已经成了人们热议的话题。对于小型企业而言，在纳税人身份上进行策划大有可为。

根据现行政策规定，增值税纳税人（以下简称纳税人），年应税销售额超过财政部、国家税务总局规定的小规模纳税人标准的，应当向主管税务机关申请一般纳税人资格认定。这里所称年应税销售额，指纳税人在连续不超过 12 个月的经营期内累计应征增值税销售额，包括免税销售额。可见纳税人"年应税销售额"超过标准必须申请认定为一般纳税人，已经成为强制性规定。而对于销售额在法定值以下的企业而言，就存在一个身份选择问题。

增值税纳税人身份的问题，其内含包含两个方面的内容，一是税收负担的多少；另一个则是增值税专用发票的使用问题。目前，围绕增值税专用发票问题，一直是困扰征纳税双方的焦点问题，对于商贸企业尤其是这样。

策划难点：

对于纳税人的身份的问题，普誉财税策划工作室的专家提醒大家，由于部分纳税人暂时无法达到税法规定的标准，而经营过程中又需要增值税专用发票，于是才有一般纳税人身份的税收策划问题。但是，如果操作这个案例，又存在操作得像与不像的问题，如果操作得不像，就会成了"偷鸡不着，反蚀一把米"。其难点关键在于作为经济联合体，有关手续是否完整，如果以引进式策划，同样也存在平时操作的合法性问题。

经营选模式 税负可商议

【妙计提要】

企业开门做生意，生产经营必言利；运营模式做调整，税费结果可商议。

【本计内容】

经营模式是企业根据企业的经营宗旨，为实现企业所确认的价值定位所采取某一类方式方法的总称。其中包括企业为实现价值定位所规定的业务范围，企业在产业链的位置，以及在这样的定位下实现价值的方式和方法。

根据经营模式的定义，企业首先有企业的价值定义。在现有的技术条件下，企业实现价值是通过直接交易，还是通过间接交易，是直接面对消费者，还是间接面对消费者。处在产业链中不同的位置，实现价值的方式也不同。根据在产业链中的位置、企业的业务范围、企业实现价值的不同方式，我们可以区分出不同的经营模式。

其一，以产业链位置确定经营模式。产业链的位置可以分为以下几个部分：设计活动、营销活动、生产活动和其他的辅助活动，其中最重要的是信息服务部门。根据对产业链位置的不同选择，可以得出八种不同的组合，也就是可以得出八种不同的经营思想和模式：销售型、生产（代工）（纺锤型）、设计型、销售＋设计（哑铃型）型、生产＋销售型、设计＋生产型、设计＋生产＋销售（全方位）型和信息服务型。

其二，以业务范围确定经营模式。业务范围的确定也就是产品和服务的确定，它始于产品或者服务给企业带来价值的大小，以及新的产品和服务对原有产品和服务的影响。根据业务范围我们可以划分两类经营模式：单一化经营模式和多元化经营模式。

其三，以实现价值方式确定经营模式。实现价值的方式一方面借助于战略来实现，因此实现价值的竞争战略也是一种经营模式，此类经营模式主要有以下几种：成本领先、差别化、目标集聚三种。除此之外，企业实现价值的方式还有其他的途径，通过这些途径可以解决其他的如资本、空间障碍问题。因此，从为实现价值解决资本的角度可以分为独资和合资两种经营模式；从解决空间障碍角度可以分为跨国经营和区域经营两种模式。

不同经营模式对税收产生直接影响。在日常生活中如果我们注意观察可以发现一个现象：同样的设备可以采取不同的经营模式或者方式。仅以汽车经营为例，有的企业提供纯出租业务，有些企业则提供运输服务（即以自己的汽车和员工将客户送达指定的地点）。从税收的角度讲，根据现行税收政策规定，如果为客户提供纯汽车出租，让其自驾游，按有形动产出租征收 13% 的增值税；如果利用企业的汽车及员工将客户送到目的地，则为交通运输服务按 9% 计算缴纳增值税。由此可见，企业的经营模式决定了税收负担水平。

【案例注释】

笔者在《企业涉税风险的表现及规避技巧》一书中明确，企业的涉税风险 80% 以上不是在财务和会计核算环节产生的，进行税收策划，其操作点 80% 以上也不在财务和会计核算环节，主要是在业务流程和业务模式的设计上。但是，从上述计策的内容上看，读者可能还是感觉难以理解。因此，这里我们结合实际案例对有关计策的操作原理做一个简要分析和解释。

设备运营有模式　纳税方法受约束

当下，有部分企业的老板认为，公司交多少税就看公司的财务精不精，会不会做账了。其言下之意：财务人员决定企业的税收。其实，这是一个错误认识。

实务案例：

春江建筑服务有限公司成立于 2016 年 5 月，在成立初期就申请认定为一般纳税人，主要从事塔吊以及其他建筑设备的经营活动。目前，公司已经拥有大型塔吊 400 多台，此外还有钢模脚手架等建筑专用设备。有关设备都是通过融资租赁的方式采购的，其增值税进项税都可以按期抵扣。

2020 年 5 月 1 日，该公司接到一笔塔吊经营业务，初步商定合作标的为含税价 1 000 万元，其他合作项目也在沟通过程中，预计在未来的三个月中可以签署价值 1 亿元的合同。

对于塔吊经营业务应当如何纳税问题，目前网上争议很多，这也让许多企业人士产生疑惑，这个企业也不例外。于是，他们向咨询专家求助。

政策分析：

咨询专家到该公司进行现场调研后认为，该公司的建筑施工设备，从目前的经营模式来看可能有三种，一是将设备直接出租给他人，由承租方操作和使用；二是建筑施工设备出租给他人并配备操作人员为其操作；三是使用建筑施工设备（如装卸搬运工具）或者人力、畜力将货物在运输工具之间、装卸现场之间或者运输工具与装卸现场之间进行装卸和搬运的业务活动。

营改增以后，税法对上述不同的经营模式做了不同的规定。

其一，《财政部 国家税务总局关于全面推开营业税改征增值税试点的通知》（财税〔2016〕36号）附件1《营业税改征增值税试点实施办法》第十五条第（三）款明确，提供有形动产租赁服务，税率为17%。

其二，《财政部国家税务总局关于明确金融 房地产开发 教育辅助服务等增值税政策的通知》（财税〔2016〕140号）第十六条明确，纳税人将建筑施工设备出租给他人使用并配备操作人员的，按照"建筑服务"缴纳增值税。

其三，《财政部 国家税务总局关于全面推开营业税改征增值税试点的通知》（财税〔2016〕36号）附件1《营业税改征增值税试点实施办法》附：《销售服务、无形资产、不动产注释》第一条第（六）款第4项明确解释：物流辅助服务，包括航空服务、港口码头服务、货运客运场站服务、打捞救助服务、装卸搬运服务、仓储服务和收派服务。其中，装卸搬运服务，指使用装卸搬运工具或者人力、畜力将货物在运输工具之间、装卸现场之间或者运输工具与装卸现场之间进行装卸和搬运的业务活动。

综上所述，对于建筑施工设备，从现行政策来看，可能按三种税率缴税纳增值税，即按有形动产出租17%计算缴纳增值税，按"建筑服务"11%计算缴纳增值税，按"现代服务"下"物流辅助服务"装卸搬运适用6%计算缴纳增值税。可见，不同的经营方式纳税方法也不同，其税收负担相关很大。

其四，增值税适用税率三次调整。《财政部 税务总局关于简并增值税税率有关政策的通知》（财税〔2017〕37号）明确，自2017年7月1日起简并增值税税率结构，取消13%的增值税税率。《财政部 税务总局关于调整增值税税率的通知》（财税〔2018〕32号）明确自2018年5月1日起，纳税人发生增值税应税销售行为或者进口货物，原适用17%和11%税率的，税率分别调整为16%、10%。《财政部 税务总局 海关总署关于深化增值税改革有关政策的公告》（财政部 税务总局 海关总署公告2019年第39号）自2019年4月1日起，增值税一般纳税人（以下称纳税人）发生增值税应税销售行为或者进口货物，原适用16%税率的，税率调整为13%；原适用10%税率的，税率调整为9%。

业务分析：

对于春江建筑服务有限公司来说，应当如何安排自己的纳税方案呢？我们不妨就以其一笔业务，按上述不同的服务模式结合相关政策做一个简要分析（因为该企业的增值税进项税为10万元，这里仅计算其销售项税额。为了便于分析，这里保留两位小数）。

方案一： 直接出租。企业将设备直接出租给他人，由承租方操作和使用，因此，应当按有形动产出租13%计算缴纳增值税销项税。

$$1\,000 \div （1 + 13\%） \times 13\% = 115.04（万元）$$

方案二：提供建筑服务。企业将设备出租给建筑施工单位并配备操作人员为其操作，应当按"建筑服务"9% 计算缴纳增值税销项税。

$$1\,000 \div （1 + 9\%） \times 9\% = 82.57（万元）$$

方案三：提供装卸搬运服务。对于塔吊等部分装卸搬运设备而言，如果企业使用设备（如塔吊和其他装卸搬运工具）或者人力、畜力将货物在运输工具之间、装卸现场之间或者运输工具与装卸现场之间进行装卸和搬运的业务活动。按"现代服务"下"物流辅助服务"装卸搬运适用 6% 计算缴纳增值税销项税。

$$1\,000 \div （1 + 6\%） \times 6\% = 56.60（万元）$$

策划结论：

在增值税进项税金既定的前提下，其销项税额越多，税收负担就越重。通过上述分析我们可以发现，如果企业的设备属于塔吊和其他装卸搬运工具，则可以用提供装卸搬运服务的方式计税，其税收负担最低。在单笔含税价为 1\,000 万元的条件下，提供装卸搬运服务比提供建筑服务少缴增值税 32.47 万元；比提供出租服务增值税少缴 58.44 万元。如果单从服务公司的角度讲，其策划效益是明显的。

策划分析比较表　　　　　　　　　　　　　　　（单位：万元）

操作方案	销项税额	进项税额	应纳税额	策划结果
方案一	115.04	10	105.04	0
方案二	82.57	10	72.57	32.47
方案三	56.60	10	46.60	58.44

策划点评：

实施"营改增"以后，征税原理发生了变化，有些企业会发生"水土不服"问题，有些企业还会"过头"策划。有关企业应当注意以下几点。

一是自身的经营模式。企业的经营模式决定了税收负担水平，仅以汽车经营为例，为客户纯汽车出租，让其自驾游，按有形动产出租征收 13% 的增值税；如果利用企业的汽车及员工将客户送到目的地，则为交通运输服务按 9% 计算缴纳增值税。同样的道理，直接出租机器设备、提供建筑服务和提供装卸搬运服务三种模式的差异也是十分明显的，税务人员结合有关企业的业务合同、企业用工方式和会计核算事项就可以判断出来。

二是企业自身的状态。《财政部 国家税务总局关于全面推开营业税改征增值税试点的通知》（财税〔2016〕36 号）附件 2《营业税改征增值税试点有关事项的规定》第一条第（六）款第三项明确，一般纳税人发生电影放映服务、仓储服务、装卸搬运服务、收派服务和文化体育服务等应税行为可以选择适用简易计税方法计税。因此，如果企业利用旧设备（如营改增之前采购的设备未抵扣增值税），在增值税可抵扣进项税额较少的前提下，作为一般纳税人提供"装卸搬运服务"，还可以选择简易征收办法按 3% 计算缴纳增值税。但是，在选择简易征收办法不能够抵扣进项税。如果有充分的进项税额，选择简易征收办法按 3% 计税，其增值税的税负率未必就低。

三是企业的市场地位。虽然是同样是建筑运输设备，其选择服务方式不同，税收负担会有所不同。但是，如果企业缺乏话语权，如果考虑合作的可能性，其税收策划的机会也可丢失。

注意事项：

这里需要提醒从事塔吊经营业务的纳税人注意的是，在财税〔2016〕36 号文件与财税〔2016〕140 号文件并存的条件下，税务人员当然会下意识地按照财税〔2016〕140 号文件所确认的业务定性对相关业务征收 9% 的增值税。怎样将自己的业务策划成非建筑业务呢（装卸搬运服务）？

这里问题的关键是合作协议书中不能出现"出租"字样，可以考虑签署业务承包协议。

农业产品税让利　公司流程加农户

经营农产品，有许多税收扶持政策，比如，从事加工业的企业向种植、养殖业发展，从事种植、养殖业的企业向加工业延伸，如何组织生产很有讲究。

实务案例：

投资人王秋华看到农产品深加工的潜力，于是，在 2019 年 12 月底注册成立了秋华菊花饮品有限公司，准备专门生产菊花饮品。王秋华预计，2020 年直接收购农户生产的菊花，需要支付 600 万元，上门收购需要支付运输费用 50 万元，蒸制、杀青和干制成菊花饼耗用人工费等发生不得抵扣进项税额的费用 95 万元，预计电费等支出 29.4 万元，可抵扣进项税额 5 万元，生产菊花饮品耗用电费、辅助材料等进项税额 17 万元，销售菊花饮品可望取得收入 1 000 万元。

对于秋华菊花饮品有限公司而言，应当如何策划涉税事项呢？

策划分析：

为了在规避涉税风险的前提下，取得节税收益，该公司的董事长杨国华发现自己的企业在税收上需要认真对待，于是决定请税务专家为公司进行策划。普誉财税策划工作室的税务专家到公司现场进行了考察。

菊花饮品的生产流程为：

根据菊花饮品的生产情况，税务专家对增值税和企业所得税提出相应的操作思路。在增值税方面有两种方案可供选择。

方案一：直接收购农户生产的菊花。

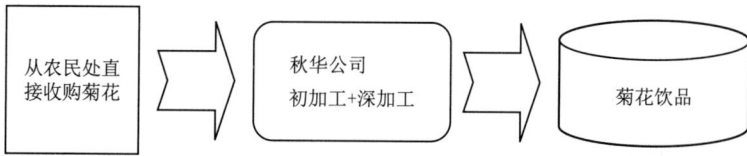

如果 2020 年秋华菊花饮品有限公司直接收购农户生产的菊花，支付 600 万元，上门收购支付运输费用 50 万元，蒸制、杀青和干制成菊花饼耗用人工费等不得抵扣进项税额的费用 95 万元，电费等支出 29.4 万元，可抵扣进项税额 5 万元，生产菊花饮品耗用电费、辅助材料等进项税额 17 万元，销售菊花饮品取得收入 1 000 万元。其应纳增值税额及税收负担率计算如下。

（1）增值税销项税额：

$1\,000×13\% = 130$（万元）

（2）允许抵扣的进项税额：

$600×10\% + 50×9\% + 5 + 17$

$= 60+4.5+5+17$

$= 86.5$（万元）

（3）应缴纳增值税额：

$130-86.5 = 43.5$（万元）

（4）增值税负担率为：

$43.5÷1\,000 = 4.35\%$

方案二：公司收购农户生产的菊花饼。

如果 2020 年秋华菊花饮品有限公司收购农户生产的菊花饼共支付 724.4 万元，上门收购运输费用 50 万元，生产菊花饮品耗用电费、辅助材料等进项税额 17 万元，销售菊花饮品取得收入 1 000 万元。其应纳增值税额及税收负担率计算如下。

（1）增值税销项税额为：

$1\,000×13\% = 130$（万元）

（2）允许抵扣的进项税额为：

$724.4×10\% + 50×9\% + 17$

$= 72.44+4.5+17$

$= 93.94$（万元）

（3）应缴纳增值税额为：

130−93.94 ＝ 36.06（万元）

（4）增值税负担率为：

36.06÷1 000 ＝ 3.61%

企业所得税方面也有两种方案可供选择。

方案一：直接收购农户的菊花。

假设 2020 年秋华菊花饮品有限公司直接向农户收购菊花，然后进行加工，2020 年取得利润 400 万元，根据《企业所得税法》相关规定，公司当年应纳企业所得税 100 万元（400×25%）。

方案二：委托农户按公司的要求种植菊花。

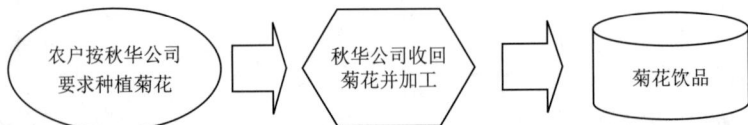

秋华菊花饮品有限公司委托农户按公司的要求种植菊花，也就是说，采取"公司＋农户"经营模式，2020 年取得利润 400 万元，根据《企业所得税法》和 2 号公告相关规定，公司应纳企业所得税 50 万元（400×25%×50%），减少税款 50 万元。

策划结论：

通过比较上述两个方案，直接收购菊花比收购菊花饼生产菊花饮品的增值税负担率高，原因是当工序进入蒸制、杀青和干制成菊花饼的生产流程时，所耗用的人工费等无法抵扣进项税额，支付的费用相等，但税负增加 1.12 个百分点。在公司简单加工成本与支付给农户加工成本相等的情况下，收购成本越低，税负将会越高。直接收购菊花加工比委托农户生产菊花再收购加工的企业所得税负担要重一些。

对于企业所得税问题，该公司采用"公司＋农户"经营模式，则可以减少企业所得税 50 万元。

策划点评：

随着企业的发展，企业的经济链也相应发生了变化，从事加工业的企业向种植、养殖业发展，从事种植、养殖业的企业向加工业延伸，企业此时应注意国家税收政策的有关规定。企业设立形式、核算方式不同，税收负担也不一样。而"公司＋农户"是目前税收策划中一个比较成熟的思路，关键在于公司如何将部分农产品的生产或简单加工业务前移给农户，通过其饲养、种植或手工作坊进行生产或加工制作成农业初级产品，再将农业初级产品收购过来，达到抵扣增值税进项税额、享受企业所得税减免优惠的目的。

对企业采取"公司＋农户"经营模式从事牲畜、家禽的饲养企业所得税优惠，此次总局以公告形式予以发布。针对公司与农户签订委托养殖合同，向农户提供畜禽苗、饲料、兽药及疫苗等（所有权〈产权〉仍属于公司），农户将畜禽养大成为成品后交付公司回收情况，鉴于采取"公司＋农户"经营模式的企业，虽不直接从事畜禽的养殖，但系委托农户饲养，并承担诸如市场、管理、采购、销售等经营职责及绝大部分经营管理风险，公司和农户是劳务外包关系，公告明确规定，对此类以"公司＋农户"经营模式从事农、林、牧、渔业项目生产的企业，可以按照《企业所得税法实施条例》第八十六条的有关规定，享受减免企业所得税优惠政策。这从政策层面上解决了"公司＋农户"经营模式的企业税收问题，为农产品深度加工提供了一定的策划空间。

此外，根据《财政部 税务总局 海关总署关于深化增值税改革有关政策的公告》（财政部 税务总局 海关总署公告 2019 年第 39 号）第二条规定，纳税人购进农产品，原适用 10% 扣除率的，扣除率调整为 9%。纳税人购进用于生产或者委托加工 13% 税率货物的农产品，按照 10% 的扣除率计算进项税额。即加计扣除 1%。

卷烟加工方式变　税收负担有差异

作为价内税的消费税，企业在计算应税所得时，消费税可以作为扣除项目；因此，消费税的多少，会进一步影响所得税，进而影响企业的税后利润和所有者权益。作为价外税的增值税，则不会因增值税税负差异而造成企业税后利润差异。

实务案例：

丰收卷烟实业公司是一家大型国有卷烟生产企业。2019 年 12 月 28 日接到一笔 7 000 万元甲类卷烟和订单。如何生产这批产品？公司的总经理与销售总监、财务总监的意见不一。这在公司发展的历史上还是第一回。事情的起因是这样的。

由于公司成立了十年多，一直处于满负荷运行状态，2019 年底董事会决定对公司的部分设备进行大修理。目前烤烟叶的生产线正在维修过程中，无法进行烟叶的生产。公司的总经理认为应该暂停烟叶生产线的大修理工作，尽快恢复生产秩序，由组织生产提高生产业绩；销售总监提出，为了兑现合同，公司应该与外单位合作，请其他单位加工生产成本烟叶，然后收回由本公司继续生产成品卷烟；公司的财务总监则提出应该由正兴卷烟厂直接生产成成品卷烟后，再收回直接销售出去。但是，由于正兴卷烟厂的规模不大，考虑到交货期限，销售总监担心会影响合同的交货期限而受罚。

企业策划：

公司三个领导提出了三个操作方案，但是只能采取其中的一种，哪一种方案更可行，更有效益呢？为了对此做出决策，公司董事会开会进行具体的协调。公司的法律顾问从税收的角度为大家就三个方案分别算了一笔账（考虑到增值税是价外税，对企业利润没有影响。在这里不做分析，城建税、教育附加、印花税等忽略不计。烟丝消费税税率 30%，甲类卷烟消费税税率 45%）。

1. 总经理方案

整个卷烟都由本企业全部生产。在本方案条件下，企业的业务操作流程简单。

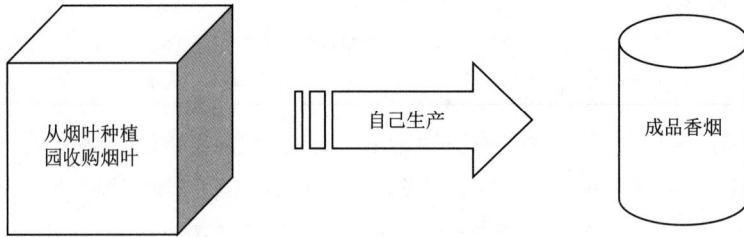

丰收卷烟厂将购入的 1 000 万元的烟叶自行加工成甲类卷烟。加工成本、分摊费用共计 1 700 万元，售价 7 000 万元。

丰收卷烟厂有关消费税策划计算如下。

该业务企业应缴消费税：

$7\ 000 \times 45\% = 3\ 150$（万元）

要不考虑其他因素的条件下，企业可获得税后利润为：

$7\ 000 - 1\ 000 - 1\ 700 - 3\ 150) \times (1 - 25\%)$

$= 1\ 150 \times 75\%$

$= 862.5$（万元）

2. 销售总监方案

发外加工成烟叶，本企业继续生产成卷烟。其业务操作流程如下。

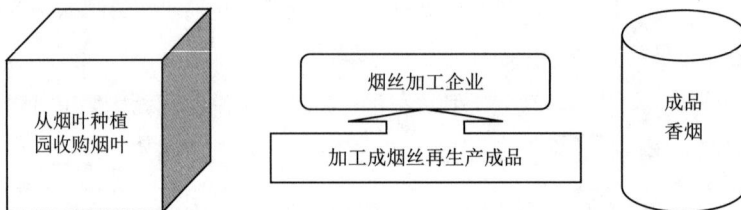

委托正兴卷烟厂将一批价值 1 000 万元的烟叶加工成烟丝，协议规定加工费 680 万元；加工的烟丝运回丰收卷烟厂后，丰收卷烟厂继续加工成甲类卷烟，加工成本分摊费用共计 1 020 万元，该批卷烟售出价格 7 000 万元。策划分析：丰收卷烟厂有关消费税策划计算如下。

其一，丰收卷烟厂向正兴卷烟厂支付加工费的同时，向受托方支付其代收代缴的消费税。

计算消费税的组成计税价格为：

$(1\ 000 + 680) \div (1 - 30\%) = 2\ 400$（万元）

受托加工的企业应代收代应缴消费税：

$2\ 400 \times 30\% = 720$（万元）

其二，丰收卷烟厂销售卷烟后，应缴消费税：

$7\,000 \times 45\% - 720 = 2\,430$（万元）

其三，丰收卷烟厂的税后利润（所得税税率33%）：

（$7\,000 - 1\,000 - 680 - 720 - 1\,020 - 2\,430$）×（$1-25\%$）

$= 1\,150 \times 75\%$

$= 862.5$（万元）

3. 财务总监方案

整个卷烟产品都委托外单位加工，其业务操作流程图如下。

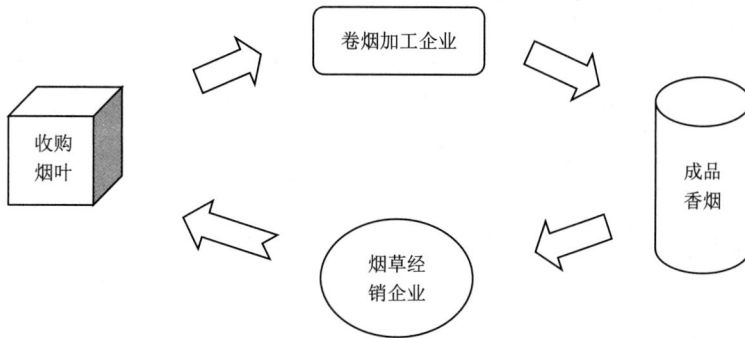

丰收卷烟厂委托正兴卷烟厂将烟叶加工成甲类卷烟，烟叶成本不变，加工费用为1 700万元；加工完毕，运回丰收卷烟厂后，丰收卷烟厂对外售价仍为7 000万元。

由于卷烟的消费税政策目前已做了调整：自2001年6月1日起，卷烟消费税税率由单一的比例税率调整为定额税率和比例税率，规定定额税率为每标准箱150元，比例税率为调拨价格50元以上45%，50元以下的30%。计税办法由从价定律计征改为从量定额和从价定律相结合的符合计税办法。也就是说，生产销售卷烟首先按销售数量每箱征收150元的定额消费税，在按调拨价格征收一道定率的消费税。考虑到本案例的具体情况，其一，无论采用哪种方案，其销售量都不变，故定额税率可以不做考虑；其二，是针对同一种产品进行不同生产方式的税收策划，所以我们假设其产品的消费税适用税率为45%。

丰收卷烟厂有关消费税策划计算如下。

其一，丰收卷烟厂向正兴卷烟厂支付加工费的同时，向其支付代收代缴的消费税：

（$1\,000+1\,700$）÷（$1-45\%$）×45%

$= 2\,209.09$（万元）

其二，由于委托加工应税消费品直接对外销售，丰收卷烟厂在销售时，不必再缴消费税。其税后利润计算如下。

（$7\,000 - 1\,000 - 1\,700 - 2\,209.09$）×（$1-25\%$）

$= 2\,090.91 \times 75\%$

$= 1\,568.18$（万元）

通过以上计算我们可发现：

委托加工的消费品收回后，直接对外销售需要缴纳消费税 2 209.09 万元，企业获得税后净利润 1 568.18 万元。

如果生产者购入原料后，自行生产成应税消费品对外销售，应缴纳消费税 3 150 万元，企业取得税后净利润 862.5 万元。

将烟叶委托加工成烟丝后，再由自己生产成应税消费品对外销售，应缴纳消费税 3 150 万元（720 万元 +2 430 万元），企业取得税后净利润 862.5 万元。

策划结论：

在各相关因素相同的情况下，彻底的委托加工方式（收回后不再加工直接销售）的消费税税收负担比自行加工方式低 705.68 万元（1 568.18 万元 −862.5 万元）。

通过计算和分析，董事会发现财务总监的方案可以给企业带来更大的利润，于是决定采用该方案，至于与此相关的不确定因素，则请有关人员进行协调解决。

策划点评：

由于应税消费品加工方式不同而使纳税人税负不同，因此，纳税人可以进行税收策划。尤其是利用关联关系，压低委托加工成本，达到节税目的。即使不是关联关系，纳税人也可以在估算委托加工费的上限，以求使税负最低、利润最多。

但是，在这里有一个问题需要澄清：有些专家认为将应税消费品委托外单位加工成半成品，然后收回后再由本企业生产成符合要求的应税消费品，可以节约消费税，其实这是不可能的，这是因为，加工成半成品后收回再生产与自行生产的消费税计税依据是一样的，都是销售价格，如果是可以扣除委托外单位加工所代扣代缴的消费税的，则两者相加之和等于自产应缴纳的消费税。如果是白酒的生产，采用委外加工为半成品后再生产为成品，则应缴纳的消费税更高（大于自产应纳消费税）。

另外还需要提醒纳税注意的是，财政部和国家税务总局对《中华人民共和国消费税暂行条例实施细则》有关条款进行了解释（财税〔2012〕8 号），《中华人民共和国消费税暂行条例实施细则》（财政部令第 51 号）第七条第二款规定，"委托加工的应税消费品直接出售的，不再缴纳消费税"。现将这一规定的含义是：委托方将收回的应税消费品，以不高于受托方的计税价格出售的，为直接出售，不再缴纳消费税；委托方以高于受托方的计税价格出售的，不属于直接出售，需按照规定申报缴纳消费税，在计税时准予扣除受托方已代收代缴的消费税。

策划难点：

人们存在一个认识上的误区：自己的产品应当由自己的企业来生产，否则利润从哪里来？毫无疑问，办企业的目的就是生产产品。但是，有的情况下可能会出现例外。

卷烟的征税问题也是我国税收重点调节的内容之一，所以卷烟企业的税收负担一直比较重，对卷烟生产企业进行税收策划，难点在于产品的生产流程的熟悉与对有关政策的全面理解和系统把握上。本案例涉及的问题是委托加工与自行加工，哪个更划算？认识这个问题就是本案例的难点，如果策划人对有关政策的原理不了解，就无法进行策划。

建账有技术　核算讲技巧

【妙计提要】

企业建账不建账，其间肯定有名堂；会计核算有技巧，税收多少可商量。

【本计内容】

企业的账主要指会计账册，亦称会计账簿，也可以理解为其主体为会计账簿。会计账册是记录会计核算的载体，建账是会计工作得以开展的基础环节。为此，我国有关法律、法规对建账问题做出了明确规定。《会计法》规定："各单位按照国家统一的会计制度的规定设置会计科目和会计账簿"。《中外合作经营企业法》第十五条和《外资企业法》第十四条也规定，企业必须在中国境内设置会计账簿，依照规定报送会计报表，并接受财政税务机关的监督。《公司法》第一百八十一条规定："公司除法定的会计账册外，不得另立会计账册。"《税收征收管理法》第十二条规定："从事生产、经营的纳税人、扣缴义务人按照国务院财政、税务主管部门的规定设置账簿，根据合法、有效凭证记账，进行核算。个体工商户确实不能设置账簿的，经税务机关核准，可以不设置账簿。"《税收征收管理法实施细则》第十七条规定，"从事生产、经营的纳税人应当依照税收征管法第十二条规定，自领取营业执照之日起十五日内设置账簿"；第十八条规定，"生产经营规模小又确无建账能力的个体工商户，可以聘请注册会计师或者经税务机关认可的财会人员代为建账和办理账务；聘请注册会计师或者经税务机关认可的财会人员有实际困难的，经县以上税务机关批准，可以按照税务机关的规定，建立收支凭证粘贴簿、进货销货登记簿等。"

综上所述，国家机关、社会团体、企业、事业单位和符合建账条件的个体工商户以及其他经济组织应当建立会计账册的问题，在我国有关法律、法规中一再得到强调并有明确的规定。

因此，企业应当按照《中华人民共和国会计法》和国家统一会计制度的规定建立会计账册，进行会计核算，及时提供合法、真实、准确、完整的会计信息。

从事生产和经营的企业依法建账册，不仅是国家法律的强制要求，也是加强单位经营管理的客观需要。建立会计账册是一项非常重要的会计基础工作，只有借助会计账册，才能进行会计信息的收集、整理、加工、储存和提供；也只有通过会计账册，才能连续、系统、全面、综合地反映单位的财务状况和经营成果。而依赖会计账册提供的信息，能从本质上揭示出一个单位各个环节、各类经济活动的基本状况和存在的问题，使经营管理者比较全面地了解和掌握经营情况，及时采取必要的措施弥补不足，克服困难，改善经营管理。所以，建立会计账册也应该是单位自身的需要。即使是对那些在法律和法规中没有明确要求其建账的单位（虽然这样的单位很少也很小），只要它们有经营活动，特别是有盈利性的经营活动，也会有随时了解经营情况、计算经营成果的实际需要，也就有建立会计账册的必要。

新建单位和原有单位在年度开始时，会计人员均应根据核算工作的需要设置应用账簿，即平常所说的"建账"。建账基准日应以公司成立日即营业执照签发日或营业执照变更日为准，由于会计核算以年度、季度、月进行分期核算，实际工作中，一般以公司成立当月的月末或下月初为基准日。如果公司设立之日是在月度中的某一天，一般以下一个月份的月初作为建账基准日。

在通常情况下，企业建账有如下程序。

第一步：按照需用的各种账簿的格式要求，预备各种账页，并将活页的账页用账夹装订成册。

第二步：在账簿的"启用表"上，写明单位名称、账簿名称、册数、编号、起止页数、启用日期以及记账人员和会计主管人员姓名，并加盖名章和单位公章。记账人员或会计主管人员在本年度调动工作时，应注明交接日期、接办人员和监交人员姓名，并由交接双方签名或盖章，以明确经济责任。

第三步：按照会计科目表的顺序、名称，在总账账页上建立总账账户；并根据总账账户明细核算的要求，在各个所属明细账户上建立二、三级明细账户。原有单位在年度开始建立各级账户的同时，应将上年账户余额结转过来。

第四步：启用订本式账簿，应从第一页起到最后一页止顺序编定号码，不得跳页、缺号；使用活页式账簿，应按账户顺序编本户页次号码。各账户编列号码后，应填"账户目录"，将账户名称页次登入目录内，并粘贴索引纸（账户标签），写明账户名称，以利检索。

企业建立会计账册会存在增加成本费用和必要的人力资源的问题，但同建立会计账册能为加强经营管理所带来的利益相比，还是值得的。当然，这并不是说，不分单位大小、业务多少，都要按统一的规格、档次去建立会计账册。正如建立会计账册的需求也来自经营管理的实际需要一样，会计账册具体如何建立，应当在法律、法规的范围内，由单位根据自己的实际需要来确定。

我们在这里所说的建账不建账，不是说企业真的可以不建账，不通过一定的会计核算方法对经营情况进行会计核算，而是从税务管理的角度对相关经济事项的处理方法。因为从客观上讲，目前基层税务机关对小型企业所得税的管理存在查账征收和核定征收两种方法。不同的征收方法与企业的税收负担存在必然的联系，这已是一个不争的事实。

当然，无论是哪个国家，其税务管理对纳税人的会计和财务管理都有一定的要求，针对这些要求，纳税人可以结合自己的实际情况采取相应的措施：简单操作，利用税务机关的核定征收的政策规定取得税收利益；严格管理，适应税务机关查账征收的要求，从而取得税收上的好处；结合实际建账建制，从而获得某种特定的经营手段，等等。

不过在这里需要提醒纳税人注意的是，网络上流传"利用核定征收的税收优惠"的说法是错误的，因为核定征收是一种税务管理手段，具有惩罚性的特征，而非税收优惠。但是，通过对当地主管税务机关核定征收管理政策的研究，可以掌握税务管理的底线，然后结合本企业的具体经营情况，确定是否"主动受罚"。

此外，在有些具体涉税事项的处理上，也有合并征税和分开征收的差异。

【案例注释】：

从税收的角度研究会计核算方法，如对不同事项进行分别核算还是合并核算、实行查账征收或者核定征收，等等。读者可能对上述的表述感觉难以理解。因此，这里我们结合实际案例对有关计策的操作原理做一个简要分析和解释。

不同项目共开发　税收需要巧安排

随着房地产开发行业的日益成熟，房地产企业开发的项目和产品也趋向于高端化，系统化，于是各种不同的项目组合也就越来越多，而那些不同的项目在税收上的待遇往往也存在差异。

实务案例：

振华房地产开发有限公司是一家中型房地产开发企业，2019 年斥资开发了一个商品房工程，预计销售收入为 3 亿元，该项目包括两个部分：一部分是豪华住宅，预计销售价格为 1 亿元，另一部分为价值 2 亿元的普通商品房。经过初步测算，整个工程中按照税法规定的可扣除项目金额为 2.2 亿元，其中普通住宅的可扣除项目金额为 1.6 亿元，豪华住宅的可扣除项目金额为 6 000 万元。根据当地主管税务机关的规定，该工程的两种商品房可以分开核算，也可以合并核算。

对于这个工程，在具体投资核算方法上，公司经理与财务部门有关人员的意见发生了分歧，具体的是：其一，总经理认为应该将两个工程合并在一起管理，实行统一核算。其理由是可以强化管理的力度；其二，公司的会计科长认为应该将两个工程分开进行核算。其理山是不同性质的开发项目混在一起核算，可能会增加公司的开发成本；其三，公司负责财务管理和税收策划的财务总监则认为应该在分开进行工程核算的基础上，对普通住宅的增值率控制在 20% 以下。其理由是应该进行系统的税收策划，从而可以取得投资回报最大化。哪一种意见对这项投资活动的最有利呢？

策划分析：

公司对此专门召开了一个会议进行专题分析。通过分析，大家达成一项共识：在现有条件下，通过不同的操作方式影响投资活动的最重要因素就是税收，其中尤其是土地增值税对土地开发项目的获利成果影响最大。因此，只要对土地增值税在不同方式的运行模式下最小，那么该方案就是最优。于是会议要求财务科对不同方案的土地增值税问题进行深入研究。为此，公司财务科进行了如下分析和计算。

方案一：两个工程项目统一管理、统一进行会计核算。根据税法规定，如果两个项目不分开核算，该企业应缴纳土地增值税计算如下。

增值额与扣除项目金额的比例为：

（30 000-22 000）÷22 000×100% = 36%

因此适用30%的税率，应缴纳土地增值税：

（30 000-22 000）×30% = 2 400（万元）

方案二：两个项目分开管理，分别进行会计核算。根据税法规定，如果将两个不同性质的开发项目分开进行会计核算，分别计算开发成本和开发成果，该企业应缴纳土地增值税计算如下。

普通住宅增值率为：

（20 000-16 000）÷16 000×100% = 25%

适用30%的税率，应缴纳土地增值税：

（20 000-16 000）×30% = 1 200（万元）

豪华住宅增值率为：

（10 000-6 000）÷6 000×100% = 67%

适用40%的税率，应缴纳土地增值税：

（10 000-6 000）×40%-6 000×5% = 1 300（万元）

二者合计为2 500万元，分开核算比不分开核算多支出税金100万元。

方案三：在将两个项目分开管理、分别进行会计核算的基础上，对普通住宅的支出项目进行策划和控制，使普通住宅的增值率控制在20%以下。根据税法规定，如果将两个不同性质的开发项目分开进行会计核算，分别计算开发成本和开发成果，该企业应缴纳土地增值税计算如下。

普通住宅：将普通住宅的可扣除项目金额做适当的控制，使普通住宅的增值率限制在20%，这可以通过增加公共生活设施，改善住房的设计或其条件等方法来实现，那么可扣除项目金额根据（20 000-Y）÷M×100% = 20%等式可计算出M = 16 666万元。

即在可扣除项为16 666万元的条件下，普通住宅免征土地增值税。

豪华住宅增值率为：

（10 000-6 000）÷6 000×100% = 67%

适用40%的税率，应缴纳土地增值税：

（10 000-6 000）×40%-6 000×5% = 1 300（万元）

此时，该企业应缴纳的土地增值税仅为豪华住宅应缴纳的 1 300 万元。

策划结论：

方案一缴纳土地增值税 2 400 万元；方案二应缴纳土地增值税 2 500 万元，而方案三通过策划土地增值税实际支出 1 966 万元。

通过以上分析和计算，我们可以发现：进行系统的税收策划比不分开核算少缴纳 434 万元，比分开核算少缴纳 534 万元。

策划点评：

税法规定，纳税人建造普通标准住宅出售，如果增值额没有超过扣除项目金额的 20%，免予征收土地增值税。同时税法规定，纳税人既建造普通标准住宅，又搞其他房地产开发的，应分别核算增值额；不分别核算增值额的，其建造的普通标准住宅不享受免税优惠。

根据这规定，房地产开发企业如果既建造普通住宅，又搞其他房地产开发的话，分开核算与不分开核算税会有差异，这取决于两种住宅的销售额和可扣除项目金额。在分开核算的情况下，如果能把普通标准住宅的增值额控制在扣除项目金额的 20% 以内，从而免缴土地增值税，则可以减轻税负。

通过以上计算和分析，我们可发现在土地增值税的策划中，核算方法也是策划的一个重要手段。由于土地增值税是超率累进税率，在两个以上不同性质的开发项目中，如果合并计算，或者分开进行会计核算，就可能影响到有关项目的增值率。此外，作为普通住宅，还有特殊规定。就本案例而言，普通标准住宅的增值率为 25%，超过 20%，就得缴纳土地增值税。进一步策划关键就是通过适当控制土地的增值率，使普通住宅的增值率控制在 20% 以内。这样做的好处有两个：一是可以免缴土地增值税，二是降低了房价或提高房屋质量、改善房屋的配套设施等，可以在目前激烈的销售争夺战中取得优势。

控制土地增值税率的方法主要有两个：一是增加扣除项目；二是降低商品房的销售价格。

增加可扣除项目金额的途径很多，比如增加房地产开发成本、房地产开发费用，使商品房的质量进一步提高。但是，在增加房地产开发费用时，应注意税法规定的比例限制。税法规定，开发费用的扣除比例不得超过取得土地使用权支付的金额之和的 10%，而各省市在 10% 之内确定了不同的比例，纳税人要注意把握。

另外，销售收入减少了，可扣除项目金额不变，增值率自然也会降低。当然，这会带来另一种后果，即导致销售收入的减少，此时是否可取，就得比较减少的销售收入和控制增值率减少的税金支出的大小，从而做出选择。

假定上例中普通住宅的可扣除项目金额不变，仍为 16 000 万元，要使增值率为 20%，则销售收入根据（$X-16\,000$）÷ 16 000 × 100% ＝ 20% 等式可求出，$X = 19\,200$ 万元。此时该企业应缴纳的土地增值税为 1 300 万元，节省税金 1 200 万元，与减少的收入 800 万元相比节省了 400 万元（因为土地增值税在计算企业所得税和企业的税后利润会产生影响，此处不再分析，读者可以进一步进行比较）。

背景资料：

《中华人民共和国土地增值税暂行条例》第七条规定，土地增值税实行四级超率累进税率：增值额未超过扣除项目金额 50% 的部分，税率为 30%。增值额超过扣除项目金额 50%、未超过扣除项目金额 100% 的部分，税率为 40%。增值额超过扣除项目金额 100%、未超过扣除项目金额 200% 的部分，税率为 50%。增值额超过扣除项目金额 200% 的部分，税率为 60%。

《中华人民共和国土地增值税暂行条例》第八条规定：纳税人建造普通标准住宅出售，增值额未超过扣除项目金额 20% 的，免征土地增值税。

《中华人民共和国土地增值税暂行条例实施细则》第十一条明确：条例第八条（一）项所称的普通标准住宅，指按所在地一般民用住宅标准建造的居住用住宅。高级公寓、别墅、度假村等不属于普通标准住宅。普通标准住宅与其他住宅的具体划分界限由各省、自治区、直辖市人民政府规定。

纳税人建造普通标准住宅出售，增值额未超过本细则第七条（一）、（二）、（三）、（五）、（六）项扣除项目金额之和 20% 的，免征土地增值税；增值额超过扣除项目金额之和 20% 的，应就其全部增值额按规定计税。

条例第八条（二）项所称的因国家建设需要依法征用、收回的房地产，指因城市实施规划、国家建设的需要而被政府批准征用的房产或收回的土地使用权。

因城市实施规划、国家建设的需要而搬迁，由纳税人自行转让原房地产的，比照本规定免征土地增值税。

符合上述免税规定的单位和个人，须向房地产所在地税务机关提出免税申请，经税务机关审核后，免予征收土地增值税。

企业建账是趋势　困难时期可权宜

从现代管理的角度讲，企业应当强化内部管理，完善建账建制，但是，在企业初创时期规模不大的情况下，也可以考虑利用管理当局的容忍阈限，在管理上做一些简单化的处理。不过，这种想法或者操作思路并不是对所有的人都适用。

案例之一：A 市某私营企业老板李某从事软件产品的设计和开发，2019 年实现销售 650 万元。当时账面的其他资料为：从业人数不超过 20 人、资产总额不超过 1 000 万元。

李某认为反正企业是自己的，会计核算马虎一点无所谓。由于软件产品的设计和开发，企业当年实际实现利润 350 万元。但是由于该企业未按税务机关的有关规定进行会计核算，费用核算不准确，当地税务机关在对其进行所得税纳税评估的过程中对其按规定进行核定征收，则该企业应纳税所得额为：

650×7% ＝ 45.5（万元）

应该缴纳企业所得税：

$45.5 \times 25\% \times 20\% = 2.275$（万元）

案例之二：B 市某私营企业老板李某从事服装的生产，2019 年实现销售 650 万元。当时账面的其他资料为：从业人数不超过 50 人、资产总额不超过 1 500 万元。

李某认为反正企业是自己的，会计核算马虎一点无所谓。由于服装生产系微利行业，企业实际处于亏损状态，大约亏损 45.5 万元。但是由于该企业未按税务机关的有关规定进行会计核算，费用核算不准确，当地税务机关在对其进行所得税纳税评估的过程中对其按规定进行核定征收，则该企业应纳税所得额为：

$650 \times 7\% = 45.5$（万元）

应该缴纳企业所得税：

$45.5 \times 25\% \times 20\% = 2.275$（万元）

政策分析：

按税法的规定，企业所得税的征收管理方式有两种，即查账征收和核定征收。查账征收适用于于财务管理比较规范，能够建账建制，成本费用核算准确，能向税务机关提供准确、完整的纳税资料的企业。实行查账征收的企业，所得税税率一般为 25%（小微企业阶段性降税照顾，适用 20%）。这些企业如果发生年度亏损，不但当年可以不缴纳企业所得税，而且企业的亏损还可以在以后五年内弥补。

为贯彻落实党中央、国务院决策部署，进一步支持小微企业发展，《财政部 税务总局关于实施小微企业普惠性税收减免政策的通知》（财税〔2019〕13 号）明确：

1. 对月销售额 10 万元以下（含本数）的增值税小规模纳税人，免征增值税。

2. 对小型微利企业年应纳税所得额不超过 100 万元的部分，减按 25% 计入应纳税所得额，按 20% 的税率缴纳企业所得税；对年应纳税所得额超过 100 万元但不超过 300 万元的部分，减按 50% 计入应纳税所得额，按 20% 的税率缴纳企业所得税。

上述小型微利企业指从事国家非限制和禁止行业，且同时符合年度应纳税所得额不超过 300 万元、从业人数不超过 300 人、资产总额不超过 5 000 万元等三个条件的企业。

从业人数，包括与企业建立劳动关系的职工人数和企业接受的劳务派遣用工人数。所称从业人数和资产总额指标，应按企业全年的季度平均值确定。具体计算公式如下：

季度平均值＝（季初值＋季末值）÷2

全年季度平均值＝全年各季度平均值之和 ÷4

年度中间开业或者终止经营活动的，以其实际经营期作为一个纳税年度确定上述相关指标。

3. 由省、自治区、直辖市人民政府根据本地区实际情况，以及宏观调控需要确定，对增值税小规模纳税人可以在 50% 的税额幅度内减征资源税、城市维护建设税、房产税、城镇土地使用税、印花税（不含证券交易印花税）、耕地占用税和教育费附加、地方教育附加。

4. 增值税小规模纳税人已依法享受资源税、城市维护建设税、房产税、城镇土地使用税、印花税、耕地占用税、教育费附加、地方教育附加其他优惠政策的，可叠加享受本通知第三条规定的优惠政策。

5.《财政部 税务总局关于创业投资企业和天使投资个人有关税收政策的通知》（财税〔2018〕55号）第二条第（一）项关于初创科技型企业条件中的"从业人数不超过200人"调整为"从业人数不超过300人"，"资产总额和年销售收入均不超过3 000万元"调整为"资产总额和年销售收入均不超过5 000万元"。

2019年1月1日至2021年12月31日期间发生的投资，投资满2年且符合本通知规定和财税〔2018〕55号文件规定的其他条件的，可以适用财税〔2018〕55号文件规定的税收政策。

2019年1月1日前2年内发生的投资，自2019年1月1日起投资满2年且符合本通知规定和财税〔2018〕55号文件规定的其他条件的，可以适用财税〔2018〕55号文件规定的税收政策。

6. 本通知执行期限为2019年1月1日至2021年12月31日。《财政部 税务总局关于延续小微企业增值税政策的通知》（财税〔2017〕76号）、《财政部 税务总局关于进一步扩大小型微利企业所得税优惠政策范围的通知》（财税〔2018〕77号）同时废止。

核定征收方式按《国家税务总局关于印发〈企业所得税核定征收办法〉（试行）的通知》（国税发〔2008〕30号）第三条的规定，纳税人具有下列情形之一的，核定征收企业所得税：

（一）依照法律、行政法规的规定可以不设置账簿的；

（二）依照法律、行政法规的规定应当设置但未设置账簿的；

（三）擅自销毁账簿或者拒不提供纳税资料的；

（四）虽设置账簿，但账目混乱或者成本资料、收入凭证、费用凭证残缺不全，难以查账的；

（五）发生纳税义务，未按照规定的期限办理纳税申报，经税务机关责令限期申报，逾期仍不申报的；

（六）申报的计税依据明显偏低，又无正当理由的。

特殊行业、特殊类型的纳税人和一定规模以上的纳税人不适用本办法。上述特定纳税人由国家税务总局另行明确。

业务分析：

对于案例一，A市某私营企业老板李某从事软件产品的设计和开发，2019年实现销售650万元。由于软件产品的设计和开发利润，企业当年实际可以实现利润350万元。如果该企业按规定进行查账征收，则该企业应该缴纳企业所得税总额为：

$350 \times 25\% = 87.5$（万元）

对于案例二，B市某私营企业老板李某从事服装的生产，2019年实现销售650万元。由于服装生产系微利行业，企业实际处于亏损状态，大约亏损45.5万元。如果该企业按税务机关的有关规定进行会计核算，实行查账征收，则该企业当年应纳税所得额为0，其发生的亏损45.5万元留待以后年度弥补。

分析结论：

A 市某私营企业老板李某由于"稀里糊涂"地操作企业所得税的征收方式，结果让自己省下税收 85.225 万元（87.5-2.275）；而 B 市某私营企业老板李某由于"稀里糊涂"地操作企业所得税的征收方式，结果让自己多缴了企业所得税 4.55 万元（在查账征收方式下，还可以因弥补亏损而抵减下一年度的所得税 2.275 万元）。

专家点评：

上述规定适用于存在不设置账簿、不能准确核算收入或成本费用、不能提供准确、完整的纳税资料等情况的企业。核定征收方式有个"特点"：无论盈亏，都得缴纳企业所得税。

上述案例中的，两个李某未按税法规定进行会计核算，都是按规定缴纳企业所得税。但是，实际上的结果正好相反。对于 A 市的李某，由于他的企业产品毛利十分的多，他们利用小企业税务机关可以核定征收的管理特点，申请核定征收，从中得到了好处。而 B 市的李某就没有那么幸运了，他的企业实际上是亏损的，由于其没有按照税务机关的要求建账建制，结果多缴了企业所得税。

其实，企业完善会计核算，其好处不仅在于可能会节约一些税收支出，更重要的是其符合企业发展的内在要求。

兼营业务税负高　分别核算很重要

在日常生产和经营活动中，有些企业从生产情况和市场需求情况出发，不是仅仅生产一个产品或者一类产品，而是生产几个大类的系列产品。但这些产品可能适用不同的税率。在这样的情况下，就对企业的管理提出较高的要求。

企业案例：

长发酒业公司是 2015 年注册成立的综合酒业生产企业，由于资源丰富，他们在粮食白酒、碳酸汽酒、活血提神药酒等各种的生产和销售上都取得了突破，2019 年实现销售收入 15 000 万元。

但是，当该企业的总经理在上海参加了一次笔者以《税收策划与企业发展战略》为主题的讲座，在课间休息的时候跟本人进行了一次简短的交流后，有些坐不住了。因为就其提供的情况本人做出初步判断，他的企业多缴消费税的可能性很大。

第二天，总经理就向笔者发出了邀请。

现场诊断：

随后我们应邀到该总经理所在企业进行调研。通过调研发现，该企业生产粮食白酒、碳酸汽酒、活血提神药酒等三种酒。企业合并向税务机关纳税，按 25% 的税率计交消费税为：

15 000×25% ＝ 3 750（万元）

因此，可以得出结论：该企业多缴了冤枉税！

解决方案：

该企业 2019 年共计销售额为 15 000 万元，其中白酒 7 000 万元，汽酒 3 000 万元，药酒 5 000 万元。

如果实行三种酒分开税算，分开申报纳税。结果，则三种酒应纳消费税计算如下。

粮食白酒应纳消费税额为：

7 000×25% ＝ 1 750（万元）

碳酸汽酒应纳消费税额为：

3 000×10% ＝ 300（万元）

活血提神药酒应纳消费税额为：

5 000×10% ＝ 500（万元）

合计应纳消费税总额为：

1 750+300+500 ＝ 2 550（万元）

通过对酒的分类核算，企业实际应纳消费税下降了 1 200 万元（3 750 万元 −2 550 万元）。

从以上案例的计算和分析我们可以发现，如果企业采用正确的会计核算方法，对酒进行分类核算，可以使税收负担下降 1 200 万元。这是由于粮食白酒应征消费税率 25% 和汽酒、药酒应征消费税率 10% 产生的。

策划点评：

发现有关企业多缴税的关键，是咨询专家到现场进行调研。在多数情况下，有些企业家跟咨询专家只是做一个简单的交流就结束了（特别是财务总监或者财务经理，几乎不会将咨询专家邀请到企业）。其中部分人考虑费用问题，还有部分人考虑不想产生太多的麻烦（怀疑后面专家可能带来的效益）。但是，长发酒业公司的总裁还是愿意接受咨询专家的现场调研，这种信任令人佩服，也得到了回报。

税制差异　争取利用

【妙计提要】

经营思路巧设计，税收策划可得利；如遇一事两政策，实务操作存差异。

【本计内容】

税制是国家以法律或法令形式确定的各种课税办法的总和，反映国家与纳税人之间的经济关系，是国家财政制度的主要内容。是国家以法律形式规定的各种税收法令和征收管理办法的总称。税收制度的内容包括税种的设计、各个税种的具体内容，如征税对象、纳税人、税率、纳税环节、纳税期限、违章处理。广义的税收制度还包括税收管理制度和税收征收管理制度。一个国家制定什么样的税收制度，是生产力发展水平、生产关系性质、经济管理体制以及税收应发挥的作用决定的。

世界各国政府规定的税收制度千差万别，每个国家都运用其政治权力在管辖的国境范围内对企业或个人取得的各种收益进行课税，所不同的是使用什么税种、对哪些收益征税、税负高低如何。尽管各国税法规定了不同的税种，但所有税种按课税对象划分，一般分为两大类：一类是直接税，即按收益额和财产额课征的税种，主要包括所得税、资产利得税、财产税；另一类是间接税，即按流转额课征的税种，主要包括预扣税、周转税、增值税、过境税、财富转让税、消费税，等等。这里根据有关资料就主要税种介绍如下。

其一，公司所得税。

所得税是政府对个人和公司收入征收的税种。在国际上，所得税是除关税外各国应用最为广泛的税种，有些国家所得税是政府收入的主要来源。不同国家或地区公司所得税税率高低不等，在百慕大地区和其他一些避税港，其税率为0，美国的税率为35％，加拿大为29.12％，德国为45％,意大利为36％,英国为33％,而日本则高达51.4％。近年来,不少国家所得税税率有所下降,扩大本国企业在全球的竞争能力，给跨国公司创造更具吸引力的经营环境。如特朗普税改将美国的税率从35%降到21%。根据毕马威国际会计公司的一项调查，从1996年以来，经济合作与发展组织和欧盟成员国的平均公司所得税率分别从39%和37.6%下降到34.1%和34.09%。

其二，预扣税。

预扣税（withholding tax）是由东道国政府按支付给外国投资者的股利、利息、无形资产特许权使用费等所计征的税种。例如，购买某国公司债券的外国投资者，在该国预扣税为15%的情况下，从其投资的利息报酬中只能得到85%，其余15%则由债券的发行公司扣取作为预扣税缴纳给该国政府。预扣税的征收会减少外国投资者的投资报酬，从而影响了长期资本的国际流动，因此通常需要签订国与国之间的双边税收协定加以协调。

其三，周转税。

周转税是按生产经营过程中的某个或某几个环节上的周转总额计征的税种，世界各国通常都计征周转税，但计征的环节各有不同。如在加拿大，周转税是在生产完成时计征；在英国，周转税是在批发商品时计征；在美国，则在商品零售时计征；在德国，所有商品流转环节上都要征税，正因为如此，德国企业往往建成一体化的组织机构，尽可能减少周转环节。

其四，增值税。

增值税是以生产经营和销售的各个阶段的新增价值为对象征收的税种，在欧洲各国，增值税是一重要的税种。增值税的计算有两种方法，即增加法和扣减法。不同国家的增值税税率各不相同，即使在同一个国家，也会因商品品种的不同而不同。与其他税种相比，增值税能在一定程度上解决同一行业的产品由于不同的生产结构、流通方式而造成的重复课税，并且便于征收。所以，在欧洲各国普遍采用，美国也不断有人建议征收增值税。

其五，过境税。

过境税是对进口商品以增值额为基础所征收的税种。征收过境税的目的在于削弱进口商品在价格上的竞争力。因此，对进口商品所征收的过境税，一般要参照本国类似商品所缴纳的间接税。

其六，转让税。

转让税是对纳税人之间的财富转让所征收的税种，转让税对企业决策有很大影响。在欧洲，由于转让税较重，企业收购另一家公司时，往往只购买公司的部分股份而不是直接购买净资产。

税法是税收制度的核心。在征税过程中，国家依据税法征税，纳税人按照税法纳税，因此，税法是征纳双方共同遵守的准则，是征税的基本依据。在税法中，不仅要规定对谁征税，对什么东西征，征多少，而且还要规定征纳的程序和征管的方法。虽然税法涉及的内容多，范围广，各个税种的征收方法也不相同，但是，税法都是由一些必不可少的要素所构成的。这些要素包括：纳税人、征税对象、税率、纳税环节、纳税期限、减税免税和违章处理等，其中纳税人、征税对象和税率是三个最重要的基本要素。

在不同的国家税制存在差异，在同一个国家的不同时期其税制也会存在差异，甚至在同一个时期同一个事项以不同的经营方式和模式操作在税收上也会出现不同的结果。这是因为有些税种中对于同一个经济事项，可能存在两个或者两个以上的税收政策规定，而这些税收政策可能存在差异。即使是同一个经济事项征收的同一个税种，也可能课以不同的税率。针对税收政策的不同规定，纳税人可以根据自身生产经营的特点和具体情况，在分析适应不同的税收政策将对自身产生影响利弊的基础上，做出具体的决策：改变经营流程，改变操作机构，或者选择不同的操作主体，从而使自己的税收利益处于最佳状态。

【案例注释】

通过税制差异和政策差异策划税收，需要对相关税制和政策进行全面而系统的理解，从上述计策的内容上看，读者可能还是感觉难以理解。因此，这里我们结合实际案例对有关计策的操作原理做一个简要分析和解释。

承包方案可选择　操作得当降成本

纳税人对企事业单位的承包、承租经营方式是否变更营业执照，将直接决定纳税人税收负担的轻重。特别是在承包制企业的前提下，如果使用原企业营业执照，则需要缴纳企业所得税和个人所得税；如果变更为个体营业执照，则只征一道个人所得税。同样的事项，可能适用不同的税收制度。

实务案例：

某街道集体企业由于对市场需求把握不准，造成产品大量积压、资金难以回笼，企业处于倒闭的边缘。为了避免企业破产，该企业主管部门经研究，决定将企业对外租赁经营。通过竞标，某公司退职的管理人员张先生承包经营该企业。

承包合同：

该企业主管部门将全部资产租赁给张先生经营，张先生每年上交租赁费 10 万元。租期两年，从 2020 年 1 月 1 日至 2021 年 12 月 31 日。租赁后，该企业主管部门不再为该企业提供管理方面的服务，其经营成果全部归张先生个人所有。

策划方案：

承包合同签署下来之后，张先生考虑的另一个问题，就是在税收上如何做到利益最大化？

通过专家咨询，普誉财税策划工作室的纳税策划专家为他们提供的服务，他们认为，张先生在承包经营过程中可以采用两个操作方案：一是张先生将原企业工商登记改变为个体商户自己经营；二是张先生仍使用原企业营业执照，以企业的名义经营。那么，哪种方案对张先生更有利呢？

业务分析：

张先生的承包期限是两年，下面我们以其中的一年为单位对这两个方案进行具体分析（为了分析简便，这里不考虑专项扣除、专项附加扣除以及依法确定的其他扣除）。

方案一：张先生将原企业工商登记改变为个体商户。

个体户在生产经营过程中以经营租赁方式租入固定资产的租赁费，可以据实扣除。若张先生 2020 年实现会计利润为 500 000 元（已扣除应上交的 2020 年 1 月—2020 年 12 月租赁费 100 000

元），张先生本人未拿工资，现行有关个人所得税规定的业主费用扣除标准为每月 5 000 元。则本年度应纳税所得额为：

500 000−5 000×12 ＝ 440 000（元）

按全年所得计算的应纳税额为：

440 000×30%−40 500 ＝ 91 500（元）

张先生实际取得税后利润为：

440 000−91 500 ＝ 348 500（元）

这里，张先生支付的 100 000 元租赁费允许在本年度扣除，但不得提取折旧。

方案二： 张先生仍使用原企业营业执照，以企业的名义经营。

在这种情况下，原企业的固定资产仍属该企业所有，按规定可以提取折旧，但上交的租赁费不得在企业所得税前扣除，也不得把租赁费当作管理费用进行扣除。

需要说明的是，对承包、承租经营方式下企业上交的承包费能否在税前扣除的问题，各地做法不一，有的省市规定可以按照权责发生制据实扣除。为比较税负，这里采用不重复扣除办法。

若本年折旧额为 10 000 元，不考虑其他纳税调整因素，该企业 2020 年实现的会计利润应为：

500 000−10 000 ＝ 490 000（元）

应纳税所得额为：

490 000+100 000（承包费）＝ 590 000（元）

应纳企业所得税为：

590 000×25%×20% ＝ 29 500（元）

10 万元承包费用缴纳企业所得税 0.5 万元后，剩下的 9.5 万元应归企业所有，因此，应当从张先生的收入中减除。

张先生实际取得承包、承租收入：

590 000−29 500−95 000 ＝ 465 500（元）

应纳个人所得税：

（465 500−5 000×12）×25%−31 920 ＝ 69 455（元）

张先生实际取得税后利润为：

465 500−69 455 ＝ 396 045（元）

通过比较，第二种方案比第一种方案多获利 47 545 元（396 045−348 500）。

策划点评：

需要指出的是，在实际操作中，税务部门判断承包、承租人对企业经营成果是否拥有所有权，一般是按照对经营成果的分配方式进行的。如果是定额上交，成果归己，则属于承包、承租所得；如果对经营成果按比例分配，或者承包、承租人按定额取得成果，其余成果上交，则属于工资薪金所得。另外，还有一个企业折旧的数量多少的问题。

因此，纳税人可以根据预测的经营成果测算个人所得税税负，然后再确定具体的承包分配方式，以达到降低税负的目的。

间接投资多渠道　基金投资不可少

目前金融市场十分发达，如果投资人手中有钱，既可以进行直接投资，也可以从事间接投资。其中，比较简捷的方式就是从事间接投资——通过股票市场博取股票差价收益和红利收益，也可以通过投资基金获得收益。由于相关事项的政策差异存在，对于机构投资者来说，在间接投资过程中同样存在企业所得税策划问题。对于投资于基金的投资人而言，是通过基金分红还是通过基金拆分更能够取得税收利益呢？这里我们可以通过实例来进行分析。

投资案例：

从 2019 年底开始，股票市场筑底反弹，给投资人带来一些希望。正华财务公司 2020 年 1 月初准备以 1 000 万元投资于股票市场，投资时间为一年半。考虑到股票市场的风险问题，公司决定认购开放式基金。

通过市场分析，公司认购 A 开放式基金，购买了 1 000 万份净值为 1 元的开放式基金。年末基金净值升到 2 元，基金公司决定将净值降到 1 元。正华财务公司计划再过半年赎回该基金，假设半年后基金净值为 1.20 元。

目前的问题是，上述开放式基金投资应当如何制作才能更节税？

政策分析：

基于开放式基金现金分红暂不征收企业所得税与分红后赎回的税收利益考虑，企业投资者创造免税收益和亏损的做法，是目前企业投资开放式基金时常用的所得税策划方法。

基金分红和基金拆分是开放式基金降低基金净值的两种方式，这两种方式所产生的税收效应不同。

其一，基金分红。

依据财政部、国家税务总局《关于企业所得税若干优惠政策的通知》（财税〔2008〕1 号）第二条关于鼓励证券投资基金发展的优惠政策中明确：（一）对证券投资基金从证券市场中取得的收入，包括买卖股票、债券的差价收入，股权的股息、红利收入，债券的利息收入及其他收入，暂不征收企业所得税。（二）对投资者从证券投资基金分配中取得的收入，暂不征收企业所得税。（三）对证券投资基金管理人运用基金买卖股票、债券的差价收入，暂不征收企业所得税。因此，企业在现金分红方式下取得的收益暂不征收企业所得税。

其二，基金拆分。

在拆分方式下，企业投资者获得更多的基金份额，单位投资成本降低，赎回开放式基金时获得的价差收益增加，但是，价差收益要缴纳企业所得税。

策划分析：

基于上述政策分析我们可以发现，对于开放式基金投资的涉税策划存在两个问题需要考虑和策划，一是盈利能力的策划；二是赎回时间选择策划。

1. 基金分红的收益策划分析

通过以上分析，我们知道正华财务公司的这笔投资存在两种操作方案，一是以分红方式；二是基金分拆方式。哪种操作方式更好呢？我们在这里做一个简要分析。

方案一：基金分红方式下，投资人可以通过分红方式取得利益。分配所得计算如下。

$1\,000 \times 1 = 1\,000$（万元）

赎回时，公司取得的基金价差收益为：

$[（1.20-1.00）] \times 1\,000 = 200$（万元）

基金分红收益属于免税的，而转让基金取得的价差收益需要缴纳企业所得税，其应税利得为200万元，应当缴纳企业所得税为：

$200 \times 25\% = 50$（万元）

正华财务公司进行开放式基金投资取得的税后净收益为：

$1\,000 + 200-50 = 1\,150$（万元）

投资方案分析图

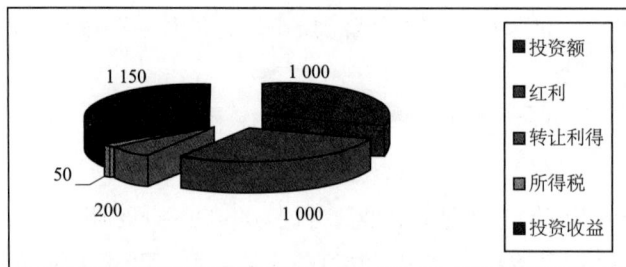

方案二：基金拆分方式下，正华财务公司原来以1元一份认购的1 000万份基金份额变为2 000万份，其每份投资成本也相应地变为0.50元。赎回时价差收益计算如下。

$（1.20-0.50）\times 2\,000 = 1\,400$（万元）

这时的价差收益属于应税所得，正华财务公司应税所得为1 400万元，该公司应当缴纳企业所得税为：

$1\,400 \times 25\% = 350$（万元）

正华财务公司通过基金拆分方式进行间接投资取得净收益为：

$1\,400-350 = 1\,050$（万元）

投资方案分析之二

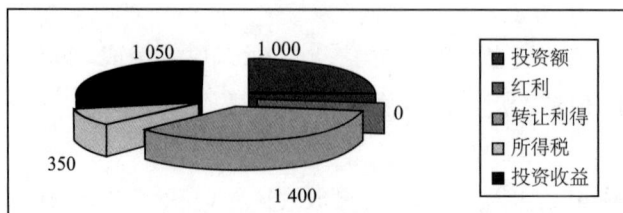

策划结论：

正华财务公司在基金分红方式下比基金拆分方式下少缴纳企业所得税 300 万元 [（200－1 400）×25%]，税后利得增加 100 万元（1 150－1 050）。

投资方案分析表　　　　　　　　　　　　　　（单位：万元）

投资方案	基金投资方法	投资额	红利	转让利得	所得税	投资收益
1	分红方式	1 000	1 000	200	50	1 150
2	拆分方式	1 000	0	1 400	350	1 050

2. 投资于基金的赎回时间选择

投资于基金，就是通过机构炒股。在资本市场比较好的情况下，机构投资者往往会获得更多的经济利益。基金公司在一般的情况下会定期进行分红的，如果投资人已经先期投资于某基金并且准备赎回，而该基金却发出公告准备在某时分红。在这样的情况下，对于投资人而言，就有一个选择问题：是在分红以前赎回，还是等待分红以后赎回？

影响赎回决策的主要因素有两个，一个是未来股票市场的走势；另一个是税收政策的规定差异。这里我们仅从税收政策差异的角度进行策划分析。

仍以正华财务公司为例，该公司 2020 年 6 月 30 日又以一笔闲置资金投资于 B 开放式基金 1 000 万份，申购日净值为每单位 1.20 元。截至 2021 年 3 月 6 日，该基金单位净值为 2.80 元，在此期间，基金公司未进行过分红。因此，企业浮动收益为 1 600 万元 [1 000×（2.80-1.20）]。企业拟收回此项投资，且该基金已发布将在 2021 年 3 月 10 日对每一基金份额分红 0.70 元的公告。

正华财务公司目前面临两种选择方案，方案一是在分红前赎回全部基金份额，方案二是待基金分红后再赎回全部基金份额。在这两个方案中，哪个方案能够给公司带来更多的税后收益？这里的差异主要取得于财政部、国家税务总局《关于企业所得税若干优惠政策的通知》（财税〔2008〕1 号）的相关规定。在假定分红到赎回期间净值和公司累计净值不发生变动的前提下，我们可以做出如下分析。

方案一：公司通过赎回基金实现收益计算如下。

1 000×（2.80-1.20）＝1 600（万元）

由于该收益不在财税〔2008〕1 号所规定的免税范围，也就是说，根据税法规定，公司因此需要计算缴纳企业所得税为：

1 600×25%＝400（万元）

正华财务公司的该笔投资的税后净收益为：

1 600-400＝1 200（万元）

方案二：如果公司首先通过基金分红，那么该公司可以取得两笔收益。

一是基金分红收益：

$1\,000 \times 0.70 = 700$（万元）

二是基金赎回价差收益：基金分红除权后基金净值从 2.80 元降为 2.10 元。

$1\,000 \times（2.10-1.20）= 900$（万元）

但是，该收益属于应税收益，还应当计算缴纳企业所得税：

$900 \times 25\% = 225$（万元）

在该方案前提下，公司取得的税后净收益为：

$700 + 900-225 = 1\,375$（万元）

通过上述分析我们可以看出，方案二与方案一实现的税前收益相同，均为 1 600 万元。但由于分红收益不征收企业所得税，公司仅需就赎回实现的价差收入缴纳企业所得税，则公司的该笔投资通过基金分红，企业多实现税后收益 175 万元（1 375-1 200）。

风险提示：

通过开放式基金现金分红暂不征收所得税与分红后赎回的税收利益的案例分析可知，基金分红取得的分配收入因暂不征收企业所得税而提高了投资的税后净收益水平，分红后赎回的策略能有效降低赎回价差，提高税后净收益水平。基金分红或者拆分是由基金公司决定而不是由投资企业决定的，企业仅有选择的权利，但是从税收利益角度出发，企业投资开放式基金在选择投资对象时，最好选择偏好分红的基金；赎回基金阶段，应选择在分红后赎回的策略。

基于以上企业投资开放式基金的免税分红和赎回时点的选择，企业具备了策划的空间，期望实现企业利益的最大化。于是部分企业就利用这个政策进行策划，但是，在具体操作过程中应当注意综合运作，否则，就会产生涉税风险。

长风公司预测 2020 年度利润将大幅增加，初步估计应纳税所得额为 2 000 万元，应纳所得税额为 500 万元。企业便向某财务咨询有限公司的税务专家咨询，寻求减少应纳税所得额的途径。该咨询公司的税务专家建议长风公司购买临近分红的开放式基金，在分红后赎回，用投资损失减少应纳税所得额。

长风公司接受建议，动用 3 200 万元购买了 2 000 万份净值为 1.60 元的某开放式基金。该基金发布公告，将在近期进行大比例分红，将其净值从 1.60 元降低到 1.00 元（假定该基金自成立后一直未进行分红，即基金累计净值也为 1.60 元）。一周后，每一份基金单位分红 0.60 元，使得基金净值降低到 1.00 元。企业取得免税的分红所得 1 200 万元（2 000×0.60），取得分红收入后不久，长风公司将基金赎回，假定基金净值仍为 1.00 元，则产生赎回损失 1 200 万元（3 200-2 000×1.00）。

通过上述操作，长风公司 3 200 万元的投资在账面上产生 1 200 万元的分红收入（暂免征收所得税）和 1 200 万元的亏损，虽然对长风公司利润总额的影响为零（不考虑交易成本），长风公司的应纳税所得额从 2 000 万元变成了 800 万元（2 000 万元应纳税所得额＋1 200 万元分配收入 -1 200 免税分配收入 -1 200 万元投资损失），应纳所得税额从 500 万元（2 000×25%）减少为 200 万元（800×25%），成功实现价值最大化。

长风公司采用两者结合的策略，在账面上进行了处理。但是，如果站在税务管理的角度去分析上述企业的操作过程，我们可以发现长风公司极可能存在较大的税务风险，税务机关完全有理由进行纳税调整。长风公司的税务风险主要有以下两点。

第一，投资成本的认定可能得不到税务机关的认可。

现行税法强调收入与支出的配比，财税〔2008〕1号文件中没有明确税法上确认暂不征税的分配所得是否仅限于投资后享有的开放式基金净值的升值部分，对所获分配所得超过上述数额的部分是否应作投资成本的收回。从上面的策划方案来看，是不考虑该因素的。如果税务机关认定理解为确认暂不征税的分配所得仅限于投资后享有的开放式基金净值的升值部分，那么，所获分配所得超过升值数额的部分应作投资成本的收回，上述策划行为中的分红所得1 600万元应视为成本的收回，长风公司在赎回基金时，因成本降为每份1.00元，赎回收益为零，不存在赎回损失。在这样的情况下，税务机关有权对企业的涉税行为进行调整。

第二，长风公司的策划活动属于不具有合理商业目的的安排行为。

购买开放式基金是一种投资行为，长风公司为分红免税和产生亏损而投资，而且在较短的时间内完成，属于不具有合理商业目的的安排行为。根据《企业所得税法》第四十七条的规定，企业实施其他不具有合理商业目的的安排而减少其应纳税收入或者所得额的，税务机关有权按照合理方法调整。不具有合理商业目的，指以减少、免除或者推迟缴纳税款为主要目的。对开放式基金分配中取得的收入，暂不征收企业所得税，这个税收优惠政策的目的是支持开放式基金的发展，充分利用开放式基金手段，进一步拓宽社会投资渠道，大力培育机构投资者，促进证券市场健康、稳定发展。而长风公司动用大额资金，短期内申购赎回，产生巨额的免税所得和投资损失，显然以减少、免除纳税义务为主要目的，与税收优惠的初衷不符。如果被认定为"不具有合理商业目的的安排行为"，则必然会面临涉税风险。

企业发展再投资　策划得当增效益

随着企业的发展，再投入是企业持续经营中经常发生的经济行为。以什么方式来进行再投资？具体操作过程中存在哪些涉税风险？这里投资人在扩大投资规模的过程中需要考虑的问题。

实务案例：

江风公司注册资本1 000万元，有甲、乙两个自然人股东。2020年初通过市场调研后，该公司决定新上一生产经营项目，经测算需新增资金3 000万元，甲、乙股东商定此笔资金由公司股东按原出资比例分别筹集。截至2019年末，该公司所有者权益1 000万元，其他公积金和未分配利润为零。

现场诊断：

对于企业增资的问题，除了考虑有关股东的投资意愿以外，还有一个重要的问题，那就是税收问题。因为增资方案不同，对投资人的投资回报产生一定的影响。为了科学策划相关涉税事项，该公司的投资人专门聘请了咨询专家为其提供服务。

咨询专家到现场了解了该企业的生产经营情况、目前的积累情况以及下一步的发展计划等，结合公司的实际情况给出三种资金投入方案。

方案一，通过股权投资的方案对公司投入 3 000 万元。

方案二，公司向股东借款 3 000 万元。

方案三，股东向公司股权投资 350 万元，公司向股东借款 2 650 万元。

策划分析：

不同的投资方案，对企业未来的生产和经营产生影响，但是，这个影响的具体方案和效果又当如何呢？这里我们对上述各种方案分别进行分析（假设此投资项目不包括利息支出的年应纳税所得 500 万元）。

方案一： 增资扩股

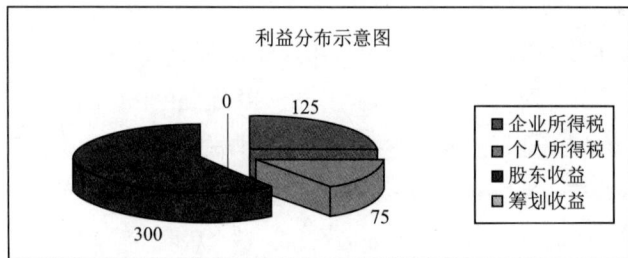

利益分布示意图

甲、乙两个自然人股东通过股权投资的方案为公司增资，假设该投资项目年应纳税所得 500 万元。对该公司及股东相关企业所得税、个人所得税、股东收益计算如下。

应缴企业所得税额为

$500 \times 25\% = 125$（万元）

应缴股息分红个人所得税额为：

$（500-125）\times 20\% = 75$（万元）

综合以上两个因素，该企业应纳税合计为：

$125 + 75 = 200$（万元）

通过上述计算可得出股东收益为：

$500-125-75 = 300$（万元）

方案二： 向股东借款

根据国家税务总局《关于企业向自然人借款的利息支出企业所得税税前扣除问题的通知》（国税函〔2009〕777 号）的规定，企业向股东或其他与企业有关联关系的自然人借款的利息支出，应根据《企业所得税法》第四十六条及财政部、国家税务总局《关于企业关联方利息支出税前扣除标准有关税收政策问题的通知》（财税〔2008〕121 号）规定的条件，计算企业所得税扣除额。

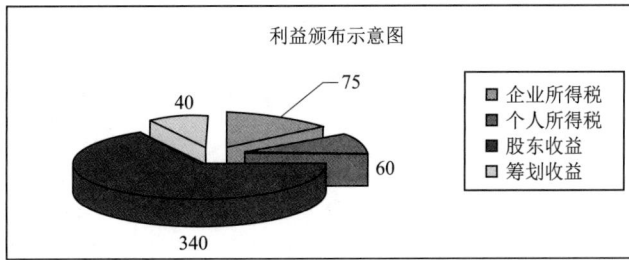

利益颁布示意图

由于财税〔2008〕121号文件规定，企业向股东或有关联关系的自然人借款的利息支出可以在企业所得税前扣除，为企业的股东对企业进行再投入时是采取股权投资还是对公司借款提供了可选择的可能。如本案例中股东对企业的投入由方案一的股权投入改为对公司借款，整体税负及股东收益测算如下。

（1）企业所得税。

假设股东对公司借款3 000万元（该公司本年度除向股东借款外没有向其他关联方借款，并且年度内没有变化），年利率10%，年利息为300万元，该年度金融企业同期同类贷款利率为11.5%。根据《企业所得税法实施条例》第三十八条的规定，非金融企业向非金融企业借款的利息支出，不超过按照金融企业同期同类贷款利率计算的数额的部分，准予扣除，该公司向股东借资发生的利息支出300万元，没有超过税法的规定。

财税〔2008〕121号文件规定，根据《企业所得税法》第四十六条和《企业所得税法实施条例》第一百一十九条的规定，企业接受关联方债权性投资的利息支出，在计算应纳税所得额时，企业实际支付给关联方的利息支出，除符合"企业如果能够按照《企业所得税法》及其实施条例的有关规定提供相关资料，并证明相关交易活动符合独立交易原则的；或者该企业的实际税负不高于境内关联方的，其实际支付给境内关联方的利息支出，在计算应纳税所得额时准予扣除"的条件外，债权性投资与其权益性投资的比例不超过"金融企业5∶1，其他企业2∶1"和《企业所得税法》及其实施条例有关规定计算的部分，准予扣除，超过的部分不得在发生当期和以后年度扣除。

由于该公司是向企业的股东借款，因此，此借款利息应根据财税〔2008〕121号文件的规定，在"按照《企业所得税法》及其实施条例的有关规定提供相关资料，并证明相关交易活动符合独立交易原则"的基础上，按与股东权益性投资比例不超过2∶1的借款额计算的利息可在所得税前列支，超过部分不得列支。关联债资比例为：

$$3\,000 \div 1\,000 = 3$$

不得扣除利息支出为：

$$300 \times (1 - 2 \div 3) = 100（万元）$$

可扣除的利息支出为：

$$300 - 100 = 200（万元）$$

仍以该项目年应纳税所得 500 万元为前提计算，应纳税所得为：

500−200 ＝ 300（万元）

应缴企业所得税额为：

300×25% ＝ 75（万元）

（2）个人所得税。

股东利息收入应缴纳个人所得税额为：

3 000×10%×20% ＝ 60（万元）

企业所得税前列支利息 200 万元，但实际会计列支利息 300 万元，所以，可分配利润为：

500−300−75 ＝ 125（万元）

股东股息分红收入应缴纳个人所得税额为：

125×20% ＝ 25（万元）

应缴个人所得税额为：

60 ＋ 25 ＝ 85（万元）

综合以上两个因素，该企业应纳税合计为：

75 ＋ 85 ＝ 160（万元）

股东收益为：

（300−60）＋（200−75−25）＝ 340（万元）

方案三： 既扩股又借款。

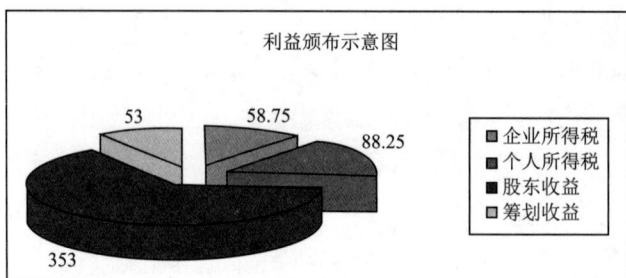

利益颁布示意图

（1）企业所得税。

假设仍以该项目年应纳税所得 500 万元，企业向股东借款年利率 10%，该公司本年度除向股东借款外没有向其他关联方借款并且年度内没有变化为前提计算。关联债资比例为：

2 650÷1 350 ＝ 1.963

该公司的借款比例没有超出税法规定，实际支付的 265 万元利息可全额扣除。在这样的情况下，其应纳税所得为：

500−265 ＝ 235（万元）

应缴企业所得税额为：

235×25% ＝ 58.75（万元）

（2）个人所得税。

股东利息收入应缴纳个人所得税为：

$2\,650 \times 10\% \times 20\% = 53$（万元）

企业所得税前列支利息 265 万元，可分配利润为：

$500-265-58.75 = 176.25$（万元）

股东股息分红收入应缴纳个人所得税为：

$176.25 \times 20\% = 35.25$（万元）

应缴个人所得税合计为：

$53 + 35.25 = 88.25$（万元）

综合以上两个因素，该企业应纳税合计为：

$58.75 + 88.25 = 147$（万元）

股东收益为：

$（265-53）+（235-58.75-35.25）= 353$（万元）

操作方案分析表　　　　　　　　　　　　　　（单位：万元）

操作方案	企业所得税	个人所得税	股东收益	策划收益
方案一	125	75	300	0
方案二	75	60	340	40
方案三	58.75	88.25	353	53

策划结论：

在方案一条件下，股东获得收益 300 万元；在方案二条件下，股东获得收益 340 万元；而在方案三条件下，股东则可以获得收益 353 万元。方案三与其他两种方案相比，税收负担低而股东收益高，应为该公司的最佳选择。

策划点评：

这是一则由普誉财税策划工作室提供的案例，从中我们体会到政策差异对税收的影响。随着企业的发展，再投入是企业持续经营中经常发生的经济行为。以什么方案来增加对企业的再投入，企业股东应算好税收账，争取以较低的税收成本取得较高的经济收益。

对于本案而言，从对上述三种资金投入方案的分析中可以发现，股权投入的税收负担高于公司向股东借款的税收负担，而股东收益则是股权投入收益低于向公司股东借款收益。在公司向股东借款方案中，由于受债权性投资与其权益性投资比例的限制，超过比例的借款利息不得在企业所得税前列支。本案例中方案三针对此问题，将方案一合理地拆分为公司向股东借款和股权投资两部分，使债权投入与其权益性投资比例符合了税法的规定，企业借款发生的利息得以全额扣除，降低了企业再投入业务的税收负担。因此，方案三与其他两种方案相比，税收负担低而股东收益高，应为该公司的最佳选择。

流程再造　策划重点

【妙计提要】

都说策划擦边球，其实中间风险多；若得安心税无忧，流程再造乐悠悠。

【妙计详解】

流程再造由美国的 Michael Hammer（迈克尔·哈默）和 Jame Champy（詹姆斯·钱比）提出，在 20 世纪 90 年代达到了全盛的一种管理思想。

流程设置再造是一种企业活动，内容为从根本重新而彻底地去分析与设计企业程序，并管理相关的企业变革，以追求绩效，并使企业达到戏剧性的成长。企业再造的重点在于选定对企业经营极为重要的几项企业程序加以重新规划，以求其提高营运之效果。目的在为了对于成本、品质、对外服务和时效上达到重大改进。

流程再造的核心是面向顾客满意度的业务流程，而核心思想是要打破企业按职能设置部门的管理方式，代之以业务流程为中心，重新设计企业管理过程，从整体上确认企业的作业流程，追求全局最优，而不是个别最优。

随着互联网对重构完整的价值链的要求越来越高，品牌之间的竞争和对抗将日益淡化，取而代之的是关于公司价值链的强度和效率之间的竞争。公司必须大量投资、谨慎管理、保护和持续对资产进行改良。拥有能够保持第一位的客户关系、快速反应并参与客户需求的动态价值链的公司将成为赢家。

流程合作就是将业务流程作为一套离散的任务在多个资源（人、商业组织、公司）之间共享，这些任务的分配既可以在事先达成一致，也可以根据规则和资源能力实时协商完成。流程合作涉及反复进行的协商式业务流程的两方或更多方，该流程在本质上更具关系性，而非交易性。

企业的管理应该是流程驱动的管理，一贯实施流程管理，而且管理得比较得当的企业，确实可以在日常的管理过程中，适时对流程进行修正、调适，所以，这种企业的流程往往适应性比较强，流程的设置和运行也要科学得多，但这并不意味着，它们就不需要对流程进行再造。如果客户的需求和市场发生了巨大的变化，企业的生意模式要实现根本性的变革，流程就必须要再造。例如，戴尔公司推行的直销模式，如果在 IBM 公司的传统流程上套用，恐怕就难以产生预期效果，但是 IBM 公司的传统流程对于自身奉行的生意模式是有效的。另外，流程再造的目的也是要通过对企业和产业流程的梳理、精简，来实施流程化管理。

同样的道理，流程再造的原理也可以运用到税收策划上来。

当下在部分小型企业的老板眼里看来，税收策划就是"钻法律的空子""打擦边球"。其实，这是对税收策划的一种误解。

从纳税人的角度讲，税收主要在哪个环节产生的？持上述观点的人根本就没有研究过这个问题，从而"头痛医头，脚痛医脚"，不得要领，最终缴了许多冤枉税。根据笔者的研究，税收主要不是在财务核算环节产生的，占 80% 以上产生于投资、采购、生产、销售和有关业务部门的具体操作环节。与此相适应，税收策划的操作点 80% 以上也是在这些环节。

什么是税收策划？税收策划就是纳税人在现行税制条件下，通过充分利用各种有利的税收政策，适当安排投资行为和生产经营业务流程，合理的财务协调和有机的会计处理，巧妙地安排纳税方案，在合法的前提下，以实现股东利益最大化为目标的涉税经济行为。

由此可见，税收策划的重点环节在企业生产和经营的业务流程上，而不是在政策理解上做简单的取舍，更不是在账务上做简单的调整。税收策划在一般情况下能够让有关企业少缴税，但是，考核税收策划效果的最高目标是投资人的利益最大化。

对于一个存续企业而言，其自身已经存在一套习惯了的操作机制和流程，但是，一旦税收政策发生了变化，往往就会让这些业务模式和流程不适应，从而导致纳税人多缴税。如果进行税收策划，就需要流程再造。这是因为多数国家的税收往往具有以下特点：根据不同的纳税主体设定不同的税种和税率；根据不同的事项和的经营模式设定不同的税率。税收立足于扶持实体经济，各种优惠政策往往向制造业倾斜，所以，目前税收优惠多数体现在生产和经营环节。税收策划如果从生产和经营环节着手进行，就可以获得更多的税收优惠。通过经营流程和业务模式的改进，使产品符合税收优惠政策的要求。

【案例注释】

税收策划专家有言，有些涉税事项的处理，由财务人员在账务上做文章，往往属于偷税行为；而由前道业务流程的具体环节进行合法、合规、合理运筹，则属于税收策划！但是，从实务操作的角度讲，部分企业家和经营者还存在许多认识误区，因此，笔者在这里引用部分案例来做具体说明。

生产方式若不同　白酒税负有差别

白酒消费税，指在消费白酒的过程所征收的税率。国家为了适当增加财政收入，完善酒产品消费税，制定了《白酒消费税计税价格核定管理办法》，并在 2009 年 7 月份开始实行。酒类消费税主要是在生产环节从价征收，所以，酿酒企业的税收负担比较重。

企业案例：

2018 年 10 月 8 日，双泉酿酒实业公司接到一笔生产 500 吨粮食白酒的业务，合同议定销售价格 1 000 万元。要求在 2019 年 1 月 8 日前交货。由于双泉酿酒实业公司正在进行酿酒的发酵池大修理，由自己来生产这批白酒已经不可能。于是该公司的张鸿经理决定将本公司采购的原料外发，请其他酿酒厂加工成高纯度白酒，然后再由本公司勾兑成合同规定的白酒销售。

很快，公司的销售人员就找到白酒加工企业金沙酿酒厂。2018 年 10 月 10 日与金沙酿酒厂签订了加工协议，随即，双泉酿酒实业公司就将原料发给金沙酿酒厂。

企业策划：

该公司根据原来的税收政策进行了策划。在原政策条件下，企业生产白酒存在四个策划思路。

方案一： 委托加工成酒精，然后由本公司生产成白酒销售。

双泉酿酒实业公司以价值为 250 万元的原料委托金沙酿酒厂加工成酒精，双方协议加工费为 150 万元，加工完成的酒精运回公司以后，再由本公司加工成某品牌的粮食白酒销售，公司加工的成本以及应该分摊的相关费用合计为 70 万元。

（1）双泉酿酒实业公司在向金沙酿酒厂支付加工费的同时，向受托方支付由其代扣代缴的消费税。

消费税组成计税价格为：

（250+150）÷（1-5%）= 421.053（万元）

应代扣代缴的缴消费税为：

421.03×5% = 21.05（万元）（注：酒精的消费税税率为 5%，粮食白酒的消费税税率为 25%，计算时保留两位小数）

（2）双泉酿酒实业公司销售白酒后，应缴消费税为：

1 000×25%-21.05 = 228.95（万元）

（3）在委托加工成酒精的方式下，应代扣代缴消费税为 21.05 万元，公司应缴纳消费税 228.95 万元，公司取得所得税后的利润为：

（1 000-250-150-70-21.05-228.95）×（1-25%）= 210（万元）

方案二： 由金沙酿酒厂加工成高纯度白酒，公司收回后降度制成定型产品直接销售。

双泉酿酒实业公司将酿酒原料交给金沙酿酒厂，由金沙酿酒厂制成高纯度白酒，金沙酿酒厂收取加工费 180 万元，双泉酿酒实业公司再进行降度制成指定的某品牌粮食白酒，公司加工的成本以及应该分摊的相关费用合计为 40 万元。

（1）当双泉酿酒实业公司收回委托加工产品时，向金沙酿酒厂支付加工费，同时支付由其代扣代缴的消费税。

应代扣代缴的纳消费税为：

（250+180）÷（1-25%）×25% = 143.33（万元）

（2）双泉酿酒实业公司销售白酒后，应缴消费税为：

1 000×25%－143.33 ＝ 106.67（万元）

（3）在委托加工成高纯度白酒的方式下，应代扣代缴的纳消费税为143.33万元，公司实际缴纳消费税为250万元，公司取得所得税后的利润为：

（1 000－250－220－143.33－106.67）×（1－25%）＝ 210（万元）

方案三：由受托方直接加工成定型产品，公司收回后直接销售。

双泉酿酒实业公司将酿酒原料交给金沙酿酒厂，由金沙酿酒厂完成所有的制作程序，即双泉酿酒实业公司从金沙酿酒厂收回的产品就是指定的某品牌粮食白酒，协议加工费为220万元。产品运回后仍以原价直接销售。

（1）当双泉酿酒实业公司收回委托加工产品时，向金沙酿酒厂支付加工费，同时支付由其代扣代缴的消费税。

应代扣代缴的纳消费税为：

（250＋220）÷（1－25%）×25% ＝ 156.67（万元）

（2）在全部委外加工方式下，公司支付由受托方代扣代缴的消费税为156.67万元，公司取得所得税后的利润为：

（1 000－250－220－156.67）×（1－25%）＝ 280（万元）

方案四：由双泉酿酒实业公司自己完成该品牌的粮食白酒的生产制作过程。

（1）假设由双泉酿酒实业公司自己生产该酒，其发生的生产成本恰好等于委托金沙酿酒厂的加工费，即为220万元。

该厂应纳消费税为：

1 000×25% ＝ 250（万元）

（2）在自产自销方式下，公司应缴消费税为250万元，公司取得所得税后的利润为：

（1 000－250－220－250）×（1－25%）＝ 210（万元）

双泉酿酒实业公司经营方式比较表　　　　　　　　　　　　单位：元

操作思路	代扣代缴消费税	本企业缴消费税	消费税合计	税后利润
方案一	210 500	2 289 500	2 500 000	2 100 000
方案二	1 433 300	1 066 700	2 500 000	2 100 000
方案三	1 566 700		1 566 700	2 800 000
方案四		2 500 000	2 500 000	2 100 000

在原政策条件下，委托外单位加工成酒精或者高纯度白酒，再由自己勾兑成白酒销售所应缴纳的消费税与自产自销的一样。但是，目前的税收政策已经发生变化，在新的税收政策条件下，情况也随之发生变化。

财税〔2001〕84号文件对白酒消费税政策做了调整，其一，从2001年5月1日起停止执行

"对外购或委托加工酒及酒精产品已纳消费税进行抵扣"的政策；其二，从 2001 年 5 月 1 日将粮食白酒、薯类白酒消费税税率由《中华人民共和国消费税暂行条例》规定的比例税率调整为定额税率和比例税率。第一，定额税率：粮食白酒、薯类白酒每斤（500 克）0.5 元。第二，比例税率：粮食白酒（含果木或谷物为原料的蒸馏酒，下同）25%；薯类白酒 15%。粮食和薯类、糠麸等多种原料混合生产的白酒，以粮食白酒为酒基的配置酒、泡制酒，以白酒或酒精为酒基，凡酒基所用原料无法确定的配置酒、泡制酒，比照粮食白酒适用 25% 的比例税率。

现场诊断：

10 月 15 日，该公司的税收顾问，普誉财税策划工作室的税务咨询专家小方应邀到公司进行发酵池大修理费用的策划指导。在业务进行过程中，小方听说公司有一笔白酒业务正在进行中，于是就与公司的张鸿经理交流起来。当他了解到公司正用以前的操作思路进行白酒再生产时大吃一惊：白酒的消费税政策目前已经发生变化，再用以前的老思路不行了！

小方介绍说，起初，白酒消费税政策的规定主要有如下几点。

《消费税暂行条例》的规定："委托加工的应税消费品由受托方在向委托方交货时代收代缴税款。委托方用于连续生产应税消费品的，所纳税款准予按规定抵扣。"《消费税暂行条例实施细则》规定："委托加工的应税消费品收回后直接出售的，不再征收消费税。"根据这个规定，作为消费税的纳税人，就可以在委托加工方式和自行加工生产方式之间做出选择。《消费税暂行条例》对消费税的具体计算方法和缴纳方式也做了具体的规定。

策划方案：

在新政策条件下，不同的生产方式消费税的实际负担也是不同的。具体地讲，哪一种方式对纳税人更有利呢？对于这笔生产 500 吨粮食白酒的业务，合同议定销售价格 1 000 万元，我们不妨通过四种方案的具体计算寻找问题的答案（注：无论在什么方式下，增值税作为价外税，都不介入成本核算过程，所以在此不做分析；酒精的消费税税率为 5%，粮食白酒的消费税税率为 25%，计算时保留两位小数）。

方案一：委托加工成酒精，然后由本公司生产成白酒销售。

即委托加工成酒精，然后由本公司生产成白酒销售。

双泉酿酒实业公司以价值为 250 万元的原料委托金沙酿酒厂加工成酒精，双方协议加工费为 150 万元，加工成 300 吨酒精运回公司里以后，再由本公司加工成 500 吨某品牌的粮食白酒销售，该公司加工的成本以及应该分摊的相关费用合计为 70 万元。

（1）双泉酿酒实业公司在向金沙酿酒厂支付加工费的同时，向受托方支付由其代扣代缴的消费税。

消费税组成计税价格为：

（250+150）÷（1−5%）= 421.05（万元）

应缴消费税为：

421.05 × 5% = 21.05（万元）

（2）双泉酿酒实业公司销售白酒后，应缴消费税为：

10 000 000×25%+500×1 000×2×0.5 ＝ 300 000（元）。

（3）在委托加工酒精方式下，应支付代扣代缴消费税 21.05 万元，公司缴纳消费税 278.95 万元，公司取得所得税后的利润为：

（1 000－250－150－70－21.05－300）×（1－25%）＝ 165.71（万元）。

方案二： 委托加工成高纯度白酒，然后由本公司生产成白酒销售。

双泉酿酒实业公司以价值为 250 万元的原料委托金沙酿酒厂加工成高纯度白酒，双方协议加工费为 180 万元，加工成 400 吨高纯度白酒运回公司以后，再由本公司加工成 500 吨某品牌的粮食白酒销售，公司加工的成本以及应该分摊的相关费用合计为 40 万元。

（1）双泉酿酒实业公司在向金沙酿酒厂支付加工费的同时，向受托方支付由其代扣代缴的消费税。

消费税组成计税价格为：

（250+180）÷（1－25%）＝ 573.33（万元）

应缴消费税为：

5 733 300×25%+400×1 000×2×0.5 ＝ 183.33（万元）

（2）双泉酿酒实业公司销售白酒后，应缴消费税为：

100 000×25%+500×1 000×2×0.5 ＝ 300（万元）

（3）在委托加工高纯度白酒方式下，应支付代扣代缴消费税 183.33 万元，公司缴纳消费税 300 万元，公司取得所得税后的利润为：

（1 000－250－180－40－183.33－300）×（1－25%）＝ 46.67（万元）

方案三： 由委托加工环节直接加工成定型产品收回后直接销售。

双泉酿酒实业公司将酿酒原料交给金沙酿酒厂，由金沙酿酒厂完成所有的制作程序，即双泉酿酒实业公司从金沙酿酒厂收回的产品就是指定的某品牌粮食白酒，协议加工费为 220 万元，产品运回后仍以原价直接销售。

（1）当双泉酿酒实业公司收回委托加工产品时，向金沙酿酒厂支付加工费，同时支付由其代扣代缴的消费税。应纳消费税为：

（2 500 000+2 200 000）÷（1－25%）×25%+500×1 000×2×0.5 ＝ 206.67（万元）

（2）在全部委外加工方式下，应支付代扣代缴消费税为 206.67 万元，公司取得所得税后的利润为：

（1 000－250－220－206.67）×（1－25%）＝ 242.50（万元）

方案四： 由双泉酿酒实业公司自己完成该品牌的粮食白酒的生产制作过程。

即由双泉酿酒实业公司自己完成该品牌的粮食白酒的生产制作过程。

假设由双泉酿酒实业公司自己生产该酒，其发生的生产成本恰好等于委托金沙酿酒厂的加工费，即为 220 万元。

该公司应纳消费税为：

$$10\ 000\ 000 \times 25\% + 500 \times 1\ 000 \times 2 \times 0.5 = 300（万元）$$

（3）在自产自销方式下，应缴纳消费税为250万元，公司取得所得税后的利润为：

$$（1\ 000-250-220-300）\times（1-25\%）= 172.50（万元）$$

双泉酿酒实业公司经营方式比较表

单位：元

操作思路	代扣代缴消费税	本企业缴消费税	消费税合计	税后利润
方案一	210 500	3 000 000	3 210 500	1 567 100
方案二	1 833 300	3 000 000	4 833 300	466 700
方案三	2 066 700		2 066 700	2 425 000
方案四		3 000 000	3 000 000	1 725 000

策划结论：

通过计算，我们可以发现，该笔业务的操作方法以方案二最差，方案三最佳。双泉酿酒实业公司委托加工成品要比委托加工半成品多支付消费税276.66万元，而税后利润则少195.83万元。

策划点评：

由于委托加工的应税消费品与自行加工的应税消费品的税基不同，委托加工时，受托方（个体工商户除外）代收代缴税款，税基为组成计税价格或同类产品销售价格；自行加工时，计税的税基为产品销售价格。在通常情况下，委托方收回委托加工的应税消费品后，要以高于成本的价格售出以求盈利。不论委托加工费大于或小于自行加工成本，只要收回的应税消费品的计税价格低于收回后的直接出售价格，委托加工应税消费品的税负就会低于自行加工的税负。对委托方来说，其产品对外售价高于收回委托加工应税消费品的计税价格部分，实际上并未纳税。

本案例所揭示的一个关键问题，就是税法对两种生产方式不同，规定其计税依据也有所不同。研究这些规定，我们不难发现各条款之间的弹性。这些规定为我们策划通过不同的生产方式的选择而降低税收负担提供了可能。

与此同时，我们还关注政策的变化对企业生产方式的影响。原来的白酒消费税政策规定外购的或者委外加工所缴纳的消费税，用于连续生产应税消费品的，可以按规定抵扣。这个规定，类似于增值税的抵扣原理，所以无论生产环节多少，消费税的税收负担不增加。但是，2001年5月1日以后执行新的消费税政策，购进白酒原料的消费税不再允许抵扣，同时还要从量征收消费税，实行每个环节道道征收。造成消费税负担增加，而且，生产环节越多，税收负担增加的幅度越大。这就提示我们，消费税应税产品的生产也要注意减少流转环节。

消费税作为价内税，直接构成产品的成本，从而影响企业的经营成果，该案例的思路可以对其他消费税产品的生产经营的税收策划起到抛砖引玉的作用。

业务流程再调整　企业节税又增效

企业经营到一定的规模，往往都会形成自身的经营机制和业务模式。如果作为外界因素的税收政策发生了变化，那么，有关企业的经营机制和模式是否还能适应相应的变化？

企业案例：

金港肠衣制品公司（以下简称肠衣公司）是一家 2019 年 10 月底新办的规模较大的生物制品专业生产企业，经营业了两月，取得了较好的经济效益。这个结果使投资人的信心大增，准备在新的一年里大干一场。

公司的销售部对下一年度的经营情况进行了预测。经过综合分析，预计 2020 年可以实现销售 36 000 万元。肠衣公司的销售总监对该公司的生产经营流程进行了销售策划，形成一套完整的业务流程，具体操作过程是：从全国各地生物收购站采购新鲜猪小肠，其收购额为 27 100 万元，集中到生产基地进行加工制作成肠衣制品。其产品主要销售给国内各大医药公司，然后由医药公司再销售给医院。

这个方案于 2020 年 1 月 10 日得到了董事会的一致通过。

问题提出：

但是，1 月 20 日财务部负责人给董事长送来了一份财务测算报告：2020 年度的经营成果为微利。为什么经营毛利率近 20% 的产品不赚钱呢？财务分析报告指出，其原因主要是增值税的税收负担较高。

肠衣公司的当家人、董事长李生华通过对同行业的税收负担情况比较，感觉本企业的税收负担确实要比其他企业高出许多。

税收负担比较高的原因在哪里呢？这是困惑该企业的一个难题。于是，董事会决定请税务策划专家。普誉财税策划工作室的税务专家邓明对该企业的经营情况进行解剖和分析。

政策分析：

其一，《财政部 国家税务总局 关于部分货物适用增值税低税率和简易办法征收增值税政策的通知》（财税〔2009〕9 号）第二条第（三）项明确，一般纳税人销售自产的下列货物，可选择按照简易办法依照 6% 征收率计算缴纳增值税：

1. 县级及县级以下小型水力发电单位生产的电力。小型水力发电单位，指各类投资主体建设的装机容量为 5 万千瓦以下（含 5 万千瓦）的小型水力发电单位。

2. 建筑用和生产建筑材料所用的砂、土、石料。

3. 以自己采掘的砂、土、石料或其他矿物连续生产的砖、瓦、石灰（不含黏土实心砖、瓦）。

4. 用微生物、微生物代谢产物、动物毒素、人或动物的血液或组织制成的生物制品。

5. 自来水。

6. 商品混凝土（仅限于以水泥为原料生产的水泥混凝土）。

一般纳税人选择简易办法计算缴纳增值税后，36 个月内不得变更。

其二,《国家税务总局关于药品经营企业销售生物制品有关增值税问题的公告》(国家税务总局 2012 年第 20 号公告)规定,属于增值税一般纳税人的药品经营企业销售生物制品,可以选择简易办法按照生物制品销售额和 3% 的征收率计算缴纳增值税。

选择简易办法计算缴纳增值税的,36 个月内不得变更计税方法。其中,药品经营企业,指取得(食品)药品监督管理部门颁发的《药品经营许可证》,获准从事生物制品经营的药品批发企业和药品零售企业。

其三,《财政部 国家税务总局关于简并增值税征收率政策的通知》(财税〔2014〕57 号)第二条明确,财税〔2009〕9 号文件第二条第(三)项和第三条"依照 6% 征收率"调整为"依照 3% 征收率"。

也就是说,自 2014 年 7 月 1 日起从事生物制品生产和经营的企业,都可以按照 3% 征收率计税。

策划思路:

税务咨询专家对肠衣公司的经营流程进行了综合分析,发现该公司的业务模式和操作流程可以有三个,从而对应三个纳税方案。

其一,从全国各地生物收购站采购新鲜猪小肠,其收购额为 27 100 万元,集中到生产基地进行加工制作成肠衣制品。其产品主要销售给国内各大医药公司,然后由医药公司再销售给医院。

其二,减少流转环节,让肠衣公司将产品直接销售给各医院。即通过策划和协调,减少货物的流通环节,绕过政策障碍,从而实现节税之目的。

其三,设立农产品收购站,规范收购行为,增加企业的增值税进项税额的抵扣。

策划分析:

起初董事会认为,公司的生产流程刚刚建立起来,如果新的操作方案对公司利益影响不大就不要调整。确实,如果没有拿出数据,怎么能够让大家相信呢?于是,咨询专家就三种方案分别进行了具体测算。

1. 方案一涉税分析

在方案一条件下,由于肠衣公司从国内生物收购站采购的猪肠无法取得增值税专用发票,因而原材料无法获得增值税进项税额抵扣,企业可以列入抵扣的进项税额,只有水费、电费及修理用配件等少量外购项目,可取得增值税进项税额 250 万元。

现行运行机制条件下,肠衣公司与医药公司之间销售额为 3.6 亿元,医药公司与医院之间的销售额为 3.96 亿元。

肠衣公司应纳增值税:

$36\ 000 \times 13\% - 250 = 4\ 430$(万元)

医药公司应纳增值税:

$39\ 600 \times 13\% - 36\ 000 \times 13\% = 468$(万元)

因为医药公司一般都是增值税一般纳税人，要求肠衣公司销售产品均需开具13%的增值税专用发票。肠衣公司为了生产经营的需要，只能按照医药公司的要求开具增值税专用发票。经测算，2020年企业应缴纳增值税4 430万元，肠衣公司的增值税税收负担高达11.19%。

2. 方案二涉税分析

采取减少流转环节的办法就是通过协调，肠衣公司将产品直接销售给各医院，公司按程序申请改按3%的简易征税办法，不仅使肠衣公司增值税税负大幅度下降，而且使医药公司由原来按进销（均不含税）差价的13%缴纳增值税改为按进销（含税价）差价的3%缴纳增值税。

在新的运行机制下，肠衣公司绕过医药公司，直接将发票开具给医院，即肠衣公司根据医药公司提供的医院名单及价格开具普通发票给医院，肠衣公司仍根据约定的给医药公司的售价结算，对于开给医院的价格超过结算价的部分，全部支付给医药公司。

根据现行税法规定，医药公司取得的代销佣金应按"现代服务业"税目缴纳6%的增值税。

肠衣公司应纳增值税：

$39\,600 \times (1 + 13\%) \div (1 + 3\%) \times 3\% = 1\,303.34$（万元）

肠衣公司应支付给医药公司佣金额：

$39\,600 \times (1 + 13\%) - 36\,000 \times (1 + 13\%) = 4\,068$（万元）

肠衣公司账务处理如下。

借：营业费用——佣金	4 068万元
贷：银行存款	4 068万元

医药公司账务处理如下。

借：银行存款	4 068万元
贷：其他业务收入——佣金收入	4 068万元

医药公司应纳增值税：

$4\,068 \div (1 + 6\%) \times 6\% = 230.26$（万元）

3. 方案三涉税分析

在各地设立猪肠收购站，规范其收购行为，在当地税务机关申请领取农副产品收购凭证收购农副产品。收购站将收购的猪肠再销售给肠衣公司。在这个运行机制条件下，主要涉及肠衣公司与各地猪肠收购站两个方面。如果工作到位，肠衣公司的增值税进项税额可以大大增加。

肠衣公司可以取得增值税进项税额为：

$27\,100 \times 10\% = 2\,710$（万元）

肠衣公司应纳增值税：

$36\,000 \times 13\% - 2\,710 - 250 = 1\,720$（万元）

4. 综合比较分析

在方案一条件下，作为肠衣公司应纳增值税4 430万元，医药公司则应纳增值税468万元。而在方案二条件下，肠衣公司应纳增值税1 303.34万元，医药公司则应纳增值税230.26

万元。跟方案一比较，实施方案二之后，肠衣公司节省增值税：

4 430-1 303.34 ＝ 3 126.66（万元）

医药公司节税额：

468-230.26 ＝ 401.4（万元）

两公司合计节约税收：

2 126.66+401.40 ＝ 2 528.06（万元）

在方案三条件下，作为肠衣公司应纳增值税 1 720 万元，医药公司则应纳增值税 468 万元。跟方案一比较医药公司节税额：237.74（468-230.26），两公司合计节税：3 364.41（3 126.67+237.74），方案三使肠衣公司节约税收 2 710 万元（4 430-1 720）。

策划结论：

经过税务咨询专家的计算和分析，公司董事会认为，咨询专家提供的两个方案都能为公司带来较大的经济利益，特别是方案二，不仅能为公司带来很大的经济利益，对公司长远的发展也有促进作用。于是肠衣公司董事会决定，采纳第二个方案。

策划点评：

我国的税法对不同的行业制定了不同的税收政策。我国是一个农业大国，发展农业生产，鼓励对农产品进行深度加工是我国的产业导向，所以我国的税收法规对农业生产给予较大的优惠和鼓励。对于利用新鲜猪肠制造生物产品，涉及两个税收优惠政策，具体的利用哪个优惠政策，对于具体的企业、产品和运行操作方法不同，其中得到的实惠也不一样。作为企业的决策者要有充分利用税收优惠政策的意识，在可能的情况下，利用专家工作，对本企业的生产经营情况做一个综合性的分析，从而有的放矢地开展有针对性的活动，就可以获得最大的收益。

当然，在具体的策划过程中应该注意，其实以上的两个策划方案各有千秋。

对于方案二的操作思路，公司应征得医药公司的接受和理解，如果需要，可以与医药公司签订协议，协议中明确肠衣公司必须信守商业道德，不得私下与医药公司提供的客户进行交易，否则肠衣公司应承担违约责任，从而维护正常的运行秩序，维护相关利益主体的原有利益。本方案的操作难点在于与有关单位的具体协调，如果得不到相关单位的配合和支持，这个方案是难以落实的。

对于方案三的操作思路，其操作难点是要在各地设立符合当地税务机关要求的收购机构，并且要对各个收购站进行规范化建设。对此，肠衣公司要花费一定的时间和精力，同时也会发生费用，并且这种费用的数量还比较大。如果单从税收的角度来分析，可能方案二要比方案三多节约税收 800 多万元，但是，实际操作下来，所节约的税收就不一定比方案三优越。

策划难点：

对于法治经济而言，税收是可以策划的。从我国目前的情况来看，企业家阶层正在形成，但是还很不成熟。技术型企业家较多，而战略型企业家较少。现在的技术型企业家多数是以自己的智慧起家，所以他们比较自信，不懂运用外脑发展生产，增加盈利。所以许多企业存在大量的税收策划潜力，当然，也是发展税收策划业务的难点所在。

本案是一个系统性税收策划问题。对于一个大型制造企业来讲，其机构的设置、生产和经营业务流程的安排，对企业的生产经营管理影响较大，这是多数企业家都意识到的，而这些因素对税收的影响却是他们没有意识到的。这是本案例所提示的问题之一。

产品属于上下游　协同操作利增厚

在企业的日常生产和经营活动中，往往会发生这样的现象：对生产协作关系做一个调整、对协作双方的利益组合做一些调整，以及生产流程中的工艺或者添加剂做一些调整，就可能引起税收利益上的变化。

实务案例：

永昌实业总公司由长虹公司、长达公司两个公司组成，两个公司处于一个生产链上，进行连续加工，长虹公司生产的甲产品为长达公司生产乙产品提供原料。长虹公司每提供一吨产品，长达公司就可以生产一吨产成品。

长虹公司产品适用税率为30%，长达公司产品适用税率为5%；长虹公司产品销售价格100万元／吨，长达公司产品销售价格为120万元／吨。由于两公司承包给了两个外地人进行经营和管理，大家按照目标管理的思路进行分析核算和运作。由于产品拥有较好的市场占有率，2018年公司取得了较好的经济效益。

2018年底永昌实业总公司的董事长李斌参加了一个税收策划讲座，在会上，李斌了解到"税收策划"的新理念，就联想到本企业目前的经营情况：为什么不请税务专家来企业看一看呢？他想。

于是，回到企业后，他就聘请上海普誉财务咨询有限公司的专家到企业做客。小方和老王应邀到该企业做客，当他们在闲聊中得知该企业2019年长达公司已经获得10 000吨的销售合同之后，就发现了商机：永昌实业总公司应该怎样安排生产和销售？

策划测算：

如果按照现行计划安排生产和销售，公司每吨产品的应纳消费税计算如下。

长虹公司销售每吨产品应缴纳消费税：

$100 \times 30\% = 30$（万元）

长达公司销售每吨产品应缴纳消费税：

$120 \times 5\% = 6$（万元）

假设企业2019年就以该合同安排生产，两个公司合计每吨产品应缴纳消费税36万元，则2019年永昌实业总公司应该缴纳消费税合计360 000万元。

策划分析：

永昌实业总公司所从事的业务是否存在税收策划的可能性？上海普誉财务咨询有限公司

的咨询专家从产品的税收成本的角度来分析，指出本业务具有三个特点。

一是由于两种产品所适用的消费税率不同，而且相差比较大，这是人们进行税收策划的动力因素；二是从产品的自身属性来讲，两种产品正好属于上下游，有生产上的连续性，这是产品本身所提供技术方面的策划条件；三是从两个公司的关系上来分析，它们同属于一个母公司，是一个利益共同体，这是组织机构条件，经过市场调查，了解到甲产品的销售价格在79万元到110万元之间。

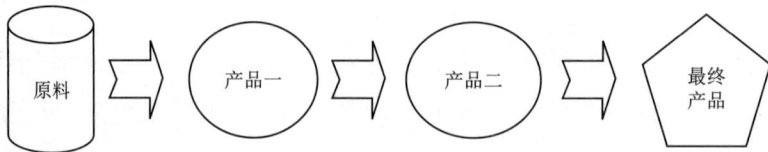

于是公司的财务顾问，上海普誉财务咨询有限公司的税务专家小方和老王就提出了如下策划意见。

将长虹公司的产品降低定价。当销售价格定为80万元/吨卖给长达公司时，我们假设永昌实业总公司对外销售的价格不变，这样，长虹公司销售每吨产品应缴纳的消费税为：

$80 \times 30\% = 24$（万元）

长达公司销售每吨产品应缴纳的消费税为：

$120 \times 5\% = 6$（万元）

总公司的应纳税额为：

$24+6 = 30$（万元）

策划结论：

也就是说，两个公司合计应缴纳消费税30万元，则2019年永昌实业总公司应该缴纳消费税合计300 000万元。通过策划，该公司可以节省消费税60 000万元。

长虹公司通过降低利润、消费税，从而降低长达公司的购料成本，形成了长达公司的利润，从永昌实业总公司公司这个企业的总体来说，其利润不受任何影响，却通过改变定价，减轻了消费税的总体税负，形成了更多的利润。

策划点评：

这是一则根据引用资料改写出来的案例。税收策划的目的是通过税收的具体运作实现股东利益的最大化，所以进行税收策划的基础是对税收法律法规的会计核算原理及方法有一个全面的熟悉和理解。事实上，要对税收策划进行深层次的操作，掌握了税收、会计和财务知识还不够，在很多情况下，税收策划还涉及企业的生产、经营和管理流程的很多环节，有时甚至还要求操作者对部分生产工艺流程和技术上有相当的造诣才能进行策划，这里就有一个实例可以说明这个问题。

南兴化工公司主要生产经营醋酸酯，2018年，产品销售收入8亿元，实现利润3 000万元，缴纳各项税金7 500万元，其中消费税1 500余万元。

该公司的生产流程为：以粮食为原材料，生产酒精（一般发酵中，仅含 10% 的乙醇，经蒸馏后可得到 95.6% 的酒精）；将酒精进一步发酵，制取醋酸；乙酸与乙醇发生酯化反应，生成乙酸乙酯（醋酸酯）。

虽然该公司的最终产品醋酸酯不是税法规定的应税消费品，但生产醋酸酯动用了自产的应税消费品酒精，领用酒精需缴纳消费税。根据《消费税暂行条例》及其《实施细则》的有关规定，纳税人将自产应税消费品用于连续生产非应税消费品的，应视同销售，按规定计算缴纳消费税。视同销售业务应按同期同类产品售价计算消费税，若无同类产品售价的，应按组成计税价格计算。

2018 年，该公司领用的自产酒精生产成本为 2.8 亿元，应纳消费税额＝组成计税价 × 消费税率＝成本 ×（1 ＋成本利润率）÷（1 － 消费税率）× 消费税率＝ 28 000 ×（1 ＋ 5%）÷（1 － 5%）× 5% ＝ 1 547.37（万元）。

高额的消费税能否免除？这个问题一直困扰着该公司财务总监。近日，他向咨询专家请教合法节税的途径。

咨询专家到公司现场进行了调研和诊断，发现该公司之所以要缴纳消费税，是因为其中间产品是应税消费品酒精，如果通过改变生产流程，使中间产品不是酒精，这个问题就解决了。生产醋酸酯需要醋酸，而生产醋酸的方法很多，既可以通过粮食发酵的方法取得，也可以通过其他方法生产。根据这个思路，笔者查找了相关资料，发现制作醋酸有四个办法。该公司采用的粮食发酵方法是人类最早使用的方法。这种方法生产成本高，国外大多数企业已不再采用。以下是其他三种方法。

一是用合成法制备工业醋酸。

二是用石油气 C2～C4 馏分直接氧化制乙酸。

三是用甲醇和一氧化碳在常压下制取乙酸。

以上三种方法中间产品不是应税消费品，均无须缴纳消费税。经调查，以上三种方法中，采取石油气 C2～C4 馏分直接氧化制乙酸不仅简便易行，而且投资成本低。

不过，咨询专家在调研的过程中发现，该公司如果现在改变生产流程将会造成大量设备闲置。因此，建议考虑在扩大再生产时采用新的生产方法。

操作难点：

消费税是对特殊产品进行的特殊调节税种，纳税人在特定的地域、生产特定的产品才需要缴纳消费税，如果生产者有办法排除税法所规定的调节对象，就可以免缴消费税。该案例就给我们利用税收法律法规以外的方法进行税收策划提供了一个较好的范例。

一般而言，永昌实业总公司通过长虹公司、长达公司实施的市场运作过程完全可以操作。因为从理论上讲，某个产品的销售价格如何，是完全由生产企业自己根据市场情况确定的。但是，在实务过程中，往往不是这么简单。企业在具体策划过程中，要受到"转让定价""价格明显偏低"以及"不以减少纳税为目的"的限制。

虚晃一枪　税负下降

【妙计提要】

生产经营有往来，四海宾客需招待；费用政策控制紧，虚晃一枪增底牌。

【本计内容】

纳税人在投资或者生产和经营活动过程中所发生的支出，无非就是成本和费用两个大类。但是，纳税人为生产经营所发生的费用并不是全部可以抵税的。而从纳税人的角度讲，能在税前扣除的费用当然是越多越好。

费用扣除的计算有一定的基础，如果不能在税前扣除，就给纳税人增加一定的税收负担，这对于那些形成永久性差异的费用更是如此。比如招待费、广告费。

如何才能将费用在税前增加扣除呢？通过策划专家的研究发现，增设机构（虚晃一枪）是扩大费用扣除的一个重要手段。

就一般情况而言，绝大多数投资人增设机构，往往是从市场和管理的角度考虑的。但是，我们在这里研究的不是投资人的投资扩张之道，而是从税收策划的角度来研究机构设置策略。因为在有些情况下，投资人可以通过机构的增设使自己的税收负担明显下降，如招待费用多的企业可以通过增设机构增加扣除基础。

增设机构不仅是策划增加税前扣除的一个手段，这个思路还可以举一反三：白酒生产企业可以通过增设销售公司策划消费税；"不想长大"的企业可以通过增加经营场所降低单个企业的销售额从而成为小规模纳税人；土地转让企业可以通过分立隐藏真实意图。

【案例注释】

通过增设机构的方式来策划税收，虽然不招人待见，但是，它的确是一个有效的手段。读者可能对上述的表述感觉难以理解。因此，这里我们结合实际案例对有关计策的操作原理做一个简要分析和解释。

增设公司谋空间　广告费用细盘算

在一般人看来，申办一家新企业是因为有了新的投资机会，或者整合到了新资源。但是，有的时候申办新企业是另外的考量，比如有的是为了增加产值，有的却是为了增加费用的计算基数……

企业案例：

朝阳副食品有限公司地处江南某市，是一家新办企业，主要生产儿童食品，企业所得税税率25%。为了扩大公司的影响，建立公司品牌，公司领导决定在经营初期加大广告宣传。2021年初，公司推出一款新产品，预计年销售收入10 000万元（假若本地销售2 000万元以上上海市区销售8 000万元），需要广告费支出2 000万元。在这样的情况下，该公司应当如何策划和安排广告费用的支出？

涉税策划：

由于企业发生的广告费用可能绝对数额或相对数都较大，特别是在企业创立初期，或者新产品开拓市场初期和产品市场占有率出现下降趋势时，可能需要加大广告宣传支出。但在市场占有率相对稳定后广告费用占销售收入的比重会相对固定甚至出现下降趋势。

对于广告费用支出的具体安排，除了应当考虑企业的承受能力以外，还需要考虑税收问题。

咨询专家到该公司进行了调研，发现如下问题：其一，该公司本年度做促销的产品不在《财政部 国家税务总局关于广告费和业务宣传费支出税前扣除政策的通知》（财税2020年第43号）规定的化妆品制造或销售、医药制造和饮料制造的范围内，因此，其广告费扣除率适用15%。其二，当期广告费用支出水平较高，在当年不能全额扣除。

如何解决有关问题呢？根据朝阳副食品有限公司的生产和经营情况，咨询专家提出了如下解决方案：成立销售子公司，这样同一种产品在生产企业和销售公司之间做两次销售，销售额增大一倍，从而广告费列支标准随之加大，但需付出设立销售公司的相关费用。

策划分析：

咨询专家的策划建议是否可行？我们可以将其建议与该公司原来的做法进行比较分析。策划前，该公司准备在原来公司架构的基础上操作；而现在咨询专家建议设立新公司统筹。

方案一：产品销售统一在本公司核算，需要在当地电视台、上海市区电视台分别投入广告费800万元、1 200万元。

朝阳副食品有限公司的广告费用允许在税前扣除的限额：

$10\ 000 \times 15\% = 1\ 500$（万元）

目前广告费用超限额的金额为：

$2\ 000 - 10\ 000 \times 15\% = 500$（万元）

尽管 500 万元广告费可以无限期得到扣除，但毕竟提前缴纳所得税 125 万元（500×25%）

方案二：鉴于产品主要市场在南方，可在上海市设立独立核算的销售公司，销售公司设立以后，与朝阳副食品有限公司企业联合起来做广告宣传。成立公司估算需要支付场地、人员工资等相关费用 30 万元，向当地电视台、上海市区电视台分别支付广告费 800 万元、1 200 万元，其中：上海市区销售公司销售额 8 000 万元，朝阳副食品有限公司向上海市区销售公司按照出厂价 7 000 万元做销售，朝阳副食品有限公司当地销售额 2 000 万元。

若上海市区销售公司销售收入仍为 8000 万元，这样朝阳副食品有限公司向上海市区销售公司移送产品可按照出厂价做销售，此产品的出厂价为 7 000 万元，朝阳副食品有限公司准予扣除的广告费限额为：

（2 000+7 000）×15% = 1 350（万元）

上海市区销售公司准予扣除的广告费限额为：

8 000×15% = 1 200（万元）

这样准予税前扣除的广告费限额为 2 550 万元（1 350 万元 +1 200 万元），实际支出 2 000 万元的广告费可由两公司分担，分别在朝阳副食品有限公司和销售公司的销售限额内列支，且均不被纳税调整。

策划结论：

由于上海市区销售公司对外销售的价格不变，整体增值额不变，也不会加重总体的增值税负担；对两公司来说，方案二比方案一当年增加净利 95 万元（125 万元 −30 万元）。

策划点评：

目前在广告费和业务宣传费用的税前列支方面的相关规定主要有以下几个方面：

其一，《企业所得税法实施条例》第四十四条规定：企业发生的符合条件的广告费和业务宣传费支出，除国务院财政、税务主管部门另有规定外，不超过当年销售（营业）收入 15% 的部分，准予扣除；超过部分，准予在以后纳税年度结转扣除。

其二，财税 2020 年第 43 号文件规定，对化妆品制造、医药制造和饮料制造（不含酒类制造，下同）企业发生的广告费和业务宣传费支出，不超过当年销售（营业）收入 30% 的部分，准予扣除；超过部分，准予在以后纳税年度结转扣除。

其三，烟草企业的烟草广告费和业务宣传费支出，一律不得在计算应纳税所得额时扣除。

此外，《企业所得税法实施条例》第五十四条规定：企业所得税法第十条第（六）项所称不允许企业所得税前扣除的赞助支出，是指企业发生的与生产经营活动无关的各种非广告性质支出。

财税 2020 年第 43 号文件的相关规定对于扩大内需，提升消费是一个利好。但是应当看到，得到该文件"关照"的企业毕竟只是少数。有些人可能会说，反正税法规定"超过部分，准予在以后纳税年度结转扣除"不是一样吗？但是，了解市场的人都知道，市场是变化的，同样一个企业，今年盈利水平很高，但是，明年就很难说了。所以，尽量不要将有关费用放在下一年度去处理。

那么，对于其他消费产品的生产和经营企业而言，就需要改变宣传策略，创新广告宣传样式，如：通过雇员到消费者相对集中的场所进行宣传等，或改变单一产品，实行多元化经营，扩大品种同时生产饮料等，推出统一品牌战略，用饮料产品宣传，在品牌饮料宣传中，从侧面受益，这样以点带面来达到宣传效果。

例如，某白酒生产企业，年初计划推出新产品，经本厂企划部提出两个宣传方案，预计销售额4 000万元。

如果以传统的手段，通过新闻媒体作广告，年需广告费支出1 300万元；如果换一个思路，派出500名雇员，身穿特制服装，服装上印制本厂商标和本厂厂名以及宣传口号，到需要宣传的地区的各大酒店和商场，在酒店和商场进行促销12个月。此方案服装制作费需支出100万元，500名雇员每月支付工资2 000元，两项合计支出100+500×2 000×12＝1 300（万元）。

这两个操作思路，对于该白酒生产企业而言哪个更讨巧呢？在这里我们可以做一个简要分析。

对于传统思路，因白酒企业广告费税前扣除为15%，扣除限额600万元（4 000万元×15%），需纳税调整700万元（1 300万元－600万元），负担所得税175万元（700万元×25%）。

在新思路中特制的服装制作费为业务宣传费，不超限额准予扣除；该项雇员工资按税法规定可全额扣除，因《企业所得税法实施条例》第三十四条规定，企业发生的合理的工资、薪金支出，准予全额扣除。因此相对于传统的思路而言，新思路不需纳税调整。

招待费用限额多　增加基数困惑除

业务招待费是商业活动中为了经营业务的需要而支付的应酬费用。长期以来，企业滥用业务招待费的情况时有发生，不仅扩大支出，而且常常由于处理不当，多缴了不必要的所得税费用。本文主要从业务招待费的列支范围、扣除基数和扣除比例等角度，对企业的业务招待费节税的措施展开分析。

企业案例：

长力机电科技有限公司是一家生产并销售高端机电设备的科技型企业，2018年度实现销售收入23 900万元，发生招待费用合计408万元。

在年底进行企业所得税汇算清缴的时候，确认该企业只能在税前列支招待费用119.5万元，另外还有288.5万元不能在税前列支。

该企业的管理层希望来年在税收策划方面有所作为。于是请来了税收咨询专家。

业务分析：

咨询专家首先跟公司的有关人员一起学习了相关政策。税法规定企业发生的与生产经营有关的业务招待费支出，按照发生额的60%扣除，但最高不得超过当年销售（营业）收入的5‰。那企业如何达到既能充分使用业务招待费的限额，又可以最大可能的减少纳税调整事项呢？

咨询专家从理论的角度对相关业务进行了分析。如果假设长力机电科技有限公司2019年销售（营业）收入为X，2019年业务招待费为Y，则2019年允许税前扣除的业务招待费：$Y×60\% \leqslant X×5‰$，只有在$Y×60\%＝X×5‰$的情况下，即$Y＝X×8.3‰$，业务招待费在销售

（营业）收入的 8.3‰这个临界点时，企业才可能充分利用好上述政策。所以，需要先估算当期的销售（营业）收入，从而测算出合适的业务招待费预算值。

当企业的实际业务招待费大于销售（营业）收入的 8.3‰时，60% 的扣除限额不能完全使用，超过销售（营业）收入的 5‰的部分需要全部计税处理，即每支付 1 元业务招待费，需要付出 125% 的代价；当企业的实际业务招待费小于销售（营业）收入的 8.3‰时，60% 的限额可以充分利用，只需要就 40% 部分计税处理，即每支付 1 元业务招待费，需要付出 110% 的代价。

策划思路：

业务招待费是以销售（营业）收入作为扣除基数，企业可通过下设独立核算的分支机构的方式来提高费用限额的扣除基数。

咨询专家对该企业的生产情况进行了具体考察，发现该企业的软件产品的生产可以划分为三个环节：机电产品关键零部件的制造、设备的组装和产品销售，因此，建议将企业根据生产流程划分为三个企业。

将零部件的制造车间、设备的组装车间和销售部门分别设立成独立核算的制造公司和销售公司，通过将产品销售给销售公司，再由销售公司实现对外销售，费用限额扣除的基数可提高。

操作点评：

设立独立核算分支机构可直接起到节税作用，但也会给企业带来额外的管理成本，并可能影响企业的整体战略布局。因此是否要设立这样的分支机构，需要将节税利益和企业的长远效益结合起来综合决策。

业务招待费税收策划的重要条件是把握真实性与合理性。业务招待费是一项比较敏感的支出，被称为各国公司税法中滥用扣除最严重的领域。作为企业，想让自己的业务招待费被税务机关认可并顺利地在税前扣除，首先必须保证业务招待费支出的真实性，即以充分、有效的资料和证据来证明这部分支出是真实的支出。而所谓的合理，就是企业列支的业务招待费，必须是与经营活动直接相关并且是正常的和必要的，企业当期列支的业务招待费应与当期的业务成交量相吻合。

与税务部门保持良好的沟通关系是企业开展纳税策划工作的重要内容。根据税法规定，企业实际发生的与取得收入有关的、合理的支出，包括成本、费用、税金、损失和其他支出，准予在计算应纳税所得额时扣除。那么在列支业务招待费时，是不是满足实际发生、与取得收入有关、合理这三个标准，都需要主管税务部门的认可。如果与税务机关有着良好的关系，则企业在应付各种税收检查中将处于有利地位，并将纳税策划风险降到最低。

其一，设立独立核算分支机构。

业务招待费是以销售（营业）收入作为扣除基数，企业可通过下设独立核算的分支机构的方式来提高费用限额的扣除基数。例如，将销售部门设立成一个独立核算的销售公司，通过将产品销售给销售公司，再由销售公司实现对外销售，可以直接带来成倍的销售收入，费用限额扣除的基数可获得提高。设立独立核算分支机构可直接起到节税作用，但也会给企业带来额外的管理成本，并可能影响企业的整体战略布局。因而是否要设立这样的分支机构，需要将节税利益和企业的长远效益结合起来综合决策。

其二，合理运用扣除比例。

《企业所得税法实施条例》第四十三条规定：企业发生的与生产经营有关的业务招待费支出，按照发生额的 60% 扣除，但最高不得超过当年销售（营业）收入的 5‰。也就是说，在这里采用的是两头卡的方式。为什么要这样设计呢？笔者认为，对于业务招待费的发生额只允许列支 60%，是为了区分业务招待费中的商业招待和个人消费，所以人为地设计一个统一的比例，将业务招待费中的个人消费部分去除；限制为最高不得超过当年销售（营业）收入的 5‰，是用来防止有些企业为了不调增 40% 的业务招待费，就采用多找餐费发票，甚至找假发票充当业务招待费，造成业务招待费虚高的情况。

如何达到既能充分使用业务招待费的限额，又可以最大可能地减少纳税调整事项呢？我们不妨设个方程式看看。设某企业当期销售（营业）收入为 X，当期列支业务招待费为 Y，那么按照规定当期允许税前扣除的业务招待费金额为 $60\%Y$，同时要满足 $\leq 5‰X$ 的条件，由此可以推算出，在 $60\%Y = 5‰X$ 这个点上，可以同时满足企业既能够充分使用业务招待费的限额又可以最大可能地减少纳税调整事项的要求。对上述等式变形后可以得出 $8.3‰X = Y$，即在当期列支的业务招待费等于销售（营业）收入的 8.3‰ 这个临界点上时，企业就可能充分利用好上述政策。有了这个数据，企业在预算业务招待费时可以先估算当期的销售（营业）收入，然后按 8.3‰的这个比例就可以大致测算出合适的业务招待费预算值了。

其三，合理分流业务招待费。

在实务中，业务招待费支出的动机只是通过必要的招待活动，达到维护企业形象、促进销售的目的，业务宣传费也具有与此类似的动机。按照税法规定，业务宣传费的扣除限额为销售（营业）收入的 15%，是业务招待费的 30 倍，具有更大的限额空间。企业可以考虑将原有在业务招待费的开支，分流到业务宣传费中来，从而达到节税的目的。

其四，准确核定扣除基数。

国家税务总局关于《企业所得税执行中若干税务处理问题的通知》（国税函〔2009〕202号）明确，企业在计算业务招待费、广告费和业务宣传费等费用的扣除限额时，其销售（营业）收入额应包括《实施条例》第二十五条规定的视同销售（营业）收入额。销售（营业）收入包括主营业务收入、其他业务收入以及视同销售（营业）收入三大部分。国家税务总局关于《企业处置资产所得税处理问题的通知》（国税函〔2008〕828号）规定，企业将资产（自制或外购）用于市场推广或销售、交际应酬、职工奖励或福利、对外捐赠、其他改变资产所有权属的用途等移送他人的情形，应按规定视同销售确认为收入。上述的视同销售行为，应及时调增当期销售收入，以扩大当期销售（营业）收入额净额，从而提高业务招待费扣除比例。业务招待费的扣除基数为销售（营业）收入。

如何确定业务招待费的扣除基数，即销售（营业）收入的金额？税法中的销售（营业）收入与会计中确认的营业收入存在显著的差异，主要表现在对视同销售收入的确认上。根据《企业所得税法实施条例》规定，企业发生非货币性资产交换，以及将货物、财产、劳务用于捐赠、偿债、赞助、集资、广告、样品、职工福利或者利润分配等用途的，应当视同销售货物、转让财产或者提供劳务。这些项目在会计核算中大多不以收入的面目存在，更多地体现在费用支付项目中。比如，用于市场推广或销售的资产，一般计入销售费用；用于对外捐赠的资产，计入营业外支出；用于职工奖励或福利的资产，计入应付职工薪酬等。将这些项目按视同销售收入，申报时加入销售（营业）收入，由于可以抵扣相应的成本，因而不会增加应纳税所得额，却有效地增加了业务招待费的计提基数。

值得注意的是，销售（营业）收入作为招待费用的扣除基数，仅为纳税人的申报数，而不包括税务机关查增的收入。因此，企业瞒报或漏报的收入也需要填入纳税调整增加额，增加本期应纳税所得，但并不扩大费用的扣除基数。因此，企业应如实申报视同销售收入，避免瞒报漏报带来的纳税风险，准确核定业务招待费的扣除基数。

其五，设置支出明细科目。

在管理费用科目下设置业务招待费和业务宣传费明细科目，用于核算平时发生的业务招待费和业务宣传费，以防年终申报或在税务机关检查时对近似项目产生不必要的争议。随时将业务招待费和业务宣传费明细科目核算的费用数额与已实现的销售（营业）收入净额（总额）比较，发现其中某一项费用超支时，及时用两者近似项目进行调整。

混合销售难分清　机构整合出效益

混合销售行为在日常生产和经营过程中较为常见，它和兼营业务一起让两个或者两个以上的复合业务无法分清是非，从而产生涉税风险。

企业案例：

某机械设备制造厂现有职工450人，除生产车间外，该厂还设有机械设计室负责机械设计及建安设计工作，2019年度产品销售收入为12 000万元（其中安装、调试收入为2 000万元，设计费收入为5 000万元），增值税进项税额为500万元（其中安装、调试的进项税额仅10万元）。另外，该厂下设5个全资子公司，其中有建筑安装公司、机械设备销售公司、运输公司等，实行汇总缴纳企业所得税。

由于该厂安装、调试和设计费包含在机械设备销售价格当中，属于同一笔销售业务。税法规定：从事货物的生产、批发或零售的企业、企业性单位及个体经营者的混合销售行为，视为销售货物，应当征收增值税。该厂属于生产型企业，被主管国家税务机关认定为增值税一般纳税人，对其发生的混合销售行为一并缴纳增值税。该企业每年增值税销项税额为（为了分析简便，这里假设全年都按13%计算）：

12 000×13% ＝ 1 560（万元）

实际应纳增值税税金为：

1 560−500 ＝ 1 060（万元）

税收负担率为：

1 060 ÷ 12 000 × 100% ＝ 8.83%

政策分析：

根据《财政部 国家税务总局关于全面推开营业税改征增值税试点的通知》（财税〔2016〕36 号）附件 1：《营业税改征增值税试点实施办法》第四十条规定，一项销售行为如果既涉及服务又涉及货物，为混合销售。从事货物的生产、批发或者零售的单位和个体工商户的混合销售行为，按照销售货物缴纳增值税；其他单位和个体工商户的混合销售行为，按照销售服务缴纳增值税。这里所称从事货物的生产、批发或者零售的单位和个体工商户，包括以从事货物的生产、批发或者零售为主，并兼营销售服务的单位和个体工商户在内。

同时，其第四十一条规定，纳税人兼营免税、减税项目的，应当分别核算免税、减税项目的销售额；未分别核算的，不得免税、减税。

《国家税务总局关于进一步明确营改增有关征管问题的公告》（国家税务总局公告 2017 年第 11 号）第四条明确，一般纳税人销售电梯的同时提供安装服务，其安装服务可以按照甲供工程选择适用简易计税方法计税。纳税人对安装运行后的电梯提供的维护保养服务，按照"其他现代服务"缴纳增值税。

《国家税务总局关于明确中外合作办学等若干增值税征管问题的公告》（国家税务总局公告 2018 年第 42 号）第六条明确，一般纳税人销售自产机器设备的同时提供安装服务，应分别核算机器设备和安装服务的销售额，安装服务可以按照甲供工程选择适用简易计税方法计税。

一般纳税人销售外购机器设备的同时提供安装服务，如果已经按照兼营的有关规定，分别核算机器设备和安装服务的销售额，安装服务可以按照甲供工程选择适用简易计税方法计税。

纳税人对安装运行后的机器设备提供的维护保养服务，按照"其他现代服务"缴纳增值税。此外，增值税适用税率调整（略）。

策划分析：

从目前的政策规定情况来看，如果纳税人自产机器设备并提供建筑安装业务，可以不再作为混合销售业务，而是可以分别核算、分别纳税。但是，实务操作过程中分别核算的要求比较高，纳税人往往难以做到。以前年度该企业的"分别核算"都未得到当地主管税务机关的要求，从而被"从高"适用税率计税了。

由于该厂税收负担率较高，限制了其参与市场竞争，经济效益连年下滑。为了改变现状，该厂向咨询专家求助，试图对税收进行重新策划。

该厂增值税负担高出同行业水平 5 个百分点左右。主要原因是因为设计、安装、调试收入占全厂总收入的比例较高，且相应的增值税进项扣除额明显偏低。因此，要解决这一问题，必须对现行的经营业务和范围进行重组，调整核算方式。

策划建议：

具体策划思路是，将该厂机械设计室划归建筑安装公司，随之设计业务和设备安装、调试人员均划归建筑安装公司。销售机械设备时，如购买方有特定设计要求时，由建筑安装公司先行进行设计，并签订设计合同。对于设备的安装调试与售后维护，可在销售合同中注明由下属安装公司负责，同时下属公司与购买方签订一份安装调试与售后服务合同，企业内部按销售价格的合理比例确定安装调试费。这样一来，就将安装调试收入和设计费收入从产品销售收入中分离了出来，由建筑安装公司实行独立核算，并由建筑安装公司负责缴纳增值税税款。

业务计算：

通过上述策划，其应缴税款如下。

机械设备制造厂产品销售收入为：

12 000−2 000−5 000 ＝ 5 000（万元）

增值税销项税额为：

5 000×13% ＝ 650（万元）

企业实际应缴纳增值税为：

650−（500−10）＝ 160（万元）

建筑安装公司应就机械设计费应当缴纳增值税为：

5 000×6% ＝ 300（万元）

建筑安装公司应就机械安装、调试收入一并缴纳增值税，并选择适用简易计税方法计税。

应缴纳增值税税金为：

2 000×3% ＝ 60（万元）

企业缴纳增值税合计为：

160 ＋ 300 ＋ 60 ＝ 520（万元）

税收负担率为：

520÷（5 000 ＋ 7 000）×100% ＝ 4.33%

策划结论：

通过上述分析，我们可以发现通过机构调整后的税收负担率比策划前的税收负担率降低了4.5个百分点，节税540万元。

专家点评：

虽然《国家税务总局关于明确中外合作办学等若干增值税征管问题的公告》（国家税务总局公告 2018 年第 42 号）第六条明确，一般纳税人销售自产机器设备的同时提供安装服务，应分别核算机器设备和安装服务的销售额，安装服务可以按照甲供工程选择适用简易计税方法计税。同时还明确，一般纳税人销售外购机器设备的同时提供安装服务，如果已经按照兼营的有关规定，分别核算机器设备和安装服务的销售额，安装服务可以按照甲供工程选择适用简易计税方法计税。

从目前的政策规定情况来看，如果纳税人自产机器设备并提供建筑安装业务，可以不再作为混合销售业务，分别纳税。这里存在一个问题：应当分别核算。

但是，实务操作过程中分别核算的要求比较高，纳税人往往难以做到。该公司以前年度虽然已经"分别核算"了，但是都未得到当地主管税务机关的认可，从而被"从高"适用税率计税了。所以，与其跟税务机关纠缠不清，不如干脆通过机构调整，将有关业务分离开来，实现简单化处理，从而有效地降低涉税风险。

策划技巧之十一：

栈道跑道　各有其要

【妙计提要】

筹资融资多渠道，精心选择很重要；栈道跑道有差异，策划各有其中妙。

【本计内容】

"栈道"又称"栈阁"之道，这是古代交通史上一大发明。人们为了在深山峡谷通行道路，且平坦无阻，便在河水隔绝的悬崖绝壁上用器物开凿一些棱形的孔穴，孔穴内插上石桩或木桩。上面横铺木板或石板，可以行人和通车，这就叫栈道。为了防止这些木桩和木板被雨淋变朽而腐烂，又在栈道的顶端建起房亭（亦称廊亭）这就是阁，亦称栈阁。相连贯的称呼，就叫栈阁之道，简称为栈道。中国在战国时期已修建栈道。秦惠王始建陕西堡城堡谷至郿县（今眉县）斜谷的褒斜栈道，长235千米。秦伐蜀时修了金牛道，被后世称为南栈道，长247.5千米。现代公路已经成网，但在交通闭塞的山区，仍有类似的栈道，供人、畜通行。

跑道指运动场上用于赛跑、速滑、赛车等比赛用路，也指机场上长条形的土地，用来供航空器起飞或着陆。跑道可以是铺有沥青或混凝土，也可以是弄平的草、泥或碎石地面。

栈道和跑道的基本功能相同，但是，实现其功能的效率相差很大。同样的道理，纳税人在投资和生产经营过程中进行融资，采用什么样的筹资方式，在税收上的利益也往往不同。

随着我国市场经济机制的不断完善，我国的金融市场也日益发达，企业的筹资渠道也越来越多。就目前的情况看，我国企业通常采用的筹资渠道主要有四个：一是争取投资，包括争取直接投资，如有限责任公司增加股东投资；争取间接投资，如发行股票或增发股票，利用税后盈余再投资。二是向金融部门借贷，包括长期借款和短期借款等，向其他企业借款，向社会公众或企业内部员工集资借款，如发行债券。三是租赁，包括短期的经营性租赁和长期的融资性租赁等。四是利用商业信用以及本企业的优势地位占用他人的资金做短期的周转等。

【案例注释】

税收策划是一门技术性和艺术性相结合的学科，在实务第一线往往更倾向于实务操作。而在实务过程中，往往又需要策划人员拥有哲学的思维能力，全方位、多角度地进行策划。为了说明相关问题，这里我们结合实际案例对有关计策的操作原理做一个简要分析和解释。

租赁贷款利不同　操作不济存风险

一般而言，企业从事生产和经营，仅仅靠投资人注入的注册资本是不够的，需要通过融资的方式借入其他资金。企业筹资，可能有多种渠道，那么哪个渠道的资金成本低呢？这是经营者需要不断分析的问题。

企业案例：

某企业因生产需要增设一条流水线，价值 1 000 万元，每年可增加利润 400 万元，残值 50 万元。该企业有两种选择方案，一是向固定资产租赁公司融资租赁，年折旧（租金）200 万元（融资租赁不能在税扣除租金，但是可以计提折旧，我们假设折旧期限为 6 年，按直线法计提折旧，这时有折旧正好等于租金。下同），租赁期 6 年；一是向银行贷款，期限 6 年，年利率为 10%，分期付息一次还本。设备折旧情况相同，在此可不予考虑。（复利现值系数：PVIF10%，6 ＝ 0.565；年金现值系数：PVIFA10%，5 ＝ 3.791；年金现值系数：PVIFA10%，6 ＝ 4.355）。

融资年租金为 200 万元、贷款年利率为 10% 利益对照表 　　　（表一）

计算项目	融资租赁	银行贷款	
	第 1~6 年	第 1~5 年	第 6 年
税前息前利润	400	400	450
折旧（租金）/利息	200	100	100
税前利润	200	300	350
所得税（25%）	50	75	87.5
税后利润	150	225	262.5

从上表可知，通过融资租赁，其税后利润的现值和为：

150×4.355 ＝ 653.25（万元）

向银行贷款，其税后利润的现值和为：

225×3.791+262.5×0.565 ＝ 1 001.287 5（万元）

表面上看，后者的现值要大于前者，但实际上后者因为第 6 年要支付 1 000 万元的贷款，所以银行贷款的现值应为 436.287 5 万元（1 001.287 5−1 000×0.565）。相比之下，企业采用融资租赁方式更合算。

策划分析：

但是，如果融资租赁的租金或者银行贷款的利率发生变化，结果就有可能发生变化。

下面我们假设融资租赁的利息不变，而银行贷款的利率从 10% 下调至 5%，看情况如何？

该设备的价值 1 000 万元，每年可增加利润 400 万元，残值 50 万元。该企业有两种选择方案，一是向固定资产租赁公司融资租赁，年折旧（租金）200 万元，租赁期 6 年；一是向银行贷款，期限 6 年，年利率为 5%，分期付息一次还本。设备折旧情况相同，在此可不予考虑。（复利现值系数：PVIF5%，6 = 0.746；年金现值系数：PVIFA5%，5 = 4.329；年金现值系数：PVIFA5%，6 = 5.075 ）。

融资年租金为 200 万元、贷款年利率为 5% 利益对照表　　　　（表二）

计算项目	融资租赁	银行贷款	
	第 1~6 年	第 1~5 年	第 6 年
税前息前利润	400	400	450
折旧（租金）/ 利息	200	50	50
税前利润	200	350	400
所得税（25%）	50	87.5	100
税后利润	150	262.5	300

从上表可知，通过融资租赁，其税后利润的现值和为：

$150 \times 5.075 = 761.25$（万元）；

向银行贷款，其税后利润的现值和为：

$262.5 \times 4.329 + 300 \times 0.746 = 1\,360.162\,5$（万元）

通过以上分析我们可以发现，虽然银行利率下调，使企业通过银行贷款筹资经营实现的利润现值有所增加，但是当银行利率为 5% 时，该企业归还银行贷款后的利润的净现值为 614.162 5 万元（ 1 360.162 5-1 000×0.746 ）。相比之下，企业采用融资租赁方式仍然比较合算。

如果融资租金发生变化的情况如何？下面我们假设融资租赁的租金由 200 万元变为 250 万元，而银行贷款的利率为 5%。

该设备的价值 1 000 万元，每年可增加利润 400 万元，残值 50 万元。该企业有两种选择方案，一是向固定资产租赁公司融资租赁，年租金（折旧）250 万元，租赁期 6 年；一是向银行贷款，期限 6 年，年利率为 5%，分期付息一次还本。设备折旧情况相同，在此可不予考虑。（复利现值系数：PVIF5%，6 = 0.746；年金现值系数：PVIFA5%，5 = 4.329；年金现值系数：PVIFA5%，6 = 5.075 ）。

融资年租金为 250 万元、贷款年利率为 5% 利益对照表　　　　（表三）

计算项目	融资租赁	银行贷款	
	第 1~6 年	第 1~5 年	第 6 年
税前息前利润	400	400	450
租金（折旧）/ 利息	250	50	50
税前利润	150	350	400
所得税（25%）	37.5	87.5	100
税后利润	112.5	262.5	300

从上表可知，通过融资租赁，其税后利润的现值和为：

$112.5 \times 5.075 = 570.937\ 5$（万元）

向银行贷款，其税后利润的现值和为：

$262.5 \times 4.329 + 300 \times 0.746 = 1\ 360.162\ 5$（万元）

策划点评：

通过以上分析我们可以发现，虽然银行因为第 6 年要支付 1 000 万元的贷款，所以银行贷款的现值为 614.162 5 万元（1 360.162 5−1 000×0.746）。但是，由于融资租赁业务的租金（折旧）成本增加对企业的税后利润有所影响，其税后利润的现值比银行贷款方式少一些，因此，在这样的情况下，企业采用银行贷款方式更合算。

售后回购为融资　运营失当税赋重

售后回购作为融资业务的一种，已经被越来越多的投资人所使用。对于售后回购业务的涉税处理，多数人认为，根据"企业采用售后回购方式销售商品的，销售的商品按售价确认收入，回购的商品作为购进商品处理。有证据表明不符合销售收入确认条件的，如以销售商品方式进行融资，收到的款项应确认为负债，回购价格大于原售价的，差额应在回购期间确认为利息费用"的规定，从企业利益的角度考虑应当不做销售处理。这样操作是不是真的对相关企业有利呢，其中是否存在涉税风险呢？在这里我们结合普誉财税策划工作室提供的有关资料做一个分析和说明。

实务案例：

甲公司为增值税一般纳税人，适用的增值税率为 17%。2018 年 12 月 1 日，甲公司与乙公司签订协议，向乙公司销售一批商品，销售价格为 1 000 万元，成本为 800 万元。协议规定，甲公司应在 2019 年 5 月 1 日将该批商品购回，回购价为 1 200 万元，款项已收到。该公司发生的业务销售价款均为不含税价，2018 年会计利润为 100 万元，假定 2018 年和 2019 年所得税税率为 25%，无其他纳税调整事项。分析该企业当年应如何做相关的税收处理。

会计处理：

售后回购交易是一种特殊形式的销售业务，它指销货方在销售商品的同时，与购货方签订合同，并按照合同条款（如回购价格等内容），将售出的商品重新买回的一种交易方式。售后回购方式下是否按销售、回购两项业务分别处理，主要看其是否符合收入确认的条件。

《企业会计准则——收入》及《企业会计制度》对收入的实现都做了原则性的规定：销售商品收入同时满足下列条件的，才能予以确认：一是企业已将商品所有权上的主要风险和报酬转移给购货方；二是企业既没有保留通常与所有权相联系的继续管理权，也没有对已售出的商品实施有效控制；三是收入的金额能够可靠地计量；四是相关的经济利益很可能流入企业；五是相关的已发生或将发生的成本能够可靠地计量。

对照这五个条件，在销货方没有回购选择权的前提下，分两种情况讨论：第一，当销货方在回购商品时，如果回购价格是以当日的市场价格为基础确定，这种情况下商品价格变动产生的风险和报酬都转移到买方，但买方并无权对该商品进行处置，商品的控制权仍在卖方；第二，销货方在销售商品后的一定时间内回购，且回购价格在合同中订明，这种情况下商品价格变动产生的风险和报酬都由卖方所有或控制，且卖方仍对售出的商品实施控制。通过以上分析，售后回购业务与收入确认的第二个条件不符，同时如果回购价格在合同中订明，则与第一个条件也不符。所以，售后回购并不能确认收入，其实质上是一种融资的行为。会计核算中，该项业务不做收入处理，体现了实质重于形式的原则。

当然，如果销货方有回购选择权，并且回购价以回购当日的市场价格为基础确定，同时回购的可能性很小，那么也可在售出商品时确认收入的实现。

《企业会计准则——应用指南》规定，采用售后回购方式销售商品的，收到的款项应确认为负债。回购价格大于原售价的，差额应在回购期间按期计提利息，计入财务费用。有确凿证据表明售后回购交易满足销售商品收入确认条件的（即定价公允），销售的商品按售价确认收入，回购商品作为购进商品处理。

政策分析：

在税收上应当考虑增值税和企业所得税两个方面。根据增值税相关法规规定，售后回购已涉及有形动产所有权的转移，应在销售环节确认收入并核算销项税金，实际回购环节核算进项税金，增值税款通过发票载明金额进行计算。根据国家税务总局《关于确认企业所得税收入若干问题的通知》（国税函〔2008〕875号）的规定，采用售后回购方式销售商品的，销售的商品按售价确认收入，回购的商品作为购进商品处理。也就是说，税法上对于售后回购一般作为两个环节处理：销售和购回，企业销售的商品按售价确认收入，回购的商品作为购进商品处理。

综合上述规定，增值税相关法规与会计规定、所得税相关法规就确认收入的售后回购不存在差异。

但是，有一种情况例外。根据国家税务总局《关于确认企业所得税收入若干问题的通知》（国税函〔2008〕875号）的规定，有证据表明不符合销售收入确认条件的，如以销售商品方式进行融资，收到的款项应确认为负债，回购价格大于原售价的，差额应在回购期间确认为利息费用。也就是说，企业认为售后回购不符合收入确认的条件，这样就形成了可抵扣暂时性差异，需要确认递延所得税资产。在这样的情况下，对于会计规定、所得税相关法规不确认收入的售后回购，实际执行中可能会有一定难度，增值税相关法规要求按照公允价值作为销售处理，对于这一部分交易，企业应按公允价值开具或收到相应发票，尽管会计规定和所得税相关法规方面允许不确认收入，而是作为融资行为处理，实际上也要求在确认融资收益或利息支出时参照公允价值标准进行确定。

实例解析：

在具体操作环节，企业在"有证据表明不符合销售收入确认条件"的情况下，应当如何处理才既符合法律规定，又对企业涉税利益更划算呢？目前许多媒体上发表文章陈述了解决问题的办法和观点，这里我们先做一个归纳。

甲公司采用售后回购方式销售商品的，收到的款项应确认为负债，通过"其他应付款"核算；回购价格大于原价格的，差额应在回购期间按期计提利息，计入财务费用。有确凿证据表明售后回购交易满足销售商品收入确认条件的，销售的商品按售价确认收入，回购的商品作为购进商品处理。对于回购期间的财务费用摊销，会计作为财务费用处理，而税法把这部分费用作为回购产品的成本核算，当期需要进行纳税调增处理；转回的时候将回购的产品再次出售。

分析甲公司的业务情况，可以用两种方式处理：第一种情况是商品已经发出，增值税专用发票没有开出。第二种情况是商品已经发出，增值税专用发票已经开出。以上操作方法落实到会计处理上，根据不同的政策依据又可以进一步细分为三种方法。

方法一： 假定商品已发出，也没有开具增值税专用发票。

甲公司与乙公司达成"售后回购"协议，甲公司将商品或者货物移交给乙公司，但是不开具体发票。其业务操作流程如下。

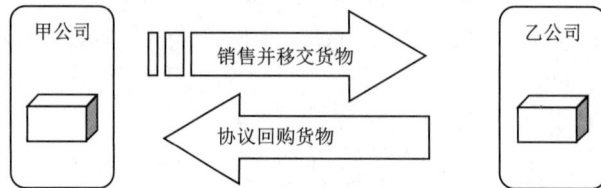

根据《企业会计准则第18号——所得税》的规定处理，售后回购中会计上不确认收入，税法上要确认收入，形成的是可抵扣的暂时性差异。相关会计处理如下。

2018年12月：

借：银行存款 11 700 000

　　贷：其他应付款 10 000 000

　　应交税费——应交增值税（销项税） 1 700 000

根据《企业会计准则第18号——所得税》的规定，企业对于可抵扣暂时性差异可能产生的未来经济利益，应以很可能取得用来抵扣可抵扣暂时性差异的应纳税所得额为限，确认相应的递延所得税资产，并减少所得税费用。

递延所得税资产=可抵扣暂时性差异 × 所得税税率=（1 000-800）×25% = 50（万元）

借：递延所得税资产 500 000

　　贷：所得税费用 500 000

财务费用=（1 200-1 000）×1÷5 = 40（万元），2018年12月及以后4个月的会计处理：

借：财务费用 400 000

　　贷：其他应付款 400 000

借：递延所得税资产 100 000（400 000×25%）

　　贷：所得税费用 100 000

2019年5月1日将该批商品购回：

借：其他应付款 12 000 000

　　贷：银行存款 12 000 000

方法二： 假定商品未发出，也没有开具增值税专用发票。

甲公司与乙公司达成"售后回购"协议，但是甲公司未将商品或者货物移交给乙公司，也不开具体发票。其业务操作流程如下。

根据国家税务总局《关于确认企业所得税收入若干问题的通知》（国税函〔2008〕875号）规定，采用售后回购方式销售商品的，有证据表明不符合销售收入确认条件的，如以销售商品方式进行融资，收到的款项应确认为负债，回购价格大于原售价的，差额应在回购期间确认为利息费用。即国税函〔2008〕875号文件发布后，对于售后回购本质上是融资业务的，企业所得税收入确认条件与《企业会计准则》趋于一致，两者都注重权责发生制原则和实质重于形式原则，则会计与税法不会产生任何差异，不产生递延所得税。

售后回购中会计上不确认收入，税法上也不确认收入，不计算缴纳增值税和所得税。会计处理如下。

2018年12月：

借：银行存款   10 000 000

  贷：其他应付款   10 000 000

2018年12月及以后4个月的会计处理：

借：财务费用   400 000

  贷：其他应付款   400 000

2019年5月1日将该批商品购回：

借：其他应付款   12 000 000

  贷：银行存款   12 000 000

方法三： 假定商品已发出，并开具了增值税专用发票。

甲公司与乙公司达成"售后回购"协议，甲公司将商品或者货物移交给乙公司，同时开具体发票。其业务操作流程如下。

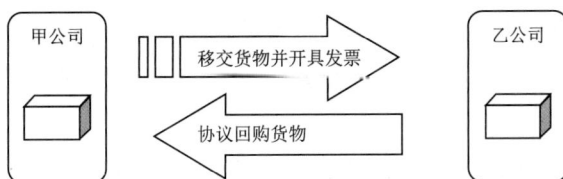

甲公司用售后回购的方式处理该批商品，在交付和回收商品环节都开具增值税专用发票。企业以销售商品方式进行融资处理。

2018年12月：

借：银行存款   11 700 000

  贷：其他应付款   10 000 000

    应交税费——应交增值税（销项税）   1 700 000

借：发出商品   8 000 000

  贷：库存商品   8 000 000

借：财务费用   400 000

  贷：其他应付款   400 000

2018 年确认递延所得税资产金额为：

（200 ＋ 40）×25% ＝ 60（万元）

税法上当期应缴所得税金额为：

（100+240）×25% ＝ 85（万元）

会计处理：

借：递延所得税资产   600 000

  所得税费用   250 000

  贷：应交税费——应交所得税   850 000

2019 年 5 月 1 日甲公司以 1 200 万元的价格将该批商品购回，同时取得增值税专用发票，那么，取得的进项税额抵减了前面缴纳的增值税，而发票上注明的商品价格则构成采购成本，抵减了前面产生的企业所得税。

操作点评：

售后回购的主旨是为企业筹集资金。这种交易方式使销售方将实物资产转化为货币资金，出售时可以取得全部价款，从而获得了所需的资金，而购货方也找到了一个风险小，回报有保障的投资机会。但是，当发生"售后回购"业务时，增值税专用发票已经开具，并且与资产相关的经济利益已经流入企业，在应税收入的确认上，税法更侧重于以交易的法律形式作为判断标准。这时，税法将售后回购视同销售和采购两个环节进行处理。

笔者认为，上述业务处理方法都存在欠妥之处。其一，如果企业发生销售核算销项税，但是，不开具和取得增值税专用发票，有关企业的售后回购业务将可能出现多缴增值税问题。甲公司在第一种处理方法下处理售后回购业务，一个非常明显的问题就是这批商品在销售环节发生增值税销项税额 170 万元，而在购进环节无法提取增值税的进项税额。如果甲公司以后将该批商品再销售，那么还需要再缴一次增值税。这就存在重复缴税问题。作为受让方未取得有关商品实质性的所有权，同样也存在经营性风险。

其二，国税函〔2008〕875 号文件规范的是企业所得税问题，与增值税无关。企业发生销售不核算销项税，与增值税有关规定相悖，存在少缴增值税的问题，如果有关企业按此方法操作，将受到主管国税机关的处罚。

其三，如果企业发出商品的同时开具增值税专用发票，在会计上不做销售处理，同时注意核算会计与税法的差异，这在理论上不存在问题，但在实践过程中存在一定的难度：一是容易与税务机关的管理发生矛盾，因为国税函〔2008〕875 号文件规定"有证据表明不符合销售收入确认条件的"，才可以如此操作，而这里的"有证据表明"需要有关企业提供，这里容易产生与税务机关确认的标准不一致的问题，从而产生涉税风险。二是对于商品出让方来说，也是不经济的。因为，如果有关企业将商品出售按规定进行核算，做主营业务收入处理，那么，有关企业可以计算招待费用、广告和业务宣传费用等方面都可以获得好处。

此外，在具体业务处理上，还需要考虑其他因素。售后回购一般有四种情况，一是卖方在销售商品后的一定时间内必须回购；二是卖方有回购的选择权；三是买方有要求卖方回购的选择权；四是收购价格按照市场价还是按照合同价格等。

企业在采用售后回购的方式进行融资的时候，如果合同中规定的回购价以回购当日的市场价为基础确定，表明该商品增值或贬值直接和买方有关，但卖方企业仍对售出的商品实施控制。如果在合同中已经将回购价订明，那么商品价格变动产生的风险和报酬均和卖方企业相关，与买方企业无关。售后回购其实是一种融资行为，相当于企业将商品质押在另一方企业中，然后获得融资，并在一定期限之后将其赎回。因此一般情况下售后回购不作为销售处理。

按照新会计制度的规定，对于售后回购业务，企业应当设置"待转库存商品差价"科目，核算发出商品的销售价格与实际成本及相关税费之间的差额。企业在发出商品时，按实际收到或应收的价款，借记"银行存款"或"应收账款"等，按库存商品的实际成本，或固定资产账面价值，贷记"库存商品""固定资产清理"等，按增值税发票上的增值税额，或销售不动产、无形资产应交的增值税，贷记"应交税费——应交增值税（销项税额）"等；根据计算的有关税金和附加后，借记"待转库存商品差价"，贷记"应交税费——应交城建税""其他应交款——教育费附加"，按借、贷方差额，贷记或借记"待转库存商品差价"。如果回购价格大于原售价，还应在销售与回购期内按回购价格大于原售价的差额计提利息费用，借记"财务费用"，贷记"待转库存商品差价"。如果回购价格小于原售价，根据谨慎性原则，则不能计提财务费用。企业日后重新购回该商品时，根据对方开据的增值税专用发票，借记"物资采购"或"库存商品""应交税费——应交增值税（进项税额）"等，贷记"银行存款""应付账款"等；同时，将"待转库存商品差价"科目的余额冲减或增加购回商品的成本。

分析结论：

通过售后回购进行融资的企业，应当综合分析相关政策对企业所产生的综合影响，如果企业日常发生招待费用、广告和业务宣传等费用较多，就应当将售后回购业务按正常销售来处理；在商品发出的同时，开具增值税专用发票，并通过"主营业务收入"核算销售处理。回购商品的同时索取增值税专用发票，按正常商品购进业务核算相关业务。

政策背景：

国家税务总局关于确认企业所得税收入若干问题的通知（国税函〔2008〕第875号）

根据《中华人民共和国企业所得税法》（以下简称企业所得税法）及《中华人民共和国企业所得税法实施条例》（以下简称实施条例）规定的原则和精神，现对确认企业所得税收入的若干问题通知如下：

一、除企业所得税法及实施条例另有规定外，企业销售收入的确认，必须遵循权责发生制原则和实质重于形式原则。

（三）采用售后回购方式销售商品的，销售的商品按售价确认收入，回购的商品作为购进商品处理。有证据表明不符合销售收入确认条件的，如以销售商品方式进行融资，收到的款项应确认为负债，回购价格大于原售价的，差额应在回购期间确认为利息费用。

租赁筹资需比较　背景不同利存异

租赁是企业筹资的一个重要渠道，也是企业用以减轻税负的重要方法。对承租人来说，租赁可获取双重好处：一是可以避免因长期拥有机器设备而承担的负担和风险；二是可以在经营活动中，以支付租金的方式冲减企业的利润、减少税基，从而减少所得税额，并为企业今后继续从事这种无本赢利的经营方式奠定基础。对出租人来说，租赁也给他带来好处，他不必为如何使用或利用这些设备及如何从事经营活动而操心，可以轻而易举地获得租金收入。此外出租人的租金收入要比一般性经营利润收入享受较多的税收优惠待遇。

企业案例：

甲公司系商品流通企业，兼营融资业务（未经中国人民银行批准）。2018 年 1 月份，甲公司按照乙公司所要求的规格、型号、性能等条件购入一台大型设备，取得的增值税发票上注明的价款是 1 000 万元，增值税额 170 万元，该设备的预计使用年限为 10 年（城市维护建设税适用税率 7%、教育费附加 3%）。

方案一：租期 10 年，租赁期满后，设备的所有权归乙公司，租金总额 2 000 万元，乙公司于每年年初支付租金 200 万元。

方案二：租期 8 年，租赁期满，甲公司将设备残值收回，收回设备的可变现净值为 400 万元，租金总额 1 600 万元，乙公司于每年年初支付 200 万元。

策划分析：

租赁业务分融资租赁和经营租赁两种。融资租赁指具有融资性质和所有权转移特点的设备租赁业务。即：出租人根据承租人所要求的规格、型号、性能等条件购入设备租赁给承租人，合同期内设备所有权属于出租人，合同期满付清租金后，承租人有权按残值购入设备，以拥有设备的所有。

《财政部 国家税务总局关于全面推开营业税改征增值税试点的通知》（财税〔2016〕36 号）附件 2《营业税改征增值税试点有关事项的规定》第一条第（三）款就融资租赁和融资性售后回租业务明确：

（1）经人民银行、银监会或者商务部批准从事融资租赁业务的试点纳税人，提供融资租赁服务，以取得的全部价款和价外费用，扣除支付的借款利息（包括外汇借款和人民币借款利息）、发行债券利息和车辆购置税后的余额为销售额。

（2）经人民银行、银监会或者商务部批准从事融资租赁业务的试点纳税人，提供融资性售后回租服务，以取得的全部价款和价外费用（不含本金），扣除对外支付的借款利息（包括外汇借款和人民币借款利息）、发行债券利息后的余额作为销售额。

（3）试点纳税人根据 2016 年 4 月 30 日前签订的有形动产融资性售后回租合同，在合同到期前提供的有形动产融资性售后回租服务，可继续按照有形动产融资租赁服务缴纳增值税。

继续按照有形动产融资租赁服务缴纳增值税的试点纳税人，经人民银行、银监会或者商务部批准从事融资租赁业务的，根据 2016 年 4 月 30 日前签订的有形动产融资性售后回租合同，在合同到期前提供的有形动产融资性售后回租服务，可以选择以下方法之一计算销售额：

①以向承租方收取的全部价款和价外费用，扣除向承租方收取的价款本金，以及对外支付的借款利息（包括外汇借款和人民币借款利息）、发行债券利息后的余额为销售额。

纳税人提供有形动产融资性售后回租服务，计算当期销售额时可以扣除的价款本金，为书面合同约定的当期应当收取的本金。无书面合同或者书面合同没有约定的，为当期实际收取的本金。

试点纳税人提供有形动产融资性售后回租服务，向承租方收取的有形动产价款本金，不得开具增值税专用发票，可以开具普通发票。

②以向承租方收取的全部价款和价外费用，扣除支付的借款利息（包括外汇借款和人民币借款利息）、发行债券利息后的余额为销售额。

（4）经商务部授权的省级商务主管部门和国家经济技术开发区批准的从事融资租赁业务的试点纳税人，2016 年 5 月 1 日后实收资本达到 1.7 亿元的，从达到标准的当月起按照上述第（1）（2）（3）点规定执行；2016 年 5 月 1 日后实收资本未达到 1.7 亿元但注册资本达到 1.7 亿元的，在 2016 年 7 月 31 日前仍可按照上述第（1）（2）（3）点规定执行，2016 年 8 月 1 日后开展的融资租赁业务和融资性售后回租业务不得按照上述第（1）（2）（3）点规定执行。

财税〔2016〕47 号三（三）一般纳税人 2016 年 4 月 30 日前签订的不动产融资租赁合同，或以 2016 年 4 月 30 日前取得的不动产提供的融资租赁服务，可以选择适用简易计税方法，按照 5% 的征收率计算缴纳增值税。

现将以上两种租赁方式应负担的税收做如下比较。

方案一： 租赁期满后，设备的所有权转让。若甲公司为增值税一般纳税人，按规定，该设备的进项税额应允许抵扣。

甲公司应纳增值税＝销项税额－进项税额

＝2 000÷（1+17%）×17%－170＝120.60（万元）

应纳城市维护建设税及教育费附加合计为：

120.60×（7%+3%）＝12.06（万元）

由于征收增值税的融资租赁业务（未经中国人民银行批准）实质上只是一种购销业务，应按照购销合同征收万分之三的印花税。

应纳印花税为：

2 000×3÷10 000＝0.6（万元）

在这样的情况下，甲公司可以获利：

2 000÷（1+17%）−1 000−12.06−0.6 = 696.74（万元）

方案二： 租赁期满，甲公司将设备残值收回。

租期 8 年，租赁期满，甲公司将设备残值收回，收回设备的可变现净值为 200 万元，租金总额 1 800 万元，乙公司于每年年初支付 225 万元。

由于该公司所从事的融资租赁业务未经中国人民银行批准，所以，其业务只能按一般规定处理，以其向承租方收取的全部价款和价外费用按 17% 的适用税率计算缴纳增值税。

应当缴纳增值税金额为：

1 800÷（1+17%）×17% = 261.54（万元）

应当缴纳城市维护建设税及教育费附加合计为：

261.54×（7%+3%）= 26.15（万元）

另外，按照现行税法的规定，对银行及其他金融组织的融资租赁业务签订的融资租赁合同，应按借款合同征收印花税，对其他企业的融资租赁业务不征印花税。

假设 8 年后，甲公司收回设备的可变现净值为 200 万元，那么，甲公司获利应该是：

1 800÷（1+17%）+200−1 000−26.15 = 712.31（万元）

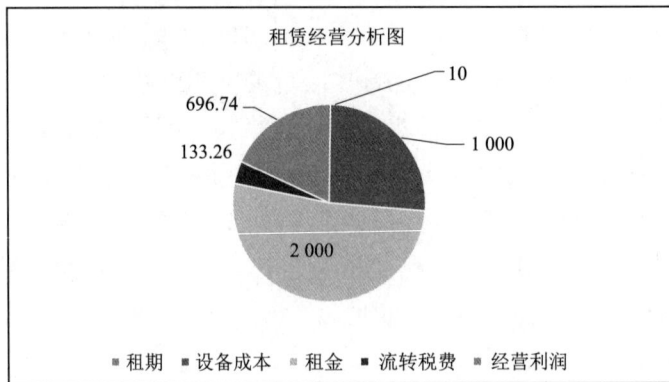

租赁经营分析图

10
696.74
1 000
133.26
2 000

■ 租期　■ 设备成本　■ 租金　■ 流转税费　■ 经营利润

这里需要说明两点：一是上述计算过程中，由于在两种租赁方式下，企业发生的费用变化不大，故在计算企业获利时未考虑费用的减除。二是在计算缴纳增值税时，是假定收回设备的可变现净值为 200 万元，在这种情况下，通过比较我们不难发现，选择第二种方案的税收负担比较低，获利比较高。但是，事实上由于科技进步，设备的老化，客观上会使收回设备的变现值远远低于设定值，这里不做讨论。

因此，这里需要特别提醒纳税人，在进行策划时，应根据企业自身的情况，综合考虑与之相关的各个因素再作定论，切莫简单化地理解理论上的"剩余"价值，因此，在选择租赁方式时，应当通过寻找在企业获利相同情况下设备残值的可变现净值临界点来确定。

假定收回残值的可变现净值为 X，当甲企业为增值税一般纳税人时，设：

1 800÷（1+17%）+X−1 000−26.15 = 712.31（万元）

解之得，$X = 199.998$（万元）

租赁筹资方案分析表 （单位：万元）

筹资方案	租期	设备成本	租金	流转税费	经营利润
方案一	10	1 000	2 000	133.26	696.74
方案二	8	1 000	1 800	287.69	712.31

策划结论：

由此可见，当收回残值的可变现净值超过199.998万元时，甲公司应选择方案二，反之则应选择方案一。

策划点评：

在实际操作中，企业应将以上两套租赁方案与承租方分别洽谈，按照对方提供的条件，结合预计可收回设备残值的可变现净值，然后再计算税负的高低来比较其优劣。此外，对上述甲企业为增值税一般纳税人的情况，由于企业的进项税额可一次性抵扣，而计算销项税额则按年分别计算，是否考虑时间价值因素，应根据各个企业的应纳增值税的不同情况而定。

在一个大的托拉斯利益集团，租赁可以使其下属两个分主体之间分别为出租人和承租人而直接、公开地将资产从一个企业转移给另一企业。同一利益集团中企业甲出于某种税收目的，将赢利的生产项目连同设备一道以租赁方式转租给企业乙，并按照有关规定收取足够高的租金，最终使该利益集团所享受的税收待遇最为优惠，税负最低。这是较典型租赁节税效应。这样操作，可以使控股公司像操作分公司一样在两个或更多的独立核算企业之间做调节利润的工作，从而使集团公司的利益最大化，当然最终也就实现了股东利益的最大化。

普誉财税策划工作室曾策划过这样一个案例：康达集团公司有若干个下属子公司，其中预计子公司甲在2018年盈利1 000万元，而子公司乙预计2018年将亏损800万元。集团公司在咨询专家的策划下，做了经营性调整，将甲公司的一个有年盈利800万元能力的生产流水线（正好是一个独立的车间）出租给乙公司，并向乙公司收取200万元的租赁费。

策划前，甲公司应交所得税（假设甲、乙公司的所得税均为25%）：

$1 000 \times 25\% = 250$（万元）

乙公司亏损800万元，不交所得税。

策划后，甲公司应交所得税：

（$1 000-800+200$）$\times 25\% = 100$（万元）

通过策划，该集团公司在这笔租赁业务上，就减轻税收负担：

$250-100 = 150$（万元）

租赁产生的节税效应，并非只能在同一利益集团内部进行实现，即使在专门租赁公司提供租赁设备的情况下，承租人仍旧可以获得税收上的好处。就这一点而言，租赁与筹资中的其他一些内容有共同之处。比如可以使承租者马上进行正常生产经营活动，并很快获得收益。

特殊条款　巧妙运用

【妙计提要】

消费征税有规律，特殊事项可调节；点面结合巧安排，降低成本增效益。

【本计内容】

税收策划往往是在"一般"中发现"特别"，而在"特别"中看到"一般"性的东西。这个就是哲学中矛盾的普遍性和特殊性原理。哲学中矛盾的普遍性和特殊性原理，有关资料是这样归纳的：

在日常生活中，矛盾是普遍存在的。矛盾的普遍性是矛盾存在于一切事物的发展过程中，存在于一切事物发展过程的始终。简言之，矛盾无处不在，无时不有。

矛盾的普遍性原理，要求我们敢于承认矛盾，正确分析矛盾，从矛盾的两个方面看问题，坚持"两点论"，全面地看问题，反对形而上学"一点论"。

矛盾的特殊性有三种情况：一是不同事物的矛盾各有其特点；二是同一事物的矛盾在不同发展过程和发展阶段各有不同的特点；三是构成事物的诸多矛盾以及每一矛盾的不同方面各有不同的性质、地位和作用。分析矛盾的特殊性意义在于坚持具体问题具体分析。一方面，分析矛盾的特殊性是正确认识事物的基础。另一方面，分析特殊性是正确解决矛盾的关键。具体问题具体分析是马克思主义的活的灵魂。

矛盾的普遍性和特殊性的关系，也就是共性与个性、一般与个别的关系，是辩证统一的。

其一，矛盾普遍性与特殊性是互相联结的。一方面，普遍性存在于特殊性之中，一般能在个别中存在，只能通过个别而存在。另一方面，特殊性中包含着普遍性，特殊性与普遍性相联系而存在。

其二，矛盾的普遍性与特殊性是互相区别的。共性只是包括了同类个别事物共同的、本质的东西，而没有包括个别事物的全部内容和特点。

一般比个别更普遍、更深刻，个别比一般更丰富、更具体。

其三，矛盾的普遍性与特殊性在一定条件下可以互相转化。由于事物的范围极其广大和发展的无限性，在一定场合为普遍性的东西，在另一场合则变为特殊性，反过来也是一样。普遍性和特殊性辩证关系的原理，是我们坚持马克思主义普遍真理同中国具体实际相结合、建设中国特色社会主义的理论基础。

在税收上往往也是这样：自己所从事的事项跟别人不同，因此，适用税法上也有一些差异。比如销售过程中的以物易物、债务重组……用钱购物是一般人的行为，而以物换物的现象有些特别；欠债还钱是常见的事情，但是，债务重组又有些特别，这些事项的涉税处理相对比较复杂，税务上也有其特殊的规定，而这往往也是税收策划的切入点。

此外，一些人拥有某种资源，但是由于缺乏相应的资质，其所拥有的资源也就不能产生效益。而另一方面，一些人手中具有某种资质，但是由于其缺乏其他资源，从而使其手中的资质成了一张没有用的废纸。如果我们能够将这两个互补的因素结合起来，就可以相得益彰，使双方的优势显现出来。与此相适应，税收政策也有相应的特殊规定，比如，有房地产开发资质的企业销售房地产土地增值税可以加计扣除其利息，民政福利企业可以享受安排残疾人税收优惠；通过有资质的公益性机构的捐赠才能够在税前列支，所有这些事项的处理，都蕴含着矛盾的普遍性和特殊性原理。

特殊条款和特殊规定在消费税中也存在。消费税是调节力度很强的一个税种，为了防止纳税人通过个别经济行为操作税收，税法给予了一些特别规定，如纳税人用于换取生产资料和消费资料，投资入股和抵偿债务等方面的应税消费品，应当以纳税人同类应税消费品的最高销售价格作为计税依据计算消费税。但是，对于这些条款进行深入的研究，我们同样也能找到策划税收的方法。

【案例注释】

在税收上，通常存在这样一个现象：常规性的规范无法确认或者约束的，再出台一些特殊规定，而这些特殊规定又往往被人们所忽视。其实，那些特殊性的规定如果利用得当，往往会收到意外的收获。但是，从上述计策的内容上看，读者可能还是感觉难以理解。因此，这里我们结合实际案例对有关计策的操作原理做一个简要分析和解释。

稀有产品好节税　完税价格巧运行

在进出口货物业务中，不仅涉及增值税，消费税，而且涉及关税，尤其是关税是在进出口环节体现国家主权的主要税种。但是，并不是说关税就没有策划的空间。

企业案例：

华夏科学技术研究所经批准投资 3 亿元建立一个新能源实验室，其中的核心设备只有西欧某国才能制造。这是一种高新技术产品，由于这种新产品刚刚走出实验室，其确切的市场价格尚未形成，华夏科学技术研究所已确认其未来的市场价格将远远高于目前市场上的类似产品。因而，开发商预计此种产品进口到中国国内市场上的售价将达到 2 000 万美元，经过多次友好协商，华夏科学技术研究所以 1 800 万美元的价格作为该国技术援助项目购得该设备，而其类似产品的市场价格仅为 1 000 万美元，关税税率为 25%，银行美元汇率为 1∶6.55。

策划分析：

从税收策划的角度观察，关税的税收负担弹性较小。其在税目、税基、税率以及减免优惠等方面都规定得相当详尽、具体，不像所得税那样有较大的伸缩余地。

华夏科学技术研究所处于筹建期间，经费比较紧张，筹建组希望在经费上得到各方面的帮助，减免关税是他们考虑的一个重点。目前的问题是，虽然该项目是有关部门特批的，但是没有对关税减免的依据，这样，在报关环节还应该照章征收关税。

如果按照交易的实际情况进行申报，则该项设备在进口环节应缴纳的关税为：

1 800×6.55×25% = 2 947.5（万元）

策划思路：

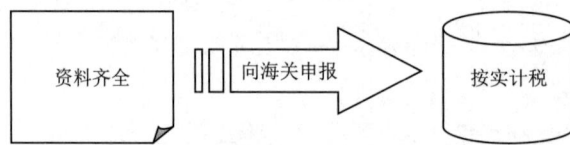

研究所筹建组成员觉得这个数目的关税难以承担，于是他们请来税务策划专家为他们出谋划策。普誉财税策划工作室的税务策划专家对该业务的情况进行了全面的调研之后，为他们提出了一个申报方案：以 900 万美元的价格向海关申报。

当华夏科学技术研究所向当地海关进行申报进口时，海关认为其资料不真实，于是立案调查。

经过调查，海关当局发现与该设备相近的产品的市场价格 1 000 万美元。而该设备是一种刚刚研制开发出来的新产品，其价格应当高于 1 000 万美元，于是，海关对这种进口新产品的完税价格进行估定。比照类似货物成交价格依法进行估价，确定其价格为 1 000 万美元。这样，研究所进口这套设备应当缴纳关税实际为：

1 000×6.55×25% = 1 637.5（万元）

策划思路：

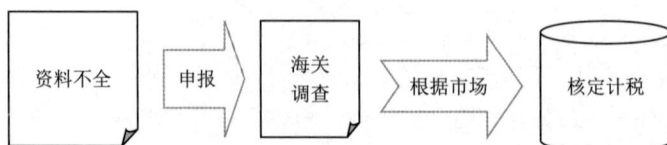

这样，华夏科学技术研究所通过税收策划，实际节约关税 1 310 万元。

策划点评：

对货物进出海关进行经济利益确认，反映了一个国家的主权，所以各国都在这个环节进行严格管理，防止在这里出现漏洞。因此，各国的关税的税则都制定得相当具体，相当严密。在这个环节的一个重要问题，就是进出口货物价格的确定，也就是计税依据的确定。

我们知道，在税率固定的情况下，进出口货物完税价格的情况，直接关系到纳税人关税负担的多少。如果进出口货物在规定许可的范围内，能够制定或获取较低的完税价格，这显然可以达到节约税收成本的目的。

纳税人对税务机关采取本条规定的方法核定的应纳税额有异议的，应当提供相关证据，经税务机关认定后，调整应纳税额。

上述规定是就国内日常税务管理而言的，但是，在进出口环节存在一定特殊性。进口货物以海关审定的正常到岸价格为完税价格，出口货物以海关审定的正常离岸价格扣除出口税为完税价格，到岸价格和离岸价格不能确定时，完税价格由海关估定。海关按以下次序对完税价格进行估定：相同货物成交价格法、类似货物成交价格法、国际市场价格法、国内市场倒扣法。如上述方法都不能确定，则海关用其他合理方法估定完税价格。

但是，关税完税价格确定的依据和方法各国目前并不一致，不管是采用哪一种估价规则，都会遇到许多不确定因素，从而使关税体现出一定的弹性，给纳税人从事关税策划提供了接口。利用完税价格进行关税策划的关键在于怎样充分运用海关估定完税价格的有关规定。

注意事项：

本案例是针对稀有产品（产品的特殊性）的税收策划。这里的稀有产品指目前市场上还没有或很少出现的产品，如高新技术、特种资源、新产品。由于这些产品进口没有确定的市场价格，而且其预期市场价格一般要远远高于通常市场类似产品的价格，这就为进口完税价格的申报留下了较大的空间。这在理论上来说明某些策划原理是可行的，但是，在实务操作过程中，如果真的在进口环节策划税收问题，应当谨慎对待。

其一，注意研究特定通关部门的具体操作方法、流程和具体操作风格，分析在具体操作过程中的操作弹性有多大。

其二，研究策划对象的策划可行性，对不可比产品来讲，按照以上方案可能是可行的，而对于那些市场可比性较大的产品来说，其操作性也许就不存在。

其三，应当利用外脑。由于有关税则的刚性比较强，进行类似的策划存在较大的政策风险和技术风险，所以纳税人如果存在类似的策划业务，应当聘请有关专家来具体操作，从而化解企业的相关风险。

策划难点：

笔者在《企业涉税风险的表现及规避技巧》一书中曾对部分企业的业务流程进行过研究，从而得出一个结论性意见：企业进行税收策划的操作点几乎占80%以上不在会计和财务环节。本案例就是一个典型的证明。该案例是一个综合性咨询项目，虽然其间的技术要求并不高，但是，需要大量的国际资料和国内统计资料。因此，了解策划对象的国际市场情况和有关关税细则的具体规定是提供有关服务的技术难点。

背景资料：

在经济交往和国际协作日益密切的今天，有 134 个成员参加的关税贸易协定可以看作海关进出口税则的国际基本准则。各国自主订立的海关进出口税则分类型目录逐步被《海关合作理事会分类目录》所取代，包括我国在内，世界上已有 150 多个国家和地区以这一目录为基础制定了各自的海关税则。该分类目录为 21 大类，99 章，1 011 个税目。

高新企业有优惠　亏损弥补有讲究

企业每一纳税年度的收入总额，减除不征税收入、免税收入、各项扣除以及允许弥补的以前年度亏损后的余额，为应纳税所得额。企业纳税年度发生的亏损，准予向以后年度结转，用以后年度的所得弥补，但结转年限最长不得超过五年。但是，最近国家对高新技术企业和科技型中小企业亏损延长结转年限，这个特殊条款却让部分企业出现了问题。

企业案例：

江风科技发展有限公司（以下简称江风公司）是一家高新技术企业，2019 年 9 月 18 日，M 市甲区税务局在筛查企业所得税汇算清缴数据时，发现江风公司亏损弥补税务处理存在问题。于是，向该公司发出询问函。根据税务部门提示，江风公司调整了申报数据，避免了税务风险。

企业情况：

2019 年 9 月 18 日，M 市甲区税务局对重点企业进行汇算清缴申报风险筛查。筛查过程中发现，江风公司 2018 年度的经营效益十分喜人，但是，企业所得税应纳税额申报为 0。再看以往年度的企业所得税纳税情况，在 2013—2017 的五年中，前四年的应纳税额分别为 0 元，2017 年度企业所得税申报缴纳 600 万元。江风公司 2013—2018 应纳税额与经营情况不配比，存在异常。

业务分析：

对江风公司的经营情况进行具体分析后发现，该公司 2018 年度增值税缴纳 3 000 多万元，产品毛利率 30% 以上，经营情况良好。但是，江风公司 2018 年度企业所得税汇算清缴申报应纳税额为 0。为什么会出现这个情况呢？

具体看江风公司的成长情况，该公司 2011 年初注册成立，由于当年投资成本大，当年发生较大的亏损，亏损额高达 9 000 万元。但是，后来的几年情况已经有明显的好转。亏损弥补情况为：2012 年 900 万元，2013 年 1 100 万元，2014 年 1 400 万元，2015 年 1 400 万元，2016 年 1 200 万元。

2017 年度申报缴纳企业所得税 600 万元。但是，2018 年度为什么未按规定申报缴纳企业所得税呢？

税务专业风险应对人员对该公司 2018 年度的纳税申报情况进行了具体分析发现如下情况：

在 2018 年度企业所得税汇算清缴申报时，江风公司在《企业所得税弥补亏损明细表》（江风106000）"弥补亏损企业类型"栏次填列代码"200"，即"符合条件的高新技术企业"；在"当年待弥补的亏损额"栏次填列 3 000 万元，在"本年度所得额弥补的以前年度亏损额——使用境内所得弥补"栏次填列 2 800 万元；在《企业所得税年度纳税申报表（江风类）》（江风100000）"弥补以前年度亏损"栏次填列 2 800 万元，应纳所得税额及应纳税额均为 0。

也就是说，江风公司时隔一年以后，又对以往年度的亏损进行了弥补。

纳税争议：

企业人士解释：公司 2011 年发生大额亏损，经过五年弥补以后余下 3 000 万元亏损没有弥补，现在账上有利润了，所以进一步弥补。

税务人员再通过金三系统，对江风公司的税收基础信息及申报信息中了解到，江风公司为高新技术企业，初次取得高新技术企业证书，有效期自 2019 年 2 月起。税务人员对上述信息进行综合分析后认为，2018 年在前期大额亏损已超过法定弥补期限后，又产生大额弥补亏损申报，使当期企业所得税应纳税额为 0。公司的做法不合法。

企业人士为了维护公司的利益，拿出了《财政部 税务总局关于延长高新技术企业和科技型中小企业亏损结转年限的通知》（财税〔2018〕76 号）。那么这个文件是否支持企业的说法呢？

政策分析：

为支持高新技术企业和科技型中小企业发展，财政部和税务总局在《关于延长高新技术企业和科技型中小企业亏损结转年限的通知》（财税〔2018〕76 号）中明确，自 2018 年 1 月 1 日起，当年具备高新技术企业或科技型中小企业资格（以下统称资格）的企业，其具备资格年度之前 5 个年度发生的尚未弥补完的亏损，准予结转以后年度弥补，最长结转年限由 5 年延长至 10 年。

这里所称高新技术企业，指按照《科技部 财政部 国家税务总局关于修订印发〈高新技术企业认定管理办法〉的通知》（国科发火〔2016〕32 号）规定认定的高新技术企业；所称科技型中小企业，指按照《科技部 财政部 国家税务总局关于印发〈科技型中小企业评价办法〉的通知》（国科发政〔2017〕115 号）规定取得科技型中小企业登记编号的企业。

为了确保这个政策落实到位，国家税务总局在《关于延长高新技术企业和科技型中小企业亏损结转弥补年限有关企业所得税处理问题的公告》（国家税务总局公告 2018 年第 45 号）中又具体明确了三个方面的内容。

（一）明确具备资格年度之前 5 年亏损结转弥补年限

具备高新技术企业或科技型中小企业资格（以下统称"资格"）的企业相关资格在不同的纳税年度会发生变化，《国家税务总局 2018 年第 45 号公告》第一条第一款明确，《财税〔2018〕76 号通知》所称当年具备资格的企业，其具备资格年度之前 5 个年度发生的尚未弥补完的亏损，指当年具备资格的企业，其前 5 个年度无论是否具备资格，所发生的尚未弥补完的亏损。

为准确理解《财税〔2018〕76 号通知》规定的"具备资格年度之前 5 个年度发生的尚未弥补完的亏损"，《国家税务总局 2018 年第 45 号公告》第一条第二款对《财税〔2018〕76 号通知》

适用情形做了进一步解释，即 2018 年具备资格的企业，无论 2013 年至 2017 年是否具备资格，其 2013 年至 2017 年发生的尚未弥补完的亏损，均准予结转以后年度弥补，最长结转年限为 10 年。2018 年以后年度具备资格的企业，依此类推，进行亏损结转弥补税务处理。举例说明如下：

例 1：一家企业，2018 年具备资格，2013 年亏损 300 万元，2014 年亏损 200 万元，2015 年亏损 100 万元，2016 年所得为 0，2017 年所得 200 万元，2018 年所得 50 万元。按照《财税〔2018〕76 号通知》和《国家税务总局 2018 年第 45 号公告》规定，无论该企业在 2013 年至 2017 年期间是否具备资格，2013 年亏损 300 万元，用 2017 年所得 200 万元、2018 年所得 50 万元弥补后，如果 2019 年至 2023 年有所得仍可继续弥补；2014 年企业亏损 200 万元，依次用 2019 年至 2024 年所得弥补；2015 年企业亏损 100 万元，依次用 2019 年至 2025 年所得弥补。

例 2：接上例，该企业 2019 年起不具备资格，2019 年亏损 100 万元。其之前 2013 年至 2015 年尚未弥补完的亏损的最长结转年限为 10 年并不受影响。如果该企业在 2024 年之前任一年度重新具备资格，按照《财税〔2018〕76 号通知》和《国家税务总局 2018 年第 45 号公告》规定，2019 年亏损 100 万元准予向以后 10 年结转弥补，即准予依次用 2020 年至 2029 年所得弥补。如果到 2024 年还不具备资格，按照《财税〔2018〕76 号通知》和《国家税务总局 2018 年第 45 号公告》规定，2019 年亏损 100 万元只准予向以后 5 年结转弥补，即依次用 2020 年至 2024 年所得弥补，尚未弥补完的亏损，不允许用 2025 年至 2029 年所得弥补。

（二）明确具备资格年度确定方法

目前，高新技术企业和科技型中小企业资格采取不同的管理方法。高新技术企业经过认定后，取得的高新技术企业证书有效期 3 年；而科技型中小企业每年评价后，赋予其科技型中小企业入库登记编号。为此，《国家税务总局 2018 年第 45 号公告》分别明确了二者具备资格年度的确定方法。

1.高新技术企业资格年度确定方法。高新技术企业证书注明了发证时间和有效期，为保证企业最大限度享受政策红利，《国家税务总局 2018 年第 45 号公告》明确，高新技术企业按照其取得的高新技术企业证书注明的有效期所属年度，确定其具备资格年度。举例说明如下：

例 3：某高新技术企业，证书注明发证时间为 2018 年 9 月 17 日，有效期 3 年。根据《国家税务总局 2018 年第 45 号公告》规定，2018 年、2019 年、2020 年、2021 年为具备资格年度。

2.科技型中小企业资格年度确定方法。科技型中小企业仅有入库登记编号注明的年度，且需在每年 3 月底前进行评价。为此，《国家税务总局 2018 年第 45 号公告》明确，科技型中小企业按照其取得的科技型中小企业入库登记编号注明的年度，确定其具备资格年度。举例说明如下：

例 4：某科技型中小企业，2018 年 5 月取得入库登记编号，编号注明的年度为 2018 年。根据《国家税务总局 2018 年第 45 号公告》规定，2018 年为具备资格年度。

（三）明确企业重组亏损结转弥补年限

1.适用特殊性税务处理的企业合并亏损结转弥补年限。《财政部 国家税务总局关于企业重组业务企业所得税处理若干问题的通知》（财税〔2009〕59 号）规定，被合并企业合并前的相关所得税事项由合并企业承继。为此，《国家税务总局 2018 年第 45 号公告》第三条第（一）项、第（三）项规定，合并企业承继被合并企业尚未弥补完的亏损的结转年限，按照被合并企业的亏损结转年限确定；合并企业具备资格的，其承继被合并企业尚未弥补完的亏损的结转年限，按照《财税〔2018〕76 号通知》第一条和本公告第一条规定处理。举例说明如下：

例 5：2018 年 A 企业吸收合并 B 企业，适用特殊性税务处理规定。其中，A 企业不具备资格，其尚未弥补完的 2016 年亏损，准予向以后 5 年结转弥补。B 企业具备资格，其尚未弥补完的 2016 年亏损，准予向以后 10 年结转弥补。吸收合并后 A 企业尚未弥补完的 2016 年亏损，包括合并前 A 企业尚未弥补完的亏损和 B 企业尚未弥补完的亏损，按照《财税〔2018〕76 号通知》和《国家税务总局 2018 年第 45 号公告》规定应当分别处理，即合并后 A 企业尚未弥补完的 2016 年亏损，其中合并前 A 企业尚未弥补完的亏损，只准予用 2018 年至 2021 年的所得弥补；合并前 B 企业尚未弥补完的亏损，按照财税〔2009〕59 号文件第六条第（四）项有关规定计算后，准予用 2018 年至 2026 年的所得弥补。如合并后 A 企业 2018 年具备资格，合并后 A 企业尚未弥补完的 2016 年亏损，包括合并前 A 企业尚未弥补完的亏损和 B 企业尚未弥补完的亏损，均准予用 2018 年至 2026 年的所得弥补。

2. 适用特殊性税务处理的企业分立亏损结转弥补年限。财税〔2009〕59 号文件规定，被分立企业未超过法定弥补期限的亏损额，由分立企业继续弥补。为此，《国家税务总局 2018 年第 45 号公告》第三条第（二）项、第（三）项规定，分立企业承继被分立企业尚未弥补完的亏损的结转年限，按照被分立企业的亏损结转年限确定；分立企业具备资格的，其承继被分立企业尚未弥补完的亏损的结转年限，按照《财税〔2018〕76 号通知》第一条和本公告第一条规定处理。举例说明如下：

例 6：2018 年 A 企业分立新设 B 企业和 C 企业，适用特殊性税务处理规定。其中，A 企业具备资格，其尚未弥补完的 2016 年亏损，准予向以后 10 年结转弥补。分立新设的 B 企业和 C 企业分别承继 A 企业尚未弥补完的 2016 年亏损。按照《财税〔2018〕76 号通知》和《国家税务总局 2018 年第 45 号公告》规定，分立后 B 企业和 C 企业分别承继 A 企业尚未弥补完的 2016 年亏损，按照财税〔2009〕59 号文件第六条第（五）项有关规定计算后，无论分立后 B 企业和 C 企业是否具备资格，均准予用 2018 年至 2026 年的所得弥补。

（四）明确延长亏损结转年限政策征管事项

为了落实深化"放管服"改革要求，《国家税务总局 2018 年第 45 号公告》第四条明确延长亏损结转弥补年限政策，由企业自行计算申报享受，无须向税务机关申请审批或办理备案手续。即符合《财税〔2018〕76 号通知》和本公告规定延长亏损结转弥补年限条件的企业，在企业所得税预缴和汇缴清缴时，自行计算亏损结转弥补年限，并填写相关纳税申报表。

（五）明确公告执行时间

《财税〔2018〕76 号通知》自 2018 年 1 月 1 日起执行，《国家税务总局 2018 年第 45 号公告》是对其相关事项的具体细化，也应同时执行。

分析结论：

江风公司对这一政策的适用是否正确？《国家税务总局关于延长高新技术企业和科技型中小企业亏损结转弥补年限有关企业所得税处理问题的公告》（国家税务总局公告 2018 年第 45 号）规定，高新技术企业按照其取得的高新技术企业证书注明的有效期所属年度，确定其具备资格的年度。2018 年具备资格的企业，无论 2013 年—2017 年是否具备资格，其 2013 年—2017 年发生的尚未弥补完的亏损，均准予结转以后年度弥补，最长结转年限为 10 年。2018 年以后年度具备资格的企业，依此类推，进行亏损结转弥补税务处理。

根据上述规定，由于江风公司高新技术企业证书有效期自 2019 年 2 月起，其 2014 年—2018 年发生的尚未弥补的亏损，准予在 2019 年企业所得税汇算清缴申报时扣除，最长结转年限为 10 年。也就是说，江风公司 2011 年度尚未弥补完的 3 000 万元亏损，不得享受延长亏损结转弥补年限的税收政策。最终，江风公司对 2018 年度企业所得税汇算清缴申报数据作了修改，适用法定税率 25%，申报企业所得税 700 万元（ 2 800×25% ）。

专家点评：

在税收上是讲究时间界限的，我国《企业所得税法》规定企业亏损结转年限是五年，财税〔2018〕76 号文规定高新技术企业自 2018 年 1 月 1 日起，具备资格年度之前 5 个年度发生的尚未弥补完的亏损，最长结转年限由 5 年延长至 10 年。

对于江风公司来说，即使高新技术资格自从 2018 年起开始有效，其前五个年度是 2013 年—2017 年，2011 年尚未结转亏损也已经超过了"5 年"的期限，不能适用财税〔2018〕76 号通知所规定的优惠。因此，高新技术企业在结转以前年度的亏损时，一定要重点关注亏损发生年度和期限。

特殊条款有乾坤　策划适当增金银

特殊条款和特殊规定在税收上时有发生。融资证明是日常经营过程中难得遇到的一件事情，对于这种特殊事项的处理，则是一门艺术，甚至还是税收策划的一个手段。为了帮助大家理解这一特殊事项的运用技巧，我们在此结合具体的业务流程，引用一些具体操作案例来做一个分析。

策划案例：

案例之一：甲房地产公司 2019 年 3 月开发一处房地产，为取得土地使用权支付 1 000 万元，为开发土地和新建房及配套设施花费 1 200 万元，财务费用中可以按转让房地产项目计算分摊利息的利息支出为 200 万元，不超过商业银行同类同期贷款利率。对于是否提供金融机构证明，公司财务人员通过核算发现，如果不提供金融机构证明，则该公司所能扣除费用的最高额为（ 1 000+1 200 ）×10% ＝ 220（万元）；如果提供金融机构证明，该公司所能扣除费用的最高额为 200+（ 1 000+1 200 ）×5% ＝ 310（万元）。可见，在这种情况下，公司提供金融机构证明是有利的选择。

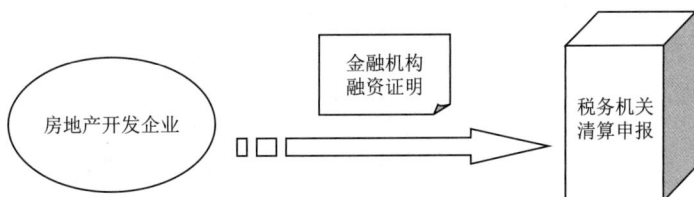

案例之二：甲房地产公司 2019 年 8 月开发另一处房地产，为取得土地使用权支付 1 000 万元，为开发土地和新建房及配套设施花费 1 200 万元，财务费用中可以按转让房地产项目计算分摊利息的利息支出为 80 万元，不超过商业银行同类同期贷款利率。现在需要公司决定是否提供金融机构证明。同例 1 一样，如果不提供金融机构证明，则该公司所能扣除费用的最高额为（1 000+1 200）×10% = 220（万元）；如果提供金融机构证明，该公司所能扣除费用的最高额为 80+（1 000+1 200）×5% = 190（万元）。可见，在这种情况下，公司不提供金融机构证明是有利的选择。

企业判断是否提供金融机构证明，关键在于所发生的能够扣除的利息支出占税法规定的开发成本的比例，如果超过 5%，则提供证明比较有利，如果没有超过 5%，则不提供证明比较有利。

案例之三：某房地产开发企业进行一个房地产项目开发，取得土地使用权支付金额 300 万元，房地产开发成本为 500 万元。如果该企业利息费用能够　按转让房地产项目计算分摊并提供了金融机构证明，则其他可扣除项目＝利息费用 +（300 万元 +500 万元）×5% ＝利息费用 +40 万元。

如果该企业利息费用无法按转让房地产项目计算分摊，或无法提供金融机构证明，则其他可扣除项目＝（300+500）×10% ＝ 80（万元）。

对于该企业来说，如果预计利息费用高于 40 万元，企业应力争按转让房地产项目计算分摊利息支出，并取得有关金融机构证明，以便据实扣除有关利息费用，从而增加扣除项目金额，反之亦然。

案例点评：

对于土地增值税的策划操作而言，财务资料固然重要，但是其他相关因素也不可忽视。

其一，确定适宜的成本核算对象

对房地产开发企业成本项目进行合理的控制，如加大公共配套设施投入，绿化、美化、亮化，改善住房环境，来调整土地增值税的扣除项目金额，进而减轻税负。

房地产开发企业可设立一家装饰装潢公司，专门为购房户装修。具体可与购房户签订两份合同，一份是房地产初步完工（毛坯房）时签订的销售合同，另一份是与装饰装潢公司签订的装修合同。房地产开发企业只就销售合同上注明房款增值额缴纳土地增值税，装修合同上注明的金额属于劳务收入，营改增以后缴纳增值税，不缴土地增值税。这样分散经营收入，减少税基，降低税率，节省税款。

其二，巧用特殊扣除项目规定

《土地增值税暂行条例实施细则》规定，房地产开发企业的利息支出，凡能够按转让房地产项目计算分摊并提供金融机构证明的，允许据实扣除，但最高不得超过按商业银行同类同期贷款利率计算的金额。其他房地产开发费用，按取得土地使用权所支付的金额和房地产开发成本之和的5%以内计算扣除；凡不能按转让房地产开发项目计算分摊利息支出或不能提供金融机构证明的，利息支出不能单独计算，而应并入房地产开发成本中一并计算扣除。房地产开发费用按取得土地使用权所支付的金额与房地产开发成本之和的10%以内计算扣除。

房地产企业据此可以选择：如果企业预计利息费用较高，开发房地产项目主要依靠负债筹资，利息费用所占比例较高，则可计算分摊的利息并提供金融机构证明，据实扣除；反之，主要依靠权益资本筹资，预计利息费用较少，则可不计算应分摊的利息，这样可以多扣除房地产开发费用。

其三，注意营改增后政策的特殊规定。

根据《财政部 国家税务总局关于全面推开营业税改征增值税试点的通知》（财税〔2016〕36号）附件1:《营业税改征增值税试点实施办法》第二十七条（六）规定，购进的旅客运输服务、贷款服务、餐饮服务、居民日常服务和娱乐服务。同时根据该文件附件2:《营业税改征增值税试点有关事项的规定》第一条第（四）款第三项规定，纳税人接受贷款服务向贷款方支付的与该笔贷款直接相关的投融资顾问费、手续费、咨询费等费用，其进项税额不得从销项税额中抵扣。因此，在这里企业取得的贷款有关费用不得抵扣增值税。

采购商品　巧选货主

【妙计提要】

生产经营需采购，市场渠道有多头；商品供货有差异，分析比较莫搞错。

【本计内容】

投资人成立的经营平台完成以后，下一步就要开始进行生产和经营活动。采购设备、材料和服务则是经营者需要做的第一件事情。采购，指企业在一定的条件下从供应市场获取产品或服务作为企业资源，以保证企业生产及经营活动正常开展的一项企业经营活动。是个人或单位在一定的条件下从供应市场获取产品或服务作为自己的资源，为满足自身需要或保证生产、经营活动正常开展的一项经营活动。

通常一项采购活动会有一个流程，采购流程包括收集信息，询价、比价、议价、评估、索样、决定、请购、订购、协调与沟通、催交、进货验收、整理付款。在具体实务过程中，不同的采购方式，其相应的流程也有差异。

比选采购方式的主要流程如下。

其一，采购人发出采购信息（采购公告或采购邀请书）及采购文件。

其二，供应商按采购文件要求编制、递交应答文件。

其三，采购人对供应商应答文件进行评审，并初步确定中选候选供应商（中选候选供应商数量少于递交应答文件供应商数量，具体数量视采购项目情况而定）。

其四，采购人保留与中选候选供应商进一步谈判的权利。

其五，采购人确定最终中选供应商，并向所有递交应答文件的供应商发出采购结果通知。

其六，采购人与中选供应商签订采购合同。

竞争性谈判的主要流程则包括以下几个方面。

一是采购人发出采购信息（采购公告或采购邀请书）及采购文件。

二是供应商按采购文件要求编制、递交初步应答文件。

三是采购人根据初步应答文件与所有递交应答文件的供应商进行一轮或多轮谈判，供应商根据采购人要求进行一轮或多轮应答。

四是采购根据供应商最后一轮应答进行评审，并确定成交供应商。

五是采购人向所有递交应答文件的供应商发出采购结果通知。

六是采购人与成交供应商签订采购合同。

当然，上述介绍通常是规范企业的规范性操作，而作为大量的中小企业的采购操作业务流程就相对比较简单。不过，无论如何，经营者采购到适当的设备、材料和服务，还需要供货商、业务流程和内部控制的具体安排。

无论是生产企业还是经营企业或者服务企业，都存在采购问题。从税收的角度讲，特别是从增值税的角度讲，因为存在小规模纳税人和一般纳税人的差异，所以，需要强化对采购的重要性认识，其中特别是增值税一般纳税人。因为，对于一般纳税人而言，存在增值税进项抵扣问题。根据现行政策，增值税的进项税额可能按13%、10%、9%、6%、3%和0%扣除，由此可见，如果在同一时点里供应商存在上述几种可能性，那么，对于实施采购的当事人来说，其增值税的税收负担相差就很大了。也就是说，其中存在税收策划的机会和空间。

不仅如此，在实务过程中还会有更为严重的问题和陷阱：如果在采购过程中操作不当，可能会被税务机关确认为接受虚开或者代开的增值税专用发票。一旦出现这样的问题，不仅可能被责令补缴增值税，加收滞纳金和罚款，还可能影响企业所得税，影响到企业的商业信用。从这个意义上讲，其采购的实施过程中存在规范性操作的技术方面的问题。

综上所述，在采购环节存在税收策划和规避涉税风险两个层次上的业务问题，应当引起当事人重视。其中的税收策划不能简单地静态分析，因为如果供应商做出价格让步，也可能让采购方的税收损失得到弥补，因此，有关企业应当做好相关数据的测算和分析，注意不同供货商的价格比较，在价格和进项税额的综合分析上做出选择；同时还需要注意业务流程的合法性操作。

【案例注释】

对于增值税一般纳税人企业来说，采购货物的涉税处理是降低企业采购环节的税收成本和费用的重要内容。在这个环节，企业需要注意尽可能多地取得合法有效的增值税进项抵扣额，从而有效地降低流转环节的税收负担。但是，在实践过程中存在大量的认识误区和政策理解错误，从而给有关企业带来很大的涉税风险。

票款抬头不一致　业务流程有问题

企业从事生产和经营当然离不开采购，但是，从目前税务稽查所反映的情况来看，在企业采购环节存在许多问题，其中最突出的，就是"三流"不一致体现出业务操作存在问题，从而带来涉税风险。

企业案例：

苏南春风服装有限公司（以下简称服装公司）是一家规模不大的服装生产企业，该企业2015年3月18日注册成立，在成立的初期企业处于亏损的状态，两年里亏损合计125万元，经过全公司上下的共同努力，2018年才实现扭亏为盈，到2019年12月底，服装公司实现销售收入8 360万元，实现利润238万元。

服装公司的这个成绩来得实在不易，大家知道，服装行业是一个微利行业，做服装生产业务，老百姓称之为在针尖上削铁！服装公司的老板狠抓公司的管理不放松，重点关注容易"跑、冒、滴、漏"的环节，其中材料采购就是老板重点抓的一个环节。每次生产的主要原材料都是老板自己外出进货，对于部分辅助材料，该公司的老板也要自己看样，然后订货。

基本案情：

2019年初，服装公司总经理王祥到当地最大的综合性百货商场看货，他希望采购最近将要生产的一批服装所需要的纽扣。当他在李某的柜台前发现一种纽扣很合他的心思，于是就与其交流。通过谈判，约定一笔纽扣供应生意。

事毕，王经理反复提醒："我公司是一般纳税人企业，我们采购货物，需要对方提供能够抵扣17%的增值税专用发票。你能够提供吗？"

个体经营者李某满口答应："没有问题。这样吧，到时候你看货给钱！"同时向王经理索要了一张注有服装公司税号等相关信息的名片。

就这样，该个体户李某从天津购进价值38 587.50元纽扣给服装公司，购物时按增值税专用发票开具的要求直接从天津某商场开到服装公司，购货款由个体户当场付现金，回来后再与服装公司结算，显然李某的意图是为该服装公司代购纽扣。

税务稽查：

当2020年5月16日稽查人员到服装公司对2019年度的纳税情况进行纳税检查时，发现该笔业务有问题：该企业接受的增值税专用发票中注明的供货方为天津某生产企业，而服装公司的货款支付方却是当地市场的个体工商业户李某，发票并出方与货款接受方不一致。

认定为代开发票行为，发票上注明的增值税款6 559.88元不予抵扣，同时罚款10 000元。

对于这个事项的处理，王经理很不服气，他说"我在购买前专门咨询了一个专家，他认为这样操作是可以的呀！"

策划分析：

分析该案例，对我们从事税收策划不无帮助。

该个体户与服装公司的业务实际上是一代购行为，遗憾的是他们的手续不够规范！据介绍，时下类似这样的例子很多，如果涉及此类业务的双方能够有一方认真研读一下有关文件精神，或者事先请教一下税收策划专家，补税罚款的消极后果完全可以避免！

现行税收政策明确：代购货物行为，凡同时具备以下条件的，不征收增值税；不同时具备以下条件的，无论会计制度规定如何核算，均征收增值税。

（1）受托方不垫付资金。

（2）销售方将发票开具给委托方，并由受托方将该项发票转交给委托方。

（3）受托方按销售方实际收取的销售额和增值税额（如系代理进口货物则为海关代征的增值税额）为委托方结算货款，并另外收取手续费。

根据以上规定，在具体的经营活动中要注意把握以下几点。

（1）要明确代购关系。在该案例中，经营纽扣个体户李某与服装公司洽谈并明确该业务时，服装公司要与李某签订代理业务合同，明确相关权利和义务。

（2）个体户李某不垫付资金。当服装公司与李某明确代购业务关系之后，应该先汇一笔资金给李某，然后由李某利用这笔资金出去采购纽扣。

（3）个体户李某以服装公司的名义购买纽扣。李某按照服装公司的要求购买货物，同时索要有服装公司抬头、税号的增值税专用发票，并将发票与货物一起交给服装公司。

（4）李某与服装公司根据代理协议中议定的服务费标准结算手续费，结算相关的手续时要有合法的手续和凭证。

策划难点：

本案例所揭示的问题目前比较普遍。在一般情况下，购销活动都存在一一对应的关系。但是，随着经营活动的进一步深入，企业的业务流程就会复杂起来。如果当事人能够理清有关业务关系，问题是不可能发生的。目前的问题是，有关当事人并不了解（或者并不真正理解）税收法律和法规有关代销、代购以及委托加工等具体业务的规定，从而陷入涉税陷阱。

政策链接：

财政部、国家税务总局《关于增值税、营业税若干政策规定的通知》〔财税字〔1994〕026号〕中明确，代购货物行为，凡同时具备以下条件的，不征收增值税；不同时具备以下条件的，无论会计制度规定如何核算，均征收增值税。

（1）受托方不垫付资金。

（2）销售方将发票开具给委托方，并由受托方将该项发票转交给委托方。

（3）受托方按销售方实际收取的销售额和增值税额（如系代理进出口货物则为海关代征的增值税额）与委托方结算货款，并另外收取手续费。

实物信息不相符　纳税策划泡了汤

2020年6月25日，A公司孙老板接到税务机关下达的税务稽查处理和税务处罚决定书时，痛哭流涕，惭愧地说："都是策划惹的祸，万万没有想到，策划不成，反遭罚款！这一折腾，我的公司可全完了！"

企业操作：

原来，A公司是一家生产汽车配件为主的私营企业，2017年1月8日开业，拥有资产362万元，当时有职工48人，A公司主要供货来源是具备增值税一般纳税人资格的C公司，A公司产品主要销往具备增值税一般纳税人资格的B公司。公司成立之初，公司领导并没有在产品质量上和生产成本上下功夫，而是一味地要求降低税收成本，研究策划。为此，公司领导让财务人员对公司今后的税收进行了策划，很快，财务人员就设计了几个策划方案供选择。

第一个方案：A公司暂不申请增值税一般纳税人，以小规模纳税人的身份从事生产经营，2017年度计划共购进原材料3 432吨，价税合计1 029.6万元；生产销售产品7 700万件，实现含税销售收入1 448万元。那么，A公司2017年度应缴纳的增值税 = 1 448÷（1+3%）×3% = 42.17（万元）。

第二个方案：A公司马上申请增值税一般纳税人，以增值税一般纳税人的身份从事生产经营，2017年度计划共购进原材料3 432吨，价税合计1 029.6万元；生产销售产品7 700万件，实现含税销售收入1 448万元。那么，A公司2017年度应缴纳的增值税 = 1 448÷（1+17%）×17%-1 029.6÷（1+17%）×17% = 210.39-149.6 = 60.79（万元）。

第三个方案：A公司不申请增值税一般纳税人，但在生产经营时，以增值税一般纳税人的身份购进货物，以小规模纳税人的税率销售产品。A公司每次购进货物时凭B公司增值税一般纳税人资格证明从C公司购进货物，销售货物时仅就加工费这一部分到国税部门代开增值税专用发票，购进货物时取得的增值税专用发票和到国税机关代开的增值税专用发票，在销售货物时，全部由销售方A公司转交给B公司，作为A公司销售货物时开具的增值税专用发票。同时，在购销货物的过程中，所有购进的原材料和销售的货物全部用现金结算。

A公司2017年度计划共购进原材料仍然是3 432吨，价税合计为1 029.6万元；生产销售产品仍然是7 700万件，实现含税销售收入还是1 448万元。

那么，A公司2017年度应缴纳的增值税 = （1 448-1 029.6）÷（1+3%）×3% = 12.19（万元）。

从以上不难看出，第一个方案比第二个方案少纳增值税18.62万元；而第三个方案又比第一个方案少纳增值税29.98万元。所以，第三个方案最佳，第一个方案次之，第二个方案最差。A公司最终采纳了第三个方案。

税务认定：

然而，第三个策划方案恰恰是失败的，它违反了税收法律、法规和其他相关规定。

经税务稽查人员查证核实，A公司2017年度共从C公司购进原材料968.56万元（含税），全部从对方取得了增值税专用发票，并且B公司已按规定申报抵扣。A公司2017年度共实现产品销售收入1 382.54万元（含税），其中到国税部门代开增值税专用发票的有413.98万元（含税），并按规定已经申报纳税。

根据《增值税暂行条例》第一条和《增值税暂行条例实施细则》第三条之规定，在我国境内销售货物，也就是有偿转让货物所有权的行为，包括从购买方取得货币、货物或其他经济利益的单位和个人，为增值税的纳税义务人，应当依法缴纳增值税。因此，该企业少纳增值税 28.21 万元 [（1 382.54−413.98）÷（1+3%）]×3%。同时，根据《税收征管法》第六十三条第一款规定，该企业的这种行为已构成偷税，税务机关除让其补缴税款 28.21 万元和按规定加收滞纳金外，还对其处以少缴税款一倍的罚款。另外，根据税法规定，纳税人购进货物或应税劳务，支付运输费用，所支付款项的单位，必须与开具抵扣凭证的销货单位、提供劳务的单位一致，才能够申报抵扣进项税额，否则不予抵扣。所以，税务机关对 B 公司已抵扣的税款 140.73 万元 [968.56÷（1+17%）]×17%，做出了补缴税款和按规定加收滞纳金的处理决定。

策划点评：

上述数据仅仅是 2017 年的，该企业后来的两年也是按照上述思路操作，所以，税务机关的处罚意见让该企业承受了重大损失……这是一个人们看起来都很熟悉的案例。我们在这里引用这个案例，目的是想对其进行分析，从而起到抛砖引玉的效果。

目前稍微懂一点儿策划的人都在讲策划，甚至于在做策划，但是，由于其没有真正将策划弄懂弄通，在一知半解的情况下就贸然下手操作，从而酿成大错。

A 公司所操作的业务，由于其涉及三家公司，应当说属于系统性策划事项。实施策划的操作人员如果不能站在更高的高度将三家公司放在一个系统里去综合分析和策划，就必然会出现差错。A 公司在策划时，违反了税法的有关规定，不但自己受处罚，而且还把自己的客户 B 公司也牵连进去，让自己的客户也蒙受了巨大的损失，这其中的教训是深刻的。在此，笔者提醒纳税人，要依法诚信纳税，在进行策划时，千万要把握好税收政策，吃透相关精神，切不可盲目从事，只顾节约税收成本，不管税法规定如何。

重要启示：

策划的重点环节是企业的生产和经营业务流程。投资人的投资活动，从投资活动开始到收回投资，其间存在一个过程，而这个过程又可以划分成若干环节，如在企业设立的时候有投资地点、行业选择，企业规模、经营方式的安排；而企业正常经营则有原材料的采购、生产、销售等环节。这些环节的每一步都涉及税收问题。A 公司所操作的业务，其过程都是在业务流程上，但是税务机关认定其属于偷税行为，企业补缴税款后还受到税务机关的处罚。

有没有一个在合法的前提下操作的切入点呢？当然是有的，但是多数企业主要不在企业的财务环节，而是在业务操作环节，比如采购、生产和销售环节。

企业经营无资格　借道进口抵税款

某市国税局第一税务分局 2018 年 4 月在进行资料稽核时，评估软件产生的 A 化学品有限公司《资料稽核情况表》以及《资料稽核情况提示》反映：该企业 2017 年 9 月份的税收负担明显偏低，于是将该户被列为评税对象。通过对《纳税评估审核分析综合情况表》进行逻辑分析和比较，该企业的存货等项指标有疑点，再通过对该企业的增值税进项抵扣凭证明细表进行进一步分析，发现该企业出现进口货物抵税等异常情况。于是，根据实际情况并结合征管软件中的税务登记情况、发票领用存情况以及增值税征收台账等对该企业进行全面综合地评估。

企业情况：

该企业是增值税一般纳税人，属于化学品制造业，主要从事化学品的生产和经营业务。2017年1~12月纳税申报的应税收入为35 001 506.45元，主营业务成本为28 943 124.9元，销项税额为5 950 255.65元，进项税额为928 976.38元，进项税额转出10 373.95元，实际缴纳税款为1 315 747.7元，税收负担率为3.76%。再审核其纳税申报表与财务会计报表，并没有发现该企业存在明显的涉税问题。那么，该企业2017年9月的税收情况为什么会出现明显的波动呢？经审批，评税人员对其法人代表和财务负责人发出约谈通知书，请纳税人带上相关资料到评税部门举证说明。

业务分析：

通过约谈，纳税人认可了如下事实：该企业的销售人员2017年8月16日接到一笔生产甲产品的业务，而生产甲产品需要向国外进口防水剂和吸湿排汗整理剂，因此，就进口了以上货物1 577 786.75元，从而抵扣增值税进项税额268 223.75元。与此同时，企业还提供了一套完整的进口业务资料。

按一般人看来，这是一笔正常业务，评估工作可以就此结束了。但是负责该案的评估人员并没有就此结案，而是对有关资料进行了认真的分析，他们检查了如下资料。

一是检查企业是否有进出口经营权。

二是检查企业是否是代理进口，有无相应的代理合同，合同的内容是否符合常规。

三是检查是否是虚构进口业务，与进口常规、费用发生是否反常，他们主要从货物品名是否涉及不同类商品，是否明显有悖于货物进口常规，有无相应的进口地至报关地货物运输、保险、佣金等费用的发生，货物"进口"与相应的费用发生是否具有明显违反常规的其他特征等方面进行检查。

四是检查资金结算方式是否存在异常：主要检查有关业务是如何结算的，如果现金，是否是大额现金；如果是商业汇票，是否是经过多次背书，并且将有关业务与真实进口业务的结算方式比较，看是否具有明显异常的特征等。

通过对纳税人提供的资料进行进一步检查，评估人员发现：A没有进出口经营权，这是一笔委托代理进口业务，双方签署了《进口代理协议》，而且在委托合同上明确"如无须甲（代理方）方开具增值税发票，甲方收取进口货物的1%管理费；如需甲方开具增值税发票，甲方收取增值税发票金额的1.5%管理费"等字样。作为代理方N对外贸易有限公司也收取了代理费用14 534.6元，并开具的收费发票。对《海关进口增值税专用缴款书》有关项目进行检查，发现其中的国际代码也不是A化学品有限公司的。

根据国家税务总局国税发〔2005〕6号文件第九条第四款规定，该份《海关进口增值税专用缴款书》不能在A化学品有限公司抵扣增值税。通过对有关文件的学习，该企业的负责人认识到自己的行为属于违法行为，因此立即按照税务机关的要求补缴了税款 268 223.75 元和 28 163.49 元滞纳金。

策划点评：

本案中，A 公司的问题是他们"走了近路"，将本来不应当在本公司抵扣的《海关进口增值税专用缴款书》在本公司抵扣了增值税 268 223.75 元，从而出现了"一里险"，增加了公司的纳税成本。

A 公司没有进出口经营权，因此委托其他有进出口经营权的公司为其代理进口有关货物。这是一种非常简单的常规性业务，但是，由于政策的变化，就要求有关公司必须按正规的操作方法和程序进行操作，否则，就会在不自觉的情况下增加了纳税成本。

在 A 公司没有进出口经营权的情况下，根据现行规定，A 公司应当与 N 公司签署协议，由 N 公司根据 A 公司的要求进口相应的货物，然后再销售给 A 公司。在公司的账务处理上，有关《海关进口增值税专用缴款书》所载的 268 223.75 元增值税应当由 N 公司抵扣增值税，A 公司再取得 N 公司开具的税款金额为 268 223.75 元的增值税专用发票抵扣增值税。这样做，从表面上看是"走了十里远"，绕着弯路，却是符合目前的税务管理要求的。

其实，此类操作思路不是什么策划，而是偷税，这样的案例不是个别，如某市 M 服装辅料经营公司 B 老板就栽了，在分析该案的教训时，B 老板后悔不该这样的策划！

事情是这样的，某市国税局第一税务分局 2019 年 1 月在进行资料稽核时，评估软件产生的 M 服装辅料经营公司《资料稽核情况表》以及《资料稽核情况提示》反映：该企业连续三个月零申报，于是将该户被列为评税对象。通过对《纳税评估审核分析综合情况表》进行逻辑分析和比较，该企业的存货、应付账款等项指标有疑点。再通过对该企业的增值税进项抵扣凭证明细表进行进一步分析，发现该企业出现进口货物抵税等异常情况。于是，根据实际情况并结合征管软件中的税务登记情况、发票领用存情况以及增值税征收台账等对该企业进行全面综合地评估。

该企业 2018 年 2 月办理税务登记证，2018 年 3 月申请暂认定为增值税一般纳税人，主要经营服装的辅料经营业务。2018 年 1~11 月纳税申报的应税收入只有 70 万元。再审核其纳税申报表与财务会计报表，发现有关数字的钩稽关系不符。根据已掌握的资料仍不能明确判断是否有问题，需要通过其他资料进一步核实有关情况。经审批，评税人员对其法人代表和财务负责人发出约谈通知书，请纳税人带上相关资料到评税部门举证说明。

通过约谈，纳税人认可了如下事实：该企业主要从事服装辅料零售业务，业务量不大，考虑到企业经营需要增值税专用发票，如果年销售额达不到 80 万元，一般纳税人年检时就可能无法通过。因此，企业就帮助部分企业采购了一些面料，从而增加了企业的销售额。

针对企业的说明，评税人员感到并没有排除进口业务异常的疑点。于是经批准将该企业的有关情况转交稽查局，由稽查部门立案检查。

在税务稽查过程中，税务检查人员责令企业提供其与进口业务有关的采购协议、海关增值税完税凭证、关税完税凭证、货物运输合同、货物运输单据、银行结算凭证以及销售合同等。但是，企业只拿出了海关增值税完税凭证和销货发票以及销售进口货物的客户清单，对账面的一笔应付给深圳市某进出口公司的"应付账款"25万元也无法解释清楚。

通过进一步核实，问题已经比较充分地暴露出来了，在事实面前该企业的老板最后才道出了实情。

原来，有个自称精通策划业务技巧的港商A先生，他长期以个人的名义在内地做服装生意，当时他谈妥了一笔进口业务，但是，按现行进出口管理规定，以其个人的身份无法从事进口活动。于是就找到了M服装辅料经营公司的B某。B某并不懂企业的进出口业务应当如何操作，但是他考虑到这笔业务既可以增加公司的业务量，又可以抵扣税金，是一件两全齐美的好事儿。因此双方一拍即合，M服装辅料经营公司允许A先生以自己的名义，从深圳市某进出口公司购进面料、金属拉链、松紧带和胶夹等货物一批，合计价值为558 000元。A先生以现金支付了进出口公司的货款，而将海关增值税完税凭证给M服装辅料经营公司做账，M服装辅料经营公司就于2018年12月30日申报抵扣了增值税94 860元。M服装辅料经营公司也按照A先生的要求开出了相应的销售发票。但是由于该业务不是企业自己操作的，M服装辅料经营公司并没有向进出口公司支付货款，相关的逻辑关系无法说清，所以账面上就出了应付账款长期挂账的现象。

至此，港商A先生借道进口货物，M服装辅料经营公司乘机抵扣增值税的问题也就暴露出来了。根据税法规定，M服装辅料经营公司已经抵扣的增值税94 860元应做进项税额转出处理，同时补交企业所得税184 140元，两项合计27 900元，滞纳金16 740元。根据《税收征管法》第六十三条的规定，税务机关对M服装辅料经营公司的偷税行为处以一倍的罚款。结果是偷鸡不着，反蚀一把米！

策划技巧之十四：

经营搞促销　税收有奥妙

【妙计提要】

价格打折或返利，商场促销常操持；实务操作未运筹，涉税风险紧随之。

【本计内容】

促销就是营销者向消费者传递有关本企业及产品的各种信息，说服或吸引消费者购买其产品，以达到扩大销售量的目的。

促销实质上是一种沟通活动，即营销者（信息提供者或发送者）发出作为刺激消费的各种信息，把信息传递到一个或更多的目标对象（即信息接收者，如听众、观众、读者、消费者或用户等），以影响其态度和行为。常用的促销手段有广告、人员推销、网络营销、营业推广和公共关系。

企业可根据实际情况及市场、产品等因素选择一种或多种促销手段的组合。

在任何社会化大生产和商品经济条件下，一方面，生产者不可能完全清楚谁需要什么商品，何地需要，何时需要，何价格消费者愿意并能够接受等；另一方面，广大消费者也不可能完全清楚什么商品由谁供应，何地供应，何时供应，价格高低等。正因为客观上存在着这种生产者与消费者间"信息分离"的"产""消"矛盾，企业必须通过沟通活动，利用广告、宣传报道、人员推销等促销手段，把生产、产品等信息传递给消费者和用户，以增进其了解、信赖并购买本企业产品，达到扩大销售的目的。随着企业竞争的加剧和产品的增多，消费者收入的增加和生活水平的提高，在买方市场上的广大消费者对商品要求更高，挑选余地更大，因此企业与消费者之间的沟通更为重要，企业更需加强促销，利用各种促销方式使广大消费者和用户加深对其产品的认识，以使消费者愿多花钱来购买其产品。

随着现代科学技术的发展和在实务领域的运用，近期零售行业也发生了一些变化，新零售以全新面貌展现在人们的眼前。所谓新零售，英文是 New Retailing，即个人、企业以互联网为依托，通过运用大数据、人工智能等先进技术手段，对商品的生产、流通与销售过程进行升级改造，进而重塑业态结构与生态圈，并对线上服务、线下体验以及现代物流进行深度融合的零售新模式。

在新零售模式下，新的服务方式为消费者带来了很多便利，也为商家提供有针对性的服务提供了技术支撑。但是，无论是传统的销售模式还是新零售模式，也都离不开促销活动。

销售促进（Sales Promotion，简称 SP）是市场竞争过程中的一把利剑。市场锋线的促销，作用在于对产品施加推力，使产品能够更快地进入市场和扩大市场。我们看到，在市场上并非每一个公司都做广告，但是每一个公司都无一例外地开展促销。所以，在我们执行市场攻坚任务时，不能忘记使用这一有力武器。

销售是投资人实现投资目的的重要环节，无论是商品零售商还是制造商，抑或是服务业务提供商，都在想方设法扩大销售额，所以各种促销活动应运而生。但是，销售业务中蕴藏着税收问题。

在日常财务处理过程中销售额的确定是一个问题，销售返利（红包）、销货退回、现金折扣、折扣销售、销售折扣与折让以及视同销售等各种业务的处理，税收与会计政策存在差异……所有这些问题都是困扰企业领导和财务人员的重要环节。不仅如此，投资人还可能通过促销的方式推销产品或者扩大企业的知名度。促销形式多样："打折销售""送券促销""买一送一"等，不同的促销方式下如何处理税收业务也是一个问题。此外，经营方式有多种：专卖店，连锁经营等。销售方式也有组合的套餐，如混合销售、兼营、平销业务。在这些业务中都存在复杂的税收问题，同时也存在很大的税收策划的空间。

目前的市场已经成为买方市场，所以，各路商家总是想方设法来推销自己的商品，"打折销售""送券促销"等手段是多数商业企业经常使用的促销方法。但是，从税收的角度讲，在销售商品的同时，赠送货物，属于视同销售行为，应当将赠送的货物按实计算缴纳增值税。所以，在具体操作的时候就需要当事人综合分析了。

【案例注释】

消费作为拉动我国发展的主要引擎之一，在国民经济中占有重要的地位。新冠疫情发生以后，中央提出两个循环，拉动内需就是其中的一个重点。因此，各行业都在以各种方式进行扩大销售，销售环节的涉税问题很多，本计只是笔者实践的一个总结。读者可能对上述的表述感觉难以理解，因此，这里我们结合实际案例对有关计策的操作原理做一个简要分析和解释。

让利送券和返利　谁对老板更有利

目前，几乎是所有的规模零售企业都在做促销售，方法多种多样，但是，万变不离其宗，无非是三大类型：一是打折销售；二是返券（返点、积分返点等）促销；三是返还现金促销。这三种模式从税收的角度讲，哪个方式更经济呢？

企业案例：

华润服装经销公司是一家服装专业零售企业，一般纳税人。公司以几个世界名牌服装的零售为主，2019 年度实现销售收入 48 650 万元，在当地拥有一定的知名度。2019 年国庆节很快就要到了，公司的销售部准备这个"黄金周"开展一次促销活动，以提升该企业的盈利能力。

对于这个活动，公司的决策层很重视，他们给出活动的价格区间，经测算，如果将商品打八折让利销售，并且获得一定的销售量，企业可以维持在计划利润的水平上。因此，公司决定本次促销活动的目标销售额是 5 000 万元。

在促销活动的酝酿阶段，公司主管、市场部和财务部在具体促销方案上存在分歧：市场部经理认为采用赠送优惠券的方式可以增加销售量；财务部主管则认为如果采用让利销售的方式可以使企业少缴税；而公司总经理主张采用返还现金的方式进行促销。

由于大家从不同的角度考虑，而且讲得都有道理，彼此互不相让，谁也说服不了谁，最后没有达成一致意见。董事长觉得这个问题是一个专业性和政策性都很强的业务，因此，决定向普誉财税策划工作室的税务专家进行咨询。

策划预案：

普誉财税策划工作室的税务专家认为：对于一个促销活动而言，在其他因素不变的条件下，税收成本的支出是活动成败的一个重要因素，所以，经营者应该充分考虑活动的涉税问题。但是，一项策划活动是否成功，其衡量的标准应当是与企业的发展目标结合起来。为了帮助该企业了解销售环节的涉税问题，就促销活动的具体方法做出决策，咨询专家提出了三个操作方案，并且以 10 000 元销售额为一个单元做基数进行了分析和测算。

其一，让利（折扣）20% 销售，即企业将 10 000 元的货物以 8 000 元的价格销售，或者企业的销售价格仍为 10 000 元，但在同一张发票上反映折扣额为 2 000 元。

其二，赠送 20% 的购物券，即企业在销售 10 000 元货物的同时，另外再赠送 2 000 元的购物券，持券人还可以凭购物券购买商品。

其三，返还 20% 的现金，即企业销售 10 000 元货物的同时，向购货人赠送 2 000 元现金。

策划分析：

这三种方案是目前多数企业通常采用的促销方法，那么从税收的角度讲，各种促销方法的税收待遇如何？哪一种方法对企业更有利呢？税务专家在此具体计算分析如下（参与该次活动的商品的购进成本为含税价 6 000 元。经测算，公司每销售 10 000 元商品发生可以在企业所得税前扣除的工资和其他费用 600 元）。

税负测算：

为了简便起见，在这里仅分析增值税、企业所得税等两个主要税种。

1. 增值税的税收负担分析

增值税属于价外税，但是构成企业的现金流出项目，对企业的经营同样会产生影响。

方案一：让利 20% 销售商品。

因为让利销售是在销售环节将销售利润让渡给消费者，让利 20% 销售就是将计划作价为 10 000 元的商品以 8 000 元的价格销售出去。假设在其他因素不变的情况下，企业的税利情况如下。

应纳增值税额为：

（8 000－6 000）÷（1＋13%）×13%＝230.09（元）

方案二：赠送价值 20% 的购物券。

消费者每购买 10 000 元商品，商场赠送 2 000 元购物券，可在商场购物，实际上是商场赠送给消费者价值 2 000 元的商品（其购进价格为 1 200 元）。根据增值税暂行条例规定，这种赠送属于"视同销售货物"，应按规定计算缴纳增值税。该业务比较复杂，将其每个环节作具体的分解，计算缴税的情况如下。

（1）公司销售 10 000 元商品时，应纳增值税为：

10 000÷（1+13%）×13%－6 000÷（1+13%）×13%

＝ 1 150.44－690.27

＝ 460.17（元）

（2）赠送 2 000 元的商品，按照现行税法规定，应作视同销售处理，应纳增值税为：

2 000÷（1+13%）×13%－1 200÷（1+13%）×13%

＝ 230.09－138.05

＝ 92.04（元）

合计应纳增值税为：

460.17+92.04 ＝ 552.21（元）

方案三：返还 20% 的现金。

应纳增值税额为：

[（10 000－6 000）÷（1+13%）]×13% ＝ 460.18（元）

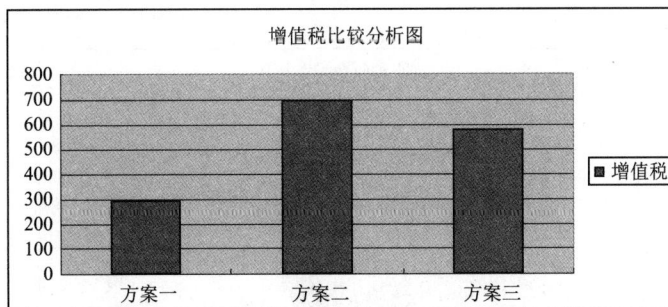

增值税比较分析图

将以上计算进行汇总分析：我们可以得出方案一增值税的税收负担最低的结论。那么，方案一是不是最佳方案呢？显然，此时就做出结论是不适合的。

2. 企业所得税的税收负担分析

我们假设将华润服装经销公司的促销活动单独进行企业所得税分析。

方案一： 让利 20% 销售商品。

企业应纳企业所得税：

$[（8\,000-6\,000）÷（1＋13\%）-600]×25\% = 292.48（元）$

方案二： 赠送价值 20% 的购物券。

根据企业所得税法规定，对于企业以"买一赠一"等方式组合销售本企业商品的，不属于捐赠，其的成本可以在企业所得税前扣除。所以，公司应缴纳企业所得税：

$[（10\,000-6\,000-1\,200）÷（1＋13\%）-600]×25\%$

$= 469.47（元）$

方案三： 返还 20% 的现金。

消费者每购买 10 000 元的商品，商场赠送 2 000 元现金。应把其作为应税所得的调增额，所以，公司应缴纳企业所得税：

$[（10\,000-6\,000）÷（1＋13\%）-600]×25\%$

$= 734.96（元）$

将以上计算进行汇总分析：我们可以得出方案一企业所得税的税收负担最低的结论。

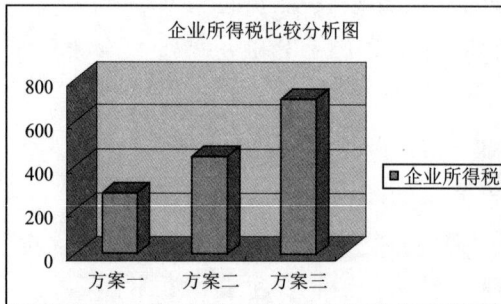

将上述三个方案的税收负担情况进行综合分析，我们可得出方案一增值税和企业所得税最少的结论。

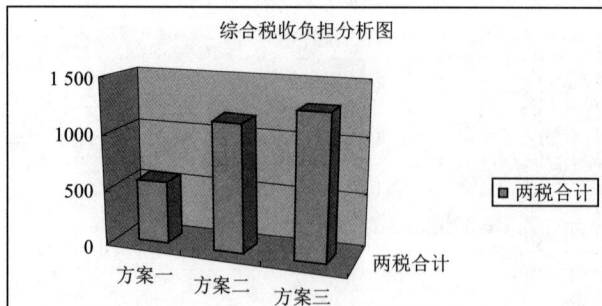

到这里，是不是就可以得出应当选择方案一的结论呢？事实上还不行，我们需要对投资的

实际净收益进行具体分析：

3. 企业税后税润分析：

方案一：让利 20% 销售商品。

在方案一所设定的条件下，企业的税后利润为：

（8 000−6 000）÷（1 ＋ 13%）−600−292.48

＝ 877.43（元）

方案二：赠送价值 20% 的购物券。

在方案二所设定的条件下，企业的税后实际净利润额为：

（10 000−6 000−1 200）÷（1 ＋ 13%）−600−469.47

＝ 1 408.41（元）

方案三：返还 20% 的现金。

在方案三所设定的条件下，企业税后实际净利润额为：

（10 000−6 000）÷（1＋13%）−600−2 000−734.96

＝ 204.86（元）

策划结论：

在规范操作的前提下，通过对照相关政策进行具体的测算，我们不难发现各种方案的优劣。方案二，企业销售 10 000 元商品实际支出价值 12 000 元的货物，企业可以获得 1 344.87 元的税后净利润；比方案一多获得 512.82 元的净利润，我们可以得出方案二企业的税后利润最多的结论。

各方案的税收负担及利润比较表   单位：元

方案	增值税	企业所得税	企业税后利润
方案一	230.09	292.48	877.43
方案二	552.21	469.47	1408.41
方案三	460.18	734.96	204.86

从上面的分析我们可以发现，虽然打折销售可以获取税收上的优势，但是并不是最优选择。

综合分析：

通过调查我们发现，多数企业经常采用以让利销售和返利销售为实质内容的各种促进销售方式，目的是想通过增加销售额而获得利润的同步增长。但是，其中的税收因素却很少有人顾及，以致许多企业做了出力不赚钱的买卖。

是不是在任何情况下，赠送购物券促销方式都比打折促销方式更为有利呢？如果考虑其他情况的结果又将如何？其实，企业的促销活动，除了需要考虑促销的目的以外，还要考虑与盈利活动有直接关系的相关因素。

华润服装经销公司从事的是服装经销业务，一般来说，服装经营的毛利率都比较高，特别是那些品牌服装就更是如此。但是，如果是商品毛利比较低的企业进行促销，其结果又将如何呢？下面我们不妨换个角度，对这个问题做进一步分析。

假设该公司参加促销活动商品的购进成本上升 1 000 元（成本由 6 000 元变为 7 000 元，其他条件不变），仅对打折销售和赠送购物券两种情况做一个分析。

其一，打折销售。

假设商场每销售 10 000 元的商品，其成本为 7 000 元，商场为增值税一般纳税人，其所得税率为 25%。在促销过程中打 8 折销售，也就是说消费者每购买 10 000 元商品，实际支付 8 000 元，商场实现 8 000 元的销售收入，其纳税情况和获利情况如下。

（1）企业应缴增值税：

（8 000−7 000）÷（1 + 13%）×13% = 115.04（元）

（2）企业应纳企业所得税：

[（8 000−7 000）÷（1 + 13%）−600]×25% = 71.24（元）

（3）企业可以获得税后净利润：

（8 000−7 000）÷（1 + 13%）−600−71.24 = 213.72（元）

其二，赠购物券销售。

消费者每购买 10 000 元商品，商场赠送 2 000 元购物券，可在商场购物，实际上是商场赠送给消费者价值 2 000 元的商品（其成本为 1 400 元）。根据增值税暂行条例规定，这种赠送"视同销售货物"，应缴纳增值税，并且根据企业所得税法规定，对于非公益性捐赠行为，其捐赠支出不得在企业所得税前扣除，即应把其作为应税所得的调增额，其纳税情况和获利情况如下。

（1）企业应缴增值税：

（10 000 + 2 000−7 000−1 400）÷（1 + 13%）×13% = 414.16（元）

（2）企业应缴所得税：

[（10 000−7 000−1 400）÷（1 + 13%）−600]×25%

= 203.98（元）

（3）企业可以获得税后净利润：

（10 000−7 000−1 400）÷（1 + 13%）−600−203.98

= 611.95（元）

（单位：元）

方案	增值税	企业所得税	企业税后利润
打折销售	115.04	71.24	213.72
赠购物券	414.16	203.98	611.95

进货成本为 7 000 元的情况下企业每销售 10 000 元商品，采用打折销售方式比赠购物券的方式少盈利 398.23 元（611.95−213.72）。这比进货成本为 6 000 元的情况下，采用打折销售方式比赠购物券的方式少盈利 530.98 元（1 408.41−877.43）。也就是说，随着进货成本的增加，赠购物券方式的优势将越来越少。

策划结论：

通过以上分析，我们可以做出这样的小结。

企业进行促销，在一般情况下送券可以扩大销售量，扩大企业的影响，提高企业商品的市场占有率。但是，与此有关的税金和费用也随之增加。如果考虑盈利为目的，以下的策划思路是可以考虑的。

（1）购销差价是税收策划需要考虑的重点问题。如果商品的购进成本较高，购销差价比较小，那么，采用打折销售就比较合算，因为这种方式操作简单，运营成本相对较低；反之，如果商品的购销差价比较大，则采用赠送购物券的方式就比较讨巧。

（2）个人所得税代扣代缴问题影响影响企业的经营业绩。如果促销商品需要代扣代缴个人所得税，而个人所得税的适用税率较高，则对企业的经营成果产生较大的影响。

（3）进行促销活动的税收策划需要关注促销活动的最终目的。商品零售企业在选择促销方式时，切不可只考虑节税效益，而要从企业整体的盈利能力方面加以考察。在实务中，纳税越少并不意味着获利越大，进行让利促销方式的选择，务必要从企业的实际情况出发，事先做好策划，选择较优的促销方式，这样才能确保企业利益较大化。

策划难点：

笔者在《企业涉税风险的表现及规避技巧》一书中曾对部分企业的业务流程进行过研究，从而得出一个结论性意见：企业的涉税风险几乎占 80% 以上不是在会计和财务环节产生的。销售活动就是如此，对于销售环节的一项活动，就可能影响该企业的所有税种的税收负担，而销售环节的具体活动又往往是企业的销售人员或者普通职工来进行的，他们往往缺乏起码的税收策划意识，从而导致一个良好的促销活动，由于税收问题增加了企业的负担而收不到预期的效果。

此外，在赠送购物券模式下的赠送应当如何认定？是否应当认定其为"视同销售货物"计算缴纳增值税和企业所得税？目前有两种不同的看法：一是业务流程规范，可以认定其为有偿赠送，故不需要作为"视同销售货物"计算缴纳增值税和企业所得税；二是目前多数企业的操作通常不规范，缺乏业务流程和相关证据的支持，因此，需要作为"视同销售货物"计算缴纳增值税和企业所得税。本文暂且以第二种观点来分析的。但是，在具体实践中，就需要读者根据具体情况来做具体分析和处理。

政策链接：

《财政部 税务总局关于个人取得有关收入适用个人所得税应税所得项目的公告》（财政部 税务总局公告 2019 年第 74 号）第三条明确，企业在业务宣传、广告等活动中，随机向本单位以外的个人赠送礼品（包括网络红包，下同），以及企业在年会、座谈会、庆典以及其他活动中向本单位以外的个人赠送礼品，个人取得的礼品收入，按照"偶然所得"项目计算缴纳个人所得税，但企业赠送的具有价格折扣或折让性质的消费券、代金券、抵用券、优惠券等礼品除外。

前款所称礼品收入的应纳税所得额按照《财政部 国家税务总局关于企业促销展业赠送礼品有关个人所得税问题的通知》（财税〔2011〕50 号）第三条规定计算。

促销奖励定制度　营运不合来事故

零售企业搞促销比较普遍，但是，制造企业也可能会发生促销的情况。对于制造企业而言，如果搞促销应当如何操作呢？是不是跟零售企业一样？这就需要结合具体情况做出具体分析了。

企业案例：

最近，芳华服装有限公司因商业折扣问题受到当地税务机关的处罚。情况是这样的：该公司是生产短裤的专业企业，其产品主要销往日本以及其他东南亚国家。考虑到外销的产品利润水平较低，近年来着力开拓国内市场。扩大内销的方法主要是通过各地的代理商进行，并对代理商实行业务激励，具体方法是将代理商的销售业绩与商业折扣结合起来。

从 2019 年开始公司规定：在以月结算的条件下，月销售短裤 20 000 条（不含 20 000 条，下同）以下的，月度折扣为 0.4 元／条；月销售 20 000 条—40 000 条的月度折扣为 0.6 元／条。年销售短裤在 300 000 条以下的，年终折扣为 0.5 元／条；年销售短裤在 300 000 条—500 000 条的，年终折扣为 0.6 元／条等。

该方法在经营实践中收到较好的效果，很快打开国内市场，2019 年内销实现 4 656 万元。到年底与代理商进行结算时，支付商业折扣 300 万元（以产品的形式）。该公司的财务人员将该折扣汇总结算后，以红字发票的形式直接冲减 2019 年 12 月的销售收入。

稽查意见：

当地主管税务机关于 2020 年 1 月初到该企业进行纳税检查的过程中，对此提出不同的意见。税务稽查人员认为：该企业的这种操作方法不符合有关政策，冲减的销售额应当并入该企业的销售总额计算缴纳增值税。同时依照税收征管法对该企业进行处罚。

在实际操作过程中，由于年初，短裤生产企业不知道每家代理商到年底究竟能销售多少条短裤，也就不能确定每家代理商应享受的折扣标准。这自然形成了一对矛盾：不给商业折扣或给的比例不合适，会影响业务开拓；给商业折扣，如果不能在同一发票上体现，增值税、消费税、所得税及相应的附加税费的征收使企业税收负担大大加重。

政策分析：

怎样才能兼顾二者的关系，做到既满足税法要求，又便于市场管理呢？普誉财税策划工作室的税务专家提出如下三种方法。

1. 以预计核算反映折扣

根据代理商以前几个月或者以往年度的销售情况平均计算确定一个适当的折扣率。如某代理商 2019 年 1 月至 5 月销售短裤量分别是 20 000 条、24 000 条、16 000 条、18 000 条和 22 000 条，当该代理商于六月上旬来公司提货时，会计人员在开具发票过程中就可以按平均数 20 000 条的折扣率进行计算折扣，然后在一定的期间再进行结算。

这种方法的优点是：能够反映代理商的折扣情况，及时结算商业折扣。缺点是对业务不稳定、销售波动比较大的客户的折扣情况比较难以把握。

2. 以递延方式反映折扣

月度折扣推迟至下一个月来反映，年度折扣推迟到下一个年度来反映。假如某代理商 2019 年 1 月销售短裤 24 000 条，其享受的折扣额为 0.6 元／条，那么该客户 1 月应享受的月度折扣为 14 400 元,待该客户 2 月份来开票时,便将其上月应享受的月度折扣 14 400 元在票面予以反映,客户按减除折扣后的净额付款。如果客户上月应结折扣大于当月开票金额,则可分几次在票面上予以体现。年度折扣主要目的是加强对市场网络的管理,如无非常特殊情况,一般推迟到次年的 3 月份进行结算,其处理方法与月度折扣一样,在其次年 3 月开票时在票面上反映出来即可。

这种方法的优点是:操作非常简便。缺点是:如果月份间和年度间销量和折扣标准差异较大,不能较为真实地反映当月和本年度实际的经营成果,而且 12 月和年终折扣在进行所得税汇算清缴时可能会遇到一些障碍。适用于市场比较成熟、稳定,月份和年度间销量的折扣标准变化不大的企业。

3. 采取现场结算和递延结算相结合的方法

现场结算和递延结算相结合的办法,即是说,日常开票时企业可设定一个现场结算折扣的最低标准,比如 0.4 元 / 条,所有的客户都按照这一标准来结算,并在发票上予以体现,客户按减除折扣后的净额付款,月末计算出当月的应结给客户的折扣总额,减去在票面上已经反映了的折扣额即为尚应结付的折扣额,将该差额在下月的票面上予以反映,年度折扣仍然放在下一个年度去。

接上例,2019 年 6 月 1 日该代理商来提 20 000 条短裤,价款 40 000 元(不考虑其他因素),根据现场结算其折扣的额度 8 000 元,在票面上予以体现,那么票面上价款为 40 000 元,折扣为 8 000 元,净额为 32 000 元,计入 "主营业务收入" 账户,客户本次付款当然为 32 000 元,月末该代理商实际销售了 30 000 条,那么,根据实际销量确定其折扣标准为 0.6 元 / 条,计算该客户应享受的折扣额为 18 000 元,已经结付 8 000 元,尚余 10 000 元在 2 月份该客户来开票时,在其票面上反映,自然冲减了主营业务收入。

这种方法的优点是缓解了客户的资金压力,操作也相对较为简便。缺点是:因部分月度折扣放在下一个月,年度折扣放在下一个年度去了,如果销量起伏太大,便不能真实地反映月度和年度的经营成果。这种方法适用于客户资金有一定压力或有特殊要求的企业。

策划点评:

随着市场经济的进一步发展,企业的经营形式也呈现出多样化的趋势。我们在确定销售额时应特别注意几种特殊销售方式条件下销售额的确认:其一,以折扣方式销售货物根据具体情况确定销售额。这里涉及商业折扣(或称价格折扣)、现金折扣和销货退回与价格折让等几种处理方式。商业折扣是企业为鼓励购买者多买货物而采取的一种价格折让优惠政策,即买得越多,则价格越低。具体处理是在购买环节在价格上直接按打折以后的价格计算销售额;现金折扣则是销售货物的企业为促使购买者尽快偿还货款而采取的一种折让优惠政策,对于销售企业而言是一种理财费用,其折扣额如果不是在同一张发票上反映的,就不能冲减销售额;而销货退回与价格折让则是在发生质量问题或者部分退货,并取得购买方主管税务机关签章的《开具红字增值税专用发票通知单》的情况下对销售额进行冲减。其二,在以旧换新销售方式下,应注意不能在销售额中扣减旧货收回的价格。其三，在还本销售方式下，不能扣减还本额。其四，在以物易物销售方式下，应注意将其分解成销售货物与采购商品两个环节来处理，同时，价格必须在合理的范围。

不难看出，商业折扣的作用在于：一是能充分调动代理商的积极性，鼓励多销，销得越多所获报酬也越高，代理商的规模大了，公司相应也提高了市场占有率，最终提高了企业的经济效益；二是使经济杠杆的作用发挥得淋漓尽致。

在许多企业的销售活动中，要测算给代理商的商业折扣率，并且对这个折扣率要进行适当的处理。一般以月份和年度折扣的方式来进行。

目前，新政策对类似的策划已经得到进一步认可，纳税人销售货物并向购买方开具增值税专用发票后，由于购货方在一定时期内累计购买货物达到一定数量，或者由于市场价格下降等原因，销货方给予购货方相应的价格优惠或补偿等折扣、折让行为，销货方可按现行《增值税专用发票使用规定》的有关规定开具红字增值税专用发票。

政策链接

国家税务总局《关于纳税人折扣折让行为开具红字增值税专用发票问题的通知》（国税函〔2006〕第1279号）纳税人销售货物并向购买方开具增值税专用发票后，由于购货方在一定时期内累计购买货物达到一定数量，或者由于市场价格下降等原因，销货方给予购货方相应的价格优惠或补偿等折扣、折让行为，销货方可按现行《增值税专用发票使用规定》的有关规定开具红字增值税专用发票。

"买一赠一"通常用　方法不同税有别

企业搞促销是可以理解的，也是得到有关法律的支持的。但是，在具体操作环节如何操作？这就考验相关企业负责人的智慧了。这不，有些企业就在促销的具体实施环节发生问题了。

企业案例：

某纺织品商场举行2017年假日促销活动，与厂家联合推出一系列促销活动。2017年采用"买一赠一"的方式搞促销活动三次，通过促销售活动增加销售额35 690万元，同时赠送小商品2 910万元。

税务稽查：

2020年2月26日当地主管税务机关对该企业2017和2018年度的纳税情况进行了检查，发现该企业在促销活动中作为礼品赠送出去的小商品没有按税法规定作视同销售处理，应补增值税：

2 910÷（1+17%）×17% = 422.82（万元）

应补缴城市维护建设税及教育费附加合计：

422.82×（7%+3%）= 42.28（万元）

同时，对企业促销活动的所得税情况也进行了处理，应缴企业所得税：

2 910÷（1+17%）×25% = 621.79（万元）

在促销过程中，企业应代扣代缴个人所得税，未代扣代缴的企业应该赔缴。该业务企业应赠缴个人所得税额为：

2 910÷（1−20%）×20% = 727.5（万元）

对于促销活动，企业共补各税：

422.82+42.28+621.79+727.5 = 1 814.39（万元）

对这笔业务进行补税，该企业的财务负责人李志鸿表示不理解，于是他请来了普誉财税策划工作室的专家小方。

小方对该企业促销活动的具体操作过程进行了全面了解。原来，该企业在促销活动中进行了不适当的操作。以销售服装为例，凡购买一套某品牌西服便赠送该品牌领带一条，两种产品实际对外销售价格分别是 488 元和 68 元（均为含税价）。该商场的具体操作方法为：对客户出具的发票是填写西服一套，价格为 488 元，同时以领料单的形式（主要起签字备查的作用）领出领带一条，客户付款当然是 488 元，在账务处理上其销售收入为 417.09 元（488 元 ÷1.17）增值税销项税额为 70.91 元。对于赠送的领带则按实际进货成本予以结转，进入当期"经营费用"科目核算。

当税务机关来进行纳税检查时，便将上述赠送的领带价值 68 元视同销售计算增值税销项税额 9.88 元。处理根据是《中华人民共和国增值税暂行条例实施细则》的规定：将自产、委托加工或购买的货物无偿赠送他人，应视同销售计算缴纳增值税。这样，此项销售活动每人次最终涉及增值税销项税额为 80.79 元。同时补缴相应的企业所得税和个人所得税。

咨询分析：

对商场而言，搞赠送本身旨在借这样的销售活动来吸引顾客，提高市场占有率，其结果呢？却加重了企业的税收负担，进一步增加了企业的现金流出，降低了企业的效益。

小方指出：为了避免这种情况，商场可以采取以下两种办法来处理。

其一，降低销售价格，实行捆绑式销售。降低销售价格，实行捆绑式销售，即将西服和领带价格分别下调，使其销售价格的合计数等于 488 元，并将西服和领带联袂销售。这样，也能达到促销和节税的目的。

其二，将赠送货物为销售折让来对待。将促销的主要商品按正常销售来对待，同时把赠送货物按其价值以销售折扣的形式返还给客户。即在普通发票（因直接对消费者销售货物只能开具普通发票）上填写西服一套价格 488 元，同时填写领带一条，价格 68 元，同时以折扣的形式将 68 元在发票反映，直接返还给客户，发票上净额为 488 元，客户实际付款为 488 元，这样便达到促销的目的。折扣额 68 元能够冲减商场的销售收入，即此项活动的不含税销售收入为 417.09 元，增值税的销项税额为 70.91 元，从而减少了增值税销项税额 9.88 元。同时也避免了企业所得税和个人所得税的问题。

策划点评：

"买一赠一"促销方式是目前商业企业采用得比较多的促销形式，但是"买一赠一"促销方式影响到企业的计税销售额，如果操作不当，就有可能形成偷税之嫌。通过以上操作处理，不仅达到了促销的目的，而且还规避了税收负担人为地上升。

这样操作之所以在法律上能够通过，是因为商场在商品的销售定价上有自主权，给客户（无关联关系）的折扣也有自主权。就该项促销活动来看，其销售净价也不会出现明显偏低的现象，因为第一商场在促销时一般都采取适当提高相应商品对外销售价格的策略，并且，商品的价格在市场经济条件下做必要的调整是正常的，也是必需的；第二具体操作方法符合有关法律要求。税法规定，纳税人采取折扣方式销售货物，如果销售额和折扣额在同一张发票上分别注明的，可按折扣后的销售额征收增值税；如果将折扣额另开发票，不论其在财务上如何处理，均不得从销售额中减除折扣额。根据这个规定，如果折扣额与销售额在同一张发票上进行了反映，就可以认可企业对销售额的扣减。

另外还需要提醒纳税人注意的是个人所得税问题，《财政部 税务总局关于个人取得有关收入适用个人所得税应税所得项目的公告》（财政部 税务总局公告 2019 年第 74 号）第三条明确，企业在业务宣传、广告等活动中，随机向本单位以外的个人赠送礼品（包括网络红包，下同），以及企业在年会、座谈会、庆典以及其他活动中向本单位以外的个人赠送礼品，个人取得的礼品收入，按照"偶然所得"项目计算缴纳个人所得税，但企业赠送的具有价格折扣或折让性质的消费券、代金券、抵用券、优惠券等礼品除外。

前款所称礼品收入的应纳税所得额按照《财政部 国家税务总局关于企业促销展业赠送礼品有关个人所得税问题的通知》（财税〔2011〕50 号）第三条规定计算。

背景资料：

"买一赠一"促销方式在操作过程中影响到税收的计税依据。对于纳税人销售货物的计税依据，国家税务总局关于《增值税若干具体问题的规定》（国税发〔1993〕154 号）中明确：

（一）纳税人为销售货物而出租出借包装物收取的押金，单独记账核算的，不并入销售额征税。但对因逾期未收回包装物不再退还的押金，应按所包装货物的适用税率征收增值税。

（二）纳税人采取折扣方式销售货物，如果销售额和折扣额在同一张发票上分别注明的，可按折扣后的销售额征收增值税；如果将折扣额另开发票，不论其在财务上如何处理，均不得从销售额中减除折扣额。

（三）纳税人采取以旧换新方式销售货物，应按新货物的同期销售价格确定销售额。纳税人采取还本销售方式销售货物，不得从销售额中减除还本支出。

（四）纳税人因销售价格明显偏低或无销售价格等原因，按规定需组成计税价格确定销售额的，其组价公式中的成本利润率为 10%。但属于应从价定率征收消费税的货物，其组价公式中的成本利润率，为《消费税若干具体问题的规定》中规定的成本利润率。

代理销售　方法讲究

【妙计提要】

专业生产请营销，代理服务有一套；服务买断方式变，合理选择乐逍遥。

【本计内容】

目前代理活动在日常生活中十分广泛，在经营过程中的代理是代企业打理生意，不是买断企业的产品，而是厂家给额度的一种经营行为，货物的所有权属于厂家，而不是商家。他们不是自己经销产品，而是代企业转手卖出去。所以"代理商"，一般是企业。

在国际贸易中，商业上的代理指货主或生产厂商（委托人），在规定的地区和期限内，将指定商品交由国外客户代销的一种贸易方式。其做法是由委托人与代理人签订代理协议，授权代理人在一定范围内代表他向第三者进行商品买卖或处理有关事务，如签订合同及其他与交易有关的事务等；代理人在委托人授权范围所作的行为所产生的权利和义务，直接对委托人发生效力，即代理人是在授权范围内以委托人的名义行事。代理双方属于一种委托和被委托的代销关系，而不是买卖关系。

代理商在代理业务中，只是代表委托人招揽客户，招揽订单，签订合同，处理委托人的货物，收受货款等并从中赚取佣金，代理商不必动用自有资金购买商品，不负盈亏。代理双方通过签订代理协议建立起代理关系后，代理商有积极推销商品的义务，并享有收取佣金的权利，同时代理协议一般规定有非竞争条款，即在协议有效期内，代理人不能购买、提供与委托人的商品相竞争的商品或为该商品组织广告；代理人也无权代表协议地区内的其他相竞争的公司。在国际贸易中，诸如销售、采购、运输、保险、广告、金融、诉讼等都广泛采用代理方式。当前世界贸易中有较大的比重是通过代理商这条渠道进行的，我国在进出口业务中也广泛地运用了代理方式。

委托人通过代理方式，利用代理人在国际市场上的地位、销售渠道及其专业知识，委派代理人去开拓市场，组织销售和进货，进行售后服务，传播信息等，可避免因设立分支机构带来的人员、财务上的负担以及由此可能产生的法律等各种问题。代理人则可得到一定的佣金报酬。代理方式按委托人对代理人授权的大小，可分为一般代理、独家代理和总代理。一般代理又称佣金代理，是不享有代销专营权的代理，委托人在同一地区和期限内，可选定一家或几家客户作为一般代理人，根据代销商品的实际数量按协议规定的办法付给佣金，委托人可直接与该地区的买主成交，其直接成交部分，不向代理商支付佣金。独家代理是委托人给予代理商在规定地区和一定期限内享有代销专营权的代理，委托人在该指定地区和时间内，不得委托其他第二个代理人，独家代理与包销方式下的专营权不同，独家代理下的专营权指的是专门代理权，商品出售前所有权仍归委托人，由他负责盈亏。

代理在其他服务业中也十分常见，如货代，等等。货代从字面来看是货运代理的简称。从工作内容来看是接受客户的委托完成货物运输的某一个环节或与此有关的环节，涉及这方面的工作都可以直接或间接地找货代来完成，以节省资本。根据货物不同也有海外代理。货运代理是指在流通领域专门为货物运输需求和运力供给者提供各种运输服务业务的总称。它们面向全社会服务，是货主和运力供给者之间的桥梁和纽带。

随着市场经济的发展程度越来越成熟，企业的销售方式也越来越多，越来越复杂，其中代理销售就是目前企业经常采用的一个销售形式。而在代理销售方式下，又有多种变化形式，如果利用得当，就可以给纳税人带来经济上的实惠。

以前一笔货物的代销业务涉及营业税和增值税两个税种，营改增之后，代理服务改增值税，那么，在此情况下企业应当如何做出选择？

【案例注释】

代销业务既有会计处理方面的难处，又有涉税事项界定方面的要求。读者可能对上述的表述感觉难以理解。因此，这里我们结合实际案例对有关计策的操作原理做一个简要分析和解释。

代销方式怎么定　税收负担有影响

企业通过委托代销的形式销售商品，可以提高销售量，这对生产企业扩大市场占有率，促进产品的销售具有十分重要的意义。因此，代销这种销售形式为多数生产性企业运用。

企业案例：

洪雷时装公司是全国知名的服装生产企业（以下简称洪雷公司），主要生产西服和各种高档时装。2020年生产甲品牌高档时装全部委托分布在全国三十多个大中城市的代理商销售的。为了宣传自己的品牌，提高本企业产品的市场占有率，该企业采取薄利多销的策略，在与各代理商签订销售合同时，就与其明确甲品牌时装每套含税销售价格为1 000元，代理手续费为每套含税价格100元。

通过各种销售方式和销售渠道扩大自己产品的销售量，尽可能扩大市场的占有率，是目前企业营销活动的重点。根据《增值税暂行条例实施细则》第四条规定，企业将货物交付他人代销，应视同销售货物，按规定计算缴纳增值税。同时规定："委托其他纳税人代销货物，在收到代销单位的代销清单的当天确认收入"。因此，当洪雷公司发出时装时账务处理如下。

借：发出商品
　　贷：库存商品（产成品）
收到代理商转来的代销清单时，企业以合同约定的销售价格记账。

借：银行存款（或应收账款等科目）
　　贷：主营业务收入
　　　　应交税费——应交增值税（销项税额）
企业向代销单位支付代销手续费时：

借：销售费用
　　应交税费——应交增值税（进项税额）
　　贷：银行存款

2020年12月底，普誉财税策划工作室的咨询专家小方应该企业聘请，为其2020年度纳税情况进行安全性诊断。经检查，小方对该企业税收的会计核算情况给予认可，但对时装经营的具体操作方式提出自己的策划建议。他指出：新会计制度把代销收入分为两类来处理，一是收取手续费的方式；二是视同买断方式。从税收的角度讲，两种方式的经营效果是不一样的。

第一种方式：收取手续费代销方式。

即受托方根据所代销的商品数量按协议约定向委托方收取一定比例的手续费，这是受托方的一种劳务收入。它的主要特点是：受托方通常按照委托方制定的价格标准销售货物，受托方自己无权决定商品的价格，在这种销售方式下，委托方在受托方将商品销售后，按受托方提供的代销清单确认销售收入；受托方在商品销售后，按协议约定的比例收取手续费确认收入。

目前，洪雷公司正是采用这种代销方式销售自己的产品的。2020年该公司发出甲品牌时装12 000套，至12月底结账时，收到代销单位的代销清单合计销售10 000套，则洪雷公司2020年度应按销售清单确认销售收入8 849 557.52元，计算增值税的销项税额为1 452 991.45元（为了分析简便，这里假设该公司全年的产品适用13%的增值税税率，下同）。公司在进行账务处理的过程中做如下分录。

借：应收账款　　　　　　　　　　　　　　　　　　　　10 000 000
　　贷：主营业务收入　　　　　　　　　　　　　　　　　8 849 557.52
　　　　应交税费——应交增值税（销项税额）　　　　　　1 150 442.48

支付手续费 1 000 000 元时，企业做会计分录如下。

借：营业费用 943 396.23

应交税费——应交增值税（进项税额） 56 603.77

贷：银行存款 1 000 000

通过代销实际支付增值税为：

1 150 442.48-56 603.77 ＝ 1 093 838.71（元）

第二种方式：视同买断代销方式。

即由委托方和受托方签订协议，委托方按合同价收取所代销的货款，实际售价由受托方在委托方确定的指导价格范围内自主决定，实际售价与合同价的差额归受托方所有，委托方不再支付代销手续费。在这种情况下，委托方在交付商品时不确认收入，受托方也不作为购入商品处理，只在备查账中登记商品规格数量等。受托方将商品销售后，按实际的售价确认收入，并向委托方开具代销清单。委托方按代销清单确认销售收入。

如果洪雷公司采用这种代销方式，则与代理商签订代销协议时，洪雷时装公司以销售价格每套 1 000 元扣减代销手续费 100 元，即以每套 900 元的价格作为合同代销价格，代理商仍以每套含税价格 1 000 元销售出去。假设销售数量仍为 10 000 套，那么，洪雷时装公司在收到代理商转来的代销清单时，确认销售收入并计算增值税销项税额：

借：应收账款 9 000 000

贷：主营业务收入 7 964 601.77

应交税费——应交增值税（销项税额） 1 035 398.23

通过以上计算和分析我们发现，采用买断方式代销这批时装，对委托方和受托方都有好处。

对于洪雷公司，由于无须再支付手续费，压缩了增值税销项税额计税依据，节约增值税支出 58 440.48（1 093 838.71-1 035 398.23）元。同时也节约支出城市维护建设税及教育费附加 5 844.05 元（城市维护建设税 7%，教育费附加 3%）。两项合计减少支出 64 284.53 元。

对于代理商来说，虽然因为改变了服务方式而多缴了增值税 58 440.48 元（由于原来的代理服务是按 6% 缴纳增值税，而货物销售则为 13% 纳税，即 115 044.25-56 603.77），但是，取得了销售货物的定价权，可以使其根据代销货物在当时的价格水平，随行就市进行促销售，从而提升自己的盈利水平。

策划分析：

1. 洪雷公司涉税分析

从洪雷公司的角度讲，两种经营方式，哪个更好呢？在这里需要做具体分析和研究。

（1）收取手续费代销方式。

在收入方面，增加主营业务收入 8 849 557.52[1 000 万元 ÷（1+13%）]，增值税销项税额为 1 150 442.48 元 [1 000 万元 ÷（1+13%）× 13%]。假设该公司销售 10 000 套服装，制造成本为 650 万元，能够取得增值税进项税额 75.45 万元，那么，洪雷公司通过支付手续费方式销售服装

10 000 套，就应当缴纳增值税为：

1 150 442.48−754 500−56 603.77 ＝ 339 338.71（元）

可见，在收取手续费方式条件下税收负担率为 3.83%

应缴城建税和教育费附加合计为：

339 338.71×（7%+3%）＝ 33 933.87（元）

洪雷公司取得税后净利润为：

（8 849 557.52−6 500 000−943 396.23−33 933.87）×（1−25%）

＝ 1 372 227.42×（1−25%）

＝ 1 029 170.57（元）

（2）视同买断的代销方式。

如果双方商定采用买断代销方式，洪雷时装公司以销售含税价格每套 1 000 元扣减代销手续费含税价 100 元，假设销售数量仍为 10 000 套，那么，洪雷时装公司取得主营业务收入 7 964 601.77 元 [900 万元 ÷（1+13%）]，增值税销项税额 1 035 398.23 元 [900 万元 ÷（1+13%）× 13%]，制造成本为 650 万元，能够取得增值税进项税额 75.45 万元，那么，洪雷公司就应当缴纳增值税为：

1 035 398.23−754 500 ＝ 280 898.23（元）

可见，在采用买断代销方式条件下增值税的税收负担率为 3.53%。

应缴城建税和教育费附加合计为：

280 898.23×（7%+3%）＝ 28 089.82（元）

洪雷公司取得税后净利润为：

（7 964 601.77−6 500 000−28 089.82）×（1−25%）

＝ 1 436 511.95×（1−25%）

＝ 1 077 383.96（元）

洪雷公司经营情况分析表 （单位：元）

销售方案	增值税	城建及教育费附加	税后利润	利润比较
手续费方式	339 338.71	33 933.87	1 029 170.57	0
买断代销方式	280 898.23	28 089.82	1 077 383.96	48 213.39

2. 代理公司涉税分析

从代理公司的角度讲，两种经营方式，哪个更好呢？在这里需要做具体研究和分析。

（1）收取手续费代销方式。

采用收取手续费方式，代理商取得含税价收入 100 万元，根据《财政部 国家税务总局关于全面推开营业税改征增值税试点的通知》（财税〔2016〕36 号）规定，属于现代服务业范围的商务辅助服务（包括企业管理服务、经纪代理服务、人力资源服务、安全保护服务），应缴纳增值税：

$1\ 000\ 000 \div 1.06 \times 6\% = 56\ 603.77$（元）

应缴城建税及教育费附加合计：

$56\ 603.77 \times (7\%+3\%) = 5\ 660.38$（元）

假设完成该笔业务需要人工及其他办公费用 50 万元，那么，该笔业务可实现税后利润为：

$(943\ 396.23-500\ 000-5\ 660.38) \times (1-25\%)$

$= 437\ 735.85 \times (1-25\%)$

$= 328\ 301.89$（元）

（2）视同买断的代销方式。

采用视同买断的代销方式，双方的收入和应缴税金情况分别为（暂不考虑所得税）：

如果双方采用买断代销方式，洪雷时装公司以销售含税价格每套 1 000 元扣减代销手续费含税价 100 元，假设销售数量仍为 10 000 套，那么，洪雷时装公司取得主营业务收入 8 849 557.52[1 000 万元 ÷（1+13%）]，增值税销项税额为 1 150 442.48 元 [1 000 万元 ÷（1+13%）×13%]。采购成本为 7 964 601.77 元 [900 万元 ÷（1+13%）]，取得增值税进项税额 1 035 398.23 元 [900 万元 ÷（1+13%）×13%]。应缴增值税为：

$1\ 150\ 442.48-1\ 035\ 398.23 = 115\ 044.25$（元）

应缴城建税及教育费附加合计：

$115\ 044.25 \times (7\%+3\%) = 11\ 504.43$（元）

假设完成该笔业务需要人工及其他办公费用 50 万元，那么，该笔业务可实现税后利润为：

$(8\ 849\ 557.52-7\ 964\ 601.77-500\ 000-11\ 504.43) \times (1-25\%)$

$= 373\ 451.32 \times (1-25\%)$

$= 280\ 088.50$（元）

代销公司经营情况分析表 （单位：元）

销售方案	增值税	城建及教育附加	税后利润
手续费方式	56 603.77	5 660.38	328 301.89
买断代销方式	115 044.25	11 504.43	280 088.50

策划结论：

对于洪雷公司来说，在视同买断方式下要比支付手续方式少缴增值税 58 440.48 元，因此，利润多赚 48 213.39 元（税后净利润）；而从代理商的角度讲，在视同买断方式下要比支付手续方式多缴增值税 58 440.48 元，但是，利润也少赚 48 213.39 元（税后净利润）。

由此可见，在营改增以后，流转税存在一个博弈的过程。并且，如果代理商没有相当的市场运作能力，选择代理销售的方式，风险相对比较小，可以稳稳当当地赚钱。

策划点评：

在具体的销售活动中，代销又分收取代销手续费的形式代销和买断式代销两种形式，从税收的角度讲，两者所产生的效果是不同的。由于两种销售行为的方式不同，与其相对应，其适用的税收依据也不同，从而出现税收负担不同，这就是进行税收策划的空间之所在。

通过以上案例分析，我们意识到不同的代销方式对纳税的影响，在实际办税工作中，根据企业自身的具体情况，选择适当的委托代销方式，同时综合考虑其他各方面的税收、非税收影响因素，可以在合法的前提下减轻税收负担。

但是，在这里我们必须提醒大家，本案例有点纸上谈兵的味道，在实际运用过程中操作的难度很大。在这里我们只是将问题抽象出来，对其中的税收问题拿出来讨论的，如果将依据销售额附征的其他规费结合到一起来讨论，问题就会复杂起来，在那样的情况下，可能就不会得出如此结论。

房产代销好复杂　厘清思路无风险

随着房地产开发向纵深发展，其市场营销领域也发生了一些变化，比如，以前往往是房地产企业自己建立销售团队，销售自己开发的产品，但是，现在许多房地产企业都会将开发的商品房委托给房地产销售经纪机构代理销售。在这样的情况下，又会发生一些新的涉税问题。这里我们引用普誉财税策划工作室提供的资料对相关问题进行简要分析。

企业案例：

甲房地产公司是增值税一般纳税人，目前选择一般计税方法计征增值税，2019年底开发完工一个住宅小区。由于近期房地产销售情况不尽人意，公司研究决定委托专业销售机构为其代销，在具体操作方案上，甲公司与房屋销售公司合作的过程中，应当如何处理相关企业所得税问题呢？

政策分析：

1. 代理销售费用税前扣除限额的规定

根据《财务部 国家税务总局关于企业手续费及佣金支出税前扣除政策的通知》（财税〔2009〕29号）第一条第2款的规定，房地产企业按与具有合法经营资格中介服务机构或个人（不含交易双方及其雇员、代理人和代表人等）所签订服务协议或合同确认的收入金额的5%计算限额，在企业所得税前进行扣除。同时根据《国家税务总局关于印发〈房地产开发经营业务企业所得税处理办法〉的通知》（国税发〔2009〕31号）第二十条规定，房地产开发企业委托境外机构销售开发产品的，其支付境外机构的销售费用（含佣金或手续费）不超过委托销售收入10%的部分，准予据实扣除。

2. 税前扣除代销费用的四个关键条件

财税〔2009〕29号第二条规定：企业应与具有合法经营资格的中介服务企业或个人签订代办协议或合同，并按国家有关规定支付手续费及佣金。除委托个人代理外，企业以现金等非转账方式支付的手续费及佣金不得在税前扣除。第三条规定："房地产企业支付的手续费及佣金不得直接冲减服务协议或合同金额，并如实入账"。第四条规定："企业应当如实向当地主管税务机关提供当年手续费及佣金计算分配表和其他相关资料，并依法取得合法真实凭证"。

《财政部 国家税务总局关于营改增后契税 房产税 土地增值税 个人所得税计税依据问题的通知》（财税〔2016〕43号）第三条规定："土地增值税纳税人转让房地产取得的收入为不含增值税收入"。基于这个税收政策规定，房地产企业发生的代销费用在企业所得税前扣除必须满足以下四个条件。

一是企业所得税前扣除的限额是合同中约定的不含增值税的收入。

二是除了给个人的销售手续费或佣金可以用现金支付外，其他销售中介机构的销售手续费或佣金必须通过银行公对公进行转账支付。

三是房地产企业支付的手续费及佣金不得直接冲减服务协议或合同金额，并如实入账。

四是企业应当如实向当地主管税务机关提供当年手续费及佣金计算分配表和其他相关资料，并依法取得合法真实凭证。

业务分析：

房地产企业在委托中介销售开发产品的过程中，如何确认代销收入在企业所得税处理上是一个重点问题。

1. 销售期房的收入时间确认会计与税法差异

房地产开发企业的销售方式一般包括现房销售、期房销售。对于房地产开发企业现房销售业务的处理方法，企业会计准则与税法的规定是一致的；而期房销售业务的处理方法，会计准则和税法的规定有所不同，致使房地产开发企业的预售业务在会计处理和税务处理上存在着很大的差异。

在会计上，根据《企业会计准则》的规定，房地产开发企业期房销售业务的会计处理为：由于企业销售商品不满足收入确认条件，当收到预售款时应确认为负债，等预售房屋竣工并交付给购买方时，再确认收入。即收到期房房款时，借记"银行存款"科目，贷记"预收账款"科目；房屋竣工并交付给购买方时，借记"预收账款"科目，贷记"主营业务收入"科目，同时结转开发产品成本，借记"主营业务成本"科目，贷记"开发产品"科目。

在税务上，根据国家税务总局《关于房地产开发业务征收企业所得税问题》（国税发〔2009〕31号）第六条的规定，企业通过正式签订《房地产销售合同》或《房地产预售合同》所取得的收入，应确认为销售收入的实现。因此，房地产企业通过签订《房地产预收合同》所取得的收入，从企业所得税的角度，不再存在"预收账款"的概念，只要签订了《销售合同》《预售合同》并收取款项，不管产品是否完工，全部确认为销售未完工开发产品取得的收入，负有企业所得税纳税义务。

2. 销售现房收入确认的时间

由于房地产企业销售的是现房，只要签订销售合同，房地产开发企业就可以与购房者办理商品房的移交手续，在会计核税法上，房地产企业确认企业所得税收入的时间是一致的。

业务处理：

以代销方式销售开发产品，根据国税发〔2009〕31号文件第六条第（四）项的规定，房地产企业采取委托方式销售开发产品的企业所得税收入确认的时间点分为以下四种情况。

（1）采取支付手续费方式。

案例之一：甲房地产公司2019年开发住宅小区，选择一般计税方法计征增值税，甲房地产公司与A房屋销售公司签订现房销售代理销售合同约定：A公司按销售额5%收取手续费。2019年9月销售房屋2 000平方米，每平方米5 000元。A公司将销售清单提交甲公司，并按合同约定转交售房款950万元。

在这样的情况下，甲房地产公司如何进行账务处理和企业所得税收入如何确认？

根据《房地产开发经营业务企业所得税处理办法》（国税发〔2009〕31号）第六条第（四）项第1款规定，采取支付手续费方式委托销售开发产品的，应按销售合同或协议中约定的价款于收到受托方已销开发产品清单之日确认收入的实现。另外，《财政部 国家税务总局关于企业手续费及佣金支出税前扣除政策的通知》（财税〔2009〕29号）第五条规定："企业支付的手续费及佣金不得直接冲减服务协议或合同金额，并如实入账"。

因此，基于以上税收政策规定，A公司代理业务销售额应为1 000万元，不能将支付给代理销售机构的手续费50万元直接扣除合同销售金额，应由A房屋销售公司向甲房地产企业开具"现代服务业——代理业"的增值税专用发票50万元，作为费用列支。账务处理如下（单位：万元，保留两位小数，下同）。

借：银行存款　　　　　　　　　　　　　　　　　　　1 000
　　贷：主营业务收入　　　　　　　　　　　　　　　　917.43
　　　　应交税费——应交增值税（销项税）　　　　　　82.57

支付代销手续费时：

借：销售费用——代销佣金　　　　　　　　　　　　　47.17
　　应交税费——应交增值税（进项税）　　　　　　　 2.83
　　贷：银行存款　　　　　　　　　　　　　　　　　　　　50

（2）采取视同买断方式。

案例之二：甲房地产公司2019年开发住宅小区，选择一般计税方法计征增值税，甲房地产公司与B公司签订现房销售代理合同约定：B公司采取买断方式代理销售，买断价为每平方米4 500元，销售时由委托方、受托方、买房共同签订协议。2019年9月B公司将开发产品销售清单提交甲房地产公司时，销售房屋2 000平方米，实现销售收入1 000万元，平均售价5 000元。

在这样的情况下，甲房地产公司的财务税务处理和企业所得税收入如何确认？

分析：

根据国税发〔2009〕31号文件第六条第（四）项第2款的规定，采取视同买断方式委托销售开发产品的，属于企业与购买方签订销售合同或协议，或企业、受托方、购买方三方共同签订销售合同或协议的，如果销售合同或协议中约定的价格高于买断价格，则应按销售合同或协议中约定的价格计算的价款于收到受托方已销开发产品清单之日确认收入的实现；

如果属于前两种情况中销售合同或协议中约定的价格低于买断价格，以及属于受托方与购买方签订销售合同或协议的，则应按买断价格计算的价款于收到受托方已销开发产品清单之日确认收入的实现。基于此税法规定，如果房地产企业与销售代理机构签订视同买断方式的代理销售合同，则房地产企业的企业所得税收入确认必须按照合同中约定的买断价格与实际市场销售价格孰高的原则进行收入确认。本案例中的销售代理合同约定的买断价为 4 500 元一平方米，而实际市场销售价格为 5 000 元一平方米，根据税法的规定，甲房地产公司必须按照 5 000 元一平方米确认收入。

处理：

根据以上财税政策分析，B 公司代理业务销售额应为 1 000 万元，不能将支付给代理销售机构的手续费 100 万元直接扣除合同销售金额，应由 B 房屋销售公司向甲房地产公司开具"现代服务业——代理业"的增值税专用发票 100 万元，作为费用列支。账务处理如下。

借：银行存款　　　　　　　　　　　　　　　　　　　　　　1 000
　　贷：主营业务收入　　　　　　　　　　　　　　　　　　917.43
　　　　应交税费——应交增值税（销项税）　　　　　　　　82.57
借：销售费用——代销佣金　　　　　　　　　　　　　　　　94.34
　　应交税费——应交增值税（进项税）　　　　　　　　　　5.66
　　贷：银行存款　　　　　　　　　　　　　　　　　　　　100

（3）采取超基（保底价）价分成方式。

案例之三：甲房地产公司 2019 年开发住宅小区，选择一般计税方法计征增值税，甲房地产公司与 C 公司签订现房销售代理合同，合同约定：采取基价（保底价）并实行超基价双方分成方式委托销售开发产品。销售保底价 4 500 元一平方米，并由 C 公司直接与客户签订销售合同，超过保底价部分受托方和委托方按三、七分成。2019 年 9 月 C 公司提交销售清单时，销售房屋 2 000 平方米，实现销售收入 1 000 万元，平均售价 5 000 元。

在这样的情况下，甲公司的财务税务处理和企业所得税收入如何确认？

分析：

根据国税法〔2009〕31 号文第六条第（四）项第 3 款的规定，采取基价（保底价）并实行超基价双方分成方式委托销售开发产品的，按照以下两种情况确认收入。

其一，属于由企业与购买方签订销售合同或协议，或企业、受托方、购买方三方共同签订销售合同或协议的，如果销售合同或协议中约定的价格高于基价，则应按销售合同或协议中约定的价格计算的价款于收到受托方已销开发产品清单之日确认收入的实现，企业按规定支付受托方的分成额，不得直接从销售收入中减除；如果销售合同或协议约定的价格低于基价的，则应按基价计算的价款于收到受托方已销开发产品清单之日确认收入的实现。

其二，属于由受托方与购买方直接签订销售合同的，则应按基价加上按规定取得的分成额于收到受托方已销开发产品清单之日确认收入的实现。

处理：

本案例中的基价为 4 500 元一平方米，实际售价为 5 000 元一平方米，根据以上税收政策的规定，甲房地产公司应该按照 5 000 元一平方米确认收入。因此，基于此税收政策规定，C 公司代理业务销售额为 2 000×4 500 +（5 000-4 500）×2 000×100% = 1 000（万元），这里关键点在于开发商支付给受托方的分成额（5 000-4 500）×2 000×70% = 70（万元）不得直接从销售收入中扣除，将来支付代销手续费时，根据 C 公司开来的增值税专用发票作为销售费用列支。

根据以上财税政策分析，甲房地产企业的税务处理方法如下。

借：银行存款	1 000
贷：主营业务收入	917.43
应交税费——应交增值税（销项税）	82.57
借：销售费用——代销佣金	66.04
应交税费——应交增值税（进项税）	3.96
贷：银行存款	70

（4）采取包销方式。

案例之四：甲房地产公司 2019 年开发住宅小区，选择一般计税方法计征增值税，甲房地产公司与 D 公司签订现房销售代理合同，合同约定 D 公司采取包销方式代理销售现房，受托方与客户签订售房合同，D 公司包销甲房地产公司 2 000 平方米房屋，以每平方米销售价 4 500 元向甲房地产公司结账；如果截止到 2019 年 9 月 15 日销售不完，房屋归 D 公司，并由 D 公司于期满日起 10 日内付清房款。截止到 2019 年 9 月底，D 公司提交销售清单时，当月销售房屋 1 700 平方米，实现销售收入 850 万元，平均售价 5 000 元，还有 300 平方米未售出。

在这样的情况下，甲房地产公司的财务税务处理和企业所得税收入如何确认？

分析：

根据国税法〔2009〕31 号文件第六条第（四）项第 4 款的规定，采取包销方式委托销售开发产品的，按照以下规定确定收入的实现。

其一，包销期内：包销期内可根据包销合同的有关约定，参照收取手续费、视同买断和超基价分成方式的税法的规定确认收入的实现；

其二，包销期外：包销期满后尚未出售的开发产品，企业应根据包销合同或协议约定的价款和付款方式确认收入的实现。也就是说，包销期外按照包销协议执行，等于将房屋卖给了包销方。包销的全部收入为包销期内应实现收入加上包销期满后应实现收入之和。

处理：

本案例中的 D 公司在包销期内之销售 1 700 平方米，在包销期外的 300 平方米视同甲房地产企业销售给了 D 公司，D 公司应该按照 4 500 元一平方米单价销售 300 平方米和按照 5 000 元一平方米单价销售 1 700 平方米与甲房地产公司结算销售收入，即 5 000×1 700 ＋ 4 500×300 ＝ 985（万元）。如果 D 公司把 300 平方米售出时，再按销售不动产征税。

因此，根据以上财税分析，甲房地产公司的企业所得税收入确认为：5 000×1 700 ＋ 4 500×300 ＝ 985（万元），支付给 D 公司代理手续费 85 万元（1 700×500 元），收到 D 公司开具的增值税专用发票作为销售费用列支。甲房地产公司的账务处理方法如下。

借：银行存款　　　　　　　　　　　　　　　　　　985
　　贷：主营业务收入　　　　　　　　　　　　　　903.67
　　　　应交税费——应交增值税（销项税）　　　　81.33
借：销售费用——代销佣金　　　　　　　　　　　80.19
　　应交税费——应交增值税（进项税）　　　　　4.81
　　贷：银行存款　　　　　　　　　　　　　　　　　85

分析点评：

为了节约成本，体现专业的人办专业事项的原则，许多房地产企业都会将开发的商品房委托给房地产销售经纪机构代理销售。在代理销售的商业模式下，房地产企业如何进行增值税和企业所得税收入的确认？代理费用如何进行企业所得税前扣除？所有这些问题一直是税务稽查机构每年对房地产企业稽查的重点内容之一。

在具体操作过程中，有些事项需要当事人具体分析。比如，"视同买断代销"的销售模式下，其代理机构取得的收入的增值税率适用问题，在货物经营过程中，人们一般将其按货物经营来处理了，因为实现了货物所有权的转移，是货物的买卖过程，但是，在房产代理销售过程中，虽然企业所得税中有"视同买卖"这一说，但是，实际上经营标的所有权并未转移，所以本案例分析中，我们依然将此模式下的代理商取得的收入按"服务"来认定，其增值税的适用税率按 6% 确认。

复合模式做销售　联营扣点理思路

目前的市场经营思路变化多端，经营方式越来越复杂，对这些经营方式进行税收分析，无论是税务机关还是纳税人都有必要。在这里我们就目前出现的"联营扣点""联营返点"等销售方式做一个简要分析。

企业案例：

深圳某大型综合性零售企业，主要经营三个综合销售商场，2019 年度实现销售收入 543 700 万元，其销售额比上年增长 30%。其经营效益也有了明显的提高，2019 年度实现税后利润 43 850 万元，比上年增长 35.6%。该公司之所以取得如此好的经营业绩，就是因为他们采用了新的经营模式。在具体经营过程中，该公司一方面实行自营，另一方面，将部分柜台出租给生产厂家，由他们派人组织销售活动，该公司只负责现场管理。这种经营方式使公司既降低了经营风险，又提升了公司的经营效益。但是，在第二年的纳税检查过程中，税务人员却给他们说不！这是为什么呢？

基本案情：

2020年8月28日，当地主管国税局稽查局的税务人员对该公司2019年度的经营情况进行了全面的检查，他们发现该公司存在两方面的问题。

问题一：商场A在2019年度的"其他业务收入"存在问题，认为公司从10月份开始通过"联营扣点"形式取得的租金收入4 720万元，应当按13%计算缴纳增值税。对此该公司很不理解，明明因为出租柜台而取得的收入，为什么需要按13%计算缴纳增值税呢？

税务人员认为：在具体操作过程中，他们采用的"联营扣点"操作模式属于应当计算缴纳增值税的销售行为。商场与生产厂家签署租赁合同，规定了如下内容（以某笔租赁业务为例）。

一是商场出租200平方米的柜台给厂商作为销售产品的场地。

二是厂商自派员工到商场销售和管理自己的商品。

三是厂商每月向商场支付按销售额的18.5%（但是不得低40万元）的租金。

四是厂商的销售额由商场统一收取，月末结算时租金直接在销售额坐扣。

五是商场向厂商每月收取16万元的进场费和宣传费。

问题二：收取手续费方式代销（加价销售）未缴增值税。如商场B和甲公司均为增值税一般纳税人，2017年12月初，甲公司委托B公司销售电视机20台，代销合同约定，每台电视机销售价格为4 680元（不含税价为4 000元），每销售一台，甲公司支付B公司200元代销手续费。B公司将每台电视机的销售价格擅自提高到4 880元（含税价），即将每台电视机的零售价提高了200元。至12月末，B公司销售20台电视机并向甲公司开具了收取2 000元手续费的结算发票，同时将扣除手续费后的销货款44 800元汇至甲公司。

政策分歧：

企业人士认为：根据现行税收法规，出租柜台，应当按租金收入计算缴纳增值税，代销商品也应当按现代服务缴纳增值税。为什么要我们按13%计算缴纳增值税呢？要知道，两者相差4个百分点，对于该企业来说，可是一个不小的数据啊！于是，他们请来了税务专家。普誉财税策划工作室的税务专家到该企业，为该企业提供了专业咨询服务。

业务分析：

在日常的生产和经营活动中出现的涉税问题，表面上是在财务环节多缴了税，但是其症结往往不在会计和财务环节。所以，解决涉税问题更多的是需要从业务流程中去找原因。普誉财税策划工作室的税务专家正是知道这一点，所以他们能够解决实际问题。

随着市场经济的进一步发展，在商品流通环节不断出现一些新的生产方式和经营形式，"联营扣点""联营返点"就是最近几年才出现了的一种新型经营合作方式。"联营扣点""联营返点"等合作经营方式一般在生产商与零售店之间进行。根据普誉财税策划工作室的税务专家所进行的市场调查和了解，目前"联营扣点""联营返点"的操作形式很多，但从实质上讲，不外乎以下三种基本形式。

其一，零售店给生产厂商提供柜台或者其他经营场所，零售店仅在生产厂商将商品入店时进行核查和登记数量，统计其销售价格，销售和收款等经营活动都由生产厂商自己负责，生产厂商的商品销售结束后，零售店按一定的比例，计算收取柜台或者其他经营场所的租金。

其二，双方的业务运行流程与上述相同，但在租金的收取上，零售店实行"保底定额加扣点（返点）"或"定额与扣点孰高确定租金"的形式，即零售店出租柜台或者其他经营场所时，先收取一定数额的租金，期末再根据厂商的销售额计算收取一定的租金；或者先行确定一个定额基数，如果期末按销售额乘以一个商定的比例（扣点）计算出来的结果小于先行确定的基数，厂商则按先行确定的基数向零售店支付租金，如果根据扣点计算的结果高于基数，厂商则按扣点计算的结果支付租金。

其三，零售店给生产厂商提供柜台或者其他经营场所，零售店在生产厂商将商品入店时不核查和登记数量，生产厂商派人参与商品的销售，但销售活动由商场统一管理，商品销售的款项也由商场统一收取，生产厂商的商品销售结束后（或者双方约定一个结算期间），零售店按一定的比例，计算收取柜台或者其他经营场所的租金。

对于"联营扣点"和"联营返点"合作方式的征税问题，应当根据具体情况做具体分析。就上述第一和第二形式的合作模式，从交易过程和交易实质来分析，实际上是一种柜台（场地）出租行为。现行税法明确，对承租或承包的企业、单位和个人，有独立的生产、经营权，在财务上独立核算，并定期向出租者或发包者上缴租金或承包费的，应作为增值税纳税人按规定缴纳增值税。在具体操作过程中存在两种情况，一是如果生产厂商从企业生产经营所在地主管税务机关开具了《外出经营许可证明单》，并经经营地主管税务机关确认的，厂商的销售额可以回企业所在地申报纳税；二是厂商在经营地领取了营业执照，并进行税务登记，厂商在零售商场的经营行为属于自营行为，其实现的纳税义务应当由其自己申报纳税。在以上两种模式下，零售商场所取得的租金收入应通过"其他业务收入"科目核算，按不动产租赁业务收入计算缴纳增值税。

对于第三种情况，即生产厂商提供商品或派人参与商品的销售，而销售活动由商场统一管理，商品销售的款项也由商场统一收取的行为，事实上是商场的一种销售行为，从具体的运作过程来分析，其运行活动是一种代销行为。以该公司的业务运作情况为例做如下分析。

从生产厂商的角度来分析：厂商将货物运至商场，但具体商品由厂商负责管理，在这个环节其商品的所有权没有发生转移，商场对商品没有所有权。但是，如果该商品实现销售，由商场为其开票并收取货款，商场在月底（或者双方约定的其他结算期限）则按"销售清单"（实现销售的部分）记载的数量与厂商进行销售结算，厂商的纳税义务也在同时发生，这个过程事实上就是一个完整的委托代销售的过程。

而从另一个纳税人商场的角度来看，厂商通过商场完成了销售的过程，其商品销售成为商场销售收入的组成部分，而商场所取得的收入，从业务合同（形式）上看，商场取得的收入是场地使用权价值的实现，而从实际经济运行过程（内容）上看，商场取得的收入却是商品销售的差价，也就是商品在流转环节的增值额。对于这样的经营业务，商场应当按货物销售收入额计算缴纳增值税，而不是按不动产租赁收入计算缴纳增值税。

当然，对于属于增值税一般纳税人的零售商而言，在具体运作过程中应当规范操作手段，在具体结算的过程中，应当向厂商按其收入额索取增值税专用发票，否则，商场没有增值税的进项抵扣，就会多缴税。

策划难点：

在代销模式下，商业企业可以在不支付现金的条件下实现商业利润，而根据现行税收政策，制造商在委托代销商品方面存在较大的操作空间，即企业可以通过委托代销的方式将商品销售的时间无限期拉长，从而将纳税义务向后推移，在实际操作环节问题却不断出现。分析其原因，虽然在此环节税收政策相对比较简单，但是，如果相关的业务流程操作不当，就会滑入税收陷阱。比如，对于加价代销模式的加价部分是应当按 13% 计算缴纳增值税，还是应当按 6% 计算缴纳增值税？在基层税务管理机关看来，不能一概而论，而要看具体的业务流程，简单地说，要看其参与合作的双方是如何签署代销合同的。

但是，在实务操作过程中，具体负责签署合同的销售人员不了解有关税收政策，而了解税收政策的财务人员并不一定掌握销售活动的有关知识，对于某个具体的企业来说，这两方面的人员的合作又未必很好，这种运行机制就决定了纳税人的业务操作存在一定的涉税风险。

税负转嫁　微观运作

【妙计提要】

经营税款由谁缴，表现形式不重要；关键负担谁承担，税负转嫁策划妙。

【本计内容】

税负转嫁，就是纳税人不实际负担所纳税收，而通过购入或销出商品价格的变动，或通过其他手段，将全部或部分税收转移给他人负担。税负转嫁并不会影响税收的总体负担，但会使税收负担在不同的纳税人之间进行分配，对不同的纳税人产生不同的经济影响，税负转嫁是税收政策制定时必须考虑的重要因素。一般说来，税负转嫁有以下几种形式。

其一，前转嫁。指纳税人通过交易活动，将税款附加在价格之上，顺着价格运动方向向前转移给购买者负担。这种转嫁可能一次完成，也可能多次方能完成。当购买者属于消费者时，转嫁会一次完成。当购买者属于经营者时，会发生辗转向前转嫁的现象，可称为滚动式前转。

其二，后转嫁。指纳税人通过压低购进商品（劳务）的价格，将其缴纳的税款冲抵价格的一部分，逆着价格运动方向，向后转移给销售者负担。后转嫁可能一次完成，也可能多次才会完成。当销售者无法再向后转嫁时，销售者就是税负承担者，转嫁一次完成。当销售者能够继续向后转嫁时，也会发生辗转向后转移税负的现象，可称为滚动式后转。

其三，散转嫁。也称混合转嫁，指纳税人将其缴纳的税款一部分前转嫁，一部分后转嫁，使其税负不归于一人，而是分散给多人负担，属于纳税人分别向卖方和买方的转嫁。

通俗地说，税负转嫁指纳税人将所缴纳的税款通过各种途径和方式转由他人负担的行为和过程。在市场经济条件下，纳税人在商品交换过程中通过税负转嫁的途径来追求自身利益的最大化，是一种普通的经济现象。

其一，税负转嫁是税收负担的再分配。其经济实质是每个人所占有的国民收入的再分配。没有国民收入的再分配，不构成税收负担的转嫁。

其二，税负转嫁是一个客观的经济运动过程，其中不包括任何感情因素。至于纳税人是主动去提高或降低价格，还是被动地接受价格的涨落，都与税负转嫁无关。纳税人与负税人之间的经济关系是阶级对立关系，还是交换双方的对立统一关系，也与税负转嫁无关。

其三，税负转嫁是通过价格变化实现的。这里所说的价格，不仅包括产出的价格，而且包括要素的价格。这里所说的价格变化，不仅包括直接地提价和降价，而且包括变相地提价和降价。没有价格变化，不构成税负转嫁。

综合各种理论阐述，我们可以做出如下归纳：在现实经济活动过程中，某些税收的最初纳税人，并不一定是该税收的最后承担者，他可以把所纳税款部分或全部地转嫁给其他单位和个人负担。这种纳税人将所缴纳的税款转移给他人负担的过程就叫做税负转嫁。税负转嫁结果最终有人承担，最终承担税负的人称负税人，税负最终落到负税人身上的过程称为税负归宿。税负转嫁和税负归宿是一个问题的两个方面。可见，在税负转嫁的条件下，纳税人和真正的负税人是可以分离的，纳税人只是法律意义上的纳税主体，负税人是经济意义上的承担主体。

典型的税负转嫁或狭义的税负转嫁指商品流通过程中，纳税人通过提高商品销售价格或压低商品购进价格的方法，将税负转移给商品购买者或商品供应者。

通常，人们往往在比较宏观的层面上研究税负转嫁，其实，税负转嫁现象在微观经营活动中的策划也比较常见，尤其是在全面"营改增"的前提下。比如，销售货物的过程中适当安排运输费用，可以转嫁税收负担；改变服务模式，也可以将价外费用的税率适当降低；通过纳税方案设计策划混合销售业务的涉税问题；等等。

【案例注释】

税收策划是一门技术性和艺术性相结合的学科，这个特点在税负转嫁的策划上更显其艺术的真功夫。为了帮助大家理解其中的奥妙，这里我们结合实际案例对有关计策的操作原理做一个简要分析和解释。

微观环节博利益　上下转嫁有技巧

正是因为在市场经济条件下，纳税人在商品交换过程中通过税负转嫁的途径来追求自身利益的最大化，是一种普通的经济现象，所以，在实务过程中我们需要关注税收转嫁问题。税收负担可能在企业上下游之间转移，当然，是否能够实现这个转移还要看当事人的智慧的技能。

企业案例：

珠峰公司是一家水泥生产企业，系增值税一般纳税人。2020年10月5日与购货方签订销售水泥10万吨的销售合同，销售价格为每吨280元，其中包含运输费用40元。

对于销售过程中发生的运费问题，该公司的董事长李哲听说存在税收策划的机会，于是，决定请专家对该业务进行咨询论证。

政策分析：

2020 年 10 月 10 日，该企业的税务顾问，普誉财税策划工作室的首席策划专家老师应约来到珠峰公司。

咨询专家首先对有关政策进行了解读。

《增值税暂行条例实施细则》第十二条明确，条例第六条第一款所称价外费用，包括价外向购买方收取的手续费、补贴、基金、集资费、返还利润、奖励费、违约金、滞纳金、延期付款利息、赔偿金、代收款项、代垫款项、包装费、包装物租金、储备费、优质费、运输装卸费以及其他各种性质的价外收费。但下列项目不包括在内。

（一）受托加工应征消费税的消费品所代收代缴的消费税。

（二）同时符合以下条件的代垫运输费用：

1. 承运部门的运输费用发票开具给购买方的。

2. 纳税人将该项发票转交给购买方的。

（三）同时符合以下条件代为收取的政府性基金或者行政事业性收费：

1. 由国务院或者财政部批准设立的政府性基金，由国务院或者省级人民政府及其财政、价格主管部门批准设立的行政事业性收费。

2. 收取时开具省级以上财政部门印制的财政票据。

3. 所收款项全额上缴财政。

（四）销售货物的同时代办保险等而向购买方收取的保险费，以及向购买方收取的代购买方缴纳的车辆购置税、车辆牌照费。

业务分析：

咨询专家在政策解读的基础上，对有关业务的日常操作进行了分析。在实际操作过程中，运输业务一般有两种运作方法。

其一，供货方外购运输业务（或者自备车辆提供送货上门），其运输费用合并在货款中收回。在业务流程上，承运单位将运输发票开给销售方，销售方在送货上门的同时，索取包含货款和运输费用在一起的增值税专用发票，销货方应按价外费用随着货物的适用税率缴纳增值税（我们可以将称为"一票制"）；

其二，供货方再设立一个运输公司或者代为购货方寻找运输单位并代垫运费。在业务流程上，供货企业以正常的产品价格与购货方签订产品购销合同，并商定：供货方帮助购货方寻找运输公司，运输公司的运输发票抬头直接开给购货方，并由供货方将该运输发票转交给购货方，供货方为购货方代垫运费。营改增以后，购买方接受增值税一般纳税人提供的运输服务，取得相应的增值税专用发票可以抵扣 9% 的进项税额（我们可以称之为"两票制"）。

对于销货方来说，其支付的代垫运费在财务上做"其他应收款"处理，收到购买方交来的运费冲减"其他应收款"科目，不用缴纳增值税（由承运单位缴纳）。另一方面，销货单位与运输公司签订代办运输合同，运输单位负责运输指定货物，购货企业在货物运到后向销货单位支付代垫运费。

策划分析：

在这两个操作模式中，哪个操作方案更好呢？接着，咨询专家跟公司董事长李哲一起对这笔业务进行了具体分析。

其一，在"一票制"操作模式下。

经测算，珠峰公司生产这批水泥可取得进项税额为 180 万元（不含运输发票可抵扣的进项税额），取得运输发票可抵扣进项税额 20 万元。公司应纳增值税为：

$240 \times 10 \times 13\% + 40 \times 10 \div (1 + 13\%) \times 13\% - (180 + 20)$

$= 312 + 46.02 - 200$

$= 158.02$（万元）

其二，在"两票制"操作模式下。

珠峰公司在自产水泥对外销售的同时，再设立一家运输公司具体负责水泥的运输业务。

在不考虑运输业务的情况下，销货公司将运费从销售价格中分离出来，水泥每吨价格从 280 元降为 240 元。在这样在情况下，珠峰公司应缴纳增值税为：

$240 \times 10 \times 13\% - 180 = 132$（万元）

另外，运输公司纳税增值税额为：

$40 \times 10 \div (1 + 9\%) \times 9\% - 20 = 13.02$（万元）

策划结论：

如果将两个策划方案操作的结果做一个比较：

$158.02 - 132 - 13.03 = 13$（万元）

可见，在方案二模式下，企业的利润并未减少，却可节约税金支出 13 万元。换言之，企业就可以节省运费收入 4% 的税金（13% - 9%）。

于是董事长决定将运输公司的合作改为以代垫运费的方式签订运输合同，每吨价格为 40 元，将运费从销售价格中分离出来，水泥每吨价格从 280 元降为 240 元。

举一反三：

该案例是从销售方的角度去分析和运筹的。经了解，珠峰公司是附近最大的一家水泥生产企业，而且产品质量稳定，在当地的品牌影响比较好，这就给该企业进行运输费用的运策划提供了支撑。但是，这样的策划，是不是在其他企业也适用呢？

我们再以东方服装有限公司的服装销售为例来进行深入分析和说明，该公司 2019 年度所发生的运费金额含税合计为 200 万元，如果 2020 年度保持这个水平，该公司产品的增值税适用税率为 17%，那么，也有两个操作方案。

其一，采用代垫运费的方式。

其二，采用外购运输服务或者由自备车辆提供运输服务。

如果采用第二种方法，则需要纳税为：

应纳增值税差税额 = 200 ÷（1 + 13%）× 13%−200 ÷（1 + 9%）× 9%

= 23.01−16.51

= 6.5（万元）

显然，代垫运费要比外购运费合算得多。

但是，作为东方服装有限公司的客户，由于在购买服装时取得的是只能抵扣 9% 的增值税专用发票，而不是能抵扣 13% 的增值税专用发票，其取得的增值税进项税额由原来的抵扣率为 13% 变为 9%，下降了 4%。显然不会接受。

专家点评：

对于销售方来说，是采用自备车辆给购买方送货上门，还是由购买方过来取货好？如果仅从税收的角度讲，两者的税收负担是不同的。

我国现行增值税，形成环环相扣的一个完整链条，在这个链条上的企业是互相牵制的，所以，如果从一对合作方的角度分析，存在此消彼长的关系，换一句话说，增值税的税收负担在合作方可以转嫁。

典型的税负转嫁或狭义的税负转嫁指商品流通过程中，纳税人通过提高商品销售价格或压低商品购进价格的方法，将税负转移给商品购买者或商品供应者。

税负转嫁大胆做　转让定价难作为

税负转嫁是一个客观的经济运动过程。从理论上去分析，提到税负转嫁人们往往马上就想到价格的变化，至于纳税人是主动去提高或降低价格，还是被动地接受价格的涨落，是与税负转嫁无关的。其实，在微观的操作环节，还与合作的模式有关系。在日常经营活动中还有一种价格调节手段，那就是转让定价。不过，税负转嫁与转让定价节税存在实质性差异。为了帮助大家理解其中的差异，我们在这里分别举例说明。

基本案情：

2015 年 2 月 28 日，根据电脑随机抽样，确定昌盛化工有限公司（以下简称昌盛公司）为稽查对象。2015 年 3 月 2 日，某市国税局稽查局的稽查人员对该公司 2014 年度的增值税纳税情况进行检查。

昌盛公司是一家中美合资的外商投资企业，2010 年初开业，主要从事医药原料的生产，其产品是治疗冠心病用药物的一种原料，其科技含量比较高，系增值税一般纳税人。该企业 2014 年度实现销售收入 8 500 万元，实现增值税 552.5 万元，全年增值税的税收负担率为 6.5%。

案头审计：

税务稽查人员首先以案头审计的形式，通过纳税人平时向税务机关提供的申报资料，对被查对象的基本情况进行初步分析。在对昌盛公司的纳税情况进行动态分析时，发现该企业 2012 年度的增值税税收负担率为 7.4%，2013 年度为 7.3%。2014 年度的增值税税收负担率比往年下降了 0.8%。该企业的增值税税收负担率为什么会突然下降 0.8% 呢？

税务稽查人员从企业的会计报表中找答案。先对企业的运行情况进行整体性检查：昌盛公司 2014 年 12 月 31 日的损益表显示，该企业 2014 年度实现销售收入 8 500 万元，当年实现利润总额为 810 万元，其中主营业务收入为 7 740 万元，主营业务利润为 1 070 万元；在损益表的其他业务收入一栏中，年末数为 760 万元，而其他业务利润却为 −260 万元。

实地稽查：

由其他业务收入形成的其他业务利润为什么会出现负数呢？带着这个问题，税务稽查人员来到昌盛公司的经营核算地。出示了税务稽查证和稽查通知书以后，向公司总经理说明了来意。

在企业财务人员的配合下，稽查人员打开企业 2014 年度的账册，检查该笔业务的成本及费用情况，发现该企业在本年度的 3 月至 9 月份先后连续 8 个月为本市的恒盛制药实业公司（以下简称恒盛公司）加工甲品牌药品，发生工资及相关成本和费用 935 万元，提供其他辅助材料合计 85 万元。2014 年 12 月 31 日结算该项加工业务的累计成本为 1 020 万元，而开票作为该企业的销售收入只有 760 万元，企业在这笔业务上成本支出与销售收入出现了明显的倒挂现象。

问题分析：

为什么会出现成本支出与销售收入出现明显的倒挂现象呢？税务稽查人员向企业有关人士进行求证。企业负责人和财务人员的解释倒也说得过去：该笔业务我们以前没有做过，在谈判时不知道产品的实际成本情况，也没有经过详细的论证就签了合同，结果吃了一个大亏。

但是，稽查人员总觉得其中有些蹊跷：在生意场的手高手低，盈利水平掌握不准，甚至导致亏损是正常的，但是其幅度不会太大，而这笔业务有点不符合常理。

延伸检查：

为了弄清事情的原委，经批准稽查人员对该加工业务的委托方恒盛公司的有关情况进行了延伸（相关性）检查。

通过对委托加工材料的发出，委托加工产品收回以及委托加工合同等事项的会计处理和经济业务手续的检查，稽查人员发现与之有关的业务会计核算处理方法正确，有关凭证真实有效。从整个经济活动的运作过程来看，没有明显的问题。

但是，在对恒盛公司的生产能力以及 2014 年度的生产经营情况进行评估时，税务稽查人员发现，该企业的产品单一，未从事过其他经销活动。通过对其经济业务的运行动态情况进行分析时，发现该企业 2013 年实现产品的生产和销售 5 500 万元，2014 年度的产品生产和销售只有 4 600 万元。稽查人员据此判断，该公司 2014 年度的生产能力并没有处于满负荷运行状态。这个判断很快得到本企业管理人员的证实。

为什么在生产能力没有得到充分利用的情况下，还要委托其他单位加工产品呢？税务稽查人员对此百思不得其解。为了寻找问题的答案，他们对恒盛公司其他生产经营情况进行了进一步检查。通过检查他们发现，恒盛公司是原集体企业恒盛制药厂于 2013 年 10 月改制而来，在改制前的恒盛制药厂有三年的累计亏损 1 500 万元。

综合分析：

是不是转移利润？当这个疑问一提出来就受到质疑：在通常的反避税案件中，绝大多数都是"跨境避税"，外商投资企业中的外资控股方利用"两头在外"的特点，通过原料购进和产品出售定价等环节通过"转让定价"的手段进行节税，而恒盛公司却是内资企业呀！

但是，除此之外没有第二个答案。于是，稽查人员从求证两企业关系的角度入手进行核查。从恒盛公司在工商行政管理部门注册的企业章程中发现：占该企业 65% 股份的大股东就是昌盛公司的中方投资人。

根据税法规定，具有下列关系之一的公司、企业和其他经济组织是关联企业：（一）在资金、经营、购销等方面，存在直接或者间接的拥有或者控制关系；（二）直接或者间接地同为第三者所拥有或者控制；（三）在利益上具有相关联的其他关系。根据这个规定，昌盛化工有限公司与恒盛公司具有关联关系。

问题真相：

在取得具有说服力的证据材料之后，稽查人员再次与企业有关人员见面。在大量的事实面前，企业负责人才道出事情的全过程。

原来，昌盛公司享受的"两免三减半"企业所得税优惠政策已于 2013 年度结束，但 2014 年的市场形势非常好，预计盈利水平很高。而恒盛公司由于在改制前留下了一大笔亏损需要弥补。董事长接受了企业财务顾问的策划建议：利用甲品牌药品在当地没有可比性的特点，通过加工业务将昌盛公司的利润转移到恒盛公司去。

根据税法规定，纳税人与关联企业之间的业务往来过程中，购销业务未按照独立企业之间的业务往来作价或者提供劳务，未按照独立企业之间业务往来收取或者支付劳务费用以及转让财产、提供财产使用权等业务往来，未按照独立企业之间业务往来作价或者收取、支付费用等现象的，税务机关可以调整其应纳税额。

税法同时还规定，纳税人存在关联关系的，税务机关可以按照下列方法调整计税收入额或者所得额：（一）按照独立企业之间进行相同或者类似业务活动的价格；（二）按照再销售给无关联关系的第三者的价格所应取得的收入和利润水平；（三）按照成本加合理的费用和利润；（四）按照其他合理的方法。

由于昌盛公司当期和近期没有同类产品销售业务，经过充分的调查取证之后，根据《税收征管法实施细则》第五十五条的规定和国家税务总局颁发的关联企业业务调整规程，税务机关对该加工业务按照组成计税价格，依法调增应税销售收入：

$1\,020 \times （1+10\%）-760 = 362$（万元）

应调增增值税额为：

$362 \times 17\% = 61.54$（万元）

应补缴企业所得税额为：

$362 \times 30\% = 108.6$（万元）

昌盛公司接到稽查局的《税务处理决定书》以后，没有提出异议，按期补缴了增值税和企业所得税，并依法调整了有关账户。

政策依据：

2009 年 1 月 1 日实施的增值税暂行条例第七条规定，纳税人销售货物或者应税劳务的价格明显偏低并无正当理由的，由主管税务机关核定其销售额。《增值税暂行条例实施细则》第十六条进一步规定，纳税人有条例第七条所称价格明显偏低并无正当理由或者有本细则第四条所列视同销售货物行为而无销售额者，按下列顺序确定销售额。

（一）按纳税人最近时期同类货物的平均销售价格确定。

（二）按其他纳税人最近时期同类货物的平均销售价格确定。

（三）按组成计税价格确定。组成计税价格的公式为：

组成计税价格＝成本 ×（1+ 成本利润率）

属于应征消费税的货物，其组成计税价格中应加计消费税额。

公式中的成本指：销售自产货物的为实际生产成本，销售外购货物的为实际采购成本。公式中的成本利润率由国家税务总局确定。

国家税务总局《关于印发＜增值税若干具体问题的规定＞的通知》（国税发〔1993〕第 154 号）第二条第（四）款则明确，纳税人因销售价格明显偏低或无销售价格等原因，按规定需组成计税价格确定销售额的，其组价公式中的成本利润率为 10%。但属于应从价定率征收消费税的货物，其组价公式中的成本利润率，为《消费税若干具体问题的规定》中规定的成本利润率。

稽查尾声：

税务处理结束以后，昌盛公司的老板请稽查人员吃饭。他说，他们应该感谢税务局对他们的账务处理情况进行检查。因为，在此以前，他们对此一直不踏实。现在可以放心了，因为事实上，他们实现了"转让定价"。在具体操作过程中，他们是以 50% 的幅度进行"转让定价"操作的，而税务机关只调整了其中的 10%，并且，通过税务稽查使其合法化。

税费转嫁纳税人　国家利益未受损

现实经济活动过程中，某些税收的最初纳税人，并不一定是该税收的最后承担者，他可以把所纳税款部分或全部地转嫁给其他单位和个人负担。这种纳税人将所缴纳的税款转移给他人负担的过程就叫做税负转嫁。这个理论在实务运行过程中，如果从增值税的链条和增值税的转移过程就比较生动地看出来。

企业案例：

2018 年 3 月 19 日，某银行因机构收缩，决定撤销某县原支行。在处置该县原支行闲置房产及土地（为 2000 年 1 月 8 日取得的划拨土地）时，根据与购买方签订的合同约定：处置房产、土地所有的应交各项税费（包括销售不动产增值税、土地出让金等）一律由购买方承担，合同成交价为 97 万元（房产及土地原始成本价为 90 万元）。购买方在办理产权手续时，向土地管理部门缴纳土地出让金 20 万元。

政策分析：

根据《税收征管法实施细则》第三条规定："纳税人应当依照税收法律、行政法规的规定履行纳税义务；其签订的合同、协议等与税收法律、行政法规相抵触的，一律无效。"所以，对银行发生的转让无形资产和销售不动产行为，其纳税主体应当是银行本身，税务机关只能针对银行征税。至于该税收最终由谁负担的问题，在市场经济条件下，交易双方可以自行协商。

《财政部 国家税务总局关于全面推开营业税改征增值税试点的通知》（财税〔2016〕36 号）附件 2《营业税改征增值税试点有关事项的规定》第一条第（八）项对销售不动产的规定：

1. 一般纳税人销售其 2016 年 4 月 30 日前取得（不含自建）的不动产，可以选择适用简易计税方法，以取得的全部价款和价外费用减去该项不动产购置原价或者取得不动产时的作价后的余额为销售额，按照 5% 的征收率计算应纳税额。纳税人应按照上述计税方法在不动产所在地预缴税款后，向机构所在地主管税务机关进行纳税申报。

2. 一般纳税人销售其 2016 年 4 月 30 日前自建的不动产，可以选择适用简易计税方法，以取得的全部价款和价外费用为销售额，按照 5% 的征收率计算应纳税额。纳税人应按照上述计税方法在不动产所在地预缴税款后，向机构所在地主管税务机关进行纳税申报。

3. 一般纳税人销售其 2016 年 5 月 1 日后取得（不含自建）的不动产，应适用一般计税方法，以取得的全部价款和价外费用为销售额计算应纳税额。纳税人应以取得的全部价款和价外费用减去该项不动产购置原价或者取得不动产时的作价后的余额，按照 5% 的预征率在不动产所在地预缴税款后，向机构所在地主管税务机关进行纳税申报。

4. 一般纳税人销售其 2016 年 5 月 1 日后自建的不动产，应适用一般计税方法，以取得的全部价款和价外费用为销售额计算应纳税额。纳税人应以取得的全部价款和价外费用，按照 5% 的预征率在不动产所在地预缴税款后，向机构所在地主管税务机关进行纳税申报。

5. 小规模纳税人销售其取得（不含自建）的不动产（不含个体工商户销售购买的住房和其他个人销售不动产），应以取得的全部价款和价外费用减去该项不动产购置原价或者取得不动产时的作价后的余额为销售额，按照 5% 的征收率计算应纳税额。纳税人应按照上述计税方法在不动产所在地预缴税款后，向机构所在地主管税务机关进行纳税申报。

6. 小规模纳税人销售其自建的不动产，应以取得的全部价款和价外费用为销售额，按照 5% 的征收率计算应纳税额。纳税人应按照上述计税方法在不动产所在地预缴税款后，向机构所在地主管税务机关进行纳税申报。

7. 房地产开发企业中的一般纳税人，销售自行开发的房地产老项目，可以选择适用简易计税方法按照 5% 的征收率计税。

8. 房地产开发企业中的小规模纳税人，销售自行开发的房地产项目，按照 5% 的征收率计税。

9. 房地产开发企业采取预收款方式销售所开发的房地产项目，在收到预收款时按照 3% 的预征率预缴增值税。

10. 个体工商户销售购买的住房，应按照附件 3《营业税改征增值税试点过渡政策的规定》第五条的规定征免增值税。纳税人应按照上述计税方法在不动产所在地预缴税款后，向机构所在地主管税务机关进行纳税申报。

11. 其他个人销售其取得（不含自建）的不动产（不含其购买的住房），应以取得的全部价款和价外费用减去该项不动产购置原价或者取得不动产时的作价后的余额为销售额，按照 5% 的征收率计算应纳税额。

业务分析：

在本案例中，按照税法的规定，销售不动产和转让无形资产的增值税等应属银行承担，但合同约定由购买方代为支付，并且计征增值税的营业额为含税收入额，所以应将不含税收入换算为含税收入。但对土地出让金按法律规定究竟应当是哪一方承担？

根据土地出让金征收的有关规定：对原通过行政划拨获得土地使用权的土地使用者，将土地使用权有偿转让，应按规定补交土地出让金。并且规定用地者无权处理，必须要报政府审批，由转让关系中的受让方来办理土地使用权出让手续，并按规定交纳土地使用权出让金。但土地出让金的法定缴费义务人应当是原无偿取得土地使用权的一方，并且由其在转让时依法补缴土地出让金。所以，土地出让金也仍然是属销售方应当承担的费用，该费用应当组成销售方的计税收入。

另外，根据财税〔2016〕36 号文件的规定，组成银行的计税收入应当为：

（97+20）÷（1-5.4%）= 123.68（万元）

案例点评：

这是一则引用案例。通过这个案例分析我们可以发现，在微观操作环节，增值税可能在不同的纳税人之间流动和转嫁，但是增值税的征收基础没有发生实质性的变化。

策划技巧
之十七：
巧妙操作　纳税递延

【妙计提要】

投资企业有作为，资金运行就是累；善于运营巧策划，晚缴税款也实惠。

【本计内容】

对于一个企业而言，其拥有的货币资金是有时间价值的。货币时间价值指货币随着时间的推移而发生的增值，是资金周转使用后的增值额。也称为资金时间价值。从经济学的角度而言，现在的一单位货币与未来的一单位货币的购买力之所以不同，是因为要节省现在的一单位货币不消费而改在未来消费，则在未来消费时必须有大于一单位的货币可供消费，作为弥补延迟消费的贴水。

资金时间价值可以用绝对数表示，也可以用相对数表示，即以利息额或利息率来表示。但是在实际工作中对这两种表示方法并不做严格的区别，通常以利息率进行计量。利息率的实际内容是社会资金利润率。各种形式的利息率（贷款利率、债券利率等）的水平，就是根据社会资金利润率确定的。但是，一般的利息率除了包括资金时间价值因素以外，还要包括风险价值和通货膨胀因素。资金时间价值通常被认为是没有风险和没有通货膨胀条件下的社会平均利润率，这是利润平均化规律作用的结果。作为资金时间价值表现形态的利息率，应以社会平均资金利润率为基础，而又不应高于这种资金利润率。

目前纳税人支付当期的税收，是通过货币资金的形式实现的。缴税就意味着企业货币资金的减少，如果能将本应在当期缴纳的税款通过适当的形式"截留"下来，让企业作为经营性资金使用一段时间后再缴纳出去，企业就可以利用和获得税收所对应的货币资金的时间价值。

纳税期的递延也称为延期纳税或税收递延，即允许企业在规定的期限内，分期或延迟缴纳税款。将应纳税款留在企业使用一段时间，赚取资金的时间价值，也是进行税收策划的基本方法和思路之一。

我国税法也有递延纳税优惠的规定，比如为贯彻落实《国务院关于进一步优化企业兼并重组市场环境的意见》（国发〔2014〕14号），根据《中华人民共和国企业所得税法》及其实施条例有关规定，《财政部 国家税务总局关于非货币性资产投资企业所得税政策问题的通知》（财税〔2014〕116号）第一条明确居民企业（以下简称企业）以非货币性资产对外投资确认的非货币性资产转让所得，可在不超过5年期限内，分期均匀计入相应年度的应纳税所得额，按规定计算缴纳企业所得税。

纳税递延策划的方法很多，归纳起来主要有以下两个方面。

（1）争取更多的递延项目。在其他条件相同的情况下，延期纳税的项目越多，本期缴纳的税收应越少，现金流量也越大，可用于扩大流动资本和进行投资的资金也越多，将来的收益也越多，因而相对节税的税收就越多。

（2）争取更长的递延期限。在其他条件相同的情况下，纳税递延期越长，由延期纳税增加的现金流量所产生的收益也将越多，所以，相对节减的税收也越多。那么，境外的投资所得留在境外的企业，会有更多的资金用于再投资，将来也因此可取得更多的收益，相当于冲抵税收，增加税后所得，节减了税收。这个理念在我国的税收政策上也有体现，比如，税法规定部分企业可以采用加速法折旧，或者将特定的设备在当年作为费用一次性扣除。这样，在其他条件基本相似或利弊基本相抵的条件下，尽管总的扣除额基本相同，但公司选择作为当年费用一次性扣除的话，在投资初期可以缴纳最少的税收，而把税收推迟到以后缴纳，相当于延期纳税。

此外，还有改变交易方式递延增值税，改变投资方式递延预提所得税、推迟分配时间递延红利分配个人所得税等。

【案例注释】

少缴税款或者缓（晚）缴税款是纳税人的一个愿望，这里我们是想跟大家分享如何推迟缴纳税款的方法和思路。因此，这里我们结合实际案例对有关计策的操作原理做一个简要分析和解释。

资金流动道不同　税收待遇存差异

劳动力供应不足和劳动力成本的上升，终结了中国的人口红利，这已经是企业利润下降的一个重要因素。许多有识之士看到了这个问题，从而发现中国产业调整的新机遇。特别是国外资本，他们发现了新机遇，希望利用这个机遇进行投资。不过话又说回来了，既然是投资，就必然与税收有关系，如果外商对中国境内投资，有没有税收策划的空间和机会呢？

投资案例：

美国居民A公司的董事长比特先生看到了中国社会劳动力成本上升问题，他发现中国产业调整的新机遇，准备拿出价值2亿元人民币的美元投资于中国西安市的一家智能机器制造业。2019年1月18日，该公司的8位股东在纽约总部开会对这议案进行了分析。在商讨具体投资方案的过程中，股东们对投资标的确认一致认可，对于这笔投资项目的资金来源，该公司的财务总监也拿出了自己的预案：A公司2010年初投资于中国深圳市的一家甲公司产生了不错的效果，连续七年都处于较高的盈利水平，但是，一直没有分配，到2018年底A公司累计可以从中分得人民币2亿元。如果要求甲公司进行分配收回，然后再将该资金投到新项目上……

但是，股东们在讨论过程中提出了不同意见，而且观点相左，谁也说服不了谁，就等董事长拍板。

在股东充分讨论的基础上，比特先生梳理了大家的意见，归纳起来有三个操作方案。

一是从美国境内的A公司拿出2亿元的人民币投资到西安的智能机器制造业。

二是将深圳甲公司分红所取得的2亿元汇回纽约总部后再投资到西安。

三是将在深圳甲公司分红所取得的2亿元直接投资到西安（不汇到美国）。

那么，这三个方案哪一个更好呢？

案例分析：

比特先生预感这个问题比较复杂，可能涉及其他政策性问题。于是他决定先休会，让有关部门与咨询专家进行研究过后再做决定。为了解决这个问题，该公司聘请精通中国税收政策的咨询专家为其提供咨询服务。

咨询专家与比特先生进行了全面的交流，一是了解A公司的投资意图，同时掌握该企业目前的投资架构；二是分析准备投资项目的政策情况，投资事项的政策属性；三是分析投资资金的筹措渠道。

政策分析：

特朗普上台后，提出"一揽子"经济政策，其中税制改革对世界经济产生的冲击最大。为了应对这些变化，财政部、国家税务总局、国家发展和改革委员会、商务部联合发布了《关于境外投资者以分配利润直接投资暂不征收预提所得税政策问题的通知》（财税〔2017〕88号，以下称《通知》）。为配合《通知》执行，国家税务总局发布《国家税务总局关于境外投资者以分配利润直接投资暂不征收预提所得税政策有关执行问题的公告》（国家税务总局公告2018年第3号，以下称《公告》）。纳税人就执行境外投资者以分配利润直接投资暂不征收预提所得税（以下称"暂不征税"）政策有关问题应当把握以下几点。

1.境外投资者的条件

根据《财政部 税务总局 国家发展改革委 商务部关于境外投资者以分配利润直接投资暂不征收预提所得税政策问题的通知》（财税〔2017〕88号）《国家税务总局关于境外投资者以分配利润直接投资暂不征收预提所得税政策有关执行问题的公告》（国家税务总局公告2018年第3号）的有关规定，如果境外投资者同时满足以下条件。

（1）境外投资者以分得利润进行的直接投资，包括境外投资者以分得利润进行的增资、新建、股权收购等权益性投资行为，但不包括新增、转增、收购上市公司股份（符合条件的战略投资除外）。具体指：一是新增或转增中国境内居民企业实收资本或者资本公积；二是在中国境内投资新建居民企业；三是从非关联方收购中国境内居民企业股权；四是财政部、税务总局规定的其他方式。境外投资者采取上述投资行为所投资的企业统称为被投资企业。

（2）境外投资者分得的利润属于中国境内居民企业向投资者实际分配已经实现的留存收益而形成的股息、红利等权益性投资收益。

（3）境外投资者用于直接投资的利润以现金形式支付的，相关款项从利润分配企业的账户直接转入被投资企业或股权转让方账户，在直接投资前不得在境内外其他账户周转；境外投资者用于直接投资的利润以实物、有价证券等非现金形式支付的，相关资产所有权直接从利润分配企业转入被投资企业或股权转让方，在直接投资前不得由其他企业、个人代为持有或临时持有。

（4）境外投资者直接投资鼓励类投资项目，指被投资企业在境外投资者投资期限内从事符合以下规定范围的经营活动：属于《外商投资产业指导目录》所列的鼓励外商投资产业目录；属于《中西部地区外商投资优势产业目录》。

2. 被投资企业所从事的项目确认

被投资企业所从事的项目属于《外商投资产业指导目录》所列的鼓励外商投资产业目录或者属于《中西部地区外商投资优势产业目录》，则可以作为境外投资者享受暂不征税政策的条件。即被投资企业要在境外投资者投资期限内从事符合鼓励类项目范围的经营活动，鼓励类项目范围包括《外商投资产业指导目录（2017 年修订）》（中华人民共和国国家发展和改革委员会　中华人民共和国商务部令第 4 号）所列的鼓励外商投资产业目录和《中西部地区外商投资优势产业目录（2017 年修订）》（中华人民共和国国家发展和改革委员会 中华人民共和国商务部令第 46 号）所列的目录（注意，财税〔2018〕102 号由外商投资鼓励类项目扩大至所有非禁止外商投资的项目和领域，执行时间为 2018 年 1 月 1 日）。

符合鼓励类项目范围的经营活动包括与鼓励类项目相关的一项或多项经济活动，相关经济活动包括生产产品或提供服务、研发活动、投资建设工程或购置机器设备和其他经营活动。凡被投资企业在境外投资者投资期限内至少开展了一项前述所列举经营活动的，即可以被认为符合境外投资者享受暂不征税政策的条件。

享受暂不征税待遇的境外投资者应向利润分配企业主管税务机关提供符合属于《外商投资产业指导目录》所列的鼓励外商投资产业目录或者属于《中西部地区外商投资优势产业目录》的证明资料，提交资料时间可以选择在收回享受暂不征税待遇的投资前或者按照财税〔2017〕88 号文件规定申报补缴递延税款时。主管税务机关对相关证明材料有疑问的，可提请地（市）税务机关转同级发展改革部门或商务部门出具意见。

3. 享受暂不征税待遇需要提交的资料

境外投资者享受暂不征税待遇的过程包括向利润分配企业提出享受暂不征税待遇的要求，以分得利润直接投资，向利润分配企业主管税务机关提出追补享受暂不征税申请，通过处置投资资产收回直接投资等环节。在这些环节中，境外投资者应提供以下资料。

（1）境外投资者在向利润分配企业提出享受暂不征税待遇要求时，应给利润分配企业填报并提交《非居民企业递延缴纳预提所得税信息报告表》。

（2）境外投资者通过股权转让、回购、清算等方式实际收回享受暂不征收预提所得税政策待遇的直接投资，在实际收取相应款项后 7 日内，按规定程序向税务部门申报补缴递延的税款。在申报补缴递延税款时，应向利润分配企业主管税务机关提供符合属于《外商投资产业指导目录》所列的鼓励外商投资产业目录或者属于《中西部地区外商投资优势产业目录》的证明资料。

（3）境外投资者在向利润分配企业主管税务机关提出追补享受暂不征税待遇申请时，应填报并提交《非居民企业递延缴纳预提所得税信息报告表》以及相关合同、支付凭证、与鼓励类投资项目活动相关的资料，以及省税务机关规定要求报送的其他资料。

（4）境外投资者在通过处置投资资产收回直接投资时，应填报《中华人民共和国扣缴企业所得税报告表》。

（5）在税务管理中，主管税务机关可以依法要求境外投资者、利润分配企业、被投资企业、股权转让方等相关单位或个人限期提供与境外投资者享受暂不征税政策相关的资料和信息。因此，纳税人应当按照主管税务机关提出的要求，提供与享受暂不征税待遇相关的其他资料。

策划建议：

将政策结合到 A 公司的相关业务，我们可以具体分析该公司的操作方案。

其一，对于方案一，直接从美国境内的 A 公司拿出 2 亿元的人民币进行投资，其操作思路简单且方便，但是，不存在税收上的问题。

其二，将在中国境内投资分红汇回后再投资，符合 A 公司一般管理人员习惯性思维方式，没有任何需要解释的地方，但是，该项目投资所产生的利润在分回时需要计缴 10% 的预提所得税。

其三，将在中国境内投资的所应得利润直接用来转投资（不汇到美国）。由于这样操作符合财税〔2017〕88 号文件和国家税务总局 2018 年第 3 号公告所规定的条件，其项目也能够提供属于《外商投资产业指导目录》所列的鼓励外商投资产业目录或者属于《中西部地区外商投资优势产业目录》的证明资料。那么，对境外投资者暂不征收预提所得税，因此，如果操作得当，A 公司享受可以递延纳税 2 000 万元的税收优惠。

由此可见，资金流动的渠道不同，税收待遇差异很大。

专家点评：

近日，财政部、税务总局、国家发展改革委、商务部联合印发了《关于扩大境外投资者以分配利润直接投资暂不征收预提所得税政策适用范围的通知》（财税〔2018〕102 号，以下简称 102 号文件），调整了 2017 年 12 月 21 日四部委原印发的《关于境外投资者以分配利润直接投资暂不征收预提所得税政策问题的通知》（财税〔2017〕88 号）的政策，主要变化是将"对境外投资者从中国境内居民企业分配的利润，用于境内直接投资暂不征收预提所得税政策的适用范围，由外商投资鼓励类项目扩大至所有非禁止外商投资的项目和领域。"102号文件自2018年1月1日起执行。浙江省湖州市税务局余俐、朱倩薇二位从操作层面上提示有关操作技巧。

1. 股息不限于利润分配

财税〔2018〕102号文件规定，可享受优惠的利润应属于中国境内居民企业向投资者实际分配已经实现的留存收益而形成的股息、红利等权益性投资收益。股息、红利等权益性投资收益，通常通过利润分配取得，但实际并不局限于利润分配这种形式。

国家税务总局发布的《非居民企业源泉扣缴税收指引》对股息、红利等权益性投资收益进行了描述，除利润分配外，还包括留存收益再投资、清算分配所得、撤资或减资取得资产等形式。比如清算分配所得，被清算企业的非居民企业股东分得的剩余资产的金额，其中相当于被清算企业累计未分配利润和累计盈余公积中，按该股东所占股份比例计算的部分，应确认为股息所得；如果此境外投资者将分得的剩余资产直接进行再投资，其中归属于股息的部分也是可以享受优惠政策。

2. 准确理解非关联方

财税〔2018〕102号文件规定，境外投资者享受优惠须满足的条件之一是"从非关联方收购中国境内居民企业股权"，但没有对"非关联方"进行释义。实践中，应根据《国家税务总局关于完善关联申报和同期资料管理有关事项的公告》（国家税务总局公告2016年第42号）第二条对于"关联方"的定义，来判断实际案例中双方是否为"非关联方"。笔者建议，关联关系要从股权关系、资金借贷关系、特许权控制、购销及劳务控制、高管委派、亲属关系等多方面去把握。企业常常会忽略除了股权关系之外的关联关系，在此提醒利润分配企业注意判定的全面性，避免税务风险。

3. 股息须直接"划转"

为确保境外投资者分得的利润直接用于投资，财税〔2018〕102号文件规定了直接投资的方式。如果再投资以现金形式支付，相关款项从利润分配企业的账户直接转入被投资企业或股权转让方账户，在直接投资前不得在境内外其他账户周转，需要提醒的是，在非居民企业境内的离岸账户周转也是不允许的。如果再投资以实物、有价证券等非现金形式支付，相关资产所有权直接从利润分配企业转入被投资企业或股权转让方，在直接投资前，不得由其他企业、个人代为持有或临时持有，注意审核所有权变更与使用权的一致性，防止名不副实。

4. 重视资料审核和备案

为加强后续管理，财税〔2018〕102号文件明确了境外投资者和利润分配企业的义务。境外投资者应按要求申报，并如实向利润分配企业提供符合政策条件的资料。利润分配企业具有适当审核和备案义务。利润分配企业认为境外投资者符合文件规定的，可暂不预提所得税，并向主管税务机关备案。因此，利润分配企业需重视相关资料的审核和备案，避免后续不必要的税务风险。

纳税递延做融资　增值税里有天地

纳税期的递延也称为延期纳税或税收递延，即允许企业在规定的期限内，分期或延迟缴纳税款。将应纳税款留在企业使用一段时间，赚取资金的时间价值，也是进行税收策划的基本方法和思路之一。我国流转税有关法律和法规对企业的销售方式给出多种方式，而不同的方式下，纳税时间和期限存在差异，这就给纳税人提供了税收策划的空间。

稽查案例：

东方水泥生产设备有限公司是生产水泥窑炉设备流水线的专业生产厂家，2018年实现销售收入26 000万元。2019年5月28日，当地税务局稽查局对该企业2018年度的增值税纳税情况进行了检查。在检查过程中，税务稽查人员发现该企业存在如下问题。

（1）2018年1月12日，向江西某水泥窑炉机械经营机构发出商品476万元，企业的账务处理方法是：借记发出商品——发出江西某经营机构商品476万元，贷记库存商品476万元；2018年4月5日借记银行存款200万元，贷记发出商品——发出江西某机构经营机构商品200万元。

（2）2018年3月16日，向河南某水泥有限公司发出商品648万元，企业的账务处理方法是：借记分期收款发出商品648万元，贷记库存商品648万元；2018年9月16日，贷记银行存款——收河南某纺织有限公司款234万元，贷记主营业务收入200万元，贷记应缴纳税金34万元。

（3）2018年4月15日，收到山西省某水泥有限公司购货款400万元，企业进行了如下账务处理：借记银行存款400万元，贷记预收账款400万元。2018年5月15日公司将设备发出，未做账务处理，只在备查账中反映发出设备600万元；2018年7月15日对方将剩余货款汇来时，企业开出销售发票，并做了相应的账务处理：借记预收账款400万元，银行存款302万元，贷记主营业务收入600万元，应交税费——应交增值税（销项税额）102万元。

税务认定：

税务稽查人员在企业的有关销售合同和协议书中发现，企业所提供的书面协议对设备的技术性能要求、设备运输方法、设备安装责任等事项约定得比较具体，而对付款方式却没有明确。据此，稽查人员认为以上三笔业务都存在问题。

其一，虽然该企业向江西某水泥窑炉经营机构发出商品476万元是一笔代销业务，但是企业无法提供委托代销合同，则该业务就应该按直接销售业务来处理，即在货物发出的当天按销售额计算缴纳增值税。如果企业能够提供委托代销合同，则可以在对方将商品销售完毕并向该企业提供代销清单时，再行申报纳税。

其二，企业向河南某水泥有限公司发出商品648万元，虽然是按照分期收款发出商品的销售方法进行销售的，但是由于该企业无法提供证明其分期收款销售商品的合同和协议书，就应按照直接销售方式，在货物发出时计算缴纳增值税。如果企业可以提供相关证明，则可以在合同约定的收款日期计算缴纳增值税。

其三，企业与山西某水泥有限公司的业务是一笔预收货款销售业务，应在货物发出时申报缴纳增值税，而企业在货物发出时没有及时申报缴税，显然是错误的。

政策分析：

《增值税暂行条例》对增值税纳税义务发生时间的确定，从销售实现的形式上来加以界定的，具体规定如下。

1. 销售货物或者应税劳务，其纳税义务发生时间为收讫销售款或者取得索取销售款凭据的当天。根据结算方式不同，具体的有七种情况。

2. 进口货物，其纳税义务发生时间为报关进口的当天。

《增值税暂行条例实施细则》（财政部 国家税务总局〔2008〕第50号）第三十八条明确，条例第十九条第一款第（一）项规定的收讫销售款项或者取得索取销售款项凭据的当天，按销售结算方式的不同，具体为：

（一）采取直接收款方式销售货物，不论货物是否发出，均为收到销售款或者取得索取销售款凭据的当天。

（二）采取托收承付和委托银行收款方式销售货物，为发出货物并办妥托收手续的当天。

（三）采取赊销和分期收款方式销售货物，为书面合同约定的收款日期的当天，无书面合同的或者书面合同没有约定收款日期的，为货物发出的当天。

（四）采取预收货款方式销售货物，为货物发出的当天，但生产销售生产工期超过12个月的大型机械设备、船舶、飞机等货物，为收到预收款或者书面合同约定的收款日期的当天。

（五）委托其他纳税人代销货物，为收到代销单位的代销清单或者收到全部或者部分货款的当天。未收到代销清单及货款的，为发出代销货物满180天的当天。

（六）销售应税劳务，为提供劳务同时收讫销售款或者取得索取销售款的凭据的当天。

（七）纳税人发生本细则第四条第（三）项至第（八）项所列视同销售货物行为，为货物移送的当天。

国家税务总局在《关于增值税纳税义务发生时间有关问题的公告》（国家税务总局公告〔2011〕第40号）中明确，纳税人生产经营活动中采取直接收款方式销售货物，已将货物移送对方并暂估销售收入入账，但既未取得销售款或取得索取销售款凭据也未开具销售发票的，其增值税纳税义务发生时间为取得销售款或取得索取销售款凭据的当天；先开具发票的，为开具发票的当天。

有鉴于此，企业如果要从降低纳税成本的角度出发策划税收，就应该根据企业的销售情况签订好相关的经济业务合同，其中尤其是当企业与对方发生委托代销业务、分期收款业务和赊销业务时，如果能够在相关业务合同中明确，就可以将有关纳税义务向后推迟，从而实现经营效益最大化。

专家点评：

《国际税收辞汇》中对递延期纳税条目的注释做了精辟的阐述："延期纳税的好处有：有利于资金周转，节省利息支出，以及由于通货膨胀的影响，延期以后缴纳的税款币值下降，从而降低了实际纳税额。"纳税期的递延获是取节税利益的基本方法之一。

1. 税收递延的途径

在有些情况下，纳税人还可获得税法本身未规定的延期纳税，以达到节税的目的。例如，纳税人利用在国外的控股公司来积累外国来源的所得，而不是汇回国内。有些国家，例如法国、德国、英国和美国已制定了税法条款来抑制这种避税活动。

事实上，税收递延的途径是很多的，纳税人从中可得到不少税收实惠。特别在跨国公司迅速发展的今天，假定母公司位于高税管辖权的地区，其子公司设在低税管辖权的地区，子公司取得的收入长期留在账上，母公司由于未取得股息分配的收入，这部分税款自然就递延下来了。

采取有利的会计处理方法，是企业实现递延纳税的重要途径。在企业的收益表上，我们经常可以看到会计所得与所得税申报表上计税所得，在许多情况下是不一致的。原因是会计师编制收益表，核算经营结果，基本是依据公认的会计准则，而计税所得却是一个税法概念。由于会计准则和税法服务于不同的目的，所以计算出来的数值出现差异是不足为奇的。

2. 纳税递延策划

（1）争取更多的递延项目。在其他条件（包括一定时间纳税总额）相同的情况下，延期纳税的项目越多，本期缴纳的税收应越少，现金流量也越大，可用于扩大流动资本和进行投资的资金也越多，将来的收益也越多，因而相对节税的税收就越多。

（2）争取更长的递延期限。在其他条件包括一定时期纳税总额相同的情况下，纳税递延期越长，由延期纳税增加的现金流量所产生的收益也将越多，所以，相对节减的税收也越多。那么，国外的投资所得留在境外的企业，会有更多的资金用来再投资，将来也因此可取得更多的收益，相当于冲抵税收，增加税后所得，节减了税收。这个理念在我国的税收政策上也有体现，比如，税法规定部分企业可以采用加速法折旧，或者将特定的设备在当年作为费用一次性扣除。这样，在其他条件基本相似或利弊基本相抵的条件下，尽管总的扣除额基本相同，但公司选择作为当年费用一次性扣除的话，在投资初期可以缴纳最少的税收，而把税收推迟到以后缴纳，相当于延期纳税。

投资创业有风险　技术入股税递延

在大众创业、万众创新的时代，人们有了更多的发展机会——创业投资。但是，创业投资是有风险的，如果创业初期又要承担许多税收，显然，就会阻碍了部分人才的进步。但是，怎样操作才能做到两全齐美呢？

实务案例：

李佳俊是一个软件工程师，经过数据年的努力，开发出 5 款软件，并且得到知识产权部门的注册认可。

投资人郑明哲看到李佳俊的经济潜力，提出要跟他合作将其开发的软件推向市场。双方经过协商约定，郑明哲投资现金 2 400 万元，占公司 60% 的股权，李佳俊投资现金 1 600 万元，占公司 60% 的股权，公司成立后再以 1 600 万元的价格收购李佳俊开发的 5 款软件。

但是，当他们进入实施阶段的时候李佳俊发现一个问题：他要缴很多税。

一是流转税。当地主管税务机关告诉他：作为自然人偶然发生一笔销售业务，按照小规模纳税人缴纳增值税、城建税和教育费附加。其中，应当缴纳增值税为：

$1\ 400 \div (1+3\%) \times 3\% = 40.78$（万元）

应当缴纳城建税和教育费附加合计为：

$40.78 \times (7\%+3\%) = 4.08$（万元）

应当缴纳个人所得税：

$[1\ 400 \div (1+3\%) - 4.08] \times 20\% = 271.03$（万元）

以上各税合计为：

$40.78+4.08+271.03 = 315.89$（万元）

策划建议：

公司还没有开张，更没有取得任何收入，却让核心人才缴了一大笔税，这让管理层十分苦恼。于是，他们向税务咨询专家请教。

税务咨询专家到该企业的现场进行全面调研，了解到他们的真实意图以后，告诉他们：他们的合作可以有两个操作方案：一是郑明哲投资现金 2 400 万元，占公司 60% 的股权，李佳俊投资现金 1 600 万元，占公司 60% 的股权，公司成立后再以 1 600 万元的价格收购李佳俊开发的 5 款软件；二是郑明哲投资现金 2 400 万元，占公司 60% 的股权，李佳俊以 5 款软件折价 1 600 万元作投资，占公司 40% 的股权。这样就可以将上述税款进行减免和递延。

政策分析：

目前人们创业的热情比较高，为了解决人们在创业过程中以技术作为投资入股的税收问题，促进社会发展，财政部、国家税务总局发出《关于完善股权激励和技术入股有关所得税政策的通知》（财税〔2016〕101 号），进一步加大税收优惠，降低企业和相关获激励者的税负。

1. 免征增值税

技术成果投资入股实质是转让技术成果和投资同时发生。根据《财政部 国家税务总局关于全面推开营业税改征增值税试点的通知》（财税〔2016〕36 号）相关规定，转让技术成果是销售无形资产，免征增值税。

对于以技术入股的增值税问题处理，这里需要提醒纳税人的是：技术，包括专利技术和非专利技术。

申请免征增值税时，技术成果投资入股书面合同须经所在地省级科技主管部门认定并出具审核意见证明文件，报主管税务机关备查。

2. 可选择个人所得税递延纳税优惠

如果以技术成果投资入股方是个人，则涉及个人所得税。

根据财税〔2016〕101号文件，被投资企业支付的对价全部为股票（权）的，可选择递延纳税，经向主管税务机关备案，投资入股当期可暂不纳税，允许递延至转让股权时，按股权转让收入减去技术成果原值和合理税费后的差额计算缴纳个人所得税。

对于以技术入股的个人所得税问题处理，这里需要提醒纳税人：

其一，被投资方必须是境内居民企业。

其二，技术成果包括专利技术（含国防专利）、计算机软件著作权、集成电路布图设计专有权、植物新品种权、生物医药新品种，以及科技部、财政部、国家税务总局确定的其他技术成果。

其三，取得技术成果的被投资企业支付的对价全部为股票（权）。如果一部分为股票（权），另一部分为货币，则不能递延纳税。

其四，取得技术成果的被投资企业为个人所得税扣缴义务人。递延纳税期间，应在每个纳税年度终了后向主管税务机关报告递延纳税有关情况。

技术入股的个人也可以选择当期纳税或5年分期纳税。根据《财政部 国家税务总局关于个人非货币性资产投资有关个人所得税政策的通知》（财税〔2015〕41号）和《国家税务总局关于个人非货币性资产投资有关个人所得税征管问题的公告》（国家税务总局公告2015年第20号），个人于技术成果转让、取得被投资企业股权时，确认收入的实现。按评估后的公允价值确认转让收入，减除原值（即技术成果研发费用）及合理税费后的余额为应纳税所得额，按照"财产转让所得"项目计算个人所得税，于次月15日内申报纳税。若一次性缴税有困难，可5年内分期缴纳。

若5年分期缴纳，个人须自行制定缴税计划并向主管税务机关报送《非货币性资产投资分期缴纳个人所得税备案表》、纳税人身份证明、投资协议、非货币性资产评估价格证明材料、能够证明非货币性资产原值及合理税费的相关资料。

取得技术成果的被投资企业应将技术入股个人取得股权和分期缴税期间股权变动情况，分别于相关事项发生后15日内向主管税务机关报告，并协助税务机关执行公务。

策划结论：

通过咨询专家的指导，投资人明白自己的操作过程中存在的问题，于是按照专家的意见调整了操作方案。

专家点评：

在投资活动中，许多投资人往往凭自己的感觉或者经验做决策，不知不觉地多缴了税。本案例就是一个典型案例。实务过程中大家可以举一反三，对相关事项做具体分析。此外，对于以技术进行投资的企业投资人也存在税收优惠，实务中可以选择企业所得税递延纳税优惠。

如果以技术成果投资入股方是企业，则涉及企业所得税。

企业同样可根据财税〔2016〕101号文规定，选择递延纳税优惠——递延至转让股权时，按股权转让收入减去技术成果原值和合理税费后的差额计算缴纳企业所得税。

企业所得税递延纳税提醒事项与上文个人所得税递延纳税大致相同。转让技术成果取得股票（权）的企业应在规定期限内到主管税务机关办理备案手续。否则不得递延纳税。

技术入股的企业也可以选择当期纳税或 5 年分期纳税。根据《财政部 国家税务总局关于非货币性资产投资企业所得税政策问题的通知》（财税〔2014〕116 号）和《国家税务总局关于非货币性资产投资企业所得税有关征管问题的公告》（国家税务总局公告 2015 年第 33 号），于投资协议生效并办理股权登记手续时，确认收入的实现，按评估后的公允价值扣除计税基础后的余额，计算确认所得，可以 5 年内分期均匀计入相应年度的应纳税所得额，计算缴纳企业所得税。取得被投资企业的股权，应以技术成果原计税成本为计税基础，加上每年确认的转让所得，逐年进行调整。

对于以技术入股的企业所得税问题处理，这里需要提醒纳税人：

一是若 5 年分期纳税，技术入股的企业必须是实行查账征收的居民企业。被投资企业必须是居民企业。

二是个人所得税 5 年分期缴纳是分期计算应纳税款，且不必每年均匀缴纳。企业所得税 5 年分期缴纳是分期计算所得，且须均匀计入相应年度。

三是 5 年内每年企业所得税汇算清缴时，向主管税务机关报送《非货币性资产投资递延纳税调整明细表》。

四是企业应将股权投资合同或协议、对外投资的非货币性资产（明细）公允价值评估确认报告、非货币性资产（明细）计税基础的情况说明、被投资企业设立或变更的工商部门证明材料等资料留存备查，并单独准确核算税法与会计差异情况。

临界点　做文章

【妙计提要】

物极必反存界限，否极泰来明趋势；策划理论有讲究，平衡点里选距离。

【妙计详解】

平衡的词义有多种解释，如物理学的解释谓衡器两端承受的重量相等，或者说两个或两个以上的力作用于一个物体上，各个力互相抵消，使物体成相对的静止状态。亦泛指平稳，稳定。从哲学的角度说，平衡指事物处在量变阶段所显现的面貌，是绝对的、永恒的运动中所表现的暂时的、相对的静止。

而临界点则是物理学名词，指物体由一种状态转变成另一种状态的条件。如气体在某一温度时，加上一定的压力就能转化为液体，这种温度和压力即该气体的临界点。亦借指事情性质发生变化的关节。

上述概念也可以拿来在税收策划活动中使用。

税收的法律界限非常明确，达不到法律规定的标准，就不需要承担有关法律所规定的法律义务，一旦达到标准，就需要承担必要的责任。税收的征收率是通过法律形式确定下来的，有其内在的规定性而不能随意变更，但是经济活动却是千变万化的，有些时候一项适用较高税率的经济事项，经过巧妙的运作，就可能变为适用较低税率的经济事项，从而有效地降低企业的税收负担。

比如，是选择增值税一般纳税人，还是小规模纳税人？是采用一般计税方法，还是选择简易计税方法……所以，在临界点上需要进行策划，其中操作的可能性很大，技术性很强。有关临界点的策划，是税收策划的一个重要方面。

1. 临界点策划原理

利用临界点策划税收是"质量互变"哲学原理的最好体现,因为在税法上有明确的边界规定,从而形成众多的临界点,当突破某些临界点(或高于或低于)时,由于所适用的税率就可能发生变化,进而出现利益差异,这便是临界点策划的工作原理。

利用临界点进行策划是税收策划的重要部分,其有着自身的规律,归纳起来主要有如下方面。

(1)策划的技术性。临界点策划的技术性很强,完全是依据税法规定的政策边界——临界点而进行的一种策划。这些临界点,是立法者有意识设定的,而且是十分明确,为的是体现税收公平和效率原则。临界点策划税收策划当事人主动接受政策的引导,从而实现税收利益最大化,其性质应属于节税范畴。如在2019年1月1日到2021年12月31日,小规模纳税人如果要享受的免征优惠,则需要将月销售额控制在10万元(含本数)以下;为了享受小微企业税收优惠政策,需要将年计税利润控制在300万元以下。这里有时间的临界点和利润的临界点,但是,到这里还不够,还有其他指标要求,即从事国家非限制和禁止行业,且同时符合从业人数不超过300人、资产总额不超过5 000万元等条件的企业。而这些指标还有具体要求,如从业人数,包括与企业建立劳动关系的职工人数和企业接受的劳务派遣用工人数。

所称从业人数和资产总额指标,应按企业全年的季度平均值确定。具体计算公式如下:

季度平均值=(季初值+季末值)÷2

全年季度平均值=全年各季度平均值之和 ÷4

年度中间开业或者终止经营活动的,以其实际经营期作为一个纳税年度确定上述相关指标。

(2)策划的公开性。由于税法是经过一定的立法流程完成的涉税游戏规则,是针对所有人都必须遵守的,而其中的税目、税基、税率等都是一一对应的,全体纳税人都可以创造条件,利用临界点策划原理来争取降低税率,享受税收优惠,获得优惠,增加收益。

(3)简便易行。临界点税收策划的原理比较明确,具有一讲就懂,简便易行的特点,这是与其他税收策划活动所不同的地方。

2. 临界点策划的分类

临界点策划的基础是临界点,所以其分类的基础依据也是以临界点为标准。临界点可分为税基临界点和优惠临界点两大类。前者主要有起征点、税率跳跃临界点;后者主要有时间临界点、人员临界点、优惠对象临界点等。

【案例注释】

平衡点的原理是经济学里的一个普遍性原理之一,这里将引入税收策划里作为一个计策,在税收策划操作过程中,同样也具有普遍性意义。临界点的税收策划包括多方面的内容,在增值税、土地增值税、企业所得税和个人所得税等税种中都有体现,而且,在不同时期的政策所对应的临界点也有所不同。因此，这里我们结合实际案例对有关计策的操作原理做一个简要分析和解释。

采购供应有主体　价格分析藏税收

在企业采购过程中，根据供应商的增值税纳税人类别，企业采购业务可以分为两个渠道，一种是从增值税一般纳税人处采购，另一种是从增值税小规模纳税人处采购。近期政策几经调整，企业应及时进行税收策划，合理地选择供应商，以提高企业净收益。这里通过比较从一般纳税人处采购货物和小规模纳税人处采购货物对企业收益的影响，帮助企业正确选择供应商，使得企业降低税负，提高收益。

企业案例：

甲公司是服装生产企业，为一般纳税人，预计年营业额为 600 万元，需要租入 10 台设备。现有 A、B 两个公司，其中 A 公司为增值税一般纳税人，从 A 公司可以索取税率为 13% 的增值税专用发票，B 公司为增值税小规模纳税人，从 B 公司可以索取由税务机关代开的征收率为 3% 的增值税专用发票。A、B 两个公司所提供的设备相同，但是收费不同，A 公司每台设备租金 3 万元、B 公司每台设备租金 2.8 万元（以上金额为含税金额）。甲公司是选择 A 公司还是选择 B 公司作为供应商？

原理运用：

上述企业的情况涉及两家供应商在不同政策条件下的临界点分析问题。政策调整后，供应商的身份将直接影响企业收益。假设在价格和质量相同的情况下，从一般纳税人处采购货物可以取得的增值税专用发票，进项税额可以抵扣；从小规模纳税人处采购货物，如果小规模纳税人开具增值税普通发票，进项税额不得抵扣，如果通过小规模纳税人从主管税务机关代开增值税专用发票，进项税额可以抵扣。

在价格相同的条件下，即使从小规模纳税人处取得增值税专用发票，纳税人抵扣的进项税额较一般纳税人少，所以，纳税人不会选择从小规模纳税人处采购货物，这样小规模纳税人将无法生存。若要在市场中生存，小规模纳税人必然要降低价格，才能与一般纳税人同市场竞争。当小规模纳税人价格降低到一定程度时，此时企业不管是选择一般纳税人还是小规模纳税人作为供应商，企业收益相等，这一价格点就是采购价格临界点。

只有当从小规模纳税人处采购货物价格低于采购价格临界点，纳税人从小规模纳税人处采购货物收益才会高于从一般纳税人处采购货物收益，纳税人才会选择小规模纳税人作为供应商；当从小规模纳税人处采购货物价格高于采购价格临界点，纳税人从一般纳税人处采购货物收益会高于从小规模纳税人处采购货物收益，纳税人会选择一般纳税人作为供应商。

模型搭建：

在实际工作中，纳税人从小规模纳税人处采购货物可以取得两种发票：增值税专用发票和增值税普通发票，笔者从这两种情形出发，推导两种情形下的采购价格临界点。

（1）从小规模纳税人索取的增值税专用发票。假定纳税人的含税销售额为 S，适用的增值税税率为 $T0$，从一般纳税人购货的含税购进额为 P，适用的增值税税率为 $T1$，在采购价格临界点从小规模纳税人购进货物的含税额与从一般纳税人购进货物的含税额的比率为 Rc，小规模纳税人适用的税率为 $T2$。因生产加工费用与原材料的来源关系不大，所以纳税人收益为不含税销售收入扣除不含税购进成本的差，则：

从一般纳税人索取专用发票的收益 $= S \div （1+T0）-P \div （1+T1）$

从小规模纳税人索取专用发票的收益 $= S \div （1+T0）-（P \times Rc） \div （1+T2）$

当两者的收益相等时：

$S \div （1+T0）-P \div （1+T1）= S \div （1+T0）-（P \times Rc） \div （1+T2）$

推导出：$Rc = （1+T2） \div （1+T1） \times 100\%$

（2）从小规模纳税人索取的增值税普通发票。

从一般纳税人索取专用发票的收益 $= S \div （1+T0）-P \div （1+T1）$

从小规模纳税人索取增值税普通发票的收益 $= S \div （1+T0）-P \times Rc$

当两者的收益相等时：

$S \div （1+T0）-P \div （1+T1）= S \div （1+T0）-P \times Rc$

推导出：$Rc = 1 \div （1+T1） \times 100\%$

（3）结论

采购价格临界点的比率 Rc，仅与供应商的增值税税率（即 $T1$、$T2$）有关，与纳税人的增值税税率（$T0$）、纳税人的含税销售额（S）无关。纳税人选择供应方的身份策略是：首先，纳税人计算从小规模纳税人购进货物的含税额与从一般纳税人购进货物的含税额的实际比率 R；然后纳税人比较实际比率 R 和在采购价格临界点的比率 Rc 的大小：当 R 小于 Rc 时，选择小规模纳税人作为供应商；当 R 大于 Rc 时，选择一般纳税人作为供应商；若 R 等于 Rc，两者的收益相同，应当从其他角度考虑选择供应商。

总之，从采购定价而言，纳税人如果选择小规模纳税人作为供应商时，其货物含税价格应当略低于或等于一般纳税人货物含税价格的 Rc 倍。

政策分析：

从理论上讲，平衡点理论分析模型搭建起来之后，就具有一般意义。但是，如果运用到实践中，还需要结合有关政策的变化和调整。

（1）政策调整后，增值税税率的规定。根据《中华人民共和国增值税暂行条例》以及《财政部 税务总局 海关总署关于深化增值税改革有关政策的公告》（财政部 税务总局海关总署公告 2019 年第 39 号）自 2019 年 4 月 1 日起，增值税一般纳税人（以下称纳税人）发生增值税应税销售行为或者进口货物，原适用 16% 税率的，税率调整为 13%；原适用 10% 税率的，税率调整为 9%。这样，目前一般纳税人适用的税率分别是 13%、9% 和 6% 三档，小规模纳税人征收率是 3%。

一般纳税人的税率具体规定是：适用 13% 基本税率的范围包括纳税人销售或者进口货物（除使用低税率和零税率的外）、提供加工、修理修配劳务、有形动产租赁服务；适用 9% 低税率的范围包括农业产品、食用植物油、自来水、暖气、冷气、热水、煤气、石油液化气、天然气、沼气、居民用煤炭制品、图书、报纸、杂志、音像制品、电子出版物、饲料、化肥、农药、农机、农膜、农机整机以及交通运输业、邮政业、提供基础电信服务；适用 6% 低税率的范围包括研发和技术服务、信息技术服务、文化创意服务、物流辅助服务、鉴证咨询服务、广播影视服务、提供基础电信服务。

实例分析：

结合前述案例所表述的企业的具体情况，我们可以结合原理进行具体分析。在不考虑其他因素的前提下，选择 A 公司作为供应商，甲公司收益为：

$6\ 000\ 000 \div 1.13 - 30\ 000 \div 1.13 \times 10$

$= 5\ 309\ 734.51 - 265\ 486.73$

$= 5\ 044\ 247.78$（元）

选择小规模纳税人 B 公司作为供应商，甲公司收益为：

$6\ 000\ 000 \div 1.13 - 28\ 000 \div 1.03 \times 10$

$= 5\ 309\ 734.51 - 271\ 844.66$

$= 5\ 037\ 889.85$（元）

将两者的收益做比较：

$5\ 044\ 247.78 - 5\ 037\ 889.85 = 6\ 357.93$（元）

可见，选择 A 公司比选择 B 公司作为供应商，甲公司收益提高 6 357.93 元。因此，选择 A 公司作为供应商，甲公司收益较高。

税收政策理边界　小微企业当心雷

各位老板和企业家，你的公司当下正在多缴税。你相信吗？

笔者知道在这里这样问大家，可能没有一个人会相信这是真的。因为大家都很精明的，否则就不可能积累数千万的家产；大家都很自信，否则，当初就不可能出来投资创业……但是，今天我想请大家换一个思维方式去考虑问题。大家先看如下案例。

案例一：

2018 年 6 月的一天，乙企业的老板王某来电咨询：他的企业 2017 年度的会计利润比他的朋友多 1 元钱，但是他最后比朋友少赚了 75 000 元，不知这是为什么？

业务分析：

甲企业 2017 年度实现应纳税所得额为 50 万元，乙企业 2017 年度实现应纳税所得额为 500 001 元。甲企业 2017 年度实现应纳税所得额为 50 万元，如果该企业符合小型微利企业所得税优惠的条件，当应纳税所得额恰好为 50 万元时，可以享受优惠。那么，甲企业应缴纳企业所得税为：

500 000×50%×20% ＝ 50 000（元）

甲企业可以获得的税后净利润为：

500 000－50 000 ＝ 450 000（元）

乙企业 2017 年度实现应纳税所得额为 500 001 元，则该企业不符合小型微利企业所得税优惠的条件，应当按正常政策计算企业所得税。那么，乙企业应缴纳企业所得税为：

500 001×25% ＝ 125 000.25（元）

乙企业可以获得的税后净利润为：

500 001－125 000.25 ＝ 375 000.75（元）

两个企业缴纳企业所得税后净利润比较：

450 000－375 000.75 ＝ 74 999.25（元）

对上述两家企业的纳税情况做一个比较我们可以发现，乙企业比甲企业多赚了 1 元，而企业所得税却要多缴 75 000.25 元（125 000.25－50 000）；换句话说，企业多赚了 1 元利润，就要多缴企业所得税约 7.5 万元。

案例二：

最近乙企业的老板王某又来电咨询：他的企业 2018 年度的会计利润比他的朋友多 1 元钱，但是他最后比朋友少赚了 15 万元，怎么又出现那种不合理的现象了？

业务分析：

甲企业 2018 年度实现应纳税所得额为 100 万元，乙企业 2018 年度实现应纳税所得额为 1 000 001 元。甲企业 2018 年度实现应纳税所得额为 100 万元，如果该企业符合小型微利企业所得税优惠的条件，当应纳税所得额恰好为 100 万元时，可以享受优惠。那么，甲企业应缴纳企业所得税为：

1 000 000×50%×20% ＝ 100 000（元）

甲企业可以获得的税后净利润为：

1 000 000－100 000 ＝ 900 000（元）

乙企业 2018 年度实现应纳税所得额为 1 000 001 元，则该企业不符合小型微利企业所得税优惠的条件，应当按正常政策计算企业所得税。那么，乙企业应缴纳企业所得税为：

1 000 001×25% ＝ 250 000.25（元）

乙企业可以获得的税后净利润为：

1 000 001－250 000.25 ＝ 750 000.75（元）

两个企业缴纳企业所得税后净利润比较：

900 000－750 000.75 ＝ 149 999.25（元）

对上述两家企业的纳税情况做一个比较我们可以发现，乙企业比甲企业多赚了 1 元，而企业所得税却要多缴 150 000.25 元（250 000.25-100 000）；换句话说，乙企业 2018 年比甲企业多赚了 1 元利润，就要多缴企业所得税约 15 万元。

案例三：

听了笔者的分析以后，乙企业的老板王某感觉自己没有掌握税收临界点的税收策划，有点儿沉不住气了，又进一步咨询：那么，2019 年度小微企业的临界点在哪里呢？

业务分析：

下面我们来对 2019 年度小微企业所得税的临界点的纳税情况来做一个分析。我们假设甲企业 2019 年度实现应纳税所得为 300 万元，乙企业 2019 年度实现应纳税所得额为 3 000 001 元。甲企业 2018 年度实现应纳税所得额为 300 万元，如果该企业符合小型微利企业所得税优惠的条件，当应纳税所得额恰好为 300 万元时，可以享受优惠。那么，甲企业应缴纳企业所得税为：

$1\ 000\ 000×25\%×20\% = 50\ 000$（元）

$（3\ 000\ 000-1\ 000\ 000）×50\%×20\% = 200\ 000$（元）

$50\ 000+200\ 000 = 250\ 000$（元）

甲企业可以获得的税后净利润为：

$3\ 000\ 000-250\ 000 = 2\ 750\ 000$（元）

乙企业 2019 年度实现应纳税所得额为 3 000 001 元，则该企业不符合小型微利企业所得税优惠的条件，应当按正常政策计算企业所得税。那么，乙企业应缴纳企业所得税为：

$3\ 000\ 001×25\% = 750\ 000.25$（元）

乙企业可以获得的税后净利润为：

$3\ 000\ 001-750\ 000.25 = 2\ 250\ 000.75$（元）

两个企业缴纳企业所得税后净利润比较：

$2\ 750\ 000-2\ 250\ 000.75 = 499\ 999.25$（元）

对上述两家企业的纳税情况做一个比较我们可以发现，乙企业比甲企业多赚了 1 元，而企业所得税却要多缴 500 000.25 元（750 000.25-250 000）；换句话说，如果乙企业 2019 年比甲企业还是多赚 1 元利润，就要多缴企业所得税 500 000.25 元。

案例分析：

为什么会出现这种情景呢？我们在这里仅以 2017 年度的情况作为样本来进行具体分析。

因为国家为了扶持小微企业，明确对"年应纳税所得额低于 50 万元的小型微利企业，其所得减按 50% 计入应纳税所得额，按 20% 的税率缴纳企业所得税。"在这个前提下，企业的会计利润与税后净利出现了背离。当然，这种情景只会在一定的区间存在。

1. 一般规律

通过系统性分析我们发现：当企业的会计利润达到一定程度，即到政策的临界点时，其净利润达到政策范围内的最高值；如果超过临界点时，就会相反的趋势。

（1）当政策的临界点为 50 万元时。

这里我们假设这个临界点的所得额为 $M1$，则 $M1-M1\times25\% = 50-50\times50\%\times20\%$，解之，得：$M1 = 60$ 万元。也就是说，根据 2017 年度的小微企业税收优惠政策如下。

当企业的会计利润为 60 万元以上时，会计利润越多，税后净利润越多。

当企业的会计利润为 50 万元以下时，会计利润越低，税后净利润越低。

而当企业的会计利润超过 50 万元低于 60 万元时，其会计利润额与税后净利润成反比关系。也就是说企业赚得多，获取的净利润反而少。

（2）当政策的临界点为 100 万元时。

这里我们假设这个临界点的所得额为 $M2$，则 $M2-M2\times25\% = 100-100\times50\%\times20\%$，解之，得：$M2 = 120$ 万元。也就是说，根据 2018 年度的小微企业税收优惠政策如下。

当企业的会计利润为 120 万元以上时，会计利润越多，税后净利润越多。

当企业的会计利润为 100 万元以下时，会计利润越低，税后净利润越低。

而当企业的会计利润超过 100 万元低于 120 万元时，其会计利润额与税后净利润成反比关系。也就是说企业赚得多，获取的净利润反而少。

（3）当政策的临界点为 300 万元时。

这里我们假设这个临界点的所得额为 $M3$，则 $M3-M3\times25\% = 300-[1\,000\,000\times25\%\times20\%+（3\,000\,000-1\,000\,000）\times50\%\times20\%]$，解之，得：$M3 = 366.67$ 万元。当会计利润为 300 万元时，其税后利润是 275 万元；当会计利润大约为 366.67 万元时，其税后利润也是 275 万元。也就是说，根据 2019 年度的小微企业税收优惠政策如下。

当企业的会计利润为 366.67 万元以上时，会计利润越多，税后净利润越多。

当企业的会计利润为 300 万元以下时，会计利润越低，税后净利润越低。

而当企业的会计利润超过 300 万元低于 366.67 万元时，其会计利润额与税后净利润成反比关系。也就是说企业赚得多，获取的净利润反而少。

临界点比较分析

年度	临界点（万元）	增加（元）	净利润减少（万元）	极限值（万元）
2017	50	1	7.5	60
2018	100	1	15	120
2019	300	1	50	366.67

2. 函数分析

对于上述一般规律表述部分读者可能还没有建立起相应的印象，为了帮助大家进一步理解小微企业所得税优惠政策的临界点及其策划原理，下面我们以一组数据来进行具体分析。

我们以 2019 年度小微企业所得税的政策背景来做一个分析，如果假设某企业 2019 年度实现会计利润（应纳税所得额）为如下一组数据（保留两位小数）。

经营涉税情况分析表单位：万元

组别	第一组	第二组	第三组	第四组	第五组	第六组	第七组	第八组
计税所得	100	200	300	301	320	340	360	400
所得税	5	15	25	75	80	85	90	100
税后净利润	95	185	275	226	240	255	270	300

将上述数据绘制成图表如下。

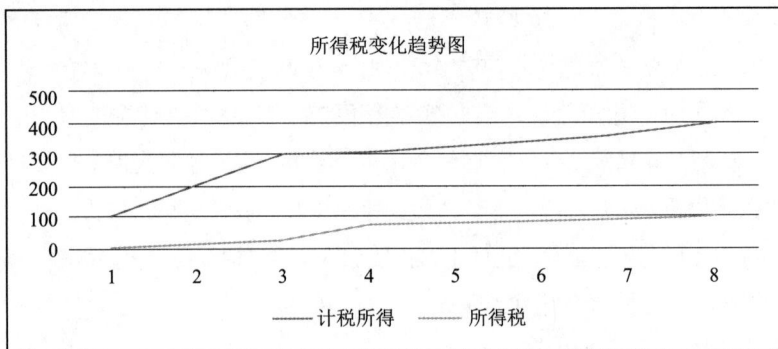

所得税变化趋势图

在现行政策条件下，小微企业产生的会计利润与应纳税企业所得税存在正相关关系，但是，在具体形态上呈阶梯式发展态势。

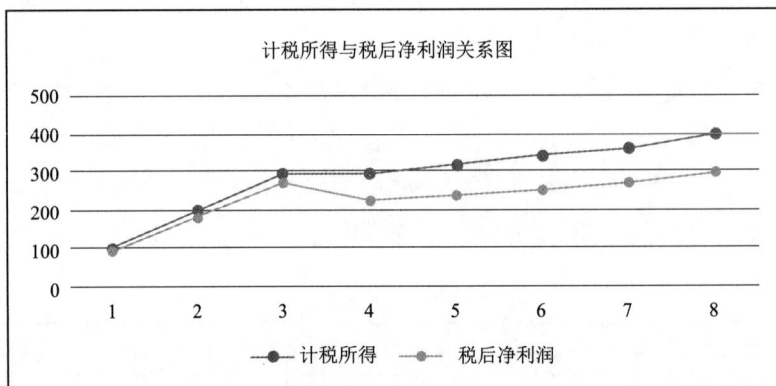

计税所得与税后净利润关系图

从会计利润与税后净利润关系图表的曲线走向上我们看出：当会计利润在300万元以下时，会计利润与税后净利润存在正相关关系，当会计利润在300万元以上时，税后净利润出现掉头向下的走势；当会计利润在360万元附近时，其税后净利润与会计利润在300万元时相当；当会计利润在360万元以上时，会计利润与税后净利润又表现为正相关关系。

专家点评：

对于小微企业来说，要想获得更大的经营业绩，就需要当事人拥有税收策划的思维，对自己的企业进行综合策划，具体地讲，应当注意以下两个方面。

1. 及时掌握政策的变化

对于小微企业的所得税政策近期多次做了调整，所以，作为小微企业的纳税人应当随时注意政策的变化。

《财政部 税务总局关于扩大小型微利企业所得税优惠政策范围的通知》（财税〔2017〕43号）规定，2017年1月1日至2019年12月31日，年应纳税所得额低于50万元的小型微利企业，其所得减按50%计入应纳税所得额，按20%的税率缴纳企业所得税。

《财政部 税务总局关于进一步扩大小型微利企业所得税优惠政策范围的通知》（财税〔2018〕77号）规定，自2018年1月1日至2020年12月31日，将小型微利企业的年应纳税所得额上限由50万元提高至100万元，对年应纳税所得额低于100万元（含100万元）的小型微利企业，其所得减按50%计入应纳税所得额，按20%的税率缴纳企业所得税。

《财政部 税务总局关于实施小微企业普惠性税收减免政策的通知》（财税〔2019〕13号）规定，自2019年1月1日至2021年12月31日，对小型微利企业年应纳税所得额不超过100万元的部分，减按25%计入应纳税所得额，按20%的税率缴纳企业所得税；对年应纳税所得额超过100万元但不超过300万元的部分，减按50%计入应纳税所得额，按20%的税率缴纳企业所得税。

2. 结合企业情况具体策划

在通常情况下，企业的会计利润越多（这里假设企业的会计利润等于应纳税所得额），投资人最终赚的钱也会越多（税后净利润）。但是，有些时候会出现例外。也正因为如此，有关企业应当做好利润目标的控制。可以采取如下措施。

其一，加大市场推广力度。通常情况下，小微企业往往处于成立初期，市场占有份额相对较小，因此建议开展促销活动，降低商品或服务价格，或者给客户适当的折扣、折让等。企业在第季度末就应对企业未来经营情况做一次测算，如果估计当年应纳税所得额接近50万元，就可以通过上述手段适当减少利润和所得，充分利用税收红利促进企业的发展。

其二，加大技术研发力度，强化业绩考核。为进一步激励中小企业加大研发投入，支持科技创新，《财政部 税务总局科技部关于提高科技型中小企业研究开发费用税前加计扣除比例的通知》（财税〔2017〕34号）提高了科技型中小企业研究开发费用（以下简称研发费用）税前加计扣除的比例，明确科技型中小企业开展研发活动中实际发生的研发费用，未形成无形资产计入当期损益的，在按规定据实扣除的基础上，在2017年1月1日至2019年12月31日期间，再按照实际发生额的75%在税前加计扣除；形成无形资产的，在上述期间按照无形资产成本的175%在税前摊销。《国家税务总局关于企业工资薪金和职工福利费等支出税前扣除问题的公告》（国家税务总局公告2015年第34号）规定，企业在年度汇算清缴结束前向员工实际支付的已预提汇缴年度工资薪金，准予在汇缴年度按规定扣除。因此，12月计提的工资奖金，即使未实际发放，只要在汇算清缴结束前支付到位，也不影响企业所得税的计算。

但是，上述工资奖金的安排一定要合理，发放额度合理，发放程序规范，并及时代扣代缴个人所得税，否则会有税收风险。

其三，正确适用固定资产加速折旧政策。现行政策对部分专用设备的会计处理给企业较大选择权，比如《国家税务总局关于固定资产加速折旧税收政策有关问题的公告》（国家税务总局公告 2014 年第 64 号）规定，企业持有的固定资产，单位价值不超过 5 000 元的，可以一次性在计算应纳税所得额时扣除。因此，企业当期采购单价低于 5 000 元的固定资产，如果存在可以享受加速折旧政策而未享受的，年度可以考虑调整会计政策。这既可以达到少缴当期企业所得税的目的，又有可能让所得额减少到 50 万元以下，从而享受小型微利企业减半的优惠政策。

其四，适当选择销售方法。增值税暂行条例实施细则第三十八条明确，纳税人纳税义务实现的时间按销售结算方式的不同，具体为：（一）采取直接收款方式销售货物，不论货物是否发出，均为收到销售款或者取得索取销售款凭据的当天；（二）采取托收承付和委托银行收款方式销售货物，为发出货物并办妥托收手续的当天；（三）采取赊销和分期收款方式销售货物，为书面合同约定的收款日期的当天，无书面合同的或者书面合同没有约定收款日期的，为货物发出的当天；（四）采取预收货款方式销售货物，为货物发出的当天，但生产销售生产工期超过 12 个月的大型机械设备、船舶、飞机等货物，为收到预收款或者书面合同约定的收款日期的当天；（五）委托其他纳税人代销货物，为收到代销单位的代销清单或者收到全部或者部分货款的当天。未收到代销清单及货款的，为发出代销货物满 180 天的当天；（六）销售应税劳务，为提供劳务同时收讫销售款或者取得索取销售款的凭据的当天；（七）纳税人发生视同销售货物行为，为货物移送的当天。因此，纳税人可以根据年度收入情况对销售方式提前做出安排。

当然，在这里需要强调的是，以上操作的前提是业务必须真实，千万不能通过隐瞒收入、虚列成本费用等方式来减少利润，这样做涉嫌偷税等违法行为，将面临补税、加收滞纳金、罚款等税收风险，并要承担相应的法律责任。

企业经营利润紧　业务招待细盘点

不同税收政策之间的差异分析，落实到具体的企业具有普遍的意义。其实，临界点理论不仅在采购环节可以使用，在其他费用确认的时候也可以运用。

实例分析：

比如，长江服装有限公司是 2016 年 2 月底注册成立的一家民营企业，一般纳税人，2019 年度实现销售收入 15 000 万元。2020 年计划完成 20 000 万元的销售任务。服装企业有一个特点，产品利润空间比较小，所以，所有服装企业都要进行精打细算，在压缩成本上很下功夫。

该公司的财务经理李明渊在编制制度成本和费用计划时，遇到了一个难题：业务招待费用应当如何安排？

业务分析：

企业如何既能充分使用业务招待费的限额，又可以最大限度地减少纳税调整事项呢？税务专家根据现行政策结合具体业务进行了政策分析。在具体的过程中，存在一个平衡点，为了找到这个平衡点，我们在这里引用三个实例来分析业务招待费税前列支标准的规律。为了便于举例，我们设企业全年销售（营业）收入为 M，年业务招待费发生额为 N，以企业按销货净额（工业制造业、种植养殖业、商业等）比例扣除交际应酬费的项目为例来进行分析和说明。

实证例一，有 5 家企业，在 2020 年销售（营业）收入均为 600 万元，但它们各自实际支出的业务招待费不同，分别为 2 万元、3 万元、4 万元、5 万元、6 万元。

下面我们就各企业的业务招待费用的列支情况进行计算和分析：

（1）2 万元 ×60% = 1.2 万元＜ 600 万元 ×5‰= 3 万元，可税前列支 1.2 万元。

（2）3 万元 ×60% = 1.8 万元＜ 600 万元 ×5‰= 3 万元，可税前列支 1.8 万元。

（3）4 万元 ×60% = 2.4 万元＜ 600 万元 ×5‰= 3 万元，可税前列支 2.4 万元。

（4）5 万元 ×60% = 600 万元 ×5‰= 3 万元，可税前列支 3 万元。

（5）6 万元 ×60% = 3.6 万元＞ 600 万元 ×5‰= 3 万元，可税前列支 3 万元。

实证例二，有 5 家企业，在 20×8 年销售（营业）收入均为 1 500 万元，但它们的招待费各自不同，分别为 5 万元、7.5 万元、10 万元、12.5 万元、20 万元。

下面我们就各企业的业务招待费用的列支情况进行计算和分析：

（1）5 万元 ×60% = 3 万元＜ 1 500 万元 ×5‰= 7.5 万元，可税前列支 3 万元。

（2）7.5 万元 ×60% = 4.5 万元＜ 1 500 万元 ×5‰= 7.5 万元，可税前列支 4.5 万元。

（3）10 万元 ×60% = 6 万元＜ 1 500×5‰= 7.5 万元，可税前列支 6 万元。

（4）12.5 万元 ×60% = 1 500 万元 ×5‰= 7.5 万元，可税前列支 7.5 万元。

（5）20 万元 ×60% = 12 万元＞ 1 500 万元 ×5‰= 7.5 万元，可税前列支 7.5 万元。

实证例三，有 5 家企业，在 20×8 年销售（营业）收入均为 3 000 万元，但它们的招待费各自不同，分别为 18 万元、20 万元、24 万元、25 万元、30 万元。

下面我们就各企业的业务招待费用的列支情况进行计算和分析：

（1）18 万元 ×60% = 10.8 万元＜ 3 000 万元 ×5‰= 15 万元，可税前列支 10.8 万元。

（2）20 万元 ×60% = 12 万元＜ 3 000 万元 ×5‰= 15 万元，可税前列支 12 万元。

（3）24 万元 ×60% = 14.4 万元＜ 3 000 万元 ×5‰= 15 万元，可税前列支 14.4 万元。

（4）25 万元 ×60% = 3 000 万元 ×5‰= 15 万元，可税前列支 15 万元。

（5）30 万元 ×60% = 18 万元＞ 3 000 万元 ×5‰= 15 万元，可税前列支 15 万元。

业务归纳：

业务招待费税前列支新标准以 N = 8.3‰ M 为边界线。当 N ≤ 8.3‰ M，即业务招待费发生额不超过销售（营业）收入的 8.3‰时，业务招待费按发生额的 60% 列支。如例一中，业务招待费为 2 万元、3 万元、4 万元时；例二中，业务招待费为 5 万元、7.5 万元、10 万元时；如例三中，业务招待费为 18 万元、20 万元、24 万元时。

当 N ≥ 8.3‰ M，即业务招待费发生额超过销售（营业）收入的 8.3‰时，业务招待费按销售（营业）收入的 5‰列支。如例一中，销售（营业）收入 600 万元企业业务招待费为 5 万元、6

万元时；例二中，业务招待费为 12.5 万元、20 万元时；如例三中，业务招待费为 25 万元、30 万元时。

以上实证已经得到人们的普遍认可，也就是说，我们在具体分析企业的业务执行费用的列支情况时，就可以用 8.3‰作为平衡点来进行分析。

由于企业实际发生业务招待费 100 万元＞计划 83 万元，即大于销售（营业）收入的 8.3‰，则业务招待费的 60% 可以扣除，纳税调整增加 100-60 ＝ 40 万元。但是另一方面销售（营业）收入的 5‰只有 50 万元，还要进一步纳税调整增加 10 万元，按照两方面限制孰低的原则进行比较，取其低值直接纳税调整，共调整增加应纳税所得额 50 万元，计算缴纳企业所得税 12.50 万元，即实际消费 100 万元则要付出 112.50 万元的代价。

如果企业实际发生业务招待费 40 万元＜计划 83 万元，即小于销售（营业）收入的 8.3‰，则业务招待费的 60% 可以全部扣除，纳税调整增加 40-24 ＝ 16 万元。另一方面销售（营业）收入的 5‰为 50 万元，不需要再纳税调整，只需要计算缴纳企业所得税 4 万元，即实际消费 40 万元则要付出 44 万元的代价。

通过以上分析我们可得出如下结论：当企业的实际业务招待费大于销售（营业）收入的 8.3‰时，超过 60% 的部分需要全部计税处理，超过部分每支付 1 000 元，就会导致 250 元税金流出，也等于吃了 1 000 元要掏 1 250 元的腰包。当企业的实际业务招待费小于销售（营业）收入的 8.3‰时，60% 的限额可以充分利用，只需要就 40% 部分计税处理，等于吃 1 000 元掏 1 100 元的腰包。

分析结论：

在企业当期销售（营业）收入为 M，当期列支业务招待费为 N 的情况下，按照规定，当期允许税前扣除的业务招待费金额为 $60\% \times N$，同时要满足 $\leq 5‰ \times M$，由此可以推算出，在 $60\% \times N = 5‰ \times M$ 这个点上，可以同时满足企业的要求，由此得出 $8.3‰ \times M = N$。也就是说，如果当期列支的业务招待费等于销售（营业）收入的 8.3‰这个临界点时，企业就可以充分利用好上述政策。

有了这个数据，企业在预算业务招待时，可以先估算当期的销售（营业）收入，然后按 8.3‰的比例大致测算出合适的业务招待费预算值。对于长江服装有限公司来说，其 2020 年企业销售（营业）收入为 20 000 万元，则允许税前扣除的业务招待费最高不超过：20 000×5‰＝ 100 万元；那么财务预算全年业务招待费为：100 万元 ÷ 60% ＝ 166.67 万元。

纳税申报　有其奥妙

【妙计提要】

规模不大账不全，定税协商需调研；综合成本细推敲，毛利申报是关键。

【本计内容】

纳税申报指纳税人按照税法规定的期限和内容向税务机关提交有关纳税事项书面报告的法律行为，是纳税人履行纳税义务、承担法律责任的主要依据，是税务机关税收管理信息的主要来源和税务管理的一项重要制度。

纳税人、扣缴义务人的纳税申报或者代扣代缴、代收代缴税款报告表的主要内容包括：税种、税目、应纳税项目或者应代扣代缴、代收代缴税款项目、适用税率或者单位税额、计税依据、扣除项目及标准、应纳税额或者应代扣代缴、代收代缴税额、税款所属期限等。纳税申报指纳税人、扣缴义务人在发生法定纳税义务后，按照税法或税务机关相关行政法规所规定的内容，在申报期限内，以书面形式向主管税务机关提交有关纳税事项及应缴税款的法律行为。

在进行纳税申报的过程中，有许多策划事项就蕴涵在其中了。比如小型企业或者个体户的所得税核定征收的申报、个人所得税六项扣除项目的申报……

税务机关在对未建账或者建账不全的小规模纳税人和个体工商户进行核定征收时，往往需要对其生产和经营情况进行调研摸查，通过核定成本法来了解有关纳税人的生产和经营情况。以保本为起点，通过量本利测算原理分析纳税人的经营情况。

在测算过程中，税务机关其实并不完全掌握纳税人的实际生产和经营情况。税务机关了解和掌握某一个特定纳税人的生产和经营情况，是从分析和研究该纳税人申报资料开始的。以一个刚开业的个体工商业户为例。个体开业经营，如果税务机关对该业户采取核定征收方式管理，那么，就要对其核定税款。税务机关如何对其核定税款呢?

就一般情况而言,税务机关会先让纳税人申报其生产经营的具体情况,如果了解了业户的生产经营情况以后,其税收负担基本上也就确定下来了。如果税务机关采用成本法来核定,那么,纳税人申报的毛利率就十分关键。

【案例注释】

如果说税收策划是一门技术性和艺术性相结合的学科,那么,进行纳税申报就是其中的一个小环节。但是,从上述计策的内容上看,读者可能还是感觉难以理解。因此,这里我们结合实际案例对有关计策的操作原理做一个简要分析和解释。

经营业务搞核定　实际毛利需弄清

随着我国对小微企业的税收优惠力度越来越大,对个人经营的税务管理也是越来越松,这就给人们安居乐业提供了政策保证。许多有一技之长的人花小额的投资,就可以开一个门市部或者服务部,实现勤劳致富。但是,在经营过程中,税收却是一个绕不开的话题。

实务案例:

从事香烟批发生意的个体工商业户王小二,在年初与税务局管理分局的税务人员就核定税款问题发生了争执。王小二认为自己做批发生意(实际上也兼做少量零售生意)赚不到钱,因此税不能定得太高。而税务人员认为所定税额是依据纳税人申报情况依法核定的。

在税款核定过程中,王小二陈述:自己在不算商业中心的街区承租了两间店面,月租金30 000元,夫妻俩苦心经营,也只能维持个正常生活。

当税务人员了解其经营及费用情况时,王小二提供了以下数据:平均销售100元商品大约有3元的差价,运费平均每月1 000元,其他杂费平均每月大约2 000元。王小二在日常经营过程中未按税务机关的规定建账建制。

税务人员同时了解到:当地职工平均月收入为4 000元,商业平均毛利率大约为10%。于是,根据《税收征管法》第三十五条第二款之规定,酌情考虑纳税人的实际情况,核定了王小二全年的应纳税额为60 000元。

策划分析:

王小二面对那繁重的税收负担连声叫苦,但是无济于事。其实,如果按照王小二提供的情况,税收负担还要高出许多。下面我们不妨根据当时的情况做一个测算和分析。

1. 在小规模纳税人条件下

根据王小二的陈述,按小规模纳税人的征税规定应做如下计算。

王小二全年发生的主要费用:

(30 000+4 000×2+1 000+2 000)×12 = 492 000(元)

以 3% 的毛利率反算全年的销售额：

492 000 ÷ 3% = 16 400 000（元）

那么，王小二全年应缴纳增值税为：

16 400 000 ÷（1+3%）× 3% = 477 669.90（元）

根据当地商业企业的平均利润率计算

王小二全年发生的主要费用为 492 000 元。以 10% 的利润率反算全年的销售额：

492 000 ÷ 10% = 4 920 000（元）

那么，王小二全年应缴纳增值税为：

4 920 000 ÷（1+3%）× 3% = 143 300.97（元）

两者比较，我们可以发现，税收负担水平相差很大。王小二说假话，反而将自己推进重税负的深渊（理论测算多缴税款 334 368.93 元）。

在这样的情况下，王小二只有如实申报毛利率，实事求是地配合税务机关查清经营情况，才能将自己的税收负担降到最低状态。其实，如果王小二按照税务机关的要求建账建制，如实申报，税收负担就会大大降低。

2. 在一般纳税人条件下

如果王小二没有说假话，他更应该按照有关法规的要求完善会计核算，然后申请认定为一般纳税人。税收负担还会大大地降低。

税法规定，从事货物生产或提供应税劳务的纳税人以及从事货物生产或提供应税劳务为主，并兼营货物批发零售的纳税人，年应税销售额在 500 万元以上的，应该向主管税务机关申请认定为一般纳税人。

在假设其他非主要因素可以不做考虑的情况下，我们可以对王小二全年应纳增值税额做出如下估算（这里假设其进项采购都取得符合规定的增值税专用发票）。

1 640 ÷ 1.13 × 13%-1 640 ÷ 1.13 ×（1-3%）× 13% = 5.66（万元）

作为一般纳税人，王小二可以少缴税款 41.11 万元。如果将运费、经营管理费用和其他与税法规定可扣除的项目的进项税金都计算进去，可以肯定，税收负担还将进一步下降。

策划结论：

当然，以上的分析和计算只是大略性的，许多细节性情况没有考虑进去，纳税人在进行具体的税收策划时要有对性地做具体分析。但是无论如何，作为从事批发业务为主的纳税人，在全年销售额达到 500 万元以上、销售毛利率比较低的条件下，进行建账建制，完善管理，申请作为一般纳税人管理，从税收的角度讲是有利可图的。

隐瞒利润不足取　　如实申报得实惠

2019 年 2 月 26 日，笔者在成都的安国酒店做讲座。课间休息时有一个人向我咨询："税务机关确定的税收我们无法承受怎么办？"

但是，当我要求对方将具体情况做一个介绍时，对方只是告诉我：他们是成都的一批下岗职工，大家出资建立了一个纸制品有限责任公司，开业后税务机关对其进行核定税款太多，他们无力承受。为了帮助他们解决问题，讲座结束以后，我就到该公司去考察。

企业情况：

原来，某街道办企业在改制过程中裁减了一批年龄偏大的职工。其中五个人有点儿手工技术，大家坐到一起合计：不能闲在家里等退休呀，还得找个事情做做啊！最终决定联合出资兴办了一个纸制品企业，主要从事焚化品的制作和经营业务。

税负测评：

由于企业规模小，盈利能力差，没有请专职会计，也没有按税务机关的要求进行财务管理，所以当地主管税务机关在确定他们的税收情况时，就按照成本法进行测算的。

该企业的经营用房的租金合同表明为 5 000 元，职工的工资核定其为平均每人每月为 3 000 元，水电以及其他费用核定平均每月为 500 元。

该企业以生产和制作为主。

由于在当地经营花圈等焚化品的业户很少，在该社区仅有这一家，业务可比性不强，而且，对该行业的业务核定也没有权威性的意见可供参考。所以，税务机关在具体核定营业情况时，往往是根据业户的自报为基础。

该业户在申报经营情况时，如实提供了有关成本和费用的数据，但在讲到收入情况时，一再陈述企业所经营的项目不赚钱。据五个职工介绍，销售 100 块钱只有 5 元钱左右的毛利，也就是说，毛利率只有 5%。但是当地税务机关将该企业的毛利率确定为 10%。

税负核定：

根据业户的申报情况，当地税务机关计算出该业户的经营情况（这里只分析流转税和企业所得税）。

该业户的月销售额为：

（5 000+500+3 000×5）÷10% ＝ 205 000（元）

全年合计销售额为：

205 000×12 ＝ 2 460 000（元）

以 205 000 元的销售额作为计税依据，则企业每月应缴纳增值税额为：

205 000÷1.03×3% ＝ 5 970.87（元）

应缴纳城建税（7%）及教育费附加（3%）合计：

5 970.87×（7%+3%）＝ 597.09（元）

以 10% 核定其应缴纳税所得额为：

2 460 000×10% ＝ 246 000（元）

所得税以 20% 的税率计算，则该企业全年应缴纳企业所得税为：

246 000×25%×20% ＝ 12 300（元）

该企业一年实际缴纳各种合计为：

（5 970.87+597.09）×12+12 300 ＝ 91 115.52（元）

策划分析：

显然，这是与实际经营情况存在较大的差异。

通过对当地经营情况的综合了解和分析，发现该类行业平时的业务并不多，但毛利率大。于是我建议他们将实际生产和经营情况进行分析，通过对不同的品种进行分类计算，最终测算出该企业的生产及经营的综合经营毛利率为 50%。

于是，建议其向当地税务机关提出申请，要求对企业的生产经营情况进行重新进行纳税评估和税负测评（当时，本人与该企业的负责人一起与当地主管税务机关就该企业的成本利润率指标分析问题进行了交流）。

税负调整：

当地主管税务机关对企业的申请十分重视，经过进一步测算后，对该企业的产品销售额进行了重新核定。则调整后该企业每月的销售额核定为：

（5 000+500+3 000×5）÷50% ＝ 41 000（元）

该企业每月应纳增值税额为 0。根据《财政部 税务总局关于实施小微企业普惠性税收减免政策的通知》（财税〔2019〕13 号）第一条规定，对月销售额 10 万元以下（含本数）的增值税小规模纳税人，免征增值税。

17 000÷1.03×3% ＝ 495.15（元）

应缴纳城建税及教育费附加合计为 0（因为增值税免税，那么同时城建税及附加自然也随着减免）。

全年合计销售额为：

41 000×12 ＝ 492 000（元）

所得税以 20% 的税率计算，则该企业全年应缴纳企业所得税为：

492 000×25%×20% ＝ 24 600（元）

将两种情景做一个比较：

91 115.52−24 600 ＝ 66 515.52（元）

策划结论：

通过税收策划，企业按实际情况进行纳税申报，从而节约流转税和企业所得税合计 66 515.52 元。

策划点评：

该企业的销售毛利率由 10% 上升到 50%，而应纳税额则由 91 115.52 元下降到 24 600 元，税收负担只是原来的 27%，两者的差别多么大啊！

从以上情况的介绍，我们可以发现营业额确定非常重要，其中毛利率的确定又是十分关键的。

在个人和小型企业从事生产经营活动过程中进行税收策划，对毛利率的掌握和申报往往是非常关键的问题。有的人不了解税务机关对个体工商业户核定税收的原理，当税务人员来调查、了解其生产经营情况的时候，总是少不了给税务人员"道苦经"，往往是把自己生产经营的盈利情况说得很低，结果反而吃了亏。

殊不知，税务机关确定对个体工商业户征税的多少，并不是或者主要不是以纳税人的毛利来确定的，流转税的核定就更是如此。它是以纳税人实现的销售额或营业额作为计税依据，再以法定的税率和征收率计算出来的。一般的情况下，对纳税人的营业额的核定有五种方法。

（一）按照耗用的原材料、燃料、动力等推（测）算核定。

（二）按照成本加合理的费用和利润核定。

（三）按照清产核资盘点库存核定。

（四）核实收入凭证测算实际收入核定。

（五）省级税务机关根据当地情况规定的其他方法核定。

其中以成本倒轧法也就是第（2）条按照成本加合理的费用和利润核定营业额的方法是使用得最普遍的。在这里，成本和费用都是非常明确的，而利润额的确定难度比较大，尽管有关法规规定掌握10%的毛利率，但在实际核定税款过程中采用不多，而根据当地同行业的盈利水平估算一个恰当的毛利率，反算出应纳税营业额作为计税依据。毛利率越高，计算出来的营业额越小，毛利率越低，计算出来的应纳税营业额就越大。这在增值税、消费税的核定过程中的原理是一致的。至于所得税，按照现行规定，当地主管税务机关一般都是采用简易办法征收。所谓简易办法，就是根据应纳税营业额乘以当地税务机关核定的毛利率测算出应纳税所得额，计算缴纳所得税。而更多的地方，则采用更简便的方法征收所得税，即根据营业额乘以附征率直接计算出应纳所得税额。

操作难点：

如何与主管税务机关的协调是一个难点，因为在早先税务机关进行核定营业额的过程中，纳税人未如实进行申报，从而导致税负过重，主要责任不在税务机关，况且，目前进行评税调整各地税务机关都存在一定的程序，如何顺利地启动这个程序是策划人需要考虑的问题。

如果纳税人在开业之际就有策划意识，也就不存在这个问题。

进场服务去申报　税务机关定平销

税收作为利益再分配的一个手段，直接影响到投资人和经营管理者的利益。投资人如果进行税收策划，可以合理合法地取得经济利益。因此，笔者曾在2003年出版的《企业税收策划实务》一书中就指出：税收策划是投资人赚钱的第三个渠道。为了获得超额利益，许多老板都在想方设法通过各种手段降低税收负担，这里便有一个典型的案例。

稽查案例：

2020年3月28日，当地主管国税机关对江南商场2019年1月1日到12月31日的增值税纳税情况进行了检查，发现该企业收取的进场费等费用存在问题。该商场当年取得进场费、上架费和陈列费等各种服务性费用合计 7 500 万元。但是，查看相关业务合同时发现，其费用的收取是根据供货商提供商品价值收取一定比例的费用。根据现行税法的规定，其相关的服务费用应当按平销收入计算缴纳增值税。

7 500÷（1+16%）×16% ＝ 1 034.48（万元）

该公司已经将该费用按服务费用计算缴纳了增值税：

7 500÷（1+6%）×6% ＝ 424.53（万元）

显然，这里存在一定的差异，两者相差：

1 034.48-424.53 ＝ 609.95（万元）

这就是企业跟税务机关对同一个政策理解的差异。因此，税务机关责令其补缴增值税 609.95 万元。同时，加收了滞纳金，并处以 0.5 倍的罚款。

当税款及罚款补缴入库后，公司对这个问题进行处理，认为是财务部对有关政策理解不透，税收策划不到位，从而导致企业发生不该发生的损失。结果将财务经理降职为一般记账会计，扣发了当期的全部奖金。

现场诊断：

该企业的财务经理感到十分委屈，他想为自己申辩，但又说不出理由，于是向领导申请，向外部专家寻求帮助。上海普誉财务咨询有限公司的咨询专家到该企业，对该企业的投资和经营情况进行了全面的分析诊断，诊断要点如下表。

诊断项目及内容

诊断项目	诊断内容	诊断指标（问题点）
1. 营业执照	营业执照名称	经营主体的法律形式及公司类型 所得税纳税人资格和身份
	投资人认缴投资额及比例	经营能力、规模以及税收优惠享受情况
2. 税务登记证	登记经营范围及主营项目	流转税种与登记时间
	身份及资格认定	用票情况及计税方法
3. 企业投资情况	对外投资情况	相关子公司、分公司及办事处
	关联企业运行情况	资金拆借、资产使用及商品购销情况
4. 企业经营架构	内部机构设计及组合情况	综合经营、分类经营、连锁经营等情况
5. 企业生产和经营情况	自产、委外加工	生产流程、工艺流程以及资金流转情况
	自营、代销及服务情况	商品经营、服务方式以及资金结算情况
6. 经营合同	合同约定的产品	税种及税率
	约定的结算方式及时间	纳税义务发生时间及数量
7. 财务报表及附注	分析报表 分析会计附注 分析审计报告及鉴证报告	从《资产负债表》分析看企业静态资产的分布情况 从《利润表》分析企业的营运情况 从会计报表附注、审计报告、鉴证报告看企业信息的处理情况

诊断项目	诊断内容	诊断指标（问题点）
8. 总账及明细分类账	根据稽查（咨询）重点看相关账户	相关业务的归集及变化情况 关联科目变化的合理性分析 看明细科目的具体情况
9. 会计凭证	根据需要看相关业务的凭证及附件	相关业务登记、业务证据的配合情况及资料的完整性

企业情况：

通过现场"望闻问切"，咨询专家了解到江南商场的主要情况。该企业是江南某市的一家商品零售企业，2019 年 1 月到 12 月底已经实现商品零售收入 218 250 万元。缴纳增值税 1 067.65 万元，税收负担率为 0.489%。

该企业的主要投资人是新加坡的一个客商，内部控制机制比较完善，部门分工明确，因此，招商工作主要由市场部完成，其销售业务流程是：由市场部门与供货商签署业务合同，然后供货商供货、收取进场费并开票（销售科长开票），然后由市场部提供清单给财务部结算税款，财务部凭开票金额按服务项目申报缴纳增值税。

在 2019 年度里，江南商场对多数散货的供货商按销售额的 4% 收取进场服务费、上架服务费、广告服务费。其中，1~3 月份合计收取进场费用合计为 1 750 万元，4~12 月份合计收取进场费用合计为 5 750 万元。

财务人员根据市场部提供的数据，对商场发生的货物销售收入按 17% 的适用税率计算缴纳增值税，对收取进场费、上架费、庆典费和促销费 7 500 万元则按"现代服务"税目计算缴纳 6% 的增值税 424.53 万元（7 500÷1.06×6%）。

通过现场"望闻问切"咨询专家不仅掌握了有关情况，了解到产生有关问题的原因，同时还发现税务机关的计算错误。

1 750÷（1+16%）×16%+5 750÷（1+13%）×13%

＝ 241.38+661.50

＝ 902.88（万元）

该公司已经申报缴纳了增值税：

7 500÷（1+6%）×6%

＝ 424.53（万元）

应当补缴增值税：

902.88－424.53 ＝ 478.35（万元）

税务机关在稽查过程中让企业多缴税：

609.95－478.35 ＝ 131.60（万元）

上述税款应当退还给纳税人。

咨询点评：

对于本案例而言，是按平销行为申报，还是按进场服务申报差异很大。咨询专家认为，该企业有强烈的税收策划意识，这是应当肯定的方面。在"营改增"以前，将平销行为策划成进场费是商品零售企业进行税收策划的一个重要内容。因为如果作为进场费，只要按 6% 缴纳增值税，而一旦确认为平销，就需要按 13% 缴纳增值税（2019 年 4 月 1 日以后改为 13%），这里税收负担的差异是显而易见的。

在这样的情况下，有关企业在业务流程需要重新设计，其关键是需要将收取的服务费用与销售数量分离，问题发生在市场部。对于该企业来说，由于业务流程操作不当，没有将税法的规定在企业经营的具体操作流程上反映出来。显然，这不是财务部门应当完全承担的责任，因此，建议企业处于管理流程上的每个员工都需要了解影响税收的基本要关系，从而实行"全员管税"。

政策背景：

国家税务总局关于平销行为征收增值税问题的通知（国税发〔1997〕167 号）

为堵塞税收漏洞，保证国家财政收入和有利于各地区完成增值税收入任务，现就平销行为中有关增值税问题规定如下：

一、对于采取赠送实物或以实物投资方式进行平销经营活动的，要制定切实可行的措施，加强增值税征管稽查，大力查处和严厉打击有关的偷税行为。

二、自 1997 年 1 月 1 日起，凡增值税一般纳税人，无论是否有平销行为，因购买货物而从销售方取得的各种形式的返还资金，均应依所购货物的增值税税率计算应冲减的进项税金，并从其取得返还资金当期的进项税金中予以冲减。应冲减的进项税金计算公式如下：

当期应冲减进项税金＝当期取得的返还资金 × 所购货物适用的增值税税率

国家税务总局关于商业企业向货物供应方收取的部分费用征收流转税问题的通知（国税发〔2004〕136 号）

据部分地区反映，商业企业向供货方收取的部分收入如何征收流转税的问题，现行政策规定不够统一，导致不同地区之间政策执行不平衡。经研究，现规定如下：

一、商业企业向供货方收取的部分收入，按照以下原则征收增值税或营业税：

（一）对商业企业向供货方收取的与商品销售量、销售额无必然联系，且商业企业向供货方提供一定劳务的收入，例如进场费、广告促销费、上架费、展示费、管理费等，不属于平销返利，不冲减当期增值税进项税金，应按营业税的适用税目税率征收营业税。

（二）对商业企业向供货方收取的与商品销售量、销售额挂钩（如以一定比例、金额、数量计算）的各种返还收入，均应按照平销返利行为的有关规定冲减当期增值税进项税金，不征收营业税。

二、商业企业向供货方收取的各种收入，一律不得开具增值税专用发票。

三、应冲减进项税金的计算公式调整为：

当期应冲减进项税金＝当期取得的返还资金 /（1＋所购货物适用增值税税率）× 所购货物适用增值税税率

四、本通知自 2004 年 7 月 1 日起执行。本通知发布前已征收入库税款不再进行调整。其他增值税一般纳税人向供货方收取的各种收入的纳税处理，比照本通知的规定执行。

节外生枝　帮人利己

【妙计提要】

柳风吹来送春意，万物转绿树生枝；企业经营若破局，策划新事可增利。

【本计内容】

"节外生枝"是一则成语，这个成语的意思是本不应该生枝的地方生枝。比喻在原有问题之外又岔出了新问题。多指故意设置障碍，使问题不能顺利解决。

网络上流传着一则秘书"办事"工作案例——《临时动议节外生枝》记述了如下故事。

一次，上级领导到某滨海城市考察。在当地党政负责人汇报工作之前，有关同志先安排 30 分钟时间，到海滩旅游点考察旅游资源，然后回住地开会。就在上级领导一行按预定计划，即将乘车离开海滩之际，突然开来了两辆中巴，当地党政负责人刚把上级主要领导请上车，当地的一些陪同人员和工作人员就一拥而上，车子呼隆隆沿着海滩往前开，把上级领导的一些主要随员和工作人员晾在海滩上不知所措。而车开出不一会，就陷入松软的沙滩前进不了。折腾了 10 多分钟后，其中一辆车勉强开动，另外一辆却任凭众人如何推，都只作喘气吼叫状，进退不得，无法行驶，弄得当地负责人很狼狈。

原来，他们认为只看一个旅游点不够，应让上级领导乘车沿着海滩多看一看。没想到节外生枝，刚退潮的沙滩下不能行车，不仅多看的目的没达到，就连回程都困难。无奈，原来分乘两辆车的人，只好往一车挤，挤不上的，只能深一脚浅一脚的在满是水渍的沙滩下步行返回。此次海滩考察着实令人扫兴。而原定的汇报会也因此不能如期进行了。

故事结束后附带了点评：接待上级领导前来考察，是下属单位一件很严肃的政治任务，像上述这种临时随便改动原定计划显然是不可取的：一是不做可行性调查，盲目行事，使考察活动受客观条件限制无法进行，白白浪费时间、人力、物力。二是不做合理安排，临时增加考察内容，没有及时通知有关人员，造成随同上级主要领导前来的人员不能参加，不该去的却挤去凑热闹，直接影响考察效果。三是不做应急准备，临时动议的事，会随时发生预料不到的问题，却不协调各方，待车陷沙滩时，无从联络救急，只落得个乘兴而去，败兴而归的结果。

前车之鉴，后事之师。对领导同志活动的组织服务工作，应慎之又慎。领导同志已经同意的活动计划，不是十分需要，不要随意更改变动。确需变动的，务必及时通知有关人员，慎重考虑，周密组织，稳妥行事，确保万无一失。否则，打无准备之仗，必遭败北。

显然，这个故事中的"节外生枝"给当事人带来了麻烦。而在这里我们借用这个成语的字面意思来做正面理解，有些时候适当地做些"节外生枝"的事情，可能在帮助别人的同时，还为自己增加意外的利益。比如有些产品附加值比较大的制造企业，如果"节外生枝"——根据生产和经营的实际情况适当吸纳一些残疾人员或者其他弱势人群来单位上班，在解决社会问题的同时，还可能享受税收优惠。

【案例注释】

税收策划许多场合不能就事论事，需要在充分了解纳税人的业务背景的前提下，从多角度进行运作，"节外生枝"之计就是这样。读者可能对上述的表述感觉难以理解。因此，这里我们结合实际案例对有关计策的操作原理做一个简要分析和解释。

公司服务有个性　招聘司机需讲究

目前我国的税收政策，重点在增值税和企业所得税，在这些优惠政策中，还有针对不同的人群制定的扶持性政策。进行税收策划，可以有各种途径和手段，其中就包括利用不同的人群所对应的税收政策。

企业案例：

投资人刘哲明于2016年1月1日成立的哲明旅游服务有限公司，经营了4年后，取得了丰厚的收益。2019年底他对公司的生产和经营情况综合分析时发现，他的公司从2020年开始税收负担将会有明显的增长，因为公司开办时购进汽车的进项税已经抵扣完毕，折旧（按4年计提）也提完了，投资成本也收回了。按照正常的技术分析，公司的小汽车还能够使用4年，那么，如何降低未来4年的税收负担呢？

尽职调查：

为了提高决策的科学性，刘哲明聘请普誉财税策划工作室的专家为其服务。咨询专家根据《税收策划业务规则（试行）》（中税协发〔2017〕004号）规定的业务流程，首先进行了尽职调查。

咨询专家对该公司的历史资料进行了综合考察和综合分析，该公司在过去的4年时间里，每辆车出勤率平均为每年350天，出租公司配司机的出租汽车开展"环岛自驾游"活动，每辆每天的服务费用为 700 元。汽车出租公司的设备都取得了合法有效的增值税专用发票，每辆每天的平均汽油、修理服务、办公用品及其他损耗能够取得增值税专用发票的价格为 200 元（按 4 年为一个经营周期）。

1. 增值税申报情况

该企业购买设备的增值税进项税总额为：

$20 \times 500 \times 13\% = 1\ 300$（万元）

4 年里汽油、修理服务、办公用品及其他损耗能够取得增值税进项税总额为：

$0.02 \times 500 \times 350 \times 4 \times 13\%$

$= 14\ 000 \times 13\%$

$= 1\ 820$（万元）

4 年里出租公司可以实现销售总额为：

$0.07 \div (1+9\%) \times 500 \times 350 \times 4$

$= 44\ 954.13$（万元）

4 年里出租公司合计申报缴纳增值税为：

$44\ 954.13 \times 9\% - 1\ 700 - 1\ 820$

$= 4\ 045.87 - 1\ 700 - 1\ 820$

$= 525.87$（万元）

缴纳城建税及教育费附加合计：

$525.87 \times (7\% + 3\%)$

$= 52.59$（万元）

2. 企业所得税申报情况

资料显示，该公司发生场地租赁费用及管理费用合计为 1 000 万元，融资成本及相关费用合计为 300 万元，车辆按 4 年计提折旧（按 4 年为一个经营周期，为分析简便，这里假设无残值），另外，财产保险费用预计 1 000 万元。

该公司获得的利润总额为：司机的工资为 50 000 元 / 年，与工资有关的其他保险及费用 12 000 元 / 年，人数与汽车的比例为 1∶1.1，另外，发生场地租赁费用及管理费用合计为 1 000 万元，融资成本及相关费用合计为 300 万元，车辆按 4 年计提折旧（按 4 年为一个经营周期，为分析简便，这里假设无残值），另外，财产及意外伤害保险费用合计 2 000 万元。

$44\ 954.13 - 14\ 000 - 100.54 - 1\ 000 - 1\ 000 - 300 - (5+1.2) \times 500 \times (1+10\%) \times 4 - 2\ 000 - 85.30$

$= 44\ 954.13 - 14\ 000 - 100.54 - 1\ 000 - 1\ 000 - 300 - 13\ 640 - 2\ 000 - 85.30$

$= 12\ 828.29$（万元）

汽车出租服务公司经营 4 年，缴纳企业所得税合计：

$12\ 828.29 \times 25\% = 3\ 207.07$（万元）

投资人刘哲明成立汽车出租服务公司经营 4 年获得税后净收益：

12 828.29−3 207.07 = 9 621.22（万元）

业务分析：

公司从 2020 年开始税收负担将会有明显的增长，因为公司开办时购进汽车的进项税已经抵扣完毕，折旧（按 4 年计提）也提完了，投资成本也收回了。按照正常的技术分析，公司的小汽车还能够使用 4 年，那么，如何降低未来 4 年的税收负担呢？

政策分析：

首先进行了政策解读。咨询专家结合有关政策法规的出台背景、执行对象、执行条件以及执行流程，对政策法规内容进行了深入研究分析之后，跟投资人刘哲明一起交流了《财政部 国家税务总局关于全面推开营业税改征增值税试点的通知》（财税〔2016〕36 号）的有关内容，一般纳税人发生财政部和国家税务总局规定的特定应税行为，可以选择适用简易计税方法计税，但一经选择，36 个月内不得变更。

一般纳税人发生公共交通运输服务应税行为可以选择适用简易计税方法计税。这里的公共交通运输服务，包括轮客渡、公交客运、地铁、城市轻轨、出租车、长途客运、班车。这里的班车，是指按固定路线、固定时间运营并在固定站点停靠的运送旅客的陆路运输服务。

为扶持退役士兵创业就业，解决特殊人群再就业问题，《财政部 税务总局 民政部关于继续实施扶持自主就业退役士兵创业就业有关税收政策的通知》（财税〔2017〕46 号）和《财政部 税务总局 人力资源社会保障部关于继续实施支持和促进重点群体创业就业有关税收政策的通知》（财税〔2017〕49 号）对相优惠政策进行了明确。

对商贸企业、服务型企业、劳动就业服务企业中的加工型企业和街道社区具有加工性质的小型企业实体，在新增加的岗位中，当年新招用自主就业退役士兵，与其签订 1 年以上期限劳动合同并依法缴纳社会保险费的，在 3 年内按实际招用人数予以定额依次扣减增值税、城市维护建设税、教育费附加、地方教育附加和企业所得税优惠。定额标准为每人每年 4 000 元，最高可上浮50%，各省、自治区、直辖市人民政府可根据本地区实际情况在此幅度内确定具体定额标准，并报财政部和国家税务总局备案。

对商贸企业、服务型企业、劳动就业服务企业中的加工型企业和街道社区具有加工性质的小型企业实体，在新增加的岗位中，当年新招用在人力资源社会保障部门公共就业服务机构登记失业半年以上且持《就业创业证》或《就业失业登记证》（注明"企业吸纳税收政策"）人员，与其签订 1 年以上期限劳动合同并依法缴纳社会保险费的，在 3 年内按实际招用人数予以定额依次扣减增值税、城市维护建设税、教育费附加、地方教育附加和企业所得税优惠。定额标准为每人每年 4 000 元，最高可上浮30%，各省、自治区、直辖市人民政府可根据本地区实际情况在此幅度内确定具体定额标准，并报财政部和国家税务总局备案。

经营测算：

咨询专家对企业 2020 年 1 月 1 日 2023 年 12 月 31 日的经营情况进行了具体测算和分析。投资人刘哲明成立的汽车出租公司购进汽车的进项税已经抵扣完毕，折旧（按 4 年计提）也提完了，投资成本也收回了。按照正常的技术分析，每辆每天的平均汽油、修理服务、办公用品及其他损耗能够取得增值税专用发票的价格为 250 元。

未来 4 年里汽油、修理服务、办公用品及其他损耗能够取得增值税进项税总额为：

$0.025 \times 500 \times 350 \times 4 \times 13\%$

$= 17\,500 \times 13\%$

$= 2\,275$（万元）

在此前提下，咨询专家结合常见的两种经营模式进行具体分析（计算时保留两位小数）。

未来 4 年里出租公司合计缴纳增值税为：

$0.07 \div （1+9\%） \times 500 \times 350 \times 4 \times 9\% - 2\,275$

$= 44\,954.13 \times 9\% - 2\,275$

$= 1\,770.87$（万元）

缴纳城建税及教育费附加合计：

$1\,770.87 \times （7\%+3\%）$

$= 177.09$（万元）

策划分析：

咨询专家结合公司的具体情况，给出两个操作建议：一是在增值税上选择适用简易计税方法计税；二是招聘退役士兵。这样操作的结果将如何呢？下面做具体分析。

方案一：在增值税上选择适用简易计税方法计税。

根据对未来 4 年的经营情况进行测算，我们已经知道，该公司未来 4 年里出租公司合计缴纳增值税 1 770.87 万元，则未来 4 年里出租公司增值税的税收负担率为：

$1\,770.87 \div 44\,954.13 = 3.94\%$

在这样的情况下，如果向当地主管税务机关申报申请按简易征收，存在操作的空间。如果申请获得批准，则该公司未来 4 年里出租公司合计缴纳增值税为：

$0.07 \div （1+3\%） \times 500 \times 350 \times 4 \times 3\%$

$= 475\,72.82 \times 3\%$

$= 1\,427.18$（万元）

缴纳城建税及教育费附加合计：

$1\,427.18 \times （7\%+3\%）$

$= 142.72$（万元）

方案二：招聘退役士兵。

如果招聘当地退役士兵中有驾驶证的人员到公司，并与其签订 1 年以上期限劳动合同并依法缴纳社会保险费。

那么，在 3 年内按实际招用人数予以定额依次扣减增值税、城市维护建设税、教育费附加、地方教育附加和企业所得税优惠。定额标准为每人每年 6 000 元，最高可上浮 50%（当地确认按 6 000 元，并报财政部和国家税务总局备案）。如果该公司在未来的 3 年内每年平均录用 40 人，那么，3 年内可以扣减增值税 72 万元（0.6×40×3）。

操作方案	增值税	城建及附加	流转税合计	策划成果
策划前	1 770.87	177.09	1 947.96	0
方案一	1 427.18	142.72	1 569.9	378.06
方案二	1 770.87－72	169.89	1 868.76	79.2

策划结论：

根据对未来 4 年的经营情况进行测算，该公司未来 4 年里出租公司合计缴纳增值税 1 698.87 万元，增值税的税收负担率为 3.78%。因此，可以申请按简易办法计税，如果获得批准，该公司可以节税 436.75 万元。由于公司属于劳动服务性企业，因此，也可以招聘退役士兵，在 3 年内按实际招用人数予以定额依次扣减增值税、城市维护建设税、教育费附加、地方教育附加和企业所得税优惠。当地确认按 6 000 元扣减，如果该公司在未来的 3 年内每年平均录用 40 人，那么，3 年内可以扣减增值税 72 万元（0.6×40×3）。

策划点评：

对于一个企业而言，在不同的阶段，其涉税策划的重点是不同的。投资人刘哲明于 2016 年初成立的企业，经过 4 年的经营取得了丰厚的收益。到 2019 年底企业发展到中期，因为公司开办时购进汽车的进项税已经抵扣完毕，折旧也提完了，投资成本也收回了……公司未来的收负担将会有明显的增长，那么，如何降低未来 4 年的税收负担呢？

咨询专家在尽职调查的基础上，提出可以申请按简易办法计税；也可以招聘退役士兵。其实，在实务过程中，这两个方案还可以同时使用。

股权转让真交易　节外生枝引注意

不过，有的时候"节外生枝"之计利用不当，也会带来涉税风险。《中国税务报》就曾刊登过一则案例《3.4 亿的股权交易对象是空壳公司"节外生枝"查避税》，这里引用有关资料并对相应事项做一个分析。

股权交易：

2019 年 8 月，H 区税务局在分析企业合同备案信息时发现，新加坡 RC 公司（卖方）与 S 股份有限公司（买方）签订股权转让协议，双方约定，RC 公司将其持有的 R 公司股权全部转让给 S 公司，转让价格为 3.4 亿多元人民币。双方签订协议后不久，S 公司致函 RC 公司，提出由 S 公司在香港设立的全资子公司 F 公司作为此次股权转让交易的受让方。随后，F 公司与 RC 公司签订了正式股权转让合同。

这个"节外生枝"的企业股权交易活动引起了 H 区税务局税务人员的注意。RC 公司和 S 公司第一份合同就完全可以完成股权交易，交易双方由于什么原因撤销第一份合同，变更交易主体签订新合同？新合同和致函内容对整个股权交易和纳税判定会不会产生影响？针对该项股权交易活动显现的疑点，H区税务局成立专业工作团队，开始调查取证。

调查分析：

专业工作团队调查了该项股权转让涉及的北京市 A 房地产开发有限公司。税务人员了解到，A 公司是在 H 区注册的一家中外合资房地产开发公司，主要从事住宅开发业务。该企业由 S 公司和新加坡 R 公司投资，两企业持股比例分别为 50%。新加坡 R 公司注册地为新加坡，是新加坡 RC 公司的全资子公司。

新加坡 RC 公司是全球性投资管理公司，除在亚洲投资外，还在欧洲和美洲有大量的房地产投资业务。RC 公司通过业务代理公司向税务机关表示，RC 公司与 S 股份公司双方股权转让的标的企业是新加坡 R 有限公司，转让股权的原因是 RC 公司考虑到对中国 A 公司的项目投资已接近尾声，出于商业目的，选择逐步退出投资，而并非出于避税目的。

对于 RC 公司的解释，税务人员并未轻易认可，要求 RC 公司的业务代理机构进一步提供包括 R 公司及 A 房地产公司的审计报告、财务报表、公司章程等资料，以便于解释说明其交易行为。同时，税务人员就此项股权转让交易双方是否为关联企业提出一系列质疑问题，要求 RC 公司对此给予明确答复。RC 公司在随后提供的书面声明中表示，此次股权交易双方并非关联企业。

税务人员对交易目标——R 公司股权交易之前 5 年的审计报告进行了深入研究，发现 R 公司除持有北京 A 房地产开发有限公司 50% 股权外，在资金、购销等企业经营方面无其他任何活动，企业没有固定资产，企业收到的股息除分配给股东外，并无其他支配权。此外，审计资料还显示，R 公司没有企业员工（是一家空壳公司），所有日常经营活动均由 RC 公司的联营公司予以运作。

在掌握交易对象 R 公司基本信息的情况下，为确定股权交易价格是否合理，H 区税务局税务人员要求股权受让方 F 公司的母公司 S 股份公司协助调查，提供双方确定交易价格的相关资料。S 股份公司表示，此次股权转让由于涉及我国境内 A 房地产公司，因此交易价格确定时参照了北京某资产评估有限公司对 A 公司的资产评估结果：A 公司股东全部权益评估值为 7.3 亿余元人民币。

S 股份公司提供的资料显示，按照 R 公司持股 A 公司股份比例对应的估值，RC 公司和 S 股份公司双方对交易价格进行了多次磋商，最终双方确定的交易价格是 3.4 亿多元人民币。至此，税务人员已取得了对该项股权交易间接股权转让行为进行纳税判断的绝大部分关键性证据。

H 区税务局专业工作团队约谈了 RC 公司代表，面对税务机关出示的关键证据，迫于压力，RC 公司承认，双方股权交易价格的确定是基于对我国境内 A 房地产公司的未分配利润、未过户及未出售住宅等全部权益评估价值。

举证约谈：

国税函〔2009〕698 号文件和国家税务总局 2015 年第 7 号公告明确："非居民企业通过实施不具有合理商业目的的安排，间接转让中国居民企业股权等财产，规避企业所得税纳税义务的，应按照企业所得税法第四十七条的规定，重新定性该间接转让交易，确认为直接转让中国居民企业股权等财产。"重新定性后应在中国缴纳企业所得税。

H 区税务局专业工作团队根据交易双方提供的资料，结合其他情报信息进行分析后认为，

RC 公司和 S 股份公司该项股权交易转让价格的确定基于我国境内 A 公司的估值，股权交易对象 R 公司为没有实际经营活动的空壳公司，该项股权转让交易不具有合理的商业目的。RC 公司设立 R 公司并最终将其转让，只是将 R 公司作为转让 A 公司股权的"通道"，交易的实质为 A 公司 50% 股权。交易双方通过空壳公司转让股权，以及在最终交易时变更股权交易受让方为香港注册企业的行为，并不改变该项交易的实质目的。因此，应对该项交易重新定性，并对转让收益征税。

得知 H 区税务局作出的判定结果后，RC 公司委托其代表向北京市国税局求证。北京市国税局国际税务管理处支持了 H 区税务局的判定结论，并依据我国相关法规政策，结合该项交易对 RC 公司代表进行了细致的税法宣传和讲解。经过多次沟通，面对税务机关提供的翔实证据和充分的法理依据，RC 公司最终认可了税务机关的处理决定，缴纳了 2 724 万元股权交易所得税。

案例点评：

当下，税务机关加强非居民企业税收监管，根据合同备案信息分析发现的线索，通过彻查股权交易双方信息，核实交易实质，重新定性交易方非居民企业间接股权转让行为。在本案中，涉案企业选取的标的企业类型、采取的交易方法与方式，是跨国企业股权交易时惯常采用的避税模式。根据这个思路，H 区税务局成功地追缴非居民企业所得税 2 724 万元。

对于本案而言，当事人"节外生枝"，标的 3.4 亿多元的股权转让交易突然变更交易方。税务人员调查发现，该项股权交易的对象是家空壳公司。随着调查的深入，税务人员发现了这项股权交易的真正目的。

表面上看，境外非居民企业 RC 公司向 F 公司转让本国企业 R 公司全部股权，股权交易双方都是非居民企业，整个交易过程也发生在境外。但通过对交易目标——R 公司资料进行综合分析，会发现其除持有我国境内 A 公司股权外，是一家没有实质经营活动的空壳公司。这表明非居民企业 RC 公司实际转让的是我国境内居民企业 A 公司 50% 股权，按照税收协定规定我国应享有征税权。

包装方法讲技巧　用计策略有奥妙

如果认真的研究税收政策中有些规定，就可以发现其中有趣的事情，比如，有些涉税事项个别核算，其税收负担就比较低，有些流程上做一些调整，也可以给企业带来意外的涉税利益，于是，企业就可以根据这些情况节外生枝做文章。

企业案例：

高原酿酒有限公司是一家酒类产品生产企业，是增值税一般纳税人，2019 年实现销售 24 245 万元。2020 年春节临近，为了进一步扩大销售，高原酿酒有限公司根据不同消费者的需求采取多样化生产经营策略，既生产税率为 20% 的粮食白酒，又生产税率为 10% 的药酒，还生产上述两类酒的小瓶装礼品套装。

由于该企业是一家从私营企业发展而来的中型企业，虽然近几年企业发展较快，销售规模每年都有大幅提高，但是，企业的管理机制没有随着企业的规模而发展和变化——目前仍然是一家典型的家族型企业。该企业目前只有一个财务经理和一个助理会计师，所以，企业内部管理流程十分简单，生产成本和产品销售都实行综合管理：将各种酒放在一起进行统一销售、统一核算。

企业问题：

好在该企业的董事长李鸣还算是一个有头脑的人，2019年8月18日他参加了一个EMBA学习班。在这个班的第二课堂，他涉及税收策划这门新学科，并且专门到书店购买了《纳税策划实战精选百例》和《纳税策划大败局》回来，比照书上演示的范例做演习，从而建立的初步的税收策划意识。

通过学习，董事长李鸣意识到税收策划对于企业发展的重要性。他意识到，本公司在税收上可能存在不尽合理的地方，但是，具体的什么问题，他当然也无法说得清楚。2019年底，他请来普誉财税策划工作室的税务专家王丽娜，要跟专家讨论2020年的税务规划问题。

王丽娜到现场以后，没有简单地进行纸上谈兵，而是首先对其"望闻问切"。通过对高原酿酒有限公司进行纳税风险评估，王丽娜发现该公司销售环节将各种酒放在一起进行"统一销售、统一核算"。于是指出，该公司在销售环节存在多缴税的问题。董事长李鸣感到十分纳闷：怎么会多缴税呢？我们已经按照这个方法操作了很多年了！

为了帮助李鸣认识到其中的问题，税务专家王丽娜以2020年1月份高原酿酒有限公司设在甲城区的一个销售点的销售计划为例进行了个案解剖。该公司对外销售12 000瓶粮食白酒，单价28元／瓶；销售8 000瓶药酒，单价58元／瓶；销售700套套装酒，单价120元／套，其中白酒3瓶、药酒3瓶，均为半斤装。对于这样的业务，有几种纳税方案呢？哪种方案才最优呢？

策划分析：

对于高原酿酒有限公司来说，存在三种经营方式，与此相适应，也存在三种会计核算方式（考虑到白酒的从量计征消费税不受营销方式和会计核算方式等因素的影响，故在此不做分析）。

方案一： 统一销售、综合核算。

从生产经营的角度讲，进行"一揽子"管理模式，不分酒的品种、价格，由一个部门扎口经营和管理；在会计上也不分别单独核算，这是该企业目前采用的管理模式。在这种情况下，按照税法规定应采用税率从高的原则，该企业应纳消费税税额为：

（28×12 000+58×8 000+120×700）×20%

＝（336 000+464 000+84 000）×20%

＝176 800（元）

方案二： 组合包装，分别核算。

根据市场的需求组织生产，形成单纯产品和组合包装两大类。在会计核算方面做适当的改进，根据市场销售形式进行相应的会计核算，即按照白酒、药酒和套装酒三类酒单独核算。

该企业应纳消费税税额为：

单销白酒：28×12 000×20%＝67 200（元）

单销药酒：58×8 000×10%＝46 400（元）

混销套装酒：120×700×20% = 16 800（元）

合计应纳消费税额为：67 200+46 400+16 800 = 130 400（元）

方案三：分类包装销售，分别核算。

在生产上实行专业化操作，同时将销售流程做适当改进，先将产品分别销售，然后再进行售后服务，帮助消费者完成组合包装。在会计核算方面也做进一步的改进。即当消费者拿到相应的产品后，企业的销售人员再帮助客户将所需要的产品组成成套商品，会计上分类核算：

单销白酒：28×12 000×20% = 67 200（元）

单销药酒：58×8 000×10% = 46 400（元）

改单销白酒：14×3×700×20% = 5 880（元）

改单销药酒：29×3×700×10% = 6 090（元）

合计应纳消费税额为：67 200+46 400+5 880+6 090 = 125 570（元）

分析比较：

对于高原酿酒有限公司来说，不同的方案会产生不同的税收待遇。通过以上计算我们可以对三种方案进行直接的比较：

方案二比方案一节税：

176 800−130 400 = 46 400（元）

方案三比方案一节税：

176 800−125 570 = 51 230（元）

方案三比方案二节税：

130 400−125 570 = 4 830（元）

上述计算和分析仅是以一个销售点一个月的生产计划为样本进行分析的，如果以后11个月都按照这个生产和销售计算操作，那么一年可以实现少缴消费税为：

51 230×12 = 614 760（元）

策划结论：

高原酿酒有限公司目前有此类销售点20个，也就是说，通过策划，高原酿酒有限公司一年就可以少缴消费税1 229.5万元。

于是，该公司接受咨询专家的建议，外聘专家强化管理，建立健全内部管理流程和会计核算流程。这样虽然增加了100多万元的管理费用支出，但是，换来了降低税收风险，更主要的，换来了1 000多万元节税收益。

专家点评：

不算不知道，一算吓一跳。李鸣根本没有想到，五年来，自己还以为十分精明，谁知道糊里糊涂地多缴税几千万还没有人表扬说自己好。

咨询专家认为，对于该公司的经营情况来说，可以通过节外生枝的策划思路来安排，企业兼营不同税率应税消费品时，能单独核算的，最好单独核算，没有必要成套销售的，最好单独销售。当然，这里需要内部管理机制的完善和配套。

加计扣除　操作有度

【妙计提要】

技术创新靠科研，税收支持增效益；多个税种有优惠，流程管理是关键。

【本计内容】

税收上的加计扣除指按照税法规定在实际发生数额的基础上，再加成一定比例，作为计算应纳税所得额时的扣除数额的一种税收优惠措施。加计扣除的政策在我国的多个税种都有出现。

增值税的"加计扣除"。

依据《财政部 税务总局 海关总署关于深化增值税改革有关政策的公告》（财政部 税务总局 海关总署公告 2019 年第 39 号）第二条的规定，纳税人购进农产品，原适用 10% 扣除率的，扣除率调整为 9%。纳税人购进用于生产或者委托加工 13% 税率货物的农产品，按照 10% 的扣除率计算进项税额。也就是说，纳税人购进用于生产或者委托加工 13% 税率货物的农产品，按照 10% 的扣除率，比一般规定的 9% 扣除率，再加计 1% 的扣除率。

根据申报表填表说明，加计扣除部分填入《增值税纳税申报表附列资料（二）》（本期进项税额明细）第 8a 栏"加计扣除农产品进项税额"，填写纳税人将购进的农产品用于生产销售或委托受托加工 13% 税率货物时加计扣除的农产品进项税额。

企业所得税的"加计扣除"。

其一，安置残疾人就业支付残疾人工资的加计扣除。

企业安置残疾人员的，在按照支付给残疾职工工资据实扣除的基础上，可以在计算应纳税所得额时按照支付给残疾职工工资的 100% 加计扣除。企业就支付给残疾职工的工资，在进行企业所得税预缴申报时，允许据实计算扣除；在年度终了进行企业所得税年度申报和汇算清缴时，再依照税法的规定计算加计扣除。

其二，研究开发费用的加计扣除。

一是企业为开发新技术、新产品、新工艺发生的研究开发费用，未形成无形资产计入当期损益的，在按照规定据实扣除的基础上，按照研究开发费用的 50% 加计扣除；形成无形资产的，按照无形资产成本的 150% 摊销。

二是科技型中小企业开展研发活动中实际发生的研发费用，未形成无形资产计入当期损益的，在按规定据实扣除的基础上，在 2017 年 1 月 1 日至 2019 年 12 月 31 日期间，再按照实际发生额的 75% 在税前加计扣除；形成无形资产的，在上述期间按照无形资产成本的 175% 在税前摊销。

三是企业开展研发活动中实际发生的研发费用，未形成无形资产计入当期损益的，在按规定据实扣除的基础上，在 2018 年 1 月 1 日至 2020 年 12 月 31 日期间，再按照实际发生额的 75% 在税前加计扣除；形成无形资产的，在上述期间按照无形资产成本的 175% 在税前摊销。

加计扣除的税收优惠在土地增值税也有出现，这就为纳税人策划税收提醒了多个空间的机会。

【案例注释】

加计扣除就是在原来扣除的基础上再增加一定比例的扣除，在实务过程中人们往往不知道利用这个政策为自己创收，从上述计策的内容上看，读者可能还是感觉难以理解。因此，这里我们结合实际案例对有关计策的操作原理做一个简要分析和解释。

生产购进农产品　加计扣除勿忘记

在人们的观念中，加计扣除只有在企业所得税中才有，但是，事物总是在不断变化的，随着增值税制度的改革不断深化，其税率做了几次调整，其中在取消了 13% 的税率的同时，给农产品上设计添加了加计扣除政策。

企业案例：

兰竹食品实业公司是一家食品生产企业，2019 年度实现销售收入 293 020 万元。2020 年 1 月 28 日，当地主管税务机关的纳税评估人员到该公司进行税收优惠情况辅导时发现，该公司 2019 年 12 月份购进牛肉 100 000 公斤，价税合计 4 360 000 元，通过银行转账支付，对方开具了增值税专用发票，税率为 9%（不含税金额是 400 万元，增值税税额是 36 万元）。

企业情况：

该公司 12 月份生产领用 80 000 公斤牛肉用于牛肉干的生产加工，20 000 公斤暂时未用。请写出所涉及的财税会计分录。

（1）采购原材料入库取得发票时：

借：原材料——牛肉　　　　　　　　　　　　　　　　　　　　　　4 000 000

　　应交税费——应交增值税（进项税）　　　　　　　　　　　　　　360 000

	贷：应付账款	4 360 000

（2）支付原材料货款时：

	借：应付账款	4 360 000
	贷：银行存款	4 360 000

（3）加工领用原材料时：

	借：生产成本——基本生产成本（直接材料）	3 200 000
	贷：原材料——牛肉	3 200 000（80 000×40）

这个情况表明，兰竹食品实业公司没有享受增值税加计扣除的优惠政策。

政策分析：

《财政部 税务总局 海关总署关于深化增值税改革有关政策的公告》（财政部 税务总局 海关总署公告2019年第39号）的第二条明确：纳税人购进农产品，原适用10%扣除率的，扣除率调整为9%。以农产品为原料生产13%货物的征抵税率差理论上为13%-9%＝4%，但是39号公告明确，将纳税人购进用于生产或者委托加工13%税率货物的农产品，按照10%的扣除率计算进项税额。

也就是说，纳税人购进用于生产或者委托加工13%税率货物的农产品，按照10%的扣除率，比一般规定的9%扣除率，再加计1%的扣除率。

根据申报表填表说明，加计扣除部分填入《增值税纳税申报表附列资料（二）》（本期进项税额明细）第8a栏"加计扣除农产品进项税额"，填写纳税人将购进的农产品用于生产销售或委托受托加工13%税率货物时加计扣除的农产品进项税额。

业务分析：

在实务过程中，进项税加计扣除会计处理怎么做？通常情况下，进项税加计扣除会计分录。

1. 计算当期可抵扣进项加计抵减额

（1）发生当期依据可抵扣进项计提可加计抵减额时：

借：固定资产、原材料、费用等科目

应交税金——应交增值税——进项税金

应交税金——应交增值税——待抵减进项加计额

贷：银行存款

（2）当期发生不可抵减进项税额期末转出进项时：

借：成本、费用科目

贷：应交税金——应交增值税——进项税金转出

应交税金——应交增值税——待抵减进项加计额

2. 当期进项加计额抵减应纳税额时

借：应交税金——应交增值税——进项加计抵减额

贷：应交税金——应交增值税——待抵减进项加计额

3. 优惠到期如还有进项加计额抵减额结余的

贷：应交税金——应交增值税——待递减进项加计额

　　借：主营业务成本

操作建议：

评估人员针对该企业的具体情况，建议在加工领用原材料时做如下会计业务处理：

借：生产成本——基本生产成本（直接材料）　　　　　3 168 000（倒计）

　　应交税费——应交增值税（进项税——加计扣除）　32 000（3 200 000×1%）

　　贷：原材料——牛肉　　　　　　　　　　　　　　3 200 000（80 000×40）

咨询点评：

财政部、税务总局、海关总署三部门联合发布了《关于深化增值税改革有关政策的公告》（财政部 税务总局 海关总署公告 2019 年第 39 号），增值税税率降了，在抵扣方面还增加了农产品和四大服务行业的加计扣除，那我们企业应注意哪些情况呢？

其一，2019 年 4 月 1 日降税率农产品进项税额实行核定征收的，扣除率为销售货物的适用税率。

2019 年 4 月 1 日及之后纳税人购进农产品，原适用 10% 扣除率的，扣除率调整为 9%。纳税人购进用于生产或者委托加工 13% 税率货物的农产品，按照 10% 的扣除率计算进项税额。但是对于农产品进项税额实行核定征收的，一定要注意适用《财政部 国家税务总局关于在部分行业试行农产品增值税进项税额核定扣除办法的通知》（财税〔2012〕38 号）的规定。该文件规定农产品增值税进项税额核定方法为投入产出法和成本法。

一是投入产出法公式：

当期允许抵扣农产品增值税进项税额＝当期主营业务成本 × 农产品耗用率 × 扣除率 ÷（1+扣除率）

扣除率为销售货物的适用税率。

二是成本法公式：

当期允许抵扣农产品增值税进项税额＝当期主营业务成本 × 农产品耗用率 × 扣除率 ÷（1+扣除率）

财税〔2012〕38 号第七条规定，本办法规定的扣除率为销售货物的适用税率。因此，农产品进项税额实行核定征收的，在 2019 年 4 月 1 日及之后，按销售货物的适用税率确定农产品进项税额抵扣的扣除率，如某企业实行农产品进项税额核定抵扣，所销售的货物 2019 年 4 月 1 日及之后的增值税税率为 13%，则农产品进项税额抵扣的扣除率按 13% 计算。

其二，国内旅客运输服务进项税额允许抵扣，滴滴打车电子发票能否抵扣进项

《财政部 国家税务总局关于全面推开营业税改征增值税试点的通知 附件 1. 营业税改征增值税试点实施办法》（财税〔2016〕36 号）附: 销售服务、无形资产、不动产注释的交通运输服务规定，出租车属于陆路旅客运输服务。

《国家税务总局关于增值税发票管理若干事项的公告》（国家税务总局公告 2017 年第 45 号）附件：商品和服务税收分类编码表。

《财政部 税务总局 海关总署关于深化增值税改革有关政策的公告》（财政部 税务总局 海关总署公告 2019 年第 39 号）第六条规定，纳税人购进国内旅客运输服务，其进项税额允许从销项税额中抵扣。同时明确，取得增值税电子普通发票的，为发票上注明的税额。因此，滴滴打车属于国内旅客运输服务，4 月 1 日外出办公滴滴打车取得滴滴电子发票可以计算抵扣进项。

开发资格是资源　扣除政策成金牌

加计扣除是一个好东西，是一种特殊的税收优惠。细细研读《土地增值税暂行条例实施细则》的相关规定，发现从事房地产开发的纳税人，可按照为取得土地使用权所支付的金额和房地产开发成本之和，加计 20% 的扣除。这不是又给人们提供了税收策划的机会吗？

企业案例：

晨光机械制造实业公司是 2016 年成立的一家综合实业开发企业，注册资本 5 000 万元，成立当年实现销售额为 18 000 万元。到 2020 年底，公司已经实现销售 20 多亿元。税后净利润 30 000 万元。

为了回报员工，也是为了将来的进一步发展，该公司决定征用一批土地建设职工宿舍楼，无偿奖励给有贡献的员工。2020 年 1 月在当地市郊征用了 100 亩土地，随后就先期建造一栋小住宅楼。该住宅楼建筑面积 8 000 平方米，2020 年 3 月 12 日动工，2020 年 10 月 20 日完工，12 月 18 日分配给员工个人。2020 年 12 月 28 日，当地主管税务机关的纳税评估人员到该公司进行纳税评估发现该问题，要求该公司宿舍楼视同销售计算缴纳各项税费。

税务人员根据当地同类产品的销售价格，核定其收入金额为 1 500 万元，当年取得土地时实际支付地价款 200 万元，房地产开发成本 500 万元，开发费用 200 万元，相关税金 90 万元，则其扣除项目金额 990 万元，增值额 510 万元，增值率 52%，应纳土地增值税 510×40%-990×5% = 154.5（万元）（这里不考虑与开发房地产有关的其他政策性问题）。

策划分析：

税收策划专家认为：晨光机械制造实业公司开发宿舍楼的做法是不经济的。这是为什么呢？下面我们来做一个简要分析。

计算土地增值税是以增值额与扣除项目金额的比率即增值率的大小按照相适用的税率累进计算征收的，增值率越大，适用的税率越高，缴纳的税款就越多。合理的增加扣除项目金额可以降低增值率，使其适用较低的税率，从而达到降低税收负担的目的。

税法准予纳税人从转让收入额减除的扣除项目包括五个部分：取得土地使用权所支付的金额；房地产开发成本；房地产开发费用；与转让房地产有关的税金；财政部规定的其他扣除项目，主要指从事房地产开发的纳税人允许扣除取得土地使用权所支付金额和开发成本之和的 20%。其中房地产开发费用中的利息费用如何计算，《土地增值税暂行条例实施细则》中做了明确规定，房地产企业可以选择适当的利息扣除标准进行税收策划。税法规定利息支出凡能够按转让房地产项目计算分摊并提供金融机构证明的，允许据实扣除，但最高不得超过按商业银行同类同期贷款利率计算的金额。其他房地产开发费用，按取得土地使用权所支付的金额和房地产开发成本之和的5%以内计算扣除；凡不能按转让房地产开发项目计算分摊利息支出或不能提供金融机构证明的，房地产开发费用按取得土地使用权所支付的金额与房地产开发成本之和的10%以内计算扣除。房地产企业据此可以选择，如果企业预计利息费用较高，开发房地产项目主要依靠负债筹资，利息费用所占比例较高，则可计算分摊的利息并提供金融机构证明，据实扣除；反之，主要依靠权益资本筹资，预计利息费用较少，则可不计算应分摊的利息，这样可以多扣除房地产开发费用，对实现企业价值最大化有利。下面举例说明。

假设某房地产开发企业进行一个房地产项目开发，取得土地使用权支付金额300万元，房地产开发成本为500万元。

如果该企业利息费用能够按转让房地产项目计算分摊并提供了金融机构证明，则：

房地产开发费用＝利息费用＋（300+500）×5%＝利息费用+40万元

如果该企业利息费用无法按转让房地产项目计算分摊，或无法提供金融机构证明，则：

房地产开发费用＝（300+500）×10%＝80（万元）

对于该企业来说，如果预计利息费用高于40万元，企业应力争按转让房地产项目计算分摊利息支出，并取得有关金融机构证明，以便据实扣除有关利息费用，从而增加扣除项目金额；反之，如果企业预计利息费用低于40万元的话，就不必按转让房地产项目计算分摊利息支出，也不必提供有关金融机构证明，以便多扣除房地产开发费用，达到增加扣除项目金额的目的。

由此可见，房地产企业充分加计土地增值税扣除项目规避有关税收是一个重要的操作点，在具体实施过程中注意把握以下两个要点。

1. 充分计列利息费用及其他费用支出

现行土地增值税制度对房地产开发中作为财务费用的利息支出有两种列支方法：一是在商业银行同类同期贷款利息范围内据实扣除，同时对其他房地产开发费用按取得土地使用权所支付的金额和房地产开始成本之和（以下简称"合计数"）的5%计算扣除；二是对不能按转让房地产项目计算分摊利息支出或不能提供金融机构证明的，可按上述"合计数"的10%计算扣除包括利息在内的全部费用支出。

在实际操作中，以上两种方法计算的"房地产开发费用"必然存在差异。因为第一种方法中允许"据实扣除"的利息和第二种方法中"合计数"的5%（即因包括利息费用而增加的部分）不一定相等。如果企业进行纳税策划，就要比较这两者的高低，选择其中扣除利息较高者对应的方法，作为企业的最后选择。如果允许"据实扣除"的利息费用较高，应选用第一种方法，单独计算利息支出；否则，应选用后一种方法，按"合计数"的10%扣除全部费用。

2. 充分利用对房地产开发企业的附加扣除实施税务策划

《土地增值税实施细则》规定，对从事房地产开发的企业，可按"合计数"的20%加计扣除项目金额，其他企业从事房地产开发的，不享受此项费用扣除。此举的主要目的是抑制对房地产的炒买炒卖行为。因此，当非房地产开发企业欲进入房地产业时，不宜作为其非主营项目，而应考虑重新设立一家独立核算的、专门从事房地产开发和交易的关联企业。这样，不仅可以在房地产开发业务中享受前述附加扣除，实现土地增值税的纳税策划，还可以在今后的各纳税年度中利用企业的关联关系实现其他税收的纳税策划。比如，通过双方的销售收入分列，可使双方各自扣除业务招待费（或交际应酬费）时适用较高的扣除率，进而实现企业所得税（或外商投资企业和外国企业所得税）的纳税策划。

总之，由于《土地增值税暂行条例实施细则》规定，对从事房地产开发的纳税人，可按照为取得土地使用权所支付的金额和房地产开发成本之和，加计20%的扣除。这样，纳税人是不是从事房地产开发，成为能否享受此项优惠政策的分水岭，直接决定了应纳土地增值税的多寡。

策划操作：

如果晨光机械制造实业公司是房地产开发企业，其他条件相同，则扣除项目金额＝990+（200+500）×20%＝1 130（万元），增值额＝1 500-1 130＝370（万元），增值率为33%，应纳土地增值税＝370×30%＝111（万元）。

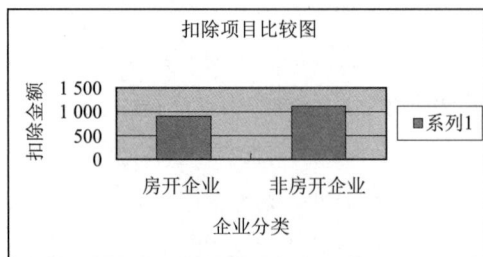

策划结论：

一样的收入，相同的成本费用和税金，由于纳税人的身份不同，导致从事房地产开发的纳税人较非从事房地产开发的纳税人少缴土地增值税43.5万元（154.5万元-111万元），从税率和税基两方面降低税负，再次印证了资质是纳税策划不可忽视的重要资源。

注意事项：

对于房地产开发企业需要注意政策的调整，国家税务总局在《关于土地增值税清算有关问题的通知》（国税函〔2010〕220号）和《关于加强土地增值税征管工作的通知》（国税发〔2010〕53号）中，对加强土地增值税征收管理（清算）提出了更高的要求，这就说明，房地产开发企业在未来的经营过程中风险越来越大。在这里，我们结合有关资料对纳税人提出如下注意的问题。

1. 统一规定并适当提高预征率

税法规定，土地增值税清算前要实行按收入的一定比例预征，该预征率由各地自行确定。但大多数地方规定的预征率偏低，导致大部分房地产开发商不愿意进行清算补税。因此，本次国税发〔2010〕53号文件提出要科学合理制定预征率，并直接确定最低预征率。文件规定，除保障性住房外，东部地区省份预征率不得低于2%，中部和东北地区省份不得低于1.5%，西部地区省份不得低于1%，各地要根据不同类型房地产确定适当的预征率（地区的划分按照国务院有关文件的规定执行）。

2. 核定征收比例提高

土地增值税的计征办法有查账清算和按收入的固定比例核定征收两种方式，采取核定征收方式的，无论开发项目利润是多少，都按固定比例纳税。因此，部分房地产企业为了少缴土地增值税，以各种理由选择核定纳税。国税发〔2010〕53号文件第四条要求规范核定征收，堵塞税收征管漏洞。文件指出，核定征收必须严格依照税收法律法规规定的条件进行，任何单位和个人不得擅自扩大核定征收范围。凡擅自将核定征收作为本地区土地增值税清算主要方式的，必须立即纠正。对确需核定征收的，要严格按照税收法律法规的要求，从严、从高确定核定征收率。为了规范核定工作，核定征收率原则上不得低于5%，各省级税务机关要结合本地实际，区分不同房地产类型制定核定征收率。

3. 按售房合同金额确认收入

土地增值税清算时，有些房地产公司迟迟不给购房者开具发票，从而影响对收入的确认。鉴于此，国税函〔2010〕220号文件在收入确认方面规定，土地增值税清算时，已全额开具商品房销售发票的，按照发票所载金额确认收入。未开具发票或未全额开具发票的，以交易双方签订的销售合同所载的售房金额及其他收益确认收入。销售合同所载商品房面积与有关部门实际测量面积不一致，在清算前已发生补、退房款的，应在计算土地增值税时予以调整。

4. 未取得发票的开发成本不得扣除

土地增值税清算一般在项目完工并大部分销售后，因此，计提的以及未开具发票的成本费用不得计入扣除项目，即使是扣留的质量保证金部分也是如此。国税函〔2010〕220号文件第二条规定，房地产开发企业在工程竣工验收后，根据合同约定，扣留建筑安装施工企业一定比例的工程款，作为开发项目的质量保证金，在计算土地增值税时，建筑安装施工企业就质量保证金对房地产开发企业开具发票的，按发票所载金额予以扣除。未开具发票的，扣留的质量保证金不得计算扣除。

5. 房地产开发费用按比例计算扣除

房地产开发费用只包括管理费用、销售费用和财务费用。财务费用中的利息费用，扣除独立计算，已经计入房地产开发成本的利息支出，应调整至财务费用中计算扣除。即不计入开发成本中扣除，不实行加计扣除。国税函〔2010〕220号文件规定，（1）财务费用中的利息支出，凡能够按转让房地产项目计算分摊并提供金融机构证明的，允许据实扣除，但最高不能超过按商业银行同类同期贷款利率计算的金额。其他房地产开发费用，按照"取得土地使用权所支付的金额"与"房地产开发成本"金额之和的5%以内计算扣除。（2）凡不能按转让房地产项目计算分摊利息支出或不能提供金融机构证明的，房地产开发费用按"取得土地使用权所支付的金额"与"房地产开发成本"金额之和的10%以内计算扣除。全部使用自有资金，没有利息支出的，按照以上方法扣除。对此，部分省市明确规定，没有利息支出的，只能按规定在5%之内计算扣除。

6. 拆迁安置房既算收入也算扣除

房地产企业的拆迁补偿支出，在计算土地增值税时，计入开发成本。如果房地产企业用自行开发建造的房产项目安置回迁户，安置用房视同销售处理，按照《国家税务总局关于房地产开发企业土地增值税清算管理有关问题的通知》（国税发〔2006〕187号）第三条第一项的规定确认收入，同时，将此确认为房地产开发项目的拆迁补偿费。房地产开发企业支付给回迁户的补差价款，计入拆迁补偿费。回迁户支付给房地产开发企业的补差价款，应抵减本项目拆迁补偿费。如开发企业采取异地安置，异地安置的房屋属于自行开发建造的，房屋价值也要按规定计算收入，同时计入本项目的拆迁补偿费。异地安置的房屋属于购入的，以实际支付的购房支出计入拆迁补偿费。对于货币安置拆迁的，企业应凭合法有效凭据计入拆迁补偿费。

国税函〔2010〕220号文件同时规定，房地产开发企业逾期开发缴纳的土地闲置费不得扣除。

研发产品有操作 税收因素为关键

认真分析现行税收政策，企业所得税加计扣除的含金量最高，因为在企业所得税法及其实施条例中就先后规定了两个方面的加计扣除政策，后来，财政部和国家税务总局又对部分科技型企业在扣除力度上进行了加码。

企业案例：

华丰科技发展有限公司（以下简称华丰公司）2019年准备开发一则专利产品，预计开发费用1 000万元。在具体操作过程中，公司决策机构获得两个产品开发的方案：一是成立技术研发部；二是另外再成立一个独立核算的企业专门从而技术研发，然后将研发的产品对外销售。

根据预测，该产品如果对外销售，可以取得收入500万元，华丰公司当年税前利润2 500万元，研究开发费用已全部计入当期损益，没有其他纳税调整。

策划分析：

方案一：华丰公司内部成立技术研发部，2019年该部门全年研究开发费用1 000万元，技术转让收入500万元，该公司当年税前利润2 500万元，研究开发费用已全部计入当期损益，没有其他纳税调整。

按税法规定，技术转让收入免征增值税；所得税前除可扣除实际发生的技术开发费1 000万元外，还加计扣除750万元，2019年华丰公司应交企业所得税为：

（2 500-750）×25% = 437.5（万元）

方案二：如果华丰公司将研发部门独立出来成立一家全资的高新技术企业或研发企业A公司。

不考虑成立新公司新增的管理费用，则A公司技术转让收入500万元，技术开发成本1 000万元，企业实际发生亏损500万元。

所以，A公司无须缴纳企业所得税，享受不到企业所得税的税收优惠。

从华丰公司来说，如果将研发部门独立出来后，其1 000万元的研发费用将不再发生，换一句话说，就是该企业增加税前利润1 000万元。那么，华丰公司的税前利润变为：

2 500+1 000−500 ＝ 3 000（万元）

华丰公司应交企业所得税为：

3 000×25% ＝ 750（万元）

两家公司合计应交企业所得税750万元。

策划结论：

在研发产品的销售收入为500万元的条件下，华丰公司内部设立研发部更节税，少交312.5万元（750万元 −437.5万元）。

策划点评：

对于研发费用的涉税策划问题，这里引用普誉财税策划工作室提供的一个资料进行分析，试图证明技术能力必须是内生的，企业的技术创新必须加强自主研究开发。我国为激励企业技术创新，特别是对专门从事技术研究开发的高新技术企业出台了一系列税收优惠政策。对企业的研究开发业务，可以在企业内部设立研发部，也可以将此业务独立出来设立全资子公司，这样就给企业研究开发业务带来了纳税策划空间。

如果估计其开发产品的市场价值较大，其价值远远大于开发成本，则思路跟以上分析正好相反，可以考虑将企业的研发部门分离出来。

根据《财政部 国家税务总局关于全面推开营业税改征增值税试点的通知》（财税〔2016〕36号）附件3《营业税改征增值税试点过渡政策的规定》第一条第（二十六）款规定，纳税人提供技术转让、技术开发和与之相关的技术咨询、技术服务免征增值税。

1. 技术转让、技术开发，指《销售服务、无形资产、不动产注释》中"转让技术""研发服务"范围内的业务活动。技术咨询，指就特定技术项目提供可行性论证、技术预测、专题技术调查、分析评价报告等业务活动。

与技术转让、技术开发相关的技术咨询、技术服务，指转让方（或者受托方）根据技术转让或者开发合同的规定，为帮助受让方（或者委托方）掌握所转让（或者委托开发）的技术，而提供的技术咨询、技术服务业务，且这部分技术咨询、技术服务的价款与技术转让或者技术开发的价款应当在同一张发票上开具。

2. 备案程序。试点纳税人申请免征增值税时，须持技术转让、开发的书面合同，到纳税人所在地省级科技主管部门进行认定，并持有关的书面合同和科技主管部门审核意见证明文件报主管税务机关备查。

根据2008年1月1日实施的《企业所得税法实施条例》，一个纳税年度内，居民企业技术转让所得不超过500万元的部分，免征企业所得税；超过500万元的部分，减半征收企业所得税。技术转让所得，即技术转让收入减去技术开发成本。

如果估计企业的研发部门能够分离出来认定为国家需要重点扶持的高新技术企业，可以考虑将技术开发部门独立出来设立高新技术企业，享受高新技术企业的税收优惠。根据新《企业所得税法》，自2008年1月1日起，国家需要重点扶持的高新技术企业，减按15%的税率征收企业所得税。根据国发〔2007〕40号《国务院关于经济特区和上海浦东新区新设立高新技术企业实行过渡性税收优惠的通知》，对深圳、珠海、汕头、厦门和海南经济特区和上海浦东新区内在2008年1月1日（含）之后完成登记注册的国家需要重点扶持的高新技术企业，在经济特区和上海浦东新区内取得的所得，自取得第一笔生产经营收入所属纳税年度起，第一年至第二年免征企业所得税，第三年至第五年按照25%的法定税率减半征收企业所得税。

企业内部设研发部的税收优惠。2008年1月1日实施的《企业所得税法》和《实施条例》规定，开发新技术、新产品、新工艺发生的研究开发费用可以在计算应纳税所得额时加计扣除。研究开发费用，未形成无形资产计入当期损益的，在按照规定据实扣除的基础上，按照研究开发费用的50%加计扣除；形成无形资产的，按照无形资产成本的150%摊销。2008年12月10日，为了配合《企业所得税法》及其《实施条例》的实施，进一步规范企业研究开发费用的税务管理，国家税务总局下发了国税发〔2008〕116号《关于印发企业研究开发费用税前扣除管理办法（试行）的通知》，该通知对"研究开发活动"做出明确定义和具体范围，重新划定了"研究开发费用"的开支范围，细化了加计扣除的规定。该通知规定，企业根据财务会计核算和研发项目的实际情况，对发生的研发费用进行收益化或资本化处理的，可按下述规定计算加计扣除：1. 研发费用计入当期损益未形成无形资产的，允许再按其当年研发费用实际发生额的50%，直接抵扣当年的应纳税所得额。2. 研发费用形成无形资产的，按照该无形资产成本的150%在税前摊销。除法律另有规定外，摊销年限不得低于10年。

从以上税收优惠政策看出，对研究开发业务，软件企业实行增值税即征即退政策，技术有关收入免征营业税，所以税收策划主要是所得税的策划。

注：更多的企业所得税策划案例，请参阅笔者的《所得税纳税策划实战案例精选》。

风险提示：

研发费用企业所得税前加计扣除的政策界限比较明确，但是，实务操作过程中企业人士往往容易搞错，这里我们结合有关资料提示如下几个问题。

其一，外聘研发人员的范围和费用归集。

根据《国家税务总局关于研发费用税前加计扣除归集范围有关问题的公告》（国家税务总局公告〔2017〕40号）规定："外聘研发人员是指与本企业或劳务派遣企业签订劳务用工协议（合同）和临时聘用的研究人员、技术人员、辅助人员。

"接受劳务派遣的企业按照协议（合同）约定支付给劳务派遣企业，且由劳务派遣企业实际支付给外聘研发人员的工资薪金等费用，属于外聘研发人员的劳务费用。"

例：2018年某劳务派遣公司向A企业派遣5人，企业根据合同规定支付劳务费120万元（已取得相关发票），根据劳务派遣公司提供的劳务派遣单位派遣员工工资薪金及费用明细表，120万元劳务费中工资薪金86万元、五险一金15万元（其中住房公积金3万元）、补充养老保险4万元（无补充医疗保险）、补充住房公积金 2 万元、职工福利费 5 万元、职工教育经费 1 万元、工会经费 1 万元，管理费 6 万元。若 A 企业将外聘 5 人全部作为研发人员参与甲项目的研发。则 2018 年甲项目可归集的外聘人员的人工费用 103 万元（86+15+2），甲项目可归入其他相关费用外聘人员费用 9 万元（4+5）。

若派遣人员中同时从事非研发活动的，企业应对其人员活动情况做必要记录，并将其实际发生的相关费用按实际工时占比等合理方法在研发费用和生产经营费用间分配，未分配的不得加计扣除。

其二，研发人员的股权激励支出加计扣除确认。

根据《国家税务总局关于研发费用税前加计扣除归集范围有关问题的公告》（国家税务总局公告〔2017〕40 号）规定："工资薪金包括按《国家税务总局关于我国居民企业实行股权激励计划有关企业所得税处理问题的公告》（国家税务总局公告 2012 年第 18 号）规定可以在税前扣除地对研发人员股权激励的支出。"

例：A 公司是一家上市公司，股东大会决议对新产品研发团队的甲高级工程师（以下简称甲高工）以股票期权的方式实施股权激励，以鼓励甲高工完成 XX 研发项目。2018 年 1 月 1 日，股份支付计划开始，同时 XX 研发项目立项，2019 年 12 月 31 日，XX 项目研发成功，甲高工被安排至 YY 项目进行研发。2020 年 12 月 31 日，甲高工对取得的股票期权全部行权，假设当年因甲高工股票行权确认的工资薪金支出为 150 000 元。对此股权激励计划，A 公司 2020 年可以税前加计扣除的金额为 150 000 × 50% ＝ 75 000 元。

其三，实行加速折旧的固定资产折旧额加计扣除口径如何确定。

根据《国家税务总局关于研发费用税前加计扣除归集范围有关问题的公告》（国家税务总局公告〔2017〕40 号）规定："企业用于研发活动的仪器、设备，符合税法规定且选择加速折旧优惠政策的，在享受研发费用税前加计扣除政策时，就税前扣除的折旧部分计算加计扣除。"举例说明如下。

例：甲汽车制造企业 2016 年 12 月购入并投入使用一专门用于研发活动的设备，单位价值 1 200 万元，会计处理按 8 年折旧，税法上规定的最低折旧年限为 10 年，不考虑残值。甲企业对该项设备选择缩短折旧年限的加速折旧方式，折旧年限缩短为 6 年（10 年 × 60% ＝ 6 年）。2017 年企业会计处理计提折旧额 150 万元（1 200 万元 ÷ 8 ＝ 150 万元），税收上因享受加速折旧优惠可以扣除的折旧额是 200 万元（1 200 万元 ÷ 6 ＝ 200 万元），若该设备 6 年内用途未发生变化，每年均符合加计扣除政策规定，则企业在 6 年内每年直接就其税前扣除"仪器、设备折旧费" 200 万元进行加计扣除 100 万元（200 万元 × 50% ＝ 100 万元）。

其四，加速摊销的无形资产加计扣除口径确认。

根据《国家税务总局关于研发费用税前加计扣除归集范围有关问题的公告》（国家税务总局公告〔2017〕40 号）规定："用于研发活动的无形资产，符合税法规定且选择缩短摊销年限的，在享受研发费用税前加计扣除政策时，就税前扣除的摊销部分计算加计扣除。"举例说明如下。

例：乙软件企业 2017 年 1 月购入并投入使用一专门用于研发活动的软件，单位价值 3 万元，会计处理按 3 年折旧，税法上规定的最低折旧年限为 3 年。乙企业对该软件选择缩短摊销年限的摊销方式，摊销年限缩短为 2 年。2017 年企业会计处理摊销的费用 100 万元（300 万元 ÷3 ＝ 100 万元），税收上选择缩短摊销年限优惠可以摊销的费用是 150 万元（300 万元 ÷2 ＝ 150 万元），若该软件 2 年内用途未发生变化，则企业在 2 年内每年可直接就其摊销的费用 150 万元进行加计扣除 75 万元（150 万元 ÷2 ＝ 75 万元）。

其五，应扣减可加计扣除的研发费用的特殊收入扣除的时间。

企业取得研发过程中形成的下脚料、残次品、中间试制品等特殊收入，在计算确认收入当年的加计扣除研发费用时，应从已归集研发费用中扣减该特殊收入，不足扣减的，加计扣除研发费用按零计算。

比如 A 公司 2018 年研发 XX 工艺技术，发生费用化的研发费用 500 万元（均符合加计扣除相关规定），当年处置以前年度研发过程中形成下脚料、残次品、中间试制品一批，取得收入 100 万元，则 2018 年度 A 公司可加计扣除的研发费用为 400 万元（500 万元 −100 万元），加计扣除额为 200 万元。

流动非流动　税收各不同

【妙计提要】

税收征管有税境，经营结果存亏盈；资产流动好选择，人员流动亦消停。

【本计内容】

从养身的角度讲，生命在于运动；而从税收策划的角度讲，亦是如此。纳税人一旦"静下来"，就成为当地税务管理的对象，而一旦"动起来"，甚至来无影，去无踪，谁也不会管你，谁也管不了你，税收成本不就自然降下来了吗？

当然话又说回来了，"谁也管不了"也只是说说而已，但是，利用税收政策的区域差异其中尤其是国际差异进行节税，是许多大型跨国企业和知名人士常用的手段之一。这里参照一些资料对流动策划手段做一个简要介绍。

1. 人的流动与资金的流动

人员与资金的流动指自然人或法人连同其全部所得来源及资产一同移居国外的行为。当纳税人连同其收入来源或资产一并转移到国外时，常常可以达到完全节税的目的（即完全躲避纳税人本国的税收）。但是，如果纳税人本国按国籍课税（比如，实行公民管辖权的美国与罗马尼亚），而且该纳税人又是拥有本国国籍的出国人（无论是自然人还是法人）时，该纳税人只能躲避部分国内税收，如某一纳税法人在国外短期经营且其雇员均拥有本国国籍，并且该纳税法人在本国登记注册，那么该跨国纳税人尽管在国外经营期可以躲避国内某些流转税、财产税，但在所得和收益方面就难以躲避国内的征税要求。在这种情况下，只有彻底的移居国外（即改变国籍），或符合跨国纳税人本国有关豁免国内税的法律规定，才可免除其有关税负。

当然，移居国外者未能带走而遗留下来的所得源泉或资产，其本国可依据租税条约的规定办理，或依其国内税法规定将其列为非居民并按非居民有关规定征税。

一般认为资产就是所得源泉，但有些资产并不能产生所得。同时，虽然收入的源泉就是资产，但有些所得是来自无法转让且无法出售的权利。因此，人员与资金的流动在形式上有一定差异。实行人员或资金流动节税的一个重要先决条件是纳税人及其拥有的资本、财物等有充分或一定的流动自由，所受限制甚少。在国家管制甚严，自由度不高的国家，此种方法的适用度比较小。

2. 人的流动与资金的非流动

当纳税人在不同国度之间来去自由，而其处得源泉或财产保留在某一国境内时，就构成人的流动与资金的非流动。这种方法的好处在于，纳税人可将其所得来源或资产安置于某一低税国或低税区；同是纳税人又可将其活动安排在低消费区或低费用（价格）区。这样纳税人不仅可以获得人员流动的好处，而且还可以获得资产、财产非流动的好处。例如，某一跨国纳税自然人移居到国外，但仍在原移出国出工作，这样就可以躲避原移出国的部分税收管辖。特别是当躲避这部分税收管辖十分必要时，这种做法尤其有效。当然这种避税方法知用的范围比较小，只有当纳税人有可能选择低税住宅区和低税财源地的情况下才有可能。

3. 人的非流动与资金的流动

这是一种十分重要的跨国节税方法，它的内容主要有两种：一是纳税人通过转移利润或收入的方式避税，二是纳税人通过建立"基地公司"的方式节税。

收入、利润、资本的跨国转移和流动是当今经济发展的一个十分普遍的现象。收入、利润、资本从一国流向另一国，从一个地区移到另一个地区，已构成企业和经济组织最基本生产经济活动的组成部分。从本质上讲，收入、利润、资本的跨国流动与跨国节税并没有什么本质上的联系，没有哪个国家或地区把这两者等同起来。然而在事实上，这种收入、利润、资本的跨国移动确实为跨国节税创造了条件。譬如收入、利润、资本从高税区转移到低税区或从纳税地区转移到国际节税区、自由港，这种转移都构成了事实上的节税。此外，纳税人还可以通过一些管理上的技巧，给主管税务局造成来自当地收入最少的印象。例如，企业为扩大规模和发展生产而进行的经济性跨国移动，很难被税务局认为是出于节税目的的移动。这样公司和企业的利润收入以及缴纳的税款会有很大变化。

"基地公司"与跨国移动不同，它指在一个对国外收入不征税或少征税的国家（或地区）建立公司，该公司的主要业务并不发生在该国，而是以公司分支机构或子公司的名义在国外（第三国）从事其主要经营活动，当其国外收入汇回该公司时，可以减少乃至免除其纳税义务。

这里的第三国经营，包括通过代理人或分支机构进行的营业和借助于控股公司仅仅是为了收取外国子公司支付的股息、利息、或特许权使用费这两方面的活动。因为基地公司的基本特点是它被在基地国之外的企业合法地加以利用，这个企业既可能是在其股东或其他权益所有人生活的母国之外，也可能就在母国之内。从实践中看，基地公司已成为节税地或低税国的代名词。下面以两个简单的图例来说明基地公司的定义。

其一，"典型"基地公司：通过在第二国的基地公司在第三国投资。

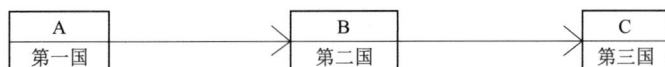

A 第一国		B 第二国		C 第三国

其二，"非典型"基地公司；对第一国的再投资通过第二国的基地公司进行。

A 第一国		B 第二国

在以上两图中：

A ＝ 资本投资者或再投资者所在国

B ＝ 基地国

C ＝ 投资国

这种典型与非典型基地公司的区别常见于一些文献中。以上两图分别涉及外国投资及"母"国投资。从税收理论观点看，这个区别有时是恰当的，有时可能被税收立法所承认。

典型基地公司与非典型基地公司的区分只是基地公司的一种分类。事实上存在着许多种基地公司。有些上有单一职能，有的具有数种职能，有些则把基地公司职能与"正常"的工业或商业活动结合起来了。

4. 人的非流动与资金的非流动

这种结合的存在，必定是以有前三种情况意义上的一次较早的流动为前提。这一较早的流动必须不是出于节税的动机，而且最初被认为是暂时性的。但是通过它们已经流动的这一事实，现在可心获得纳税好处。例如，纳税人可能临时在国外工作并取得国外收入。纳税人通过不必返回他的居住国或直到财政年度终了或直到这个收入来源被确认已不存在，因而不再是居住国的课税客体时为止，不必寄回他的资金，可以获得纳税好处。人和资金的非流动，是一个由其性质决定的难以制止的节税方式。

【案例注释】

资金需要运动起来才能创造利润，纳税人有的时候运动起来也能创造税收上的利益，本计便是笔者实践的一个总结。读者可能对上述的表述感觉难以理解，因此，这里我们结合实际案例对有关计策的操作原理做一个简要分析和解释。

常规思维大家做　逆向节税一招鲜

提到利用资金和其他资产的流动性特点进行节税，人们自然首先就想到国际间的税收策划问题，不错，跨国投资和跨国经营离不开国际间的节税策划。但是，也有人就利用人们的思维习惯进行反其道而行之。

企业案例：

美国的税率为 50%，中国的税率为 20%，美国福泰电子公司到中国开办了一家合营企业可梅勒公司，并负责原材料进口和产品的出口。对于这样的政策环境，作为美国福泰电子公司会如何操作？

业务分析：

按一般做法，美方合营者应向中国转移利润，如采用高价将可梅勒公司的产品卖给福泰电子公司，或采用低价从福泰电子公司购买原材料。

事情往往会发生意外。在一般的国际节税中，纳税人常常是尽可能避免高税管辖权，而进入低税管辖权，以进行国际节税。但是，客观上也存在着另一种节税现象，即跨国纳税人避免低税管辖权，而进入高税管辖权。

由于避免高税管辖权而进入低税管辖权所进行的国际节税是顺向的，而避免低税管辖权进入高科管辖权则正好相反，所以称之为逆向节税。逆向节税这一概念可以表述为跨国纳税人借助避免低税管辖权而进入高税管辖权，以最大限度地谋求所需利益的行为。

逆向节税除了在方向上与顺向节税相反外，还在谋利上有以下几个特点：一是谋利上的间接性。从表面上看，逆向节税并不能减轻国际纳税义务，反而会加重国际纳税义务，这似乎不可理解。但是，借助这种手段却能达到最大限度地谋求利益的目的，具有极大的隐蔽性，往往不易引起人们的注意。二是谋利的非税性。逆向节税不仅不能直接谋取税收利益，而且还要牺牲税收利益。但通过牺牲税收利益，将带来所需的更大的非税收利益，它已不只是一个税收问题。三是谋利的多样性。逆向节税所要谋求的利益随具体情况而变，有时为了实现净利润最大化；有时是为有效地实现某项必要的经营策略；有时在当期不能谋利，但对将来有利。

实务操作：

根据普誉财税策划工作室的咨询专家利用相关资料对此进行的综合分析，进行逆向节税的方式很多，最常见的大致有三种。

（1）以谋求即期净利润最大化为目标。

对于可梅勒公司来说，该公司应实现应税所得 100 万元，向中国纳税 20 万元，税后利润 80 万元，但由于外方合营者的操纵，可梅勒公司仅实现利润 50 万元，向中国纳税 10 万元，税后利润为 40 万元；而福泰电子公司多实现应税所得 50 万元，多向美国纳税 25 万元，同时增加税后利润 25 万元，福泰电子公司因独享所增加的利润 25 万元，将会实现净利润最大。假设税后利润对半分配，则有 $40 \times 50\% + 25 > 80 \times 50\%$。在这个过程中，中国减少税收 10 万元（即 20 万元 −10 万元），美国增加税收 25 万元，跨国纳税人多纳 15 万元（即 25 万元 +10 万元 −20 万元），而本国合营者少得利润 20 万元（即 80 万元 ×50% −40 万元 ×50%）。

这种逆向节税，以谋求即期利润最大化为目标，故与一般的国际节税较接近。

（2）以有效实现某项必要的经营策略为目标。企业从事生产和经营，节税固然十分重要，但是，有时还得考虑其他战略目标的实现。这里有一个案例。

中国斋善食品公司在泰国开办了一家子公司孟丹食品公司，2019年斋善食品公司因缺乏资本，需从孟丹食品公司补充，但由于泰国采取了较为严格的外汇管制措施，斋善食品公司难以从孟丹食品公司直接取得资本。

为了说明问题方便，我们假设中国的所得税率为30%，泰国的所得税税率为20%。这时，可通过转让定价的方式使孟丹食品公司少实现应税所得100万元，而斋善食品公司多实现应税所得100万元。这样，跨国纳税人共需多纳税10万元（即100万元×30% −100万元×20%），其中泰国减少税收20万元（即100万元×20%），中国增加税收30万元（即100万元×30%），但跨国纳税人借助税收损失10万元而有效地实现了资本转移70万元（即100万元−30万元）。虽然以损失一定的即期税收利益为代价，但有效地实现了所需的资本转移，预期会带来更大的利益。

（3）以逃避预期风险为目标。

这里的预期风险主要是指政治方面而非经营方面的，因而是一种政治性的逆向节税。例如，一国现行税率很低，但政局不稳或政策多变，跨国纳税人会因存在预期风险（没收财产，大幅度提高税率），而借助逆向节税以实现逃避预期风险的目标。跨国纳税人会采用种种手段尽可能将所得转走，以谋求预期最大利益。

一般来说，对于第一类型的逆向节税，纳税人是主动运用的；对于后两种类型的逆向节税，却是纳税人迫不得已而为之。

风险提示：

跨国经营和跨国投资目前已不是西方国家的专有行为，我国目前也有许多企业"走出去"。跨国经营会遇到许多风险，其中比较重要的就是涉税风险。而影响跨国经营的涉税事项比较多，其中问题比较集中的一点就是常设机构的涉税风险。因此，"走出去"企业在制定跨境投资计划前，需要评估其在投资国构成常设机构的风险，并采取有效措施进行管控。若已在投资国构成常设机构，则应进一步评估当地的合规要求和纳税义务，并按规定履行纳税与合规义务。

自税基侵蚀与利润转移（BEPS）第7项行动计划——防止人为规避构成常设机构发布以来，各国逐步拓宽对常设机构的认定范围，以此防范跨国企业滥用税收协定中关于常设机构豁免的规定，打击避税行为。因此，中国企业在制定跨境投资计划之前，需要了解常设机构的有关定义，评估其在投资国构成常设机构的风险，并采取有效措施管控常设机构风险。

其一，及时了解常设机构有关规定。

根据双边税收协定的一般规定，外国企业只有在某国构成常设机构时，才需就其营业利润在该国缴纳企业所得税，应税利润应以归属于该常设机构的利润为限。因此，中国"走出去"企业，除了解投资国国内税收法规对常设机构的定义和规定之外，仍有必要了解投资国与中国签订的税收协定中有关常设机构的定义。

《中华人民共和国政府和新加坡共和国政府关于对所得避免双重征税和防止偷漏税的协定》第五条对常设机构的规定为例，常设机构通常包括四种类型：一是代理型常设机构，即当一个人（除规定的独立代理人以外）在缔约国一方代表缔约国另一方的企业进行活动，有权并经常行使这种权力以该企业的名义签订合同，这个人为该企业进行的任何活动，应认为该企业在首先提及的缔约国一方设有常设机构。二是服务型常设机构，指企业通过其雇员或者其他人员在项目所在国为同一个项目或者有关项目提供劳务，且在整个劳务期间的任何一个12个月中都有连续或者累计超过183天的劳务。三是工程型常设机构，指连续超过6个月的建筑工地，建筑、装配或安装工程以及与其有关的监督管理活动。四是固定经营场所型常设机构，一般包括管理场所、分支机构、办事处、工厂、作业场所，以及矿场、油井、气井、采石场或者其他开采自然资源的场所。

另外，一般税收协定还规定了常设机构的豁免条款，原则上从事准备性和辅助性活动的营业场所将豁免被认定成为常设机构。

BEPS 行动计划不仅涉及各国（地区）的税收问题，而且直接影响到全球企业，尤其是跨国集团的业务结构安排以及未来规划。随着 BEPS 行动计划的落地，全球税收制度与规则面临重大变革。如果中国企业在投资国构成常设机构，一般而言，归属于该常设机构的合理利润需要在当地缴纳企业所得税。除了所得税影响之外，在许多国家或地区，常设机构通常还需进行增值税登记、缴纳增值税，并完成其他商业登记和许可要求。因此，建议中国企业在策划对"一带一路"国家进行投资时，充分了解投资国对常设机构的认定条件，准确判断并有效管控常设机构风险。

其二，及时防范常设机构税务风险。

中国"走出去"企业常见的可能构成常设机构的活动包括：在投资国派驻中国公司的员工，通过固定经营场所（如员工租住的酒店）开展实质性的商业活动；派遣中国公司员工至投资国，为当地客户提供现场技术指导、设备装配、性能调试等服务，中国公司员工在当地驻留时间超过一定期限（如183天）；派遣中国公司员工至投资国开展工程建设项目，该工程项目的完工时间超过一定期限（如6个月）；中国公司员工长期在投资国代表中国企业签订合同，或经常行使代表权力，实施合同谈判、商定合同细节等行为。

针对上述活动中潜在的常设机构税务风险，建议中国企业对相关商业安排和经营活动进行评估和规划，并积极采取措施进行风险防控。除了事先全面了解投资国家（地区）有关常设机构的税法规定外，中国企业应及时关注和常设机构相关的政策动态，采取必要的税务风险防范措施：设立关键常设机构风险指标，建立文档，完整记录和掌握员工境外派遣的情况；对跨境商务出差人员的派驻情况进行统一跟踪，记录相关人员在目标国家从事的活动性质、参与的项目、在目标国家的逗留天数、逗留期间的工资安排和费用承担情况和所持有签证种类等，并在必要时对有较高常设机构风险的业务活动进行调整；减少相关人员在目标国家代表中国企业签订合同或实施合同谈判、商定合同细节等行为，并建立相关书面文档，记录相关人员在当地行使的权力不包含上述活动。

如果发现已在投资国构成常设机构，应全面评估企业在投资国的合规要求和纳税义务，及时完成当地各项税收遵从要求并履行纳税义务，同时妥善保管常设机构在投资国完成的纳税申报书面资料，以保证中国企业可以享受境外税收抵免，避免双重缴税。

实际操作中，建议中国企业重新评估某些关键的业务流程以及将部分职能集中的必要性，审核在整个业务流程中部分关键流程的管理，检查履行这些职能的地点，并在必要时考虑转移这部分职能，以管控可能的常设机构风险。企业也应在监管、数据收集以及员工信息记录方面不断进行完善，以长期有效地评估当前的经营模式，是否存在常设机构方面的税务风险。

不管李逵和李鬼　税负降低真可为

根据我国公司法的规定，投资人可以在国内设立公司，通过公司平台从事生产和经营活动，但是，没有离岸公司的说法，不过，在经营活动中，特别是从事国际投资和经营活动，"离岸公司"的概念的确被那些聪明人广泛使用。

企业案例：

德国莱希德公司贷款给美国克林娜公司，每年克林娜公司需向莱希德支付 200 万美元的利息。对于这笔业务应当如何操作？

业务分析：

这笔看似一笔十分简单的业务，但是，由于发生在两个国家之间，就让其复杂起来，同时，也正值因为问题的复杂性，就给有关企业提供了涉税策划的机会。

处理这个问题首先需要对与该业务有关的涉税政策进行的分析。

目前多数国家对汇出国外的股息、利息都要征收一道预提税。美国的税法规定，对汇出境外的股息、利息等所得须征收 20% 的预提税；法国税法则规定对汇出境外的股息、利息等所得征收 30% 的预提税。同时，为协调美、法两国税收利益，两国签订税收协定，规定发生在两国之间的同类所得只征收 5% 的预提税。

策划操作：

为减轻预提税负，莱希德公司在法国租用一个邮箱，冒充法国居民，使利息的预提税税率由 20% 降为 5%。

策划结论：

这是利用邮箱方式滥用税收协定避税的一种方式，按莱希德公司在两国的正常身份，200 万美元利息应预提税 40 万美元；冒充法国居民后，仅负担预提税 10 万美元。

策划点评：

从 20 世纪中后期起，一些国家和地区为了吸引外国资本的流入，繁荣本国或本地区的经济，弥补自身的资本的不足和改善国际收支状况，或引进国外先进技术提高本国或本地区的技术水平，吸引国际民间投资，纷纷以立法的形式，培育出一些特别宽松的经济区域，允许非本国的居民或者法人在这些经济区域内成立公司，并在其领土之外的地区经营运作，这些区域被称为离岸法域。由于离岸法域最突出的政策特色，表现在税收的豁免或者优惠上，在国际税收领域，它又被称为避税天堂、避税地、避税港、离案中心。这些区域大多是资源匮乏的发展中微型岛国，主要依靠低税收政策大力发展离岸金融业来大量吸引逃避本国税收的外国资本，以增加收入，振兴经济。

事实上，在当今世界已出现为数众多、形形色色的避税港的情况下，很难用一个简单的定义来加以表述、概括。2000年6月，OECD在其发布的一份题为《认定和消除有害税收行为的进程》的报告中，列出了判断避税地的标准。它们有：（1）没有有效税率或者只有名义上的实际税率；（2）缺乏有效的税收情报交换；（3）税收制度缺乏透明度；（4）没有实质性经营活动的要求。根据OECD的判断标准，我们可以从狭义和广义两个角度来认识避税港。狭义的避税港指那些不课征某些所得税和一般财产税，或者虽课征所得税和一般财产税但税率远低于国际一般负担水平的国家和地区。广义的避税港指那些能够为纳税人提供某种合法避税机会的国家和地区。以下所说的避税港指的是完全或者实际上不征收所得税和虽然征收所得税但税率很低或者对离岸业务或境外收入给予减免税优惠，从而纳税人可以通过其避免或者减轻居住国所得税的国家和地区。

离岸公司指的就是非当地的投资者在避税港（离岸法域）成立的有限责任公司和股份有限公司。由于避税港对离岸公司的设立和运营的法律限制很少，加之没有外汇管制，公司的注册资料及文件高度保密，避税港政府当局对离岸公司的监管处于真空状态，这在给离岸公司运作带来巨大便利的同时，也给避税地的经济安全带来了威胁。因此，为了保障避税地的经济安全，避税港的离岸公司法一般禁止离岸公司在本地区开展经营活动；如果要开展本地业务，必须纳入本地公司范围接受监管，其在避税港的许多税收优惠也就不再享有。因而，离岸公司具有彻底的非本土化的特点，相对于离岸公司的注册地避税港本身而言，离岸公司虽在离岸本土设立，其对离岸本土只有形式意义，没有实质意义；因而，离岸公司也被称为"信箱公司"。

在本案例中，法国虽然算不上是什么避税地，但是，由于其相对美国的企业而言，预提税率只有5%，所以就有了避税地性质，设定为减轻预提税负，莱希德公司在法国租用一个邮箱，冒充法国居民，从而可以适用低税率，最终实现了税收利益。

专家评述：

通过流动的策划方式进行税收策划，实际上是利用了国际避税原理。通过将资产在不同税境之间的流动，利用政策差异进行避税。而在国内，则需要考虑其业务操作的合理性，在这里我们引用部分资料对有关问题具体分析如下。

1. 人员流动法

人员流动包含了极其广泛的内容，并不仅仅限于自然人或法人的国际迁移。一个人在一国中设法将其居民身份改为非居民身份，或者是避免成为该国的居民，这类做法都属于人员流动。

另外，有一点需要强调，这里所说的"流动"指跨越"税境"而言，不一定非得跨越国境不可。这里涉及"税境"与国境的区别问题。税境一词的内含义指税收管辖权的界限，流动指跨越税境从一个税收管辖权向另一个税收管辖权范围内转移。国境是一国领土的疆界。税境没有固定的一道有形的界线。由于各国奉行的税收原则和政策不同，税境与国境的大小对比关系可有以下三种情形。

第一，在严格实行属地主义原则，坚持收入来源地管辖权的国家，税境可能会等于国境，不过总的说来，税境与国境刚好相等的情况比较少见。

第二，当一国出于某种考虑，在国内设立完全免税的无税区时，则会形成税境小于国境的局面。

第三，当有关国家奉行属人主义原则，坚持公民与居民管辖权，则会出现税境大于国境的局面。在这种情况下，居民（或公民）负有全球纳税义务，他的全球收入都处于该类国家税收管辖之内。这类公民只要保留其公民身份不变，无论他走到那儿，都走不出该国的税境。例如，一个罗马尼亚人去美国工作，虽然已远离罗马尼亚，但仍在罗马尼亚负有纳税义务，仍在罗马尼亚税境之内。

（1）个人居所避免。

①财政住所的避免。

我们知道，居民管辖权是世界各国广泛行使的管辖权之一。发达国家尤其注重居民管辖权的行使，因为发达国家对外投资多，实行该种税收管辖权有利于维护本国权益。实行居民管辖权时，居民负有全球纳税义务，而对非居民仅就其来源于本国的所得征税，即非居民负有有限纳税义务。确定居民身份的标准有多种，其中有无居所是重要的判定标准，凡在法国境内有永久性住所或经常性住所的人，均为法国税收上的居民，从而将负有无限纳税义务，即其来源于国内外的所得都要纳税。瑞士税法确定无限纳税义务的自然人居民标准是：在国内有永久性住所；在该国停留6个月以上或在国内占有自己的住宅3个月以上；不论停留时间长短，在国内从事谋利活动。

只要具备上述条件之一，即为该国居民。日本税法的规定是：在国内有住所或者有连续居住一年以上的居所的个人为税收上的居民。其中，居住满五年的为永久居民，对其在全世界范围取得的所得都征税；居住满一年而未满五年的，为非永久居民，只对其来源于日本的所得征税。据我国的个人所得税法，一个纳税年度在中国境内居住满一年的个人，即为中国税收上的居民。

通过避免使其有资格成为一国财政居民，个人可以试图减转或消除其全球范围所得所负的纳税义务。在实行居民管辖权的国家，一个纳税人若想方设法避免了居所也就不会成为该国的居民，从而推卸了就其全球范围所得所负的无限纳税义务，而仅就其来源于该国的所得负有有限纳税义务。

各国确定财政住所时所用的标准不同，这点从上面几个国家的情况即可看出。一般说来，是根据纳税人在本国是否拥有永久住所或停留时间连续或累计达到一定天数，或要求一些更多的经济或社会联系，来判断纳税人的居民身份。一些居住在高税率国家的纳税人，为了减轻或降低税负，移居地低税或无税的国家和地区，或者通过缩短在一国的居住时间来避免成为该国的居民，比如，通过在各国间的旅游，在不同国家的旅馆只停留不长的时间，有甚至在船上或游艇上，逃避所在国行驶的居民管辖权，以达到少纳税的目的。国外的一些文献中，把这些财政性无国籍的人，称之为"税收难民"，把那些出于税收原因，而迁移到另一税收管辖权范围的行为，称为"税收逃亡"。

②居所转移。

有些人生活在具有较高的所得税、遗产和赠予税，在某些情况下还具有较高的净财富税的税收管辖权之下，在这种情况下，可以通过移居到另一个合适的低税国这一方式来节税。

当然，"真正"或"完全"的迁移不能被当作"非法"的避税，即使这类迁移的唯一的或者是重要的动机是税收动机。这里说的"真正"或"完全"的迁移指对一地区所有依附条件的终结，而对该地区的这些依附即构成了一个给国家的财政性住所。然而，在许多国家中，这些百分之百彻头彻尾的迁移者通常被称作"税收流亡者"。在大多数情况下，"真正"的迁移可能会是退休后的那些迁移（例如，退休后移居到避税地国家，或者移居到法国、意大利等代税国家）。不过，在一居住生活（如比利时）而在另一国家（如荷兰）工作从原则上说也是人们处理自己纳税事务的合法手段。在大多数国家，要想进行财政性迁移，首先要克服两个障碍：首先，要支付现存的已查定的税款；其次，就一定的资本收入承担支付所得税，例如，对某些企业财产来说，这些利得或收入在迁移之年就变成了财政性收入。

通过改变居所（彻底的、百分之百的改变）来避免所得税不需要复杂的法律手段。但是，若想规避遗产税、赠予税或者不动产税，一般就需要复杂的法律程序，比如在避税地建立公司或信托等。

从财政性迁移这个意义说，实际中的合法避税意味着完全和无条件的移居。在其他情况下，会产生一些困难。

a. 虚假移居。

虚假移居是那些暂时的，（例如1—3年）甚至不到一年和旨在国外获得某些税收优惠的移居。举例来说，这类移居可通过出售股票，在低税率国有实现资本利得，从而得到税收上的好处。税法可能会阻止这类事情的发生。例如荷兰税法将那些放弃在荷兰的住所但在不到一年的时间又返回荷兰并且在别处的规定，相应地有一些税收协定，据这种协定，在移居一年或数年后资本利得仍旧必须纳税。但是这些规则打击了真正的迁移，其实际效果远远超过了打击虚假迁移之需。另外，在判例法中形成的形式上与实际存在的教条也会反对虚假移居。在这些规则下，人们也许会认为在实际中没有发生任何移居，并且在相关国家中没有财政性住所的变动。

b. 部分移居。

部分移居指构成财政性住所的依附条件或实际环境并没有完全消除，而是保留着与相关国家的一些社会或经济依附关系或联系，例如临时住所、劳务活动、具有第二居所、拥有银行账户等。从理论上讲，这些"部分"移居一般没什么问题。也可以说，与某国之间的联系纽带只有少数被剪断，这意味着在该国的财政性居所继续存在，从而意味着该国可继续对这类人实施征税权力。但是在现实中，如果在某自然人的前居住国仍有应税收入来源，那么会有充分事实证明居所存在和非居民的税收减免之间有一个模糊的界限。各种税制搭配不当，又为避税提供了多种可能性，当然避税手段的应用会受到外汇管制的限制。下面是一些试图转移财政住所的例子。

c. 案例提示。

其一，作为双重住所的"部分"住所。比利时法院的一案例表明，不充分脱离对一地区的依附是多么的危险。不充分脱离依附，其结果是避税的对立面：双重征税。摩洛哥的一财政居民（住在摩洛哥）在比利时获得不动产并且拥有好几家比利时公司的股票，他是这几家比利时公司的一个董事。这些联系导致他成为比利时财政居民，因而需在比例时纳税。

其二，住所的虚假改变。如前所述，在一个相对较短的时期内于别处建立住所可作为逃避前居住国资本利得税的一种方法。例如，一荷兰居民希望在加拿大出卖他拥有的一家荷兰公司的巨额股票，而在实际上仍保持荷兰居民身份。他希望躲避荷兰就资本利得征收的税率为20%的所得税。为此，他希望援用荷兰——加拿大税收协定，该协定对这类收入没有专门规定，所以这类收入可归到协定的第十七条款，在以前的条款中没有提到的所有收入要素可只在居住国纳税（我们这儿不讨论这类交易会导致在加拿大交纳所得税的可能性）。

②个人的暂时纳税人地位。

被暂时派往另一国家工作的人们经常被给予所得税优惠待遇。这种优惠待遇的给予是根据认定的非居民身份，或者是根据他们从事经济活动的那一国中的临时或第二居所来确定的。另一类人是那些"暂时入境者"，在被认作"完全"居民（full residents）之前，这些人享受暂时居民的种种优惠待遇。这两种可能性，为国际税务计划提供了切实可行的工具。前者为行政管理人员提供方便，后者则为移居出境者提供方便。

（2）法人居所的避免。

①居所的避免。

判断公司或其他实体的居所所在从而决定其是否负有纳税义务的主要标准是看其主要管理活动所在地，这至少对于一些调查过的欧洲国家是如此（然而美国标准与此不同，我们知道，美国税法有如此规定：按照美国联邦或州的法律登记注册的公司，不论其管理机构是否设在美国，也不论其股权属于谁，都为美国的"法人居民"，也称美国公司或国内公司，均要求其承担美国的无限纳税义务，即对其在世界范围内的所得征税。非居民公司，也称外国公司，一般仅对其来源于美国的所得征税）。因此，居所避税的意思就是消除那些会使人们认为主要经营活动所在地在某一相关国家的那些因素，实现公司居所"虚无化"。例如法国司弗尔钢铁股份有限公司以下列方式和手段避免在英国具有居所而成为英国纳税义务人。

a. 该公司的英国股东不允许参与管理活动，英国股东的股份与影响和控制公司管理的权暂力分开，他们只享有收取股息、参与分红等权力。

b. 选择非英国居民做管理工作，如经理、董事等。

c. 不在英国召开董会或股东大会，所有与公司有关的会议、材料、报告等均在英国领土外进行，即使档案工作也尽可能地不放在英国国内。

d. 不以英国电话、电讯等有关方式发布指示、命令等。

e. 为应付紧急情况或附带发生的交易行为等特殊需要，该公司在英国境内设立了一个单独的"服务性公司"，并按照核准的税率交纳公司税，以免引起英国政府的极端仇恨。

f. "国外"会计记录必须包括在国外做出的重大经营决策的详细资料。

实践证明，法国司弗尔钢铁股份有限公司的这些措施十分正确和奏效。从1973年到1985年这十二年期间，该公司成功地躲避了在英国应纳税款八千一百三十七万美元。

由于各国判定法人居民身份的标准不同，因此我们经常可以看到这样的现象：一个公司在别国税收管辖范围内可以作为居民公司对待，同时也不妨碍该公司母国也将其作为居民公司看待。比如，一家在法国注册的公司可以是中国的居民公司，而在中国注册的公司也可以是法国的居民公司。国际经济活动中，为减少纳税义务，各跨国纳税人必须明确各国确定法人居民身份时所用的不同标准，以便采取相关措施达到国际纳税作弊方式之目的。

②居所的迁移（emigration of residence）。

一般说来，将一个公司的居所从高税国迁移到低税国或无税国（指所得税而言），是要蒙受巨大损失的。当企业企图转移其住所进，有许多东西的迁移成本很高（例如重型成套设备、固定设施）或根本带不走（例如地皮、厂房等）。这些东西若在原地加以变卖，那么有关税务当局就会勒令企业就由此而产生的资本利得交纳资本利得税。当然，公司若有大量财务损失可用以冲抵资本利得，那就另当别论。所有这些因素都能有效遏止高税国中的居民公司向低税国或无税国进行财政性转移。正是由于上述考虑，法人通过居所迁移的方式来避税并不常见。

（3）法人出于税收原因的居所选择。

①"信箱"公司和其他公司。

一般认为"信箱"公司是"基地"公司的最主要形式。基地公司的外延要比"信箱"公司广泛得多，这儿我们仅仅考虑较窄的意义上的纯粹是空悬招牌的基地公司，这儿的"信箱"公司定义为那些仅在居住国履行了法律手续与登记注册手续的公司。这些公司应当进行的商业与其他活动实际上是在其他地方进行的。这些公司是典型的避税地公司。

"其他"公司此处指那些于提供财政性投资优惠的国家中建立的公司，或那些希望未来盈利而暂时招致亏损并能在亏损时获得亏损补贴的公司。在这些情况下，即可在具有较高公司税率的税收管辖权下建立公司。对于航运业和不动产业来说，这些亏损补贴有时很优厚。这样，就为国际纳税作弊方式提供了广阔的回旋余地。例如，有些跨国纳税人专门设立亏损公司，然后通过某些手段将盈利的公司的利润转移到亏损公司的账上，以冲抵损失为名掩藏了利润，从而达到节税之目的。

②中介业务。

对于国际纳税方式的整个主题来说，中介业务是一个相当基本的概念。其实质是介于所得或利润来源与最终接受者或受益者之间的积累中心位置。这个中心通常位于一个纯粹的避税地之中，或位于具有特别税收优惠的国家，或位于签订了对预提所得税，尤其是对利息、专利权使用费用或非专利技术使用费的预提所得税提供优惠待遇的税收协定的国家。积累后，有关的货币可用于再投资。积累中心有基本的法律权力，而且在相应的高税管辖权中的"终极所有者"就是分散的收入和利润的合法的"经济"所有者。从法律形式上看，积累中心位于避税地中，但其"经济本体"仍然位于高税管辖权之下，通常位于相关总部所在城镇，例如位于纽约、伦敦、新加坡、苏黎世这类的金融中心，或位于其他地方。有些读者也许会发现我们这种讨论过于简化，并且认为忽略了基地公司的那些可能的国际功能。中介公司及其所进行的中介业务从根本上说股息、利息、特许权使用费和收入（来自不动产和有价证券）密切相关。需要强调的是，在税务计划这个领域中能提供税收优惠的税收协定或条约是最重要的。

（4）伙伴关系或其他协议。

在这个标题下，我们讨论那些构成个人之间、法人之间或者个人与法人之间的"合作"协议的"移动"。这些自然人和法人往往以合伙的形式来从事各种业务活动，这些合伙协议的独立合法资格是否存在并不重要。当然，可以想象还有其他形式的协议，像建筑业中建筑项目的国际性协议，就提供欧洲美元、亚洲美元在银行间达成的国际贷款协议等。实践中还有许多其他例子，它们的共同特征是风险共同担当。在纳税方面这些协议能提供多大好处将取决于这样的合伙和合资企业是否具有单一纳税人身份，如果不是这样，那就取决于合伙者来说是否可以享受到税收协定的优惠条件，或取决于是否有免税待遇。

2. 人员非流动法

人员流动法以其特有的变幻莫测的形式，在国际纳税作弊方式舞台上充分施展其魔力，国跨国纳税人进行国际纳税作弊方式大开方便之门。与此相比，人员非流动法在国际纳税方式舞台上能够施展功夫的余地就小得多。人员非流动法指财产或所得的最终获得者并不离开本国，也不需要使自己成为真正的移民，而是通过其他国为自己建立了相应的机构，以便将自己获得的收入或财产进行分割，目的在于躲避财产或所得的最终收入者在居住国应缴纳的所得税或遗产税。

利用在他国设置的机构分割所得和财产的具体做法是信托形式进行的。所谓信托即为信用委托，指接受财产的人，通常称为委托者，他们为达到一定目的，把财产委托给他人管理和处理，按合同规定对信托财产进行管理和处理的人，则为受托者；委托者把财产委托给受托者进行管理和处理时，双方需要签订合同或协议，这种经济行为即为信托行为；通过信托活动会产生收益，享受信托利益的人，则为受益者，受益者有时就是委托者本身，这种信托称为自益信托；受益者也可是第三者，则有他益信托。委托者、受托者、受益者三方围绕信托财产而产生的经济关系即为信托关系。

信托业务有两种类型：一是商业信托，它是以商品物资作为信托对象，如寄售商店、贸易货栈等经营活动，其目的在于融通资金和进行财产管理。

信托的种类有多种，如信托存款、信托贷款、委托贷款、委托投资、信托投资、金融、租赁、财产委托、代理集资和发行股票和债券、各种代办业务等。

明确信托的概念后，那么它如何会助国际纳税作弊方式一臂之力呢？借用信托形式转移财产，造成法律形式上所得或财产与原所有人的分离，并且分离出去的部分所得或财产仍受法律保护。比如新西兰朗伊桥公司为躲避本国的所得税，将其年度利润以信托形式转移到巴哈马群岛的某一岛上，由于巴哈马群岛是一自由岛，税率比新西兰低35%至50%，因此，朗伊侨公司每年可以躲避300万美元到470万美元的税款。

以自由港、避税地为财产、所得转移的中间地带是跨国避税的最基本方法之一，也是利用避税地实行避税的典型做法之一。

在避税活动的实践中，除了信托形式这外，还有其他类似形式。例如一国纳税义务人与某一银行签订信托合约，该银行受托替该纳税人收取利息。当该受托银行所在国与支付利息者所在国签订有双边税收协定时，如果此协定规定利息预提税率享有优惠待遇，则该纳税人即可获减免税好处。具体说来，日本与美国签订了互惠双边税收协定，日期银行从美国居民手中获取的利息预提税可以减少 50%（美国规定利息预提税率是 20%，日期银行由于享有税收协定优惠条件可以按 10% 缴纳预提所得税）。当中国某一公司向美国某一公司提供贷款时，中国该公司即可委托日本某家银行代替中国公司向美国公司收取贷款利息，这样可以减轻对利息征收的预提所得税（将税负减轻一半）。

在跨国避税活动中，许多纳税人总想通过在海外建立自己的办事机构和分支机构的办法实现避税。但是，事实表明，相当一部分海外办事机构和分支机构在行政管理上有许多不便，耗资多而且效率低。因此，不如在海外中转国或其他地方找一个具有居民身份的银行来帮助处理业务。利用银行居住国与借主和最终贷主双方所在国签订的税收条约，为双方提供方便。

3. 流动与非流动结合式

我们知道，跨国避税可以在不越过国家税收权限的情况下实现。譬如国外子公司不将其利润汇回本国，而是将其留在利润来源地或某一国际避税地。或者一个到国外作临时停留的本国居民，可以在不足一个纳税年限的时间内滞留在国外，并通过这一段时间拥有的非居民身份躲避纳税义务。非流动跨国避税意味着过去一段时间处在流动状况下的跨国避税在目前处于凝结和相对静止的状态，这种凝结和静止不是减少或削弱避税活动，而是为了更有效地实现跨国避税。许多事实表明，流动——非流动——流动——非流动……这种不断地交叉与结合，是实现跨国避税的重要途径和方式。

流动与非流动的结合有四基本形式，在这四种基本形式上还有可能派生出其他形式。这四种基本形式是：

（1）人的流动与资金的流动。

（2）人的流动与资金的非流动。

（3）人的非流动与资金的流动。

（4）人的非流动与资金非流动。

这四种基本形式的具体内容可以参照本计综述。

无形资产来转让　价格确定有弹性

随着国际税务管理合作越来越广泛和深入，通过跨境货物贸易进行转让定价的避税方法，其难度越来越大。于是，有些国际投资人就想到利用无形资产为载体进行国际利益输送的转移。

企业案例：

美国奥利特公司拥有一项专利权，研制费用为 20 万美元，有效年限为 20 年。奥利特公司欲将此项专利转让给中国的亚联公司，亚联公司是奥利特公司的全资子公司。

那么，这笔无形资产应当如何操作才能做到税收利益最大化？

业务分析：

因为美国、中国市场上无同类专利可比价格，双方将转让价格定为6万美元，转让期为10年。中国亚联公司又在本国市场上以10万美元的价格将此项专利转让出去。又知美国所得税税率为15%，中国所得税税率为30%，毛利率20%，成本分摊率为60%。

从税务管理的角度讲，纳税人的交易要符合独立交易的原则。我们在进行节税策划的时候要做到靠船下篙，尽可能减少涉税风险。因此，我们来分析这项专利权转让是否符合正常交易情况。

由于此项专利权无市场可比价格，如果按组成市场价格来确定其价格，可以确认其核定价格为48 000美元。

在此基础上，美国奥利特公司应纳所得税：

48 000×15％＝7 200（美元）

中国亚联公司应纳所得税为：

（100 000-48 000）×30％＝15 600（元）

这样，美国奥利特公司和中国亚联公司合计应缴纳所得税：

7 200+15 600＝22 800（美元）

税务管理的一个基本原则是可比性和独立交易，在税务机关认定其相关业务不具有可比性或者不符合独立交易原则的情况下，税务机关一般会对其相关业务进行"核定征收"，其中确定"组成计税价格"这是税务机关实施管理的一种方法。在本案例中，"组成计税价格"这是一个参照标的。

实际上，美国奥利特公司只收取了6万美元的转让费，其税收负担变为：

奥利特公司应纳所得税：

60 000×15％＝9 000（美元）

亚联公司应纳所得税为：

（100 000-60 000）×30％＝12 000（美元）

奥利特公司、亚联公司共纳税额：

9 000+12 000＝21 000（美元）

策划结论：

母子公司利用美、中两国税收负担不同，专利权转让又无市场可比价格，通过关联企业交易少纳税1 800美元。

策划点评：

目前，我国一些企业已具备一定的国际竞争力，其商品和劳务走向世界各地，同时，越来越多的企业开始对外直接投资，涌现出了一批具有中国背景的跨国公司。我国这些跨国公司要在国际上站稳脚跟，既要注重市场调研，发现国际市场薄弱环节，勇于创新，开发新产品；又要注意各国的税收差异，积极进行国际税收策划，降低成本。在大型跨国公司普遍进入全球战略性策划阶段后，如果我国跨国公司不开展国际税收策划，就会处于非常不利的境地。目前，各国税收制度差异较大，为跨国公司提供了广阔的税收策划空间。

开展国际税收策划有三个目标：一是使跨国公司总体税负最小化。在不违背税法的前提下，尽可能地减轻税负；二是使跨国公司总体上纳税时间最迟化。因为资金有时间价值，跨国公司总是在不停地寻找新的商机，保证资金的充裕尤为重要；三是使总部所在地税收最大化。对于有中国背景的跨国公司而言，就是要在跨国公司少纳税的基础上，尽可能多地将税收缴给中国。

国际税收策划与国内税收策划有所不同，因为国内税收法律之间的协调一致性，要远远高过国际税收法律的协调一致性。国际税收策划最明显的特点是利用不同国家间税法的差异进行策划。

转让定价是国际税收策划中最常见的方法。国际转让定价，指跨国公司通过所属各成员公司或项目单位，在不同国家互相转换商品的定价。其主要特点是：（1）至少涉及两个不同国家之间纳税主体的价格转让，因为税收国别差异必然影响价格转让双方各自不同的税收负担；（2）同一企业内部单位之间的价格转让。从企业全球战略出发，价格转让双方的战略目标在根本上是一致的，便于协调；（3）属于跨国公司关联方交易，具有很强的隐蔽性和灵活性。

各国之间企业所得税税率并不一致，甚至差别很大，利用国际转让定价进行国际税收策划，对于提高跨国公司利润，增加企业运营资金有着积极的作用。国际转让定价的基本规律是：凡跨国公司各成员单位从低税率国家向高税率国家转移时，应采用高价战略；从高税率国家向低税率国家转移时，应采用低价战略。把关税纳入考虑范畴，当跨国公司各成员单位的商品从低税率国家向高税率国家转移时，若采用高价战略所带来的所得税费用减少额足以抵消关税额时，仍应采用高价战略，否则应采用低价战略；当跨国公司各成员单位的商品自高税率国家向低税率国家转移时，若采用低价战略所带来的所得税费用减少额足以弥补关税额时，仍应采用低价战略，否则应采用高价战略。

虽然国际转让定价是普遍现象，但目前已成为各国税务当局的重点防范对象，各国税务当局也在强化税收情报交换等国际税收征管的合作，国际转让定价面临很大挑战。有中国背景的跨国公司刚刚涉足这个领域时，更应该强化研究，谨慎策划，否则也会面临很大的风险。

【妙计提要】

关联企业联动做，专业经营是举措；内部交易控价格，合理区间利益多。

【本计内容】

转让定价（Transfer Pricing）指关联企业之间在销售货物、提供劳务、转让无形资产等时制定的价格。在跨国经济活动中，利用关联企业之间的转让定价进行节税已成为一种常见的税收逃避方法，其一般做法是：高税国企业向其低税国关联企业销售货物、提供劳务、转让无形资产时制定低价；低税国企业向其高税国关联企业销售货物、提供劳务、转让无形资产时制定高价。这样，利润就从高税国转移到低税国，从而达到最大限度减轻其税负的目的。

我国已经形成一整套转让定价管理体系。转让定价管理指税务机关按照所得税法第六章和征管法第三十六条的有关规定，对企业与其关联方之间的业务往来是否符合独立交易原则进行审核评估和调查调整等工作的总称。转让定价包括让渡财产、权利、利益等的对价，包括有形资产、无形资产、劳务、融资等四大类交易。转让定价理论是关联方之间比较容易扭曲"对价"，把应税利润人为地转移到低税率国家／地区。因此各国税务当局为避免该行为的发生而建立"转让定价税制"。在当今世界经济一体化的大潮中，跨国公司或集团公司内部的交易对于企业的整体运营发挥的作用日益重要，而公司集团内部交易的定价问题，无论对于企业还是税务机关都是转让定价研究的核心内容。《特别纳税调整实施办法》（以下简称《办法》）第四章就转让定价方法的重要性及其选择做出了明确规定。

2012年初，国家税务总局陆续颁布了有关转让定价方面的新法规，其中主要包括：《特别纳税调整内部工作规程（试行）》（以下简称"国税发13号文件"）以及《特别纳税调整重要案件会审工作规程（试行）》（以下简称"国税发 16 号文件"）。这两个文件（以下亦称"转让定价新规程"或"新规程"）的出台在进一步推进中国转让定价与反避税管理工作的同时，也给了企业日常税务管理工作一些启示。

国税发 13 号文件主要明确了现有转让定价法规的原则性规定，同时对内部管理做了进一步的统一。国税发 13 号文件要求各地税务机关建立特别纳税调整案源筛选工作机制，加强关联申报审核，定期实施检查，对特别纳税调整工作实施集中统一管理。在调查过程中，主管税务机关可要求异地的可比企业或关联方提供相应资料，也可以于批准后，在全国范围收集关联方或可比公司的信息，实现充分的情报交换。此外，国税发 13 号文件对单边预约定价安排做了进一步说明，规定单边预约定价安排由主管税务机关组织谈签；涉及两个以上省税务机关的单边预约定价安排，由税务总局统一受理并签订安排。

国税发 16 号文件是针对重大案件的确定及审核程序的专门规定。根据国税发 16 号文件，重大案件包括：注册资本达到一定水平以上、且调查年度年均主营业务收入在一定标准以上的案件；全国行业联查或集团联查的案件；其他由税务局确定的案件。特别纳税调整重大案件报请税务总局会审小组进行会审工作，一案一会。会审小组成员意见实行投票制度。

转让定价是一个老生常谈的话题，也是税务机关十分敏感的话题。在一般人看来，商品或者产品的价格确认是企业或者其他经营者自己的事情，为什么税务机关会十分重视呢？原因是不同区域存在政策差异，可能导致税收流失。

如果同一个投资人在不同税收负担水平的两个地方都设立了经营性企业，如果同一个投资人设立的两个企业享受不同的税收待遇，该投资人就可能在这些企业之间通过转让定价的方式转移利益，从而影响到税收。为了防止纳税人故意通过转让定价的方式节税，多数国家的税务主管机关往往都会采取相应的措施，如我国税法里就有"价格明显偏低，且无正当的理由，税务机关有权依法核定"的规定。

从税务管理的角度来讲，转让定价是一个特指概念，通常是在关联企业之间发生。换一句话说，通常在关联企业之间发生的交易可能会受到税务机关的关注。但是，实际操作上，我们可以利用交易过程进行更广泛的操作……于是，这就给纳税人提供了一个博弈税收利益的机会。

如何利用交易环节进行涉税策划？怎样逃过税务机关"转让定价"认定？什么是正当的理由？所有这些都是本计操作人需要思考的问题。

【案例注释】

如果说税收策划是一门技术性和艺术性相结合的学科，那么，在转让定价的操作上就有较好的体现。但是，从上述计策的内容上看，读者可能还是感觉难以理解。因此，这里我们结合实际案例对有关计策的操作原理做一个简要分析和解释。

各国税率有差异　转让定价存空隙

在国际之间策划税收，大家都来得比较直接：避税！尽管"避税"这个词在国内有些场所不愿意让大家听到或者看到，但是，它作为一个经济现象客观存在。特别是在国际进行投资或者从事其他经营性经济活动，国际税收差异客观存在，作为当事人你能不关注吗？

企业案例：

竣利峰跨国公司的总部设在美国，并在英国、法国、中国分别设立了竣祥公司、竣和公司、竣盈公司三家子公司，其中竣祥公司主要从事货物的经销、竣和公司主要从事服装的生产和加工、竣盈公司主要从事货物的经销三家子公司。

竣利峰跨国公司的营运主管准备操作一笔某国际品牌的服装经营业务。该单业务的数量为1.5万件，需要相应的布料1 000匹。

各国税率水平分别为：英国50%，法国60%，中国30%。

对于上述业务应当如何操作才能尽可能地节税呢？

策划分析：

由于该企业集团所属的子公司处于三个国家，而且该笔业务也在三个子公司之间进行，这里就存在较大的策划机会和空间。

竣利峰跨国公司为节省一定税收，专门聘请的税收策划专家来进行了运筹。咨询专家提出如下两个操作方案。

方案一：布料按正常价格操作。

（1）处于英国的竣祥公司为在法国的竣和公司提供布料1 000匹，按英国（竣祥公司所在国）的正常市场价格，成本为每匹2 600元，准备以每匹3 000元的价格出售给竣和公司。

（2）由竣和公司加工成服装后转售给设在中国的竣盈公司，竣和公司利润率20%。

方案二：布料按策划价格操作。

采取了由竣祥公司以每匹布2 800元的价格卖给中国的竣盈公司，再由竣盈公司以每匹3 400元的价格转售给法国的竣和公司，再由法国竣和公司按价格3 600元在该国市场出售。

业务分析：

我们来分析这样做对各国税收负担的影响。

1. 布料按正常价格交易情况下的税收负担

竣祥公司应纳所得税为：

（3 000－2 600）×1 000×50%＝200 000（元）

竣和公司应纳所得税为：

3 000×20%×1 000×60%＝360 000（元）

则对此项交易，竣利峰跨国公司应纳所得税额合计为：

200 000+360 000＝560 000（元）

2. 布料按策划价格交易情况下的税收负担

竣祥公司应纳所得税为：

（2 800－2 600）×1 000×50% ＝ 100 000（元）

竣和公司应纳所得税为：

（3 600 000－3 400 000）×60% ＝ 120 000（元）

竣盈公司应纳所得税为：

（3 400－2 800）×1 000×30% ＝ 180 000（元）

则竣利峰跨国公司应纳所得税额合计为：

100 000＋120 000＋180 000 ＝ 400 000（元）

比正常交易节约税收支付：

560 000－400 000 ＝ 160 000（元）

操作点评：

国际间的情况十分复杂，这就给从事跨国经营的纳税人提供了策划的机会。竣利峰跨国公司避税行为的发生，主要是由于英、法、中三国税收负担差异的存在，给纳税人利用转让定价转移税收负担提供了前提。

国际税收策划与国内税收策划有所不同，因为国内税收法律之间的协调一致性，要远远高过国际税收法律的协调一致性。国际税收策划最明显的特点是利用不同国家间税法的差异进行策划。

转让定价是国际税收策划中最常见的方法。国际转让定价，指跨国公司通过所属各成员公司或项目单位，在不同国家互相转换商品的定价。其主要特点是：（1）至少涉及两个不同国家之间纳税主体的价格转让，因为税收国别差异必然影响价格转让双方各自不同的税收负担；（2）同一企业内部单位之间的价格转让。从企业全球战略出发，价格转让双方的战略目标在根本上是一致的，便于协调；（3）属于跨国公司关联方交易，具有很强的隐蔽性和灵活性。

各国之间企业所得税税率并不一致，甚至差别很大，利用国际转让定价进行国际税收策划，对于提高跨国公司利润，增加企业运营资金有着积极的作用。国际转让定价的基本规律是：凡跨国公司各成员单位从低税率国家向高税率国家转移时，应采用高价战略；从高税率国家向低税率国家转移时，应采用低价战略。把关税纳入考虑范畴，当跨国公司各成员单位的商品从低税率国家向高税率国家转移时，若采用高价战略所带来的所得税费用减少额足以抵消关税额时，仍应采用高价战略，否则应采用低价战略；当跨国公司各成员单位的商品自高税率国家向低税率国家转移时，若采用低价战略所带来的所得税费用减少额足以弥补关税额时，仍应采用低价战略，否则应采用高价战略。

盛里达跨国公司避税行为的发生，主要是由于英、法、中三国税收负担差异的存在，给纳税人利用转让定价转移税收负担提供了前提。不过我们也应当看到，虽然国际转让定价是普遍现象，但目前已成为各国税务当局的重点防范对象，各国税务当局也在强化税收情报交换等国际税收征管的合作。现在全球现已有一百多个国家和区域参加了 CRS 的税务信息交流，依照 CRS 规则，我国个人及其操控的公司，在参加国或区域开设的银行账户信息，将会主动呈报于我国税务机关，与此同时，其他参加国或区域也将主动收到由我国供给的信息。我国展开世界税收征管帮忙的规模将由本来的以所得税为主，扩大到税务机关征收的一切税种。

2017 年 1 月份开始，国内一切个人账户和公司账户都要归入查询范围，特别是金融账户加总余额超越 100 万美元的存量个人高净值账户，在 2018 年的 12 月 31 日前，完成对存量个人低净值账户和全部存量组织账户的尽职查询。有关后续信息报送的详细时间和要求，国家税务总局将会同金融主管部门另行制定非居民金融账户涉税信息报送方法。由此可见，国际转让定价面临很大挑战。有中国背景的跨国公司刚刚涉足这个领域时，更应该强化研究，谨慎策划，否则也会面临很大的风险。

地点转移税不同　货物过境需策划

就一般情况而言，企业往往先进行跨国的货物流通，在打开国际市场以后，再视情况考虑生产经营规模的进一步扩大，即举办跨国公司，进行全球的投资策略。而在进行跨国交易的过程中，首先遇到的就是关税问题。近来，人们对关税的关心程度明显地提高了，自我国和日本就相互进口部分商品发生贸易纠纷以来，关税成了人们普遍谈论的话题。那么，怎样进行关税策划？

企业案例：

将全球的大市场作为"一盘棋"考虑做生意，是跨国公司经营的一般思路。特锐汽车公司是一家大型跨国公司，由于经营策略得当，该公司生产的汽车在世界汽车市场上已经占有一席之地。随着市场的进一步拓展，跨国税收策划也就成了该公司财务部门的日常活动了。

根据公司市场部提供的信息，A 国最近几年经济有了长足的发展，人们的物质文化生活水平有了很大的提高，而对汽车的需求也越来越大，因此，有着巨大的市场潜力。2018 年 8 月，该公司董事会决定打入 A 国市场，在 A 国境内有所作为。据了解 A 国的关税税则规定，汽车整车进口关税的税率为 50%，汽车零配件进口关税的税率为 18%。为了在打开市场的同时又能享受低税收待遇，特锐公司请来税务咨询专家为其出谋划策。

业务梳理：

上海普誉财务咨询有限公司的税务专家认为，关税负担的高低与单位定税价格有很大的关系，进出口价格越高，应该缴纳的关税就越多；价格越低，应该缴纳的关税就越少。根据有关关税法律规定，关税的计算公式如下：

应纳税额＝进（出）口应税货物数量 × 单位定税价格 × 适用税率

企业经营的目的就是要获得利润，任何一个企业在进出口贸易时，都不会愿意压低价格向其他企业销售货物，因为这就将自己的利润无偿地送给了他人。怎才能做到既压低了进出口的货物，又不至于将商业利润流入他人的腰包呢？一个简单的方法就是自己与自己做生意。

为配合价格下调节省关税的策划，有关企业的通常做法就是在相应国家设立自己的子公司，进行国际间的转让定价的策划。因此，大多数企业在对关税进行策划时，一般采用的办法就是压低进出口价格。

策划思路：

经过反复的论证，税务专家初步拟定了两套方案。

方案一：在A国设立一家销售企业作为特锐汽车公司的子公司，通过国际间转让定价，压低汽车进口的价格，从而节省关税，这样使得A国境内子公司利润增大，以便于扩大规模，占领A国汽车市场。

方案二：在A国境内设立一家总装配公司作为子公司，通过国际间转让定价，压低汽车零部件的进口价格，从而节省关税。这样也可以使得A国境内子公司利润增大，以便更好地占领A国汽车市场。

策划分析：

从特锐公司的策划方案来分析，哪一个方案更好呢？

从大的动作思路来看，两者没有本质的区别，但是，如果对两个方案做具体的分析，我们就可以发现两个方案的具体操作对象有所不同，其政策风险也不一样。

对于第一种方案，企业可以利用转让定价进行税收策划，从而实现关税的降低。尤其是A国正处于快速发展阶段，大力吸收外国资本，所以他们采取多种政策吸引外资，其中包括税收优惠，而在国内则实行区域性判别税率，沿海地带优惠较多，利润从高税国家转到低税国家可以节省税款。

但是，该国也与其他国家一样，对跨国公司通过转让定价有着严密的防范措施。而汽车市场的价格信息比较透明，A国很容易获得与汽车销售相关的信息，并根据国际惯例对超出范围的转让定价行为依法进行纳税调整，从而导致公司的税收策划的计划失败。

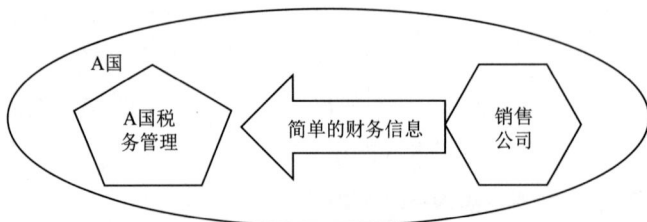

对于第二种方案，公司的目的也可以得到第一种方案所说的好处，但是操作起来更隐蔽，A国对转让定价的防范的难度更大。这是因为：其一，由于零部件的进口关税比成品汽车的税率要低很多，较低的关税税率可以帮助企业节省不少税款。A国汽车整车进口关税的税率为50%，汽车零配件进口关税的税率为18%，即使公司不进行转让定价的税收策划，也能得到32%的好处。其二，由于零部件的价格市场可比性不大，进行转让定价策划更加容易实现，从而可以大大提高策划的经济效果。其三，可以获得税收以外的其他好处。比如A国的劳动力价格较低，可以进一步降低公司产品的制造成本；节约运费，进一步降低经营成本；离消费市场比较近，可以及时进行信息反馈，及时调整产品结构。

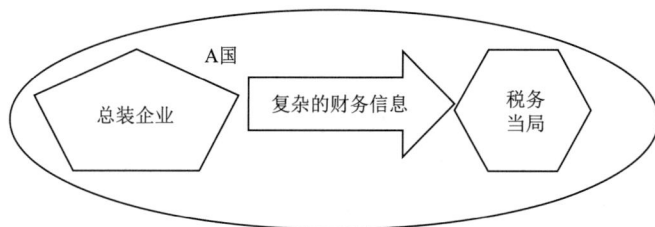

策划结论：

经过反复论证，特锐汽车公司董事会发现第二套方案更加优越，于是决定采纳。

策划点评：

关税是货物在海关报关进口时征收的一种税。进口货物以海关审定的成交价格为基础的到岸价格作为完税价格，关税策划应根据关税的性质和特点来进行。成功的关税策划，首先必须对相关国家的关税条例、进出口税则等有关关税的法规有充分的了解，在此基础上，特别注意相关国家间的有关关税的协定，应用好关税的优惠政策。比如我国对日本三种产品加征特别关税后，许多汽车进口商很快就转向从欧美进口汽车，可以简单地避免高关税。当然，对优惠政策的利用不会总如此简单。关税的策划还涉及我国出口商品的企业，利用好各种优惠政策，确定最佳出口方式和进口国，可以有效地避开进口国的高关税。

其一，报关价格的策划。

在经济交往和国际协作日益密切的今天，有 134 个成员参加的关税贸易协定可以看作海关进出口税则的国际基本准则。目前，各国自主订立的海关进出口税则分类型目录逐步被《海关合作理事会分类目录》所取代，包括我国在内，世界上已有 150 多个国家和地区以这一目录为基础制定了各自的海关税则。该分类目录为 21 大类，99 章，1 011 个税目。由于税目规定十分明细，税率的适用对象十分具体，应征关税的商品，转换税目以高报低的现象不大容易发生。

但是关税完税价格确定的依据和方法各国目前并不一致，这就为人们策划关税提供了切入点。

目前，所有经济发达国家和相当一部分发展中国家和地区实施《新作价法规》，即以进口商品的"成交价格"作为海关作价的依据。但至少还有六七十个国家仍实施《布鲁塞尔估价定义》（BDV），即以"正常价格"作为海关作价依据。"正常价格"指的是在进口国立法确定的某一时间和地点，在正常贸易过程中有充分竞争的条件下，该种货物的价格，而不一定是实际买卖合同的价格。我国目前实施的是后一种，不过在海关估价实务中也兼用了前一种中的很多做法。二者相比，前一种定价法有利于自由贸易，而后一种更强调海关审定价格的作用，有利于关税征管。

不管是采用哪一种估价规则，都会遇到许多不确定因素，从而使关税体现出一定的弹性，给纳税人从事关税策划提供了接口。此外关税优惠也是纳税人进行策划的重点。例如，世界上几百个经济性特区对关税的课征一般都实施大同小异的优惠待遇。

我们知道，在税率固定的情况下，进出口货物完税价格的情况，直接关系到纳税人关税负担的多少。如果进出口货物在规定许可的范围内，能够制定或获取较低的完税价格，这显然可以达到节约税收成本的目的。

进口货物以海关审定的正常到岸价格为完税价格，出口货物以海关审定的正常离岸价格扣除出口税为完税价格，到岸价格和离岸价格不能确定时，完税价格由海关估定。海关按以下次序对完税价格进行估定：相同货物成交价格法、类似货物成交价格法、国际市场价格法、国内市场倒扣法。如上述方法都不能确定，则海关用其他合理方法估定完税价格。

从上述规定中可以看出，利用完税价格进行关税策划的关键在于怎样充分运用海关估定完税价格的有关规定。

我国规定，进口货物以海关审定的成交价格为基础的到岸价格为完税价格。到岸价格包括货物，加上货物运抵我国海关境内输入地点起卸前的包装费、运费、保险费和其他劳务费等费用。在税率确定的情况下，完税价格的高低就决定了关税的轻重。而且在许多情况下，完税价格的高低还会影响关税的税率。所以，关税策划的最基本的切入点就是合理控制完税价格。如果进口的商品属于一种新商品，那么完税价格的多少企业就有很大发言权；有时企业可以把货物价格交由海关估定，可能会产生意外的惊喜。

这里的新商品指的是目前市场上还没有或很少出现的产品，如高新技术、特种资源、新产品。由于这些产品进口没有确定的市场价格，而且其预期市场价格一般要远远高于市场上类似产品的价格，这就为进口完税价格的申报留下了较大的空间。

例如，有一家国外企业开发出了一种高新技术产品，这种新产品刚刚走出实验室，其确切的市场价格尚未形成，但开发商已确认其未来的市场价格将远远高于目前市场上的类似产品。因而，开发商预计此种产品进口到中国国内市场上的售价将达到200万美元，而其类似产品的市场价格仅为120万美元。

这样，当开发商到海关申报进口时，可以100万美元申报。因为这是一种刚刚研制开发出来的新产品，当海关工作人员认为其完税价格为100万美元合理时，即可征税放行；当海关认为不合理时，就会对这种进口新产品的完税价格进行估定，因为市场上目前还没有同样产品，海关将会按类似货物成交价格法进行估价，这样，该新产品的完税价格最多也只能被估定为120万美元。总之，无论如何，开发商都能将这种产品的进口完税价格降低80万美元~100万美元。

其二，利用地点的变换策划。

很多企业已认识到，在激烈的国际贸易竞争中，国与国之间采取高关税措施限制对方产品进口的事会经常发生。在贸易纠纷中，最直接的受害者无疑是从事这些产品生产、销售的企业。那么，有没有办法避免、至少是降低这种贸易争端给企业带来的损失呢？我们先看下面一则消息。

日本商用空调最大生产厂家——大金工业日前宣布，从2001年10月份开始，将把在中国销售的楼房用大型商用空调由出口改为在中国生产，以此来应对中国对空调进口加征100%特别关税的措施。

大金工业准备在中国生产的是由一台室外机带几台室内机的大型机种。目前，大金工业在上海工厂生产的产品主要是面向店铺及办公室的小型机种。为实施该战略，大金工业将投入数亿日元引进大型机种的生产设备。

毫无疑问，如果大金工业的战略得以顺利实施，将彻底避免承担关税和特别关税的税负。大金工业的这种行为，就主要是应对特别关税而采取的投资决策，属于典型的关税策划。主要思路是根据关税的性质和纳税环节，由原来在日本生产后再出口到中国，改为在中国直接生产、销售，从而彻底避免了缴纳关税。有关人士指出，该公司的行为只是众多涉及进口关税的企业进行税收策划的明显一例。实际上，开展关税策划的企业很多，既包括外国企业，也包括中国企业，采取的策划方法也多种多样，该公司采取的方法可能是最有效也是最困难的方法，因为其涉及投资战略的转变，耗费物力、财力和时间较多，不是任何企业都可以采用的方法。

对有关关税法规中原产地的规定的研究，你会惊喜地发现。目前许多跨国公司在全球不同国家设立了分支机构，这些机构在某种商品的生产过程中承担了一定的角色，可以说，成品是用在不同国家生产的零部件组装起来的，但最后组装成最终产品的地点就非常重要，一般应选择在同进口国家征收特别关税的国家和地区。比如，某国对从我国进口的电视机征收特别关税或采取进口限制措施的话，我们可以把在不同地区生产的零部件运到其他国家组装成整机，再向该国出口，从而可以避开高额关税。当然，前提是我国的电视机生产厂家在海外设有分支机构。

我国也有类似的情况。中国进口税率分为普通税率和优惠税率两种，对于原产地未与中国签订关税互惠协议的国家和地区的进口货物，按普通税率征税；对于原产地与中国签订了关税互惠协议的国家或地区的进口货物，按优惠税率征税。海关对进口货物原产地按全部产地标准和实质性加工标准两种方法来确定。

以征收高额关税的汽车为例。

有一家跨国经营的汽车生产厂商，由多个设在不同国家和地区的子公司提供零配件，并且其销售业务已遍布全球。中国内地日益扩大的汽车需求，促使这家汽车厂商准备开拓中国市场。进入中国市场显然不得不面对高额的汽车进口关税，为降低成本，这家汽车厂商怎样避免普通税率的重负，取得优惠税率的护身符？

由于这家厂商是一家由多个不同国家和地区的子公司提供零配件的跨国经营企业，因而全部产地标准显然不适用。实际上，在应用优惠政策进行关税策划的时候，全部产地标准一般都没有很大的实际应用意义，因为其定义——"对于完全在一个国家内生产或制造的进口货物"刚性较强，灵活拓展的余地较小。

对于实际性加工标准，则有进行关税策划的可能。实质性加工标准有两个条件，满足其中一项标准即可。

第一个条件是"经过几个国家加工、制造的进口货物，以最后一个对货物进行经济上可以视为实质性加工的国家作为该货物的原产国。"这里所说的"实质性加工"，指加工后的进口货物在进出口税则中的税目税率发生了改变。如果这家汽车生产商在新加坡、菲律宾、马来西亚都设有供应零配件的子公司，那么其将制造汽车新产品整体形象的最终装配厂设在哪里呢？首先要选择那些与中国签有关税互惠协议的国家或地区作为所在地，排除那些没有签订协议的国家和地区；

其次，要综合考虑从装配国到中国口岸的运输条件、装配国的汽车产品进口关税和出口关税等因素；最后，还要考虑装配国的政治经济形象、外汇管制情况和出口配额控制情况等。在综合考虑上述因素的基础上，最后做出一个最优惠选择。

第二个条件是"加工增值部分所占新产品总值的比例已经超过 30% 以上的"，可视为实质性加工。如果这家厂商已经在一个未与中国签订关税互惠协议的国家或地区建立了装配厂，要改变厂址无疑需要付出较多的成本。那么这家厂商可以将原装配厂作为汽车的半成品生产厂家，再在已选定的国家和地区建立一家最终装配厂，只要使最终装配的增值部分占到汽车总价格的 30% 以上，生产出来的汽车即可享受优惠税率。假如最终装配的增值部分没有达到所要求的 30%，则可以采取转让定价的方法，降低原装配厂生产半成品汽车的价格，减少半成品的增值比例，争取使最终装配的增值比例达到或超过 30%。

总之，根据实际情况进行测算、比较，选择最经济的国家和地区作为进口汽车的原产地，这家厂商就会通过享受优惠税率而获得较大的相对收益。

关税策划是一个非常复杂的过程，需要很高专业知识，随着我国加入 WTO，需要进行策划的业务会越来越多，因此企业有必要进行研究，有关中介机构也应该积极开展这方面的业务。

其三，利用有关法则策划。

纳税人如果对现行的海关法、进出口条例和其他有关的海关法律法规进行深入细致的研究，就可以发现其中有很多对完税价格的规定可以用来进行关税策划。

例如，我国《进出口关税条例》第十五条规定：进出口货物的收货人，或者他们的代理人，在向海关递交进出口货物的报关单证时，应当交验载明货物真实价格、运费、保险费和其他费用的发票（如有厂家发票应附着在内）、包装清单和其他有关单证。

而第十七条又指出：进出口货物的发货人和收货人或者他们的代理人，在递交进出口货物报关单时，未交验第十五条规定的各项单证的，应当按照海关估定的完税价格完税，事后补交单证的，税款不予调整。

认真研究上述两条规定，我们可以发现，第十七条规定中的"未"就给我们留下了进行税收策划的机会。也就是说，进出口商可以将其所有的单证全部交给海关进行查验，也可以不交验第十五条所指的有关单证（当然这里不是指对有关账簿数字的隐瞒、涂改等），这时，海关将对进出口货物的完税价格进行估定。

如果一家进口商将进口某种商品，其实际上应申报的完税价格要高于同类产品的市场价格，它可以根据实际情况在法律许可的范围内少报或不报部分单证，以求海关估定较低的完税价格，从而减轻关税税负。

经营结果有红利　经销差价来作抵

在国际进行避税策划的基本方式就是转让定价，但是，有的时候也可以将有关策略做得更隐蔽，或者绕一个弯儿……当然，任何一个从事国际经营的公司，只要计划周密，都有可能进行避税。

企业案例：

英国的思奇公司在中国和日本有桃园、杏园两家子公司。桃园公司当年盈利 6 000 万元；杏园公司当年盈利 4 000 万元。

对于桃园和杏园两家子公司来说，年底应当向英国的思奇公司支付红利。但是，如果支付红利，则两家子公司就应当在当地缴纳红利的预提所得税。试问：应当如何操作，才能够规避相应的税收负担？

业务分析：

由于英国的思奇公司与两家子公司都存在正常的贸易业务，因此，就给这些企业之间进行规避税收提供隐蔽的工具。对于三个企业之间的业务，可以通过两个操作方案进行：一是按约定支付股息；二是通过货物贸易转让转移利润。

策划方案：

方案一：按约定支付股息。

我们假设桃园公司按 5% 的利率计算并支付股息（红利），年终应向思奇公司支付股息：

6 000×5% ＝ 300（万元）

杏园公司按 4% 的利率计算并支付股息（红利），年终应向思奇公司支付股息：

4 000×4% ＝ 160（万元）

方案二：通过货物贸易转让转移利润。我们假设中国、日本两国政府规定对汇出本国的股息征收 20% 的预提所得税。为逃避这部分税收，桃园公司、杏园公司将市场价值 800 万元和 400 万元的商品分别以 500 万元、240 万元卖给了思奇公司，以代替股息支付。

涉税分析：

我们来分析这样做的避税效应。

1. 正常支付股利时的税收负担

桃园公司应纳预提税税额为：

300×20% ＝ 60（万元）

杏园公司应纳预提税税额为：

160×20% ＝ 32（万元）

共应纳预提税税额为：

60+32 ＝ 92（万元）

2. 以商品代替股息支付时的税收负担

桃园、杏园公司将商品以低价售给思奇公司，思奇公司从中获得与股息等值的回报，桃园、杏园公司因支付方式改变，且无盈利，既可避免所得税，又不必纳预提税。

操作点评：

本案例通过商品支付代替利润支付，将利润以隐蔽的方式转移到目的地，跟转让定价有异曲同工之妙。最近笔者就遇到这样一个案例。

合同值千金　签订需用心

【妙计提要】

生产经营开发票，信息汇总不会少；如果票款不一致，巧签合同风险消。

【本计内容】

投资人的投资活动，从投资活动开始到收回投资，其间存在一个过程，这个过程又可以划分成若干环节，如在企业设立的时候有投资地点、行业选择，企业规模、经营方式的安排等；而企业正常经营则有原材料的采购、生产、销售等环节等。这些环节的每一步都涉及税收问题。以下是一个常见的例子：企业用现金购买原材料，按照职能分工是由企业的采购人员来完成的。当货物入库以后，采购人员将购货发票交给法人代表签字后，通知会计人员入账。会计凭签字后的发票和货物入库单入账，申报抵扣购进原材料的增值税。但是五个月以后，税务机关查实该笔采购业务所取得的发票不符合税法规定，属于偷税行为，企业补缴税款后还受到税务机关的处罚。

如果要对刚才的采购业务进行分析，企业补税罚款的问题在哪里？责任应当由谁来承担？在现实生活中，多数老板往往会将责任落实到财务人员头上，认为财务人员没有为他解决税收问题。但是，事实上问题出在采购人员那里！通过对发生问题的关键环节进行排查，才发现原来是采购合同存在缺陷。

纳税人如果要将材料采购的涉税风险问题解决，当然应当从采购环节开始！如果将投资和生产经营的全过程展开分析，人们就不难发现，纳税义务的发生和实现，80%以上不在会计和财务环节，具体操作则是在各种业务合同上！因此，我们同样也可以得出这样的结论：税收策划和规避涉税风险的重点应当在投资、生产和经营等业务流程方面，应当在各种业务合同上花功夫。通过实践我们也可以发现，有些涉税事项通过会计人员来处理，属于偷税；而通过前面生产或者经营环节的业务模式和流程来处理（其操作节点就是在合同上），则属于税收策划。

在法制社会里从事经济活动离不开合同。

合同，也就是协议，是作为平等主体的自然人、法人、其他组织之间设立、变更、终止民事权利义务的约定、合意。合同作为一种民事法律行为，是当事人协商一致的产物，是两个以上法律地位平等的当事人意思表示相一致的协议。只有当事人所做出的意思表示合法，合同才具有法律约束力。依法成立的合同从成立之日起生效，具有法律约束力。合同作为一种法律概念，有广义与狭义之分，这里所说的合同指受《民法典》第三篇《合同》规定所规范的合同，具有如下法律特征：一是合同是两个以上法律地位平等的当事人意思表示一致的协议；二是合同以产生、变更或终止债权债务关系为目的；三是合同是一种民事法律行为。

一切经济活动离不开合同，而如果从税收的角度讲，可以这样说，所有的经济合同都与税收有关，各种经济合同是产生税收的基础。从经济活动的流程角度来分析，一切经济业务都是从签署合同开始，因此可以说，合同决定着当事人的涉税风险和税收利益。因为税收政策和有关经营活动是客观的，而如何通过业务合同搭建经营模式和业务流程却是主观的。无论是投资人、自由执业者、打工仔，还是消费者，都应当学一点合同上的税收知识，掌握一点签署合同的操作技巧，从而争取税收利益的最大化。

在实务过程中，有些经营者也可能存在因为该签署合同的而未签合同，或者合同签署不当造成涉税风险的。这里仅以取得第三方发票为例，来说明如果业务合同签署得当，未必就存在涉税风险。

【案例注释】

规避涉税风险需要从签署合同开始，税收策划也是需要从签署业务合同开始，这是笔者一直秉持的观点。这样说读者可能感觉比较抽象而一时难以理解。因此，这里我们结合实际案例对有关计策的操作原理做一个简要分析和解释。

公路客运算公益　简易计税有风险

进行税收策划不仅需要全面了解相关业务的背景、业务操作环境，还需要全面而完整地掌握与相关业务有关的税收政策和其他经济法律和法规，此外，还需要策划人能够将上述两个方面有机地结合起来，而这个结合则是通过业务合同来反映的。否则，就容易导致所操作的事项出现涉税风险。

企业案例：

最近，咨询专家庄老师到老朋友神马运输有限公司的董事长王鹏飞那里做客，大约有两年未见面了，大家谈得很多。在交谈过程中，董事长王鹏飞拿出两份合同，然后诉苦道："时下又到了承包合同签署期了，但是，司机不愿意承担税收……"

说到税收问题，庄老师本来就有一个缺点——三句话不离本行，他也不知不觉地要关心一下老朋友的税收事宜（这样往往会被误解成要谈生意，从而带来不必要的尴尬）。但是，说到公司的税收问题时董事长说道："我们单位简单，实行的简易征收。"说完还回敬一句："这个不也是你的主意吗？"

但是，就是这句话让咨询专家吃惊不小！

虽然双方都关心税收问题，但是，各方关心的焦点不一样。董事长关心签署承包合同的税收转嫁问题，而庄老师则是由合同签署话题引出公司的税收问题。显然，庄老师的视角更值得我们来讨论：政策条件已经发生了变化，该公司怎么还用原来的策划方法操作呢？

策划分析：

庄老师是 2017 年底到该公司的，神马运输有限公司是一家公路客运企业，为增值税一般纳税人，预计 2017 年含税客运收入为 3 000 万元，进项税为 200 万元。在原来的税收政策环境里，神马运输有限公司应当采用简易征收方法。具体试算情况如下。

其一，按一般方法计税。

作为增值税一般纳税人的神马运输有限公司，当期所取得的增值税进项税为 200 万元可以抵扣。因此，该公司当期应当缴纳增值税总额为：

$3\,000 \div 1.11 \times 11\% - 200 = 97.30$（万元）

其二，按简易方法计税。

现行税法规定，作为增值税一般纳税人的神马运输有限公司，一般纳税人发生财政部和国家税务总局规定的特定应税行为，可以选择适用简易计税方法计税。税法规定公共交通运输服务，包括轮客渡、公交客运、地铁、城市轻轨、出租车、长途客运、班车可以选择适用简易计税方法计税。因此，神马运输有限公司的客运业务在选择适用简易计税方法的条件下，应当缴纳增值税：

$3\,000 \div 1.03 \times 3\% = 87.38$（万元）

对两个纳税方案进行比较：

$97.30 - 87.38 = 9.92$（万元）

策划结论：

神马运输有限公司的客运业务在选择适用简易计税方法比采用一般计税方式少缴税 9.92 万元。

深入分析：

但是，现在的政策环境发生了变化，如果仍然采用简易征收方法可能就不划算啦！仍然以神马运输有限公司的数据做分析。神马运输有限公司作为公路客运企业，增值税一般纳税人，预计 2020 年含税客运收入为 3 000 万元，进项税为 200 万元。在这样的情况下，怎么还用那种方法呢？

其一，按一般方法计税。

作为增值税一般纳税人的神马运输有限公司，当期所取得的增值税进项税为 200 万元可以抵扣。因此，该公司当期应当缴纳增值税总额为：

$3\,000 \div 1.09 \times 9\% - 200 = 47.71$（万元）

其二，按简易方法计税。

现行税法规定，作为增值税一般纳税人的神马运输有限公司，一般纳税人发生财政部和国家税务总局规定的特定应税行为，可以选择适用简易计税方法计税。税法规定公共交通运输服务，包括轮客渡、公交客运、地铁、城市轻轨、出租车、长途客运、班车可以选择适用简易计税方法计税。因此，神马运输有限公司的客运业务在选择适用简易计税方法的条件下，应当缴纳增值税为：

3 000÷1.03×3% ＝ 87.38（万元）

对两个纳税方案进行比较：

87.38-47.71 ＝ 39.67（万元）

策划结论：

政策已经发生了变化，但是，神马运输有限公司的管理人员的思维还是停留在原来的时点上，结果导致多缴增值税 39.67 万元，如果再考虑城建税和教育费附加 3.97 万元，两项合计多缴税 43.64 万元。

一般推理：

公路客运企业在"营改增"过程中，为减轻增值税税负，可在法律法规许可范围内，合理进行税务安排。这里结合普誉财税策划工作室提供的资料对其中的业务问题分析如下。

《财政部 国家税务总局关于全面推开营业税改征增值税试点的通知》（财税〔2016〕36 号）附件 2《营业税改征增值税试点有关事项的规定》第一条第（六）款明确一般纳税人发生公共交通运输服务可以选择适用简易计税方法计税。公共交通运输服务，包括轮客渡、公交客运、地铁、城市轻轨、出租车、长途客运、班车。这里的班车，指按固定路线、固定时间运营并在固定站点停靠的运送旅客的陆路运输服务。

《财政部 国家税务总局关于全面推开营业税改征增值税试点的通知》（财税〔2016〕36 号）附件 1《营业税改征增值税试点实施办法》第十八条规定，一般纳税人发生应税行为适用一般计税方法计税。同时在第二款又明确，一般纳税人发生财政部和国家税务总局规定的特定应税行为，可以选择适用简易计税方法计税，但一经选择，36 个月内不得变更。

上述两个文件，为公路客运企业在"营改增"中选择简易计税方法提供了策划依据。企业可以通过预测未来年度客运收入、可抵扣进项税等因素，测算其增值税税负，选择增值税计税方法。

例如，神马运输有限公司是一家公路客运企业，为增值税一般纳税人，预计 2020 年含税客运收入为 A 万元，进项税为 B 万元。对客运收入选择哪种计税方法较优？

按一般计税方法，神马运输有限公司当期应纳增值税：

$S1 = A \div 1.09 \times 9\% - B$

若按简易计税方法，神马运输有限公司当期应纳增值税：

$S2 = A \div 1.03 \times 3\%$。

$S1 - S2 = （A \div 1.09 \times 9\% - B）-（A \div 1.03 \times 3\%）$

$= 0.054A-B$

当 $B \div A = 0.054$，即在 $B = 0.054A$ 时，$S1 = S2$，

此时不论选择何种计税方法，其增值税税负一样；当 $B \div A < 0.054$，即 $B < 0.054A$ 时，$S1 - S2 > 0$，应选择简易计税方法；当 $B \div A > 0.054$，即 $B > 0.054A$ 时，$S1 - S2 < 0$，应选择一般计税方法。

企业在选择计税方法时，应有"一盘棋"思想，兼顾企业所得税，如购进营运汽车、设备、燃油费及配件的进项税，分别不同计税方法，在固定资产折旧、修理费等营运成本方面对企业所得税、未来现金流量的影响。

常见错误：

在日常经营管理活动中，类似于神马运输有限公司机械地运用策划方案的不在少数，这是需要投资人注意的。如果从技术操作的角度去分析，在如何运用简易计税方式的策划方面，人们容易发生对政策把握不到位的错误。比如网上流传着一则"策划案例"如下。

甲公路客运企业计划于 2012 年 12 月购进一辆客车，不含税价款 100 万元，能取得增值税专用发票。现有两种经营方式可供选择，并假定租金总额均为 110 万元。第一种方案先营运再出租，即购入的汽车在公司 2013 年营运 1 年后，从 2014 年 1 月—2016 年 12 月对外出租 3 年。第二种方案先出租再营运，即 2013 年 1 月—2015 年 12 月对外经营租赁，2016 年自营运。从增值税角度来看，哪种方案较优？

第一种方案：2012 年 12 月购进汽车用于本公司营运，运输收入按 3% 征收率计算增值税，其进项税不允许抵扣。对外经营租赁收入应缴增值税 = 110 万元 ×17% = 18.7（万元）。

第二种方案：财税〔2011〕111 号文件中《关于交通运输业和部分现代服务业营业税改征增值税试点实施办法》第二十四条规定，下列项目的进项税额不得从销项税额中抵扣：用于适用简易计税方法计税项目、非增值税应税项目、免征增值税项目、集体福利或者个人消费的购进货物、接受加工修理修配劳务或者应税服务。其中涉及的固定资产、专利技术、非专利技术、商誉、商标、著作权、有形动产租赁，仅指专用于上述项目的固定资产、专利技术、非专利技术、商誉、商标著作权有形动产租赁。上文可这样理解，如果购进的动产既用于一般计税方法，又用于简易计税方法，进项税准予抵扣（这里不涉及其他可抵扣进项税）。按此规定，汽车租赁收入应缴增值税为 18.7-17 = 1.7（万元）。

经计算比较，第二种方案较优。

笔者认为上述策划案例存在错误。

作者的策划依据虽然后来有了新的文件但是精神没有变化，《财政部 国家税务总局关于全面推开营业税改征增值税试点的通知》（财税〔2016〕36 号）附件 1《营业税改征增值税试点实施办法》第二十七条第一款规定，用于简易计税方法计税项目、免征增值税项目、集体福利或者个人消费的购进货物、加工修理修配劳务、服务、无形资产和不动产的进项税额不得从销项税额中抵扣。其中涉及的固定资产、无形资产、不动产，仅指专用于上述项目的固定资产、无形资产（不包括其他权益性无形资产）、不动产。同时在第二十九条又明确，适用一般计税方法的纳税人，兼营

简易计税方法计税项目、免征增值税项目而无法划分不得抵扣的进项税额，按照下列公式计算不得抵扣的进项税额：

不得抵扣的进项税额 ＝ 当期无法划分的全部进项税额 ×（当期简易计税方法计税项目销售额 ＋ 免征增值税项目销售额）÷ 当期全部销售额

主管税务机关可以按照上述公式依据年度数据对不得抵扣的进项税额进行清算。

但是，无论是根据新文件还是旧政策，笔者认为上述案例的结果是错误的。其错误的原因是作者对"下列项目的进项税额不得从销项税额中抵扣：用于适用简易计税方法计税项目……其中涉及的固定资产、专利技术、非专利技术、商誉、商标、著作权、有形动产租赁，仅指专用于上述项目的固定资产、专利技术、非专利技术、商誉、商标著作权有形动产租赁。"在实际操作环节的运用不到位。

正如该文章的作者所述：上述规定的含义是"如果购进的动产既用于一般计税方法，又用于简易计税方法，进项税准予抵扣（这里不涉及其他可抵扣进项税）。"但是，这句话的含义是两个事项在一个时间点上同时发生，而前述案例中汽车的自营或者出租不是同时发生的。

在这样的情况下，应当考虑汽车用途改变后的增值税进项税额转出。根据财税〔2016〕36 号附件 2《营业税改征增值税试点有关事项的规定》第一条第（四）款第 2 项明确，按照《试点实施办法》第二十七条第（一）项规定不得抵扣且未抵扣进项税额的固定资产、无形资产、不动产，发生用途改变，用于允许抵扣进项税额的应税项目，可在用途改变的次月按照下列公式计算可以抵扣的进项税额：可以抵扣的进项税额＝固定资产、无形资产、不动产净值／（1＋适用税率）×适用税率。

上述可以抵扣的进项税额应取得合法有效的增值税扣税凭证。

结合到具体实例，假如甲公路客运企业汽车的折旧年限为 4 年，并且采用直线法计提折旧，其净值也是按直线法计算，在这样的情况下，无论是先营运再出租，还是先出租再营运，如果不考虑其他因素，其增值税没有差异。

风险提示：

选择简易计税可能存在很多涉税风险。在实务中，企业往往会综合利用自身的资源，实行综合经营。在这样的情况下，企业就需要考虑选择简易计税相关的风险因素处理。

财税〔2016〕36 号）附件 1《营业税改征增值税试点实施办法》第三十九条规定，纳税人兼营销售货物、劳务、服务、无形资产或者不动产，适用不同税率或者征收率的，应当分别核算适用不同税率或者征收率的销售额；未分别核算的，从高适用税率。同时在第四十一条还明确，纳税人兼营免税、减税项目的，应当分别核算免税、减税项目的销售额；未分别核算的，不得免税、减税。

如果涉及混合销售业务，纳税需要注意，营改增以后税法对混合销售的概念进行了重新界定。财税〔2016〕36 号）附件 1《营业税改征增值税试点实施办法》第四十条明确，一项销售行为如果既涉及服务又涉及货物，为混合销售。从事货物的生产、批发或者零售的单位和个体工商户的混合销售行为，按照销售货物缴纳增值税；其他单位和个体工商户的混合销售行为，按照销售服务缴纳增值税。这里所称从事货物的生产、批发或者零售的单位和个体工商户，包括以从事货物的生产、批发或者零售为主，并兼营销售服务的单位和个体工商户在内。

比如，甲公路客运企业客运收入按简易方法计算增值税，其客运代理服务收入、车身广告宣传收入和自有车辆对外经营租赁收入，分别适用 6% 和 13% 税率，而不能将所有服务项目按 3% 征收率申报增值税。

由于在同一个企业拥有多个收入项目，适用不同的税率，且差异较大，许多当事人往往会自觉不自觉地进行"税收策划"，人为地调整收入量，因此，在这里需要提醒纳税人，财税〔2016〕36 号）附件 1《营业税改征增值税试点实施办法》第四十四条规定，纳税人发生应税行为价格明显偏低或者偏高且不具有合理商业目的的，或者发生本办法第十四条所列行为而无销售额的，主管税务机关有权按照下列顺序确定销售额：一是按照纳税人最近时期销售同类服务、无形资产或者不动产的平均价格确定。二是按照其他纳税人最近时期销售同类服务、无形资产或者不动产的平均价格确定。三是按照组成计税价格确定。组成计税价格的公式为：组成计税价格＝成本 ×（1+ 成本利润率）。

这里的成本利润率由国家税务总局确定。另外，这里所说的不具有合理商业目的，指以谋取税收利益为主要目的，通过人为安排，减少、免除、推迟缴纳增值税税款，或者增加退还增值税税款。

与销售总额和销项税额的确定相对应的是增值税进项税额，财税〔2016〕36 号）附件 1《营业税改征增值税试点实施办法》第二十九条明确，适用一般计税方法的纳税人，兼营简易计税方法计税项目、免征增值税项目而无法划分不得抵扣的进项税额，按照下列公式计算不得抵扣的进项税额：不得抵扣的进项税额＝当期无法划分的全部进项税额 ×（当期简易计税方法计税项目销售额 + 免征增值税项目销售额）÷ 当期全部销售额。

有关企业应按上述规定，分别项目和适用的税率或征收率核算，以规避税收风险。

经营活动协议始　条款腾挪定流程

一般而言，企业从事生产和经营活动往往是从签署相关业务合同开始的。在签订经济合同时，涉及税收问题较多，不同的合同条款决定经营模式和生产方式，会给合同当事人双方带来不同的税收负担，如果企业能正确理解并运用现行税收法规的规定，并将有关条款的立法精神贯彻到合同条款中去，就可能节约税款，否则企业就可能多缴税款。

企业案例：

2019 年 6 月 1 日，地处上海的春光公司准备在武汉市办一家分公司，主业是经营商品零售。春光公司准备承租武汉秋风公司（一家商业企业）的一幢商场，初步商定租金为每年 1 200 万元，租期 10 年。该商场的产权为武汉庆宏房地产公司所有，庆宏公司租给秋风公司租金为每年 1 000

万元。

涉及三家企业的服务合同应当如何签署？武汉秋风公司的董事长郑明哲感觉这个业务问题有些绕头，于是请来普誉财税策划工作室的专家。

尽职调查：

咨询专家到现场与有关各方进行全面交流和诊断后，感觉存在策划的机会，于是重点分析了春光公司与秋风公司签订的合同。

策划分析：

对于春光公司、秋风公司以及庆宏公司的合作项目而言，由于该房产的租赁在业务模式上的不同，税收负担相差较大，于是就存在策划的空间和机会。这里至少存在两个策划方案：一是秋风公司转租房产；二是秋风公司中介房产。

涉税测算：

咨询专家结合各方预算情况，对不同方案进行具体分析和测算。

方案一： 秋风公司转租房产。

根据《财政部 国家税务总局关于全面推开营业税改征增值税试点的通知》（财税〔2016〕36号）规定，一般纳税人出租其2016年4月30日前取得的不动产，可以选择适用简易计税方法，按照5%的征收率计算应纳税额。纳税人出租其2016年4月30日前取得的与机构所在地不在同一县（市）的不动产，应按照上述计税方法在不动产所在地预缴税款后，向机构所在地主管税务机关进行纳税申报。

秋风公司2016年4月30日前取得的不动产，应按收取的全部租金收入纳税，应纳增值税为：

$1\,200 \div (1+5\%) \times 5\% = 57.14$（万元）

应缴城建税及附加为：

$57.14 \times (7\%+3\%) = 5.71$（万元）

增值税、城建税及附加为：

$57.14+5.71 = 62.85$（万元）

根据《房产税暂行条例》（国发〔1986〕90号）第二条："房产税由产权所有人缴纳。产权属于全民所有的，由经营管理的单位缴纳。产权出典的，由承典人缴纳。产权所有人、承典人不在房产所在地的，或者产权未确定及租典纠纷未解决的，由房产代管人或者使用人缴纳。"可知，房产税由产权所有人缴纳。秋风公司不是产权所有人，不存在房产税的纳税义务。

方案二： 秋风公司中介房产。

将春光公司与秋风公司的承租合同进行变化，即将秋风公司的转租合同进行分解：一是秋风公司作为中介身份进行介绍服务，秋风公司收取介绍费每年200万元；二是发票由庆宏公司直接开给春光公司，每年1 000万元。

根据《财政部 国家税务总局关于全面推开营业税改征增值税试点的通知》（财税〔2016〕36号）附件1《营业税改征增值税试点实施办法》附《销售服务、无形资产、不动产注释》规定，商务辅助服务适用 6% 的增值税。

如此一来，秋风公司的税负变为年应缴增值税：

200÷（1+6%）×6% = 11.32（万元）

应缴城建税附加金额为：

11.32×（7%+3%）= 1.13（万元）

应纳增值税及附加合计为：

11.32+1.13 = 12.45（万元）

秋风公司一年可以节税：

62.85−12.64 = 504.0（万元）

10 年共节税 504 万元。

庆宏公司将发票直接开给春光公司，应缴纳增值税为：

1 000÷（1+5%）×5% = 47.62（万元）

策划结论：

春光公司取得两份增值税专用发票，一份是秋风公司提供的介绍服务费 200 万元；另一份是由庆宏公司直接开出的租赁费用 1 000 万元。所得税前列支的费用不变，但是，取得增值税进项抵扣金额为 58.94 万元（11.32 万元 +47.62 万元），比策划前的 57.14 万元，增加了抵扣税金 1.8 万元（58.94 万元 −57.14 万元）。

当然交易是双方行为，此方案操作的结果是秋风公司的收入并未减少，春光公司在税前列支金额不变的前提下抵扣了增值税额；而春光公司则实现了少缴税的目的，双方都得益。

策划点评：

如果经营条件发生变化，比如 2019 年 6 月 1 日，地处上海的春光公司准备在武汉市办一家分公司，主业是经营商品零售。春光公司承租武汉秋风公司的一幢商场（该商场是秋风公司 2019 年 1 月 8 日通过租赁取得的），合同上签的租金为每年 1 200 万元，租期 10 年。

该商场的产权为武汉庆宏房地产公司所有，庆宏公司租给秋风公司租金为每年 1 000 万元。

在这样的情况下，由于该商场是秋风公司 2016 年 12 月 28 日通过租赁取得的，那么秋风公司转租所适用的税收政策就发生了变化。

方案一：秋风公司转租房产。

秋风公司 2016 年 5 月 1 日后取得的不动产，对方每年开具一份金额为 1 200 万元的增值税发票，可以抵扣增值税 57.14 万元。那么，秋风公司应按收取的全部租金收入纳税，应纳增值税：

1 200÷（1+9%）×9%−57.14 = 41.94（万元）

应缴城建税及附加为：

41.94×（7%+3%）= 4.19（万元）

增值税、城建税及附加为：

41.94+4.19 = 46.13（万元）

根据《房产税暂行条例》（国发〔1986〕90号）第二条："房产税由产权所有人缴纳。产权属于全民所有的，由经营管理的单位缴纳。产权出典的，由承典人缴纳。产权所有人、承典人不在房产所在地的，或者产权未确定及租典纠纷未解决的，由房产代管人或者使用人缴纳。"可知，房产税由产权所有人缴纳。秋风公司不是产权所有人，不存在房产税的纳税义务。

方案二： 秋风公司中介房产。

将春光公司与秋风公司的承租合同进行变化，即将秋风公司的转租合同进行分解：一是秋风公司作为中介身份进行介绍服务，秋风公司收取介绍费每年200万元；二是发票由庆宏公司直接开给春光公司，每年1 000万元。

根据《财政部 国家税务总局关于全面推开营业税改征增值税试点的通知》（财税〔2016〕36号）附件1《营业税改征增值税试点实施办法》附《销售服务、无形资产、不动产注释》规定，商务辅助服务适用6%的增值税。

如此一来，秋风公司的税负变为年增值税：

$200 \div (1+6\%) \times 6\% = 11.32$（万元）

应缴城建税附加金额为：

$11.32 \times (7\% + 3\%) = 1.13$（万元）

应纳增值税及附加合计为：

$11.32 + 1.13 = 12.45$（万元）

秋风公司一年可以节税：

$46.13 - 12.45 = 33.68$（万元）

10年共节税336.8万元。

由此可见，进行涉税策划，需要注意时间、政策背景以及不同的操作主体不同而有所变化。

资产投资非货币　投资协议需思虑

投资业务是一件十分复杂的事项，因为其中不确定的因素太多。不讲别的，仅与投资活动有关的税收政策，以及未来可能发生的政策变化趋势，往往就是一件说不清楚的事情。既然如此，签署业务合同就显得十分重要。

企业案例：

2019年1月，甲公司（居民企业）准备将其持有的土地使用权作为投资，对某制造企业乙公司（居民企业）进行投资，该土地使用权的账面价值为1 000万元，公允价值为2 000万元，假设：与乙公司对应的股权原有计税基础为1 800万元，对应的股权评估后价值为2 000万元，并以此价作为股权收购价，不考虑其他税费。

甲公司的董事长李明知道，以土地对外投资就要缴纳税收。李董事长有一个顾虑：项目投资的结果还不知道怎样，就先缴出去一大笔税收，的确压力不小。

怎样签署这份投资合同才能打消董事长的顾虑呢？

政策分析：

在签署以无形资产和不动产进行投资合同的过程中，应当考虑增值税、土地增值税和企业所得税的处理。具体分析如下。

1. 增值税政策

按照《营业税改征增值税试点实施办法》（以下简称"实施办法"）附件《销售服务、无形资产、不动产注释》的规定："销售不动产，指转让不动产所有权的业务活动"。而《公司法》第二十七条规定："股东可以用……实物、知识产权、土地使用权等可以用货币估价并可以依法转让的非货币财产作价出资"，其中只有"土地"可以使用权出资，而不动产不能以使用权出资，只能以所有权出资，所有以不动产对外投资无论是否约定承担风险或取得固定收益，均属于转让不动产所有权的行为，应当缴纳增值税。

实施办法第十四条只是规定"无偿转让不动产"属于视同销售不动产，没有明确以不动产投资属于参与被投资方利润分配，共同承担风险的方式是否在所有权转让时发生纳税义务。但是《不动产进项税额分期抵扣暂行办法》（国家税务总局公告2016年第15号）第二条中提道："取得的不动产，包括……接受投资入股……取得的不动产"。投资入股取得的不动产可以抵扣进项税额，意味着投资方以不动产投资时需要开具发票和负担销项税额，从而间接说明以不动产投资属于"营改增"后"销售不动产"税目的征税范围。

根据《财政部 国家税务总局关于进一步明确全面推开营改增试点有关劳务派遣服务、收费公路通行费抵扣等政策的通知》（财税〔2016〕47号）第三条第（二）款规定，纳税人转让2016年4月30日前取得的土地使用权，可以选择适用简易计税方法，以取得的全部价款和价外费用减去取得该土地使用权的原价后的余额为销售额，按照5%的征收率计算缴纳增值税。因此，甲公司将本公司名下的土地对外投资，应当缴纳增值税：

（2 000-1 000）÷1.05×5% = 47.62（万元）

2. 土地增值税政策

《财政部 国家税务总局关于土地增值税一些具体问题规定的通知》（财税〔1995〕48号）第一条规定："对于以房地产进行投资、联营的，投资、联营的一方以土地（房地产）作价入股进行投资或作为联营条件，将房地产转让到所投资、联营的企业中时，暂免征收土地增值税。"《财政部 国家税务总局关于土地增值税若干问题的通知》（财税〔2006〕21号）对这一条款做了补充规定："对于以土地（房地产）作价入股进行投资或联营的，凡所投资、联营的企业从事房地产开发的，或者房地产开发企业以其建造的商品房进行投资和联营的，均不适用（财税〔1995〕48号）第一条暂免征收土地增值税的规定。"根据以上税收文件，只有投资双方都是非房地产公司的情况下，投资方才不缴纳土地增值税。

3. 企业所得税政策

结合目前的政策规定，甲公司对外投资所取得的利润（视同销售）可以在当期一次性计入应税所得，也可以分五年平均分摊计入计税所得。

（1）投资企业的股权计税基础。

根据《国家税务总局关于企业处置资产所得税处理问题的通知》（国税函〔2008〕828号）的规定，企业将资产移送他人，因资产所有权属已发生改变而不属于内部处置资产，应按规定视同销售确定收入。基于此规定，投资者以无形资产或房屋等不动产进行投资，由于无形资产或房屋等不动产的权属必须变更到被投资企业名下，因此，投资以无形资产和不动产进行投资，必须要按照视同销售申报缴纳企业所得税。

非货币性资产，指现金、银行存款、应收账款、应收票据以及准备持有至到期的债券投资等货币性资产以外的资产。

财政部、国家税务总局在《关于企业重组业务企业所得税处理若干问题的通知》（财税〔2009〕59号）的第四条第（三）款中明确规定，企业重组，除符合本通知规定适用特殊性税务处理规定的外，企业股权收购、资产收购重组交易，相关交易应按以下规定处理：一是被收购方应确认股权、资产转让所得或损失；二是收购方取得股权或资产的计税基础应以公允价值为基础确定；三是被收购企业的相关所得税事项原则上保持不变。

同时，财税〔2014〕116号文件第三条还规定，企业以非货币性资产对外投资而取得被投资企业的股权，应以非货币性资产的原计税成本为计税基础，加上每年确认的非货币性资产转让所得，逐年进行调整。

根据财税〔2014〕116号文件第一条的规定，居民企业以非货币性资产对外投资确认的非货币性资产转让所得，可在不超过5年期限内，分期均匀计入相应年度的应纳税所得额，按规定计算缴纳企业所得税。与此同时需注意的是，国家税务总局公告2015年第33号第一条规定，居民企业指实行查账征收的居民企业，不含企业所得税核定征收企业。同时，财税〔2014〕116号文件第二条规定，企业以非货币性资产对外投资，应对非货币性资产进行评估并按评估后的公允价值扣除计税基础后的余额，计算确认非货币性资产转让所得。

实例分析：

分析了有关政策以后，我们就可以对实例进行具体企业所得税处理。甲公司因非货币性资产对外投资确认的非货币性资产转让所得为：

2 000−1 000＝1 000（万元）

可以分5年均匀计入相应年度的应纳税所得额，每年计入的应纳税所得额为：

1 000÷5＝200（万元）

每年甲公司调整后的股权计税基础。

甲公司因股权计税基础的调整，造成会计确认的长期股权投资账面价值与股权计税基础产生的差异，应确认递延所得税负债。2019年度纳税调减为：

1 000−200＝800（万元）

2020年—2023年每年纳税调增200万元。

（2）被投资企业取得非货币性资产的计税基础。

被投资企业取得非货币性资产的计税基础，应按非货币性资产的公允价值确定。

乙公司接受的土地使用权计税基础为 2 000 万元，可按照无形资产的相关规定在企业所得税税前通过累计摊销扣除。

这里有两点需要说明：一是关联企业之间发生的非货币性资产投资行为，投资协议生效后 12 个月内尚未完成股权变更登记手续的，于投资协议生效时，确认非货币性资产转让收入的实现。二是通知规定的企业非货币性资产投资行为，同时又符合《财政部、国家税务总局关于企业重组业务企业所得税处理若干问题的通知》（财税〔2009〕59 号）与《财政部、国家税务总局关于促进企业重组有关企业所得税处理问题的通知》（财税〔2014〕109 号）规定的特殊性税务处理条件的，可由企业选择其中一项政策执行，且一经选择，不得改变。

策划结论：

在营改增以后，有关政策发生了变化。以土地和不动产对外投资需要按规定计算缴纳增值税；对于以土地使用权对外投资，如果投资双方不是房地产企业，则可以暂免土地增值税；对于企业所得税，甲公司有两种选择方案，一是将投资所得一次性计入当期计税利润；二是分五年平均计入计税利润，计算缴纳企业所得税。

合同要点：

投资者在签订投资合同时，必须在投资合同中明确注明"投资方与接受投资方利润分配，共同承担投资风险"的字样，而且投资方不能以投资入股之名行买卖不动产和无形资产之实，给国家造成税款流失。

投资者是非房地产公司，无论以土地或房屋投资到房地产公司还是投资到非房地公司，都要依法申报缴纳土地增值税。如果不想申报缴纳土地增值税，必须投资到非房地产公司名下。

投资者以无形资产和不动产进行投资，必须要按照视同销售申报缴纳企业所得税。

投资者以无形资产和房屋等不动产进行投资，需要聘请资产评估师事务所进行评估，不需要开发票给被投资企业，被投资企业以投资者聘请资产评估师事务所进行评估的评估价作为入账价值入账即可。

分析点评：

在万众创业的大背景下，人们激发起强烈的投资热情。而在投资过程中，就存在税收利益的处理问题，这是投资人往往容易疏忽的事项。以实物投资（土地使用权、不动产和其他机器设备等）的涉税处理相对比较复杂。如果以实物出资，涉及财产权利自投资方转移给被投资公司，需要考虑税法规定视同销售涉税的问题。既然以非货币性资产作投资需要缴税，那么，在具体操作过程中，相关事项的税务处理应当如何操作？

非货币性资产投资的税务处理，主要分为以设备、存货等动产投资；以土地、知识产权等无形资产投资和以房屋等不动产投资等三种投资情况，涉及增值税、企业所得税、土地增值税、印花税的处理，对于以土地、知识产权等无形资产投资和以房屋等不动产投资的涉税如前所述，这里我们再将以设备和存货资产投资的涉税处理归纳如下。

在投资实践中，一些投资者以设备和存货等动产进行投资，存在的涉税风险主要体现为：没有把投资的设备和存货视同销售，进行一定的税务处理，即申报缴纳增值税和企业所得税，同时没有给被投资企业开具发票进行入账，而被投资企业收到投资者作价投资的设备和存货，往往以资产评估事务所的评估报告中的评估价作为入账价值，从而对该投资的设备进行计提累计折旧，在企业所得税前不能扣除。

其一，视同销售的相关涉税法律依据。

根据《中华人民共和国增值税暂行条例实施细则》（中华人民共和国财政部国家税务总局令第50号）第四条第（六）款的规定，企业将自产、委托加工或购进的货物作为投资，提供给其他单位或者个体工商户的要视同销售依法缴纳增值税。

根据《国家税务总局关于企业处置资产所得税处理问题的通知》（国税函〔2008〕828号）的规定，企业将资产移送他人，因资产所有权属已发生改变而不属于内部处置资产，应按规定视同销售确定收入。在投资成本摊销上，则根据财政部国家税务总局最近颁布的《关于非货币性资产投资企业所得税政策问题的通知》（财税〔2014〕116号）处理。

其二，视同销售的增值税和企业所得税的计税依据。

《中华人民共和国增值税暂行条例实施细则》（中华人民共和国财政部国家税务总局令第50号）第十六条规定，"视同销售货物行为而无销售额者，按下列顺序确定销售额：（一）按纳税人最近时期同类货物的平均销售价格确定；（二）按其他纳税人最近时期同类货物的平均销售价格确定；（三）按组成计税价格确定。组成计税价格的公式为：组成计税价格＝成本×（1+成本利润率），属于应征消费税的货物，其组成计税价格中应加计消费税额。公式中的成本指：销售自产货物的为实际生产成本，销售外购货物的为实际采购成本。公式中的成本利润率由国家税务总局确定，一般为10%。"

《国家税务总局关于企业处置资产所得税处理问题的通知》（国税函〔2008〕828号）第三条规定："属于企业自制的资产，应按企业同类资产同期对外销售价格确定销售收入；属于外购的资产，可按购入时的价格确定销售收入。"

其三，税务处理。

根据上述法律依据的规定，投资者以设备和存货进行投资，应该按照视同销售依法申报缴纳增值税和企业所得税。投资者以设备和存货进行投资必须采取以下税务处理。

投资以设备和存货进行投资必须要视同销售，按照税法的规定进行申报缴纳增值税和企业所得税。增值税纳税义务时间为货物移送的当天。

以设备和存货进行投资，必须向被投资者开具销售发票。如果以使用过的设备进行投资，则根据财税〔2014〕57号、国税发〔2009〕9号文件和国税函〔2009〕90号文件的规定，向被投资方开具普通销售发票；如果以自己生产的新设备和存货进行投资，则向被投资企业开具专用发票，被投资企业可以进行抵扣进项税额。

对于个人以非货币性资产投资过程中的税务规划和策划问题已经有专家进行了研究，这里我们将相关的要点归结如下。

一是合理安排现金支付比例。

财税〔2015〕41号文件第四条规定，"个人以非货币性资产投资交易过程中取得现金补价的，现金部分应优先用于缴税；现金不足以缴纳的部分，可分期缴纳。"若个人非货币性资产投资取得的现金补价足以支付税款的，税款应一次性结清。也就是说，当个人取得的现金补价小于应纳税所得额的20%时，该部分现金将全部用来缴纳税款。个人投资者在进行投资决策时可结合自身的资金需求、风险偏好以及对被投资企业发展前景、投资收益率的预判，合理设计股权与现金支付比例。

二是考虑采用核定原值减少税款。

国家税务总局公告2015年第20号明确，纳税人无法提供完整、准确的非货币性资产原值凭证，不能正确计算非货币性资产原值的，主管税务机关可依法核定其非货币性资产原值。关于如何核定原值，该文件没有具体规定和明确，不过，依据其《关于个人住房转让所得征收个人所得税有关问题的通知》（国税发〔2006〕108号）第三条的规定，核定征税按纳税人住房转让收入的一定比例核定应纳个人所得税额，非货币性资产投资中的原值核定很可能会遵循相同的思路。而且，在股权转让中，若无法正确核算股权原值的，各地区在具体征管中亦采用按申报的股权转让收入的一定比例核定计税成本。实践中，如果核定的成本大于该资产原值与合理税费之和的情况，通过让税务机关核定原值的方式进行策划，能够减少应纳税所得额。

三是依照规定争取分期缴税。

新规定赋予了个人投资者选择税款缴纳方式的权利，纳税人可以合理确定分期缴纳计划。分期缴纳应注意5年的时限限制，同时还在取得被投资企业股权之日的次月15日内向主管税务机关备案；应提交《非货币性资产投资分期缴纳个人所得税备案表》、纳税人身份证明、投资协议、非货币性资产评估价格证明材料、能够证明非货币性资产原值及合理税费的相关资料。

租赁活用　利益传递

【妙计提要】

集团麾下成员多，疑难杂事多蹉跎；整体利益欲平衡，租赁经营利传播。

【本计内容】

租赁指在约定的期间内，出租人将资产使用权让与承租人以获取租金的行为。租赁存在的主要原因有三方面：一是节税；二是降低交易成本；三是减少不确定性。

租赁是一种以一定费用借贷实物的经济行为，出租人将自己所拥有的某种物品交与承租人使用，承租人由此获得在一段时期内使用该物品的权利，但物品的所有权仍保留在出租人手中。承租人为其所获得的使用权需向出租人支付一定的费用（租金）。

1. 租赁对出租人的意义

（1）利息收入。租赁也是一种理财方式，通常情况下租赁利息较银行贷款利息高，因此，租赁公司、金融机构发展租赁交易更具有吸引力。

（2）纳税利益。杠杆租赁（Leverage Lease）就是一种纳税导向型租赁（Tax Oriented Lease）。例如，波音公司把一架飞机卖给一位富有的投资者，尽管该投资者不需要这架飞机，但他可以把这架飞机租给一家外国航空公司，该航空公司不能利用纳税利益，而该投资者则可以从中获得纳税利益。在这一交易中，波音公司销售了它的产品，投资者（出租人）获得了纳税利益，外国航空公司（承租人）则以一种较优惠的方式获得了他所需要的飞机。

（3）高残值。在租赁期满租赁财产返还给出租人的情况下，如果其实际价值远高于最初签订契约时的预计残值时，会给出租人带来大额利润。

2. 租赁对承租人的意义

租赁业务的蓬勃发展，说明了租赁比拥有某项财产更为有利。对承租人而言，租赁具有以下优点。

（1）租赁开辟了新的融资渠道，对广大中小企业而言具有特殊意义。承租人可以借助租赁保留银行贷款额度和紧缺的现金资源，增强企业营运资金的灵活运用能力。

（2）可以按固定利率进行全额融资。租赁不要求承租人立即支付现金，有助于缓解处于发展期的新企业资金紧张问题；此外，租金固定，有助于防止资金成本的增加，避免通货膨胀风险；租金固定便于计算投资报酬率，有助于承租人快速完成投资决策。

（3）灵活性。租赁协议限制条款较少，租赁方式灵活。富有创造精神的出租人可以结合承租人的特殊需要签订租赁协议。例如，可以约定等到设备开始运转。具有生产能力之后才开始支付租金，而且还可以不要求以取得的新设备向主要贷款人做抵押，承租人可以避免再去签订成本昂贵的再贷款协议。

（4）有助于加速机器设备更新。对于设备淘汰更新快的企业而言，租赁为机器设备快速升级创造了便利条件。在多数情况下，承租人把残值风险转移给了出租人，减少了设备因过时而陈旧的风险。

（5）租赁资格审核程序简便，申请批准速度快，有助于承租人把握商机。

（6）有利于修饰财务报表。采用经营租赁时，租金作为营业费用处理，避免为购置设备而增加大笔负债，可以有效地防止资产负债率上升。

（7）不用增加资本去购置设备，有利于保持股权分布的稳定性。

3. 租赁对机器销售商的意义

（1）租赁公司负责解决承租人获取机器设备所需资金问题，有利于机器销售商促销产品。

（2）租赁公司一次付现，能够加速机器销售商的资金周转；可以降低机器销售商的销售风险。

4. 租赁对银行的意义

（1）银行借助于租赁公司转受信给中小企业，有利于降低经营风险。

（2）银行把整笔资金批发给租赁公司可以降低作业成本。

综上所述，租赁可以盘活市场上存量资产，提高资产的使用效率；租赁还是一个融资手段，不仅为企业开辟了灵活机动的融资渠道，而且为开拓新型业务开辟了市场，同时还提高了金融市场效率，进而有利于整个国民经济的繁荣。

换一个角度去思考，租赁在集团化经营的企业还有其他功能。

对于规模投资者而言，由于其掌握了较多的资源，其企业的规模越做越大。企业大了以后，又会掌握更多的资源，从而形成良性循环。于是，集团化经营水到渠成……就目前的集团性经营的企业而言，往往有两种类型，一是以产业链为基础布局，形成几家、十几家，甚至数十家企业的企业集团；二是根据所掌握的资源或者经济热点多方布局、多角经营。无论是哪种方式布局，在某个经济时段或者经营期间，都是有可能出现"东边日出西边雨"的现象，即部分企业盈利，而另一部分企业亏损。笔者曾经在一个集团公司看到这样的现象：那个集团公司中，有两个子公司巨额亏损分别达4 000多万元，同时有三个企业盈利分别在5 000万元左右。

一旦出现了这种现象，集团公司老板的心里就会嘀咕："怎么会这样？有没有办法避免这类事情的发生？"

其实，办法是有的。但是需要提前策划……

人们习惯性的思维往往会想到通过货物的销售转让定价。对于纳税人而言，进行货物的转让，其价格要受到合理的利润的限制，或者以销售给无关联关系的其他企业的价格为依据，所以，如果要将利益在关联企业之间转移就存在一定的难度。

但是，通过租赁业务来操作，问题就简单得多。因为对于租赁业务，往往是针对特定对象而言的，如某台大型设备、某条生产流水线或者某项不动产，对于这些操作对象在当地往往不具有可比性，有关企业对租赁费用的确定就拥有较大的主动权。

【案例注释】

集团化经营是目前投资人规模经营的一个必然趋势，而一旦实现集团化经营，在各经营主体之间运营相应的资产也是一个普遍现象。从上述计策的内容上看，读者可能还是感觉难以理解。因此，我们结合实际案例对有关计策的操作原理做一个简要分析和解释。

利益转移难运筹　租赁策划用技巧

在企业集团内部的子公司之间通过租赁活动进行税收策划，可以非常顺利地实现经营者的愿望，所以常常被人们所利用。这里有一则案例。

企业情况：

风华企业集团董事长李明伟 2020 年春节之后在上海交大参加了一个《税收策划与企业发展战略》专题讲座，觉得主讲咨询专家不仅税收策划理论的造诣极深，其操作经验还十分丰富。于是，就将其请到自己的公司做客。

庄老师到李明伟的公司后，与其进行了深刻的交流，还真的发现了一些情况。李明伟讲了一个困惑引起了咨询专家的注意，甲企业今年产销两旺，预计 2020 年度实现销售收入 78 350 万元，比上年增长 43%，利润 8 520 万元，比上年增长 51%；而乙企业却是另外一个风景，2020 年预计实现销售收入 13 050 万元，比上年下降 27%，预计亏损 250 万元，比上年下降 34%。这种情况可能要维持三到五年。

咨询分析：

咨询专家对该集团公司的投资情况进行了解。风华企业集团旗下有五个企业，其中董事长李明伟与他人合作投资三个企业，跟自己的家人合作投资了甲乙两个企业。也就是说，甲乙两个企业都是老板自己的企业。甲企业主要生产电子元器件，属于一般制造业，资产为 23 920 万元，职工 500 人，未申请高新技术企业；乙企业也是生产电子元器件，同时做一些配套性业务，属于一般制造业，资产为 4 520 万元，职工 260 人，未申请高新技术企业。

咨询专家还跟董事长一起考察了两个企业的经营情况。甲乙两个企业处在同一个产业链的上下游。其中，甲企业有五个车间七个生产流水线，而乙企业只有三个车间两个流水线及部分配套生产设备。

策划建议：

考虑到集团公司的整体利益，鉴于甲企业的部分产品与乙企业属于同一产业类型，咨询专家建议在适当的时候将甲企业的与乙企业产品有紧密联系的 A 生产线租赁给乙企业。A 生产线价值为 2 000 万元，该设备每年生产产品的利润为 500 万元。这样可以解决"东边日出西边雨"的问题。

业务计算：

董事长李明伟觉得咨询专家的建议很好，于是得到集团公司董事会的批准，并于 6 月 30 日实施。相关税费情况计算如下。

甲企业按照市场公允价格（租金水平与出租给独立第三方的水平一致，符合独立核算原则）将生产线生产设备租赁给乙企业，取得租金 50 万元，应当缴纳增值税额为：

$50 \times 13\% = 6.5$（万元）

该条生产线的租金应缴纳城建税及教育费附加为：

$6.5 \times (7\% + 3\%) = 0.65$（万元）

因该生产线而减少的企业所得税额为：

$(500 - 50) \times 25\% = 112.5$（万元）

但是，从乙企业的角度分析，从甲企业获得一条流水线增加了生产能力，从而增加利润 500 万元，支付 50 万元的租金，弥补 250 万元的亏损，同时发生资产转移相关的费用 5 万元。

因此，乙企业因获得该生产线而增加了利润总额为：

$500 - 50 - 250 - 5 = 195$（万元）

由于乙企业可以享受小微企业所得税优惠，因此，乙企业应缴企业所得税额为：

$100 \times 25\% \times 20\% + (195 - 100) \times 50\% \times 20\% = 14.5$（万元）

由于甲企业缴纳的增值税可以在乙企业抵扣，所以，增值税没有影响，其他操作事项从简分析。通过税收策划后，集团公司获得策划收益为：

$112.5 - 14.5 - 0.65 = 97.35$（万元）

策划结论：

本次租赁业务影响 500 万元的利润，对于甲企业来说，因此出租一条流水线减少了 450 万元（500 万元 -50 万元）的利润。但是，将这笔利润转移到乙企业，在可以弥补 250 万元的亏损的同时，还能享受到小微企业税收优惠，可谓一石二鸟。

策划点评：

租赁是一种重要的经营手段，目前，租赁在企业生产经营中已得到广泛应用，许多专门的租赁公司也应运而生。租赁，包括经营性租赁和融资性租赁两种，由于它们具有不同的特点，从而适用在不同的场合。

租赁首先是一个重要的筹资手段。对承租人来说，只需按期支付租金便可得到所需设备使用权，不必为长期拥有机器设备先垫支资金，避免因短期资金集中支付，给企业资金平稳周转造成冲击，以及资金被长期占用或经营不当时承担的风险。租赁也是企业用以减轻税负的重要方法。对承租人来说，可以在经营活动中，以支付租金的方式冲减企业的利润、减少税基，从而减少所得税额，并为企业今后继续从事这种无本赢利的经营方式奠定基础。在企业理财中，租赁已成为税收策划的一种重要手段，对于减轻企业税负具有重要意义。对出租人来说，租赁也给他带来好处，出租既可以减少使用与管理机器设备所需追加的投入，他不必为如何使用或利用这些设备及如何从事经营活动而操心，可以轻而易举地获得租金收入。

当出租人与承租人同属一个企业集团时，租赁可使其直接、公开地将资产从一个企业转给另一个企业，实现利润、费用等的转移。同一利益集团中企业甲出于某种税收目的，将赢利的生产项目连同设备一道以租赁方式转租给企业乙，并按照有关规定收取足够高的租金，最终使该利益集团所享受的税收待遇最为优惠，税负最低。这是较典型租赁节税效应。这样操作，可以使控股公司像操作分公司一样在两个或更多的独立核算企业之间做调节利润的工作，从而使集团公司的利益最大化，当然最终也就实现了股东利益的最大化。

租赁产生的节税效应，并非只能在同一利益集团内部进行实现，即使在专门租赁公司提供租赁设备的情况下，承租人仍旧可以获得税收上的好处。就这一点而言，租赁与筹资中的其他一些内容有共同之处。比如可以使承租者马上进行正常生产经营活动，并很快获得收益。

注意事项：

租赁如果被用于税收策划活动，其往往与转让定价一起来操作的。也正因为通过租赁会将税收转移，所以租赁与转让定价一样，也是税务机关重点关注的事项之一。纳税人在通过租赁策划税收时，一定要注意租赁过程中有关指标的掌握，其中最关键的就是租金的收取不能低于同行业相同设备的租赁价格太多，否则，将不为当地主管税务机关所认可。

此外，在确定采用租赁的方式筹资时，拟订一份规范的租赁合同也非常重要。在经济生活中，经济主体之间的交易行为往往会通过订合同来确定，我国《经济合同法》规定，签订的经济合同内容必须合法才是有效合同。所以企业与其他经济主体签订合同时，应该关注税法，有意识地遵循法律规定，这样不仅可以大大降低风险，提高管理质量，最终还会为企业带来长远的利益。

销售定价有风险　通过租赁寻空间

人们往往忽视企业集团的税收策划，分析其原因，是因为日常生活中能够让投资人感受到集团性企业里的涉税痛点的机会不多，从而造成不知不觉地多缴税。在通常情况下，作为一个独立核算的企业的日常经营，其涉税问题往往是偷税，或者是存在偷税嫌疑；而对于一个企业集团来讲，如果存在涉税问题，则往往是多缴税。这里就有一则案例。

企业情况：

不久前，笔者应风华企业集团公司董事长的邀请，为该集团公司进行涉税诊断，就发现如下情况。

风华企业集团的下属企业丙公司是一家技术开发性企业，产品的利润率达 48%，测算其年销售额大约在 5 000 万元左右，企业所得税适用税率为 25%（该企业未申请认定国家级高新技术企业和新技术企业）。

而该集团公司的另一个下属企业丁公司则是一家民政福利企业，其产品的毛利率不高，产品的利润率只有 8%，测算其年销售额大约在 5 000 万元左右，年亏损 200 多万元。

按照增值税即征即退政策享受税收优惠，还差 100 万元左右。

上述情况的税收后果是，丙公司的增值税和企业所得税缴得很多，而另一边，丁公司增值税和企业所得税的税收优惠无法享受。

咨询建议：

考虑到丙企业的产品在当地没有可比性，如果考虑通过将该企业的生产设备租赁给属于民政福利企业的丁公司生产的办法来策划税收（丁企业的"四残人员"占企业人员总数的 52%）。可能会收到预想不到的效果。

策划操作：

2019 年 7 月 1 日进行了具体操作，其策划过程如下。

其一，丙公司以较高的租金将三台数控机床租赁给丁公司，每台租金 20 万元一年，三台合计支付租金 60 万元。

其二，丙公司将高科技产品以半成品的名义（实际上该产品在丙公司已经完成了主要生产流程）以 10% 的利润率销售给丁公司，丁公司取得这种产品后再经过简单的工艺处理后即以 48% 的利润率销售。全年通过这种操作程序销售产品 2 300 万元。

业务计算：

集团公司通过税收策划转移了增值税：2 300×（48%−10%）×13% = 113.62（万元）。

应缴纳城建税及教育费附加：113.62×（7%+3%） = 11.36（万元）。

转移企业所得税：2 300×38%×25% = 218.5（万元）。

租赁设备应缴纳增值税：60×13% = 7.8（万元）。

租金应缴纳城建税及教育费附加：7.8×（7%+3%） = 0.78（万元）。

租金应缴纳的企业所得税：（60−0.78）×25% = 14.81（万元）。

策划成果：

集团公司实际获得策划收益：一是丙公司少缴的增值税 113.62 万元转化为丁公司实际缴纳税金，而丁公司则可以即征即退返还；二是通过租赁业务将丙公司的 800 多万元利润转移到丁公司，正好弥补了该公司的亏损，同时还可以享受加计扣除的税收优惠。

当然，本来在一家企业生产的产品换成两家企业生产，还要发生诸如运费和其他管理费用，但是由于数量较小，在这里我们忽略不计。

风险提示：

集团企业通常表现为以大企业为核心、以多家企业为外围、多层次的组织结构。这一体系结构决定了集团企业以总部利益为经营目标。集团总部负责集团的财务、资产运营和集团整体的战略规划，平衡各企业间的资源需求、协调各下属企业之间的矛盾。集团经营在提升生产效率的同时，也给集团企业利用控制和从属关系节税开辟了新的途径。

但是，我们也应当看到，集团企业特有的税收风险就是在母公司控制下的，以关联交易为途径的节税、避税行为带来的税法遵从风险，这里我们以普誉财税策划工作室提供的资料就集团企业常见的涉税风险做一个提示。

其一，"资金池"模式融资节税风险。

部分企业集团以"资金池"模式，对集团内各公司的资金实施集中管理，目的是提高资金使用效率、节约融资成本，但客观上形成了不同税负成员企业间非独立交易引发的税收风险。比如某集团公司是一家以工业为主体，集商贸、房地产开发、科研、宾馆服务、金融投资于一体的综合性大型企业集团，税务审计时发现该集团公司应收应付往来款金额达数十亿元，其中有部分融资款是集团通过无偿占用下属企业资金再分拨给其他企业使用。这样操作，违反关联企业间独立交易原则相关税收政策，存在严重的税务风险。税务机关通常会根据税收法规规定，核定其下属拆出资金企业利息收入并按规定缴纳企业所得税。

其二，集团企业内部资产重组形成涉税风险。

部分集团性企业为整合资源，调整成员企业之间的业务范围，成员企业间转移生产资料时未进行资产的财务处理，致使资产计税依据不实。比如，税务人员在对某集团企业子公司固定资产进行核查时发现，该公司根据总部指示实施生产重组后，有28项生产设备已经与公司的实际经营活动无关，这些设备全部由被转让企业使用，但该公司仍将这些资产计提折旧并在税前列支。企业上述业务未按会计准则处理，也没有按税法规定申报纳税，导致重大税收风险。

其三，利用集团企业渠道调节税收与列支费用。

部分集团企业在总部与子公司之间，子公司与子公司之间分摊、列支费用，调节不同税负成员企业利润水平，降低集团税负。比如，某集团企业以本部公司的名义申请到排污指标，以本部公司名义支付排污费用并税前列支，而实际使用该指标的是集团下属公司，该下属公司并没有按实际使用单位分摊相关费用。通过选择费用列支渠道达到降低集团税负的目的，但同时也造成了重大税收风险。

其四，利用集团内高新技术企业转移利润。

部分集团企业通过关联交易向集团内部享受企业所得税优惠的低税负企业转移利润。比如，某集团公司的子公司是高新技术企业，所得税适用15%的优惠税率，2016年起享受两免三减半，同时，作为增值税一般纳税人销售其自行开发生产的软件产品按17%税率征收增值税后，对其增值税实际税负超过3%的部分实行即征即退政策。该子公司全部销售产品以及购进原材料对象均是其关联公司，其年毛利率均在50%左右，净利润40%，关联销售对象是集团内制造型子公司，利润向低税负转移迹象明显。

其五，利用集团内企业循环开票完成产值。

部分集团企业利用内企业循环开票做大销售额度，这种情况在国有企业或者受当地政府影响较大的民营集团性企业时有发生。如某集团企业为达到相关部门规定的产值增长指标，通过在生产企业、销售公司之间循环开票，做大销售额度。虽然该行为本身未实际减少税收，但违反了

《发票管理办法》以及《征管法》的规定，形成税收风险。

集团内部交易定　租赁费中有税收

对集团型企业来说，内部交易的双方同属于一个大的利益集团，无论在何种交易方式下，都不会增加企业的财富，交易过程中税负的轻重是评价交易成本大小的直接标准，因此税务策划就显得十分的必要。

实务案例：

A 企业是集团企业的母公司，2019 年 1 月建造了竣工一幢综合办公楼，除了母公司使用以外，其余部分将以租赁的形式提供给各子公司使用，租金按独立企业间的交易价格确定。

但是，具体地讲应当如何操作企业才能实务利益最大化呢？

策划方案：

对于这幢办公楼应当如何装修，这里有两个操作方案。

其一，集团将办公楼统一装修后再以租金为每年 600 万元的价格出租给各子公司，租赁时限为 10 年。装修成本 2 000 万元通过租金的形式逐步回收（装修费用摊销为每年 200 万元）。

其二，集团将未经装修的办公楼以参考价为每年 400 万元出租给子公司，租赁时限为 10 年。各子公司自行装修共支出装修费 2 000 万元。

业务分析：

以上两种方案哪个更好呢？下面我做具体分析。

方案一： 为了充分展示本企业的企业文化，同时也为了节约部分装修费用，集团决定统一装修后再出租给各子公司，装修成本 2 000 万元通过租金的形式逐步回收，预计可使用年限 10 年（装修费用摊销为每年 200 万元）。

企业集团用于出租部分的办公楼精装修后以租金为每年 600 万元出租给子公司，假设租金的增值税的税收负担率为 10% 计算，那么，企业集团在这一过程中应当计算缴纳增值税：

$600 \times 10\% = 60$（万元）

应当计算缴纳城建税金及教育费附加合计为：

$60 \times (7\% + 3\%) = 6$（万元）

由于企业集团将房产用于出租，因此，房产税应从租计征为：

$600 \times 12\% = 72$（万元）

应当计算缴纳印花税为：

$600 \times 0.1\% = 0.6$（万元）

就房产租赁一项，应当计算缴纳企业所得税为：

$(600 - 6 - 72 - 0.6 - 200) \times 25\% = 80.35$（万元）（在此不考虑办公楼的折旧及其他因素，只计算装修的摊销，下同）

在该方案下，集团公司合计年总税收负担为218.95万元（60万元＋6万元＋72万元＋0.6万元＋80.35万元）。

各子公司在这一过程中只承担印花税0.6万元，同时每年支付的租金可抵减企业所得税600×25%＝150（万元）。

从企业集团整体利益的角度来分析，其总税负为68.95万元（218.95万元－150万元），10年税负折算成现值为68.95×7.360 1＝507.48（万元）（折现率按6%计算，下同）。

方案二： 企业集团将未经装修的办公楼以每年400万元的租金出租给子公司，各子公司自行装修共支出装修费2 000万元。

在该方案条件下，企业集团的母公司应当计算缴纳增值税为：

400×10%＝40（万元）

应当计算缴纳城建税金及教育费附加合计为：

40×（7%＋3%）＝4（万元）

应当计算缴纳房产税为：

400×12%＝48（万元）

应当计算缴纳印花税：

400×0.1%＝0.4（万元）

就房产租赁一项，应当计算缴纳企业所得税为：

（400－4－0.4－48）×25%＝86.9（万元）

从企业集团整体利益的角度来分析，其总税负为179.3万元［（40＋4＋48＋0.4＋86.9）万元］。

另外，从子公司的角度讲，各子公司在这一过程中承担的税负为印花税0.4万元，同时每年支付的租金和摊销的装修可抵减企业所得税。

（400＋200）×25%＝150（万元）

整个企业集团在上述交易过程中每年实际应纳税额为29.3万元（179.3万元－150万元），10年金额折算成现值为29.3×7.3601＝215.65（万元）。

分析结论：

在上述交易中，集团选择通过租赁的方式向子公司提供办公场地，从承担税负的角度看无疑比采用销售的方式要轻得多，但如果能更进一步，即将办公楼先出租给子公司，再由其按集团的要求进行装修，节税效果就会更明显。

通过比较可以发现，集团在出租办公楼时，通过先出租后由各子公司自行装修比集团集中装修后再出租给各子公司使用的交易方式可以给企业集团在10年内带来291.83万元（507.48－215.65）的节税效益。

也就是说，只要各子公司因分别装修而多支付的费用不超过291.83万元，出租后各子公司自行装修与集团集中装修后再出租给子公司的方式都能给集团整体增加不同程度的效益。

【妙计提要】

李白月下独饮酒，邀月借影筹布局；有人真诚来配合，意外策划降税收。

【本计内容】

道家认为，天下万物生于有，有生于无。把没有的说成有。比喻毫无事实，凭空捏造。本计计语出自中国古代哲学家（也有的称为兵家）老子《道德经》第 40 章："天下万物生于有，有生于无"。老子揭示了万物中有与无相互依存、相互变化的规律。

中国古代军事家尉缭把老子的辩证思想运用到军事上，进一步分析虚无与实有的关系。《尉缭子·战权》中说："战权在乎道之所极，有者无之，无者有之，安所信之？"主张以"无"道假象迷惑敌人，乘敌人对"无"习以为常之际，化无为有，以虚为实，出其不备，打击敌人。无中生有计是三十六计中第七计，无中生有的基本意思是虚虚实实。孙子兵法说过有则示其无，无则是其有，"无中生有"之计蕴含深刻的哲理，其本意指发现人们没有注意到的事物或者现象，并不带有褒贬色彩。用假相欺骗敌人，但并不是完全弄虚作假，而是要巧妙地由假变真，由虚变实，以各种假象掩盖真相，造成敌人的错觉，出其不意地打击敌人。

可见，本计的特点是，制造一种假象，有意让敌人识破，使之失去警惕，然后又化无为有，化假为真，化虚为实；真的攻击敌人了，而敌人确依然以为是假象，不做防备，从而为我所乘，战而胜之。

无中生有之计还可以用在政治、经济活动和其他领域。在历史上成功的案例很多，这里我们引用《宋太祖杯酒收钱财》的案例。

北宋初年，宋太祖担心军队将领们的兵权太重，将来会威胁到自己的皇权，因此来了个"杯酒释兵权"。从此以后，这些将领只顾积蓄财产，吃喝玩乐。宋太祖此时又忧虑他们积蓄的财产过多，所以又想出一个"杯酒收钱财"的办法。

宋太祖先赐给每位将领一块宝地，让他们修建住宅。因宅地是皇上所赐，这些将领当然不敢怠慢，立即大兴土木。住宅完工后，宋太祖又赐宴招待他们，酒宴上宋太祖再三劝酒，结果个个喝得酩酊大醉，连家都回不去了。宋太祖让每位将领家中来个公子，把他们的父亲搀扶回家。宋太祖送到大殿门，若无其事地说："你们的父亲都表示愿意捐献给朝廷10万缗（1 000钱为1缗）钱。"

将领们酒醒后发现自己已经回到家里，忙问家里人："自己是怎么回来的？在皇上面前是否有失礼的行为？"在询问中，他们知道了捐钱之事。将领们尽管怀疑自己在酒醉时说过向朝廷捐钱的话，但是第二天他们还是乖乖地上交了10万缗钱。

宋太祖担心将领们积钱太多，对皇权不利，就想从他们手中收取一部分。可是堂堂的皇上怎么能向手下臣子伸手要钱呢？于是，宋太祖想出这样一个无中生有的计策。如此这般，既不伤皇上的尊严，朝廷又得到了好处，将领们还无话可说，真是一石三鸟，高妙无比。

无中生有之计在税收策划中也可以发挥作用。在实践中，有些时候凭空造出一个机构，从而增加企业运作的空间，也不失为一个良好的策划思路。比如有些制造企业的老板本身就有超人的研究和开发新产品的能力，经常搞些技术创新，搞些专利或者非专利技术。

【案例注释】

笔者自2001年在《实用税收策划》一书中提出税收策划的概念、原则和方法后，税收策划作为一门学科已经得到人们的普遍认可。后来，笔者又长期致力于税收策划的运用性研究，同时提供咨询服务，本计便是笔者实践的一个总结。读者可能对上述的表述感觉难以理解。因此，这里我们结合实际案例对有关计策的操作原理做一个简要分析和解释。

无中生有办企业　目的为享税优惠

正因为利用税收优惠政策是税收策划的基本方法之一，所以，人们就想方设法争取。比如无中生有新办一个企业有税收优惠，同时又是一个最简单的策划产品，于是，许多人就不断兴办新企业。但是，有政策还得会运筹，运作不当最终还是竹篮打水一场空。

案例简介：

驰远货物配载服务公司共有职工200人，其中包括2013年12月吸纳的自谋职业的城镇退役士兵8人，管理人员12人，其余为搬运工人。2013年度该公司实现服务收入5 000万元。

在进行纳税策划之前，该公司2013年度按"其他服务业"缴纳营业税，应负担的相关流转税费为275万元，其中：

（1）营业税：5 000×5%=250（万元）。

（2）城市维护建设税、教育费附加：250×（7%+3%）=25（万元）。

以上两项共需缴纳流转税费合计为275万元。

从2014年1月1日开始当地实行"营改增"，考虑到2013年度接受了城镇退役士兵8人，是一笔非常宝贵的人力资源，该企业的财务总监和人力资源经理经过商量和策划之后，就向公司的董事长做了汇报，建议对企业目前的组织架构进行重组。

涉税政策：

财政部 国家税务总局《关于将铁路运输和邮政业纳入营业税改征增值税试点的通知》（财税〔2013〕106号）附件3第一条第（十二）款第1项规定，为安置自谋职业的城镇退役士兵就业而新办的服务型企业当年新安置自谋职业的城镇退役士兵达到职工总数30%以上，并与其签订1年以上期限劳动合同的，经县级以上民政部门认定、税务机关审核，其提供的应税服务（除广告服务外）3年内免征增值税。这里所说的自谋职业的城镇退役士兵，指符合城镇安置条件，并与安置地民政部门签订《退役士兵自谋职业协议书》，领取《城镇退役士兵自谋职业证》的士官和义务兵。

策划预案：

驰远货物配载服务公司分立新办成甲公司和乙公司，然后将管理人员和城镇退役士兵转移至甲公司，将其余180名搬运工人转移至乙公司。甲公司专门从事配载业务的联系和具体协调工作，然后将货物的搬运和配送劳务分包给乙公司。

测算分析：

假设2014年度的经营情况与上年度持平，营业收入仍然维持在5 000万元。但是，按照策划预案有关业务做如下分配：甲公司取得货物配载收入4 000万元，乙公司取得分包搬运配送劳务1 000万元。那么，有关业务的税收情况计算如下。

（1）甲公司应缴纳流转税费计算如下。

①实行"营改增"以后，甲公司应当按"物流辅助服务"缴纳增值税：4 000×6%=240（万元）。

②城市维护建设税、教育费附加：240×（7%+3%）=24（万元）。

以上两项共需缴纳流转税费合计为264万元。但是，由于甲公司安置自谋职业的城镇退役士兵的比例已经超过30%，因此，可免征增值税。

（2）乙公司应缴纳流转税费计算如下。

①由于乙公司提供的是装卸搬运服务，具体的是使用装卸搬运工具或人力、畜力将货物在运输工具之间、装卸现场之间或者运输工具与装卸现场之间进行装卸和搬运的业务活动。因此，实行"营改增"以后，乙公司应当按"物流辅助服务"缴纳增值税：1 000×6%=60（万元）。

②城市维护建设税、教育费附加：60×（7%+3%）=6（万元）。

以上两项共需缴纳流转税费合计为66万元。

（3）由于甲公司免征增值税，所以甲、乙两公司的税费负担合计为66万元（0+66）。

策划效果：

税费负担减少了209（275-66）万元。

税务稽查：

但是，2019年9月18日当地主管税务稽查对该企业2016至2018三个年度的纳税情况进行检查时，发现了上述问题，后来又通过延伸检查，对2014年度的纳税情况也进行了检查。不仅责令该企业对上述业务进行了补税处理，还对该企业处以1倍的处罚。

专家点评：

上述纳税策划方案的当事人本想通过"无中生有"之计来做策划的，从表面上看是天衣无缝，但是，如果结合有关政策分析，我们就可以发现该案例是一个失败的策划案例。因为，财税〔2013〕106号附件3第一条第（十二）款第2项下还对"新办的服务型企业"做出了具体的规定，指《国务院办公厅转发民政部等部门关于扶持城镇退役士兵自谋职业优惠政策意见的通知》（国办发〔2004〕10号）下发后新组建的企业。原有的企业合并、分立、改制、改组、扩建、搬迁、转产以及吸收新成员、改变领导或隶属关系、改变企业名称的，不能视为新办企业。

这里需要提醒纳税人注意的是，《财政部 国家税务总局关于全面推开营业税改征增值税试点的通知》（财税〔2016〕36号）对财税〔2013〕106号文件规定进行了调整，其附件3第三条第（一）项对退役士兵创业就业的涉税政策进行了重新规定。

（1）对自主就业退役士兵从事个体经营的，在3年内按每户每年8 000元为限额依次扣减其当年实际应缴纳的增值税、城市维护建设税、教育费附加、地方教育附加和个人所得税。限额标准最高可上浮20%。

（2）对商贸企业、服务型企业、劳动就业服务企业中的加工型企业和街道社区具有加工性质的小型企业实体，在新增加的岗位中，当年新招用自主就业退役士兵，与其签订1年以上期限劳动合同并依法缴纳社会保险费的，在3年内按实际招用人数予以定额依次扣减增值税、城市维护建设税、教育费附加、地方教育附加和企业所得税优惠。定额标准为每人每年4 000元，最高可上浮50%。

纳税人按企业招用人数和签订的劳动合同时间核定企业减免税总额，在核定减免税总额内每月依次扣减增值税、城市维护建设税、教育费附加和地方教育附加。纳税人实际应缴纳的增值税、城市维护建设税、教育费附加和地方教育附加小于核定减免税总额的，以实际应缴纳的增值税、城市维护建设税、教育费附加和地方教育附加为限；实际应缴纳的增值税、城市维护建设税、教育费附加和地方教育附加大于核定减免税总额的，以核定减免税总额为限。

通过这个案例分析，我们应当能够举一反三，学会在各地利用税收政策。事实上，税收优惠政策利用是有讲究的，既要注意相关政策的衔接和配合，还要注意政策的差异。

税收优惠政策指税法对某些纳税人和征税对象给予鼓励和照顾的一种特殊规定。比如，免除其应缴的全部或部分税款，或者按照其缴纳税款的一定比例给予返还等，从而减轻其税收负担。税收优惠政策是国家利用税收调节经济的具体手段，国家通过税收优惠政策，可以扶持某些特殊地区、产业、企业和产品的发展，促进产业结构的调整和社会经济的协调发展。

（1）税收优惠的差异。

相比较而言，发达国家的税收优惠与发展中国家的税收优惠差异主要体现在优惠的范围、优惠的重点和优惠的方法三个方面。

一般来说，发达国家对税收鼓励的范围选择较为慎重，覆盖面较小，针对性较强。而发展中国家的税收鼓励范围相对要广泛得多，了为吸引外资，引进先进技术，增加出口，经常对某个地区或某些产业、行业给予普遍优惠。全世界 525 个经济特区中，有 347 个（占总数三分之二）分布 68 个发展中国家，比如说巴拿马科隆、泰国曼谷、巴西玛瑙斯、菲律宾巴丹等经济特区都是位于发展中国家，并实行十分广泛的税收优惠措施。

税收优惠的重点有所区别。发达国家重点放在促进高新技术的开发、能源的节约、环境的保护和充分就业上，而发展中国家的税收优惠重点往往不够明确和集中，有些国家甚至对那些技术落后、能源消耗大、资源使用效率低的所谓困难企业也给予优惠照顾。

税收优惠的方法也有差异。发达国家较多取与投入相关的间接性鼓励方法，如加速折旧、投资抵免、再投资免税，而很少使用直接性的减免税，如有使用，也往往加以严格控制。而发展中国家经常采用一般性的减税期或免税期，如泰国曼谷中转区实行所得税头 3 年免征、后 5 年减半征收，韩国马山出口加工区头 5 年免征、后 5 年减半，我国台湾新竹免征 5 年所得税。

（2）税收优惠差异的原因。

发达国家与发展中国在税收优惠上为什么会出现上述差别呢？如果进行深层次分析，我们可以从治税原则和经济现实条件两个方面找到原因。

发达国家强调税收的中性原则，主张尽量减少税收对经济的干预，使市场机制可以在资源配置中更充分地发挥基础作用。这就是所谓的运用市场"看不见的手"。而税收优惠措施，不论涉及什么税种，无非都是运用政府"看得见的手"。在现今纯市场经济尚无法存在的现实环境中，"看得见的手"废弃不用固然是一个不切实际的想法，但是滥用税收优惠、把税收对经济的调节作用夸大到万能的程度，显然也是错误的，它必将妨碍市场机制基础性作用的发挥，造成资源配置的扭曲。发展中国家由于市场发育程度比较差，超市场的宏观调控和政府干预相对要多一些，税收中性原则不能像发达国家那样摆在突出的位置。发展中国家在一定时期内实行广泛的减免税，体现了轻税原则，这对发展民族经济有一定好处。

国家政府实施税收优惠是通过给纳税人提供一定的税收利益而实现的，但不等于纳税人可以自然地得到资本回收实惠。因为许多税收优惠是与纳税人的投资风险并存，比如发展高新技术，往往投资额大、回收期限长，而且失败的可能性较大，政府对此实行税收鼓励可以起到诱导的作用，但不等于投资者都可以"十拿九稳，只盈不亏"。资本效益如不落实，再好的优惠政策也不能转化为实际收益。

在投资者眼里，税收利益的取得基本来源于两个方面：一方面，是通过政府提供税收优惠政策取得；另一方面，是通过纳税人对税收方案的选择取得。共同的特点是风险与收益并存，在税收策划中必须进行仔细的权衡和慎重的决策。

（3）税收优惠与税收利益。

对于税收优惠与税收利益，人们往往理解为是"同义词"。其实，二者之间的内涵是不同的。税收优惠是国家税制的一个组成部分，是政府为了达到一定的政治、社会和经济目的，而对纳税人实行的税收鼓励。税收鼓励反映了政府行为，它是通过政策导向影响人们的生产与消费偏好来实现的，所以也是国家调控经济的重要杠杆。无论是经济发达国家还是发展中国家，无不把实施这样或那样的税收优惠政策作为引导投资方向、调整产业结构、扩大就业机会、刺激国民经济增长的重要手段加以利用。

加工业务无风险　无中生有划层次

从事农产品的种植、加工和经营都有税收优惠政策，所以，许多投资人对农产品的投资都十分感兴趣。但是，税法对从事农业项目的政策边界十分明确，要求也比较严格。比如，自产自销的农产品可以免征增值税，但是，经营农产品就不一定免征增值税；对农产品的简单加工可以免征增值税，但是，对从事农产品的深加工就不能享受免征增值税的优惠。

企业案例：

投资人朱秋华现有水产品初加工和水产品深加工两家企业，主要从事水产品的初加工（冷冻、冷藏、盐渍等防腐处理真空包装后，供应各大超市）和深加工（熟制风味水产品）业务。

经过测算，预计 2020 年实现销售收入 18 000 万元，其中初加工收入 13 000 万元，深加工收入 5 000 万元；加工成本 11 000 万元，其中原料成本 10 200 万元，制造成本 800 万元；取得进项税金 1 460.14 万元，其中原料进项税金 1 324.14 万元，制造成本进项税金 136 万元。

由于农产品市场不断走高，尤其是水产品的销售一路走好，同样也为了降低原料成本，实现原料自给，朱秋华决定马上再建一家水产养殖企业。

对于这个新项目应当如何设置，朱秋华心里没有数，只是听说，农产品存在税收优惠，如果操作不当，可能影响到企业的经营成果。于是，就请税务专家为其进行策划。

策划建议：

税务专家到企业现场进行调研后，发现其存在策划的空间，同时提出两种企业设立模式可供选择（假设新上养殖企业为 A，水产品初加工企业为 B，水产品深加工企业为 C）。

方案一：新设立独立核算的水产养殖场，原企业的机制不变，即"A，B+C"模式。

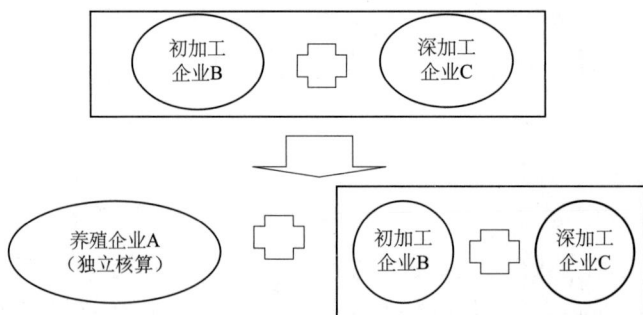

在保持原有组织架构不变的前提下，将新成立的企业单独核算。根据财税〔1995〕52号文件中《农业产品征税范围注释》对动物类水产品的规定，水产品指人工放养和人工捕捞的鱼、虾、蟹、鳖、贝类、棘皮类、软体类、腔肠类、海兽类动物。包括经冷冻、冷藏、盐渍等防腐处理和包装的水产品。干制的以及未加工成工艺品的贝壳、珍珠，也属于本货物的征税范围。新上独立核算的养殖企业A是直接从事动物饲养的单位，所生产销售的产品为注释所列举的自产农业产品，免征增值税。应纳增值税为零。

原加工项目（即B＋C），是具有法人资格的独立核算的加工企业，B＋C企业用养殖企业A的产品进行生产加工，所耗用的原材料应按独立交易原则做购进业务处理。根据财税〔1995〕52号文件的规定，水产品初、深加工所需的原料对该企业B＋C来说，属外购的农业产品，虽然所生产出来的初加工产品仍属于财税〔1995〕52号文件列举的农业产品，但不属于财税〔1995〕52号文件规定的免税范围，同深加工产品一样应征收增值税。

2020年应纳增值税：18 000×9%－1 460.14=159.86（万元）。

方案二：调整组织架构，将水产品深加工C企业分立出去，即"A＋B，C"模式。

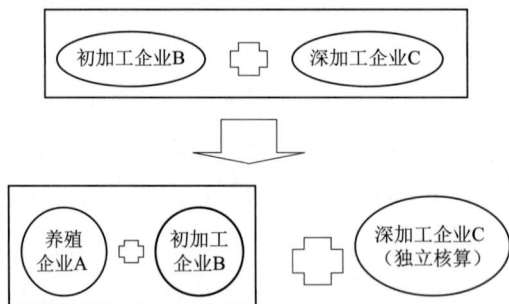

将新组建的企业以非独立核算的水产养殖场的形式经营，与水产品初加工企业捆绑在一起，将水产品深加工企业分立出去，独立核算。由于该企业原来的水产品初加工（冷冻、冷藏、盐渍等防腐处理真空包装后）环节所生产的产品虽然是财税〔1995〕52号文件列举的农业产品，但由于该企业不是农业生产者，不符合"农业生产者销售的自产农产品"的免税条件。而将新组建的非独立核算的水产养殖场与水产品初加工企业捆绑在一起后，该企业由"外购农业产品生产、加工后仍然属于注释所列的农业产品"行为变为"农业生产者销售的自产农产品"行为，符合财税〔1995〕52号文件规定的增值税免税条件。

至于水产品深加工（熟制风味水产品）环节，由于最终产品不是财税〔1995〕52号文件列举的农业产品，不属于文件规定的免税范围。因此，将深加工环节分立出去，独立核算，按照规定税率征收增值税。

新组建的水产养殖项目与初加工环节，即A+B，取得的制造费用进项税金136万元中，应由加工环节负担的部分做进项税转出处理，不得抵扣进项税额。应纳增值税为零。

水产品深加工的C企业，经测算其深加工原料成本2 400万元，其中原材料成本2 200万元，制造成本200万元。取得进项税金432.74万元，其中原材料进项税金358.74万元，制造成本进项税金74万元。

2020年应纳增值税：5 000×9%−432.74=17.26（万元）。

策划结论：

将方案一与方案二进行比较，方案二比方案一少缴税142.6万元（159.86−17.26）。由于水产品初加工免征增值税，深加工不能免征增值税，新组建独立核算的水产养殖场后，原水产品加工企业初、深加工仍不能免增值税，当设立"加工＋养殖"，水产初加工非独立核算时，水产品初、深加工都符合了"农业生产者销售的自产农产品"条件，但是，税收上没有获得更多的优惠。此外，由于深加工环节仍不能免增值税，且水产养殖场的进项税取得比较低，加之深加工应税产品前期养殖环节的增加值不能免税和后期加工环节进项税额抵扣不足，所以方案一的税收负担过重。而方案二将深加工环节分立出去，独立核算，一是解决了深加工前期养殖环节增加值不能享受增值税免税优惠的问题，二是解决了深加工进项税额抵扣不足的问题。因此，"A+B，C"模式比"A，B+C"模式节税。

策划点评：

在水产畜牧行业中，按其生产流通，服务性质，横跨国民经济三大产业第一产业为水产畜牧养殖，第二产业为水产畜牧产品初加工和精深加工，第三产业包括水产畜牧企业的研发、物流、贸易、衍生消费等。随着现代产业的发展，第二、第三产业在全行业中所占比重将越来越大。这也是水产畜牧业发展的必然趋势。但这三个产业的企业在税收负担上不平衡，而且差异较大。

纵观当前水产畜牧行业的财税优惠政策就会发现，目前我国税收政策明显倾向于水产畜牧行业中的第一产业：农业生产者销售自产农业产品，免征增值税；农业产业化国家重点龙头企业暂免征收企业所得税；自2008年7月1日起，国家对农民专业合作社销售本社成员生产的农业产品，视同农业生产者销售自产农业产品免征增值税；增值税一般纳税人从农民专业合作社购进的免税农业产品，可按13%的扣除率计算抵扣增值税进项税额；农民专业合作社与本社成员签订的农业产品和农业生产资料购销合同，免征印花税。

这里还需要注意的是：根据现行优惠政策，一些初级农产品可以享受增值税13%的低税率。现行《农产品征税范围注释》（财税字〔1995〕52号）对可享受这一优惠的农产品进行了解释，规定只有种植业、养殖业、林业、牧业、水产业生产的各种植物、动物的初级产品方可享受政策优惠。专家认为，这里所指的初级产品实际上还包括部分以农产品为原料经简单加工而成的农产品初级加工品或副产品。但是，在实际生产经营中，农产品的简单加工与精、深加工无明确区分标准，很难把握农业加工产品的类别归属。

策划难点：

对于法治经济而言，税收是可以策划的。从我国目前的情况来看，企业家阶层正在形成，但是还很不成熟。技术型企业家较多，而战略型企业家较少。现在的技术型企业家多数是以自己的智慧起家的，所以他们比较自信，而不懂运用外脑发展生产，增加盈利。所以许多企业存在大量的税收策划潜力，当然，也是发展税收策划业务的难点所在。

本案是一个系统性税收策划问题。对于一个大型制造企业来讲，其机构的设置、生产和经营业务流程的安排，对企业的生产经营管理影响较大，这是多数企业家都意识到的，而这些因素对税收的影响却是他们没有意识到的。这是本案例所提示的问题之一。与此相关的其他问题，读者可参阅《纳税策划实战精选百例》等专著。

钻研技术税负重　技术转让变轻松

有些企业的负责人本身就拥有技术研发能力，所以，他们平时比较注重技术研究和开发，但是，往往忽视政策上的扶持，从而导致缴纳比较多的税收。这里就有一个笔者曾经策划的涉税案例。

实务案例：

甲公司是一家汽车配件生产企业，2017年度实现企业收入20 590万元，缴纳增值税1 338.35万元，实现利润4 320万元，缴纳企业所得税1 080万元。该公司的董事长感觉自己的税收负担比其他同类型企业的水平高出很多，于是，聘请咨询专家为其提供诊断服务。

现场诊断：

咨询专家到现场，对该企业的组织架构、生产和经营情况进行了具体分析和诊断。了解到以下几个情况。

其一，该企业是一家家族性企业，企业的投资人都是老板的兄弟。

其二，该企业的董事长是一个技术型专家，而不是经营和管理型专家，他热衷于技术研究和开发。

其三，该企业生产的产品跟国外几家大型汽车厂商配套。

其四，该企业的产品毛利率比其他同类型企业要高出很多。

策划建议：

于是，咨询专家设想通过技术转让的形式进行策划。

策划分析：

技术转让是技术贸易的一种主要类型，技术市场上的技术转让指技术成果由一方转让给另一方的经营方式。所转让的技术包括获得专利权的技术、商标，以及非专利技术，如专有技术、传统技艺生物品种、管理方法。

技术转让是技术市场的主要经营方式和范围。技术转让指技术商品从输出方转移到输入方的一种经济行为。对输出方来说是技术转让，对输入方来说技术市场是技术引进。以技术转让与引进为主要内容的技术贸易已成为国际上传播技术的重要方式。

技术转让指拥有技术的当事人一方将现有技术有偿转让给他人的行为。尚未研究开发出的技术成果不属于技术转让范畴。

由于引进世界先进的技术和设备，可以使引进方的生产力发展从更高的起点起飞，节省了研制费用，赢得了时间，从而使技术引进活动在全世界范围内，尤其是在发展中国家受到普遍重视和广泛应用。

技术转让和引进主要形式有以下几种：采用成套设备引进和转让、合作生产、补偿贸易及合资经营四种形式。此外，技术商品的转让和引进还有租赁设备、工程承包、技术培训等多种方式。

由于转让技术的权利化程度和性质的不同，技术转让又可分为四种基本类型。

（1）专利权转让。专利权转让指专利人作为让与方，将其发明创造专利的所有权或持有权移交给受让方的技术转让形式。

（2）专利申请权转让。专利申请权转让指让与方将其特定的发明创造申请专利的权利移交给受让方的技术转让形式。

（3）专利实施许可。专利实施许可指专利权人或者授权人作为让与方，许可受让方在约定的范围内实施专利的技术转让形式。

（4）非专利技术转让。非专利技术（技术秘密）转让指让与方将其拥有的非专利技术成果提供给受让方，明确相互之间非专利技术成果的使用权、转让权的技术转让形式。

注意事项：

为扶持技术创新，发展高新科技，国家就技术转让出台了一系列税收优惠政策。享受这些优惠政策涉及技术范围的认定，营业额或者所得额的计算，资料的报送等许多复杂问题，企业在理解和享受税收优惠时注意以下七个关键点。

第一，高新技术企业技术转让收入超过 500 万元的，按 25% 税率而非 15% 税率减半缴纳企业所得税。根据《国家税务总局关于进一步明确企业所得税过渡期优惠政策执行口径问题的通知》（国税函〔2010〕157 号）第一条第（三）项的规定，居民企业取得企业所得税法实施条例第八十六条、第八十七条、第八十八条和第九十条规定可减半征收企业所得税的所得，指居民企业应就该部分所得单独核算并依照 25% 的法定税率减半缴纳企业所得税。这意味着，如果一家居民企业被认定为高新技术企业，同时企业发生可以享受优惠的技术转让所得，该部分转让所得超过 500 万元的部分应按照 25% 的税率减半缴纳企业所得税，而不能按 15% 的优惠税率减半缴纳。

第二，技术转让所得，不是会计所得而是纳税调整后的所得。《国家税务总局关于技术转让所得减免企业所得税有关问题的通知》（国税函〔2009〕212 号）第二条规定，符合条件的技术转让所得计算方法：技术转让所得＝技术转让收入－技术转让成本－相关税费。同时应单独核算技术转让所得，合理分摊企业的期间费用。这里提到的所得是税收口径的所得，相关的收入、成本、费用是按照税收政策规定经过纳税调整后归属于该项目的税收所得，不是该项目的收入、成本、期间费用的账载数据简单加减后的会计所得的。因此，在进行年度纳税申报时，企业先按税法规定将相关收入、成本、费用进行纳税调整的金额填入"纳税调整明细表"，然后再按项目分解确认归属于相关优惠项目且经过纳税调整后的收入、成本、费用金额计算出技术转让所得。

第三，技术转让合同需提供科技部门的认定证明。企业备案享受技术转让所得企业所得税优惠，应向主管税务机关提供科技部门的合同认定证明。科技部门认定的技术合同通常分为四类，分别是技术转让合同、技术咨询合同、技术服务合同和技术开发合同，其中技术转让合同又分为专利技术转让合同和非专利技术转让合同（专有技术转让合同）。从 2008 年 1 月 1 日起，对于企业享受技术转让所得的技术合同的认定部分已经提到省级以上的科技、商务部门，省级以下的科技、商务部门的认定将得不到税务机关的认定。

第四，未按规定办理手续不得享受减免税。企业发生技术转让，应在纳税年度终了后至报送年度纳税申报表以前，向主管税务机关办理减免税备案手续。技术转让、技术开发业务和与之相关的技术咨询、技术服务业务取得的收入免征增值税，同样需要向主管税务机关办理备案减免手续。企业未按规定程序进行优惠事项的备案，不得享受减免税。主管税务机关在事后跟踪管理过程中，如果发现企业存在上述情况，将要求纳税人调整申报并补缴已减免的税款。

第五，非技术性收入、单独的技术咨询、服务、培训等收入属于非技术转让收入，不得享受税收优惠。技术转让收入指当事人履行技术转让合同后获得的价款，不包括销售或转让设备、仪器、零部件、原材料等非技术性收入。不属于与技术转让项目密不可分的技术咨询、技术服务、技术培训等收入，不得计入技术转让收入。与技术转让、技术开发相关的技术咨询、技术服务业务指转让方根据技术转让或开发合同的规定，为帮助受让方掌握所转让的技术，而提供的技术咨询、技术服务业务，并且这部分技术咨询、技术服务的价款与技术转让的价款是开在同一张发票上的。

第六，并非一切技术转让收入都可享受企业所得税优惠。《财政部、国家税务总局关于居民企业技术转让有关企业所得税政策问题的通知》（财税〔2010〕111 号）第一条规定，享受优惠的技术转让的范围，包括居民企业转让专利技术、计算机软件著作权、集成电路布图设计权、植物新品种、生物医药新品种，以及财政部和国家税务总局确定的其他技术。其中，专利技术，指法律授予独占权的发明、实用新型和非简单改变产品图案的外观设计。同时，技术转让必须是居民企业转让其拥有符合条件的特定技术的所有权或 5 年以上（含 5 年）全球独占许可使用权的行为。这一规定明确界定了技术转让的范围。企业发生的技术服务、技术咨询、非专利技术的转让所得不得享受企业所得税的减免税优惠。那些认为只要企业提供了科技部门的技术认定证明就可以享受优惠的认识是片面的。

第七，未单独核算技术转让收入的不得享受税收优惠。纳税人兼营免税、减税项目的，应当单独核算免税、减税项目的营业额；未单独核算营业额的，不得免税、减税。因此，享受技术转让所得减免增值税和企业所得税优惠的企业，应单独计算技术转让所得，并合理分摊企业的期间费用；没有单独计算的，不得享受技术转让所得企业所得税优惠。

费用巧策划　曲径可通幽

【妙计提要】

发生费用乃寻常，技术处理应有方；曲径周旋可通幽，抵扣盈利两便当。

【本计内容】

"开门见山"是生活中人们处理问题常采用的方法，"曲径通幽"同样也是人们处理问题常采用的手段，因为"幽"也许在这"曲径"之中，"美"可能源于这回转之间。

这里有一段文字写得很美，所以引用于此："弯弯曲曲的小路通往风景幽美的地方，这便是'曲径通幽'。"都说'大隐隐于市'，我以为只有明白之士，通达之人方能明白'曲径通幽'的深刻内涵。古往今来，多少通达之人，他们或面对明君，或侍奉庸主，人生弯弯曲曲犹如那望不到尽头的小路。通往仕途的路尽管诱惑重重，但垂钓于濮水者如庄子，悠然忘我者如陶渊明，宁可放弃那看似华丽其实污浊的官场生活。'水击三千里，抟扶摇而上者九万里，去以六月息者也。'弯曲小路的那端，是只属于庄子的逍遥美景。'登东皋以舒啸，临清流而赋诗'是只属于陶渊明的桃源传说。那弯曲的小路引领着文人墨客到达他们一直崇尚的意境。避开世俗的烦扰，或许这正是'曲径通幽'美的所在，回转之间，领略个中的真谛与哲理。"

不要怀疑这弯弯曲曲的小路是否能通往风景幽美的地方，更不要否定"曲径通幽"创造的人生价值。唐常建《题破山寺后禅院》诗："曲径通幽处，禅房花木深。"意思是从弯曲的小路通向风景幽美的地方。后用来比喻做事情经过曲折取得成功。

税收上有时也能"曲径通幽"。企业当期发生的费用是在当期进行资本化，留作以后再抵免企业所得税，还是现在就列入费用，抵减当期的企业所得税？这里就有"曲径通幽"迂回，还是"开门见山"的直接选择问题，而这个正是税收策划问题。

另外，有时费用的发生还与增值税有关。这次的营改增政策的调整，将所有的征税项目都统一纳入增值税的征收范围，同时明确部分项目的不得作为进项税抵扣。比如，如果企业采购设备向金融企业借款，根据现行税法规定，其发生的利息费用不得抵扣增值税进项税。那么，纳税人如果需要融资，就增加了一笔税收负担。有没有办法绕过这条红线从而实现"曲径通幽"？根据现行政策的规定，企业如果想通融资方式购买设备，可以考虑融资租赁的方式购买设备，则内含有利息的融资租赁费，企业可以做进项抵扣，其税率为13%。也就是说，企业可以选择用融资租赁的方式替代从金融机构直接借款。而对于融资租赁公司本身借款产生的利息，税法允许其在计税时通过差额计税的方式直接扣除，因此融资租赁方式无论对于企业（承租方）还是融资租赁公司都是有利的。

【案例注释】

同样是融资购买设备，由于其操作模式不同、融资的渠道不同，其税收负担的结果就出现差异。从上述计策的内容上看，读者可能还是感觉难以理解。因此，这里我们结合实际案例对有关计策的操作原理做一个简要分析和解释。

银行借款税无路　融资租赁可通幽

中国有一个"遇到问题绕道走"的说法，这个说法有两个含义，一是回避矛盾，消极对待；二是遇到障碍，寻找其他途径，从而到达成功的目标。我们在这里取后者的意思，显然，这个也是税收策划的一个思路和技巧。

实务案例：

江峰汽车制造有限公司（以下简称江峰公司）于2020年1月1日增加一条生产流水线，该设备预算需要资金5亿元，由于当期公司的资金比较紧张，这笔资金需要通过借贷的方式筹措。

负责融资的张明芳经理跟银行进行了几次沟通，初步约定专项借款50 000万元，借款期限为3年，年利率为8%，借款利息按年支付。

当这个意见汇报到公司财务部门那里，该公司的财务总监张哲感到有些纠结。营改增以后，全面实行增值税，但是，通过银行举债发生的银行利息不得从进项税额中扣除。有没有理好的办法？

张哲注意到，《国家税务总局关于发布〈涉税专业服务监管办法（试行）〉的公告》（国家税务总局公告2017年第13号）第五条规定，涉税专业服务机构可以从事下列涉税业务：（一）纳税申报代理。对纳税人、扣缴义务人提供的资料进行归集和专业判断，代理纳税人、扣缴义务人进行纳税申报准备和签署纳税申报表、扣缴税款报告表以及相关文件。（二）一般税务咨询。对纳税人、扣缴义务人的日常办税事项提供税务咨询服务。（三）专业税务顾问。

对纳税人、扣缴义务人的涉税事项提供长期的专业税务顾问服务。（四）税收策划。对纳税人、扣缴义务人的经营和投资活动提供符合税收法律法规及相关规定的纳税计划、纳税方案。因此，纳税人可以合理合法地聘请咨询专家为其提供涉税咨询服务。

为了解决这个问题，财务总监张哲请来税收策划咨询专家为其提供涉税服务。

咨询服务：

普誉财税策划工作室的税务咨询专家、税务师章志鸿为其提供了服务。根据《税收策划业务规则（试行）》（中税协发〔2017〕004号），咨询专家章志鸿跟企业有关人员一起学习了有关政策和文件，对该企业的业务背景和有关业务情况进行了综合分析。

咨询专家通过初步沟通，如果通过融资租赁解决这个问题，取得同样的设备，3年归还本金和利息，那么，年服务费用为10%。公司经过测算，该设备一旦上马，3年内可以创造6亿元的税前利息。

于是，咨询专家在此基础上，提出两个操作方案：一是向银行借款并利用该资金采购所需的设备；二是通过融资租赁的方式取得所需设备。

业务分析：

这两种方式的区别在哪里呢？下面我们试做分析。

方案一： 江峰公司利用银行借款采购设备。

对于江峰公司利用银行借款采购专用设备，根据财税〔2016〕36号文规定，向银行支付利息发生的费用不能抵扣增值税。只能全额作财务费用。即该公司当期发生财务费用12 000万元（50 000万元×8%×3）。

方案二： 江峰公司利用融资租赁采购设备。

对于江峰公司通过融资租赁采购专用设备，根据财税〔2016〕36号文规定，经人民银行、银保监会或者商务部批准从事融资租赁业务的试点纳税人，提供融资租赁服务，以取得的全部价款和价外费用，扣除支付的借款利息（包括外汇借款和人民币借款利息）、发行债券利息和车辆购置税后的余额为销售额。也就是说，企业若通过贷款方式购买设备，其支付给银行的贷款利息无法做进项抵扣，若通过融资租赁的方式购买设备，则内含有利息的融资租赁费，企业可以做进项抵扣，其税率为13%。

即该公司取得因购买该设备而产生的增值税进项税1 950万元（15 000×13%），同时，当期增加固定资产价值13 050万元（50 000万元×10%×3－1 950万元）。

分析结论：

方案一发生的12 000万元可以进财务费用抵减当期的利润，方案二增加固定资产价值13 050万元也可以通过折旧的方式收回，假设不考虑时间性差异，方案二比方案一多缴企业所得税262.5万元（1 050万元×25%）。但是，方案二比方案一多抵扣增值税1 950万元，换一句话说，方案二比方案一少缴增值税1 950万元。

专家点评：

《财政部 国家税务总局关于全面推开营业税改征增值税试点的通知》（财税〔2016〕36号）附件1"营业税改征增值税试点实施办法"规定，第二十七条下列项目的进项税额不得从销项税额中抵扣：（六）购进的旅客运输服务、贷款服务、餐饮服务、居民日常服务和娱乐服务。

另外，上述36号文附件2"营业税改征增值税试点有关事项的规定"中第二条第（一）项第5点明确：纳税人接受贷款服务向贷款方支付的与该笔贷款直接相关的投融资顾问费、手续费、咨询费等费用，其进项税额不得从销项税额中抵扣。

根据营改增政策规定，"购进的贷款服务"不得从销项税额中抵扣，并同时规定，纳税人接受贷款服务向贷款方支付的与该笔贷款直接相关的投融资顾问费、手续费、咨询费等费用，其进项税额不得从销项税额中抵扣。这意味着，企业所支付的利息费用及直接相关的其他费用在营改增之后需要缴纳6%的增值税，且这部分的税额无法做进项抵扣。对于资本密集型的行业（如金融投资、房地产），企业每年支付给银行或相关金融机构的利息费用通常是巨额的，若贷款利息所产生的增值税由买方企业来负担，企业却无法进项抵扣，无疑会增加企业流转税负，客观上要求企业需要寻求其他融资方式来降低资金的使用成本，从某种意义上说，会推动企业融资方式的改革。

既然支付给银行的贷款利息不能扣除增值税，企业可以另谋出路。根据财税〔2016〕36号文规定，企业若通过融资租赁的方式购买设备，则内含有利息的融资租赁费，企业可以做进项抵扣，其税率为17%。《财政部 税务总局 海关总署关于深化增值税改革有关政策的公告》（财政部 税务总局 海关总署公告2019年第39号）自2019年4月1日起，增值税一般纳税人（以下称纳税人）发生增值税应税销售行为或者进口货物，原适用16%税率的，税率调整为13%；原适用10%税率的，税率调整为9%。因此，企业可以选择用融资租赁的方式替代从金融机构直接借款。而对于融资租赁公司本身借款产生的利息，税法允许其在计税时通过差额计税的方式直接扣除，因此融资租赁方式无论对于企业（承租方）还是融资租赁公司都是有利的。

不过，企业还可以通过统借统还的方式进行融资。此次营改增全面扩围，将原来统借统还的营业税优惠政策平移，对符合条件的统借统还业务免征增值税。统借统还是许多大型企业资金管理的方式，为享受增值税的优惠，规避潜在的风险，需要在政策把握，合同草拟等方面，予以高度重视。

根据财税〔2016〕36号文，统借统还业务中，企业集团或企业集团中的核心企业以及集团所属财务公司按不高于支付给金融机构的借款利率水平或者支付的债券票面利率水平，向企业集团或者集团内下属单位收取的利息免征增值税。资金借贷双方是否属于同一企业集团；是否由统借方对外借款（或发行债券统一取得资金）后将所借资金分拨给下属单位或与借款企业签订统借统还贷款合同并分拨所借入的资金；向借款企业收取利息的利率不高于支付给金融机构利率（或债券票面利率）水平，这是享受统借统还业务免征增值税优惠的三项条件。

利息征税但其进项税额不能抵扣的问题，必然导致企业对于融资方式进行各种的创新及选择，同时也会影响到银行等金融机构在业务模式上的转变。而企业在创新融资方式的同时，仍有许多问题有待厘清。根据财税〔2016〕36号文规定，各种占用、拆借资金取得的收入，包括金融商品持有期间（含到期）利息（保本收益、报酬、资金占用费、补偿金等）收入、信用卡透支利息收入、买入返售金融商品利息收入、融资融券收取的利息收入，以及融资性售后回租、押汇、罚息、票据贴现、转贷等业务取得的利息及利息性质的收入，按照贷款服务缴纳增值税。因此，未来企业融资方式的界定将成为难点。例如，应收账款保理的方式是否应该认定为贷款服务，产业基金、合伙制信托、理财产品、混合型投资，其收益如何定性，收益性质不明确将导致征税上的不确定性。

费用支出有渠道　处理不当存风险

我们讲"曲径通幽"，只是讲各种经营模式和业务操作流程在可能的前提下做适当的调整和改变，但是，遇到必须"桥归桥，路归路"的事情，就不能做太多的变通，否则，就可能发生涉税风险。

实务案例：

方圆公司向银行借款引进两台模拟飞行设备，每台1 200多万元，计入"在建工程"科目。两台设备分期完工，分别发生借款费用150多万及90多万元，公司将该费用一次性列支，未进行资本化处理，但是，2020年3月28日被税务局责成补缴企业所得税近60万元。这是怎么一回事儿呢？

案情概况：

方圆公司是一家从事飞行人员及航空相关人员培训的企业。公司向银行借款购买两台模拟飞行设备，计入"在建工程"科目，其中一台于2017年1月竣工，发生借款利息150多万元，另一台于2017年12月竣工，发生借款利息90多万元，公司将该笔借款利息支出直接计入"财务费用——利息净支出"科目一次列支。对于这笔业务，检查人员持不同的处理办法。

案情分析：

方圆公司财务人员认为，因为公司业务单一，财务核算制度也比较简单，大多数的费用性支出都是一次性列支，故没有仔细分析该模拟设备项目中借款费用的资本化问题。

检查员向方圆公司财务人员详细介绍了借款费用资本化的相关规定，《企业所得税法》第十一条规定，在计算应纳税所得额时，企业按照规定计算的固定资产折旧，准予扣除。《企业所得税法实施条例》第三十七条规定，企业在生产经营活动中发生的合理的不需要资本化的借款费用，准予扣除。企业为购置、建造固定资产、无形资产和经过12个月以上的建造才能达到预定可销售状态的存货发生借款的，在有关资产购置、建造期间发生的合理的借款费用，应当作为资本性支出计入有关资产的成本，并依照本条例的规定扣除。

根据上述规定检查人员认为：通过企业提供的资料显示，方圆公司的模拟飞行设备项目完全符合借款费用资本化要求，企业应将借款计入在建工程成本，反映在"在建工程"科目中。同时，为了准确反映企业在建工程成本中借款费用所占的金额比例，应在"在建工程"科目中，单设一个"借款费用"明细科目，来反映企业每期资本化的借款费用，企业当就该项目进行资本化处理并补缴相应税款。

税务处理：

根据方圆公司财务制度规定，该模拟设备应按 10 年计提折旧，至 2017 年底共计可计提折旧 9 万余元。依据相关税收法规，责成方圆公司调增 2017 年度应纳税所得额 230 万余元，补缴企业所得税近 60 万余元。

专家点评：

这里引用资料和案例试图想说明有关设备投资利息费用的涉税处理问题。借款费用资本化涉税问题在实务中比较多，不同的企业往往根据自己的目的将应该费用化的资本化，或将应该资本化的费用化，这些做法都不符合规定，大家在处理借款费用时一定要准确判断其性质，根据资本化或费用化的标准，要求严谨处理，避免涉税风险。但是，在实务操作过程中，借款费用资本化的会计与税务处理存在一定的差异，这里分析如下。

1. 借款费用资本化的会计准则和税法规定比较

（1）会计准则与税法规定的相同之处。一是对借款费用范围的规定相同，即都包括借款利息、折价或溢价的摊销、辅助费用以及因外币借款而产生的汇兑差额等；二是对借款费用可以资本化的资产范围的规定相同，即都包括固定资产、无形资产和经过 12 个月以上的建造才能达到预定可销售状态的存货。

会计准则和税法关于借款费用资本化的条件和期限的规定基本一致。

（2）会计准则与税法规定的不同之处。

①企业在生产、经营期间向非金融机构借款发生的利息支出，如果高于以金融机构同期同类贷款利率计算的数额，按照企业所得税法的规定，超过的部分不得计入资产的价值，也不得计入财务费用在税前扣除。而会计准则是按照实际利率计算资本化金额或费用化金额。这里的会计与税务处理的差异是由于计量口径不一致造成的，属于永久性差异。如果对借款费用进行资本化处理，则当期纳税申报时不调整应纳税所得额，在资产未来使用年限内将企业所得税法不允许资本化的部分分期调增应纳税所得额；如果对借款费用进行费用化处理，则调增当期的应纳税所得额。

②由于关联方接受债权性投资的比例超过了国务院财政、税务主管部门规定的标准而发生的利息支出，按照企业所得税法的规定，不得在计算应纳税所得额时扣除，由此产生的借款费用资本化金额和按会计确认标准确认的资本化金额之间的差异属于永久性差异，不调整当期的应纳税所得额。企业所得税法不允许资本化的部分在资产未来使用年限内分期调增

应纳税所得额。

③企业将闲置的专门借款存入银行取得的利息收入或进行暂时性投资取得的投资收益，按企业所得税法的规定应确认为利息收入，会计上做减少借款费用资本化金额处理。由此造成资产的账面价值小于计税基础，形成暂时性差异，应确认递延所得税资产。填报当期的纳税申报表时，调增当期的应纳税所得额。

2. 举例说明

甲公司于2018年1月1日动工兴建一幢厂房，工期预计为1年零6个月，工程采用出包方式，分别于2018年1月1日、2018年7月1日和2018年10月1日支付工程款。

甲公司为建造厂房发生了两笔专门借款，一笔为2018年1月1日从银行取得专门借款2 000万元，借款期限为3年，年利率为8%，借款利息按年支付；另一笔为2018年7月1日从银行取得专门借款2 000万元，借款期限为5年，年利率为10%，借款利息按年支付。

另外，在厂房建造过程中占用了两笔一般借款，具体资料为：

其一，2017年12月1日向工商银行借款2 000万元，期限为3年，年利率为6%，按年付息。

其二，发行公司债券1亿元，于2017年1月1日发行，期限为5年，年利率为8%，按年支付利息。闲置借款资金均用于投资短期固定收益债券，月收益率为0.5%。

厂房于2018年12月31日完工，达到预定可使用状态。甲公司适用的所得税税率为25%。

（1）会计处理。根据上述资料，计算甲公司建造厂房应予以资本化的利息费用金额。

①计算专门借款利息资本化金额。

$2\,000 \times 8\% + 2\,000 \times 10\% \times 180 \div 360 - 500 \times 0.5\% \times 6 = 245$（万元）

②计算一般借款利息资本化金额。累计资产支出超过专门借款部分的资产支出加权平均数为：

$(4\,500 - 4\,000) \times 180 \div 360 + 1\,000 \times 90 \div 360 = 500$（万元）

一般借款利息资本化率为：

$(2\,000 \times 6\% + 10\,000 \times 8\%) \div (2\,000 + 10\,000) \times 100\% = 7.67\%$

一般借款利息资本化金额为：

$500 \times 7.67\% = 38.35$（万元）

③计算建造厂房应予以资本化的利息费用金额。建造厂房应予以资本化的利息费用金额为：

$245 + 38.35 = 283.35$（万元）

④甲公司的账务处理为：借记在建工程283.35万元、财务费用881.65万元、应收利息（银行存款）15万元；贷记应付利息1 180万元。

2018实际借款利息为：

$2\,000 \times 8\% + 2\,000 \times 10\% \times 180 \div 360 + 2\,000 \times 6\% + 10\,000 \times 8\% = 1\,180$（万元）

（2）税务处理。

①专门借款利息的税务处理。根据企业所得税法的规定，企业专门借款的利息资本化金

额为专门借款当期实际产生的利息费用。专门借款利息资本化金额为：

2 000×8% +2 000×10% ×180÷360=260（万元）

企业将闲置借款用于投资固定收益债券，取得的短期投资收益为：

500×0.5% ×6=15（万元）

企业所得税法将其确认为收入，调增应纳税所得额15万元。

②一般借款利息的税务处理。按照企业所得税法的规定，在有关资产购置、建造期间发生的合理的借款费用，应当作为资本性支出计入有关资产的成本。一般借款利息资本化金额和会计核算结果一致，即38.35万元。

③按照企业所得税法的规定，甲公司建造厂房发生的借款利息应全部予以资本化，资本化金额为：

260+38.35=298.35（万元）

（3）纳税调整。

①从以上分析可以看出，按照会计准则的规定，借款费用应予以资本化的金额为283.35万元，比企业所得税法允许资本化的金额298.35万元少15万元，即资产的账面价值比计税基础少15万元，确认为可抵扣暂时性差异。甲公司应进行如下账务处理：借记递延所得税资产3.75万元；贷记所得税费用3.75万元。在固定资产预计使用寿命期限内，每期纳税申报时进行纳税调整，累计调减15万元。

②企业将闲置借款用于短期固定收益债券投资取得的投资收益，应填报在当期企业所得税纳税申报表中，调增应纳税所得额15万元。

研发产品能操作　税收因素是关键

部分企业自己拥有研发机构，但是，对该机构的地位存在争议，是作为企业内设机构好呢，还是将其独立开来，成立一个研发型公司更好呢？有些人会说，设立一个新的科研型企业可以实现"曲径通幽"。那么，情况真的是这样吗？

实务案例：

兴发科技发展有限公司（以下简称兴发公司）2021年初准备开发一则专利产品，预计开发费用1 000万元。根据预测，该产品预计当年能够开发出来，并实现部分成果转化。

如果将该产品对外销售，当年可以取得收入500万元。兴发公司当年税前利润2 500万元，研究开发费用已全部计入当期损益，没有其他纳税调整。

对于这个事项，该公司的税务顾问、咨询专家马云峰根据企业的生产经营情况和自身的实力，给公司决策机构提出两个产品开发的方案：一是成立技术研发部；二是另外再成立一个独立核算的企业专门从事技术研发，然后将研发的产品对外销售。

这两个方案，哪一个对兴发公司更有利呢？

策划分析：

这笔业务看似简单，但是，涉及税收政策比较多。如果纳税人不能对相关政策做系统的了解、分析和研究，就可能产生认识误区。

方案一：兴发公司内部成立技术研发部。

由于 2021 年该部门全年研究开发费用 1 000 万元，技术转让收入 500 万元，兴发公司当年税前利润 2 500 万元（研究开发费用已全部计入当期损益，没有其他纳税调整），该事项涉及增值税和企业所得税。

增值税：

《财政部 国家税务总局关于全面推开营业税改征增值税试点的通知》（财税〔2016〕36 号）附件 3《营业税改征增值税试点过渡政策的规定》第一条第二十六款明确，纳税人提供技术转让、技术开发和与之相关的技术咨询、技术服务免征增值税。

1. 技术转让、技术开发，指《销售服务、无形资产、不动产注释》中"转让技术"、"研发服务"范围内的业务活动。技术咨询，指就特定技术项目提供可行性论证、技术预测、专题技术调查、分析评价报告等业务活动。

与技术转让、技术开发相关的技术咨询、技术服务，指转让方（或者受托方）根据技术转让或者开发合同的规定，为帮助受让方（或者委托方）掌握所转让（或者委托开发）的技术，而提供的技术咨询、技术服务业务，且这部分技术咨询、技术服务的价款与技术转让或者技术开发的价款应当在同一张发票上开具。

2. 备案程序。试点纳税人申请免征增值税时，须持技术转让、开发的书面合同，到纳税人所在地省级科技主管部门进行认定，并持有关的书面合同和科技主管部门审核意见证明文件报主管税务机关备查。

企业所得税

实际发生的技术开发费 1 000 万元可以在所得税前除扣除外，还可以加计扣除 500 万元，因此，2021 年度兴发公司应交企业所得税：

（2 500−500）×25%=500（万元）

方案二：如果兴发公司将研发部门独立出来，成立一家全资的高新技术企业或研发企业 A 公司。

在不考虑成立新公司所增加的管理费用的情况下，A 公司取得的技术转让收入 500 万元，技术开发成本 1 000 万元，企业亏损实际发生亏损 500 万元。

所以，A 公司无须缴纳企业所得税，享受不到企业所得税的税收优惠。

从兴发公司整体利益的角度讲，如果将研发部门独立出来后，其 1 000 万元的研发费用将不再发生，换一句话说，就是该企业增加税前利润 1 000 万元。那么，兴发公司的税前利润变为：

2 500+1 000−500=3 000（万元）

兴发公司应交企业所得税：

3 000×25%=750（万元）

两家公司合计应交企业所得税 750 万元。

策划结论：

在研发产品的销售收入为 500 万元的条件下，兴发公司内部设立研发部更节税，可以少交企业所得税 250 万元（750 万元 −500 万元）。

策划点评：

对于研发费用的涉税策划问题，这里引用普誉财税策划工作室提供的一个资料进行分析，试图证明技术能力必须是内生的，企业的技术创新必须加强自主研究开发。我国为激励企业技术创新，特别是对专门从事技术研究开发的高新技术企业出台了一系列税收优惠政策。对企业的研究开发业务，可以在企业内部设立研发部，也可以将此业务独立出来设立全资子公司，这样就给企业研究开发业务带来了纳税策划空间。

如果估计其开发产品的市场价值较大，其价值远远大于开发成本，则思路与以上分析正好相反，可以考虑将企业的研发部门分离出来。根据 2008 年 1 月 1 日实施的《企业所得税法实施条例》，一个纳税年度内，居民企业技术转让所得不超过 500 万元的部分，免征企业所得税；超过 500 万元的部分，减半征收企业所得税。技术转让所得，即技术转让收入减去技术开发成本。

如果估计企业的研发部门能够分离出来认定为国家需要重点扶持的高新技术企业，可以考虑将技术开发部门独立出来设立高新技术企业，享受高新技术企业的税收优惠。根据新《企业所得税法》，自 2008 年 1 月 1 日起，国家需要重点扶持的高新技术企业，减按 15% 的税率征收企业所得税。根据国发〔2007〕40 号《国务院关于经济特区和上海浦东新区新设立高新技术企业实行过渡性税收优惠的通知》，对深圳、珠海、汕头、厦门和海南经济特区和上海浦东新区内在 2008 年 1 月 1 日（含）之后完成登记注册的国家需要重点扶持的高新技术企业，在经济特区和上海浦东新区内取得的所得，自取得第一笔生产经营收入所属纳税年度起，第一年至第二年免征企业所得税，第三年至第五年按照 25% 的法定税率减半征收企业所得税。

企业内部设研发部的税收优惠。2008 年 1 月 1 日实施的《企业所得税法》和《实施条例》规定，开发新技术、新产品、新工艺发生的研究开发费用可以在计算应纳税所得额时加计扣除。研究开发费用，未形成无形资产计入当期损益的，在按照规定据实扣除的基础上，按照研究开发费用的 50% 加计扣除；形成无形资产的，按照无形资产成本的 150% 摊销。2008 年 12 月 10 日，为了配合《企业所得税法》及其《实施条例》的实施，进一步规范企业研究开发费用的税务管理，国家税务总局下发了国税发〔2008〕116 号《关于印发企业研究开发费用税前扣除管理办法（试行）的通知》，该通知对"研究开发活动"做出明确定义和具体范围，重新划定了"研究开发费用"的开支范围，细化了加计扣除的规定。该通知规定，企业根据财务会计核算和研发项目的实际情况，对发生的研发费用进行收益化或资本化处理的，可按下述规定计算加计扣除:(1)研发费用计入当期损益未形成无形资产的,允许再按其当年研发费用实际发生额的50%,直接抵扣当年的应纳税所得额。(2)研发费用形成无形资产的,按照该无形资产成本的150%在税前摊销。除法律另有规定外,摊销年限不得低于10年。

从以上税收优惠政策看出,对研究开发业务,软件企业实行增值税即征即退政策,技术转让和技术服务有关收入免征增值税,所以税收策划主要是所得税的策划。

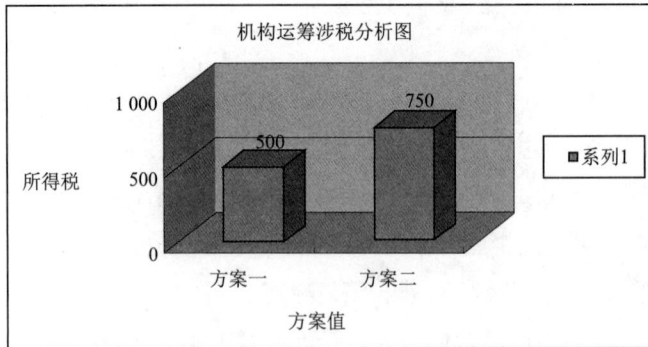

机构运筹涉税分析图

当然,如果将该公司情况做一个调整,比如,兴发科技发展有限公司(以下简称兴发公司)2021年初准备开发一则专利产品,预计开发费用1 000万元。根据预测,该产品预计当年能够开发出来,并实现部分成果转化。如果将该产品对外销售,当年可以取得收入2 000万元。兴发公司当年税前利润2500万元,研究开发费用已全部计入当期损益,没有其他纳税调整。

那么其结果正好相反。

折旧处理　酌情选择

【妙计提要】

设备使用会折旧，直线曲线有自由；如何选择看主体，税收经营无两可。

【本计内容】

企业在生产经营过程中使用固定资产而使其损耗导致价值减少，最终处置时仅余一定残值，其原值与残值之差额就是固定资产折旧。确定固定资产的折旧范围是计提折旧的前提。

折旧在国民收入账户中也称为资本消耗补偿（Capital consumption allowance）。固定资产折旧指在固定资产使用寿命内，按照确定的方法对应计折旧额进行系统分摊。使用寿命指固定资产的预计寿命，或者该固定资产所能生产产品或提供劳务的数量。应计折旧额指应计提折旧的固定资产的原价扣除其预计净残值后的金额。已计提减值准备的固定资产，还应扣除已计提的固定资产减值准备累计金额。

固定资产的一个主要特征是能够连续在若干个生产周期内发挥作用并保持其原有的实物形态，而其价值则是随着固定资产的磨损逐渐地转移到所生产的产品中去，这部分转移到产品中的固定资产价值，就是固定资产折旧。

固定资产与无形资产，是用来生产产品的，也是有成本的。它的价值，就是他的成本，需要计入产品的成本中去。需要摊销，这就是固定资产为什么要计提折旧的原因。但是，根据权责发生制原则，他的成本摊销的期限不应该仅仅是一年，而是他的使用期限。因此需要合理估计每个期限要摊销的成本，这就是每年的折旧额和摊销额。

总之，固定资产折旧是固定资产在使用过程中因逐渐损耗而转移到产品成本中的那部分价值，而提取折旧是补偿固定资产价值的基本途径。折旧作为企业的一项经营费用或管理费用，其大小直接影响到企业的当期损益，进而影响到企业的当期应纳税所得额。我国税法和会计制度规定企业计提折旧的方法有多种，企业可以在税法规定的范围内，有选择地使用折旧方法，从而为投资人的利益增值做出相应的贡献。

但是，站在投资人的角度还是站在职业经理人的角度考虑折旧方法的选择，其效果是不同的。

【案例注释】

通过折旧策划税收是一个传统性的课题，因为折旧抵的话题一直存在。但是，不同的时期折旧政策不同，读者可能对上述的表述感觉难以理解。因此，这里我们结合实际案例对有关计策的操作原理做一个简要分析和解释。

年限确定有讲究　折旧结果税不同

固定资产是企业重要的经营手段，其价值通过折旧的方式转化到产品的价值里收回。人们通常都希望尽快收回投资，根据现行税收政策，固定资产的折旧可以采用缩短折旧年限法实现加速折旧，如果企业在一个时段内有税收优惠，那么，就需要对有些情况做具体分析了。

实务案例：

天华公司取得了一辆价值 1 500 000 元的高档小轿车，残值按原价的 10% 估算，估计使用年限为 8 年。该企业适用 25% 的企业所得税税率，资金成本为 10%。

按直线法年计提折旧额如下：

1 500 000 ×（1−10%）÷8=168 750（元）

折旧抵减企业所得税支出折合为现值如下：

168 750 × 25% × 5.335=225 070.31（元）

如果企业将折旧期限缩短为 6 年，则年提折旧额如下：

1 500 000 ×（1−10%）÷6=225 000（元）

折旧抵减企业所得税支出，折合为现值如下：

225 000 × 25% × 4.355=244 968.75（元）

尽管折旧期限的改变，并未从数字上影响到企业所得税税负的总和。但考虑到资金的时间价值，从上述计算结果可知，后者对企业更为有利。

但当税率发生变化时，企业延长折旧年限也可以节约更多的税负支出。

例如，该企业享受"减二免三"的优惠政策，如果高档小轿车为该企业第一个获利年度购入，而折旧年限为 8 年或 6 年，那么，哪个折旧年限更有利于企业节税呢?

8 年和 6 年折旧年限的抵减企业所得税情况。

8 年折旧年限的节税额为：

168 750×12.5%×3+168 750×25%×2

=21 093.75×3+42 187.5×2

=63 281.25+84 375

=147 656.25（元）

6 年折旧年限的节税额为：

225 000×12.5%×3+225 000×25%

=84 375+56 250

=140 625（元）

可见，企业延长折旧年限可以更多地抵减企业所得税支出。

按 8 年计提折旧，抵减企业所得税额折现为：

21 093.75×（3.791−1.736）+42 187.5×（5.335−3.791）

=43 347.66+65 137.5

=108 485.16（元）

按 6 年计提折旧，抵减企业所得税额折现为：

28 125×（3.791−1.736）+56 250×0.564

=57 796.88+31 725

=89 521.88（元）

策划点评：

固定资产折旧是根据固定资产原值、预计净残值、预计使用年限或预计工作量、采用直线法或工作量（或产量）法计算出来的。对于固定资产折旧，税法规定按分行业财务制度的规定执行。而企业财务制度虽然对固定资产折旧年限做出了分类规定，但仍有一定的弹性。由于折旧年限本身就是一个预计的经验值，使得折旧年限容纳了很多人为的成分，这为税收策划提供了可能性。

缩短折旧年限有利于加速成本收回，可以使后期成本费用前移，从而使前期会计利润发生后移。由于资金存在时间价值，因前期增加折旧额，税款推迟到后期缴纳。在税率稳定的情况下，所得税的递延缴纳，相当于向国家取得了一笔无息贷款。

折旧方法好确定　操作结果难安排

根据现行税法规定，企业计提折旧一般采用直线法。但是，对部分行业的企业可以例外。在例外的情况下，对于某个具体的企业来说，究竟哪种折旧方法更合适呢？这里同样也需要对具体政策做一个具体分析。

实务案例：

天华公司取得的价值 1 500 000 元的高档小轿车，残值按原价的 10% 估算，估计使用年限为 5 年。该企业适用 30% 的企业所得税税率。五年内，该企业未扣除折旧的税前利润为 50 万元。如果可以在折旧方法上做出选择，那么该企业应该采用哪一种折旧方法呢？下面我们不妨先对不同折旧方法下的税收情况做一个分析。

下面分别运用直线法和加速折旧的双倍余额递减法和年数总和法，计算企业每年的应纳所得税额

1. 直线法

直线法又叫平均年限法，即以固定资产提的折旧总额除以预计使用年限，求出每年平均应提折旧额。即固定资产在其使用时间内是逐步地、平均地把它的价值转移到产品成本中去，它的转移价值是根据原始价值和平均使用期限计算的，固定资产转移价值的大小，同使用年限成反比。采用直线法时，年折旧额的计算公式如下：

年折旧额 =（固定资产原始成本 – 估计残值）÷ 估计有效使用年限

或年折旧额 =（固定资产原始成本 – 估计残值）× 直线折旧率

其中，直线折旧率 = 1 ／估计有效使用年限 ×100%

按直线法年计提折旧额如下。

1 500 000×（1–10%）÷5=270 000（元）

按直线法计算，该企业的应纳税所得额如下。

第一年至第五年：500 000–1 500 000×（1–10%）÷5=230 000（元）

五年合计计提折旧：270 000×5=1 350 000（元）

2. 双倍余额递减法

双倍余额递减法是把一个固定的折旧率应用于固定资产逐年递减的账面余额（账面净值）。

每年折旧额 = 逐年递减的固定资产账面余额 × 固定折旧率

实际工作中应用的固定折旧率，常为直线折旧率的一定倍数。其公式为：

每年折旧额 = 逐年递减的固定资产账面余额 × 两倍直线折旧率

其中，两倍直线折旧率 = 2×（1÷ 有效使用年限 ×100％）

按双倍余额递减法计算，该企业的应纳税所得额如下。

第一年：500 000–1 500 000×2×1÷5×100%= –100 000（元）

第二年：500 000–900 000×2×1÷5×100%–100 000=40 000（元）

第三年：500 000–540 000×2×1÷5×100%=284 000（元）

第四年：500 000–（1 500 000–1 176 000）÷2=338 000（元）

第五年：500 000–（500 000–392 000）÷2=446 000（元）

五年中合计计提折旧：600 000+360 000+216 000+162 000+162 000=1 500 000（元）

3. 年数总和法或年限总和法

采用年数总和法时，采用一个分子为固定资产尚可使用的年数，分母为使用年数数字总和的数字，去乘这一资产项目在有效使用年限内应折旧的总额（即原始成本减估计残值），以计算逐年的折旧额。其公式表达为：

每年折旧额＝（资产原始成本－估计残值）×（尚可使用年限数／年数总和）

如果其设备的使用年限为 5 年。则年数总和为 1+2+3+4+5=15，尚可使用年数第一年为 5 年，第二年初为 4 年，第三年初为 3 年，第四年初为 2 年，第五年初为 1 年。

按年数总和法计算，该企业的应纳税所得额如下。

第一年：500 000−1 500 000×5÷15=0（元）

第二年：500 000−1 500 000×4÷15=100 000（元）

第三年：500 000−1 500 000×3÷15=200 000（元）

第四年：500 000−1 500 000×2÷15=300 000（元）

第五年：500 000−1 500 000×1÷15=400 000（元）

五年中合计计提折旧：500 000+400 000+300 000+200 000+100 000=1 500 000（元）

不同的折旧方法对于纳税人来说其在意义在哪里呢？下面让我们再计算出三种折旧方法条件下所计提的折旧的现值。

在直线法条件下折旧的现值：

270 000×1+270 000×0.909+270 000×0.826+270 000×0.751+270 000×0.683

=270 000+245 430+223 020+202 770+184 410

=1 125 630（元）

在双倍余额递减法条件下折旧的现值：

600 000×1+360 000×0.909+216 000×0.826+162 000×0.751+162 000×0.683

=600 000+327 240+178 416+121 662+110 646

=1 337 964（元）

在年数总和法条件下折旧的现值：

500 000×1+400 000×0.909+300 000×0.826+200 000×0.751+100 000×0.683

=500 000+363 600+247 800+150 200+68 300

=1 329 900（元）

通过计算我们可以发现，虽然三种不同方法计算出来的累计应纳所得税额的量是一致的，均为 150 万元。但是，第一年，运用双倍余额递减法计算折旧时应纳税额最少，年数总和法次之，而运用直线法计算折旧时应纳税额最多。再从资金的时间价值的角度来讲，在双倍余递减法条件下，企业收回的折旧现值最大，而在直线法条件下，企业收回的折旧现值最小。总之，运用加速折旧法，开头二、三年可以少纳税，把较多税款延迟到以后年份缴纳，相当于从政府那里取得一笔无息贷款。这对一些新办企业初期缓解资金较为紧张的情况是很有利的。

策划点评：

会计上计算固定资产折旧的方法很多，最常用的折旧方法有直线法、工作量法和加速折旧法。税法赋予企业固定资产折旧方法的选择权。（但选择加速折旧法须经批准，并且选择之后不能任意变更）出于固定资产折旧方法的选用直接影响到企业成本、费用的计算，因此，对固定资产折旧方法的选用，应当科学合理。

不同的折旧方法表现为在固定资产的使用年限内，计入各会计期或纳税期的折旧额会有差异，进而影响到各期营业成本和利润这一差异为税收策划提供了可能。在直线法下，计入各期的折旧额相同，从而使各期之间的损益相对均衡；在加速折旧法（即年数总和法和双倍余额递减法）下，前期折旧多而后期折旧少，从而使企业前期利润减少而后期利润增加。造成各纳税期利润波动较大。当企业所得税实行比例税率的情况下，虽然各种折旧方法总的看来影响纳税的金额相同，但加速折旧法滞后了纳税期限，可收到延缓纳税的好处。

在折旧方法策划上，是采用直线法还是采用曲线更好？这里的难点要根据企业所处的政策环境去决定，不能简单粗暴的"决策"。

注意事项：

现行税法规定固定资产按照直线法计算的折旧，准予扣除。但是，国家税务总局《关于企业固定资产加速折旧所得税处理有关问题的通知》（国税发〔2009〕第081号）规定，企业拥有并用于生产经营的主要或关键的固定资产，由于以下原因确需加速折旧的，可以缩短折旧年限或者采取加速折旧的方法：一是由于技术进步，产品更新换代较快的；二是常年处于强震动、高腐蚀状态的。企业拥有并使用的固定资产需加速折旧的，可按以下情况分别处理。

其一，企业过去没有使用过与该项固定资产功能相同或类似的固定资产，但有充分的证据证明该固定资产的预计使用年限短于《实施条例》规定的计算折旧最低年限的，企业可根据该固定资产的预计使用年限和本通知的规定，对该固定资产采取缩短折旧年限或者加速折旧的方法。

其二，企业在原有的固定资产未达到《实施条例》规定的最低折旧年限前，使用功能相同或类似的新固定资产替代旧固定资产的，企业可根据旧固定资产的实际使用年限和本通知的规定，对新替代的固定资产采取缩短折旧年限或者加速折旧的方法。

企业拥有固定资产并采取加速折旧方法的，可以采用双倍余额递减法或者年数总和法。根据现行税法规定，加速折旧方法一经确定，一般不得变更。

政策背景：

为支持制造业企业加快技术改造和设备更新，《财政部 税务总局关于扩大固定资产加速折旧优惠政策适用范围的公告》（财政部 税务总局公告2019年第66号）就有关固定资产加速折旧政策公告如下：

一、自2019年1月1日起，适用《财政部 国家税务总局关于完善固定资产加速折旧企业所得税政策的通知》（财税〔2014〕75号）和《财政部 国家税务总局关于进一步完善固定资产加速折旧企业所得税政策的通知》（财税〔2015〕106号）规定固定资产加速折旧优惠的行业范围，扩大至全部制造业领域。

二、制造业按照国家统计局《国民经济行业分类与代码（GB/T 4754-2017）》确定。今后国家有关部门更新国民经济行业分类与代码，从其规定。

三、本公告发布前，制造业企业未享受固定资产加速折旧优惠的，可自本公告发布后在月（季）度预缴申报时享受优惠或在2019年度汇算清缴时享受优惠。

加速折旧好政策　经营班子未必认

在企业经营过程中，投资人和职业经理人考虑问题的角度是不同的，投资人看长远，而职业经理人由于受到考核企业业绩因素的制约，他们往往追求企业的当期收益。所以，在进行税收策划的时候，还需要考虑委托人的想法。

实务案例：

天华公司有一台设备原值为100万元时，使用期限为5年，不考虑残值。该企业10年内未扣除的年利润维持在27万元。采用直线法时计算如下。

年折旧额：100÷5=20（万元）

扣除折旧后的年利润：27-20=7（万元）

年应纳税额：7×25%=1.75（万元）

五年合计应缴纳企业所得税为：1.75×5=8.75（万元）

当采用双倍余额递减法提取折旧时，计算如下。

第一年应缴纳所税额：27-100×2÷5=-13（万元）

第二年应缴纳所税额：27-60×2÷5-13=-10（万元）

第三年应缴纳所税额：27-36×2÷5-10=2.6（万元），应缴纳所得税：2.6×25%=0.65（万元）

第四年应缴纳所税额：27-10.8=16.2（万元），应缴纳所得税：16.2×25%=4.05（万元）

第五年应缴纳所税额：27-10.8=16.2（万元），应缴纳所得税：16.2×25%=4.05（万元）

五年合计应缴纳企业所得税为：0.65+4.05+4.05=8.75（万元）

从上述计算结果可以看出，采用直线法使企业承担的税负比采用加速折旧法要轻一些。这是因为直线法使折旧额摊入成本的数量平均，所以税负较轻。而加速折旧法把利润集中在后两年，使后两年的利润比前两年多。尽管如此，很多企业仍乐于采用加速折旧法，因为已经提足折旧的固定资产仍可为企业服务，却没有占用企业资金，这项秘密资金的存在给企业未来的经营亏损提供了避难所，也给经营者提供一个较为宽松的财务环境，因此，加速折旧对企业经营者是有利有弊。就企业经营来说，加速折旧与延缓折旧对企业利润及所得税的影响是税收策划应该考虑的问题。

策划点评：

企业采用什么折旧方法在静态的角度来说没有什么区别，因为在利润率和适用所得税率不变的情况下，企业的固定资产损耗总是要补偿的，而从动态的角度来分析，就有不同折旧方法所补偿的时间早晚之分。但是，实际情况就复杂得多，由于不同折旧方法造成的年折旧提取额的不同，直接关系到利润额受冲减的程度，所以在不同的税制条件下，所产生的效果也是不同的。如果企业所在国家实行的是累进税率，采用加速折旧法就会使企业增加企业所得税的支出，致使经营者可以支配使用的经营资金减少，一部分资金以所得税的形式流失，而采用直线法则可以为企业节税提供可能。

策划提示：

固定资产折旧方法的选择将直接影响当期产品成本水平，对当期利润与税金支付产生作用，而且会影响企业折旧基金的累积速度与规模，对企业生产经营决策产生影响，因此对固定资产折旧进行合理的税收策划十分必要。但在策划时，应注意以下几个问题。

其一，折旧策划不一定使某年税款支付最小化。

首先需要指出的是，税收策划的根本出发点是服务于企业的生产经营目标，表面上看税收负担尽可能少，但并非恒定不变，企业经营活动追求的目标相当复杂，投资报酬率、投资风险、投资回收速度、资本结构等都可能是其考虑的因素。因此，折旧税收策划应符合企业经营目标为最终方向，以实现股东利益最大化为最终目的，而并非只考虑税款负担最低。固定资产按照自建、购买、盘盈、接受投资、接受赠予等不同方法其原值计价方法各不相同；净残值率内资企业一般在 5% 以内，外资企业不得超过 10%；企业一般按直线法提取折旧，特殊情况（如促进技术进步、环境保护、常年遭受高强度使用或强腐蚀）可以适用加速折旧等。这些方法的差异要求企业在进行策划时必须对这些具体而复杂的法律条款十分清楚，把握好策划方法选择的尺度，否则不仅会丧失税收策划收益，还会因为方法选择不当而遭受不必要的经济损失。此外，在选择折旧方法时，切忌简单将某一年度的折旧额与折旧抵税款进行比较，而应该将企业全部折旧年限内所产生的折旧额与折旧抵税额按市场利率（投资收益率）进行现值折算，再进行比较。在不触犯政策、法规和不损害企业市场信誉的前提下，尽可能延迟税款资金的支付时间，控制税款现金支付的速度，尽量取得资金的时间价值。总之，它是一种动态的贴现综合比较，而不是静态的单一价值比较。

其二，折旧策划不一定使用加速折旧方法。

一般认为：在比例税率下，采用加速折旧方法比较有利，这可以使纳税人在早期计入更多折旧额，从时间价值的角度来看，取得其资金的时间价值；而在累进税率制中则采用平均年限法有利，可避免利润的波动而提高所适用税率，从而增加税负。由于我国的企业所得税使用比例税率，那么我国企业进行折旧的税收策划就是尽可能地使用加速折旧。但是对于那些小型企业就并非如此，在以下三种情况下，采取加速折旧须慎重。一是税收减免期不宜加速折旧。企业所得税目前实行比例税率，固定资产在使用前期多提折旧，后期少提折旧，在正常生产经营条件下,这种加速折旧的做法可以递延缴纳税款。但若企业处于税收减免优惠期间,加速折旧对企业所得税的影响是负的,不仅不能少缴税,反而会多缴税。二是加速折旧须考虑 5 年补亏期。由于税法对补亏期限做了严格限定,企业必须根据自身的具体情况,对以后年度的获利水平做出合理估计,使同样的生产经营利润获得更大的实际收益。特别对一些风险大、收益率高且不稳定的科技企业更要合理规划,避免加速折旧给企业带来不利影响。三是加速折旧应从企业整体利益考虑。在现行体制下,我国企业的会计报告一般应向工商、税务、财政、金融等部门及投资各方提供,上市公司还需定期向社会公众公告其财务报告。财务报告是反映企业某一特定日期财务状况和某一会计期间经营成果、现金流量的文件,报告使用人据此可计算销售净利率、资产周转率、净资产收益率、资产负债率等财务指标,以判断企业的盈利能力、偿债能力、成长发展能力、资产运营状况等,作为决策的主要依据。

其三,折旧税收策划不一定就是尽量缩短折旧年限。

一般认为,尽可能在较短的折旧期间内收回投资,有利于税收策划目标的实现。这存在着两条途径:一是在折旧期间既定的情况下先加速折旧,二是在折旧方法既定的情况下选择缩短折旧期限。如果考虑到税收减免等政策的存在(尤其是期间减免政策),减免期间折旧的大小最终对税收负担的影响是无关的,即在减免期间,并不存在折旧抵税效应,那么对企业有利的处理方法是减少减免期间的折旧额,从而在减免期满之后,使折旧抵税作用最大。这种选择方法的思路是在法律规定的范围内适当延长折旧期,而并非一味缩短折旧期。由于税法一般只规定了折旧的最低年限,该策划方法还是可行的。由于税法中大量存在着减免税等政策,在特定情况下延长折旧期取得税收策划收益还是可行的。

其四,折旧税收策划应注意对现行税收政策及运行环境的策划。

折旧基金主要是用于固定资产价值补偿,但由于我国现行税法对固定资产的成本补偿主要根据账面成本,在补偿期间如果物价水平发生剧烈变动,将对其有效投资产生影响,可能导致企业税负加重或税收策划收益丧失。如果预期物价将长期上升,则应尽快采用加快折旧法,一方面可以加快投资收回速度,将收回的价值补偿用于再投资,减少物价水平上升的投资风险;另一方面可以利用税收挡板效应,延缓税收支付现金流出量,从而使企业在物价上涨前期拥有较多的现金流量进行投资,获得收益再用于后期的税款支付。而预计物价将持续下降,则应采用直线法折旧,这时候可以保证紧缩时期企业税收负担的平均,相对于加速折旧,折旧年限在紧缩后期的税收负担较低,税后利益较大,可以利用其货币价值较高的购买力进行投资更新。

【妙计提要】

一揽合同经常有，操作习惯去将就；不知混合两业务，税率从高来征收。

【本计内容】

在日常经济活动中，企业分立的事情时有发生。根据《中华人民共和国公司法》第九章的相关规定，公司分立指一个公司依照公司法有关规定，通过股东会决议分成两个以上的公司。

公司分立时，其财产做相应的分割，应当编制资产负债表及财产清单。公司应当自做出分立决议之日起十日内通知债权人，并于三十日内于报纸上公告。公司分立前的债务按所达成的协议由分立后的公司承担。

企业分立的方式有存续分立和解散分立两种。所谓存续分立：指一个公司分离成两个以上公司，本公司继续存在并设立一个以上新的公司；所谓解散分立：指一个公司分散为两个以上公司，本公司解散并设立两个以上新的公司。

存续分立方式，本公司继续存在但注册资本减少。原股东在本公司、新公司的股权比例可以不变。在实践中，总公司为了实现资产扩张，降低投资风险，往往把其分公司改组成具有法人资格的全资子公司。此时总公司亦转化为母公司。母公司仅以其投资额为限对新设子公司债务负有限责任。

而本计虽然也讨论公司分立，但是，还会进一步深入，将具体的业务分裂与公司分立结合起来。现行税法规定，一项销售行为如果既涉及服务又涉及货物，为混合销售。从事货物的生产、批发或者零售的单位和个体工商户的混合销售行为，按照销售货物缴纳增值税；其他单位和个体工商户的混合销售行为，按照销售服务缴纳增值税。根据上述规定，纳税人就可能发生本应以低税率纳税的事项缴了比较高的税收负担。

为了解决部分行业在营改增以后税收负担上升问题，后来，国家税务总局又对部分与建筑业务有关的事项进行了政策调整和补充。但是，在日常业务已经忙得不可开交的纳税人，哪有时间去应付"文山会海"？不过税务机关却不会体谅到纳税人的难处，他们的管理手段越来越到位，有些地方对兼营不同税率产品（或应税劳务）或者既从事应税项目，又从事免税项目的企业管理要求特别严格，纳税人一不小心就可能被当地税务机关认定为偷税。

有没有办法避免这些问题的发生呢？税收策划专家告诉你，可以运用业务分裂之计，将复杂的事情简单做。

【案例注释】

在实践过程中，许多企业财务人员对混合销售和兼营业务总是划分不清楚，导致有关企业多缴了不少冤枉税，这里我们结合实际案例对有关计策的操作原理做一个简要分析和解释。

混合业务定销售　税收策划走前头

在日常经营活动中，企业对外营销和招揽业务，往往会做"一揽子"的业务，从而可以获得更多的业务标的。但是，如果从税收的角度考虑，这样的操作就可能为后面的计税问题带来麻烦。

实务案例：

宏达纺机有限公司是生产纺机设备流水线的专业厂家，2020年实现销售收入90 000万元。由于该厂既负责流水线设备的生产，又负责设备的安装（其中包括现场设计项目在内），其中流水线设计安装费用占销售收入的30%，取得可以抵扣增值税的进项税额合计为11 000万元（其中，用于安装业务的进项税额占10%），所以，增值税的税收负担率为4.78%。企业的税收负担率一直较高。此外，由于流水线的安装期限较长，短的要半年，长的要一年，会计对销售的时间常常把握不准，税务机关每次检查都会有这样那样的问题被查出。因此，该企业的负责人苦恼不已。最近，该企业财务科的王科长向笔者咨询有无解决问题的良策。

策划分析：

根据《中华人民共和国增值税暂行条例》第一条规定，在中华人民共和国境内销售货物或者加工、修理修配劳务（以下简称劳务），销售服务、无形资产、不动产以及进口货物的单位和个人，为增值税的纳税人，应当依照本条例缴纳增值税。因此，宏达纺机有限公司生产的纺机设备流水线并为其提供设备安装和调试业务需要计算缴纳增值税。其中设备销售适用税率为13%，提供建筑安装业务的适用税率为9%。

但是，根据宏达纺机有限公司的实际情况，该企业的业务属于税法中的混合销售。

根据《财政部　国家税务总局关于全面推开营业税改征增值税试点的通知》（财税〔2016〕36号）附件1《营业税改征增值税试点实施办法》第四十条规定，一项销售行为如果既涉及服务又涉及货物，为混合销售。从事货物的生产、批发或者零售的单位和个体工商户的混合销售行为，按照销售货物缴纳增值税；其他单位和个体工商户的混合销售行为，按照销售服务缴纳增值税。

这里所说的从事货物的生产、批发或者零售的单位和个体工商户，包括以从事货物的生产、批发或者零售为主，并兼营销售服务的单位和个体工商户在内。因此，在操作过程中应该注意量的规定性。以上所说的从事货物生产、批发或零售的企业、企业性单位及个体经营者，包括以从事货物的生产、批发或零售为主，并兼营非应税劳务的企业、企业性单位及个体经营者在内。具体是指纳税人的年货物销售额与服务营业额的合计数中，年货物销售额超过50%，服务营业额不到50%。

策划意见：

根据宏达纺机有限公司的实际情况，专家提出"成立专业安装公司，进行分类核算"的策划构想。这个方案是否可行呢？如果实施这个方案，其结果又将如何呢？下面我们来做一个验算。

方案一：一个公司操作混合销售业务。我们假设2021年度的销售水平与2020年度持平，全年实现销售收入90 000万元。由于该公司既负责流水线设备的生产，又负责设备的安装，取得可以抵扣增值税的进项税额合计为10 000万元，那么，全年缴纳增值税为：

90 000 × 13%−10 000 = 1 700（万元）

方案二：通过企业分立，将混合销售业务分拆为二。

（1）甲公司的纳税情况如下。

我们假设2021年度的销售水平与2020年度持平，全年实现销售收入90 000万元。其中甲公司既负责流水线设备的生产，取得可以抵扣增值税的进项税额合计为10 000万元，其中的80%是用于设备制造，那么，全年缴纳增值税为：

90 000 × 70% × 13%−10 000 × 80%

=8 190−8 000

=190（万元）

（2）乙公司的纳税情况如下。

我们假设2021年度的销售水平与2020年度持平，乙公司负责设备的安装（其中包括现场设计项目在内），其中流水线设计安装费用占销售收入的30%，那么，全年缴纳增值税为：

90 000 × 30% × 9%−10 000 × 20%

=2 430−2 000

=430（万元）

（3）两个公司合计缴纳增值税。

190+430=620（万元）

策划结果：

将策划前后的情况做一个分析和比较，策划前合计缴纳增值税1 700万元，策划后合计缴纳620万元，经过策划，节税1 080万元。

经过精心策划，组建独立核算安装公司，将本来应当缴纳13%的增值税的部分安装业务转换成按9%缴纳增值税，仅此一项就少缴增值税上1 080万元，此外也使销售环节的会计核算问题得到了解决。

策划点评：

应该肯定，对企业进行专业化的组织和经营，是税收策划的重要途径。翻开我国的税收法规，我们不难发现，有关税收制度政策的设置体现出对专业性生产和协作的认可和支持，对"大而全、小而全"的全能企业的税收"待遇"则是从紧掌握的。

而这个精神主体体现在混合销售业务和价外费用的界定上。

《增值税暂行条例》第六条规定：纳税人的销项税额为纳税人销售货物或者应税劳务向购买方收取的全部价款和价外费用。《增值税暂行条例实施细则》第十二条明确规定：条例所称价外费用，指价外向购买方收取的手续费、补贴、基金、集资返还利润、运输装卸费、奖励费、违法金、包装费、包装物租金、储备费、优质费、代收款项、代垫款项及其他各种性质的价外收费。在这个规定中就提到部分混合业务，如运输装卸费、包装物租金、仓储费等。再比如对销售货物的企业代为用户安装、维修的"三包"业务，按照国家税务总局《关于印发〈增值税问题解答（之一）〉的通知》（国税函发〔1995〕288号）第八条规定："经销企业从货物的生产企业取得的'三包'收入，应按照'修理修配'征收增值税"，等等。根据这些规定，对那些货物生产和经营单位的混合销售行为，就难免会征收税率较高的增值税了。

由此可见，营销过程中用好税收策划可以为企业带来巨大的经济收益。营销策划作为一个方兴未艾的行业，已经被广大企业认可和接受。市场营销已经成为现代企业经营过程中一个不可缺少的组成部分，企业越来越离不开市场营销。从某种意义上说，市场营销决定了企业的命运。但是企业在营销过程中往往忽视了另一个重要问题——税收问题。因为一个企业从成立到解散的每一个环节者涉及税收问题，企业搞营销策划同样也涉及纳税问题。即使是再好的营销策划方案，如果忽视了纳税问题，就实现不了营销的目标，达不到提高企业经济效益，实现利润最大化的目的。所以，企业在营销的过程中要进行税收策划，努力实现企业营销和税收策划的有机结合，通过税收策划来帮助企业降低营销成本，减轻企业税收负担。这样才能更好地发挥营销作用，实现企业的最终目的。

企业需要注意的是，要做好企业税收策划工作，需要企业各部门的紧密配合。不然，只有企业的财务人员搞税收策划，而其他部门不做相应的配合，许多策划就将变成一句空话。所以，不论是企业的财务人员还是企业的营销人员都要懂得税收策划，这样在企业生产经营过程中才能降低企业税收成本。

业务分拆不合理　补税罚款损信誉

业务分拆，既有兼营业务的分拆，也有混合销售业务的分拆，两类业务分拆的方法和要求不同。但是，现实生活中有些人往往没有对相关原理掌握到位，从而造成不该发生的损失。

企业案例：

金沙机电设备经营有限公司为增值税一般纳税人，2017 年度实现不含税销售收入 4 080 万元，其中机电设备经营业务收入为 4 000 万元，设备修理收入为 80 万元。该公司当年设备采购取得增值税进项税总额为 612 万元，修理用耗材的增值税进项税额为 4 万元。因此 2017 年该公司按照税法规定缴纳增值税为：

4 080×17%−612−4=77.6（万元）

为了降低税负，商行经人指点，2018 年将设备经营和修理收入划分为两部分，分别核算，即设备经营以一般纳税人核算并申报纳税，而设备修理则按小规模纳税人单独核算处理，并按小规模纳税人的计税方法进行申报纳税。

金沙机电设备经营有限公司的负责人王小华认为，只要将这两部分业务在财务上分别核算，增值税上就可以分别按 17% 和 3% 的征收率纳税了。

2018 年，金沙机电设备经营有限公司保持了上年度的经营水平，共取得设备经营收入 4 000 万元，修理工时费收入 80 万元。该公司分别按 17% 和 3% 申报缴纳增值税，按 17% 计算缴纳增值税为：

4 000×17%−612=68（万元）

按 3% 计算缴纳增值税为：

80×3%=2.4（万元）

以上两项合计申报纳税：

68+2.4=70.4（万元）

金沙机电设备经营有限公司以为，将公司的收入划分为机电设备经营收入和修理工时费收入两部分后，少缴纳了税收 7.2 万元（77.6 万元−70.4 万元）。

税务稽查：

可是，主管税务部门在 2018 年底对该企业 2018 年度的纳税检查过程中，发现金沙机电设备经营有限公司适用了两个不同的税率和征收率。经约谈了解情况后，税务部门通知该公司纠正了这一做法，并要求该公司补缴少缴纳的增值税 7.2 万元，按规定进行了加收滞纳金，同时根据《税收征管法》第六十三条的规定，给予一倍处罚，企业的信用等级降为 C 级。

税务咨询：

对于税务机关的处理意见，金沙机电设备经营有限公司的负责人王小华感到不解，事后请来税收策划专家到企业指点迷津。

咨询专家对该公司的业务情况进行了现场诊断，确认企业在业务操作的确存在问题，同时肯定了税务处理意见。

咨询点评：

公司所从事的两种业务为什么不能分别核算、分别纳税呢？咨询专家给出解释：作为增值税一般人的金沙机电设备经营有限公司所从事的两种业务，在税法上是以混合销售行为来认定的，应当合并纳税，其适用税率都是 17%。不能人为地通过分别核算降低征收率。

那么，如果想将修理部分的业务以较低的税率（征收率）纳税，比较可行的办法是通过公司分立的形式将业务分拆，即另外再设立一家修理公司，并将修理公司认定为小规模纳税人即可。

流程分割有方法　策划得当可节税

"自己的货物自己送到客户的手上"，许多经营者常常这样想，当然也是这样做的，在讲究服务竞争和售后服务的今天尤其如此。其实，这样操作既不符合专业化管理的要求，服务质量难以提高，又在税收上吃了亏。

企业案例：

地处一大城市郊区的某企业系一般纳税人，主要从事工业用乙炔气的生产和销售，年生产乙炔气体 50 000 瓶。为了保证乙炔气的销售，该企业购买了 2 辆卡车专门进行送货，平均每瓶气需花费 6 元钱的运输费用并在销售乙炔气时加价收回。该企业的车辆耗油所含的增值税进项税额为 5 000 元。

为了减少税收支出，该企业采用对小规模纳税人销售不入账的办法瞒报销售，2018 年少申报销售 353 820 元，2019 年 12 月 18 日，当地主管税务机关对其进行检查时发现了这个问题，确定其偷税 60 149.40 元，结果受到税务机关的严肃查处。

咨询辅导：

对于税务机关的处罚，该企业的董事长李项荣感到十分郁闷，于是他请来税收策划专家。

咨询专家到现场了解了企业的情况之后，给他讲了一个策划故事。

北极风公司为一家空调生产企业，2019 年全年销售空调收入为 40 000 万元，所售空调均由该公司负责运送并收取运输费，2019 年共收取运输装卸费 2 000 万元。对于该公司来说，送货上门，其中收取运输装卸费 2 000 万元应当作为价外费用计征增值税。显然是多缴税了。

2020 年初，该公司在税收上动起了脑筋。

起初，他们的税务顾问跟决策层领导一起学习了有关税收政策。

一是学习了《增值税暂行条例》第六条规定。销售额为纳税人销售货物或者应税劳务向购买方收取的全部价款和价外费用，但是不包括收取的销项税额。价外费用指价外向购买方收取的手续费、补贴、基金、集资费、返还利润、奖励费、违约金（延期付款利息）、包装费、包装物租金、储备费、优质费、运输装卸费、代收款项、代垫款项及其他各种性质的价外收费。但同时符合以下条件的代垫运费不包括在内：（1）承运的运费发票开具给购货方的；（2）纳税人将该项发票转交给购货方的。凡随同所销售货物或提供应税劳务向购买方收取的价外费用，无论其会计制度如何核算，均应并入销售额计算应纳增值税额。

二是学习了增值税改革和调整相关文件。《财政部 税务总局关于简并增值税税率有关政策的通知》（财税〔2017〕37号）明确自2017年7月1日起简并增值税税率结构，取消13%的增值税税率。《财政部 税务总局关于调整增值税税率的通知》（财税〔2018〕32号）明确自2018年5月1日起，纳税人发生增值税应税销售行为或者进口货物，原适用17%和11%税率的，税率分别调整为16%、10%。《财政部 税务总局 海关总署关于深化增值税改革有关政策的公告》（财政部 税务总局 海关总署公告2019年第39号）自2019年4月1日起，增值税一般纳税人（以下称纳税人）发生增值税应税销售行为或者进口货物，原适用16%税率的，税率调整为13%；原适用10%税率的，税率调整为9%。

然后结合税收规定一起分析了公司的具体运行情况。

由上述规定可以看出，自2019年4月1日起，如果主营业务为应当征收13%增值税的企业能够成立独立核算的储运公司，这样在销售货物时就可以将货物的运输业务由自己的储运公司来完成，相关的手续费、运输装卸费、储备费等尽可能多的价外费用均由储运公司收取，这样就会因储运公司按交通运输业缴纳9%的增值税。对价外费用部分的税负将大幅降低。假设该公司2020年度的业务与上年持平，下面用实例予以说明（为了分析简便，下面我们仅用新税率进行分析）。

方案一： 空调的销售收入和运输费等均由北极风公司收取，因运输费对该公司属于价外费用，应并入销售额缴纳增值税。

增值税为：$2\,000 \times 13\% = 260$（万元）

城建税及教育费附加合计为：$260 \times （7\% + 3\%）= 26$（万元）

总税负为：$260 + 26 = 286$（万元）

方案二： 北极风公司出资注册成立全资子公司安捷迅储运公司，并由该子公司全面承担母公司空调销售的装卸和运输工作，并收取相应的装卸费和运输费。这样一来，安捷迅储运公司所取得的装卸费和运输费就应该按交通运输业征收9%的增值税即可。相应的增值税及相关税负如下。

增值税为：$2\,000 \times 9\% = 180$（万元）

城建税及教育费附加合计为：$180 \times （7\% + 3\%）= 18$（万元）

总税负为：$180 + 18 = 198$（万元）

由此可见方案一与方案二相比，方案一多承担税负 $286 - 198 = 88$（万元）。因此，经过合理的税务策划，北极风公司将销售业务和运输业务拆分后大大降低了公司的税负。

业务分析：

由于我国目前税法对企业从事混合业务是从高征税的，纳税人的销售项税额为纳税人销售货物或者应税劳务向购买方收取的全部价款和价外费用。这里所称价外费用，指价外向购买方收取的手续费、补贴、基金、集资返还利润、运输装卸费、奖励费、违法金、包装费、包装物租金、储备费、优质费、代收款项、代垫款项及其他各种性质的价外收费。根据这个规定，该企业仅销气加收的运费就应缴纳增值税额为（为了分析简便，这里的增值税统一按13% 计算）：

6×50 000÷（1+13%）×13%−5 000=29 513.27（元）

企业在运输方面的税收负担为9.84%。作为自备的专用车辆，平时常常在家休息待命，车辆的使用效率不足60%。由于当地乙炔气的生产销售竞争比较激烈，企业没有多少利润可言，再加上税收负担过重，企业步履维艰。

策划思路：

其实，如果该企业按照专业化管理的要求，建立专业性的、实行独立核算的物流配送公司，不仅可以提高企业的管理效益，而且还可以收到节税的效果。

以该企业为例，该企业将 2 辆卡车转让给物流配送公司，并与该公司签订长期的紧密型合作伙伴关系合同，物流配送公司随时为企业提供一切物流配送服务，物流配送公司按正常的标准向企业收取服务费用，则该公司应缴纳的税收是 3% 的增值税（当地的物流企业已经"税改"，且小规模纳税人企业的增值税率为3%）。

300 000×3%=9 000（元）

比原来少缴税 20 513.27 元（29 513.27 万元 −9 000 万元），税收负担下降了69.50%。

据了解，该所处的邻近几个乡镇就有 9 家规模相当的乙炔生产厂家，其企业的情景与该厂大同小异，如果这些乙炔生产厂商都以此思路操作，联合组建一个物流配送公司，其节税一年就是 20 多万！不仅如此，各企业也都能够节省车辆和人工上的各项开支，从而提高企业的经营效益和管理效益。

策划点评：

通过业务分裂的方式进行策划，其关键是针对税法中有关"价外费用"的征税规定。

以上的策划原理可以推而广之，目前我国的中小型企业绝大多数都配有自己的运输工具，有的甚至还配备了非独立核算的车队。其实，这种全能型经营思想已经落伍了，在现代化大生产时代，讲究专业分工，协作生产和服务。现在，向货主提供全程代理服务，即第三方物流业已经成为一种新兴产业，它将所有与物资配送有关的业务交由第三方业者，实现专业化、社会化的物流服务，从而帮助企业提高生产力，减少劳动力，削减成本，能为企业尤其是中小企业减少二至三成的经营成本。正因为如此，第三方物流在国外，其中尤其是在发达国家十分受欢迎。有鉴于此，我国企业也应该顺着税收政策所体现的产业导向，适时组建物流配送专业公司，在提高劳动生产率的同时，降低税收成本。

以前多数一般纳税人企业在处理运输业务问题上存在一个"老大难"问题，取得联营企业、个体运输专业户所提供的运输服务发票，绝大多数不能抵扣增值税进项税额，无形中增加了企业的税收成本，影响了企业的生产经营效益。不过，这里需要提醒读者注意的是，《财政部 国家税务总局关于全面推开营业税改征增值税试点的通知》（财税〔2016〕36号）规定对物流企业由营业税改征增值税，上述业务的操作思路应当根据政策的变化而相应的变化。在改为增值税的条件下，可以考虑将物流业务分割出来，因为物流业务的增值税适用税率为9%，而小规模纳税人的征收率为3%，两者相关较大。

策划难点：

在采购和销售环节，都存在运输问题。从表面上看，运输问题比较简单，但是，如果从税收的角度来做一个具体分析，我们就可以发现，其中还比较复杂：其一，车辆由谁提供？其二，发票由谁开具？从车辆的提供来说，可以由供货方提供，也可以由购买方提供，当然也可以由第三方提供，而由谁提供，都可以将有关货物运输到目的地。但是，涉及的税收待遇是不同的。至于运输者怎样提供运输发票，税法也有具体的规定。将这些相关事项具体地分析清楚，然后再进行具体操作，的确存在一些难点。

项目计税异　策划可转换

【妙计提要】

经营项目名称异，业务流程巧设计；计税政策各不同，最终负担可从低。

【本计内容】

在新华网上有篇文稿《莱芜莱城区中德小镇：新旧动能转换的经典案例》引起笔者的注意，这篇文章在核心提示部分写道：加快新旧动能转换，是山东省在决胜全面建成小康社会、开启全面建设社会主义现代化国家新征程中走在前列的重要战略部署。在全省第一批新旧动能转换重大项目库里，莱芜中德清洁能源特色小镇名列其中。

2017年，山东省和德国巴伐利亚州确定在山东建设首批3个特色小镇，莱芜中德清洁能源特色小镇就是其一。这个中德小镇以阿尔普尔节能装备公司为核心，正在紧锣密鼓地规划建设。小镇围绕清洁能源产业链供应、制造、销售信息数据化、智慧化发展需求，上游延伸至基础产业和技术研发环节，形成包含价值链、企业链、供需链和空间链四个维度一体的完整清洁能源产业集群打造清洁能源产业链。

《山东新旧动能转换综合试验区建设总体方案》提出："在动能转换进程中，围绕国家赋予的试验方向和重点任务，强化责任担当，深化改革创新，力争每年总结一批可复制可推广的经验模式，为全国新旧动能转换作贡献。"中德小镇的建设是一个难得的案例，小镇在产业规划、核心技术、人才建设、政府运营等方面或许可以给大家以思路和借鉴。

在这里笔者不去研究文稿报道的事实情况究竟是怎么一回事儿，而是对"新旧动能转换"产生了兴趣，并且由此产生了联想：量能转换是一个物理现象，但是，其揭示的原理是可以在日常经济活动和税收策划过程中运用。

经营者以一定的资源从事生产和经营活动，必然取得相应的收入，同时，也会发生相应的费用。在现行税制条件下，从收入的角度讲，可能被课征 13%、9% 或者 6%，而费用如何确定，也可能决定计税基础，如果纳税人运用转换原理，将其所涉及的收入和费用在归集过程中能够进行适当的处理，就可能收到预期的效果。比如收入形式调整、费用分离技术、费用转换技术等，都是纳税人可以采用的方法。

【案例注释】

对收入项目的调整和费用列支技术处理是一道比较复杂的业务，本计便是笔者实践的一个总结。读者可能对上述的表述感觉难以理解。因此，这里我们结合实际案例对有关计策的操作原理做一个简要分析和解释。

租赁仓储巧转换　双赢策划天地宽

在日常经营业务中，许多事项的最终确定，往往都会以一定的业务模式表达出来。而这个模式就决定该企业未来应当缴纳什么税，需要缴多少税。所以，投资人和经营者在跟合作方谈判敲定项目业务合同的时候，不忘记请策划专家替们做参谋。

实务案例：

昌华房屋开发公司（以下简称昌华公司）是某地省会城市的一大型房地产开发企业，2018 年公司在该城市的郊区突击开发出大片房屋（按工业园配套设计），造成大量闲置。为了盘活存量资产，公司的管理者决定将这些房屋改作库房对外出租，以便使投资人的利益最大化。

由于昌华公司的十栋多功能商品房处于该市港口和车站之间，可以作为水陆交通转换的连接点，于是被某大型跨国零售企业看重。2020 年 12 月份经过多次协商，该跨国公司决定承租昌华公司的十栋库房（价值 40 000 万元），租赁期限为 10 年。仅 2021 年一年就可以取得租金收入 5 000 万元，为企业获得了新谋利渠道。

但是，该企业的董事长知道税收策划咨询服务产品已经得到官方认可，从此企业可以放心大胆地请咨询专家来企业做策划。于是，他就想到，应当聘请咨询专家就该笔业务的合同如何签署做一个现场服务。

策划分析：

2020 年 12 月 18 日，咨询专家应昌华公司的邀请，到该公司对房屋出租一事进行专项策划服务。

通过现场考察：昌华公司就该房产经营的基本意向是提供出租。如果按照这个意向去操作，2021 年度可以取得收入 5 000 万元的租金收入，该公司应当缴纳如下税收（当地的城市维护建议税的适用税率为 7%，教育费附加征收率为 3%，这里不去计算）。

当年应当增值税的销项税额为：

5 000÷（1+9%）×9%=412.84（万元）

当年应当计算缴纳房产税为：

5 000÷（1+9%）×12%=550.46（万元）

当年应当增值税的销项税额和房产税合计为：

412.84+550.46=963.30（万元）

有没有办法降低税收成本？回答是肯定的。昌华公司与笔者经过进一步磋商达成税收策划协议之后，我们又为昌华公司的上述经营活动进行税收策划。

操作策划：

根据《财政部　国家税务总局关于全面推开营业税改征增值税试点的通知》（财税〔2016〕36 号）附件 1《营业税改征增值税试点实施办法》附《销售服务、无形资产、不动产注释》第一条第六款第 4 项明确，物流辅助服务，包括航空服务、港口码头服务、货运客运场站服务、打捞救助服务、装卸搬运服务、仓储服务和收派服务。其中，仓储服务，指利用仓库、货场或者其他场所代客贮放、保管货物的业务活动。

因此，如果公司与客户进行友好协商，继续利用库房为客户存放商品，但将租赁合同改为仓储保管合同，增加服务内容，配备保管人员，为客户提供 24 小时服务。假设提供仓储服务的收入约为 5 000 万元，收入不变，其税收情况将会出现变化。

2021 年取得收入 5 000 万元为仓储保管收入，该公司应当缴纳如下税收（当地的城市维护建议税的适用税率为 7%，教育费附加征收率为 3%，这里不去计算）。

当年应当增值税的销项税额为：

5 000÷（1+6%）×6%=283.02（万元）

当年应当计算缴纳房产税为：

40 000÷（1+9%）×（1-30%）×1.2%=308.26（万元）

当年应当增值税的销项税额和房产税合计为：

283.02+308.26=591.28（万元）

两种经营方式的税收比较：

963.30-591.28=372.02（万元）

策划结论：

两项比较可以看出，经仓储保管的方式经营比房屋租赁的方式经营每年少缴增值税129.82 万元（412.84 万元 -283.02 万元），少缴房产税 242.20 万元（550.46 万元 -308.26 万元）；一年中可以少缴两税合计 372.02 万元，那么，该项目的合作期限为 10 年，就可以节约税收合计 3 720.20 万元！

当然，将房屋出租变为仓储之后，公司需要增加经营成本，如需增加保管人员的工资费用、办公费用和其他管理费用等。对此我们认为：公司可以进行综合性税收策划，作为公司的仓储管理，技术要求不高，因此在招收职工时可以录用遵章守纪、责任心强的下岗职工，而录用下岗职工公司又可以享受有关税收优惠，从而进一步降低企业的经营成本。

昌华公司董事会成员看了策划建议之后喜出望外，立即派人与客户联络。跨国公司见改变操作方案后，不仅经营费用没有增加，反而降低了经营费用和管理费用，于是欣然接受。此次税收策划活动既满足了税收法规的要求，又满足了客户的需要，同时又达到了节税的目的。

策划点评：

这个策划案例具有一定的代表性。现在部分房屋开发公司存在大量的空关房，社会闲置资源重新组合在所难免。如何在利用好闲置资源的同时，又降低税收成本，使企业能够在依法纳税的前提下，保持在较低的经营成本运行状态，是值得人们研究的课题。在实践中，税法往往规定了两个以上的纳税可能性，以房产税的征收方法而言，由于房产税计税公式的不同，必然导致应纳税额的差异，这就为纳税人进行税收策划提供了机会。

结合本案的实际情况，要降低房产经营业务的税收负担，必须完成房屋租赁与库房仓储的转换，这是问题的关键。在这个环节进行税收策划，要明确租赁与仓储的含义。所谓房屋租赁指租赁双方在约定的期间内，出租方将房屋的使用权让渡给承租方，并收取租金的一种经营方式；仓储是指在约定的期间内，房产所有人用该房产代客贮存、保管货物，并收取仓储费的一种经营方式。不同的经营方式适用不同的税收政策法规进行征税，这就为税收策划提供了可能。

这里注意房产税的平衡点，当：租金收入金额 ×12%= 房产原值 ×（1-30%）×1.2%

即租金收入金额 / 房产原值 =7% 时，换一句话说，当年营业额小于房产原值的 7% 时，租赁业务的房产税的税收负担低于仓储保管服务的税收负担水平。

当然，需要特别注意的是，进行有关业务的税收策划必须具有真实性、合法性，不能挂羊头卖狗肉，同时能够满足客户的利益要求。否则，再好的设想也不能取得理想的效果。

背景资料：

根据《财政部 国家税务总局关于全面推开营业税改征增值税试点的通知》（财税〔2016〕36 号）规定，不动产租赁服务，销售不动产，转让土地使用权，税率为 11%，而现代服务业的适用税率为 6%。

《房产税暂行条例》及有关政策法规规定：租赁业与仓储业的计税方法不同。房产自用的，其房产税依照房产余值 1.2% 计算缴纳，即应纳税额 = 房产原值 ×（1-30%）×1.2%（注：房产原值的扣除比例各省、市、自治区可能略有不同）；房产用于租赁的，其房产税依照租金收入的 12% 计算缴纳，即应纳税额 = 租金收入金额 ×12%。

费用分离有技术　关键流程要合理

有时项目的转换设计，可以为服务对象带来丰厚的利益，而且这种影响长期存在。以房屋为核心的固定资产一旦承建完工，以后就要用上几十年。但是，在承建房屋的时候，在建筑项目施工过程中谁会想到以后的税收问题？往往正是一个小小的疏忽，就会给自己未来几十年多缴了许多税！

实务案例：

昌宏企业（集团）公司 2020 年初计划兴建一座花园式工厂，工程分两部分：一部分为办公用房以及辅助设施，包括厂区围墙、水塔、变电塔、停车场、露天凉亭、游泳池、喷泉设施等建筑物，总计造价为 1 亿元，另一部分为厂房。

业务分析：

这里存在两个问题，一是房产原值的确认。如果 1 亿元都作为房产原值的话，该企业自工厂建成的次月起就应缴纳房产税，每年应纳房产税（扣除比例为 30%）为 10 000 万元 ×（1−30%）× 1.2%=84（万元），这 84 万元的税负只要该厂存在，就不可避免。如果以 20 年计算，就将是 1 680 万元。企业感到税收负担太重，希望寻找节税的方法和途径。

二是土地价值的分摊对房产税的影响。如果 2020 年 3 月 1 日征用 100 亩（66 666.66 平方米）土地，支付土地出让金 500 万元。企业按 50 年摊销。2020 年 6 月份，动用 5 000 平方米（长 100 米，宽 50 米）兴建 A 厂房。在具体操作中如何节省房产税？

政策分析：

税法规定，房产税的征税对象是房屋。企业自用房产依照房产原值一次减除 10% ~ 30% 后的余值按 1.2% 的税率计算缴纳。房产原值指纳税人按照会计制度规定，在账簿"固定资产"科目中记载的房屋原价。因此，对于自用房产应纳房产税的策划因当紧密围绕房产原值的会计核算进行。

按税法的有关规定，房产是以房屋形态表现的财产，可供人们在其中生产、工作、居住或储藏物资的场所。不包括独立于房屋之外的建筑物，如围墙、水塔、变电塔、露天停车场、露天凉亭、露天游泳池、喷泉设施。准确掌握房屋定义税法规定，独立于房屋之外的建筑物不征房产税，但与房屋不可分割的附属设施或者一般不单独计价的配套设施需要并入原房屋原值计征房产税。与房屋不可分割的各种附属设备或一般不单独计算价值的配套设施，指暖气、卫生、通风、照明、煤气等设备，各种管线，如蒸气、压缩空气、石油、给水排水等管道及电力、电讯、电缆导线，电梯、刀降机、过道、晒台等。附属设备和配套设施往往不仅仅为房产服务，税法同时规定了其具体界限："附属设备的水管、下水道、暖气管、煤气管等从最近的探视井或三通管算起，电灯网、照明线从进线盒连接管算起。"这就要求我们在核算房屋原值时，应当对房屋与非房屋建筑物以及各种附属设施、配套设施进行适当划分。

另外，关于房屋中央空调设备是否计入房产原值的问题，《财政部、国家税务总局关于对房屋中央空调是否计入房产原值等问题的批复》（财税地字〔1987〕28 号）规定，新建房屋交付使用时，如中央空调设备已计算在房产原值之中，则房产原值应包括中央空调设备；如中央空调设备作单项固定资产入账，单独核算并提取折旧，则房产原值不应包括中央空调设备。

关于旧房安装空调设备，一般都作单项固定资产入账，不应计入房产原值。

咨询意见：

为了寻找解决问题的办法，企业就向税务事务所的专家请教。专家指出，对该企业除厂房、办公用房外的建筑物，如果把停车场、游泳池也都建成露天的，并且把这些独立建筑物的造价同厂房、办公用房的造价分开，在会计账簿中单独记载，则这部分建筑物的造价不计入房产原值，不缴纳房产税。换一句话说，就是将原来作为一个项目来承建的施工工程，转换成两个建设项目（从源头上进行项目的分离）。

该企业经过估算，除厂房、办公用房外的建筑物的造价为 800 万元左右，独立出来以后，每年可少缴房产税 800 万 ×（1-30%）×1.2%=6.72（万元），以 20 年计算，就是 134.4 万元！

房产税的征收上以房产的原值作为征收依据的，因此合理地确定了房产的原值，也就是合理地确定了房产税。房产税分为以房产余值和以租金收入计税两种计税方法，税率分别为 1.2% 和 12%。以房产余值计税，适用于房产用于自己生产经营而不是收取租金的情况。房产余值是房产原值一次减除 10% ~ 30% 后的余值（在 10% ~ 30% 的范围内，由各省市自行确定具体减除比例）。房产原值指房屋的造价，包括与房屋不可分割的各种附属设备或一般不单独计算价值的配套设施。可见，房产原值的大小直接决定房产税的多少，合理地减少房产的原值是房产税策划的关键。

此外，税法还规定了暂免征收房产税的特殊情况，如企业停产、撤销后，其原有房产闲置不用的，经企业申请，经税务机关批准，可在一定期限内暂免征收房产税，企业应加以利用。

有关地价的分摊问题，税务专家指出：《无形资产准则》第 21 条规定，企业进行房地产开发时，应将相关的土地使用权予以结转。结转时，将土地使用权的账面价值一次计入房地产开发成本。该规定不仅适用于房产开发企业开发的商品房，对非房地产企业自行建造自用的房屋同样适用。同时《企业会计制度》第 47 条规定，企业购入或以支付土地出让金方式取得的土地使用权，在尚未开发或建造自用项目前，作为无形资产核算，并按本制度规定的期限分期摊销。房地产开发企业开发商品房时，应将土地使用权的账面价值全部转入开发成本；企业因利用土地建造自用某项目时，将土地使用权的账面价值全部转入在建工程成本。这里应当注意，一次结转的土地使用权账面价值只指与在建工程相关的土地。这里的"相关"应当理解为"对应"或"配比"。对于企业在一块土地上建设多个项目的，应当以对应房产占用的土地面积按比例结转，对于非房产占用土地（如场地），应当予以摊销。

昌宏企业（集团）公司在取得土地使用权时，会计要将土地使用权计入"无形资产——土地使用权"账户中。每个月要进行无形资产摊销，其摊销的具体数额为：

5 000 000÷50÷12=8 333.33（元）

企业征用土地三个月，到 2020 年 6 月初，"无形资产——土地使用权"账面余额为：

5 000 000-8 333.33×3=4 975 000（元）

应结转至"在建工程"科目的金额为：

4 975 000÷66 666.66×5 000=373 125.04（元）

本月应摊的销额为：

（4 975 000−373 125.04）÷（50×12−3）=7 708.33（元）。

以后各月仍按上述方法进行处理。这些费用将形成不动产的价值，作为计算缴纳房产税的计算依据。上述方法的可行性，在于会计核算时遵循了"相关性原则"和"配比"原则，避免了将整块土地结转至在建工程成本，从而减少了房产税的计税依据。

策划点评：

在日常税收策划业务中，人们习惯于将目光放在大税种上，其实，有些小税种也有大作为的。在从价计征房产税时，计税余值的确定是参照国家有关会计制度的规定。由于目前我国企业执行的既有企业会计准则，也有企业会计制度，而不同的会计制度关于土地使用权规定的差异，导致房产原值的确定标准亦不相同。纳税人在计算缴纳房产税时，应根据具体的情况进行处理。对于采取新会计准则的企业，还要注意新旧会计制度的衔接对房产税计税余值的影响。

另外，在土地分摊问题上，纳税人还需要注意《财政部　国家税务总局关于安置残疾人就业单位城镇土地使用税等政策的通知》（财税〔2010〕121号）的规定，该文件第三条明确，对按照房产原值计税的房产，无论会计上如何核算，房产原值均应包含地价，包括为取得土地使用权支付的价款、开发土地发生的成本费用等。宗地容积率低于0.5的，按房产建筑面积的2倍计算土地面积并据此确定计入房产原值的地价。

聪明之人捡芝麻　不慎丢失大西瓜

企业经营需要资金，对于目前大量存在的小微企业而言，民间借贷成了主要手段。对于部分制造企业来说，内部集资则是通常使用的一个方法。但是，在运筹筹资项目的时候，人们往往图省事，而不是通过规范的方法去操作，于是，将本来应当作为利息项目在税前列支的，私下里转换成工资项目，从而给自己后来的经营埋下隐患。

实务案例：

地处我国西部某省的源达时装设计有限公司（以下简称源达公司）是一家品牌服装设计服务企业，主要为A品牌服装提供设计服务，并且为客户量身定做。被税务机关认定为制造企业，增值税一般纳税人。2019年度实现销售收入6 680万元，2020的业绩也十分喜人，取得营业收入和效益双丰收的成绩。

为什么在宏观经济不很景气的条件下，该公司为什么能够取得良好的业绩呢？分析其原因，主要是该公司的老板善于利用他人智慧进行策划的结果。

2019年底，该公司的老板发现公司缴纳的税收很多，于是通过策划，聘用了20残疾人，占公司总人数的26%，主要为公司提供各种后勤服务。2020年度实现销售收入6 680万元，该公司按照税务机关的规定和要求及时进行了备案程序，2020 年享受增值税即征即退优惠 125.73 万元，同时享受企业所得税税前加计扣除 43.2 万元。

税务稽查：

2021 年 3 月 18 日，当地主管税务机关的税务检查人员稽查组长李德清和小袁到源达公司检查，起初并没有发现什么问题。

但是，在与企业人士交流的过程中，稽查组长李德清听到一个传言，该公司在 2019 年度曾向职工集资（借款）几百万元。

稽查组长李德清感觉该公司有人为地调节利润的嫌疑。为此，稽查组长李德清和小袁商量之后，决定以源达公司的成本核算和费用开支为检查重点。

通过检查发现，源达公司成本、费用核算流程比较完整，而且成本结转和费用开支都比较规范，没有明显的违规问题。细心的稽查组长李德清对该公司近几年的财务指标进行了动态分析，当分析到成本和各类费用与往年的比率变化情况时，发现近年来制造费用增长较快，进一步核实，系制造费用中的工资的增幅很大。

当稽查组长李德清询问该费用增加的原因时，财务经理理直气壮地回答道："最近几年国家的最低工资标准提升较快，职工的工资水平自然会随着调整，否则无法留住员工。"

稽查组长李德清听得出来，按照财务经理的意思，企业的工资成本上升的理由很充分，也很无奈。

那么，"曾向职工集资（借款）几百万元"的传闻是不是属实呢？稽查组长李德清和小袁找到了提供信息的那名员工，从这个员工那里看到了借款合同。在这样的情况下，稽查组长李德清心里有底了。于是找有关人员谈话。

询问笔录：

稽查组长李德清对源达公司的生产和经营情况进行了认真的梳理，制定了询问提纲。然后，根据税务稽查流程发出《询问通知书》，请有关人员到税务问讯室进行约谈。

首先找源达公司的几个员工（车间主任、班组长、仓库保管员等）进行询问。稽查组长李德清从企业的生产和经营情况、企业的运营模式和员工的待遇等方面与他们进行了沟通，最后在企业向员工集资的问题上进行重点询问。通过询问和约谈，集资（借款）问题在有关当事人中得到一致的确认：企业向内部职工（不包括残疾人员）借款 20 万元，年息为 10%，通过工资的形式发放到每个人手上。

其次找源达公司的法定代表人朱东亮询问。对于向员工集资问题，朱东亮并不回避。他解释：企业资金周转发生困难，在向当地银行筹借没有成功的情况下，才向内部员工借款的。对于利息支付方式，他不认为存在什么问题，最多算是打了一个"擦边球"，而这种做法目前比较普遍。他说："企业并没有偷税，如果说有什么问题，从严格意义上讲，应当让当事人到税务机关去开票。如果去开票，他们就需要缴税了。"

最后找到源达公司的财务负责人。当该负责人发现董事长已经确认相关事实以后，也不得不从财务的角度证实有关事项的存在。

稽查结果：

通过询问沟通，再回到账册资料和有关凭证上，确认有关事项的头绪就比较清楚了。通过账面核实，该公司2019年度向职工借款700万元。根据合同约定，公司按本金总额的10%支付利息，则2019年度应向职工支付利息70万元。

以上利息已经通过工资的形式支付给职工，涉及企业所得税：70×25%=17.5万元。

税务认定：

根据《税收征管法》第六十三条规定，纳税人伪造、变造、隐匿、擅自销毁账簿、记账凭证，或者在账簿上多列支出或者不列、少列收入，或者经税务机关通知申报而拒不申报或者进行虚假的纳税申报，不缴或者少缴应纳税款的，是偷税。对纳税人偷税的，由税务机关追缴其不缴或者少缴的税款、滞纳金，并处不缴或者少缴的税款百分之五十以上五倍以下的罚款；构成犯罪的，依法追究刑事责任。源达公司将利息支出做成工资，明知不可为而为之，显然属于《税收征管法》所规定的"纳税人伪造、变造、隐匿、擅自销毁账簿、记账凭证"等情景，属于弄虚作假的手段，因此，所列支出不予确认。于是做出相应的处理和处罚。同时该公司的纳税信用等级调整为C级。

案例点评：

这个处理意见对于源达时装设计有限公司来说，意味着什么呢？仅仅是补缴企业所得税17.5万元吗？如果是这样理解的话，那就错了。

财政部和国家税务总局在《关于促进残疾人就业增值税优惠政策的通知》（财税〔2016〕52号）中明确，为继续发挥税收政策促进残疾人就业的作用，进一步保障残疾人权益，经国务院批准，决定对促进残疾人就业的增值税政策进行调整完善。对安置残疾人的单位和个体工商户（以下称纳税人），实行由税务机关按纳税人安置残疾人的人数，限额即征即退增值税的办法。安置的每位残疾人每月可退还的增值税具体限额，由县级以上税务机关根据纳税人所在区县（含县级市、旗，下同）适用的经省（含自治区、直辖市、计划单列市，下同）人民政府批准的月最低工资标准的4倍确定。

同时，财税〔2016〕52号文件第四条明确规定，纳税人中纳税信用等级为税务机关评定的C级或D级的，不得享受本通知第一条、第三条规定的政策。

为加强促进残疾人就业增值税优惠政策管理，根据《财政部 国家税务总局关于促进残疾人就业增值税优惠政策的通知》（财税〔2016〕52号）与《国家税务总局关于发布〈税收减免管理办法〉的公告》（国家税务总局公告2015年第43号）及有关规定，国家税务总局《关于发布〈促进残疾人就业增值税优惠政策管理办法〉的公告》（国家税务总局公告2016年第33号）中明确，纳税人申请退还增值税时，需报送如下资料：

（一）《退（抵）税申请审批表》。

（二）《安置残疾人纳税人申请增值税退税声明》（见附件）。

（三）当期为残疾人缴纳社会保险费凭证的复印件及由纳税人加盖公章确认的注明缴纳人员、缴纳金额、缴纳期间的明细表。

（四）当期由银行等金融机构或纳税人加盖公章的按月为残疾人支付工资的清单。

特殊教育学校举办的企业，申请退还增值税时，不提供资料（三）和资料（四）。

纳税人申请享受税收优惠政策，应对报送资料的真实性和合法性承担法律责任。主管税务机关对纳税人提供资料的完整性和增值税退税额计算的准确性进行审核。主管税务机关受理退税申请后，查询纳税人的纳税信用等级，对符合信用条件的，审核计算应退增值税额，并按规定办理退税。

从源达公司的角度来讲，其本意可能不是为了偷税，如果公司让每个借款人到当地主管税务机关去开具发票，公司凭发票支付利息，问题就可迎刃而解。但是，现在由于一时的疏忽，不仅带来 17.5 万元的涉税风险，更主要的是丢失了享受增值税即征即退优惠 125.73 万元的资格，其损失是不是十分巨大！

跨越高坎　分步实施

【妙计提要】

发生交易要缴税，数额巨大有难畏；思来想去多筹谋，分步实施有作为。

【本计内容】

在税收上，是根据承担能力设计税制的。能力越强，需要承担的税收往往越多，从而实现税收的调节功能。而这个功能可以通过税率的安排来实现，比如累进税率就比较典型。

累进税率是根据征税对象数量或金额的多少，分等规定递增的多级税率。应税数量越多或金额越大，适用税率也越高。累进税率能体现量能负担原则，使纳税人的负担水平与负税能力相适应，但税款计算较复杂。累进税率具体可分为全额累进税率、超额累进税率、全率累进税率、超率累进税率、超倍累进税率等多种形式。我国现行的个人所得税中综合所得、经营所得等，均采用超额累进税率。

累进税率是随税基的增加而按其级距提高的税率。是税率的一种类型。

累进税率的确定是把征税对象的数额划分等级再规定不同等级的税率。征税对象数额越大的等级，税率越高。采用累进税率时，表现为税额增长速度大于征税对象数量的增长速度。它有利于调节纳税人的收入和财富。通常多用于所得税和财产税。

累进税率的特点是税额越大，税率越高，税负呈累进趋势。在财政方面，它使税收收入的增长快于经济的增长，具有更大的弹性；在经济方面，有利于自动地调节社会总需求的规模，保持经济的相对稳定，被人们称为"自动稳定器"；在贯彻社会政策方面，它使负担能力大者多负税，负担能力小者少负税，符合公平原则。但在税基不代表纳税能力时，不能适用累进税率。以全额累进税率与超额累进税率比较，前者累进程度急剧，计算简便，但在累进级距的交界处，存在增加的税额超过税基的不合理现象，后者累进程度较缓和，不发生累进级距交界处的税负不合理问题，因此多为各国所采用。

累进税率对于调节纳税人收入，有特殊的作用和效果，所以现代税收制度中，各种所得税一般都采用累进税率。

从累进税率设计的思路去分析，累进税率有"鞭打快牛"。但是，一旦形成法律，作为执行者的纳税人，如果想让自己的税收负担降下来，只能考虑税收策划了。

如果纳税人遇到"鞭打快牛"应当如何操作呢？从办事效率的角度讲，希望去繁就简。本人在讲座的过程中也常常说道：所谓科学，就是将复杂的事情简单化。但是，有的时候为了某种目的，还可以反其道而行之，实现防止"鞭打快牛"。

在经济活动中，有些业务如果是一次性完成的，就需要缴纳很多税款，但是，如果将这笔业务分解成两笔交易，就有可能不缴税或者少缴税。例如销售不动产业务，一次性销售企业可能缴纳更多的土地增值税，而土地增值税是以超率累进税率征税的税种，"鞭打快牛"的现象更明显，但是，如果分两步销售，土地增值税可能有所下降。

当然，这里的"高坎"可能是较高的增值级次，也可能是管理障碍，在具体的操作过程中，需要根据有关业务的具体情况和操作条件才能确定是否可以采用这个方法。

【案例注释】

通过增加交易次数来策划税收，其实还需要考虑相关业务背景，需要在业务流程上做文章。从上述计策的内容上看，读者可能还是感觉难以理解。因此，这里我们结合实际案例对有关计策的操作原理做一个简要分析和解释。

大楼转让有奥妙　巧妙策划税收少

随着企业经营策略的变化，部分投资人往往会根据经营战略的变化考虑处置部分不动资产。由于我国近期房地产的价格攀升十分明显，所以，在处置不动产的过程会遇到高额的土地增值税问题。这里有没有策划的机会和空间呢？

企业案例：

东方实业公司是月星集团公司下属的一个子公司，是增值税一般纳税人。为了进一步扩大经营规模，2016 年 5 月 28 日购置了一栋办公楼，不含税价格 1 000 万元。由于资金出现问题，2020 年 5 月，东方实业公司以 3 000 万元的不含税价格将这栋办公楼出售给 A 公司，其应缴各项税费计算如下（城建税适用税率为 7%，教育费附加率为 3%，不考虑其他费用）。

企业操作：

东方实业公司在购买这栋办公楼时已经取得能够抵扣 11% 的增值税专用发票，那么，该公司在转让该办公楼时应当缴纳的增值税为：

3 000×9%-1 000×11%=160（万元）

应纳城建税、教育费附加合计为：

160×（7% + 3%）=16（万元）

应纳土地增值税可按以下步骤计算。

转让这栋办公楼允许扣除项目金额合计为：

1 000+16=1 016（万元）

转让这栋办公楼可以实现的增值率为：

（3 000-1 016）÷1 016×100%=195.28%

大于100%，根据税法规定分别适用30%、40%、50%三档税率。按速算扣除法计算，应缴纳土地增值税：

（3 000-1 016）×50%-1 016×15%

=992-152.4

=839.6（万元）

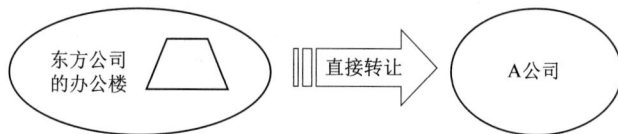

策划分析：

该公司的董事长认为土地增值税缴得太多，就聘请咨询专家寻找增加利润的操作方案。

笔者应邀到该公司提供策划咨询服务，于是，就对该公司的业务背景和有关情况进行了综合考察。然后，从政策和业务两个层面进行综合策划。

从土地增值税的规定特定来看，该税种适用超率累进税率，增值率越高，适用税率也越高。如果设法降低增值率，就有可能实现节税目的。由此可见，对于土地转让活动而言，如果增加运营环节，降低增值率和适用税率是减轻土地增值税税负的有效途径。

策划思路：

东方实业公司可以先将这栋办公楼通过月星集团公司的其他子公司（如B公司）做一个流转环节，然后再以协议价格销售给A公司。具体做法如下。

第一步：先以2 000万元的价格将这栋办公楼销售给B公司，在本环节东方实业公司应纳税费计算如下。

应缴转让不动产增值税：

2 000×9%-1 000×11%=70（万元）

应缴城建税、教育费附加合计为：

70×（7% + 3%）=7（万元）

应缴土地增值税如下。

本环节的扣除项目金额：

1 000+7=1 007（万元）

在本环节的土地增值率为：

（2 000−1 007）÷1 007×100%

=98.61%

在本环节应缴纳土地增值税：

（2 000−1 007）×40%−1 007×5%

=397.2−50.35

=346.85（万元）

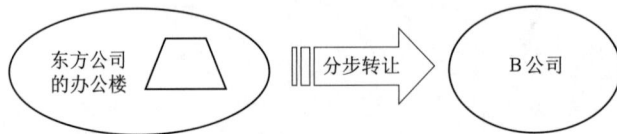

第二步，再由 B 公司以 3 000 万元的价格将这栋办公楼销售给 A 公司，B 公司应纳税费计算如下。

应缴转让无形资产增值税：

3 000×9%−2 000×9%=90（万元）

应缴城建税、教育费附加合计为：

90×（7% + 3%）=9（万元）

应缴土地增值税如下。

该环节的扣除项目金额合计为：

2 000+9=2 009（万元）

该环节的增值率为：

（3 000−2 009）÷2 009×100%=49.33%

该环节应缴纳土地增值税为：

（3 000−2 009）×30%=297.3（万元）

将两个操作环节的应纳税额进行汇总，可以发现月星集团的有关税收情况和策划结果。

应缴转让不动产增值税合计为：

70+90=160（万元）

应缴城建税、教育费附加合计为：

7+9=16（万元）

通过策划，月星集团公司实际缴纳土地增值税合计为：

346.85+297.3=644.15（万元）

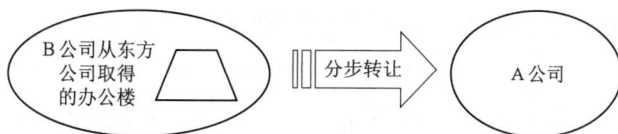

策划结论：

通过以上计算和分析我们不难看出，虽然通过策划增加了一道纳税环节，但是并没有增加销售不动产和转让无形资产的营业税负担（低于买价出售除外），策划前后增值税、城建税以及教育费附加合计负担都是 220 万元。但是，土地增值税的实际负担明显降低，比策划前下降了 195.45 万元（839.6 万元 −644.15 万元）。

计划方案比较表   单位：万元

操作方案	增值税	城建及教育附加	土地增值税	节税额
方案一	160	16	839.6	0
方案二	160	16	644.15	195.45

注意事项：

笔者在《企业涉税风险的表现及规避技巧》一书中曾对部分企业的业务流程进行过研究，从而得出一个结论性意见：企业进行税收策划的操作点几乎占 80% 以上不在会计和财务环节，本案例就是一个典型的证明。当然，在这里我们将其他相关因素省略了，目的是方便说明策划原理。但是，在实务操作过程中，应当关注可行性。在实施上述策划方案时，企业需要注意四个问题。

其一，注意税收策划过程的现实可行性。本案例虽然是笔者曾经操作过的实例，但是，读者如何做简单的模仿可能会发生涉税风险。一是通过关联企业进行整体税收策划时，不能违反《税收征管法》及其《实施细则》有关关联交易的限制性规定。因此，相关企业需要有超前意识，在可以预见的期限内，所策划的对象——土地或者不动产市场价格持续上涨的，并且计划将其转让的情况下，可以提前进行策划并进行相关的操作，先以适当的价格在关联企业间进行销售，然后再销售给其他购买人。二是两次转让的时间间隔安排需要适当，如果第一次交易结束后不久就进行第二次交易，其人为操作的痕迹就太明显了。

其二，注意转让环节应有适当的利润。事实上，只有在增值率超过 50% 时，土地增值税才存在纳税策划的空间。

其三，产权转移时必须缴纳一定的费用，如过户手续费、印花税和契税。纳税人应当综合测算，在节约的税收与增加的费用之间做出分析，从而在降低税负的同时增加收益。

其四，注意操作时间不同适用政策的差异。根据《财政部 国家税务总局关于全面推开营业税改征增值税试点的通知》（财税〔2016〕36 号）规定，一般纳税人销售其 2016 年 4 月 30 日前自建的不动产，可以选择适用简易计税方法，以取得的全部价款和价外费用为销售额，按照 5% 的征收率计算应纳税额。一般纳税人销售其 2016 年 5 月 1 日后取得（不含自建）的不动产，应适用一般计税方法，以取得的全部价款和价外费用为销售额计算应纳税额。纳税人应以取得的全部价款和价外费用减去该项不动产购置原价或者取得不动产时的作价后的余额，按照 5% 的预征率在不动产所在地预缴税款后，向机构所在地主管税务机关进行纳税申报。

《财政部 税务总局关于简并增值税税率有关政策的通知》（财税〔2017〕37 号）明确自 2017 年 7 月 1 日起简并增值税税率结构，取消 13% 的增值税税率。《财政部 税务总局关于调整增值税税率的通知》（财税〔2018〕32 号）明确自 2018 年 5 月 1 日起，纳税人发生增值税应税销售行为或者进口货物，原适用 17% 和 11% 税率的，税率分别调整为 16%、10%。《财政部 税务总局 海关总署关于深化增值税改革有关政策的公告》（财政部 税务总局 海关总署公告 2019 年第 39 号）自 2019 年 4 月 1 日起，增值税一般纳税人（以下称纳税人）发生增值税应税销售行为或者进口货物，原适用 16% 税率的，税率调整为 13%；原适用 10% 税率的，税率调整为 9%。

另外，根据《财政部 国家税务总局关于营改增后契税 房产税 土地增值税 个人所得税计税依据问题的通知》（财税〔2016〕43 号）的规定，自 2016 年 5 月 1 日起土地增值税纳税人转让房地产取得的收入为不含增值税收入。《中华人民共和国土地增值税暂行条例》等规定的土地增值税扣除项目涉及的增值税进项税额，允许在销项税额中计算抵扣的，不计入扣除项目，不允许在销项税额中计算抵扣的，可以计入扣除项目。

策划点评：

这是一个逆向思维的典型案例。人们普遍认为，增加纳税环节会增加纳税负担，而减少纳税环节往往能够起到减轻税收负担的作用。减少不必要的纳税环节是进行税收策划的基本方法之一。但是，税收策划是在符合一定政策条件下运行的结果，是减少纳税环节，还是增加纳税环节，就要看策划对象所处的政策环境。

异地销售是道坎　调整模式能闯关

工业企业为了扩大产品市场占有份额，常常在外地设立销售网点，这些销售网点往往以分公司或子公司形式存在。《增值税暂行条例实施细则》第四条规定，设有两个以上机构（相关机构设在同一县、市的除外）并实行统一核算的纳税人，将货物移送其他机构用于销售的，应当视同销售，按规定计算缴纳增值税。人们习惯于把这种视同销售行为称作异地销售。税法规定，异地销售行为，其纳税义务发生的时间为货物移送的当天。异地销售问题具有一定的普遍性，正确理解其税收政策，对于规范纳税，降低税收成本，具有重要的意义。

销售案例：

长江实业公司是一家大型仪表生产企业，产品销往全国各大超市，为了保证产品供应及时，减少运输费用，在广州、北京等地均设立了仓库，其产品又是通过各地的分公司销售出去的。其产品发往各地时，账务处理为：

借：产成品——××库

　　贷：产成品

实际销售时，企业做如下账务处理。

借：银行存款

　　贷：主营业务收入

　　　　应交税金——应交增值税（销项税额）

并同时做如下分录。

借：主营业务成本

　　贷：产成品——××库

税务机关发现后认为，产品在发往异地仓库时应视同销售。产品发往异地仓库没有售价，故需按同期同类产品的加权平均售价计算缴纳增值税。该公司因此补缴税款及滞纳金 2 680 余万元，罚款 1 000 多万元。

策划分析：

销售货物总是伴随着货物移送的行为进行的，不同条件下的货物移送核算方式有关的纳税环节也不同，在实际操作中，有的税务机关要求企业出厂移送各地分公司的货物均在移送当天计算并申报增值税销项税额，但各地分公司可能要过一段时间才真正实现对外销售给客户，一段时间后才有可能部分或全部收回货款和税金，这样导致企业本部提前垫付资金的现象发生。

企业如果通过策划，根据自身经营情况和有关税收政策选择货物移送核算方式，可合法推迟纳税义务发生时间，延缓增值税的缴纳时限，减少资金占用，加速资金周转，减少利息支出。

从目前的情况来看，总、分支机构之间货物移送问题有三种可供选择的纳税策划方法。

方案一：变移送为加工。

这是一种传统的策划方式。在具体操作过程中，对于总机构与非独立核算的分支机构之间的业务运作方式而言，改变存货所有权及业务流程，将原来的"总机构向非独立核算的分支机构移送自有货品用于销售"变更为"独立核算"的分支机构（子公司）购进原料，委托总机构加工，收回成品以后再销售，或者委托总机构有偿保管，需要时再行运回销售。

操作要点如下。

其一，到工商行政管理机关将原来的非独立核算的分公司变更为独立核算的子公司。

其二，变更以后的分支机构（子公司）以自己的名义购进原料。

其三，分支机构以自己的名义与总公司签订加工合同，按市场需求生产出分支机构需要的商品。

其四，分支机构收回委托加工的商品寄存总公司的仓库或另设仓库储存，分支机构支付与加工有关的费用并索取发票入账。

方案二：实行大管理运作。

在具体操作过程中，将各分公司视同一个整体来进行调配，异地分支机构不向购货方开票，不向购货方收款。在这种运作思路条件下，分支机构只是履行内部往来的实物传送过程，由总机构统一向总机构所在地缴纳增值税，征税环节应该是总机构实现销售的环节，纳税义务发生时间应该是总机构向购买方收讫销售款或取得收款凭据的当天。

方案三：资金结算网络化。

随着科学技术的发展，网络技术在各方面得到广泛运用。为加强对企业集团分支机构资金的管理，提高资金运转效率，在公司进行集团化管理时，可以借鉴财务管理中现金日常控制的"集中银行"法。在具体操作过程中，可以与企业集团总机构所在地金融机构签订协议，建立资金结算网络，以总机构的名义在全国各地的公司所在地开立存款账户（开立的账户为分支机构所在地账号，只能存款、转账，不能取款），分公司负责货物的配送，各地实现的销售情况通过网络传送给总公司，然后再由总机构直接开具发票给购货方，货款由购货方直接存入总机构的网上银行存款账户。

这种运作思路可以带来以下好处。

一是可以避免公司本部提前垫付税金，推迟现金支出；同时加速收款，从而获取资金时间价值。

二是有利于实现财务集中控制，强化企业管理的力度。

三是有利于加强对分支机构资金的管理，堵塞资金流失的漏洞，提高资金运转效率。

四是集团管理税收的支出情况，便于总公司有机把握税收利益。

策划点评：

如何利用集团公司的运行特点策划税收？这是企业集团常常思考的话题。《关于企业所属机构间移送货物征收增值税问题的通知》（国税发〔1998〕137号）规定："《中华人民共和国增值税暂行条例实施细则》第四条视同销售货物行为的第（三）项所称的用于销售，指收货机构发生以下情形之一的经营行为：一、向购货方开具发票；二、向购货方收取货款。收货机构的货物移送行为有上述两项情形之一的，应当向所在地税务机关缴纳增值税；未发生上述两项情形的，则应由总机构统一缴纳增值税。如果收货机构只就部分货物向购买方开具发票或收取货款，则应当区别不同情况计算并分别向总机构所在地或分支机构所在地缴纳税款。"

国税函〔2002〕802号文件还规定，纳税人以总机构的名义在各地开立账户，通过资金结算网络在各地向购货方收取销货款，由总机构直接向购货方开具发票的行为，不具备国税发〔1998〕137号文件规定的收货机构向购货方开具发票、向购货方收取货款两种情形之一，其取得的应税收入应当在总机构所在地缴纳增值税。纳税人在外地设立的仓库，一无营业执照，二无银行账号，充其量只是个货物的存放地，根本构不成分支机构。即使其在外地设立了分公司，如果该分公司没有开具发票，也没有向购货方收取货款，则总机构仍然无需在货物移动时缴纳增值税，而应当按照总机构向购买方（超市）销售产品的方式依照《增值税暂行条例》第十九条及其《实施细则》第三十三条的规定确定纳税义务发生的时间。

这里提供的三个税收策划的具体操作思路，这三个思路各有千秋。

方案一，是一种普通经营思路，因为作为独立核算的分支机构，在法定的经营范围内可以自己的名义对外开展民事活动。本法特别适用于不能取得增值税专用发票的材料采购和委托加工业务，实务中可以结合集团公司法律框架建设进行统筹，如总公司在不同法律环境内进行大市场运作，就可以利用子公司以及分公司适用不同的税收政策这一特点进行策划。

方案二从另一方面为人们提供了解决问题的办法，但是，这种操作思路存在一个缺点。在具体的销售活动中，总机构所承担的收款、开票的工作量很大，当这种工作量超过一定的限度时，就会影响机构的运行效率。为了既提高工作效率，又满足税务管理的要求，可以由总机构派员常驻分支机构承担收款、开票事务。但是这种操作又存在票据区域管理的要求和限制，如果公司需要跨省区使用空白发票，需要履行严格的报批手续。

由于纳税人以总机构的名义在各地开立账户，通过资金结算网络在各地向购货方收取销货款，由总机构直接向购货方开具发票的行为，未满足税法规定的纳税义务实现的要件，从而使企业集团整体上推迟了纳税义务实现的时间，同样有利于集团公司降低纳税成本。所以这种方法同样具有可借鉴的地方。

策划结论：

通过上面的分析，我们可以得出下列结论：（1）如果在外地设立的销售公司属于子公司，则总公司与子公司之间，属于正常销售行为，而非视同销售，二者要单独结算价款，子公司对外销售时，再按正常销售处理。不过，按照《税收征管法》第三十六条的规定，关联企业之间发生的往来，必须按照独立企业之间正常的业务往来，收取或者支付价款费用。（2）如果在外地设立的销售公司属于分公司性质，而且分公司实行独立核算，则此种情况也应比照上述情况处理。（3）如果在外地设立的分公司不实行独立核算，而是与总公司统一核算，则应区别情况处理。如果分公司具备了国税发〔1998〕137 号文件明确的两个条件，则分公司应在当地缴纳增值税，总公司向分公司移动产品时，应视同销售；反之，总公司不视同销售，应在产品实际对外销售时，由总公司确认收入，并计算缴纳增值税。

对于第（1）（2）种情况，总公司在策划时可以采取赊销、分期收款或委托代销方式，以达到递延纳税的目的。《增值税暂行条例实施细则》第三十三条规定，采取赊销和分期收款销售货物，其纳税义务发生时间为合同约定的收款日期的当天；委托其他纳税人代销货物，为收到代销单位销售的代销清单的当天。企业进行上述策划时，注意必须签订经济合同，注明销售方式，按规定进行账务处理，并严格按照税法确定的纳税义务发生时间计算缴纳税款。

策划背景：

国家税务总局《关于企业所属机构间移送货物征收增值税问题的通知》（国税发〔1998〕137 号）明确规定：《中华人民共和国增值税暂行条例实施细则》第四条视同销售货物行为的

第（三）项所称的用于销售，指收货机构发生以下情形之一的经营行为：

一、向购货方开具发票。

二、向购货方收取货款。

收货机构的货物移送行为有上述两项情形之一的，应当向所在地税务机关缴纳增值税；未发生上述两项情形的，则应由总机构统一缴纳增值税。如果收货机构只就部分货物向购买方开具发票或收取货款，则应当区别不同情况计算并分别向总机构所在地或分支机构所在地缴纳税款。

白酒产品税负高　分步销售乐逍遥

白酒生产企业有一个共同的苦恼，即需要缴纳一道消费税，而这个点有点儿高，在市场竞争十分激烈的今天，这是影响企业利润的一个重要方面。那么，白酒企业的消费税能不能策划呢？

现场咨询：

春花酿酒有限公司主要生产粮食白酒，是一个大型骨干企业。该公司在各地设立了非独立核算的分公司直接销售公司的产品。其税收负担一直比较高。

2020 年底，该企业的董事长参加了一个《税收策划与企业发展战略》专题培训班受到启发，便将咨询专家请到公司进行现场诊断。

该公司在江南某省，但是，在全国各地设立了 100 多家分公司。公司将产品送到各分公司对外销售。以设立在 A 市的一家分公司为例，该分公司一年销售本产品大约 5 000 箱（每箱 20 斤），价格为每箱 500 元。

业务分析：

根据 2019 年度的销售额业务测算消费税，则春花酿酒有限公司设在 A 市的分公司所对应的销售额应缴纳消费税额分析如下（粮食白酒适用消费税税率 20%）。

当期应纳消费税为：

5 000×500×20%+20×5 000×0.5

=500 000+50 000

=550 000（元）

策划分析：

为了提高企业的盈利水平，如果将机构做一些调整，将设立在各地的分公司转为子公司，A 市的一家分公司以批发商的产品价格将产品销售给各经销子公司，每箱 400 元，经销子公司再以每箱 500 元的价格对外销售。

策划计算：

如果 2020 年度的销售额与往年持平，则春花酿酒有限公司设在 A 市的分公司所对应的销售额应缴纳消费税额分析如下（粮食白酒适用消费税税率 20%）。

当期应纳消费税为：

5 000×500×20%+20×5 000×0.5

=500 000+50 000

=550 000（元）

本期应纳消费税为：

5 000×400×20%+20×5 000×0.5

=400 000+50 000

=450 000（元）

策划结论：

通过分析我们可以发现，春花酿酒有限公司的一个子公司就可以获得100 000万元（550 000万元−450 000万元）的收益。100多家的子公司加在一起，情况如何呢？结果已经不言自明。

涉税点评：

如果当地税务机关有证据对销售公司的地位不予认可，或者对销售价格有疑义，则策划将会流产。比如白酒企业的策划就比较困难，因为，国家税务总局《关于加强白酒消费税征收管理的通知》（国税函〔2009〕第380号）对此进行了限制。该文件明确，2009年8月1日起白酒生产企业销售给销售单位的白酒，生产企业消费税计税价格低于销售单位对外销售价格（不含增值税，下同）70%以下的，税务机关应核定消费税最低计税价格。这里的销售单位指销售公司、购销公司以及委托境内其他单位或个人包销本企业生产白酒的商业机构。销售公司、购销公司指专门购进并销售白酒生产企业生产的白酒，并与该白酒生产企业存在关联性质。包销指销售单位依据协定价格从白酒生产企业购进白酒，同时承担大部分包装材料等成本费用，并负责销售白酒。

该文件同时还明确了白酒消费税最低计税价格核定的标准：（一）白酒生产企业销售给销售单位的白酒，生产企业消费税计税价格高于销售单位对外销售价格70%（含70%）以上的，税务机关暂不核定消费税最低计税价格。（二）白酒生产企业销售给销售单位的白酒，生产企业消费税计税价格低于销售单位对外销售价格70%以下的，消费税最低计税价格由税务机关根据生产规模、白酒品牌、利润水平等情况在销售单位对外销售价格50%至70%范围内自行核定。其中生产规模较大，利润水平较高的企业生产的需要核定消费税最低计税价格的白酒，税务机关核价幅度原则上应选择在销售单位对外销售价格60%至70%范围内。

已核定最低计税价格的白酒，生产企业实际销售价格高于消费税最低计税价格的，按实际销售价格申报纳税；实际销售价格低于消费税最低计税价格的，按最低计税价格申报纳税。已核定最低计税价格的白酒，销售单位对外销售价格持续上涨或下降时间达到3个月以上、累计上涨或下降幅度在20%（含）以上的白酒，税务机关重新核定最低计税价格。

另外，税总函〔2015〕384号对白酒销售价格的核定问题还有具体要求，纳税人应当引起注意。

费用抵减　降低税收

【妙计精述】

企业经营很艰难，成本费用堆成山；税收如果来扣减，轻装上阵能赚钱。

【本计内容】

税收抵免指准许纳税人将其某些合乎规定的特殊支出，按规定比例或全部从其应纳税额中扣除，以减轻其税负。常见的税收抵免一般有两类，投资抵免和国外税收抵免。投资抵免指允许纳税人将一定比例的设备购置费从其当年应纳公司所得税税额中扣除。这相当于政府对私人投资的补助，故投资抵免也被称为"投资津贴"。投资抵免目的在于刺激民间投资，促进资本形成，增加经济增长的潜力。

对于税收抵免从应纳税额中扣除的数额，在抵免数量上会有限制。根据应纳税额中扣除的数额是否允许超过应纳税额，税收抵免划分为"有剩余的抵免"，即扣除数额不超过应纳税额和"没有剩余的抵免"，即没有抵尽的抵免额返还给纳税人两类。在西方国家，税收抵免的主要有两种：即投资抵免，又称投资津贴和国外税收抵免。

（1）投资抵免因其性质类似于政府对私人投资的一种补助，故亦称之为投资津贴。其大概含义指政府规定凡对可折旧性资产投资者，其可由当年应付公司所得税税额中，扣除相当于新投资设备某一比率的税额，以减轻其税负，借以促进资本形成并增强经济增长的潜力。通常，投资抵免是鼓励投资以刺激经济复苏的短期税收措施。

（2）国外税收抵免，常见于国际税收业务中，即纳税人在居住国汇总计算国外的收入所得税时，准予扣除其在国外的已纳税款。

税收抵免与税收扣除的不同之处在于，前者是在计算出应纳税额后，从中减去一定数额，后者则是从应税收入中减去一定金额。由于税收抵免可以减轻纳税人的税收负担，增加其税后所得，故而它通常作为一种政府的政策工具在实践中加以应用，以实现政府的某些政策目标。比如，美国的税收抵免与"反恐"挂钩，税收抵免制度明确规定，美国纳税人在支持恐怖主义的国家缴纳的税收，一概不得进行税收抵免。而且，即使纳税人的收入是在第三国获得的，但该笔收入的原始来源地是支持恐怖主义的国家，那么这笔收入在第三国所缴纳的税收也不能得到抵免。

中国现行税法对所得避免双重征税，按国际惯例做出了相应规定。其主要内容包括以下三点。

其一，纳税人来源于中国境外的所得，已在中国境外缴纳的企业所得税和个人所得税税款，准予其在应纳税额中扣除。但其扣除额不得超过该纳税人境外所得按中国税法规定计算的应纳税额。

其二，纳税人来源于境外所得在境外实际缴纳的企业所得税、个人所得税税款，低于按中国税法规定计算的扣除限额的，可以从应纳税额中据实扣除；超过扣除限额的，不得在本年度应纳税额中扣除，但可以在以后年度税额扣除的余额中补扣，补扣期限最长不得超过 5 年。

其三，纳税人境外已缴税款的抵扣，一般采用分国不分项抵扣境外已缴税款的方法。其抵扣额为：境内境外所得按中国税法计算的应纳税额 ×（来源于某国或地区的所得 / 境内境外所得总额）。对于不能完全提供境外完税凭证的某些内资企业，经国家税务总局批准，也可以来取"定率抵扣"的方法，不区分免税或非免税项目，统一按境外应纳税所得额 16.5% 的比率计算抵扣税额。

此外，近期为了帮助纳税人渡过难关，我国在增值税上也规定了一些"加计抵减"政策。对于这些优惠政策的利用存在一定的策划机会和空间。

【案例注释】

"加计抵减"和"税收抵免"政策的规定给税收策划带来了新机遇，大家都在积极动脑筋想办法，这里我们结合实际案例对有关计策的操作原理做一个简要分析和解释，以期抛砖引玉。

加计抵减是否行　综合分析年终利

增值税加计抵减是近期国家出台的减税降费政策的一项重要措施，对部分企业降低增值税的负担显然是有好处的。但是落实到具体适用过程中，企业加计抵减的税额，将相应增加其企业所得税应纳税所得额。因此，建议企业将增值税与企业所得税税收优惠政策结合起来，综合考虑税收成本，合规享受税收优惠。

企业案例：

安达信息技术服务有限公司（以下简称安达公司）成立于 2016 年 1 月，是一家生产、生活性服务业提供商，是增值税一般纳税人。2019 年度实现销售收入 5 820 万元，其中信息技术服务占销售收入总额的 80% 以上。资产总额 4 800 万元，从业人数为 295 人。截止到 2019 年 12 月 31 日，影响该公司利润的费用和税金额已经结算完毕，但是，还有 12 月份的增值税纳税申报工作尚未进行。

2019 年 12 月，该公司账面确认的增值税销项税额为 500 万元，进项税额为 200 万元，期初留抵进项税额为 100 万元。该企业 2019 年度企业所得税应纳税所得额为 290 万元。如果选择适用增值税加计抵减政策，安达公司本期可计提加计抵减额为 20 万元。

试问：该公司的增值税事项应当如何处理？

政策简介：

按照《财政部　税务总局　海关总署关于深化增值税改革有关政策的公告》（财政部　税务总局　海关总署公告 2019 年第 39 号）第七条规定，自 2019 年 4 月 1 日至 2021 年 12 月 31 日，允许生产、生活性服务业纳税人按照当期可抵扣进项税额加计 10%，抵减应纳税额（以下称加计抵减政策）。

（一）本公告所称生产、生活性服务业纳税人，是指提供邮政服务、电信服务、现代服务、生活服务（以下称四项服务）取得的销售额占全部销售额的比重超过 50% 的纳税人。四项服务的具体范围按照《销售服务、无形资产、不动产注释》（财税〔2016〕36 号印发）执行。

2019 年 3 月 31 日前设立的纳税人，自 2018 年 4 月至 2019 年 3 月期间的销售额（经营期不满 12 个月的，按照实际经营期的销售额）符合上述规定条件的，自 2019 年 4 月 1 日起适用加计抵减政策。

2019 年 4 月 1 日后设立的纳税人，自设立之日起 3 个月的销售额符合上述规定条件的，自登记为一般纳税人之日起适用加计抵减政策。

纳税人确定适用加计抵减政策后，当年内不再调整，以后年度是否适用，根据上年度销售额计算确定。

纳税人可计提但未计提的加计抵减额，可在确定适用加计抵减政策当期一并计提。

（二）纳税人应按照当期可抵扣进项税额的 10% 计提当期加计抵减额。按照现行规定不得从销项税额中抵扣的进项税额，不得计提加计抵减额；已计提加计抵减额的进项税额，按规定作进项税额转出的，应在进项税额转出当期，相应调减加计抵减额。计算公式如下：

当期计提加计抵减额 = 当期可抵扣进项税额 × 10%

当期可抵减加计抵减额 = 上期末加计抵减额余额 + 当期计提加计抵减额 − 当期调减加计抵减额

（三）纳税人应按照现行规定计算一般计税方法下的应纳税额（以下称抵减前的应纳税额）后，区分以下情形加计抵减：

1.抵减前的应纳税额等于零的，当期可抵减加计抵减额全部结转下期抵减；

2.抵减前的应纳税额大于零，且大于当期可抵减加计抵减额的，当期可抵减加计抵减额全额从抵减前的应纳税额中抵减；

3. 抵减前的应纳税额大于零，且小于或等于当期可抵减加计抵减额的，以当期可抵减加计抵减额抵减应纳税额至零。未抵减完的当期可抵减加计抵减额，结转下期继续抵减。

（四）纳税人出口货物劳务、发生跨境应税行为不适用加计抵减政策，其对应的进项税额不得计提加计抵减额。

纳税人兼营出口货物劳务、发生跨境应税行为且无法划分不得计提加计抵减额的进项税额，按照以下公式计算：

不得计提加计抵减额的进项税额 = 当期无法划分的全部进项税额 × 当期出口货物劳务和发生跨境应税行为的销售额 ÷ 当期全部销售额

（五）纳税人应单独核算加计抵减额的计提、抵减、调减、结余等变动情况。骗取适用加计抵减政策或虚增加计抵减额的，按照《中华人民共和国税收征收管理法》等有关规定处理。

（六）加计抵减政策执行到期后，纳税人不再计提加计抵减额，结余的加计抵减额停止抵减。

会计处理：

根据财政部、税务总局、海关总署 2019 年第 39 号公告的规定，符合条件的从事生产、生活性服务业一般纳税人，按照当期可抵扣进项税额加计 10%，用于抵减应纳税额。那么，对于增值税加计抵减如何进行会计处理？

财政部会计司对此进行了解读：生产、生活性服务业纳税人取得资产或接受劳务时，应当按照《增值税会计处理规定》的相关规定，对增值税相关业务进行会计处理；实际缴纳增值税时，按应纳税额借记"应交税费——未交增值税"等科目，按实际缴纳金额贷记"银行存款"科目，按加计抵减的金额贷记"其他收益"科目。

《财政部关于印发修订〈企业会计准则第 16 号——政府补助〉的通知》（财会〔2017〕15 号）对"其他收益"科目的适用范围做了规定，并自 2017 年 6 月 12 日起施行。该准则第十一条规定，与企业日常活动相关的政府补助，应当按照经济业务实质，计入"其他收益"科目或冲减相关成本费用。与企业日常活动无关的政府补助，应当计入"营业外收支"科目。由此，增值税加计抵减额要在利润表的"营业利润"项目里的"其他收益"中体现。

比如某酒店 2019 年 12 月份的销项税为 50 万元，进项税为 20 万元（假设全部允许抵扣），则：

应纳增值税额 =50-20=30（万元）

进项税加计 10% 抵扣额 =20×10%=2（万元）

12 月份实际缴纳增值税额 =30-2=28（万元）

计提时，账务处理如下。

借：应交税费——应交增值税（转出未交增值税）　　300 000

　　贷：应交税费——未交增值税　　　　　　　　　　　　300 000

缴纳时，账务处理如下。

借：应交税费——未交增值税　　　　　　　300 000
　　贷：银行存款　　　　　　　　　　　　　　280 000
　　　　其他收益　　　　　　　　　　　　　　20 000

注："其他收益"是利润表中新增的项目，可能有些会计人员还未使用过，该科目专门用于核算与企业日常活动相关、但不宜确认收入或冲减成本费用的政府补助。是原"营业外收入"科目核算内容划分出来的，留意其中的"与企业日常活动相关"，假如无关，还是计入"营业外支出"。

实务操作：

增值税的"加计抵减"是一个新政策，人们对该的政策存在一个接受、理解的过程，为了帮助大家正确把握该政策的操作方法，这里我们引用一则案例来具体说明。

A 企业 2017 年 4 月成立，增值税一般纳税人，主要为国内企业提供税收咨询及鉴证服务。根据〔2019〕39 号公告规定，该企业 2018 年 4 月至 2019 年 3 月的 4 项服务销售额比重超过 50%，符合 2019 年度适用"加计抵减"政策。2019 年 4 月，该企业提供国内咨询服务取得应税收入 200 万元，当期取得进项税额 11 万元，并勾选确认，其中外购电饭锅用于职工发放福利对应的进项税为 1 万元。A 企业所属期 4 月份实际缴纳的增值税分析如下。

第一步：确认"当期可抵扣进项税额"。

在 A 企业当期取得进项税额 11 万元中，有 1 万元进项税属于外购商品用于集体福利。因此，根据《增值税暂行条例》及实施细则规定，不得抵扣其进项税额并做转出处理。

当期可抵扣进项税额 = 当期发生进项税额 − 进项税额转出 =11−1=10（万元）

第二步：计提"当期加计抵减额"。

当期计提加计抵减额 = 当期可抵扣进项税额 ×10%=10×10%=1（万元）

第三步：计算"当期可抵减加计抵减额"。

A 企业在 4 月份无"上期末加计抵减额余额"和"当期调减加计抵减额"，因此，当期可抵减加计抵减额 =0+1−0=1（万元）。

第四步：核算实际应纳税额。

A 企业抵减前当期应纳税额 = 销项税额 − 当期可抵扣进项税额 =200×6%−10=12−10=2（万元）。

A 企业当期实际缴纳增值税额 =A 企业抵减前当期应纳税额 −A 企业当期可抵减加计抵减额 = 2−1=1（万元）。

第五步：会计处理。

根据《财政部关于印发〈增值税会计处理规定〉的通知》（财会〔2016〕22 号），该企业进行了会计处理。

借：应交税费——未交增值税　　　　　　　2

贷：其他收益	1
银行存款	1

上例中，内销企业在核算"加计抵减"时，要注意计提基数的准确性，对于不得抵扣进项税额转出要划分清楚，防止出现少转、漏转、不转而产生纳税人多计提"加计抵减额"，错误抵减应纳税额行为的发生，并按规定核算实际的应缴纳的增值税税额。

策划分析：

通过以上政策分析我们可以发现一个结论性意见，即如果企业适用增值税加计抵减政策，按照加计抵减金额计入"其他收益"科目，则相应金额需要计入利润表中计算缴纳企业所得税。因此，就带来一个问题：企业的增值税抵减优惠政策享受了是否划算？基于有关文件的规定，对于这个政策是否享受企业可以做出选择。因此，对于安达信息技术服务有限公司就有两个操作方案：一是选择享受增值税加计抵减政策；二是选择不享受增值税加计抵减政策。

业务计算：

是享受增值税加计抵减政策划算，还是不享受这个税收优惠划算呢？这就需要通过具体计算才能得出答案（这里分析增值税和企业所得税两项）。

方案一：安达公司选择适用增值税加计抵减政策，可加计抵减税额共20万元。

在这种情况下，安达公司2019年度企业所得税应纳税所得额相应增加20万元，年度应纳税所得额变更为310万元。《财政部 税务总局关于实施小微企业普惠性税收减免政策的通知》（财税〔2019〕13号）规定，小型微利企业，指从事国家非限制和禁止行业，且同时符合年度应纳税所得额不超过300万元、从业人数不超过300人、资产总额不超过5 000万元这三个条件的企业。据此，安达公司不能享受小型微利企业优惠政策。

安达公司当期增值税应纳税额为：

500−200−100−20=180（万元）

安达公司企业所得税应纳税额为：

310×25%=77.5（万元）

安达公司当期增值税和企业所得税合计税额为：

180+77.5=257.5（万元）

方案二：安达公司选择不适用增值税加计抵减政策。此时，安达公司企业所得税应纳税所得额为290万元，假设符合相关规定，可享受小型微利企业所得税优惠政策。

安达公司当期增值税应纳税额为：

500−200−100=200万元

安达公司当年的企业所得税应纳税额为：

100×25%×20% ＋（290−100）×50%×20%

=5+19

=24（万元）

安达公司当期增值税和企业所得税合计税额为：

200+24=224（万元）

策划结论：

将两个方案做一个比较，我们可以发现，方案一比方案二多缴税33.5万元（257.5万元－224万元）。也就是说，安达公司当下的情况下享受增值税加计抵减政策不划算。

策划提示：

财政部、税务总局、海关总署2019年第39号公告规定，纳税人确定适用加计抵减政策后，在一个自然年度内不可再调整，以后年度是否适用，根据上年度销售额计算确定。同时，纳税人应单独核算加计抵减额的计提、抵减、调减、结余等变动情况。为了充分享受减税降费政策，纳税人应根据自身实际，综合考虑增值税加计抵减政策与企业所得税相关税收优惠政策的配套实施情况，综合防范涉税风险。

其一，"加计抵减"政策中税款的会计核算注意方法。

一是当期"计提加计抵减额"的核算。当期计提加计抵减额＝当期可抵扣进项税额×10%。"当期可抵扣进项税额"指纳税人当期准予从销项税额中予以抵扣的进项税额，如果纳税人发生不得抵扣进项税额的项目，不得计提"加计抵减额"，需要在其予以抵扣的进项税额中剔除。而对于兼营内、外销或免税业务的纳税人，由于外销部分所对应的进项税实行出口退（免）税政策，或出口免税业务对应的进项税额，不予退税需做进项税额转出，不参与当期应纳税额的计算。因此，对于出口业务无论实行退税或免税政策，其对应的进项税额都不得计提加计抵减额，需要准确核算"不得计提加计抵减额的进项税额"，从"当期可抵扣进项税额"中剔除，以确保当期计提加计抵减额基数的准确性。具体剔除的办法是，若外销和内销的进项税额能准确划分核算的，则出口直接对应的进项税额不得计提加计抵减额；若外销和内销的进项税额无法划分的部分，应按以下公式划分：

不得计提加计抵减额的进项税额＝当期无法划分的全部进项税额×当期出口货物劳务和发生跨境应税行为的销售额÷当期全部销售额。

二是当期"可抵减加计抵减额"的核算。当期可抵减加计抵减额的核算指纳税人当期计提了"当期计提加计抵减额"后，要与前期加计抵减额未抵减的余额及当期调减加计抵减额进行合并核算，以确定当期实际要在应纳税额中抵减的加计抵减额。计算公式为：

当期可抵减加计抵减额＝上期末加计抵减额余额＋当期计提加计抵减额－当期调减加计抵减额。

"上期末加计抵减额余额"指上期结余未抵减完的加计抵减额，结转至本期；"当期调减加计抵减额"指符合规定的可抵扣的进项税额，按10%相应计提了"加计抵减额"，但后期发生进项税额转出时，应同步调减此前已计提的"加计抵减额"，以达到同步变化、同步调整，确保准确核算加计抵减额的变动。因此，在核算上述税额时，应注意无论当期是否有应纳税额，都需结合前期与当期计提和调整的情况，准确计算出当期"可抵减加计抵减额"，以便准确核算抵减额和结转额。

三是当期"可抵减加计抵减额"不同情况的处理。纳税人在当期进行"加计抵减"时，需根据当期抵减前"应纳税额"的情况，分别进行准确抵减与结转。一是抵减前应纳税额等于零的，当期可抵减加计抵减额全部结转下期抵减；二是抵减前应纳税额大于零，且大于当期"可抵减加计抵减额"的，当期"可抵减加计抵减额"从抵减前的应纳税额中抵减；三是抵减前应纳税额大于零，且小于或等于当期"可抵减加计抵减额"的，以当期"可抵减加计抵减额"抵减应纳税额至零，未抵减完的当期"可抵减加计抵减额"，结转下期继续抵减。

四是"加计抵减"政策的适用范围。"加计抵减"政策只适用于符合规定的生产、生活性服务业一般纳税人，其一般计税方法计算出的应纳税额，而不适用一般纳税人选择"简易计税方法"下计算产生的应纳税额。

其二，"加计抵减"政策享受的主体及时限判定注意政策边界。

财政部、税务总局、海关总署 2019 年第 39 号公告明确，加计抵减优惠政策享受的主体为"生产、生活性服务业增值税一般纳税人"。它指提供邮政服务、电信服务、现代服务、生活服务取得的销售额占全部销售额的比重超过 50% 的纳税人。

对于生产、生活性服务业销售比重在时限上的确定，以 2019 年 4 月 1 日为分界线加以区分，一是对于 2019 年 3 月 31 日前设立的纳税人，以 2018 年 4 月至 2019 年 3 月这一期间的销售额来判断是否达到生产、生活性服务业销售比重超过 50%（经营期不满 12 个月的，按照实际经营期的销售额）；二是对于 2019 年 4 月 1 日后设立的纳税人，则以设立之日起 3 个月的销售额作为标准判断生产、生活性服务业销售比重是否超过 50%。如果纳税人在上述要求的时限内，生产、生活性服务业销售额超过 50% 比重，则符合"加计抵减"优惠政策的享受主体。同时，注意纳税人"加计抵减"政策按年适用、按年动态调整。因而在确定当年适用"加计抵减"政策后，当年内不再调整，以后年度是否适用，则根据上年度生产、生活性服务业销售额比重情况进行确定。

可以看到，新政对符合特定要求的纳税人，在一定期间内产生的应纳增值税额实行"加计抵减"优惠政策，既减轻了纳税人的实际税收负担，又体现了国家推行增值税实质性减税重大改革的力度。

另外，财政部、税务总局、海关总署 2019 年第 39 号公告明确"加计抵减"是从 2019 年 4 月 1 日至 2021 年 12 月 31 日这一区间内实行的税收优惠政策，对符合要求的生产、生活性服务业的一般纳税人可按规定"加计抵减"应纳增值税税额，但在政策执行到期后，则需"停提、停抵"，具体指到期以后，纳税人不得再计提"加计抵减额"，同时纳税人即使仍有结余的"加计抵减额"，也不得再进行"加计抵减"。

其三，注意"加计抵减"政策的税务管理风险。

纳税人在享受"加计抵减"政策时，应注意以下风险点，一是确认清楚"加计抵减"的计提基数，以确保基数准确，保证加计抵减应纳税额的准确性和真实性；二是加计抵减额与进项税额密切关联，如果纳税人当期进项税额发生变化，则加计抵减额也要逐期计提、调减、抵减、结转进行动态调整，以便实现准确抵减和结转。三是加计抵减额不同于进项税额，独立于进项税额之外，是在产生应纳税的基础上实行的税收抵减优惠性政策，因而不会形成留抵税额，更不可能享受留抵退税政策。

分国分项好复杂　仔细考量有税差

在税收制度上，由于我国所得税采取了俗称全球征税的模式，居民纳税人在国外的所得，有可能已经按照国外的所得税制度缴纳过所得税，那么其应税所得还需要在我国再次纳税，将造成纳税人的重复纳税，故税收抵免制度不可或缺，即纳税人已经在国外缴纳的税金，可以在我国缴纳所得税的时候相应抵减国内应纳税金。但是，具体操作时又存在差异。

企业情况：

长江公司 2020 年度在国外投资取得一定的收益，分别来自 ABC 三国。其中，A 国抵免限额为 20 万元实际纳税 16 万元，则可以抵免 16 万元；B 国抵免限额为 20 万元实际纳税 24 万元，则可以抵免 20 万元；C 国抵免限额为 20 万元实际纳税 24 万元，可以抵免 20 万元。

现在，长江公司要进行年度企业所和星总汇算清缴工作了，该公司的财务总监知道，他们从国外取得的收益在所在国已经申报缴纳了公司所得税，在汇回中国的时候，还需要进行纳税申报，并且进行汇算清缴工作。

政策分析：

《财政部　国家税务总局关于企业境外所得税收抵免有关问题的通知》（财税〔2009〕125 号）明确规定：

1. 企业应按照企业所得税法及其实施条例、税收协定以及本通知的规定，准确计算下列当期与抵免境外所得税有关的项目后，确定当期实际可抵免分国（地区）别的境外所得税税额和抵免限额：

（1）境内所得的应纳税所得额（以下称境内应纳税所得额）和分国（地区）别的境外所得的应纳税所得额（以下称境外应纳税所得额）；

（2）分国（地区）别的可抵免境外所得税税额；

（3）分国（地区）别的境外所得税的抵免限额。

企业不能准确计算上述项目实际可抵免分国（地区）别的境外所得税税额的，在相应国家（地区）缴纳的税收均不得在该企业当期应纳税额中抵免，也不得结转以后年度抵免。

2. 企业应就其按照实施条例第七条规定确定的中国境外所得（境外税前所得），按以下规定计算实施条例第七十八条规定的境外应纳税所得额：

（1）居民企业在境外投资设立不具有独立纳税地位的分支机构，其来源于境外的所得，以境外收入总额扣除与取得境外收入有关的各项合理支出后的余额为应纳税所得额。各项收入、支出按企业所得税法及实施条例的有关规定确定。

居民企业在境外设立不具有独立纳税地位的分支机构取得的各项境外所得，无论是否汇回中国境内，均应计入该企业所属纳税年度的境外应纳税所得额。

（2）居民企业应就其来源于境外的股息、红利等权益性投资收益，以及利息、租金、特许权使用费、转让财产等收入，扣除按照企业所得税法及实施条例等规定计算的与取得该项收入有关的各项合理支出后的余额为应纳税所得额。来源于境外的股息、红利等权益性投资收益，应按被投资方作出利润分配决定的日期确认收入实现；来源于境外的利息、租金、特许权使用费、转让财产等收入，应按有关合同约定应付交易对价款的日期确认收入实现。

（3）非居民企业在境内设立机构、场所的，应就其发生在境外但与境内所设机构、场所有实际联系的各项应税所得，比照上述第（二）项的规定计算相应的应纳税所得额。

（4）在计算境外应纳税所得额时，企业为取得境内、外所得而在境内、境外发生的共同支出，与取得境外应税所得有关的、合理的部分，应在境内、境外（分国（地区）别，下同）应税所得之间，按照合理比例进行分摊后扣除。

（5）在汇总计算境外应纳税所得额时，企业在境外同一国家（地区）设立不具有独立纳税地位的分支机构，按照企业所得税法及实施条例的有关规定计算的亏损，不得抵减其境内或他国（地区）的应纳税所得额，但可以用同一国家（地区）其他项目或以后年度的所得按规定弥补。

3. 可抵免境外所得税税额，指企业来源于中国境外的所得依照中国境外税收法律以及相关规定应当缴纳并已实际缴纳的企业所得税性质的税款。但不包括：

（1）按照境外所得税法律及相关规定属于错缴或错征的境外所得税税款；

（2）按照税收协定规定不应征收的境外所得税税款；

（3）因少缴或迟缴境外所得税而追加的利息、滞纳金或罚款；

（4）境外所得税纳税人或者其利害关系人从境外征税主体得到实际返还或补偿的境外所得税税款；

（5）按照我国企业所得税法及其实施条例规定，已经免征我国企业所得税的境外所得负担的境外所得税税款；

（6）按照国务院财政、税务主管部门有关规定已经从企业境外应纳税所得额中扣除的境外所得税税款。

4. 居民企业在按照企业所得税法第二十四条规定用境外所得间接负担的税额进行税收抵免时，其取得的境外投资收益实际间接负担的税额，指根据直接或者间接持股方式合计持股20%以上（含20%，下同）的规定层级的外国企业股份，由此应分得的股息、红利等权益性投资收益中，从最低一层外国企业起逐层计算的属于由上一层企业负担的税额，其计算公式如下：

本层企业所纳税额属于由一家上一层企业负担的税额＝（本层企业就利润和投资收益所

实际缴纳的税额 + 符合本通知规定的由本层企业间接负担的税额）× 本层企业向一家上一层企业分配的股息（红利）÷ 本层企业所得税后利润额。

5. 除国务院财政、税务主管部门另有规定外，按照实施条例第八十条规定由居民企业直接或者间接持有 20% 以上股份的外国企业，限于符合以下持股方式的三层外国企业：

第一层：单一居民企业直接持有 20% 以上股份的外国企业。

第二层：单一第一层外国企业直接持有 20% 以上股份，且由单一居民企业直接持有或通过一个或多个符合本条规定持股条件的外国企业间接持有总和达到 20% 以上股份的外国企业。

第三层：单一第二层外国企业直接持有 20% 以上股份，且由单一居民企业直接持有或通过一个或多个符合本条规定持股条件的外国企业间接持有总和达到 20% 以上股份的外国企业。

6. 居民企业从与我国政府订立税收协定（或安排）的国家（地区）取得的所得，按照该国（地区）税收法律享受了免税或减税待遇，且该免税或减税的数额按照税收协定规定应视同已缴税额在中国的应纳税额中抵免的，该免税或减税数额可作为企业实际缴纳的境外所得税额用于办理税收抵免。

7. 企业应按照企业所得税法及其实施条例和本通知的有关规定分国（地区）别计算境外税额的抵免限额。

某国（地区）所得税抵免限额 = 中国境内、境外所得依照企业所得税法及实施条例的规定计算的应纳税总额 × 来源于某国（地区）的应纳税所得额 ÷ 中国境内、境外应纳税所得总额。

据以计算上述公式中"中国境内、境外所得依照企业所得税法及实施条例的规定计算的应纳税总额"的税率，除国务院财政、税务主管部门另有规定外，应为企业所得税法第四条第一款规定的税率。

企业按照企业所得税法及其实施条例和本通知的有关规定计算的当期境内、境外应纳税所得总额小于零的，应以零计算当期境内、境外应纳税所得总额，其当期境外所得税的抵免限额也为零。

8. 在计算实际应抵免的境外已缴纳和间接负担的所得税税额时，企业在境外一国（地区）当年缴纳和间接负担的符合规定的所得税税额低于所计算的该国（地区）抵免限额的，应以该项税额作为境外所得税抵免额从企业应纳税总额中据实抵免；超过抵免限额的，当年应以抵免限额作为境外所得税抵免额进行抵免，超过抵免限额的余额允许从次年起在连续五个纳税年度内，用每年度抵免限额抵免当年应抵税额后的余额进行抵补。

《财政部 国家税务总局关于完善企业境外所得税收抵免政策问题的通知》（财税〔2017〕84 号）对上述规定做了进一步完善：

1. 企业可以选择按国（地区）别分别计算（即"分国（地区）不分项"），或者不按国（地区）别汇总计算（即"不分国（地区）不分项"）其来源于境外的应纳税所得额，并按照财税

〔2009〕125号文件第八条规定的税率，分别计算其可抵免境外所得税税额和抵免限额。上述方式一经选择，5年内不得改变。

企业选择采用不同于以前年度的方式（以下简称新方式）计算可抵免境外所得税税额和抵免限额时，对该企业以前年度按照财税〔2009〕125号文件规定没有抵免完的余额，可在税法规定结转的剩余年限内，按新方式计算的抵免限额中继续结转抵免。

2. 企业在境外取得的股息所得，在按规定计算该企业境外股息所得的可抵免所得税额和抵免限额时，由该企业直接或者间接持有20%以上股份的外国企业，限于按照财税〔2009〕125号文件第六条规定的持股方式确定的五层外国企业：

第一层：企业直接持有20%以上股份的外国企业。

第二层至第五层：单一上一层外国企业直接持有20%以上股份，且由该企业直接持有或通过一个或多个符合财税〔2009〕125号文件第六条规定持股方式的外国企业间接持有总和达到20%以上股份的外国企业。

因此，企业可以根据自己的实际情况进行选择"分国不分项目"或者"不分国不分项"来进行税收抵免。那么，哪种方式对该公司更有利呢？

业务分析：

自2017年1月1日起，纳税人可以选择"分国不分项目"或者"不分国不分项"来进行税收抵免。

其一，分国不分项，即纳税人按国别分别计算抵免限额，然后进行税收抵免，如长江公司在国外ABC三国取得所得，A国抵免限额为20万元实际纳税16万元，则可以抵免16万元；B国抵免限额为20万元实际纳税24万元，则可以抵免20万元；C国抵免限额为20万元实际纳税24万元，可以抵免20万元。以上各国需分别计算限额，实际纳税额高于限额的以后年度抵免，低于抵免限额的按照实际纳税额抵免。以上各项不可汇总计算。简单累加，各国分别纳税16+24+24=64万元，可以抵免16+20+20=56万元，8万元分别属于B国和C国的抵免限额，分别留待以后年度抵免。

其二，不分国不分项，即汇总计算抵免限额，仍以上例为准，则国外ABC三国汇总抵免限额为60万元，实际汇总纳税64万元，可以抵免60万元，4万元留待以后，可以不分国抵免。

分析结论：如果不考虑其他因素，显然分国不分项，要比不分国不分项多抵税4万元（8-4）。

操作提示：

这是在引用资料基础上写成的实务案例，在具体实践过程中问题不会这么简单，因为企业存在各种控股关系，企业所得税税金还存在间接缴纳的情况，故企业所得税还有间接抵免，在抵免层级上，企业所得税可以就直接负担和间接缴纳的企业所得税进行抵免，抵免层级为5层。所以，在具体实施过程中应当注意涉税风险。

税法规定理清楚　扣除抵免两相宜

在国家强盛时期，人们创业热情越来越高，为了配合这个大形势，个人所得税法也进行了修改。在新的个人所得税条件下，人们如何享受政策红利？目前还有部分人对自己如何享受专项附加扣除感到疑惑。

实务案例：

2019 年底咨询专家接到一个咨询项目，情况是这样的，郑敏在国内某企业任职，同时还在国外兼职，并且有投资项目。是非独生子女，每个月工资扣除三险一金后为 5 万元；父亲和母亲都年满 60 周岁了；有两个孩子，一个读初中，一个 4 岁了，还没上幼儿园；夫人去年在上海购买了第一套住房，该房问过银行后得知可以享受首套贷款利率；郑敏每周末在复旦大学接受研究生继续教育。

另外，郑敏从 A、B 两个国家取得综合所得、股息所得和财产转让所得。来源于 A 国的综合所得实际缴纳 8 万元，股息所得实际缴纳 5 万元，财产转让实际缴纳 6 万元；来源于 B 国综合所得实际缴纳 11 万元；股息所得实际缴纳 9 万元，财产转让所得实际缴纳 12 万元。

政策分析：

对于郑敏女士而言，创业成功有多方面的收入渠道，但是，在新政策条件下如何计税是一个问题。这里需要先了解相关政策。

其一，有关扣除方面的涉税政策。

根据《中华人民共和国个人所得税法》第六条第六款第三项的规定："专项附加扣除，包括子女教育、继续教育、大病医疗、住房贷款利息或者住房租金、赡养老人等支出。"

子女教育：纳税人的子女接受全日制学历教育的相关支出，按照每个子女每月 1 000 元的标准定额扣除。

继续教育：纳税人在中国境内接受学历（学位）继续教育的支出，在学历（学位）教育期间按照每月 400 元定额扣除。同一学历（学位）继续教育的扣除期限不能超过 48 个月。

住房贷款利息：纳税人本人或者配偶单独或者共同使用商业银行或者住房公积金个人住房贷款为本人或者其配偶购买中国境内住房，发生的首套住房贷款利息支出，在实际发生贷款利息的年度，按照每月 1 000 元的标准定额扣除，扣除期限最长不超过 240 个月。

赡养老人：纳税人赡养一位及以上被赡养人的赡养支出，统一按照以下标准定额扣除。

（一）纳税人为独生子女的，按照每月 2 000 元的标准定额扣除。

（二）纳税人为非独生子女的，由其与兄弟姐妹分摊每月 2 000 元的扣除额度，每人分摊的额度不能超过每月 1 000 元。

被赡养人指年满 60 岁的父母，以及子女均已去世的年满 60 岁的祖父母、外祖父母。

其二，增外收入抵免方面的政策。

在个人所得税上，根据我国最新的个人所得税法，为分国不分项抵免。即在具体计算上，分项计算应抵免限额，然后汇总单个国家的抵免总额，汇总之后各国抵免额不再进一步汇总。

我国个人所得税法规定，居民个人从中国境外取得的所得，可以从其应纳税额中抵免已在境外缴纳的个人所得税税额，但抵免额不得超过该纳税人境外所得依照本法规定计算的应纳税额。

个人所得税条例规定，纳税人境外所得依照本法规定计算的应纳税额，是居民个人抵免已在境外缴纳的综合所得、经营所得以及其他所得的所得税税额的限额（以下简称抵免限额）。除国务院财政、税务主管部门另有规定外，来源于中国境外一个国家（地区）的综合所得抵免限额、经营所得抵免限额以及其他所得抵免限额之和，为来源于该国家（地区）所得的抵免限额。超过来源于该国家（地区）所得的抵免限额的，其超过部分不得在本纳税年度的应纳税额中抵免，但是可以在以后纳税年度来源于该国家（地区）所得的抵免限额的余额中补扣。补扣期限最长不得超过五年。

业务分析：

有关扣除方面的涉税政策的分析，我们可以发现郑敏每个月可以享受以下专项附加扣除：子女教育 2 000 元，住房贷款利息 1 000 元，赡养老人不超过 1 000 元，继续教育 400 元。如果郑敏与兄弟姐妹协商后，郑敏赡养父母一项的专项附加扣除为 1 000 元，则郑敏每个月可享受专项附加扣除 =2 000（子女教育）+1 000（住房贷款利息）+1 000（赡养老人）+400（继续教育）=4 400 元。

至于境外收入抵免方面，郑敏从 A、B 两个国家取得综合所得、股息所得和财产转让所得。

A 国为低税负国家，来源于 A 国综合所得应纳税额（单项抵免限额）10 万元实际缴纳 8 万，股息所得单项抵免限额 10 万元实际缴纳 5 万元，财产转让单项抵免限额 10 万元实际缴纳 6 万元，则其 A 国抵免限额 30 万元，实际纳税 19 万元，还有 11 万元未缴足，需要在我国补缴。

B 国税负类似于我国，来源于 B 国综合所得单项抵免限额 10 万元实际缴纳 11 万元；股息所得单项抵免限额 10 万元实际缴纳 9 万元，财产转让单项抵免限额 10 万元实际缴纳 12 万元，则抵免限额为 30 万元，实际缴纳 32 万元，2 万元留待以后抵免。

A、B 两国的抵免限额不可汇总计算。

咨询点评：

根据 2018 年 8 月 31 日第十三届全国人民代表大会常务委员会第五次会议修正后的《中华人民共和国个人所得税法》第六条第一款明确规定，居民个人的综合所得，以每一纳税年度的收入额减除费用六万元以及专项扣除、专项附加扣除和依法确定的其他扣除后的余额，为应纳税所得额。

专项扣除，包括居民个人按照国家规定的范围和标准缴纳的基本养老保险、基本医疗保险、失业保险等社会保险费和住房公积金等。

专项附加扣除，包括子女教育、继续教育、大病医疗、住房贷款利息或者住房租金、赡养老人等支出。

其他扣除，包括个人缴付符合国家规定的企业年金、职业年金，个人购买符合国家规定的商业健康保险、税收递延型商业养老保险的支出，以及国务院规定可以扣除的其他项目。

在这三大类扣除项目中，专项扣除项目包括的内容比较多，政策规定相对比较灵活，人们往往把握不好，这里再举一个实例。

小张今年28岁了，是独生子女，未婚，每个月工资扣除三险一金后为1万元；父亲已年满60周岁，母亲未满60周岁；没有自有住房，在上海租房打工，那么她每个月可以享受多少专项附加扣除？

根据《中华人民共和国个人所得税法》第六条第六款第三项的规定："专项附加扣除，包括子女教育、继续教育、大病医疗、住房贷款利息或者住房租金、赡养老人等支出。"

住房租金：纳税人在主要工作城市没有自有住房而发生的住房租金支出。可以按照以下标准定额扣除：（一）直辖市、省会（首府）城市、计划单列市以及国务院确定的其他城市，扣除标准为每月1 500元；（二）除第一项所列城市以外，市辖区户籍人口超过100万的城市，扣除标准为每月1 100元；市辖区户籍人口不超过100万的城市，扣除标准为每月800元。

赡养老人：纳税人赡养一位及以上被赡养人的赡养支出，统一按照以下标准定额扣除。

（一）纳税人为独生子女的，按照每月2 000元的标准定额扣除。

（二）纳税人为非独生子女的，由其与兄弟姐妹分摊每月2 000元的扣除额度，每人分摊的额度不能超过每月1 000元。

被赡养人指年满60岁的父母，以及子女均已去世的年满60岁的祖父母、外祖父母。

因此，小张每个月可以享受以下专项附加扣除：住房租金1 500元，赡养老人2 000元。

小张每个月可享受专项附加扣除=1 500（住房租金）+2 000（赡养老人）=3 500元。

要想算好专项附加扣除这道数学题，还需要确认好扣除时间这一重要因素，详情如下。

一是大病医疗：在一个纳税年度内，纳税人发生的与基本医保相关的医药费用支出，扣除医保报销后个人负担（指医保目录范围内的自付部分）累计超过15 000元的部分，由纳税人在办理年度汇算清缴时，在80 000元限额内据实扣除。

二是子女教育、继续教育、住房贷款利息或者住房租金、赡养老人专项附加扣除：自符合条件开始，可以向支付工资、薪金所得的扣缴义务人提供上述专项附加扣除有关信息，由扣缴义务人在预扣预缴税款时，按其在本单位本年可享受的累计扣除额办理扣除；也可以在次年3月1日至6月30日内，向汇缴地主管税务机关办理汇算清缴申报时扣除。

三是纳税人未取得工资、薪金所得，仅取得劳务报酬所得、稿酬所得、特许权使用费所得需要享受专项附加扣除的，应当在次年3月1日至6月30日内，自行向汇缴地主管税务机关报送《扣除信息表》，并在办理汇算清缴申报时扣除。

四是在一个纳税年度内，纳税人在扣缴义务人预扣预缴税款环节未享受或未足额享受专项附加扣除的，可以在当年内向支付工资、薪金的扣缴义务人申请在剩余月份发放工资、薪金时补充扣除，也可以在次年3月1日至6月30日内，向汇缴地主管税务机关办理汇算清缴时申报扣除。

**策划
技巧之
三十三：**

宁走十里远　不走一里险

【妙计精述】

就税说税玩数据，税务稽查有问题；不如绕道布全局，稳妥获利皆欢喜。

【本计内容】

现在我国的交通渠道很多，高速铁路，高速公路……即使江南小镇的路，那也是十分平坦。但是就没有一点烂路吗？肯定不是，烂路还是很多的。

本人就走过无数烂路，在城市郊区，新区周围，农村，经济欠发达地带，烂路比比皆是，随处可见，可能是年久失修或是工程质量有问题，遇见这种烂路，大家记住一条就好："挑好路走"。尽可能地挑好路走，速度也要放慢，不能轻易走水坑。很多车主由于对道路不熟悉，泥泞不堪，又是下坡路，一不小心就打滑。遇到这种烂路，首先"缓慢起步"使车辆不轻易打滑，"握紧方向盘"适量调整。更不要"猛踩刹车"。走烂路的时候难免心情不畅，这是开车大忌，性子急的车主更是苦不堪言，但既然来了又无法躲避，就要坦然面对，保持心情愉快，更要沉着冷静。

"宁走十里远，不走一里喘"，提前做好出行规划，绕道而行也不错。在税收策划活动中，也有同样的道理。

人们喜欢就事论事（就税论税），但是，通过长期的实践我们会发现：有些经济事项直接去操作，就有可能被税务机关认定为偷税。然而，如果变换业务流程，或者调整业务模式，可以收到"鱼和熊掌二者兼得"效果。

在企业的生产和经营实践过程中，有些人往往自以为是，按照自己的经验从事，所以一个又一个错误就这样出现了。

比较常见的例子：当一个企业实现规模经营以后，老板想赚干净的钱，做省心的事儿了，于是，高薪聘请财务总监：以后该交的税一分不少，但是，不该交的税一分钱也不要多交。

而应聘财务总监到任后，只记住自己对老板的承诺，天天盯着发票、账本和财务报表，用"头疼医头，脚疼医脚"的思路和方法处理一切经济事务。殊不知，对于规模企业和企业集团而言，如果想规避涉税风险，并且进行税收策划，需要有系统性思维方式，以全局的观念分析问题和解决问题。

【案例注释】

税收策划的重点在企业的生产和经营业务流程上，这是本人在阐述税收策划的概念过程中一再强调的重点问题。但是，从上述计策的内容上看，读者可能还是感觉难以理解。因此，这里我们结合实际案例对有关计策的操作原理做一个简要分析和解释。

重构业务建流程　协调纳税无争议

建筑企业营改增以后遇到了许多流转税上的问题让人倍感头疼，特别是集团性经营企业建筑安装等业务需要资质，而资质与建筑实施力量往往是分离的，这种情况与增值税结合到一起，就让部分企业的涉税运营产生风险。

企业案例：

春江公司是长风建筑企业集团下属的一家拥有一级建筑资质的建筑承包商，系增值税一般纳税人。2020 年 6 月，该公司通过招投标的方式获得一单建筑工程，工程价值 2 亿元。其工程所在地为 M 省，由于春江公司的业务消化能力不足，于是，就准备将该工程转包给当地同属长风建筑企业集团子公司的一家建筑施工企业——秋水建筑安装有限公司（只有二级建筑资质，以下简称秋水公司），承诺对秋水公司提供技术方面的支持，定期派技术人员提供技术咨询、技术指导等技术服务。

业务模式：

春江公司和秋水公司准备签订如下转包协议：自 2020 年 6 月 1 日起，秋水公司承担工程的建设任务，由春江公司对其提供技术指导；同时，秋水公司以工程的全价开票销售给春江公司，春江公司对甲方开票销售不加价，但秋水公司按含税销售收入 8% 的比例向春江公司支付管理技术咨询服务费。

工程竣工后，秋水公司向春江公司收取建筑劳务销售金额为 2 亿元，春江公司向秋水公司收取技术服务费含税价款 1 600 万元，春江公司按"咨询服务"税目，以 6% 的税率申报缴纳了增值税。

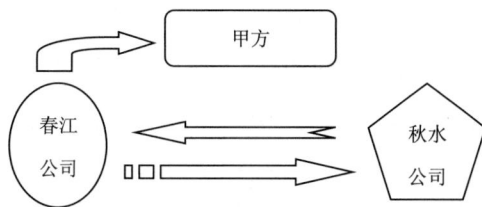

工程承包示意图

对于这笔业务如何操作，公司的领导吃不准，就向当地主管税务机关的有关部门请教。当地国税局的有关部门根据春江公司提供的业务合同实施了风险评估，在评估和分析过程中，对该公司2020年6月~12月准备申报的技术咨询服务含税收入1 600多万元，按6%增值税税率申报销项税额提出了不同意见。

春江公司的纳税计划在税务机关内部引发了一场激烈的涉税争议，争议的焦点问题是，这笔收入的增值税到底适用6%税率，还是9%的税率呢？

意见分歧：

根据春江公司和秋水公司的转包协议草案和计税计划，税务人员认为，这笔1 600多万元的技术咨询服务收入应按价外费用以9%的税率申报缴纳增值税。但是，还有部分人员存在不同意见，而且相关意见存在较大的分歧，并形成四种不同的意见。

第一种意见认为，应属于销售建筑劳务行为，按价外费用以9%的税率缴纳增值税。因为根据《财政部 国家税务总局关于全面推开营业税改征增值税试点的通知》（财税〔2016〕36号）附件1《营业税改征增值税试点实施办法》第三十七条规定，销售额，指纳税人发生应税行为取得的全部价款和价外费用，财政部和国家税务总局另有规定的除外。价外费用，指价外收取的各种性质的收费，但不包括以下项目：（一）代为收取并符合本办法第十条规定的政府性基金或者行政事业性收费。（二）以委托方名义开具发票代委托方收取的款项。增值税暂行条例第六条和增值税暂行条例实施细则第十二条的规定：销售额为纳税人销售货物或者应税劳务向购买方收取的全部价款和价外费用，但是不包括收取的销项税额。所称价外费用，包括价外向购买方收取的手续费、补贴、基金、集资费、返还利润、奖励费、违约金、滞纳金、延期付款利息、赔偿金、代收款项、代垫款项、包装费、包装物租金、储备费、优质费、运输装卸费以及其他各种性质的价外收费。显然，春江公司替秋水公司销售建筑劳务，秋水公司给予的"咨询服务"费补偿，属于价外费用的一部分，系与销售额有关的"其他各种性质的价外收费"，应按建筑劳务适用税率9%缴纳增值税。

第二种意见认为，应属于平销返利行为，按取得的返还资金转出增值税进项税额，但不得开具增值税专用发票。因为根据《国家税务总局关于商业企业向货物供应方收取的部分费用征收流转税问题的通知》（国税发〔2004〕136号）规定，对商业企业向供货方收取的与商品销售量、销售额挂钩（如以一定比例、金额、数量计算）的各种返还收入，均应按照平销返利行为的有关规定冲减当期增值税进项税金，且一律不得开具增值税专用发票。显而易见，春江公司收取的款项从原理上讲符合该项规定。不过，虽然上述文件强调的对象是商业企业销售货物，但从实质重于形式来讲，春江公司从事的建筑业务转销售活动也是商业性活动，应比照处理。

第三种意见认为，应属于收取手续费代销建筑劳务的行为，应按经纪代理服务，以 6% 的税率缴纳增值税。因为根据《财政部 国家税务总局关于全面推开营业税改征增值税试点的通知》（财税〔2016〕36 号，以下简称 36 号文件）规定，作为现代服务业中商务辅助服务的一个部分的经纪代理服务按 6% 征收增值税。显然，春江公司代销建筑劳务收取 8% 的手续费，符合经纪代理的要件，应按 6% 的税率缴纳增值税。

第四种意见认为，应属于专业技术服务，应按 6% 的税率缴纳增值税。因为根据 36 号文件规定，专业技术服务指气象服务、地震服务、海洋服务、测绘服务、城市规划、环境与生态监测服务等专项技术服务。春江公司给秋水公司提供技术咨询和技术服务等业务，该按销售金额 8% 收取的技术服务费，是建筑施工过程中的专业服务，应按 6% 的税率缴纳增值税。

策划建议：

上述案例是营改增后出现的，在实际工作中比较常见。因为有关企业的具体业务操作流程与现行税法规定存在或多或少"联接"（接近），所以，出现对政策理解的"模糊地带"，给税务管理带来了麻烦。可以这样说，这些问题都是纳税人以后需要面对的风险所在。其实，如果将视野再放得更广一些，对涉税政策进行一次系统性的梳理，同时对有关业务操作流程再做适当的策划和调整，有关争议就会迎刃而解。

具体的操作思路就是，重新签署有关业务的合作协议，规避"模糊地带"。

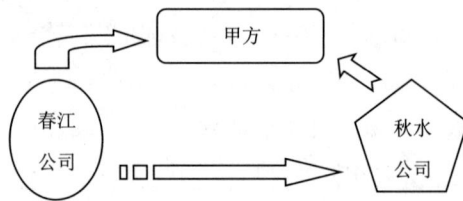

工程转包示意图

春江公司和秋水公司签订如下转包协议：自 2020 年 6 月 1 日起，秋水公司承担工程的建设任务，由春江公司对其提供技术指导；工程竣工以后，秋水公司以工程的全价开票给甲方，并直接从甲方收取工程款项；春江公司对秋水公司的建筑施工进行现场技术指导，并按含税销售收入 8% 的比例收取技术转让费。

专家点评：

笔者在许多专著和论文里都在反复阐述一个观点：企业的经营模式决定纳税方式，决定纳税人的税收负担水平。塔吊如果作为通用设备以租赁的方式经营，即签署《设备租赁合同》，以有形动产对外出租，就按 13% 的税率缴纳增值税；如果作为专用设备附带专业人员操作提供租赁业务，即签署《建筑施工设备出租合同》，就按 9% 计算缴纳"建筑服务"增值税；但是，如果不仅仅强调设备的使用，而是约定工程施工服务业务的承揽和服务质量，即签署《装卸搬运业务承包合同》，承包方派人员使用建筑施工设备（如装卸搬运工具）将货物在装卸现场之间（水平或者上下位置的挪移）或者运输工具与装卸现场之间进行装卸和搬运。那么就按 6% 计算缴纳"现代服务"下"物流辅助服务"增值税。

类似的还有汽车经营：为客户纯汽车出租，让其自驾游，那么，就按有形动产出租征收 17% 的增值税；如果利用企业的汽车及员工将客户送到目的地，则为交通运输服务按 11% 计算缴纳增值税；如果利用企业的车辆从事公共交通运输服务，包括轮客渡、公交客运、地铁、城市轻轨、出租车、长途客运、班车（班车，指按固定路线、固定时间运营并在固定站点停靠的运送旅客的陆路运输服务），还可以选择适用简易计税方法按 3% 计算缴纳增值税。

对于本案例所涉及的情况，国家税务总局在《关于进一步明确营改增有关征管问题的公告》（国家税务总局公告 2017 年第 11 号）中明确自 2017 年 5 月 1 日起，建筑企业与发包方签订建筑合同后，以内部授权或者三方协议等方式，授权集团内其他纳税人（以下称"第三方"）为发包方提供建筑服务，并由第三方直接与发包方结算工程款的，由第三方缴纳增值税并向发包方开具增值税发票，与发包方签订建筑合同的建筑企业不缴纳增值税。发包方可凭实际提供建筑服务的纳税人开具的增值税专用发票抵扣进项税额。根据这个规定，从春江公司的角度讲，如果将代收代付的那笔收入分离出去，仅收取服务费用，无论将其界定为技术转让收入，还是咨询服务收入，则都是按 6% 计算缴纳增值税。

另外，近期增值税的税率调整和变化较大。《财政部　税务总局关于简并增值税税率有关政策的通知》（财税〔2017〕37 号）明确自 2017 年 7 月 1 日起简并增值税税率结构，取消 13% 的增值税税率。《财政部　税务总局关于调整增值税税率的通知》（财税〔2018〕32 号）明确自 2018 年 5 月 1 日起，纳税人发生增值税应税销售行为或者进口货物，原适用 17% 和 11% 税率的，税率分别调整为 16%、10%。《财政部　税务总局　海关总署关于深化增值税改革有关政策的公告》（财政部　税务总局　海关总署公告 2019 年第 39 号）自 2019 年 4 月 1 日起，增值税一般纳税人（以下称纳税人）发生增值税应税销售行为或者进口货物，原适用 16% 税率的，税率调整为 13%；原适用 10% 税率的，税率调整为 9%。

直接到达系违法　绕道行驶方安全

对于一般纳税人企业而言，增值税专用发票是一件比现金还值钱的东西，大家都在想方设法多取得一些。话又说回来了，有的时候直接取得是违法的，但是，绕道走，转一个弯儿操作可能就是属于合法的。

企业案例：

苏南春风服装有限公司（以下简称服装公司）是一家规模不大的服装生产企业，该企业2016年3月18日注册成立，在成立的初期企业处于亏损的状态，两年里亏损合计125万元，经过全公司上下的共同努力，2020年才实现扭亏为盈，到2020年12月底，服装公司实现销售收入8 360万元，实现利润238万元。

服装公司的这个成绩来得实在不易，大家知道，服装行业是一个微利行业，做服装生产业务，老百姓称之为在针尖上削铁！服装公司的老板狠抓企业的管理不放松，重点关注容易"跑、冒、滴、漏"的环节，其中材料采购就是老板重点抓的一个环节。每次生产的主要原材料都是老板自己外出进货，对于部分辅助材料，该企业的老板也要自己看样，然后订货。

但是，最近该企业的老板摊上大事儿了。当地主管税务机关对该企业进行纳税检查，发现他未从天津某生产企业采购货物，却从该企业取得增值税专用发票，属于未按规定接受增值税专用发票。决定该公司从天津某生产企业取得的发票上注明的增值税款11 516.38元不予抵扣，同时罚款10 000元。

这是怎么一回事儿呢？

基本案情：

2020年8月，服装公司总经理王祥到当地最大的综合性百货商场看货，他希望采购最近将要生产的一批服装所需要的钮扣。当他在李某的柜台前发现一种钮扣很合他的心思，于是就与其交流。通过谈判，约定一笔钮扣供应生意。

事毕，王经理反复提醒："我公司是一般纳税人企业，我们采购货物，需要对方提供能够抵扣13%的增值税专用发票。你能够提供吗？"

个体经营者李某满口答应："没有问题。这样吧，到时候你看货给钱！"同时向王经理索要了一张注有服装公司税号等相关信息的名片。

就这样，该个体户李某从天津购进价值88 587.50元的钮扣给服装公司，购物时按增值税专用发票开具的要求直接从天津某商场开到服装公司，购货款由个体户当场付现金，回来后再与服装公司结算。

税务稽查：

当稽查人员到服装公司进行纳税检查时，发现该笔业务有问题：该企业接受的增值税专用发票中注明的供货方为天津某生产企业，而服装公司的货款支付方却是当地市场的个体工商业户李某，发票开出方与货款接受方不一致。

当询问服装公司的负责人总经理王祥是否去天津某企业采购商品，他也否认没有向该企业采购。于是，主管税务机关认定其为代开发票行为，决定发票上注明的增值税款11 516.38元不予抵扣，同时罚款10 000元。

案例分析：

分析该案例，对我们从事税收策划不无帮助。

从具体业务的操作流程上来分析：总经理王祥没有直接向天津企业采购货物，却直接从该企业取得专用发票，当然是问题。但是，如果我们绕一个弯儿去思考，情况可能会发生变化。我们可以换一个角度去思考。

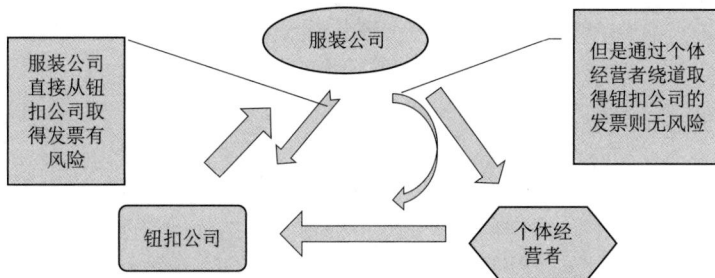

这个弯儿怎么绕呢？总经理王祥虽然没有直接去天津，但是，他通过个体户李某去的，如果将该个体户与服装公司的业务理解成代购行为，此事就没有任何问题，这就是所谓宁走十里远（代购），不走一里险（直接采购）。

遗憾的是他们的手续不够规范！据介绍，时下类似这样的例子很多，如果涉及此类业务的双方能够有一方认真研读一下有关文件精神，或者事先请教一下税收策划专家，补税罚款的消极后果完全可以避免！

《财政部、国家税务总局关于增值税、营业税若干政策规定的通知》〔财税字（1994）26号〕中对代购货物行为进行了明确。

（1）受托方不垫付资金。

（2）销售方将发票开具给委托方，并由受托方将该项发票转交给委托方。

（3）受托方按销售方实际收取的销售额和增值税额（如系代理进口货物则为海关代征的增值税额）为委托方结算货款，并另外收取手续费。

根据以上规定，在具体的经营活动中要注意把握以下几点。

（1）要明确代购关系。在该案例中，经营钮扣的个体户李某与服装公司洽谈并明确该业务时，服装公司要与李某签订代理业务合同，明确相关权利和义务。

（2）个体户李某不垫付资金。当服装公司与李某明确代购业务关系之后，应该先汇一笔资金给李某，然后由李某利用这笔资金出去采购钮扣。

（3）个体户李某以服装公司的名义购买钮扣。李某按照服装公司的要求购买货物，同时索要有服装公司抬头、税号的增值税专用发票，并将发票与货物一起交给服装公司。

（4）李某与服装公司根据代理协议中议定的服务费标准结算手续费，结算相关的手续时要有合法的手续和凭证。

筹划难点：

本案例所揭示的问题目前比较普遍。在一般情况下，购销活动都存在一一对应的关系。但是，随着经营活动的进一步深入，企业的业务流程就会复杂起来。如果当事人能够厘清有关业务关系，问题是不可能发生的。目前的问题是，有关当事人并不了解（或者并不真正理解）税收法律和法规有关代销、代购以及委托加工等具体业务的规定，从而陷入涉税陷阱。

经营方式不妥当　亿元货款难入账

"一年两亿元的经销汽车业务都没有进货发票，如何进行账务处理?"最近，笔者在咨询过程活动中遇到上海一家颇具规模的汽车销售公司被这个财务难题深深困扰。

企业案例：

据该汽车销售公司财务经理介绍，他们公司有良好的销售渠道，经销几个品牌的轿车，去年新引进了某著名品牌轿车，没想到该品牌车卖得格外好，去年一年购进该品牌轿车支出差不多达两亿元。这本来是件好事，但由于不是该著名品牌轿车专卖店的原因，该公司在实际操作中遇到了一个大麻烦。

由于该公司不属于该品牌轿车专卖店性质的经销商，不能从该品牌厂方获得购进汽车的增值税专用发票。对非专卖店性质经销商销出去的汽车，厂方只能将发票直接开给最终用户。这样，就造成上海这家汽车销售公司购进该品牌轿车时，无法取得相应的合法购货凭证，从而使得其去年高达两亿元的购货支出无法入账，造成巨额进项不能进行增值税进项税抵扣。

该汽车销售公司财务经理说，两亿元的负担对企业压力巨大，直接影响到公司的正常运转。况且，只要继续经销该品牌车，就继续有这样的问题产生。而放弃销售火爆的该品牌车又实在有违经商之道。

涉税分析：

怎么办? 公司有人建议，要做该项业务，只能采取携带巨额现金交易的方式，进行账外操作。

但这样做，显然属于偷税行为，既不符合财务制度的规定，税法也根本不允许，同时还会给销售业务人员利用巨额现金交易侵占公款提供机会。公司管理层坚决否定了这样的建议。该汽车销售公司想到向税务咨询机构求助。

普誉财税策划工作室的税务专家、咨询部马经理经过认真分析后给出了如下建议，即根据《财政部 国家税务总局关于增值税、营业税若干政策规定的通知》（财税字〔1994〕26 号）第五条规定，只要该汽车销售公司在该项业务操作中同时符合以下三点，并征得税务机关的同意，可以按照"代购货物"来进行相关的账务处理。

这三点就是，"第一，受托方（在这里指该汽车经销商）不垫付购车资金；第二，销货方（这里指某品牌汽车厂商）将增值税发票开具给委托方（最终购车用户），并由受托方将该项发票转交给委托方；第三，受托方按销售方实际收取的销售额和增值税额（如果是代理进口货物，则为海关代征的增值税额）与委托方结算货款，并另外收取手续费。"也就是说，只要经销商与该品牌车厂商不是直接的购进销售关系而是代理关系，那么，对相关的销售业务，汽车厂商可以将销售发票开给最终购车用户，但要通过该经销商转交，由经销商按厂商实际收取的销售额和相应的增值税额与用户进行货款结算。这中间经销商收取一定的交易服务费作为其经营利润。

业务提示：

马经理说，这样进行财务处理，好处有两个方面，既能够实现财务规范又可以合理节税。

第一，可以使该汽车销售企业按税法规定规范经营业务。

第二，可以帮助企业解决大量购进业务因不能取得合法凭证，使得会计无法进行账务处理，无法进项抵扣的难题。

第三，可以有效杜绝汽车销售人员可能利用大量现金交易贪污公款的机会。

第四，也为企业节约了一定的纳税成本。

比如，如果是花 28 万元购进一辆广本，再 29 万元卖给用户，就差价 10 000 元部分，原来应该缴纳增值税 1 700 元，加上城市维护建设税和教育费附加合计为：

1 700×（100%+7%+3%）=1 870（元）

而如果按照"代理"性质来处理，根据《财政部 国家税务总局关于全面推开营业税改征增值税试点的通知》（财税〔2016〕36 号）附件 1《营业税改征增值税试点实施办法》附《销售服务、无形资产、不动产注释》第一条第（六）款第 8 项的规定，商务辅助服务按 6% 计算缴纳增值税。

按照这个规定，则就只需要针对其所收取的手续费缴纳 6% 的增值税：

10 000÷（1+6%）×6%=566.04（元）

城市维护建设税和教育费附加合计为：

566.04×（7%+3%）=56.60（元）

每辆轿车可以节税：

1 870−（566.04+56.60）=1 247.36（元）

如果一年销售此类汽车有几百辆之多，那么其节税金额可想而知。

专家提示：

这家汽车销售公司只是以后可以按照这样的策划方案来改变营业方式，在规范账务处理的同时实现节税操作。对于已经发生过的购进销售业务，则只能按有关规定处理，汽车销售公司自我承担相应的损失。

诸如此类的例子还是很多的，1994 年税制改革以后，割断了小规模纳税人与一般纳税人直接经营的纽带，因此，发票违章的情况多了起来。这里有一个典型的案例：一个在常州市某百货商场从事钮扣生意的个体工商户李某，与当地一家服装厂谈妥服装辅料——钮扣的供应业务。当服装厂要求提供能够抵扣 13% 的增值税专用发票时，李某满口应承。在具体操作过程中，李某根据服装厂的要求，从天津购进价值 38 587.50 元的钮扣时，就要求天津某商场将增值税专用发票直接开到该服装厂。购货款由个体户当场付现金，回来后再与服装厂结算，显然李某的意图是为该服装厂代购钮扣。

当稽查人员到服装厂进行纳税检查时，发现该笔业务有问题：发票开出方与货款接受方不一致，认定为代开发票行为（或从第三方取得发票），发票上注明的增值税款 6 559.88 元不予抵扣，同时根据《增值税专用发票管理办法》对该企业的行为罚款 10 000 元。

类似的案例可以在任何一个国税的税务稽查部门都比较容易地找到。

分析该案例，对我们从事税收策划不无帮助。

李某与服装厂的业务实际上是一代购行为，遗憾的是他们的手续不够规范！对于货物的代购行为，有关法规早就做了规定，如果涉及此类业务的双方能够有一方认真研读一下有关文件精神，或者事先请教一下税收策划专家，补税罚款的消极后果完全可以避免！

财政部 国家税务总局（财税字〔1994〕26 号）中明确：代购货物行为，凡同时具备以下条件的，不征收增值税（营改增以后，按现代服务计税）；不同时具备以下条件的，无论会计制度规定如何核算，均征收增值税。

（1）受托方不垫付资金。

（2）销售方将发票开具给委托方，并由受托方将该项发票转交给委托方。

（3）受托方按销售方实际收取的销售额和增值税额（如系代理进口货物则为海关代征的增值税额）为委托方结算货款，并另外收取手续费。

根据以上规定，在具体的经营活动中要注意把握以下几点。

（1）要明确代购关系。在该案例中，经营钮扣的个体户李某与服装厂洽谈并明确该业务时，服装厂要与李某签订代理业务合同，明确代购货物的具体事项以及与此有关的权利和义务。

（2）个体户李某不垫付资金。当服装厂与李某明确代购业务关系之后，应该先汇一笔资金给李某，然后由李某利用这笔资金出去采购钮扣。

（3）个体户李某以服装厂的名义购买钮扣。李某按照服装厂的要求购买货物，同时索要有服装厂抬头、税号以及其内容都与实物相符的增值税专用发票，并将发票与货物一起交给服装厂。

（4）李某与服装厂根据代理协议中议定的服务费标准结算手续费，结算相关的手续时要有合法的手续和凭证。

通过以上的程序进行操作，就可以在小规模纳税人与一般纳税人之间筑起一个货物流通的桥梁。通过以上正反两方面的实例对比，我们不难发现企业经营方式适时调整的意义。

专家点评：

绕道走路，是日常生活中的一个常见现象，但是，如果要在生产和经营过程中利用这个原理进行税收策划，却是需要智慧的。需要对各种相关的政策进行全面的理解，多方面的分析，利用哲学上联系的观点进行操作才可能成功。

进口出口　税收策划

【妙计精述】

地理经济有差异，比较优势做生意；税制不同可操作，策划技巧应留意。

【本计内容】

虽然人们同住一个地球村，但是，可能不在一个国家；即使在一个国家，也可能会处于不同的税境。在不同的国家和地区可能存在比较优势。比较优势指一个生产者以低于另一个生产者的机会成本生产一种物品的行为。如果一个国家在本国生产一种产品的机会成本（用其他产品来衡量）低于在其他国家生产该产品的机会成本的话，则这个国家在生产该种产品上就拥有比较优势。也可以说，当某一个生产者以比另一个生产者更低的机会成本来生产产品时，我们称这个生产者在这种产品和服务上具有比较优势。

由于比较优势的存在，在不同的国家和地区之间做生意就成为可能。

对于一个国家而言，进口环节，是控制利益的第一道环节，而出口环节则是控制利益的最后一道环节。所以进出口环节是一个国家调节经济利益的关键性环节。反映到税收上就是税收负担的高低、税收管理手段的繁简给企业造成的实际成本的大小上。我国跟其他国家一样也鼓励出口，并且在税收上根据不同的情况采用不同的政策。主要的可以划分为三个大类。

其一，出口免税并退税。

出口免税指对货物在出口环节不征增值税、消费税。

出口退税指对货物在出口前实际承担的税收负担，按规定的退税率计算后予以退还。

"免、抵、退"和"先征后退"则属于出口退（免）税的两种计算方法。

"免"指对生产企业自营出口或委托代理出口的货物，免征企业生产销售环节增值税。

"抵"指生产企业将出口货物应予免征或退还的所耗用原材料等已纳税税款抵顶内销货物的应纳税款。

"退"指符合外销比例条件下，生产企业当期要抵顶的税额大于应纳税额时，税务机关可将未抵顶完的金额予以退回。

"先征后退"则是对出口企业一律先按照增值税的规定征税，然后再由税务机关按照不同产品的退税率退税。

其二，出口免税不退税。

所谓的"不征不退"，指对企业自营出口或委托代理出口的货物在出口环节不征税，也不退税。

其三，出口不免税也不退税。

出口不免税指对国家限制或禁止出口的某些货物的出口环节视同内销环节，照常征税。

出口不退税指对这些货物出口不退还出口前其所负担的税款。

无论是进口还是出口，随着资金的流动而引起国家利益和当事人利益的变化，所以，任何一个国家都会在这个环节严格控制。而国家利益又是通过征税或者免税的方式加以实现的……显然，利用外国的资源或者走出国界做生意，税收是我们不能不加以考虑的地方。如果商品或者服务在进出国门的时候能够享受一定的优惠，其市场竞争力就增加了许多。而投资人正是看到这一点，综合国际业务差异展开策划，如利用商品原产地、保税区、组成计税价格。

【案例注释】

笔者自 2001 年在《实用税收策划》一书中提出税收策划的概念、原则和方法后，税收策划作为一门学科已经得到人们的普遍认可。对于跨国业务的涉税策划在笔者的《纳税策划实战精选百例》中多有涉及，本计便是笔者实践的一个总结。读者可能对上述的表述感觉难以理解。因此，这里我们结合实际案例对有关计策的操作原理做一个简要分析和解释。

国际市场多风险　全局策划利保全

将全球的大市场作为"一盘棋"考虑做生意，是跨国公司经营的一般思路。随着市场的进一步拓展，跨国税收策划也就成了部分跨国经营的企业的日常活动了。

企业案例：

长远汽车公司是一家大型跨国公司，由于经营策略得当，该公司生产的汽车在世界汽车市场上已经占有一席之地。根据公司市场部提供的信息，A 国最近几年经济有了长足的发展，人们的物质文化生活水平有了很大的提高，而对汽车的需求也越来越大，因此，有着巨大的市场潜力。2020 年 3 月，该公司董事会决定打入 A 国市场，在 A 国境内有所作为。据了解

A国的关税税则规定，汽车整车进口关税的税率为50%，汽车零配件进口关税的税率为18%。为了在打开市场的同时又能享受低税收待遇，长远公司请来税务咨询专家为其出谋划策。

业务梳理：

普誉财税策划工作室的税务专家认为，关税负担的高低与单位定税价格有很大的关系，进出口价格越高，应该缴纳的关税就越多；价格越低，应该缴纳的关税就越少。根据有关关税法律规定，关税的计算公式如下：

应纳税额＝进（出）口应税货物数量 × 单位定税价格 × 适用税率

企业经营的目的就是要获得利润，任何一个企业在进出口贸易时，都不会愿意压低价格向其他企业销售货物，因为这就将自己的利润无偿地送给了他人。怎样才能做到既压低了进出口的货物，又不至于将商业利润流入他人的腰包呢？一个简单的方法就是自己与自己做生意。

为配合价格下调节省关税的策划，有关企业的通常做法就是在相应国家设立自己的子公司，进行国际间的转让定价的策划。因此，大多数企业在对关税进行策划时，一般采用的办法就是压低进出口价格。

策划思路：

经过反复的论证，税务专家初步拟定了两套方案。

方案一： 在A国设立一家销售公司作为长远汽车公司的子公司，通过国际间转让定价，压低汽车进口的价格，从而节省关税，这样使得A国境内子公司利润增大，以便于扩大规模，占领A国汽车市场。

方案二： 在A国境内设立一家总装配公司作为子公司，通过国际间转让定价，压低汽车零部件的进口价格，从而节省关税。这样也可以使得A国境内子公司利润增大，以便更好地占领A国汽车市场。

策划分析：

从长远汽车公司的策划方案来分析，哪一个方案更好呢？

从大的动作思路来看，两者没有本质的区别，但是，如果对两个方案做具体的分析，我们就可以发现两个方案的具体操作对象有所不同，其政策风险也不一样。

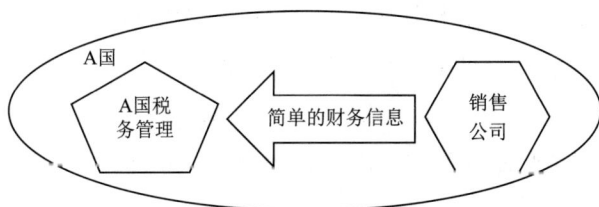

对于第一种方案，企业可以利用转让定价进行税收策划，从而实现关税的降低。尤其是A国正处于快速发展阶段，大力吸收外国资本，所以他们采取多种政策吸引外资，其中包括税收优惠，而在国内则实行区域性判别税率，沿海地带优惠较多，利润从高税国家转到低税国家可以节省税款。

但是，该国也与其他国家一样，对跨国公司通过转让定价有着严密的防范措施。而汽车市场的价格信息比较透明，A 国很容易获得与汽车销售相关的信息，并根据国际惯例对超出范围的转让定价行为依法进行纳税调整，从而导致公司的税收策划的计划失败。

对于第二种方案，公司的目的也可以得到第一种方案所说的好处，但是操作起来更隐蔽，A 国对转让定价的防范的难度更大。这是因为：其一，由于零部件的进口关税比成品汽车的税率要低很多，较低的关税税率可以帮助企业节省不少税款。A 国汽车整车进口关税的税率为 50%，汽车零配件进口关税的税率为 18%，即使公司不进行转让定价的税收策划，也能得到 32% 的好处。其二，由于零部件的价格市场可比性不大，进行转让定价策划更加容易实现，从而可以大提高策划的经济效果。其三，可以获得税收以外的其他好处。比如 A 国的劳动力价格较低，可以进一步降低公司产品的制造成本；节约运费，进一步降低经营成本；离消费市场比较近，可以及时进行信息反馈，及时调整产品结构。

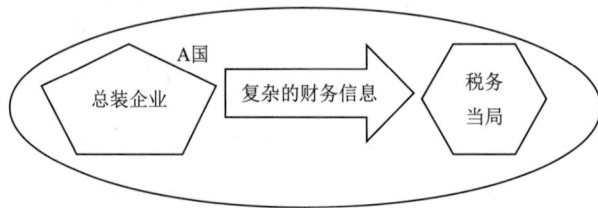

策划结论：

经过反复论证，长远汽车公司董事会发现第二套方案更加优越，于是决定采纳。

策划点评：

在从事进出口贸易活动过程中，关税是影响跨国公司发展的诸多因素中很重要的一项。但是，对关税的税则进行进一步深入研究，人们不难发现，虽然整体税率是相对不变的，各类产品之间的关税税率还是存在差异的。由于关税负担的高低与单位定税价格有很大的关系，进出口价格越高，应该缴纳的关税就越多；价格越低，应该缴纳的关税就越少。一般来说，原材料和零部件的关税税率最低，半成品税率次之，整机的税率最高。这种税率上的差异为纳税人提供了另一种策划思路：纳税人可以考虑将本来打算进口整机的产品，在经营组合上做必要的调整，分拆成半成品或是原材料或零部件进口，通关后再进行装配形成整机，这样可以很好地减少关税的支出。本案例中，方案二就是利用不同加工程度的产品之间关税税率上的差异进行策划的。关税策划的主要切入点就转移到通过降低商品的进（出）口价格，使关税的税基变窄。不过，企业采用上述思路时应对有关法律的规定和经营运作成本进行综合的分析。

注意事项：

在从事进出口业务的过程中，要注意对外付汇税收监管方法出现的新变化。自 2008 年《国家外汇管理局 国家税务总局关于服务贸易等项目对外支付提交税务证明有关问题的公告》（汇发〔2008〕64 号）施行以来，对外支付税务证明一直是税务机关加强跨境税源管理的重要抓手。随着近日《国家税务总局　国家外汇管理局关于服务贸易等项目对外支付税务备案有关问题的公告》（国家税务总局、国家外汇管理局公告 2013 年第 40 号，以下简称 40 号公告）的发布，我国现有的对外支付税务管理模式实现了重大变化。

这里的变化主要体现在以下三个方面：一是监管起点提高。原来对外支付 3 万美元就要纳入税收监管，现在这一标准提高到了 5 万美元。二是监管方式改变。境内支付人原来在付汇时，必须首先向税务机关提交与交易相关的资料，待税务机关审核通过后方可取得付汇证明。现在，境内支付人只需要在付汇前备案即可。三是监管流程简化。境内支付人原来必须分别向国税机关和地税机关申请开具付汇证明，现在境内支付人统一向所在地主管国税机关进行备案即可。主管税务机关仅为地税机关的，境内支付人向所在地同级国税机关备案即可。

为了规避烦琐的汇兑流程对开展业务的影响，现在很多大型跨国企业往往会在集团内部建立净额结算程序——集团内各公司之间结算时，先用往来资金互抵，再支付差额部分即可，以此来减少实质性现金收付。40 号公告的发布，既是一个利好纳税人（扣缴义务人）的重要消息，又是有利于人民币走向国际化的重要一步。如果未来人民币完全国际化后，这种净额结算方式就会逐步消失，从而使企业资金流更加符合经济活动的实际情况。

近几年，我国服务贸易外汇收支规模的不断增长，境内机构和个人对外汇支付便利性的需求不断提高。40 号公告的发布，正好满足了境内机构和个人的这一现实需求。同时，自 2008 年企业所得税法实施以来，中国出台了一系列加强跨境税源管理的措施，特别是非居民税收管理的措施，国际税收政策体系日益完善。40 号公告的发布，为境内机构和个人对外付汇提供了便利，同时也体现出中国税务机关在跨境税源管理中更加专业，也更加自信。

策划难点：

这是一个系统性税收策划项目，对此类事项策划存在如下难点：其一，熟悉汽车的制造与销售情况。其二，熟悉关税情况，零部件的进口关税比成品汽车的税率要低很多，较低的关税税率可以帮助企业节省不少税款。如果不熟悉这个规定，则不能从事策划活动。其三，了解有关策划对象的市场经营情况以及国家反避税的具体实施情况。

进口设备为创业　善于策划添效益

人们已经习惯于出口环节的税收优惠，其实，在进口环节也有一些鼓励政策。在这样的情况下，对于一个企业从事进口设备，可能就会遇到利用不同的政策而策划进口环节的各项税费的可能。

企业案例：

森远科技实业公司是一家技术创新型企业，与国际上多家公司具有良好的合作关系。为了从事国际贸易的需要，2020 年 3 月 12 日，从德国进口宝马新 760Li 型小轿车 1 部自用，报关进口时，海关审定的计税价为 1 250 000 元（含随同报关的车辆零部件 50 000 元）。

依照现行关税的有关规定，进口小轿车整车的税率相对较高，而进口零部件的税率则较低。根据我国加入 WTO 的相关协议，从 2006 年 1 月 1 日起进口汽车整车的关税税率为 28%（后来的关税税率会随着需要而不断调整，这里为了分析简便起见，仍然按 28% 来分析），进口零部件的税率为 10%。

对于这笔业务看似简单，但是，其中存在税收策划的机会。

策划建议：

税务专家结合具体业务，发现在这样的情况下，存在一定的操作机会，利用含随同报关的车辆零部件进行策划。换一句话说，这里存在两个操作的可能：一是森远科技实业公司将自用车辆按海关审定的计税价为 1 250 000 元申报；二是将轿车的零部件 50 000 元与整车分开单独报关进口。

策划分析：

两种操作方式有什么不同吗？根据海关总署等四部委制定的《构成整车特征的汽车零部件进口管理办法》规定，进口汽车零部件构成整车特征有三条标准。一是进口全散件或半散件组装汽车的；二是在《办法》第四条规定的认定范围内，包括进口车身（含驾驶室）、发动机两大总成装车的；进口车身（含驾驶室）和发动机两大总成之一及其他 3 个总成（系统）（含）以上装车的；进口除车身（含驾驶室）和发动机两大总成以外其他 5 个总成（系统）（含）以上装车的；三是进口零部件的价格总和达到该车型整车总价格的 60% 及以上的。凡构成整车特征的，按整车适用税率征税；不构成整车特征的，按零部件适用税率并计征关税。下面我们来做具体分析。

方案一：森远科技实业公司将车辆和零部件打包按海关审定的计税价为 1 250 000 元申请报关。

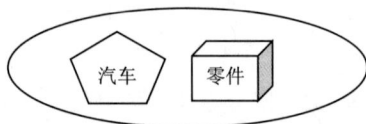

在这样的情况下，该公司应当缴纳进口关税的税额为：

1 250 000×28%=350 000（元）

应当缴纳进口环节消费税的税额为：

（1 250 000+350 000）÷（1-8%）×8%=139 130（元）

应当缴纳进口环节增值税的税额为：

（1 250 000+350 000+139 130）×13%=226 086.9（元）

纳税人进口自用的应税车辆的计税价格＝关税完税价格＋关税＋消费税

＝1 250 000+350 000+139 130=1 739 130（元）

森远科技实业公司应当缴纳的车辆购置税为：

组成计税价格 × 税率 =1 739 130×10%=173 913（元）

购置宝马车实际支付款项合计为：

1250 000+350 000+139 130+226 086.9+173 913=2 139 129.9（元）

方案二： 森远科技实业公司进口报关时，将轿车的零部件 50 000 元与整车分开单独报关进口。

在这样的情况下，该公司纳税情况如下。

应当缴纳进口关税的税额为：

1 200 000×28%+50 000×10%=341 000（元）

小轿车应当缴纳进口环节消费税的税额为：

（1 200 000+341 000）÷（1–8%）×8%=134 000（元）

应当缴纳进口环节增值税的税额为：

（1 250 000+341 000+134 000）×13%=224 250（元）

应当缴纳的车辆购置税为：

关税完税价格 + 关税 + 消费税

=1 200 000+336 000+134 000=1 670 000（元）

应纳车辆购置税税额 = 组成计税价格 × 税率

=1 670 000×10%=167 000（元）

森远科技实业公司购置轿车实际支付款合计为：

1 250 000+341 000+134 000+224 250+167 000=2 116 250（元）

策划结论：

将上述两种操作方式的结果进行比较，我们发现：

少缴纳关税税额 =350 000–341 000=9 000（元）

少缴纳消费税税额 =139 130–134 000=5 130（元）

少缴纳增值税税额 =226 086.9–224 250=1 836.9（元）

少缴纳车辆购置税税额 =173 913–167 000=6 913（元）

将上述四个税种的少缴额进行累计：

9 000+5 130+1 836.9+6 913=22 879.9（元）

对于这个结果，我们还可以通过对森远科技实业公司现金流量的减少额上验证出来，该公司现金流出额减少 22 879.9 元（2 139 129.9 万元 –2 116 250 万元），与策划节税额一致。因此，经过简略的策划，该公司就可以合法地省下 22 879.9 元税额了。

策划点评：

正如本案例开头时就已经讲过，国家为了对有发展前途的产业或者与国民经济有紧密关系而需要扶持的产业进行鼓励，在进口环节往往会制定一些鼓励政策，对于其他行业的进口设备，国家也会针对具体情况制定相关的政策进行调节。在这样的情况下，对于一个企业从事进口设备，可能就会遇到利用不同的政策而策划进口环节的各项税费的可能。因此，本案例提供了进口环节的一个策划思路，纳税人可以从中得到一定的启示。

另外，需要提醒的是，近期增值税适用税率发生了变化：根据《财政部 税务总局关于调整增值税税率的通知》（财税〔2018〕32号）自2018年5月1日起原适用17%税率且出口退税率为17%的出口货物，出口退税率调整至16%。原适用11%税率且出口退税率为11%的出口货物、跨境应税行为，出口退税率调整至10%。外贸企业2018年7月31日前出口的第四条所涉货物、销售的第四条所涉跨境应税行为，购进时已按调整前税率征收增值税的，执行调整前的出口退税率；购进时已按调整后税率征收增值税的，执行调整后的出口退税率。生产企业2018年7月31日前出口的第四条所涉货物、销售的第四条所涉跨境应税行为，执行调整前的出口退税率。调整出口货物退税率的执行时间及出口货物的时间，以出口货物报关单上注明的出口日期为准，调整跨境应税行为退税率的执行时间及销售跨境应税行为的时间，以出口发票的开具日期为准。

根据《财政部 税务总局 海关总署关于深化增值税改革有关政策的公告》（财政部 税务总局 海关总署公告2019年第39号），自2019年4月1日起原适用16%税率且出口退税率为16%的出口货物劳务，出口退税率调整为13%；原适用10%税率且出口退税率为10%的出口货物、跨境应税行为，出口退税率调整为9%。

2019年6月30日前（含2019年4月1日前），纳税人出口前款所涉货物劳务、发生前款所涉跨境应税行为，适用增值税免退税办法的，购进时已按调整前税率征收增值税的，执行调整前的出口退税率，购进时已按调整后税率征收增值税的，执行调整后的出口退税率；适用增值税免抵退税办法的，执行调整前的出口退税率，在计算免抵退税时，适用税率低于出口退税率的，适用税率与出口退税率之差视为零参与免抵退税计算。

出口退税率的执行时间及出口货物劳务、发生跨境应税行为的时间，按照以下规定执行：报关出口的货物劳务（保税区及经保税区出口除外），以海关出口报关单上注明的出口日期为准；非报关出口的货物劳务、跨境应税行为，以出口发票或普通发票的开具时间为准；保税区及经保税区出口的货物，以货物离境时海关出具的出境货物备案清单上注明的出口日期为准。

进料来料可选择　税收成本为重点

从现行政策的变化趋势来看，在出口环节进行税收策划的空间越来越小，笔者在以前出版的著述中多有介绍，这里引用普誉财税策划工作室的咨询专家提供的资料归纳出一个案例，以便读者了解各方面的策划的操作思路。

企业案例：

秋风公司从事对外加工业务以及国内销售业务，2018 年 1 月份接到一个订单，对外加工出口甲产品。经了解，甲产品国内成本构成总计为：材料成本 2 000 万元、其他成本 8 000 万元（工资、折旧等无进项税金）。在具体的加工方式上有进料加工和来料加工两种，如果采取进料加工方式，可取得销售收入 34 000 万元，如果采取来料加工方式，则可以取得加工费 13 000 万元。对于该业务，秋风公司应该采用哪一种方式好呢？

业务分析：

来料加工方式是由国外客户提供原材料，必须做成成品要再出口，原材料不是正常购买的，而是外方提供，不需要企业支付货款。最后结算，客户只是付给企业一定的加工费。多余的原料还要退回给客户。而进料加工则是由生产企业所需要的原材料由企业通过正常的进口方式自己从国外进口，加工后再出口，这样企业可能获得的利润不光是加工费，还包含成品扣除成本费用后的差额（经营利润）。

加工利润 = 销售收入 − 销售成本 − 销售税金及附加。

其中，进料加工：销售成本 = 进口材料成本 + 国内成本 + 不予抵扣或退税进项税额，销售税金及附加 = − 免抵税额 ×（城建税税率 + 教育费附加 3%）。

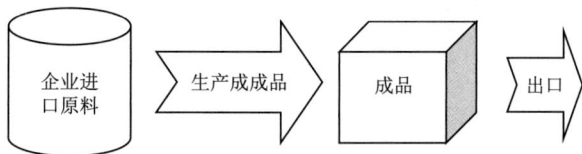

来料加工：销售成本 = 国内成本 + 耗用国内材料进项税额，销售税金及附加为零。

进料加工利润 = 销售收入 − 进口材料成本 − 国内成本 − 不予抵扣或退税进项税额 + 免抵税额 ×（城建税税率 + 教育附加 3%）。

来料加工利润 = 加工费 − 国内成本 − 耗用国内材料进项税额。

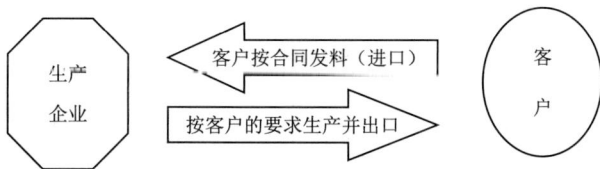

策划分析：

作为企业的行为目的就是获取利润，因此，如果一项经济业务存在两种以上不同的操作方式，并且要在其中做出选择的话，就要看其中哪一种操作方式能给企业带来更多的利润。对于秋风公司目前的这笔加工业务，哪一种方式能够给企业带来更多的利润呢？

对进料加工与来料加工方式所组成利润的计算公式进行分析，我们不难发现：在一般的情况下，进料加工与来料加工所发生的"国内成本"是相同的，进料加工方式与来料加工方式哪个产生的利润比较大，只需比较进料加工"销售收入 – 进口材料成本 – 不予抵扣或退税进项税额 + 免抵税额 ×（城建税税率 + 教育附加3%）"差额与来料加工"加工费 – 耗用国内材料进项税额"差额大小，差额大的加工方式所产生的利润也大。

由于税收政策的不同，造成两种加工方式税负的不同，也就影响到加工企业的经济效益，那么，在两种加工方式之间如何选择呢？下面举例进行分析。

其一，采取进料加工方式。

甲产品当年出口销售收入 34 000 万元，加工甲产品进口材料成本（海关核销免税组成计税价格）20 000 万元，当年应退税额 300 万元。适用"免、抵、退"出口退税政策，进料加工出口货物免、抵的增值税不征收城建税、教育费附加，甲产品征税率17%，出口退税率13%，城建税的税率7%，教育费附加费率3%。

进料加工效益计算。

成本 30 560 万元，其中，进口材料成本 20 000 万元，国内材料成本 2 000 万元，国内其他成本 8 000 万元，不予抵扣或退税进项税额：

34 000 ×（17%–13%）–2 000 ×（17%–13%）

=560（万元）

应缴增值税：– 免、抵税额 = [（出口销售收入 – 进口材料成本）× 退税率 – 应退税额]

=–（14 000 × 13%–300）

=–1 520（万元）

销售税金及附加 = – 免、抵税额 ×（7%+3%）

=–152（万元）

利润 = 销售收入 – 成本 – 销售税金及附加

=34 000–30 560–（–152）

=3 592（万元）

其二，采取来料加工方式。

加工费免征增值税，出口货物耗用国内材料进项税金不得抵扣计入成本，甲产品当年加工费 13 000 万元。

来料加工效益计算。

销售成本 10 340 万元，其中，国内材料成本 2 000 万元，国内其他成本 8 000 万元，耗用国内材料进项税额：

2 000 × 17%=340（万元）

利润 = 收入 – 销售成本 – 销售税金及附加

=13 000–10 340–0

=2 660（万元）

策划结论：

本例中，进料加工差额为 13 592 万元，来料加工的差额 12 660 万元，进料加工的差额大于来料加工的差额 932 万元，这也就是采用两种不同的加工方式所形成的利润相差 932 万元，因此，秋风公司应选择进料加工方式。

策划点评：

进料加工和来料加工是从事出口业务企业常见的经营方式。进料加工指有进出口经营权的企业，用外汇购买进口原材料、元器件、零部件等，经生产加工成成品或半成品返销出口的业务。对于进料加工贸易，海关一般对进口材料按 85% 或 95% 的比例免税或全额免税，货物出口按"免、抵、退"计算退（免）增值税。

来料加工是由外商提供一定的原材料、元器件、零部件，由加工企业根据外商要求进行加工装配完工后交外商销售，加工企业收取加工费的业务。来料加工贸易，海关对进口材料全额免税，货物出口免征增值税、消费税，加工企业加工费免征增值税、消费税，出口货物耗用国内材料支付进项税金不得抵扣应计入成本。

进料加工与来料加工两种业务的操作方式不同，其中的风险也不同，因此与之相适应，其经营的成果当然也不同。作为具体从事出口业务的企业，当然不能仅以某一方面的问题就可以对某经济业务进行决策，还需要从其他多方面的因素做综合性分析。比如，除了以上所说的利润差别需要考虑之外，还有资金筹措、市场变化问题。纳税人应当以全方位的视角接受跨国经营的挑战。

背景资料：

《财政部 税务总局关于出口货物劳务增值税和消费税政策的通知》（财税〔2012〕第 39 号）第六条规定对符合下列条件的出口货物劳务，除适用本通知第七条规定外，按下列规定实行免征增值税（以下称增值税免税）政策：

1. 适用范围。

适用增值税免税政策的出口货物劳务。

2. 出口企业或其他单位视同出口的下列货物劳务：

（1）国家批准设立的免税店销售的免税货物 [包括进口免税货物和已实现退（免）税的货物]。

（2）特殊区域内的企业为境外的单位或个人提供加工修理修配劳务。

（3）同一特殊区域、不同特殊区域内的企业之间销售特殊区域内的货物。

3. 出口企业或其他单位未按规定申报或未补齐增值税退（免）税凭证的出口货物劳务。

具体指：

（1）未在国家税务总局规定的期限内申报增值税退（免）税的出口货物劳务。

（2）未在规定期限内申报开具《代理出口货物证明》的出口货物劳务。

（3）已申报增值税退（免）税，却未在国家税务总局规定的期限内向税务机关补齐增值税退（免）税凭证的出口货物劳务。

对于适用增值税免税政策的出口货物劳务，出口企业或其他单位可以依照现行增值税有关规定放弃免税，并依照本通知第七条的规定缴纳增值税。

捐赠讲技术　争名又获利

【妙计提要】

企业捐赠讲途径，个人捐款塑品行；节税慈善两不误，参与主体获双赢。

【本计内容】

当下社会上流行着一个活动——做公益。大家都知道，做公益容易让人接受，无论是真的还是假的，容易获得较好的口碑。那么，我们今天来议一议公益与税收的关系。

公益性捐赠是公益、救济性捐赠（以下简称公益性捐赠），指纳税人通过中国境内非营利的社会团体、国家机关，向教育、民政等公益事业和遭受自然灾害地区、贫困地区的捐赠。

根据《企业所得税法》第九条规定，"企业发生的公益性捐赠支出，在年度利润总额 12%以内的部分，准予在计算应纳税所得额时扣除；超过年度利润总额 12% 的部分，准予结转以后三年内在计算应纳税所得额时扣除。"年度利润总额，指企业依照国家统一会计制度的规定计算的大于零的数额。所得款将捐给贫困人民。

在具体操作层面上，国家有关部门可能还会对一些特定事项制定特殊的税收政策。比如《财政部 税务总局 国务院扶贫办关于扶贫货物捐赠免征增值税政策的公告》（财政部 税务总局 国务院扶贫办公告 2019 年第 55 号）和《财政部 税务总局 国务院扶贫办关于企业扶贫捐赠所得税税前扣除政策的公告》（财政部 税务总局 国务院扶贫办公告 2019 年第 49 号）就明确，2019 年 1 月 1 日至 2022 年 12 月 31 日，对单位或者个体工商户将自产、委托加工或购买的货物通过公益性社会组织、县级及以上人民政府及其组成部门和直属机构，或直接无偿捐赠给目标脱贫地区的单位和个人，免征增值税。企业通过公益性社会组织或者县级（含县级）以上人民政府及其组成部门和直属机构，用于目标脱贫地区的扶贫捐赠支出，准予在计算企业所得税应纳税所得额时据实扣除。在政策执行期限内，目标脱贫地区实现脱贫的，可继续适用上述政策。

2020年初国内发生新冠肺炎疫情后，国家也颁布临时性鼓励捐赠税收政策。

纳税人（无论是企业还是自由执业者）从事生产和经营活动，总会想方设法建立一个较好的社会形象。而利用公益捐赠的形式，为纳税人塑造一个良好的社会形象，往往是许多企业和成功人士常用的一个手段。

如果将捐赠的涉税政策放在中国税收大环境里进行综合分析，同时，结合具体当事人的实际情况去操作，我们发现，捐赠还能作为税收策划的一个手段。因为我国企业所得税和个人所得税都存在税率爬升的现象，如果纳税人的所得正好处理那个临界值附近，但是朋友，你有没有想过利用捐赠进行税收策划？

其实，对于捐赠的涉税问题是一个需要引起大家的注意和问题。在涉税实践过程中我们有时会发现，部分企业家好心做了捐赠，但是，后来接受税务稽查的时候却被认定为非公益性捐赠，有关支出不能在所得税扣除。

捐赠的涉税事项主要体现在两个方面，一是捐赠是否能够在税前扣除问题；二是通过捐赠进行税收策划。比如捐赠的途径不同，其效果存在较大的差异；个人捐赠，其操作技术也是很有讲究的……有的时候，通过捐赠，还可以为自己增加净收益。实践证明，进行捐赠时通过税收策划专家来操作，不仅能够规避涉税风险，而且还可以取得事半功倍的效果。

【案例注释】

在做善事的同时还给自己增加经济效益，这可是一个两全齐美的事情。从上述计策的内容上看，读者可能还是感觉难以理解。因此，这里我们结合实际案例对有关计策的操作原理做一个简要分析和解释。

小微企业做慈善　节税增收两不误

随着物质文化生活水平越来越高，做慈善也成了一种时尚。为了鼓励人们从事慈善事业，我国在税收政策上也给予一定的支持。于是，这就人们获得名利双收提供了机会。不过，实现这个目标还需要做好策划工作。

企业案例：

申哲财务咨询有限公司是一家小型咨询机构，该公司在2020年12月28日在对公司2020年度的经营情况进行估算时发现，公司全年的利润总额为303万元，适用税率应为25%，应缴纳企业所得税为75.75万元。

策划建议：

该公司负责税收策划的咨询专家方哲听说这个问题，于是，向董事长申仲华建议：如果企业捐款 30 000 元，则该企业的应纳税所得额就变为 300 万元。

一句话惊醒了梦中人，正为这事儿纠结的申仲华马上回应：好主意！

策划分析：

为贯彻落实党中央、国务院决策部署，进一步支持小微企业发展，《财政部 税务总局关于实施小微企业普惠性税收减免政策的通知》（财税〔2019〕13 号）第二条明确，对小型微利企业年应纳税所得额不超过 100 万元的部分，减按 25% 计入应纳税所得额，按 20% 的税率缴纳企业所得税；对年应纳税所得额超过 100 万元但不超过 300 万元的部分，减按 50% 计入应纳税所得额，按 20% 的税率缴纳企业所得税。

上述小型微利企业指从事国家非限制和禁止行业，且同时符合年度应纳税所得额不超过 300 万元、从业人数不超过 300 人、资产总额不超过 5 000 万元等三个条件的企业。

从业人数，包括与企业建立劳动关系的职工人数和企业接受的劳务派遣用工人数。所称从业人数和资产总额指标，应按企业全年的季度平均值确定。具体计算公式如下：

季度平均值 =（季初值 + 季末值）÷ 2

全年季度平均值 = 全年各季度平均值之和 ÷ 4

年度中间开业或者终止经营活动的，以其实际经营期作为一个纳税年度确定上述相关指标。

如果企业捐款 3 万元，则该企业的应纳税所得额就变为 300 万元符合企业所得税法中小型微利企业的低税率政策：

$100 \times 25\% \times 20\% +（300 - 100）\times 50\% \times 20\%$

$= 5 + 20 = 25$（万元）

公司应缴纳所得税为 25 万元。也就是说，捐出 3 万元以后，申哲财务咨询有限公司还可少缴企业所得税 50.75 万元。

专家点评：

这是一个通过公益性捐赠手段节税的典型案例，申哲财务咨询有限公司通过做慈善实际节税的目的，这是一个意外的收获。但是，在具体签署捐赠合同的过程中还需要重视操作环节的细节问题，除了应当捐赠税前扣除的比例、捐赠支出的范围、捐赠支出发生的时间、捐赠发生的途径和申请税前扣除的资料以外，还需要注意捐赠票据问题。

《救灾捐赠管理办法》规定，对符合税收法律法规规定的救灾捐赠，捐赠人凭捐赠凭证享受税收优惠政策，具体按照国家有关规定办理。救灾捐赠受赠人接受救灾捐赠款物后，应当向捐赠人出具符合国家财务、税收管理规定的接收捐赠凭证。也就是说，纳税人向符合国家规定的公益性机构捐赠的时候，一定要取得符合上述规定的凭证才能在缴纳所得税的时候进行扣除。一般来说，捐赠票据是由国家相关财政部门印制，具体到各地，就是由各级省级财政厅或财政局印制。纳税人在捐赠时一定要注意索要。

《财政部 国家税务总局关于公益救济性捐赠税前扣除政策及相关管理问题的通知》（财税

〔2007〕第006号）对捐赠的管理提出了要求。具有捐赠税前扣除资格的非营利的公益性社会团体、基金会和县及县以上人民政府及其组成部门在接受捐赠或办理转赠时，应按照财务隶属关系分别使用由中央或省级财政部门统一印（监）制的公益救济性捐赠票据，并加盖接受捐赠或转赠单位的财务专用印章；如果个人索取捐赠票据，有关机构应当予以开具。

《国家税务总局关于个人向地震灾区捐赠有关个人所得税征管问题的通知》（国税发〔2008〕55号）做出规定："一、个人通过扣缴单位统一向灾区的捐赠，由扣缴单位凭政府机关或非营利组织开具的汇总捐赠凭据、扣缴单位记载的个人捐赠明细表等，由扣缴单位在代扣代缴税款时，依法据实扣除。二、个人直接通过政府机关、非营利组织向灾区的捐赠，采取扣缴方式纳税的，捐赠人应及时向扣缴单位出示政府机关、非营利组织开具的捐赠凭据，由扣缴单位在代扣代缴税款时，依法据实扣除；个人自行申报纳税的，税务机关凭政府机关、非营利组织开具的接受捐赠凭据，依法据实扣除。三、扣缴单位在向税务机关进行个人所得税全员全额扣缴申报时，应一并报送由政府机关或非营利组织开具的汇总接受捐赠凭据（复印件）、所在单位每个纳税人的捐赠总额和当期扣除的捐赠额。"具有捐赠税前扣除资格的非营利性社会团体、基金会和县及县以上人民政府及其组成部门在接受捐赠或办理转赠时，应按照财务隶属关系分别使用由中央或省级财政部门统一印（监）制的公益救济性捐赠票据，并加盖接受捐赠或转赠单位的财务专用印章。纳税人未取得或取得的非中央或省级财政部门统一印（监）制的公益救济性捐赠票据的，不得税前扣除。

因此，作为通过合法的渠道捐赠的纳税人应当取得中央或省级财政部门统一印（监）制的公益救济性捐赠票据，并加盖接受捐赠或转赠单位的财务专用印章。

个人也应当索取捐赠票据。个人直接通过政府机关、非营利组织向灾区捐赠，采取扣缴方式纳税的，捐赠人应及时向扣缴单位出示捐赠凭据，扣缴单位以此计算据实扣除。因此，个人捐款时应索要相关凭证，以便享受个人所得税的扣除优惠。对个人索取捐赠票据，接受单位应予以开具。个人在本单位捐赠，由单位凭政府机关或非营利组织开具的汇总捐赠凭据、扣缴单位记载的个人捐赠明细表等，在代扣代缴税款时依法据实扣除。

自行申报纳税的个人，税务机关凭捐赠凭据准予扣除。扣缴单位在向税务机关进行个人所得税全员全额扣缴申报时，应一并报送由政府机关或非营利组织开具的汇总接受捐赠凭据（复印件）、所在单位每个纳税人的捐赠总额和当期扣除的捐赠额。

老板员工做慈善　税收策划有技巧

在具体签署捐赠合同的过程中还需要重视操作环节的细节问题，除了应当捐赠税前扣除的比例、捐赠支出的范围、捐赠支出发生的时间、捐赠发生的途径和申请税前扣除的资料以外，还需要注意捐赠对象问题。

实务案例：

李忠民投资的江苏省某市知名的企业甲公司，是生产某品牌服装的专业厂家，在 2017 年 6 月通过中华慈善总会向贫困村捐赠服装 500 万元（不含税价格），该公司现有职工 1 300 人，2017 年度会计利润为 2 000 万元，公益性捐赠税前扣除限额为 240 万元（2 000×12%）。

由于企业的经营形势比较好，2019 年 10 月，李老板想再次回馈社会，通过中华慈善总会向贫困村捐赠服装 500 万元（不含税价格）。

由于捐赠的扣除基数是一个会计年度利润，而这个数字必须会计年度终了后才能计算出来，而捐赠事项是在年度当中发生的。如果捐赠行为发生时不做综合分析，则企业可能会因捐赠承担额外的税收。如果将企业的捐赠改为企业与个人结合起来捐赠，可能会收到意想不到的效果。那么，李忠民的这笔捐赠业务合同应当如何签署呢？

为了解决这个困惑，该企业请来咨询专家。

政策分析：

税收策划咨询专家到现场后，首先了解该公司的生产和经营情况，对该公司未来的经营业绩也进行了测算和分析。在此基础上，与公司有关人员一起学习和分析了相关政策。

《企业所得税法》第九条所称公益性捐赠支出应同时具备以下条件：

一是企业通过国家机关和经认定的公益性社会团体。

二是公益性捐赠支出必须用于下列公益事业的捐赠：救助灾害、救济贫困、扶助残疾人等困难的社会群体和个人的活动；教育、科学、文化、卫生、体育事业；环境保护、社会公共设施建设。

界定公益性捐赠支出的关键是明确国家机关和公益性社会团体。国家机关是按照政府组织法成立的具有行政管理职能的行政机关；公益性社会团体一般是经民政部门批准成立的从事非营利活动的非营利性的机构或组织。符合税法优惠条件的公益性社会团体主要由财政、税收和民政部门负责认定。

新的公益性捐赠政策统一规定可以在当年扣除的比例为年度利润总额 12% 以内的部分，计算基数是年度利润总额，而不是年度应纳税所得额。年度利润总额，指企业依照国家统一会计制度的规定计算的年度会计利润。年度应纳税所得额，是纳税人每一纳税年度的收入总额减去准予扣除项目后的余额。按年度利润总额为基数进行计算，不需要再将公益性捐赠支出倒算，不仅捐赠支出扣除额的计算基数扩大了，而且简便了计算程序，方便了税收征管。

根据《企业所得税法》第九条规定，企业发生的公益性捐赠支出，在年度利润总额 12% 以内的部分，准予在计算应纳税所得额时扣除。但是，依据 2016 年新修订的《中华人民共和国慈善法》第八十条规定，自然人、法人和其他组织捐赠财产用于慈善活动的，依法享受税收优惠。企业慈善捐赠支出超过法律规定的准予在计算企业所得税应纳税所得额时当年扣除的部分，允许结转以后三年内在计算应纳税所得额时扣除。所以，十二届全国人大常委会第二十六次会议决定对《企业所得税法》进行修改，修改后的企业所得税法第九条为："企业发生的公益性捐赠支出，在年度利润总额 12% 以内的部分，准予在计算应纳税所得额时扣除；超过年度利润总额 12% 的部分，准予结转以后三年内在计算应纳税所得额时扣除。"个人将其所得对教育事业和其他公益事业捐赠的部分，按照国务院有关规定从应纳税所得中扣除。

从上述规定可以看出，国家鼓励做慈善，但是也要考虑税收的平衡入库，所以规定在发生捐赠的当年可以扣除"年度利润总额 12% 以内的部分"，剩余部分在以后年度扣除。而从企业的角度讲，如果超过限额，则会发生资金占用成本。

《财政部　税务总局关于公益性捐赠支出企业所得税税前结转扣除有关政策的通知》（财税〔2018〕15 号）则明确，企业通过公益性社会组织或者县级（含县级）以上人民政府及其组成部门和直属机构，用于慈善活动、公益事业的捐赠支出，在年度利润总额 12% 以内的部分，准予在计算应纳税所得额时扣除；超过年度利润总额 12% 的部分，准予结转以后三年内在计算应纳税所得额时扣除。

本条所称公益性社会组织，应当依法取得公益性捐赠税前扣除资格。这里所称年度利润总额，是指企业依照国家统一会计制度的规定计算的大于零的数额。

企业当年发生及以前年度结转的公益性捐赠支出，准予在当年税前扣除的部分，不能超过企业当年年度利润总额的 12%。

企业发生的公益性捐赠支出未在当年税前扣除的部分，准予向以后年度结转扣除，但结转年限自捐赠发生年度的次年起计算最长不得超过三年。

企业在对公益性捐赠支出计算扣除时，应先扣除以前年度结转的捐赠支出，再扣除当年发生的捐赠支出。

策划操作：

当年该公司是这样操作的：在 2017 年 6 月，以公司名义捐赠 240 万元，将其余 260 万元平均发放给 1 300 名职工（每人 2 000 元），然后由职工以个人名义通过中华慈善总会向灾区捐赠 260 万元。

甲公司因公益性捐赠需要缴纳增值税：

$500 \times 17\% = 85$（万元）

企业所得税的处理情况如下。

甲公司 260 万元捐赠支出就转变为工资、薪金支出。因为新企业所得税法规定企业发生的合理的工资、薪金支出可在税前全额扣除，所以这个方案进行操作，甲公司在该年度大约可少负担企业所得税 65 万元（260×25%）。与此同时，职工个人通过中华慈善总会向贫困村捐赠，捐赠额可在税前全额扣除，不会增加职工的个人所得税负担。

对于 2019 年度公益捐赠的处理情况如下。

其一，通过中华慈善总会向贫困村捐赠服装 500 万元（不含税价格）免征增值税。

其二，在计算扣除费用的过程中，上述捐赠费用一次性全额扣除。

其三，向主管税务机关就 2017 年度的公益性捐赠涉及的 85 万元增值税申请抵减以后月份应缴纳的增值税税款或者办理税款退库。

注意事项

该公司通过涉税策划，既可以节约了税收，又达到做慈善的目的，还收到了教育职工的效果，可谓"一箭三雕"。但是，在具体签署捐赠业务合同的过程中还需要注意以下几点。

1. 注意选择公益捐赠的对象

对于公益性捐赠，如果是增值税就应税项目，原来是需要计算缴纳增值税的，但是为支持脱贫攻坚，《财政部 税务总局 国务院扶贫办关于扶贫货物捐赠免征增值税政策的公告》（财政部 税务总局 国务院扶贫办公告 2019 年第 55 号）明确：

其一，自 2019 年 1 月 1 日至 2022 年 12 月 31 日，对单位或者个体工商户将自产、委托加工或购买的货物通过公益性社会组织、县级及以上人民政府及其组成部门和直属机构，或直接无偿捐赠给目标脱贫地区的单位和个人，免征增值税。在政策执行期限内，目标脱贫地区实现脱贫的，可继续适用上述政策。

"目标脱贫地区"包括 832 个国家扶贫开发工作重点县、集中连片特困地区县（新疆阿克苏地区 6 县 1 市享受片区政策）和建档立卡贫困村。

其二，在 2015 年 1 月 1 日至 2018 年 12 月 31 日期间已发生的符合上述条件的扶贫货物捐赠，可追溯执行上述增值税政策。

其三，在本公告发布之前已征收入库的按上述规定应予免征的增值税税款，可抵减纳税人以后月份应缴纳的增值税税款或者办理税款退库。已向购买方开具增值税专用发票的，应将专用发票追回后方可办理免税。无法追回专用发票的，不予免税。

这里需要提醒纳税人注意的是，《财政部 税务总局 国务院扶贫办公告 2019 年第 55 号》文件仅对"支持脱贫攻坚"网开一面。同时，为支持脱贫攻坚，《财政部 税务总局 国务院扶贫办关于企业扶贫捐赠所得税税前扣除政策的公告》（财政部 税务总局 国务院扶贫办公告 2019 年第 49 号）也对企业扶贫捐赠支出的所得税税前扣除政策进行了具体明确：

其一，自 2019 年 1 月 1 日至 2022 年 12 月 31 日，企业通过公益性社会组织或者县级（含县级）以上人民政府及其组成部门和直属机构，用于目标脱贫地区的扶贫捐赠支出，准予在计算企业所得税应纳税所得额时据实扣除。在政策执行期限内，目标脱贫地区实现脱贫的，可继续适用上述政策。

"目标脱贫地区"包括 832 个国家扶贫开发工作重点县、集中连片特困地区县（新疆阿克苏地区 6 县 1 市享受片区政策）和建档立卡贫困村。

其二，企业同时发生扶贫捐赠支出和其他公益性捐赠支出，在计算公益性捐赠支出年度扣除限额时，符合上述条件的扶贫捐赠支出不计算在内。

其三，企业在 2015 年 1 月 1 日至 2018 年 12 月 31 日期间已发生的符合上述条件的扶贫捐赠支出，尚未在计算企业所得税应纳税所得额时扣除的部分，可执行上述企业所得税政策。

2. 注意捐赠支出的范围

《中华人民共和国公益事业捐赠法》第三条规定，公益事业指非营利的下列事项：（一）救助灾害、救济贫困、扶助残疾人等困难的社会群体和个人的活动；（二）教育、科学、文化、卫生、体育事业；（三）环境保护、社会公共设施建设；（四）促进社会发展和进步的其他社会公共和福利事业。其他各种赞助支出不得税前扣除。所谓赞助支出，是指企业发生的与生产经营活动无关的各种非广告性质支出。

3. 注意捐赠支出发生的时间

所谓当期实际发生，指企业在一个纳税年度内实际已将捐赠的资产交到接受捐赠的中间对象的控制范围，即代表所捐赠资产所有权转移的凭证等已经为接受捐赠的中间对象法律意义上的控制。这里需要明确的当期实际发生，也就意味着在捐赠的所属纳税年度予以扣除。对企业捐赠的当年发生亏损的，相应其发生的公益性捐赠支出不允许结转以后年度扣除。

核定征收企业所得税的企业，其捐赠支出对全年应缴企业所得税无影响，因此，此类企业可考虑优先用企业投资者个人的应税收入对外捐赠。此外，原税法规定，企业公益性捐赠的税前扣除，以不增加可在税前弥补的亏损为前提（将应纳税所得额扣除到 0 为止）。执行新企业所得税法后，企业公益性捐赠的税前扣除是否受到应纳税所得额大于 0 的限制，目前仍不明确，企业应当密切关注新出台的企业所得税政策，并及时调整策划策略。

企业乐意做公益　会计操作讲章法

在全国人民代表大会常务委员会对《中华人民共和国企业所得税法》第九条有关公益性捐赠支出方面有规定修改了以后，财政部和国家税务总局随后出台《财政部 税务总局关于公益性捐赠支出企业所得税税前结转扣除有关政策的通知》（财税〔2018〕15 号），明确企业通过公益性社会组织或者县级（含县级）以上人民政府及其组成部门和直属机构，用于慈善活动、公益事业的捐赠支出，在年度利润总额 12% 以内的部分，准予在计算应纳税所得额时扣除；超过年度利润总额 12% 的部分，准予结转以后三年内在计算应纳税所得额时扣除。

实务操作：

作为慈善性的活动的捐赠业务，需要双方进行有效的配合，以便对方合法有效地入账，其要点如下。

（1）捐赠资料。对于非货币资产的捐赠，捐赠方在向公益性社会团体捐赠时，应当提供注明捐赠非货币性资产公允价值的证明，如果不能提供有关证明，公益性社会团体不得向其开具相关票据。如果是新购置的非货币资产，需提供购置的发票；如果属于已经使用过的非货币资产，还需要提供资产评估报告或者其他能够证明其价值的文件和资料。

（2）捐赠价值确认。接受捐赠的非货币性资产，其价值按公允价值计算；公益性社会团体接受捐赠的货币性资产，按照实际收到的金额计算。

（3）捐赠业务的票据。对于通过公益性社会团体发生的公益性捐赠支出，企业应提供省级以上（含省级）财政部门印制并加盖接受捐赠单位印章的公益性捐赠票据，或加盖接受捐赠单位印章的《非税收入一般缴款书》收据联，方可按规定进行税前扣除。

实物捐赠：

增值税暂行条例第四条第（八）款明确规定，单位或者个体工商户将自产、委托加工或者购进的货物无偿赠送其他单位或者个人的下列行为视同销售货物。企业所得税法等有关规定，企业将资产用于对外捐赠，应按规定视同销售确定收入。因此，对于企业来说，如果是利用非货币资产对外捐赠，则既涉及增值税，也与企业所得税有关，其账务处理要点如下。

（1）增值税的处理。

会计处理：

借：营业外支出

　　贷：库存商品等科目

　　　　应交税费——应交增值税（销项税额）（公允价值 × 适用税率）

　　　　（或）应交税费——简易计税（公允价值 × 适用征收率）

甲公司为一家工业企业（企业所得税税率25%），增值税一般纳税人，增值税率为13%，执行《企业会计准则》。2020 年 3 月，其将生产的 50 台学习用电脑通过某公益性组织捐赠给某灾区的一所小学，并取得公益性捐赠票据，每台电脑生产成本 0.4 万元，市场价格 0.6 万元。该公司当年实现会计利润 200 万元。

甲公司对外捐赠学习用电脑，根据增值税暂行条例实施细则规定，企业将自产、委托加工或者购进的货物无偿赠送其他单位或者个人，应视同销售货物行为征收增值税 = 0.6×50×13%=3.9（万元）。但是在进行会计核算时，由于对外捐赠而引起企业相关资产的流出事项并不符合销售收入确认的条件，企业不会因为捐赠而增加现金流量，也不会增加企业的利润，因此不作为销售进行处理。

借：营业外支出　　　　　　　　　　　　239 000

　　贷：库存商品　　　　　　　　　　　200 000

　　　　应交税费——应交增值税（销项税额）　　39 000

（2）所得税处理。

对于捐赠企业而言，发生捐赠业务应当分为视同销售和公益性捐赠处理，其中视同销售——会计与税法差异的调整，公益性捐赠支出——会计利润的纳税调整，两者存在差异。

其一，视同销售的涉税处理。

根据企业所得税法等有关规定，企业将资产用于对外捐赠，因资产所有权属已发生改变而不属于内部处置资产，应按规定视同销售确定收入。属于企业自制的资产，应按企业同类资产同期对外销售价格确定销售收入；属于外购的资产，可按购入时的价格确定销售收入。本例中，甲公司捐赠学习用电脑应确认商品销售收入 30 万元、视同销售成本 20 万元（千万别忘记还有视同销售成本），应调增应纳税所得额 10 万元。

其二，益性捐赠的列支。

当年企业公益性捐赠限额 =200×12%=24（万元），实际发生捐赠支出 25.1 万元，应调增应纳税所得额 =25.1-24=1.1（万元），该 1.1 万元准予结转以后三年内在计算应纳税所得额时扣除。

借：递延所得税资产　　　　　　　　　　　　2 750

　　贷：所得税费用　　　　　　　　　　　　　　2 750

注意事项：

做慈善是企业和个人承担社会责任的表现，应当得当大力弘扬。但是，作为纳税人实施公益性捐赠，在操作层面应当注意如下几个问题。

其一，要注意捐赠渠道。

财税〔2018〕15 号文件明确，公益性社会组织，应当依法取得公益性捐赠税前扣除资格。财政部、国家税务总局和民政部以及省、自治区、直辖市、计划单列市财政、税务和民政部门每年分别联合公布获得公益性捐赠税前扣除资格的公益性社会团体名单，包括当年继续获得公益性捐赠税前扣除资格和新获得公益性捐赠税前扣除资格的公益性社会团体。因此，纳税人在具体实施捐赠活动需要注意。

（1）通过社团组织要注意范围。对于通过公益性社会团体和公益性群众团体发生的公益性捐赠支出，接受捐赠的公益性社会团体和群众团体位于名单内的，企业或个人在名单所属年度向名单内的公益性社会团体和群众团体进行的公益性捐赠支出可按规定进行税前扣除；接受捐赠的公益性社会团体和群众团体不在名单内，或虽在名单内但企业或个人发生的公益性捐赠支出不属于名单所属年度的，不得扣除。

（2）通过政府部门要注意级别。对于通过县级以上人民政府及其部门发生的公益性捐赠支出，不需要在"公益性社会团体名单"内，比如通过常州市金坛区民政局公益性捐赠支出，就可以按标准在税前扣除。

（3）通过新闻媒体或者直接捐赠不得扣除。企业通过报纸等媒体向贫困山区捐款，捐赠支出不可在企业所得税前扣除；企业将货币资金、实物等资产直接捐赠给个人或单位，不属于公益性捐赠的范围，应视为赞助支出，不能在税前扣除。

其二，注意捐赠数额及依据确定。

企业通过公益性社会团体或者县级以上人民政府及其部门，用于公益事业的捐赠支出，在年度利润总额 12% 以内的部分，准予在计算应纳税所得额时扣除；超过年度利润总额 12% 的部分，准予结转以后三年内在计算应纳税所得额时扣除。这里具体数额的确定按财税〔2018〕15 号文件明确的口径，这里所说的年度利润总额，指企业依照国家统一会计制度的规定计算的大于零的数额。

A 企业 2018 年度利润总额为 56 万元，实际发生符合限额扣除条件的公益性捐赠支出 8

万元，无以前年度结转扣除公益性捐赠额。因为 A 企业 2018 年度公益性捐赠支出扣除限额 =56×12%=6.72（万元），当年实际发生 8 万元，准予在 2018 年度税前扣除的为 6.72 万元，准予结转以后三年内在计算应纳税所得额时扣除的为 8-6.72=1.28（万元）。

C 企业 2018 年度利润总额为 -35 200 万元，2018 年实际发生符合扣除条件的公益性捐赠支出 8 万元，无以前年度结转扣除公益性捐赠额。因为 B 企业 2018 年度"利润总额"< 0，当年按税收规定计算的公益性捐赠支出扣除限额为 0 元，实际发生 8 万元，准予结转以后三年内在计算应纳税所得额时扣除。

其三，注意扣除的方法。

财税〔2018〕15 号文件第二条到第五条对纳税人实施捐赠业务的具体扣除方法进行了具体规定，自 2017 年 1 月 1 日起（2016 年 9 月 1 日至 2016 年 12 月 31 日发生的公益性捐赠支出未在 2016 年税前扣除的部分，可按本通知执行），企业当年发生及以前年度结转的公益性捐赠支出，准予在当年税前扣除的部分，不能超过企业当年年度利润总额的 12%；企业发生的公益性捐赠支出未在当年税前扣除的部分，准予向以后年度结转扣除，但结转年限自捐赠发生年度的次年起计算最长不得超过三年；企业在对公益性捐赠支出计算扣除时，应先扣除以前年度结转的捐赠支出，再扣除当年发生的捐赠支出。

（1）期限：准予结转以后三年内在计算应纳税所得额时扣除，比如 2018 年度"超过年度利润总额 12% 的部分"准予在 2019 年度、2020 年度、2021 年度在计算应纳税所得额时扣除。这与职工教育经费、广告费和业务宣传费跨年度纳税调整，没有年度期限的限制，可以"一直"跨年度进行纳税调整不同。

（2）扣除顺序：企业发生的公益性捐赠支出未在当年税前扣除的部分，准予向以后年度结转扣除，但结转年限自捐赠发生年度的次年起计算最长不得超过三年。超过部分扣除顺序是先扣以前年度的公益性捐赠，再扣除当年发生的捐赠支出。也就是说，企业发生的公益性捐赠支出未在当年税前扣除的部分，准予向以后年度结转扣除的最长年限为三年，自捐赠发生年度的次年起计算，超过三年未扣除的则不能再扣除了。

比如，C 企业 2018 实际发生符合限额扣除条件的公益性捐赠支出 8 万元，2018 年利润总额 55 万元。那么，2018 年公益性捐赠支出扣除限额 =55×12%=6.6（万元），实际发生 10 万元，只准予税前扣除 6.6 万元，剩余 3.4 万元结转以后年度依次在 2019 年、2020 年、2021 年扣除。如果 2021 年仍未能在税前扣除，则不能再扣除。

如果有以前年度结转的捐赠支出，则先扣除以前年度结转的部分；扣除以前年度结转部分后如有余额，再扣除当年发生的。如无余额，则当年发生的捐赠支出结转以后年度扣除，最长不超过三年。

D 企业 2018 年结转的公益性捐赠支出为 6 万元，2018 年实际发生的符合限额扣除条件的公益性捐赠 9 万元，2018 年利润总额为 100 万元。

2018 年公益性捐赠支出 =100×12%=12（万元）。（以前年度结转的公益性捐赠支出 + 当年发生公益性捐赠支出）=6+9=15（万元），大于企业当年年度利润总额的12%，准予在当年税前扣除的公益性捐赠支出为年年度利润总额的12%即12万。则2019年先扣除2018年结转公益性捐赠支出6万元，再扣除当年发生的6万元，剩余3万元准予结转依次在2020年、2021年、2022年计算应纳税所得额时扣除。

（3）超过的部分需要确认递延所得税资产。

超过年度利润总额12%的当年，除非有证明企业未来三年会计上不会出现盈利，则：

借：递延所得税资产（超过部分 × 适用的企业所得税税率）

　　贷：所得税费用（超过部分 × 适用的企业所得税税率）

超过年度利润总额12%以后三年内扣除或三年后没有扣除完，则：

借：所得税费用（扣除部分或未扣除部分 × 适用的企业所得税税率）

　　贷：递延所得税资产（扣除部分或未扣除部分 × 适用的企业所得税税率）

打包出售　走为上策

【妙计提要】

投资扩张应有道，并购分立是小炒；机构重组变化多，运作有度风险小。

转产歇业换阵地，存量资产需处理；分析销售税收多，打包出售为上计。

【本计内容】

兵书《三十六计》中有一则"走为上策"，原来的意思指战争中看到形势对自己极为不利时就逃走，也谓遇到强敌或陷于困境时，以离开回避为最好的策略。现多用于做事时如果形势不利没有成功的希望时就选择退却、逃避的态度。

古时善于运用此计的案例很多，如南宋将领毕再遇与金兵对垒，有一天晚上，他拔营撤退，旗帜照常留在营内，并预先把一些活羊吊起来，把它们的两只蹄子放在鼓面上。羊受不了倒悬的痛苦，挣扎中两只前蹄便频频击打在鼓面上发出响声——悬羊击鼓。金兵没有察觉宋军撤走了，几天后才发现宋军的营地空了，这时宋军早已远去了。这可以称得上是善于退却了。

再如公元前 206 年，西楚霸王项羽听说沛公刘邦攻取咸阳后欲在关中称王，十分恼怒。在谋臣范增的建议下，项羽在鸿门设下酒宴，准备在席间寻机刺杀刘邦。刘邦深知赴鸿门宴凶多吉少，但项羽兵强势壮，如果不去便会有须臾之祸。于是，刘邦带着谋士张良、武将樊哙以及卫士来到鸿门。入席后，刘邦对项羽说："我和将军并力攻秦，将军转战在黄河北，我作战于黄河南，但自己没料到先攻进函谷关，打败秦军。现有坏人散布流言，使将军与我发生了误会。望将军三思而后行啊！"这番话说得项羽心软了。范增见项羽无意杀刘邦，找来项庄舞剑，想伺机刺杀刘邦。张良的好友项伯看出范增的用心，于是也拔剑起舞，不时用身体掩护刘邦，使项庄难以下手。

在这千钧一发之际，张良授意武将樊哙入帐。樊哙仗剑持盾闯进帐中，目视项羽，怒发冲冠。项羽赐他一碗酒和一条猪腿，樊哙狼吞虎咽地喝了酒吃了肉，然后陈述刘邦的劳苦功高和赤胆忠心，指责项羽听信流言蜚语。项羽一时无言以对。

刘邦借口上厕所，与张良、樊哙一同出帐。樊哙护送刘邦抄小路即刻脱身。张良估计二人已走远，才回帐向项羽辞谢道："沛公不胜酒量，不能亲自向大王辞行，特地让我带来白璧一双、玉斗一双奉献给大王和范将军。"项羽问："刘邦现在何处？"张良答道："他听说大王要责备他，心中恐惧，现已返回霸上了。"范增听说刘邦偷偷跑了，气急败坏地砸碎玉斗，恼恨地说："将来夺取项王天下的，一定是刘邦了！"

在鸿门宴上，刘邦见项羽犹豫不决，以上厕所为名，借机脱身，确属明智之举。

在经济活动上也需要用到"走"计。经济活动客观上存在周期性，我国经济高增长已经持续了很长一段时间，目前或者下一步将会进入调整期，再加上美国调整了国际经济活动的游戏规则……在目前的经济环境里，如果你是一家重资产企业的投资人，如果所投资的企业所经营的项目恰好又偏于夕阳产业的话，那么，"走"可能不失为上策。

其实，为保存实力东山再起的日立公司就曾用过"走"计。日本日立公司为了扩大企业规模，发展生产，投入了大量资金，购买新建厂房建筑材料，新添置一些设备。这时，正赶上了60年代初整个日本经济萧条时期，现有产品滞销，卖不出去，扩大企业规模就可想而知了。面对这一严峻情况日立公司有两条路可供选择：一条路是继续投资；另一条路是停止投资施工。日立公司经过大家认真讨论、分析、研究，最后，果断决定走后一条路，停止投资实行战略目标转移，把资金投放到其他方面，积蓄财力，待机发展。经过实践证明，日立公司的决策是正确的。从1962年开始，日本三大电器公司中的东芝公司和三菱公司的营业额都有明显下降，但是日立则一直到1964年仍在继续上升。进入60年代后半期，一个新的经营繁荣时期来到了，蓄势已久的日立不失时机地积极投资，1967年投入了102亿日元，1968年上半年就突破了千亿大关，达1 220亿日元。从效益上看，1966至1970年，5年内销售额提高了1.7倍，利润提高了1.8倍。

在激烈的市场竞争中，企业的经营者应冷静、客观地分析市场形势，预测市场前景，正确掌握"走"的艺术，其关键在十：一是要果断地终止前景暗淡的投资和经营项目，减少亏损，降低负效益。二是在企业运转顺利的情况下，预测到前面可能发生的情况，立即停止经营一些可能发生意外的项目。这虽然会减少一些盈利，但由于"刹车"及时，易于躲过市场不利的变动。三是企业在竞争中遇到强大对手，实力对比不及对手时，应果断地退却，并积极主动地调整自己的经营方向和产品结构，寻找新的市场，使企业转危为安。

当然，企业一旦决定"走"，就存在一个如何"走"的问题。社会资源是有限的，而资源的开发和运作又是动态的。有时为了战略上的需要进行资源整合，于是并购、分立以及资产出售等各种战略重整性活动就会不断出现。战略重整包括机构重组和资产重整两个方面，而机构重组包括公司兼并和分立两个方面，公司兼并是目前企业进行扩张的重要形式；公司分立往往在专业经营、资源调整和资源流转上发挥更大的作用。机构重组是资源整合、盘活存量资产、激发活力的有效方式之一。

投资人可以通过战略重整的方式"走",比如机构重组(让他人整体收购)、进行资产转让,等等。机构重组涉及大量的税收政策,在操作过程中,企业可以充分利用政策差异和税收优惠规定,减少税基,降低操作的税收成本,实现提升综合效益的目的。出售资产也是多数企业经常进行的一项资本运作活动。

在资源整合环节,投资人想脱身,目前通行的做法有两大类,一是股权转让,另一个则是资产转让。而在资产转让过程中又存在两种情景:一个是分析式转让,另一个则是整体转让,打包出售。

如果对税收政策进行深入研究,我们可以发现一个现象:无论哪个国家的税收都是鼓励投资人"走进来"(这里特指投资或者扩大投资行为),而不鼓励"走出去"(这里特指分红、清算、撤资等行为),所以,在税收政策的制定和执行上存在两种不同的态度。但是,在现实生活中人们往往没有认识到这一点,结果吃了亏还不知道。比如,对于拥有不动产的投资人而言,由于搭上了中国房地产涨价的顺风车,已经赚得盆满钵满了,当下就有人想出手。在这个时候才发现,在资产转让环节存在大量的税收问题。

于是,就想着如何规避本环节的税收。一个公认的方案出来了:股权转让!真的是这样吗?对部分投资人的资本运作情况进行分析后我们就不难发现,其中相当多的投资人多缴纳了税收。因为,对于多数企业来说,出售资产是需要缴税的。那么,在这个环节怎样才能规避沉重的税收负担呢?由此引出"走"的过程中的税收策划问题。

【案例注释】

笔者自 2001 年在《实用税收策划》一书中提出税收策划的概念、原则和方法后,税收策划作为一门学科已经得到人们的普遍认可。对于企业资产整体打包出售属于资产重组的范畴,笔者有专著阐述。读者可能对上述的表述感觉难以理解,因此,这里我们结合实际案例对有关计策的操作原理做一个简要分析和解释。

企业歇业时发生　清算环节讲税理

企业经营了一段时间之后,可能会停业注销。企业停业注销,无论什么原因,都需要进行清算。在企业清算环节,不仅涉及有关股东的利益,而且还涉及国家利益——税收。为了帮助读者正确理解企业清算环节的涉税政策和具体清算的操作技术,我们在这里引用普誉财税策划工作室提供的一个实例来做具体说明。

实务案例:

嘉城公司成立于 2010 年,实收资本 400 万元,截至 2019 年 12 月 31 日,企业账面未分配利润为 1 284 798.38 元。

根据股东会决议，企业准备注销。

2020 年 9 月 30 日的资产负债情况如下：流动资产 5 679 008.56 元，非流动资产 227 155.98 元，流动负债 402 849.64 元，非流动负债为 0，所有者权益 5 503 314.90 元（其中实收资本 4 000 000 元，本年利润 218 516.52 元，未分配利润 1 284 798.38 元）。

对于嘉城公司而言，他们需要做哪些工作才能规避涉税风险？

业务分析：

企业清算指企业因为特定原因终止时，清理企业财产、收回债权、清偿债务并分配剩余财产的行为。下列企业应进行所得税清算处理：（一）按《公司法》《企业破产法》等规定需要进行清算的企业；（二）企业重组中需要按清算处理的企业。

其中，按《公司法》《企业破产法》等规定需要进行清算的主要包括以下几种类型。

其一，企业解散。合资、合作、联营企业在经营期满后，不再继续经营而解散；合作企业的一方或多方违反合同、章程而提前终止合作关系解散。

其二，企业破产。企业不能清偿到期债务，或者企业法人已解散但未清算或者未清算完毕，资产不足以清偿债务的，债权人或者依法负有清算责任的人向人民法院申请破产清算。

其三，其他原因清算。企业因自然灾害、战争等不可抗力遭受损失，无法经营下去，应进行清算；企业因违法经营，造成环境污染或危害社会公众利益，被停业、撤销，应当进行清算。

而对于企业重组中需要进行企业所得税清算的，根据财政部、国家税务总局《关于企业重组业务企业所得税处理若干问题的通知》（财税〔2009〕59 号）规定，主要包括以下 4 种类型。

一是企业由法人转变为个人独资企业、合伙企业等非法人组织的。

二是企业将登记注册地转移至中华人民共和国境外（包括港澳台地区）的。

三是不适用特殊性税务处理的企业合并中，被合并企业及其股东都应按清算进行所得税处理。

四是不适用特殊性税务处理的企业分立中，被分立企业不再继续存在时，被分立企业及其股东都应按清算进行所得税处理。

对于境外企业境内承包工程或提供劳务的，根据《非居民承包工程作业和提供劳务税收管理暂行办法》的规定，其只需要在办理税务登记注销前，结清在华承包工程或提供劳务应缴纳的税款（包括企业所得税）。

纳税人发生解散、破产、撤销以及其他情形，依法终止纳税义务的，在注销税务登记之前，必须进行企业所得税清算。但是，以下两种情况例外。

一是纳税人因住所、经营地点变动，涉及改变税务登记机关的而进行税务登记注销时，一般是不需要进行企业所得税清算的。除企业将登记注册地转移至中华人民共和国境外（包括港澳台地区），应进行企业所得税清算，其他仅涉及企业登记注册点在中国境内转移的，不需要进行企业所得税清算。

二是企业发生的除由法人转变为个人独资企业、合伙企业等非法人组织外，其他法律形式简单改变的也不需要进行企业所得税的清算，可直接变更税务登记。除另有规定外，有关企业所得税纳税事项（包括亏损结转、税收优惠等权益和义务）由变更后企业承继，但因住所发生变化而不符合税收优惠条件的除外。比如企业由有限责任公司变更为股份有限公司，就无须进行企业所得税的清算。

企业在办理税务注销登记之前，应针对实际经营期（纳税年度中间终止经营活动的）和清算期分别作为一个纳税年度，向税务机关办理当年度经营期企业所得税汇算清缴和清算期企业所得税纳税申报。

政策规定：

《企业所得税法》规定，企业在一个纳税年度中间开业，或者终止经营活动，使该纳税年度的实际经营期不足 12 个月的，应当以其实际经营期为一个纳税年度。企业依法清算时，应当以清算期间作为一个纳税年度。同时，企业在年度中间终止经营活动的，应当自实际经营终止之日起 60 日内，向税务机关办理当期企业所得税汇算清缴。

1. 具体企业清算的时限

企业应当在办理注销登记前，就其清算所得向税务机关申报并依法缴纳企业所得税。《财政部　国家税务总局关于企业清算业务企业所得税处理若干问题的通知》（财税〔2009〕60 号）规定，企业应将整个清算期作为一个独立的纳税年度计算清算所得，无论清算期间实际是长于 12 个月还是短于 12 个月都要视为一个纳税年度，以该期间为基准计算确定企业应纳税所得额。企业如果在年度中间终止经营，该年度终止经营前属于正常生产经营年度，此后则属于清算年度。也就是说，实际经营终止之日为经营期的截止日期，即当期企业所得税汇算清缴的最后日期，也是清算期开始之日的前一日。实务中清算期的开始日期一般由企业根据实际经营需要自行确定。

2. 清算所得不适用优惠政策

企业清算期间，正常的生产经营都已经停止，企业取得的所得已经不是正常的产业经营所得，企业所得税优惠政策的适用对象已经不存在，因而企业清算期间所得税优惠政策应一律停止，企业应就其清算所得依照税法规定的 25% 的法定税率缴纳企业所得税。比如，位于西部开发税收优惠区的某企业，在 2016 年底以前正常经营期间享受的是 15% 的定期低税率优惠，如果企业 2017 年注销，其清算所得必须适用 25% 的企业所得税法定税率。同样，一个正常经营期间享受 20% 优惠税率的小型微利企业，在清算时应该依照 25% 的税率缴纳企业所得税。

3. 以前年度亏损弥补

清算期作为一个独立的纳税年度，按照财税〔2009〕60 号文件的规定，清算所得可依法弥补以前年度亏损。税法规定，不超过 5 年的企业以前年度的亏损额，可以用以后年度所得弥补，即清算期之前 5 个纳税年度的税法认定的亏损额，可以在计算清算所得时弥补，以弥补以前年度亏损后的所得作为清算所得计算清算所得企业所得税。

案例分析：

嘉城公司中止生产和经营，需要对各方面的业务进行清理。但是，对于嘉城公司的清算业务而言，从税收的角度讲，其涉及许多涉税事项的处理，其具体分析如下。

1. 经营期企业所得税的计算及申报。

股东同意企业提前解散的股东会决议签署日期是 2020 年 9 月 30 日，并在当日成立清算组，则 2020 年 1 月 1 日—2020 年 9 月 30 日为经营期未满 12 个月的一个纳税年度。按规定进行经营期企业所得税汇算清缴，2020 年 1 月—9 月企业会计利润总额为 218 516.52 元（假设没有其他纳税调整事项，企业所得税税率为 25%），企业应按规定进行 2020 年 1 月 1 日—2020 年 9 月 30 日这一经营期的企业所得税汇算清缴，并缴纳企业所得税 54 629.13 元。

2. 清算期企业所得税的计算及申报。

2020 年 10 月 1 日为清算期开始之日，2020 年 12 月 20 日申请税务注销，即清算期为 2020 年 10 月 1 日—2020 年 12 月 20 日，截止日期为 12 月 20 日。

（1）资产可收回金额（或者称可变现金额）为 5 420 518.09 元。

（2）资产计税基础为 5 906 164.54 元（假设计税基础与账面价值一致）。

（3）债务偿还金额为 190 858.66 元。

假设负债计税基础与负债账面价值一致，则处理债务损益：

402 849.64−190 858.66=211 990.98（元）

（4）清算费用合计 58 000 元。

（5）假设没有发生相关税费，清算所得：

5 420 518.09−5 906 164.54−58 000.00+211 990.98

=−331 655.47（元）

由于清算所得为负数，故就清算期作为一个纳税年度进行企业所得税申报，不需要缴纳企业所得税。

3. 股东取得剩余资产的涉税事宜。

剩余资产＝资产可收回金额－债务偿还金额－清算费用－相关税费

=5 420 518.09−190 858.66−58 000−0=5 171 659.43（元）

累计未分配利润和累计盈余公积（即股息所得）：

1 284 798.38+218 516.52+0=1 503 314.90（元）

剩余资产减除股息所得后的余额：

5 171 659.43−1 503 314.90=3 668 344.53（元）

股东投资成本为 4 000 000 元。

本次投资转让损失：

4 000 000−3 668 344.53=331 655.47（元）

从以上计算可知，累计未分配利润和累计盈余公积余额为 1 503 314.90 元，故股东应确认的股息所得为 1 503 314.90 元；剩余资产减除股息所得后的余额小于股东投资成本，故该股东应确认投资转让损失。

操作提示：

《企业所得税法实施条例》明确，清算所得指企业的全部资产可变现价值或者交易价格减除资产净值、清算费用以及相关税费等后的余额。企业清算的所得税处理包括以下内容：（一）全部资产均应按可变现价值或交易价格，确认资产转让所得或损失；（二）确认债权清理、债务清偿的所得或损失；（三）改变持续经营核算原则，对预提或待摊性质的费用进行处理；（四）依法弥补亏损，确定清算所得；（五）计算并缴纳清算所得税；（六）确定可向股东分配的剩余财产、应付股息等。

结合财政部、国家税务总局《关于企业清算业务企业所得税处理若干问题的通知》（财税〔2009〕60 号）的相关规定，清算所得用公式表述如下：清算所得＝企业的全部资产可变现价值或交易价格－资产的计税基础－清算费用－相关税费＋债务清偿损益－弥补以前年度亏损，其中债务清偿损益＝债务的计税基础－债务的实际偿还金额，公式中的相关税费为企业在清算过程中发生的相关税费，不包含企业以前年度欠税。

企业的资产可变现价值指企业清理所有债权债务关系、完成清算后，所剩余的全部资产折现计算的价值。如果企业剩余资产能在市场上出售而变现，则可以其交易价格为基础。用公式表述如下：资产可变现价值或交易价格＝货币资金＋清理债权的可收回金额＋存货的可变现价值＋固定资产的可变现价值＋非实物资产的可变现价值。

债务清偿损益指纳税人在清算期间实际偿还的债务金额与负债计税基础的差额。

清算费用指纳税人在清算过程中实际发生的、与清算活动有关的费用，包括清算组组成人员的工资、差旅费、办公费、公告费、诉讼费、评估费、咨询费等。

相关税费指在清算期间因处理资产、负债而产生的营业税、印花税、土地增值税、教育费附加等税费。

清算期间应缴企业所得税＝清算所得 × 企业所得税税率（即 25%）

资产转让有门道　厘清政策很重要

拥有大量资产的投资人如果想退出，如何处置手里的资产就成了需要思考的问题。在具体操作过程中可能存在许多思路和办法，而这些思路和方法对投资人来说，其结果可能存在较大的差异。

实务案例：

张富有 2018 年在某市购置了 100 亩土地建厂房，进行产业投资，注册了一家企业 A 有限公司，主要从事数控机床的开发和制造，同时生产和经营其他机电设备的企业，目前实收资本 10 000 万元。

由于国际经济形势发生了变化，张富有考虑转型，因此出让麾下各类资产。2019年12月18日，有一家B电器公司相中了他的资产，目前处于洽谈阶段。

在交流过程中，双方都意识到资产转移过程中的税收问题是最大的风险，于是，请来税收咨询专家。税收策划专家章志鸿到现场了解相关情况后，便跟张富有分析税收政策方面的问题。

政策分析：

附带房地产项目的涉税交易情况比较复杂，属于资产重组的业务。在整个交易成本中，税收成本占据很大的比例，而不同的交易模式对后续税收负担有着重大的影响。

1. 资产收购模式下的涉税分析

（1）收购方的涉税分析。

在资产收购模式下，涉及不动产、土地使用权、机器设备和存货等资产，因此，收购方需要按交易合同缴纳万分之五的印花税，另外还有3%~5%的契税。

为贯彻落实《国务院关于进一步优化企业兼并重组市场环境的意见》（国发〔2014〕14号），继续支持企业、事业单位改制重组，财政部、国家税务总局在《关于进一步支持企业事业单位改制重组有关契税政策的通知》（财税〔2018〕17号）中，就企业、事业单位改制重组涉及的契税问题，自2018年1月1日起至2020年12月31日按如下政策执行。

①企业破产。

企业依照有关法律法规规定实施破产，债权人（包括破产企业职工）承受破产企业抵偿债务的土地、房屋权属，免征契税；对非债权人承受破产企业土地、房屋权属，凡按照《中华人民共和国劳动法》等国家有关法律法规政策妥善安置原企业全部职工，与原企业全部职工签订服务年限不少于三年的劳动用工合同的，对其承受所购企业土地、房屋权属，免征契税；与原企业超过30%的职工签订服务年限不少于三年的劳动用工合同的，减半征收契税。

②资产划转。

对承受县级以上人民政府或国有资产管理部门按规定进行行政性调整、划转国有土地、房屋权属的单位，免征契税。

同一投资主体内部所属企业之间土地、房屋权属的划转，包括母公司与其全资子公司之间，同一公司所属全资子公司之间，同一自然人与其设立的个人独资企业、一人有限公司之间土地、房屋权属的划转，免征契税。

③债权转股权。

经国务院批准实施债权转股权的企业，对债权转股权后新设立的公司承受原企业的土地、房屋权属，免征契税。

④划拨用地出让或作价出资。

以出让方式或国家作价出资（入股）方式承受原改制重组企业、事业单位划拨用地的，不属上述规定的免税范围，对承受方应按规定征收契税。

有关用语含义：这里所称企业、公司，指依照我国有关法律法规设立并在中国境内注册的企业、公司。这里所称投资主体存续，指原企业、事业单位的出资人必须存在于改制重组后的企业，出资人的出资比例可以发生变动；投资主体相同，指公司分立前后出资人不发生变动，出资人的出资比例可以发生变动。

（2）被收购方的涉税分析

在资产收购模式下，被收购方的税负很重，除万分之五的印花税外，还有增值税、土地增值税和企业所得税三项大税。

①增值税。

营改增后，原本资产转让应缴纳的营业税改为增值税。根据营改增新政，对于不同的项目，增值税的征收方式有所不同。

一是如果是 2016 年 4 月 30 日前取得的不动产及土地使用权，2016 年 5 月 1 日以后并购，则按差额（简易）征收 5% 的增值税；也可以选择一般计税办法，按 5% 预征，按 11% 的税率清算增值税。

二是如果是 2016 年 4 月 30 日前自建的不动产及土地使用权，2016 年 5 月 1 日以后并购，则按销售额（简易）征收 5% 的增值税；也可以选择一般计税办法，以销售额按 5% 预征，按 11% 的税率清算增值税。

三是如果是 2016 年 5 月 1 日前取得的不动产及土地使用权，2016 年 5 月 1 日以后并购，则按差额（即增值额）预征 5% 的增值税，按 11% 的税率清算增值税。

四是如果是 2016 年 5 月 1 日后自建的不动产及土地使用权，2016 年 5 月 1 日以后并购，则按销售额预征 5% 的增值税，按 11% 的税率清算增值税。

五是在资产重组过程中，通过合并、分立、出售、置换等方式，将全部或者部分实物资产以及与其相关联的债权、负债和劳动力一并转让给其他单位和个人，其中涉及的不动产、土地使用权转让行为。

②土地增值税。

对被收购方而言，土地增值税是最大的一个税种，根据增值的比例，承担增值额 30%~60% 的重税。

③企业所得税。

根据财税 2009〔59〕号文件规定，资产并购属于企业重组的类型之一，在符合特定条件下，可以选择适用特殊性税务处理。即对交易中各方接受的股权支付部分，暂不确认转让所得或损失，其非股权支付仍应在交易当期确认相应的资产转让所得或损失，并调整相应资产的计税基础。

非股权支付对应的资产转让所得或损失 =（被转让资产的公允价值 − 被转让资产的计税基础）×（非股权支付金额 ÷ 被转让资产的公允价值）

2. 股权收购模式下的涉税分析

（1）收购方的涉税分析。

根据现行政策规定，在股权收购模式下，收购方免征契税，只按股权交易额缴纳万分之五的印花税。

（2）被收购方的涉税分析。

从被收购方的角度讲，除了印花税之外，相比资产转让模式，被收购方可以节省增值税、土地增值税两大税种。

①增值税。

从 2016 年 5 月 1 日起，产品（动产）、劳务、无形资产、不动产的销售都变成增值税的课税对象。但股权并没有纳入营改增的征税范围，这也是国家一贯鼓励投资的政策延续。

②土地增值税。

关于股权转让模式下，尤其是 100% 股权转让的模式下，是否应征收土地增值税的问题，实践中存有争议，主要原因是国税函〔2000〕687 号文的存在。本文认为股权转让模式下，不应当征收土地增值税。另外，实践中为避免个别税务机关适用〔2000〕687 号文，也可以采取一定的方式避免该条文的适用，比如先转让 99% 的股权，后续再行转让 1% 的股权。

财政部、国家税务总局《关于企业改制重组有关土地增值税政策的通知》（财税〔2018〕57 号）明确，企业在改制重组过程中涉及的土地增值税政策通知如下：

一、按照《中华人民共和国公司法》的规定，非公司制企业整体改建为有限责任公司或者股份有限公司，有限责任公司（股份有限公司）整体改建为股份有限公司（有限责任公司）。对改建前的企业将国有土地、房屋权属转移、变更到改建后的企业，暂不征土地增值税。

本通知所称整体改建指不改变原企业的投资主体，并承继原企业权利、义务的行为。

二、按照法律规定或者合同约定，两个或两个以上企业合并为一个企业，且原企业投资主体存续的，对原企业将国有土地、房屋权属转移、变更到合并后的企业，暂不征土地增值税。

三、按照法律规定或者合同约定，企业分设为两个或两个以上与原企业投资主体相同的企业，对原企业将国有土地、房屋权属转移、变更到分立后的企业，暂不征土地增值税。

四、单位、个人在改制重组时以国有土地、房屋进行投资，对其将国有土地、房屋权属转移、变更到被投资的企业，暂不征土地增值税。

五、上述改制重组有关土地增值税政策不适用于房地产开发企业。

六、企业改制重组后再转让国有土地使用权并申报缴纳土地增值税时，应以改制前取得该宗国有土地使用权所支付的地价款和按国家统一规定缴纳的有关费用，作为该企业"取得土地使用权所支付的金额"扣除。企业在重组改制过程中经省级以上（含省级）国土管理部门批准，国家以国有土地使用权作价出资入股的，再转让该宗国有土地使用权并申报缴纳土地增值税时，应以该宗土地作价入股时省级以上（含省级）国土管理部门批准的评估价格，作为该企业"取得土地使用权所支付的金额"扣除。办理纳税申报时，企业应提供该宗土地作价入股时省级以上（含省级）国土管理部门的批准文件和批准的评估价格，不能提供批准文件和批准的评估价格的，不得扣除。

七、企业按本通知有关规定享受相关土地增值税优惠政策的，应及时向主管税务机关提交相关房产、国有土地权证、价值证明等书面材料。

八、本通知所称不改变原企业投资主体、投资主体相同，是指企业改制重组前后出资人不发生变动，出资人的出资比例可以发生变动；投资主体存续，是指原企业出资人必须存在于改制重组后的企业，出资人的出资比例可以发生变动。

九、本通知执行期限为 2018 年 1 月 1 日至 2020 年 12 月 31 日。

3. 企业所得税

股权收购属于 2009〔59〕号文规定的企业重组的类型之一，在符合特定条件下，可以选择适用特殊性税务处理。具体可参见上述资产转让模式下的处理。

专家意见：

买房置地办工厂，经营了几十年想歇手不干了。从资产拥有者的角度讲，有关资产应当如何出手税收负担最轻？这是当下许多投资人都十分关心的话题。而这个话题又蕴藏在资产重组并购等许多专业事项当中。

房地产项目并购属于重大涉税交易，在整个交易成本中，税收成本占据很大的比例，而不同的交易模式对后续税收负担有着重大的影响。因此，在前期交易模式的策划阶段，税收策划是十分必要的。2016 年 5 月 1 日我国实施全行业营改增之后，原本作为营业税征税范围的土地使用权转让和不动产销售行为改征增值税，相应的，房地产项目并购涉税事项也将随之调整。

张富有的资产转让项目涉及的政策性很强，通过上述分析我们可以看出不同的交易模式对税负的影响。

（1）在资产收购模式下，可以分两种操作模式，一是分析式收购；二是整体资产收购。对于分析模式下，被收购方的税负较重，而对于收购方而言，由于土地增值部分可以计入资产成本，在将来进行不动产销售时，可以减轻增值额，获得节税利益。而在整体收购模式下的资产转让，因其不属于增值税的征收范围，所以，在相关税种的后续认定问题上尚有争议。

（2）在股权收购模式下，各方的税负都较轻，尤其是被收购方，可以减免增值税和土地增值税。但是，由于股权溢价部分不能计入资产成本，对于收购方而言（自持的除外），如果将来出售，其土地增值税的增值额将会大大增加，未来的税收负担将会很大。

（3）交易双方应当将税收成本作为交易价格的一部分，在对双方税收负担进行明确计算的前提下，通过积极磋商，合理分配税收负担，促成交易的实现。

清算公司和撤资　留存收益现差异

在投资创业过程中，有投资人进入资本市场，当然也就会有人退出投资。在被投资方清算、投资方撤资减资或者股权转让时，同样也存在税收策划和涉税风险规避问题。

企业案例：

2013 年 1 月 1 日，A 公司与 B 公司各投资 100 万元成立甲公司。截至 2020 年 6 月 30 日，甲公司累计未分配利润和盈余公积为100万元。A公司、B公司、甲公司均为居民企业，适用25%税率。

如果发生投资方清算、投资方股权转让，或者投资方撤减资等，对于甲公司累计未分配利润和盈余公积为100万元应当如何处理？

政策分析：

股权处置，指被投资方清算、投资方股权转让、投资方撤减资。留存收益，指被投资方未分配利润等留存收益。对股权处置和留存收益的税务处理的规定，目前主要集中在以下3个文件。

对于投资方清算，税法规定，被清算企业的股东分得的剩余资产的金额，其中相当于被清算企业累计未分配利润和累计盈余公积中按该股东所占股份比例计算的部分，应确认为股息所得；剩余资产减除股息所得后的余额，超过或低于股东投资成本的部分，应确认为股东的投资转让所得或损失。

对于投资方股权转让，税法规定，转让股权收入扣除为取得该股权所发生的成本后，为股权转让所得。企业在计算股权转让所得时，不得扣除被投资企业未分配利润等股东留存收益中按该项股权所可能分配的金额。

对于投资方撤减资，税法规定，投资企业从被投资企业撤回或减少投资，其取得的资产中，相当于初始出资的部分，应确认为投资收回；相当于被投资企业累计未分配利润和累计盈余公积按减少实收资本比例计算的部分，应确认为股息所得；其余部分确认为投资资产转让所得。

业务处理：

通过以上政策分析，对于相关业务的处理就比较明确了。我们在这里引用部分资料分析进行说明。

第一种情况：假设甲公司在2020年6月30日决定清算注销。则A公司应分得剩余资产150万元，根据财税〔2009〕60号文件规定，其中50万元应属股息所得，符合免税收入条件，免征企业所得税；投资转让所得为150-50-100=0，整体税额为0。

这是因为，甲公司的留存收益100万元为税后利润，且甲公司注销清算后，股份灭失，A公司、B公司为甲公司留存收益的最终受益者，所以应将相应的留存收益确认为股息所得，享受免税优惠。

第二种情况：假设A公司在2020年6月30日将其股权转让给C公司，协议转让价150万元。按国税函〔2010〕79号文件规定，不得确认股息所得，A公司股权转让所得为150-100=50（万元），形成税款50×25%=12.5（万元）。

这是因为，A公司所持的股份没有灭失，而是转让给了C公司。甲公司以后分配利润时，C公司作为新股东取得股息，有可能享受免税优惠。若A公司在股权转让时，确认股息所得，享受免税优惠，就可能造成重复享受税收优惠的情况。

A公司确认的50万元股权转让所得，应属甲公司的税后利润，如果单从A公司的角度看，确实存在重复纳税的问题。但在此交易中，C公司应确认股权投资的计税基础为150万元，若C公司在得到甲公司的利润分配后，再将股权出售给D公司，转让价只能是100万元，从而形成投资损失50万元，恰与A公司的投资收益相抵。而此时D公司股权投资的计税基础为

100万元，与股权原持有者A公司当时的计税基础一致。股权投资的计税基础不变，投资收益与投资损失相抵，整体税负仍然为0，整体上不存在重复征税的问题。至于个体税负的不均衡，可以通过被投资方及时分配利润或者是通过股权转让方与受让方协商提高股权转让价格来规避，从而实现税负公平。

股权转让的税收政策与被投资方清算、撤减资不同，因为股权转让所涉及的股份不灭失，其税收权益随股份流转而递延。国税函〔2010〕79号文件的规定，从整体上说不会形成重复征税，并有效地避免了重复享受税收优惠的问题。

操作点评：

通过以上分析和计算可以看出，在被投资方清算、投资方撤减资时，投资方取得的清算资产或撤减资资产，可以将被投资企业累计未分配利润和累计盈余公积按投资比例或减资比例计算的部分确认为股息所得，从投资资产转让所得中扣除。而在股权转让时，投资方不得将被投资方的留存收益确认为股息所得，不得从投资资产转让所得中扣除。两种不同的税务处理方法，导致了各自的税收负担不同。企业所得税法规定，符合条件的居民企业之间的股息、红利等权益性投资收益为免税收入；而股权转让所得，属于转让财产收入，为应税收入。

那么股权转让与被投资方清算、投资方撤减资有什么区别？为什么适用不同的政策？股权转让的税务处理是否会形成重复征税？对于这些问题可以通过具体业务的分析得出相关结论。

被投资方清算是被投资企业不再持续经营，结束自身业务，将剩余财产、应付股息分配给投资方，投资方所持股份灭失的业务。投资方撤减资，是投资方从被投资方撤回或减少投资，被投资方减少注册资本，投资方所持股份全部或部分灭失的业务。不难看出，被投资方清算和投资方撤减资的共同点是投资方原持有的股份灭失。与之不同的是，股权转让中，被转让的股份并不灭失，而是在不同投资方之间流转。股份灭失，与股份相应的税收权益无法延续，必须在股份灭失时体现出来。股份不灭失，与股份相应的税收权益将随股份流转而递延，由股份的受让方享受。这就是股权转让与被投资方清算、投资方撤减资在处理被投资方留存收益问题上有所区别的原因。

政策背景：

《财政部 国家税务总局关于企业清算业务企业所得税处理若干问题的通知》（财税〔2009〕60号）规定，被清算企业的股东分得的剩余资产的金额，其中相当于被清算企业累计未分配利润和累计盈余公积中按该股东所占股份比例计算的部分，应确认为股息所得；剩余资产减除股息所得后的余额，超过或低于股东投资成本的部分，应确认为股东的投资转让所得或损失。

《国家税务总局关于贯彻落实企业所得税法若干税收问题的通知》（国税函〔2010〕79号）规定，转让股权收入扣除为取得该股权所发生的成本后，为股权转让所得。企业在计算股权转让所得时，不得扣除被投资企业未分配利润等股东留存收益中按该项股权所可能分配的金额。

《国家税务总局关于企业所得税若干问题的公告》（国家税务总局公告2011年第34号）规定，投资企业从被投资企业撤回或减少投资，其取得的资产中，相当于初始出资的部分，应确认为投资收回；相当于被投资企业累计未分配利润和累计盈余公积按减少实收资本比例计算的部分，应确认为股息所得；其余部分确认为投资资产转让所得。